広島藩の地域形成

土井作治

溪水社

はしがき

本書は、昭和六〇年（一九八五）に刊行した『幕藩制国家の展開――広島藩・福山藩を中心として――』を補充するため、既発表の論攷のなかから、その意図に沿うものを集めて編輯したものである。

まず、前書は幕藩制国家（藩国家）の特質を解明する視点で、備後・安芸両国に配備された広島・福山両藩を対象に検証したものである。

慶長五年（一六〇〇）、毛利氏のあとをうけて福島正則が、安芸・備後両国（四〇万石、翌年検地で四九万石余）を領知し、広島藩を称したものの元和五年（一六一九）には改易となり、そのあと安芸一円・備後八郡四二万六五〇〇石に浅野長晟が入封して、廃藩まで存続した。広島藩の福島・浅野両氏とも織豊取立大名で、太閤検地や兵農分離制を押し進め、地方知行制も廃藩まで存続させたものの度重なる代官支配により形骸化されていき、家臣の給領地への定着度はほとんどなくなった。

元和五年（一六一九）福島正則のあと、備後七郡・備中一か村（小田郡）一〇万石には、水野勝成が入封して福山藩となったが、元禄十一年（一六九八）に継嗣断絶、領地は天領とされ、翌年岡山藩の元禄検地をうけて一五万石となった。そのうちの一〇万石に同十三年（一七〇〇）松平忠雅が入封して藩を継承したものの、宝永七年（一七一〇）伊勢国桑名へ転封した。そのあとへ阿部正邦が入封し、廃藩まで存続した。福山藩は、水野・松平・阿部氏とも徳川譜代大名が領知するところで、比較的に転封度が高く、家臣知行も俸禄制をとり、領地への定着度が低いという類型にまとめられるのであった。

このように広島・福山両藩にあっても、藩国家の特質がそれぞれ異なってあらわれることから、幕末期の国是（国家政策）の違いも顕然とするところから、当然その差異や形成過程を視野に入れて検証する必要があるといえる。

たとえば、敢えて維新政権の形成にあずかった「薩・長・土・肥」の領有制と対比した場合、「薩・長・肥」は外様居付大名領、「土」は織豊取立大名領であるが、いずれも地方知行制のなかで下級武士層の在郷化がながくつづき、幕末期には総合的な権力集中ができる基盤を培っており、広島・福山藩領とは領有制を大きく異にしていたといえよう。

そこで本書においては、広島藩の領有制のあり方を念頭に、藩領内の地域的な特質を検証し、それぞれの領域がいかにして創生され、個有な地域として展開されるかに注目したい。

すでに一八世紀前半、頼杏坪が「芸藩通志」の序文において、藩領を「東南海澨《せい》之郡」と「西北山陬之郷」に分けて、その相違や村々の貧富の現状を正しく把握して政治を行うべきとのべており、施政者として地域性の把握を重視しているのが知られる。さらに研究対象としての藩領域は、歴史的な発展段階を措定して先進・後進の地域区分や、歴史地理的な境界・辺境区分など、各種の地域区分論を認めることができる。

ここでは、広島藩の領域を従来の伝統的な区分である国郡制を採用して、郡村・町方を軸に瀬戸内沿海・島嶼部、中国山地・芸北・備北などの地域区分を用いた。収載論文は平成十四年（二〇〇二）までに発表されたもののなかから、一八編をえらんで構成しており、第一章から第五章にわたっている。

第一章は、広島藩領域の「太閤」検地と広島城下町の形成をとりあげた。まず、慶長・寛永年代の検地・地詰を検討することによって、土地の生産高、近世村の成立、貢租体系の整備など領有制の基礎を解明しようとした。広島藩より以前の毛利時代の惣国検地や、兼重・蔵田検地に言及しているのも、福島正則の慶長六年（一六〇〇）検地との差異が明確になるよう配慮したものである。したがって、太閤検地に準拠した福島検地は、それだけ領域基盤の形成に重要な役割をはたしていることになる。また、後継の浅野氏による寛永・正保の蔵入地・給知地詰（検地）も、福島検地の方向性を整備し、発展させる役目を担っており、それらの検証を提起している。

つぎに検地の対象外でありながら、藩主居住地として独自な地位をしめる広島城下町の成立過程を対象にした。そこでは、城下町人町（町組）の形成や、町人役の負担状況を明らかにし、町組の自治と町役人の組織、さらに町人町の町構成とその機能など、城下町の性格を解明している。

第二章は、一八世紀後半、宝暦・天明期の藩政改革を検討することによって、藩領経済の基本的なあり方を明らかにし、国益政策にもとづいて殖産興業を推進し、領民の自立経済の方向性を検証しようとしている。まず、一八世紀前半の藩財政の特徴と構造を開示し、改革の方向と大坂市場への依存を明確にしたこと。さらに「古今増減秘録」にもとづいて、藩米・金・銀の年次収支の実数を検証して、藩借銀の性格を問題視した。しかも、藩の命題ともなった国産自給をふまえた国益政策の展開と、その変質に着目している。

つぎに第三・四章は、広島藩領域における芸備国産の製鉄・牡蠣・扱苧（麻苧）をとりあげて、生産流通とその統制・市場問題などを検討して、その地域的特質を位置づけようとした。さらにそれらと関連した輸送手段の駅路や、舟運・廻船などの発展状況をとりあげて、特産流通や地域市場のありようを検証しようとした。

製鉄に関しては、芸備製鉄地帯（芸北・備北）を重点に、たたら製鉄や鉄穴流しを対象にして、藩営鉄山の形成と構造、東城川流域の近世鉄山の経営と流通を検討している。鉄穴流しについては、江川流域の高田・山県両郡および東城川流域の鉄穴経営を対象に、その諸特徴の解明につとめている。

広島牡蠣は、広島湾の生産形態、株仲間の組織による大坂販売など、国益政策にもとずく商事機能を取り扱っている。また、扱苧（麻苧）は、山県郡太田筋における越後苧の導入による栽培拡充、藩専売制に対する生産農民の反対闘争の性格を検討した。

さらに地域の形成に一定の役割を果す交通路として石見路における芸北中山駅の流通機能を解明して、石見国各地の特産物が広島市場への輸送路となっていたことを追求している。また、安芸国太田川舟運では、芸北産鉄をはじめ、領域特産物の過半が、芸北太田筋・深川筋・可部筋の村々へ集荷され、広島城下町への艜舟輸送が確立しており、享保年代に五〇〇艘、文政期に七〇〇艘と通船規模が増強されるのであった。これらの通船仕法や株船統制なども解明されている。

さらに瀬戸内沿海・島嶼部の廻船業は、近世初頭から干拓地の塩用経営や木綿栽培など商品生産の増大を背景に、買積船として発達した。それが寛文年代、西廻り航路の開発が画期となって日本海－兵庫・大坂を結んだ北前船をはじめ、尾州知多郡の内海船の進出、瀬戸内各地の廻船も買積経営に乗り出したので、瀬戸内海域の商品流通網が形成され、それらの拠点となる大崎下島の御手洗や忠海・尾道・竹原などの港町が、地域市場として発展したことを検証している。

第五章は領域住民の生活・環境を規定する医療制に着目して、地域医師（在村医）のあり方と医療の実態の解明につとめた。まず、藩医登用の実相と一八世紀以降の芸北地域在村医をとりあげ、その史料紹介と医療組織・活動の紹介につとめている。

以上各章は、いちおう広島藩の領域支配のもとで、領民の生産・流通・生活・文化意識など、それぞれが創生・定着・発展の各段階をへて固有な地域形成をなしとげた軌跡について解明しようと試みたものであるが、実際には城下町・芸北・備北・瀬戸内沿海部の一部地域の特定事項に限ることしかできなかった。このことは、領域の地域的特徴の存在状況を検討する諸問題が課題として残されていることを意味している。

広島藩の地域形成　目次

第三章　近世の鉄山経営と鉄穴流し

広島藩の地域形成

第一章　広島藩の検地と城下町

一　検地と貢租

1　毛利氏の検地と貢租

毛利氏の実施した検地を時期区分すると、(1)惣国検地以前の時期、(2)天正の惣国検地、(3)慶長の検地に三分されるが、領域体制の基礎として重要な意味をもつのは、(2)・(3)両期の検地であった。

天正・文禄の惣国検地は、朝鮮出兵を意図した秀吉が、毛利氏の軍役高を確定する必要から指示したといわれ、輝元が山内広通に「殿下（秀吉）の御下知」によって検地を行うと伝えている。また、慶長検地は、毛利氏の権力強化を望んだ安国寺恵瓊が「統領」となり、検地奉行兼重元続・蔵田就貞等を督励したといわれる[1]。

こうして実施された検地の内容を示す諸帳類として、年貢高決定に重要な役割をはたした「野取（執）帳」、「検地帳」のほか、「名寄帳」、「給人打渡坪付」などが残されており、それぞれの記載例を示すと次の通りである[2]。

（A）天正十六年周防大滝村田畠帳（検地野執帳）

串橋玄蕃殿給

わき
屋敷　半　小二郎

同
畠　壱段　　銭三百文　　柿田内蔵殿給
　　　　　　　　　　　　彦左衛門
土居前　　　　　　　　　串玄給
田　壱段半　米八斗五升　手　作

（B）慶長元年安芸法持院領検地帳

石井　　　　　　　　　　祢ぎ
田八畝　　米六斗八升　　九郎左衛門
さゝ原
田三反七畝　米四石八斗一升　彦右衛門
同所
中屋敷二畝　　　　　　　同人
同所所々合
畠四畝　　代六十文　　　同人

（C）慶長五年備中真鍋島名寄帳

一六郎左衛門尉分
いノもと
畠二畝　　百文
せいし畠
畠八畝　　百卅文
南こし
畠一反八せ　二百文

ふくらノ辻
畠壱畝　四十文
以上
高五百六十文

（D）慶長五年備後沼隈郡新庄打渡坪付

池ノ迫
田一反　米一石二斗　土居ノ 源右衛門
西ノ小畠共
屋敷五畝　代五百文　同　人
とい畑
畠一反三畝　代壱貫文　うねノ 九郎左衛門
といの前
田四反　米四石八斗　木ノ原ノ 小右衛門

各帳とも一筆ごとにほの木（所在）、畝数、分米または分銭（年貢高）、名請人等を記すことは共通しているが、年代・地域により検地の施行範囲や、面積・分米（銭）の単位がまちまちであり、かならずしも統一的基準のもとに実施されたとはいい難いものがある。しかし各帳にあたって、毛利氏の天正～慶長年間における検地の施行内容をまとめると表Ⅰ－一のようになる。

つまり、毛利氏は自他ともに戦国大名化の画期と目している天文二十三年（一五五四）、安芸国佐東郡で採用した検地様式を、惣国検地以降も、基本的に継承している。ただ、慶長元年以降において新たに一反＝三〇〇歩制を

表Ⅰ－1　毛利氏検地の特徴

	天正16年～文禄元年	慶長元年～同5年
検地奉行	内藤元栄を首班、多くの家臣を動員	兼重元続・蔵田就貞
実施範囲	長門・周防・出雲・安芸・備後・石見・備中	安芸・備後に集中
施行単位	庄郷単位に1筆ごと面積・分米・分銭・名請人書上げ。打渡坪付の給付	郷村単位に実施するも、給人単位に分けて打渡坪付の給付
丈量基準	1反＝360歩制、以下は大・半・小	1反＝10畝＝300歩制
検地対象	田・畠・屋敷の区別、ただし屋敷は面積・名請人を記すが分米・分銭なし	田・畠・屋敷の区別、屋敷は畝数・名請人のみ
土地等級	基準を設けず。	田地・畠地とも等級づけは困難、屋敷は上・中・下の3段階
斗代	田地は反当り4～9斗（平均1石未満）、畠地は反当り100～300文（収納高）	田地は反当平均1石以上（生産高）、畠地の反当平均分銭217文（収納高）
米銭換算率	1貫1石制を採用（部分的成立）	1貫1石制を採用（全領内確立）
名請人記載	1耕地に1名請人が原則。分付記載は例外的。ただし、1筆が3～4町、土豪数人の並列名請、給人名請もあり。	1耕地に1名請人の原則が徹底。
年貢収納	郷村請負い＝地下請に近い性格給地内の散使・肝煎・郷村役人に、また商人に収納を請負わす方法もあり。	年貢納入責任は名ごとに1人に限られ、作人とは別に納入組織が見られる。
免率（減免）	農民要求により「損下げ」を行う。	高に免を乗じて収納高を決定。免率5ツ以下。

土井作治『幕藩制国家の展開』8頁の表1を修正の上作成した。

はじめ、田地に分米表示（法定収穫量）を行うなど、太閤検地の基準を部分採用するところがあった。

なお、慶長四年五月五日毛利輝元の「検地覚」[3]によれば、一反＝三〇〇歩制をはじめ、田地は上上・上・上下・中上・中・中下・下上・下・下々の九段階または六段階、畠・屋敷は上・中・下の等級を付すこと、年々作の山畠、「かた荒し」の山畠、茶・楮・桑・漆も検地対象にすることを定めるなど、惣国検地を発展させた内容となっているが、それを裏付ける史料が残されていない。

以上によって惣国検地は、基本的に太閤検地とは異質なものと断ぜざるを得ないが、その特徴の第一として、領国内に一貫＝一石を基準とする石高知行制を徹底させ、石高制による統一的な軍役編成の基礎を樹立することができた。しかし惣国検地は、村落内の実態をある程度把握し得たものの、在地領主制を否定しなかったから、耕地に対する権利を強めつつある小百姓の存在を認める一方、土豪・有力農民の村落支配者的地位をも依然として容認していた。このため、表Ⅰ－二の村落構成のうち、大滝・西浦・神の諸村にみられるように、村落の上位名請人が毛利氏の在地家臣＝給人であり、給地の手作り経営や小作地化を維持する体制を存続させると同時に、給人に打渡坪付を発給後、給地農民単位の年貢搾取が実現するので、郷村単位の検地帳類が廃棄され、また、郷村百姓の惣村的動きが大きく制約されることになった。

つぎに惣国検地後の年貢負担等について、惣国検地が戦国末期の農業労働の集約化による反当り生産力の増加を掌握し、平均約二倍の分米（年貢高増加）を果したといわれるが[4]、毛利氏の年貢賦課・収納方法の実態は、太閤検地によるものとは大きな差があった。

豊臣政権は、天正十四年（一五八六）の「定」以来、石高の三分の二に達する年貢搾取を基準しており、毛利輝元も文禄四年（一五九五）五大老の一人として連署した「御掟追加」の第三条に、「天下領知方儀、以毛見之上、三分二者地頭、三分の一者百姓可取之、兎角田地不荒様可申付事」と、年貢収納の一般的基準を公布している。

表Ⅰ－2　惣国検地・打渡坪付による名請人構成

	天正16年（1588）周防・大瀧村			天正18年（1590）安芸・西浦			天正19年（1591）備後・神村			慶長5年（1600）備中・真鍋島			慶長5年（1600）備後・新庄村			慶長5年（1600）安芸・南方		
総畝数	264.025反			266.310反			356.000反			101.300反			306.110反			133.810反		
名請人数	53人			23人			90人			61人			80人			50人		
7反未満層	79.2%			69.5%			86.7%			100%			82.5%			96%		
	名請人	(屋敷)	(%)	名請人	(屋敷)	(%)	名請人	(屋敷)	(%)	名請人	(屋敷)	(%)	名請人	(屋敷)	(%)	名請人	(屋敷)	(%)
100反～110反																		
90～100																		
80～90																		
70～80				1	(1)	(4.3)												
60～70																		
50～60				2	(2)	(8.7)												
40～50																		
30～40	1	(1)	(1.9)															
20～30				1	(1)	(4.3)	2	(2)	(2.2)									
15～20	1	(1)	(1.9)				3	(1)	(3.3)				2	(2)	(2.5)	1		(2.0)
13～15																		
10～13	1	(1)	(1.9)	1		(4.3)	1	(1)	(1.1)				5	(5)	(6.3)			
7～10	8	(3)	(15.1)	2	(2)	(8.7)	5	(3)	(5.6)				7	(6)	(8.7)	1	(1)	(2.0)
4～7	8	(2)	(15.1)	2	(1)	(8.7)	7	(1)	(7.8)				17	(11)	(21.2)	9	(2)	(18.0)
1～4	16	(5)	(30.2)	1		(4.3)	43	(9)	(47.8)	44		(72.1)	29	(4)	(36.3)	28	(10)	(56.0)
1反未満	14	(6)	(26.4)	2		(8.7)	17	(2)	(18.9)	17		(27.9)	18		(22.5)	5	(1)	(10.0)
屋敷のみ	4	(4)	(7.5)	11	(11)	(47.8)	11	(11)	(12.2)				2	(2)	(2.5)	6	(6)	(12.0)
合計	53	(23)	(100)	23	(18)	(100)	90	(31)	(100)	61		(100)	80	(30)	(100)	50	(20)	(100)

しかし、毛利惣国検地では、検地帳や打渡坪付に記載された田地の分米は、土地の生産高を示すものではなく、反当り四～九斗、畠地の分銭一〇〇～三〇〇文と、いずれも年貢収納高にとどまっており、慶長検地にいたってようやく田地の生産高表示に転換をみている。たとえば、安芸郡佐西郡玖島村の慶長五年十二月「当年貢成前」によると、村高五一五石二斗七合に対して免四ツ六分三厘八毛六弗の負担とされており[5]、生産高に取箇の免を乗じて郷村に割付ける年貢収納法がみられはじめるのである。このような年貢収納法に移行していく郷村動向を検討しよう。

豊臣政権下の毛利領郷村では、検地・名寄または給人打渡坪付に記載された分米・分銭の合計高が、毎年の年額年貢として収納される建前をとっていたが、実態として荒廃耕地や逃亡農民の増加により、年貢搾取はいちじるしく困難になっていた。表Ｉ－三は厳島社領の安芸国佐西郡友田郷検見帳（天正九～十八年）を整理したものである[6]。これによると、友田郷の年貢定納分は、年額三四五石五斗九升であるが、年々の荒所・不作及び当毛損などのため、当収納は五一～六六％に減じている。さらに諸役負担や軍事動員など諸引方を除いた実際の年貢納入分は三七～五八％を占めるにすぎなくなっている。こうした状況の背景として、天正十二・十三年、友田郷代官は豊作風評に収納使を派遣したところ、農民の強い検見要求にあって検見を認めざるを得なかったし、同十三年に農民五人の逃亡、この年から当不作が荒所に切換えられている。また、同十三年の四国出兵、同十五年の九州出兵に定夫・陣夫合せて延べ三一八〇人、三八六〇人が徴発されるなど[7]、郷村農民に対しても、豊臣政権の全国統一戦争の負担が転嫁されているのを認めることができ、兵農分離策をとり得ていない矛盾は、他領に比べていちじるしく露呈しはじめているのであった。

この様相は、寺社領にとどまらず、毛利氏公領や家中給人領においても同様であった。朝鮮出兵のあった文禄四年には、周防国吉敷郡四か村（公領）の定納年貢高のうち、荒地・損毛のため田地六八％、畠地四一％が収納不可

表Ⅰ－3　安芸国佐西郡友田郷の納入分年貢の変化

年　月　日	定納分	当毛損分	不　作	当納分	%	（諸引方）			納入分	%
						（諸引）	定夫飯米	陣夫飯米		
天正 9.10.12	石 345.59	石 117.4889	—	石 228.1013	66.0		23.1		石 200.4013	58.0
〃 11.	345.49	117.025	—	228.575	66.1	10.45	11.7	9.97	195.855	56.7
〃 12.10.17	345.59	134.4332	石 1.6	224.5527	65.0	27.48		(5.33)	181.7727	52.6
〃 13.10. 2	345.59	123.2848	—	222.3052	64.3	10.45	11.7	20.1	179.4552	51.9
〃 15.10.18	345.59	144.1964	1.6 （当不作）	199.7936	57.8	10.45	10.8	27.8	150.7436	43.6
〃 16.10. 9	345.59	123.02	15.72 （当不作）	206.85	59.9	10.45	11.7	17.57	163.13	47.2
〃 17.10.25	345.59	134.50772	33.315 （荒所）	177.7628	51.4	47.65		25.5	130.117	37.6
〃 18.	345.59	76.5833	68.645 （荒所）	197.4317	57.1	10.45	36.0	(24.3)	150.9817	43.7

1.「野坂文書」中の各年「厳島社領安芸国佐西郡友田郷検見帳」による。なおカッコ内の数字は推定したもの。
2.『広島県史』近世1、25頁、表2を加工作成。

表Ⅰ－4　文禄4年毛利氏給人の内所務高

年月日	給人名	給地国郡	打渡給地高	内所務高	内所務高の割合
文禄 4.9.5	中島善兵衛	周防国 佐波郡	石 92.46	石 80.5	% 87.0
同 9.21	平賀元相	安芸国 豊田、賀茂郡	10,868.32	9,168.269	84.3
		周防国 玖珂、熊毛郡			
同 9.24	杉　元良	長門国 豊田郡	1,133.328	779.058	68.7
同 9.28	山内広通	備後国 恵蘇、三上郡	6,746.972	6,291.962	93.2
同 11.2	渋谷与右衛門	備後国 沼隈郡	180.0	135.611	75.3

1．年月の順に「萩藩譜録」中島八郎左衛門、『平賀家文書』127号、『萩藩閥閲録』巻79。『山内首藤家文書』330号、「渋谷謹次氏所蔵文書」11号による。なお、1つの在所が50石以下の給地は除いた。また平賀氏給地のうち恵蘇郡山内本郷分は表に加えなかったが、その内所務高の割合は70%である。
2．『広島県史』近世1、16頁、表1による。

能となり、荒地の蕎麦・粟なども年貢対象にされた⑧。また、表Ⅰ－四のように毛利氏給人に対しても、打渡坪付に記載された給地年貢高の収納が荒所・不作等により確保し難くなったため、それらを除いた「内所務高」を認めるようになり、ここにあげた例では、給地高の六八～九三％の割合で収納し、それ以外を免除したのである。

右のような耕地荒廃は、農民の年貢減免運動を強めるとともに、年貢高を記した検地帳や打渡坪付が、そのままでは郷村・給地の実態を把握できなくなり、毎年のように検見をおこなって、検見帳による年貢収納方法がとられるようになる。それは、従来の検地帳や打渡坪付を基にしながら、田畠面積、当荒・不作損毛高や当収納高、名請人の異動などを野取り形式で記したもので、文禄三年十二月廿五日の安芸佐西郡神宮寺桂孫太先給分検見帳では、「米《しほた》九斗五升　内四斗四升扌（損）五斗イ（得）九郎兵衛」のごとく表記し、八筆の田地（名請人七人）の本来の年貢高五石に対して、検見による当損分一石五斗七合、残る三石四斗九升三合を「当得分」＝年貢高と査定し、実際の収納分と決定するやり方をとっている⑨。ただ、公領代官・給地所務方が検見を実施した場合、惣国検地では田畑に等級や石盛を付けていないため、全耕地を一筆ごとに査定する必要が生じ、煩瑣な上にその労力ははかり知れないものがあった。そこで、郷村や給地全体の状況をみた上で、定納の年貢高から何割かの減免を認め、残りを農民に請負わせる方法がとられる。慶長二年九月、厳島社の所務役人が和田弥左衛門に出した周防玖阿郡日積の社領所務に関する定めによれば、[10]日積の当年貢決定について、（イ）あらかじめ四割の減免を予想して作られた「御定帳」に、一ツ成をかけて七ツ成の分米収納とすべきか。（ロ）「今度」役人作成の野取帳に検見を照合して年貢高を決定したいが、立毛のない地所もあって困難。（ハ）

表Ⅰ－5　備中真鍋島名寄帳・検地帳の比較

	名寄帳	検地帳	差引
墨付枚数	25丁	11枚 (10)	14 (15)
名請人数	61人	55人	6
筆数	294筆	176筆	118
畝数	反 歩 124.908	反 歩 101.310 (83.010)	反 歩 23.528 (41.828)
貫文高	貫 文 28.806	貫 文 28.204 (22.634)	.602 (5.172)

（1）　カッコ内の数字は計算による実数値である。
（2）　笠岡市真鍋島真鍋礼三氏文書。

結局、検地帳＝打渡坪付の年貢高から「三損下げ」、つまり、三割引きの算定方法をとることによって、年貢請負いの肝煎・百姓衆の同意を得ることができたというものである。こうした方法は、慶長五年四月、備中真鍋島でも、同日付の名寄帳と先納検見帳が作成され、結局、表Ⅰ－五のような両帳の相違を示しながら、定納年貢高二八貫二〇四文に対して七四・八％の荒・当損引を認め、当収納年貢七貫一〇八文（真銀にして七一匁八厘）を決定しているし、[11]同四年八月熊谷元直の給地出雲神門郡古志村でも、年貢高一〇〇〇石に対して六〇〇石（銀子九貫目）を、土豪三人、有力農民二〇人に請負わすことに決めた事情も同様であったと思われる。[12]この場合、検地帳や打渡坪付の名請人すべてが年貢高の収納を請負ったわけではなかった。現地の土豪・有力農民二三人が連名で領主（給人）と契約して請負い、打渡坪付に名を連ねた惣の小百姓と呼ばれる中小農民は除かれている

表Ⅰ－6　慶長5年佐西郡玖島郷の年貢納入状況

年貢納入者		納付高	先給人請取高	名の名称と面積
かわかミ 三郎太郎	中	石 44.690		
大めう 左近太郎	下	23.049		大　名　21.反
ふしのめう 五郎左衛門	下	15.370		
くに広 十郎左衛門	下	8.810		くにひろ名　3.
九郎左衛門	中	21.036		
正いへ 藤四郎	中上	19.130		
久清 又左衛門	下下	9.161		久清名　9.
かねやす 三郎二郎	中	17.782		かねやす名　13.
くに正 五郎左衛門	上	26.257		国正名　17.
よりさた 九郎左衛門	中	17.720		よりさた名　7.
いつくしま領 五郎左衛門	上	1.870		
よしすへ 新五左衛門	上	39.567		吉末名　13.
村おか 平右衛門尉	上	17.638	22.630	
長沼間 宮内	上	13.200	31.915	
同 下人	中	9.000	5.930	
国枝 宗左衛門	中	28.582		国ゑた名　17.
しけミつ 源三郎	中	17.625		しけ光名　17.
石見	中	5.545		
ゆの 彦右衛門		44.030	（他に先給人16人）	（他に照合不明7名）
合　計		379.967	60.475	

1．名の名称は、天文21年「玖島郷他地貫高差出案」による。
2．慶長5年「玖島村当年貢成箇」による。

ので、荘園制下の地下請の形態を温存していたことになる。慶長五年の安芸国佐西郡玖島郷でも、先納年貢三七九石余を一九人の年貢請負人が納入している[13]。表I－六のとおり、これら年貢請負人は、最高三郎太郎の四四石余から五郎左衛門の二石弱までの年貢米を納入しているが、このうち、村岡平右衛門（肝煎・庄屋）、長沼間宮内・同下人の三人は手作地をもつ給人（村岡二二石余、宮内三二石余、下人五石余）、石見は目付役であった。残る一五人のほとんどは、玖島郷の「名」代表者として年貢納入を請負う存在のものとみられる。このように玖島郷でも、村落の耕地保有関係とは別に荘園制下の名を単位とする年貢納入組織があって、かつての名主層に属する土豪・有力農民層の主導権のもとに、年貢納入が請負われていたといえよう。

註

（1）「三内首藤家文書」五六号（『大日本古文書』家わけ）。「佐世宗孚書案」による。

（2）「周防大瀧村田畠帳」（岩国市徴古館蔵）。楽音寺文書「法持院領検地帳」（三原市楽音寺蔵）。真鍋家文書「備中真鍋島名寄帳」（玉野市宇野真鍋増太郎氏蔵）。渋谷辰男氏文書「備後沼隈郡新庄打渡坪付之事」。

（3）「益田文書」（『山口県史料』近世編　法制上　三検地・知行替条目　一八頁）。

（4）『広島県史』近世1　三二頁、安芸国佐西郡山田村、出雲国意宇郡大庭保、周防国都濃郡須々万等の検地打渡坪付の分析による。

（5）小田文書「慶長五年十二月十五日さ、いのこほりくしま村当年貢成前」（『佐伯町誌』資料編）。

（6）「野坂文書」三八～四五号、一八八五号（『広島県史』古代中世資料編Ⅲ　厳島文書編2）。

（7）「厳島野坂文書」一四二二号、「野坂文書」三九～四一号（『広島県史』古代中世資料編Ⅲ　厳島文書編2）。

（8）「河田文書」（『広島県史』近世1　一五頁）。

（9）「大願寺文書・安芸国佐西郡神宮寺桂孫太先給分検見帳」（『広島県史』古代中世資料編Ⅲ　一三五三頁）。

（10）「野坂文書」一五七号（『広島県史』古代中世資料編Ⅲ）。なお、この文書の分析に、松浦義則「豊臣期における毛利氏領国の農民支配の性格」（『史学研究』一二九）がある。

(11) 真鍋増太郎家文書「備中真鍋島名寄帳」、表紙欠「同先納検見帳」。
(12)「山本文書」(『広島県史』近世1　三七頁)。
(13)「小田文書」慶長五年十二月十五日「佐西のこほりくし満村当年貢成箇」(『佐伯町誌』資料編)。

2　福島氏の検地と貢租

後藤陽一氏は、かつて掘尾忠氏がおこなった慶長七年出雲国検地帳を分析して、近世村落の形成に重要な役割を果したことを指摘された(1)。その際、安芸・備後の同六年福島検地帳は、当時あまり発見されていなかったこともあって、分析の対象にされていない。その後、広島県史をはじめ市町村史の編さんがすすみ、今日では九郡五〇か村以上の慶長六年検地帳の存在が確認されている。

福島正則は、入国後直ちに検地の実施にとりかかるが、そうしたあり方の基礎はすでに培われていた。正則は秀吉と従兄の間柄で、その子飼いから成長し、太閤検地の実施過程で大名に成長した典型的な豊臣取立大名であった。天正十五年(一五八七)七月、小早川隆景の筑前転封後の伊予国に封ぜられた正則は、「同国戸田勝隆領の朝野弾正殿御竿、天正十五年秋より」とみられる太閤検地の推進者浅野長政の検地と隣り合せて領内検地を行っており(2)、天正十五年八月八日付、「左衛門大夫(正則花押)」の新居郡長安村検地帳を今日に伝え、広島領慶長検地帳とほぼ同様の記載様式がとられていることを確認できたのである(3)。また、同年九月五日、秀吉から伊予国五郡一一万三二〇〇〇石の領知判物を与えられた経緯などから、従来の貫文制から石高制に切り換えた太閤検地の徹底を図っていたことが窺われる(4)。

さらに、文禄四年(一五九五)五月、正則は尾張清須二四万石に封ぜられたが、この地は、豊臣秀次の遺領で、天正一九年から翌年にかけて領国検地が実施され、村々は石高制に切り換えられた。続いて文禄二年から翌年にかけて、秀吉自身による再度の太閤検地が行われ、尾張国中の検地帳・蔵入帳を作成し、「百姓親子ならびに親類、家一に二世帯住むべからず、別々に家を作り、可有之事」と、名請人の単婚小家族への分立を図っている。(5) 正則は速やかに近世村落の形成を進めた尾張領の支配を経験しているだけに、慶長五年十月、安芸・備後への転封が決定するや、新封地での領国経営に期するものがあったと思われる。

さて、福島正則の安芸・備後両国における慶長検地の実施過程は、検地の意図を示す史料が見られず不明なことが多い。ただ、現存している検地帳によれば、慶長六年十月ないし十一月いずれかの日付に限定されているので、この時期までに領国検地が完了したとみられる。また、検地帳に記された検地奉行は、約一〇〇か村の例でみると、(6) 一〇村以上の検地帳に署名しているもの牧主馬（七〇〇〇石）・坂井信濃（三二八一石）・山中織部・村上彦右衛門（四二一二石）・湯浅助左衛門の五人、検地帳に奉行名一人だけ五〇村、奉行二人二九村、奉行三名一五村、四人連記四村、六人連記二村となり、領内全村にわたっては、さらに多くの検地奉行が動員されたであろう。つまり、正則は慶長六年の秋収穫期に、多くの家臣を領内村々に配し、比較的短期日のうちに検地を実施したと思われる。その具体的経過を安芸国佐西郡玖島村の例で窺ってみよう。(7)

(1)〔慶長五年十二月〕玖島村差出し

くしま御さし出し

一高合五百拾四石九斗九升八中帳

此物成三百九拾六石五斗四升弐合三勺

七ツ七分の物成

但去年ハ六ツ八分
右之物成之内先納分
合百七拾三石壱斗七升七合　うけ取御座候
引残而弐百弐拾三石三斗六升五合三勺　百姓手前ニ御座候

(2)慶長六年八月十四日玖島村庄屋差出し
一田数百九町壱畝拾弐歩　玖嶋村
分米千九拾五石八升四合
一畠数拾七町八段廿三歩
分米六拾壱石七斗三升六合
一居屋敷弐町九段壱畝三歩
分米四拾三石六斗六升五合
田畑屋敷合百弐拾九町七段三畝八歩
分米合千弐百石四斗八升五合
同拾弐石三斗三升　年之荒
慶長六年八月十四日　〔庄屋〕猶原平左衛門

(3)慶長六年十月十八日玖島村物成定
佐西郡久嶋村物成定事
高千弐百石四斗八升五合
四ツ七分　物成五百六拾四石弐斗弐升八合

右之通相定候、無未進納所可仕候事
一今度御検地之帳小百姓中何も不残具見せ申、合点させ可申事
一右之物成は畠方六ツ成、居屋敷ハ定成、田方は当毛上中下九段見分、米もりを仕、無甲乙様ならしを可仕候事
一庄屋・年寄・小百姓ヨリ三人、此は堅請紙を仕候て少も依怙ひゐき仕間敷候事

慶長六年十月十八日

山中織部（花押）
村井次郎兵衛（花押）

庄屋
平左衛門
惣百姓中

(1)は、検地前年の玖島郷高とその物成高であり、新領主の要求にしたがって慶長五年分の前領主が先納させた年貢分と、百姓手許の残り年貢を報告したもので、高は前領主の決定にもとづいている。(2)は、検地に先立って、八月十四日玖島村庄屋が田・畑・屋敷の畝数・分米を書出したもので、合計畝数・分米ともに検地決定されたものと同額であり、検地は追認の役割を果たしている。前年の郷高とこの分米高（村高）を比較すると二・三三倍の増加であった。(3)はこの年の年貢高の提示で「今度御検地之帳小百姓中何も不残具見せ申、合点させ可申事」と、十月十八日までに検地を済ませ、検地帳が作成されていたことが判明する。もっとも、十月十四日、検地奉行の一人村井次郎兵衛が、田畠屋敷の等級別合計高を村方へ示しているから、八月の庄屋差出しを踏えた検地が十月初旬には終了したことを物語っている。

以上のように各村々に派遣された検地奉行は、村差出しにもとづいて検地を行い、田・畠・屋敷一筆ごとの面積・分米・名請人を把握し、村高の確定作業を行ったわけである。検地基準は、前領主毛利氏慶長検地とは明らかに異なり、(1)村の境界を確定したうえで、村単位に実施している。(2)村の全耕地を田・畠別一筆ごとに一〇ないし一二等級、および屋敷の位付けを行う。(3)一反＝三〇〇歩制、六尺五寸の間竿を用いて面積を出し、石盛によって分米を算出した。(4)一地一作人の原則によって名請人を決定し、作合（中間搾取）を否定した。(5)検地帳は、耕地・屋敷の筆順または田・畠・屋敷別に記載され、分米の集計を村高とし、年貢賦課の基礎としたなどである。

なお、検地帳の記載様式には、おおむね次の二通りがある。[8]

（A）慶長六年佐西郡三宅村検地帳

寺ノくぼ
中田六畝廿歩　九斗三升三合　三郎左衛門

てのた原
下々下田五歩　七合　甚左衛門

同所
下々下畠廿歩　壱升　同　人

屋敷拾五歩　七升五合　かん田
弥五郎

（B）慶長六年佐西郡坪井村検地帳

中前
下畠四畝拾三歩　四升七合二勺　そば下おこし
新九郎

同所
上田壱反弐畝廿歩　壱石七斗七升四合　け上ノ中　弥右衛門
かとかいち
屋敷壱畝　壱斗五升　同　人
さこだ
中畠壱畝弐歩　五升三合五勺　大ツ下　助右衛門

（A）は、一般的にみられるもので、検地の筆順にしたがって田畠・屋敷を記載した検地帳、田畠（耕地）を筆順とし、屋敷のみ後へ一括記載したもの、田・畠・屋敷を別々にまとめたり、別帳に仕立てたものなどがある。（B）は（A）と基本を同じくするが、さらに耕地・屋敷内の茶・漆木の本数をはじめ、田地の作柄（上・中・下）、畠地の作付種類（大豆・そば等）と作柄（上・中・下）、耕地の起し・当荒・年々荒など、一筆ごとの作付状況を具体的に書出したもので、村々の現状に即して、土地生産力の実態をより精細に掌握している。

こうした村内耕地の把握のあり方は、検地奉行によって多少区々であったが、神辺城代福島重治が同年十月、備後深津郡の惣百姓中に申し付けた条々で明らかなとおり、共通的な検地基準が設定されていた。今、検地に関係する箇条を示すと次のとおりである。(9)

（a）一畠屋敷等御検地縄之内ニ有之諸木之事、代官・諸給人・郡奉行自然可取之と申候共、出之申間舗候
但、密柑之木・油・茶・漆之木等之事、歩数を引、縄之外ニ御算用之上ハ公儀物たるへき儀候、然上ハ其内を以三分二上ニ指出、相残候分者木主ニ遣候間、木之修理ニ気を付能可仕候
付、屋敷廻之土居・竹木・野山・井溝・堀河・池道以下縄之内たる上者、給人衆之儀ハ不及申百姓ニ其□有間

　舗候、然ハ代官・郡奉行之下知ニ可任事

（b）一今度御帳面ニ書載有之田畠出作入作共、公儀江指上之儀堅御法度ニ候、若百姓死失候か、又者亡所ニ相成候跡之田畠さくしきハ、其村之者共として可作候事

（c）一諸給人衆之百姓手作ハ堅御法度ニ候事、御年貢等相済候後、諸給人衆在所ニ居住、其上手作仕候事有之者則可訴出候、為其村不訴出、余之村ニ聞出於申上者、其村可為曲事可有御成敗事

（d）一所々給人と申候共、御帳面ニ付候百姓之族奉公人ニ出候者、其村之肝煎・名主・庄屋之儀ハ不及申、隣家之者迄可有御成敗候、并代官・給人衆にても小者ハ可仕役儀、百姓遺候ハんと申候共、一切同心申間舗不可差出事

（a）は（b）の記載と関係するが、密柑・油・茶・漆器などに限って、歩数を引き検地縄の外と認定し、小物成として三分の二を取立てると定めたもの。（b）は検地帳記載の土地帰属について、出作・入作関係にあっても、その耕地は村に帰属することを定めたもので、検地帳の単位、村切りの基本を示すもの。（c）は諸給人の手作り経営及び在所居住を禁じたもので、兵農分離策の基本を示している。（d）は名請人の奉公人化、給人の百姓召遣いを禁じたもので、これまた、農民の土地緊縛に関係している。いずれも検地施行上重要な事柄であって、太閤検地の基本的意図を窺うことができる。

以上のような意図・実施過程をもつ慶長検地は、安芸・備後両国の幕藩制村落の形成にとって、どのような役割を果したかについて整理しておきたい。

その第一は幕藩制国家の基盤となる石高制領国の確立を指摘することができる。旧族大名毛利氏も石高知行制を成立させ、家臣団の編成と年貢高の掌握に成功したが、それはいわゆる石高制にもとづいて編成される幕藩制村落を基礎にしたものではなかった。その点、幕藩制村落（近世村）を創設し、その上に構築された福島氏領国とは大

きな違いがあった。

表I－七は、安芸・備後の総石高の推移をまとめたものである。正則の慶長検地の結果とみられるのが、元和三年（一六一七）の秀忠判物および「石之高辻、此以前福島左衛門大輔殿内大崎玄蕃・間島美作極之判有之帳面を写、小物成共ニ相渡申候」という浅野長晟・水野勝成あての知行引渡帳の石高である[10]。また、正則の安芸・備後入封の際、知行高を明示した判物等の存在が知られていないので、毛利支配高は、豊臣検地か「物成高位付」の石高ということになる。したがって、この慶長検地は、「物成高位付」の四〇万二一五〇石に対して元和判物で九万六〇七三石、引渡高で一一万三七二八石の増加であるから、九万から一一万石余を打出したことになり、約二五%の増加であった。在来耕地から二五%の打出し増加を可能にするためには、かなり厳しく検地が実施されたことであろう。また、領知高に結ばれる石高の対象は、単に田畑・屋敷のみにとどまらない。備後国では鉄役（鑪役）・吹役（鍛冶屋役）・鉄穴役、合せて九四八石余が領知高の内に組み込まれている。これは、伝統的な備後国の鉄生産を石高に換算して算出したもので、鉱山の公有原則を表現していると見ることができ、福島氏のたたら製鉄に対す

表I－7　安芸・備後両国の石高推移

	安芸国	備後国	合　計	倍　率
毛利惣国検地（天正19年）	146,281石	108,693	254,774	63
豊臣検地（慶長3年）	194,150石	186,150	380,300	95
物成高位付（慶長5年）	212,950石	189,200	402,150	100
徳川秀忠判物（元和3年）	259,385石	238,223 （238,838）	498,223	124
安芸・備後引渡帳（元和5年）	266,862石	248,965	515,878	128
天保郷帳（天保5年）	310,648	312,054	622,702	155

る特別の取扱いが注目される。[11] なお、慶長検地は、領高外として切畠一六九三石余（安芸九八九石余・備後七〇三石余）を把握しており、さらに万小物成として、安芸国では銀七四貫二五〇匁余、備後国では漆実・茶・鹿皮・紙・馬札銀・榲柑など山海物産を対象とし、三分の二課税を行っている。

　第二に太閤検地の徹底、兵農分離と関連して注目されるのは、毛利氏の遺臣で、地侍的な性格を十分揚棄することなく土着帰農した一部有力者に対して、福島氏は郷士身分を認めて懐柔をはかり、差出検地で済ませた地域があったことである。能美島の山野井氏は「御城下郷士烈被仰付候而[12]」、また、三谷郡向江田村和田氏、恵蘇郡三上源太兵衛は「由緒有何格式無候得共、帯刀是迄之通り指可申候」と、いずれも郷士として遇され、検地奉行を入れない差出検地が行われたとの指摘がある。[13] たしかに山野井氏の本拠である能美島は、表Ｉ－八のとおり、慶長検地の段階では東・西及び両新浜に分けられたにすぎず、本格的な村切りは寛永地詰を待たなければならなかった。慶長検地を寛永地詰の石高を比較すると、後者が三〇％強増加しており、福島検地の不徹底さを指摘することが可能であろう。三谷・恵蘇両郡の場合は慶長検地を契機に村切り・村高が行われ、近世村落の基礎が成立したと思われるが詳細は不明である。ともかく、慶長検地の実施過程からみて、島嶼・内陸部の一部地域に検地の不徹底を残していることは否定できないであろう。いっぽう、太閤検地の革新性を強調する立場から寺社領の没収策があげられる。毛利検地は寺社領に対して多く差出しで済ませ、在地領主制を容認していた。福島検地は、領国一円に村単位の検地帳を作成し、寺社領をはじめ在地領主の存在を否定し、その所領をすべて没収した後、一定の扶持給を与えた。これは中世の荘園、領主的土地所有関係を否定し、幕藩制土地所有関係の成立に大きな役割を果たした。厳島社では、慶長六年神主の差出した総高四三九四石余、物成高二九二三石余が、検地の結果すべて没収され、改めてつぎのような扶持米銭が給与されている。[14]

表Ⅰ－8　能美島の村切りと石高増加

慶長6年検地		寛永15年地詰	
村　名	石　高	村　名	石　高
		大　原	石 791.612
		深　江	267.119
能美島東	1,209.560	鹿　川	439.723
		小古江	156.350
同村新浜	3.900	大　君	222.000
		柿　浦	198.000
		飛渡瀬	289.201
小　計	1,213.460	小　計	2,364.005
		中　村	758.698
		高　田	525.638
能美島西	2,010.670	三　吉	350.000
		高　祖	118.000
同村新浜	9.600	是　長	137.900
		畑　村	133.900
		大　王	137.900
		岡　村	122.000
小　計	2,020.270	小　計	2,274.036
合　計	3,233.730	合　計	4,638.041
倍　率	100	倍　率	143

「安芸国郷村高帳」、「郡邑受方記」による。

一御蔵米千参百五拾石
右ハ御祭并社家・供僧・
内侍御扶持方共ニ、御造
営ハ福島殿ヨリ右之外ニ
被仰付候
一厳島町中地子銭并四季法
会かりや銭、社家・供
僧・内侍拝領之

扶持米一三五〇石のほか、町中地子銭は、慶長六年分銀一貫六五三匁三分、四季法会かりや銭は年平均銀一貫一一四匁であった。

この外に領内寺社で所領が没収になり改めて扶持給が給与されたものに、国泰寺三三五石五斗、妙星院二七一石、瑞丁一二六石五斗、宗光寺一〇〇石、来光寺一〇〇石、廿日市東雲寺一〇人扶持などがある。それらの扶持給合計は六五六〇石であり、[15] 毛利時代のそれにくらべると大幅な減少であった。このため、寛永十年（一六三三）山県郡加計村惣社が、「高拾三石四斗八合、毛利様御代まてハ立テ被置せ、氏子慶申候時ハ当村作等一入御座候、大夫様御代ゟ一円ニ無御立万之作悪敷候て、次第々々民つまりいたミ申御神田ニ御立可被下候事」と、嘆願書を出しているように、領内寺社領没収の恨みを後代まで残している。(16) さらに検地打出高九万〜一一万石を支える根拠に、耕地の田畑位付があげられる。慶長六年、安芸国高田郡房後村検地帳のまとめは、つぎのとおりである。(17)

一田数四拾六町七段拾歩
　分米弐百九拾石壱斗八升九合
　　内荒弐拾六石七斗九升五合
一畠数拾町三反六畝拾六歩
　分米三拾四石八斗弐升壱合
　　内荒三斗六升弐合
一屋敷数五段弐拾六歩
　　分米七石六斗三升
田畑屋敷合五拾七町五反四畝拾七歩
　分米三百参拾弐石六斗四升
　　内荒弐拾七石壱斗五升七合

房後村の検地帳は、一筆ごとの田畑作付の状況が記され、当荒・去年荒・年々荒・永荒などに区分し、その合計を「荒高」としている。つまり、検地に際して現実に作付不可能な耕地で荒地になっているものでも将来の起地・回復を見込んで田畑・品等の区別、石盛を付けて面積・分米を算出し、村高に結んだのであった。

このような荒地の耕地化は、福島検地の大きな特徴で、現存する検地帳上にほとんど書き出され、五・六％から二〇％に達する村もあって、村高ひいては領高増高の要因に数えられる。これには強権をもって村高を創出し、百姓身分の土地緊縛を積極的に推進する意向があらわれており、単に災害や洪水で荒地と化したものにとどまらない。それは毛利時代の陣夫・諸役の徴発や年貢催促の重課に耐え切れなくなった農民の逃散・走り百姓をはじめ、城下町建設や各種土木普請場への商・職人の出役、離村者の流出など、数々の脱村落行動をとる離村農民の還住策に外ならなかった。

その第三は、安芸・備後両国において、幕藩制国家の経済的な基盤単位となる近世村を設定したのも、この検地であった。毛利検地は、家臣・寺社領へ給地坪付を発給することを目的とし、村落組織を把握したものではなかったが、福島氏の慶長検地は、領国内の町方と在方を峻別して、在方の「村」を単位にした検地を実施した。

検地対象から外された町方は、広島城下町・三原城下町・宮島町の三町である。広島城下町は、城郭を中心に侍町・町人町（六四町）を町域とし地子免除、ほかに「広島しんかい」一三二九石八斗五升九合、「同町はつれ」三七二石一斗九升は検地が行われ、領高に結ばれた。三原城下町も城郭と東西両町が対象から外され、地子免除、宮島町は、厳島社の門前町として指出しのみで「地子銭」一貫五二匁三分は厳島社御三家に配当された(18)。

もっとも、この外検地対象とされた在方の「町」ないし、「町屋敷」も、特別の扱いを受けるものと、そうでないものがみられた。表I－九は、それらの地域を郡別に列挙したものである。このうち石高のない三町が町方であり、石高を付けた地域がすべて検地されたものの、加べ町屋村・高山町・鞆町などが町屋敷を主体に検地帳が作成されている。また、海田・草津・廿日市・吉田・下市・四日市・尾道・府中の八地域が、町分と村分に二分して検地帳が作成され、他は「町屋敷」・「市屋敷」とも「村」分に包括された。

このように慶長検地は、町と在とが厳密に分離されるとともに、さらに在方においても在町と村とを区別する政策が貫徹しており、在町（一一町）と村（九〇一村）が、認定され、領国支配の基礎単位となるのである。

さて、慶長検地によって確定した安芸・備後の各郡村々は、石高別に分布をみると表Ｉ－一〇のとおりである。領国内には、二二郡九一二の「村」が成立したことは画期的なことであり、これが支配の単位として制度化されていく。村の規模は、安芸国佐東郡川田村の一〇石二斗三升から同豊田郡阿鹿村の三五三三石八斗八升六合までの間であり、一〇〇石未満六六村（七・二％）、五〇〇石まで四四三村（四八・六％）、一〇〇〇石まで二六六村（二九・二％）、二〇〇〇石まで一一六村（一二・七％）、それ以上一九村（二・一％）と分布し、一〇〇石から一〇〇〇石までに七〇九村（七七・七％）が集中している。このことは、戦国期に発達してきた郷村を、近世村（近世村落）として編成する基準をこのあたりにおく政策が働いていたことと無関係ではなかったのである。

さて、福島正則の慶長検地によって安芸・備後両国の生産高をあらわす石高制が確立し、領国支配の基準単位と

表Ｉ－９　安芸・備後の町在設定状況

国	郡	町・村	石　高
安芸	城下	広島町	石 —
		町はづれ	372.190
		同新開	1,329.180
	佐西	厳島町	—
		草津町屋敷	59.025
		同後田村	100.550
		廿日市村町屋敷	95.890
		廿日市	26.080
	安南	海田村	48.380
		奥海田村	1,665.580
	安北	加へ町屋村	65.990
	高田	十日市吉田村	25.515
		吉田村	1,412.580
		安芸町（秋町）	299.859
	賀茂	下市町屋敷	42.955
		下市村	405.400
		四日市町屋敷	83.200
		四日市田畑分	49.613
備後	御調	三原町	—
		おの道村	733.600
		同村浦	348.675
	世良	高山町	43.030
	奴可	川西村	1,033.980
	三吉	はら村	2,598.135
	沼隈	鞆町	310.815
	安那	麓村	2,816.611
	芦田	府中市	59.019
		府中村	487.290

元和５年「安芸国・備後国御知行帳」による。

表Ⅰ－10　慶長検地による安芸・備後の石高別村数

国	郡	郡高	高別村数						
			総数	100石未満	100石以上	500石以上	1000石以上	2000石以上	3000石以上
安芸	城下	石 1,701.370	2		1		1		
	佐西	34,798.070	63	10	31	9	11	2	
	佐東	16,505.214	30	4	12	9	5		
	安南	25,356.685	38	5	13	12	7	1	
	安北	16,193.796	32	3	11	15	3		
	山県	28,518.669	64	13	28	17	5	1	
	高田	43,075.002	62	1	27	20	12	2	
	賀茂	49,298.892	88	5	46	24	11	2	
	豊田	51,414.858	56		20	16	15	3	2
	小計	266,862.556	435	41	189	122	70	11	2
	(%)		(100)	(9.4)	(43.5)	(28.0)	(16.1)	(2.5)	(0.5)
備後	御調	29,269.104	59	6	27	22	4		
	世良	29,571.425	49	2	19	20	8		
	三谷	18,156.255	38	1	25	10	2		
	三上	12,780.560	17		5	8	4		
	三吉	22,950.071	42	2	24	12	2	2	
	恵蘇	21,729.806	24	1	7	9	4	3	
	奴可	17,468.016	38	3	20	11	4		
	(鉄山)	948.470							
	高怒	12,872.423	27		16	8	3		
	神石	16,648.910	40	6	21	11	1	1	
	芦田	14,385.118	25	1	16	4	4		
	品治	7,847.520	19		15	3	1		
	安那	17,158.240	23		7	12	3	1	
	深津	7,693.507	20	1	14	4	1		
	沼隈	19,490.325	36	2	18	10	5	1	
	小計	248,965.008	477	25	254	144	46	8	
	(%)		(100)	(5.2)	(53.2)	(30.2)	(9.7)	(1.7)	
合　計		515,827.564	912	66	443	266	116	19	2
(%)			(100)	(7.2)	(48.6)	(29.2)	(12.7)	(2.1)	(0.2)

元和５年「安芸国・備後国御知行引渡帳」による。

なる「村制」、検地帳に記載された名請人を軸とした百姓身分の成立によって在方把握が実現した。その主目的は領主制を支える貢納基盤を確保するため全剰余収奪体制をしくことにあったが、福島氏の貢租制形成のあり方を検討しておきたい。

福島氏の慶長検地は、実施の時期が収穫期を選んで行われたから、検地終了後直ちに家臣の知行割りと並行して当年貢を収納する必要があった。福島氏の蔵入・家臣知行は、蔵入一〇万二八四六石余（二〇・六％）、家臣知行三九万五三七六石余（七九・四％）の割合で定着したが[19]、蔵入地の場合、前節で示した慶長六年十月十八日「安芸国佐西郡玖島村物成定事」のように[20]、村高・免率・物成高を「右之通相定候、無未進納所可仕候事」と布達し、村惣中に対して、⑴検地帳の村中確認。⑵畠方六ツ成、屋敷定成、田方「当毛上中下九段見分、米盛を仕、無甲乙様ならしを可仕候」と免の採用基準、⑶庄屋・年寄・小百姓の村方代表三人による請書の提出などを行って領国内村々に対して説得的な対応を行っている。また、家臣知行地に対しても、各給人の知行宛行状に添えられた「知行方目録」に知行地村ごとの石高・免率・物成高を記して発給し、当年貢の収納方を指示している。表I－一は、その時発給された知行目録から六給人の事例を示したもので、村単位に給高・免率・物成高を表示し、当年貢収納の便宜を図っている。

この外、神辺城代福島重治が慶長六年十月に引野村惣百姓にあてた「条々」のうち、貢租に関するものを要約すると次のとおりである[21]。

まず、当村の免率は、検地帳面をもって七ツ免を基本とし、破免には検見をうけ、三分の一を「百姓さくとく」に残す。

つぎに年貢米のほか麦・大豆の割合は、城下市立の相場をもって収納するが、場合により「定」の代替米で済すこともできる。また年貢収納には、一石に二升の口米を定める。さらに、米俵は摺籾とも四斗入とし、運送費は

表Ⅰ－11　慶長６年11月７日福島氏給人の知行目録

給人	国	郡	村	知行高	免	物成高
				石	ツ	石
高月筑後守	備後	深津	引野	318.454	4.5	143.305
			吉津	229.083	5.6	127.828
			宇山	153.702	5.0	76.851
			下岩成	239.102	3.4	81.294
			野々浜	90.898	3.1	28.061
		世良	よしはら本郷	952.258	4.6	438.039
	安芸	高田	粟屋	1,023.325	5.9	603.761
				3,007.000	5.	1,499.239
志賀小左衛門	備後	奴可	塩原	421.720	4.0	168.687
			小串	123.540	4.5	55.591
	安芸	豊田	上北方村之内	458.580	6.2	284.778
				1,004.000	5.	509.056
大屋十蔵	備後	品治	中谷村之内	237.000	6.9	163.530
	安芸	豊田	上竹仁	263.983	3.0	79.170
				501.000	4.8	242.700
柴山八兵衛	備後	三吉	大津	98.600	6.3	62.238
	安芸	高田	根の村之内	200.000	6.0	120.000
				300.000	5.7	172.238
山田喜兵衛	安芸	賀茂	尾口	333.000	4.1	136.428
松本忠蔵	備後	御調	羽倉村之内	230.000	4.04	92.920

『広島県史』近世資料編Ⅱ，81～87号による。

五里まで百姓負担、それ以上は給人・代官負担とする。納升は京升を用いるが、すべて新儀に定めたものを用いる。その外、小物成の規定として、その収納権は諸給人になく、すべて公儀（藩庫）に属する。対象の設定は、郡奉行・代官が行い、榁柑・油・茶・漆など諸木類は、収穫の三分の二を収納し、三分の一を持ち主に残す。夫役規定は徴発を統一しており、後に「千石夫」と呼ばれたように、高一〇〇〇石につき一人役の出役と定める。また、出役のない年は、一〇〇〇石につき一〇石の夫米負担とする。

以上のように福島正則は、入国年（慶長五年）の年貢収納を、前領主毛利氏の先納租分の返還と在方残り貢租の徴収で済ませたが[22]、翌年六年には、秋の収穫期に検地を行うことによって作毛検見を兼ねた方法を取り、一筆ごとに耕地の種類、作毛状況を記した検地帳を作成して土地状況の厳密な把握を基礎にしている。それは荒地を起地作付可能と見込んだ上で村高を決定し、将来の年貢賦課の基盤を拡大設定したことに注目されよう。

そして、年貢収納に関しても、正則の基本方針が徹底できる方法を採用している、免相（免率）は、個々の給人に任すことなく給地・蔵入地ともに大奉行・郡奉行が決定権をもち、給人へは給地打渡に併記して発給する方法をとった。また、免変更の基準とともに年貢収納時の口米・俵装・運送費・升なども規定した。もっとも重要なものでは、年貢以外の小物成の取立と賦課基準の決定、中世末の多大な労働課役（夫役）を整理して千石夫・代米に統一したことであろう。

このように福島検地は、近世村落＝「近世村」を基礎にした貢租体系の成立を示すのであり、翌七年からは、その大綱にしたがって年貢搾取が強行されていく。

その場合、正則は当初検見によって免を定めたものの、翌年からは原則的に土免を採用している。安芸国佐西郡玖島村における慶長七年の「物成定」は、つぎの通りである[23]。

さゝい郡久嶋村当土免定之事
一高壱千弐百石四斗八升五合
物成《五ツ三分》六百三拾六石弐斗五升七合
　但、麦拾石弐斗、但、米ニテ五石壱斗也
右之分ニ相定候うへハ、当毛上中下為百姓中ならしを仕、霜月中ニ皆済可仕候、若日損、水損有之ニおいてハ立毛を
立置、検見ヲこい可申候、自然かり取候て何かと申候ハゝ、右之如定之納所可仕候者也、仍如件
　慶長七年二月五日　　　　　　　坂井信濃（花押）
　　　　　　　　　　　　　　　　戸田半兵衛（花押）
　　　　　　　　庄屋としより
　　　　　　　　　百姓中

すなわち、慶長七年は土免五ツ三分に定め、二月五日付で村へ通達しており、十一月中に皆済、免の変更は検見によることとした。

給地村の場合も同様で、相給の備後国御調郡羽倉村の請免状は、つぎの通りである。[24]

　　みつき郡之内はぐら村免御請申事
一高八百四拾五石四斗三升七合内
弐百三十石は　　御給人　松本忠蔵殿

弐百三十石は　　　　　　同　　森　新　七殿
弐百三十石は　　　　　　同　　かち田総七殿
六拾八石九斗は　　　　　同　　すが左兵衛殿
八拾六石六斗三升七合は　同　　杉平右衛門殿
物成合三百五拾五石八升四合　四ツ弐分
物成去年は四ツ三分
右物御百姓として毛之うへ上中下に付、免を有様にわり可申候、若大分之日そん・水そんに付而者御内検被成、有毛三分二御蔵入、三分一さくとくに可被下候、但、よき所をかり、悪敷所に御内検をこい申におゐては曲事可被仰付候、しにうせ人並かしけもの未進仕におゐては、物として納所可仕候、為後日如件
慶長八年三月二日
庄や三郎右衛門
惣右衛門
上月助右衛門殿
間　島　源　次殿
大　崎　兵　庫殿

羽倉村の土免四ツ二分の決定通知に対し、庄屋が三月二日に請免状を出したが、その際、破免になれば内検で三分の二を給人へ、三分の一を百姓分とする。年貢負担者の死失・憔悴者等に対しては「惣」として未進分を皆済することなどを承認している。

正則が大奉行三人に与えた書状にも「急度令申候、尚年々世中よき事初入以来不覚儀ニ候、何も免相毛の上ニて可相定候、自然土免置候共、尚毛之上にて可相定候、将又若去年之未進在之所ハ定面むきにて相納候哉、急度免相定帳を可被上候」とあって[25]、政策的には土免制を採用するが、実際には年々の作柄をもって免率を決定し、それを皆済さすべき考え方を伝えている。たしかに検地後数年の間は、土免制をもとに免率四ツ～五ツの搾取であったが、その後は免も六ツ・七ツと上昇し、この考え方が裏付けられる。表I－一二は、玖島村の免率・物成高の推移をみたものであり、慶長十年（一六〇五）頃から蔵入・給地入交り村となる。慶長九年までは土免制を保ち、同七年を除き五ツ以下の免であったが、同十六年には九月十日付で検見を採用し、凶作年の免七ツ八厘で、「右之分ニ相定候、当毛三分一ハ百姓作得、三分弐ハ御年貢也、少も無未進十一月中ニ納所皆済可仕候」としている[26]。翌年、翌々年とも同様に秋免で、免率は七ツ一分八厘、六ツ二分とやや下げられているものの、「三分二年貢」を貫いているのである。これは、土免を決定した後、「自然日損・水損候ハヽ、手ヲたて置可申上候、御見付けヲ可被遣候」と、減免・破免の措置をとりながらも、年貢量の大幅増加を実現した上での土免制へという移行手段に外ならなかった。すなわち、正則の全剰余収奪体制は、入国当初から三分二年貢の確保にあったが、検地以後当分の間、領国支配の安定に向けて高免をさけており、一〇年を経過した頃から所期の方向に転じたといえよう。

次に重要な点は、すべて貢租が村を単位に賦課され、村中百姓の連帯責任において完納させる仕組を確立したことである。それは「しにうせ人並かしけもの未進仕におゐては、惣として納所可仕候」と[27]、村高にかかる年貢米は、負担者＝名請人の死失等による未進分をも「村中」として皆済する村請制→村闔《むらかづき》方式をとったことである。このため、検地帳上に登録された名請人の土地緊縛は、最重要課題となった。正則は検地以後、刀狩を実施して百姓身分の確定に努め、慶長九年六月、三大奉行名で、「今度就御主意両国改第一牢士相立候者刀狩一人茂不残取揚被仰出」という政策を推進する一方、つぎのような走り百姓の村返しにも積極的に取り組んでいる[28]。

表Ⅰ－12　玖島村の免・物成の推移

免決定年月日	村高（給知米）	免相	物成高	代官・給人	夏麦
	石	ツ	石		石
慶長6.10.18	1200.485	4.7	564.228		
〃 7.2.5	〃	5.3	636.254	代官　小河若狭守	10.200
〃 8.3.3	〃	4.8	576.250	〃	10.200
〃 9.4.4	〃	4.8	576.250	〃	10.200
〃 16.9.10	(700.485)	7.8	495.950	給人　津田豊前守	
	(500.000)	7.8	354.000	給人　備　中　守	
			849.950		
〃 17.10.12	(700.485)	7.18	502.950	給人　津田豊前守	
	(500.000)	7.18	359.000	代官　衣斐伊賀守	
			861.950		
〃 19.11.	(500.000)	6.3	315.000	代官　衣斐伊賀守	
	(497.485)	6.2	308.450	給人　津田豊前守	
	(203.000)	6.2	125.960	給人　津田　虎介	
			749.310		

玖島・小田文書による。

書状具令被見候、其許普請油断無之由尤之儀候、次ニ深津郡はし〳〵百姓相走候由、何としたる儀候哉、去年之未済少ツヽも在之ハ麦ニて取可申候間、其由百姓ともニ申聞せ、相はしる百姓共悉よひ返し可被申候、何之郡ニよらす相走百姓於在之ハ、右のことくニて皆々よひ返し可申候、其才覚専一ニ候、当年之毛付之儀不及申、先年よりのあれおこし申度候間、可被得其意候、謹言

二月廿日　大　夫（花押）

大　崎　兵　庫殿
上月助右衛門殿
尾　関　隠　岐殿
松田七左衛門殿

まず、深津郡の走り百姓について、未進年貢の麦取立と走り百姓の呼び戻しを指示した後、領内全部の走り百姓を対象に当年作付と荒地回復のためにも呼び戻しを厳命している。

このように毛利時代に比べて一挙に九〜一一万石を打ち出した福島正則は、それだけに検地帳名請人の確保政策に腐心するが、最後に慶長検地で把握された芸備村落の農民構成をみておいきたい。

表Ｉ－一三は、慶長六年の福島検地帳を整理して、村々農民の所持高別階層構成を示したものである。[29]大まかな特徴として指摘できるのは、地域区分を一応捨象しても、村々名請人の平均持高一〇石前後以上、五石前後、三石未満の三類型にまとめることが可能なようである。そして、これらの村々で共通しているのは、四〇〜五〇石以上の大高持の存在がきわめて稀であること、また、三石以下の低高持層は、平均持高一〇石前後の村で四〇％以下、五石前後の村で五〇〜六〇％、三石以下の村で六〇〜七〇％の率を示し、総じて、中位高持層へ集中する傾向をみせている。さらに、屋敷所持者も、加茂郡乃美尾村の三一％から同郡下見村の九四％の開きがあり、村々の平均値は六四％を占めていたことになる。こうした特徴は、芸備村落の動向をあらわすとともに、福島検地のあり方を反映しているとみられる。

すでにふれたように芸備村落では、名田地主経営を行う初期本百姓の存在が支配的であったが、福島検地はそれらの経営体を掌握するのではなく、貢租収納単位としての「村」と、同負担者としての名請人個人を設定することにあった。そのため、村切りによる出入作関係は極力整理され、村落内で耕作することによって地位を高めつつある小農民、名田経営の内部で特定の耕地に権利をつよめていた血縁・非血縁の隷属者らも、零細耕地の名請人として検地帳に登録されるという、いわば小農自立化の動向を積極的に把握し、貢租賦課の基礎編成に向けて政策徹底を図ったのである。

したがって、農民構成も検地帳名請人の階層構成であって、農業経営・再生産単位の農民階層を示すものではない。福島検地の段階では、そのような農民構成を示す史料は皆無であるが、仮りに経営単位の生産共同体を考えるとすれば、さきの農民構成に比べて各村落の上中位層へ集中すると推定されよう。表Ｉ－一四・一五は、浅野氏支配に入ってからの知行受組の編成による農民所持高を示したものであり、ある程度の生産単位をあらわしているとみられる。それによると、元和九年宮迫村では二四人中二〇石以上三人（一二％）、五～二〇石一六人（六七％）五石未満五人（二一％）、と中位層への集中が著しく、[30]寛文十一年中須加村でも三五人中二〇石以上一人（三％）、五～二〇石二五人（七一％）五石未満九人（二六％）と、[31]ほぼ同様の傾向を示している。

また表Ｉ－一六は、延宝七年（一六七九）における山県郡三か村の農民構成である。ここでは、石高を保有する百姓ごとに、本家・小家・部屋・下人家など家々の種類と階層性、男女別家族数、牛馬保持数など、それぞれの生産条件が示されている。そこでの特徴を挙げると、まず、各村は「本家」を公認された高持百姓を正式構成員として成り立っている。すなわち、零細石高を所持するにいたった「万小家層」と呼ばれる小家・部屋・下人家らは、一人前の村構成員と認められず、高位の本家百姓に隷属して再生産を行う存在であったことがわかる。そこで、本家百姓の階層をみると、だいたい中位層へ集中する傾向にあった。三か村とも三〇～五〇石を所持する上位者一人が存在し、五～二〇石の中位層と三石未満層は、有田村の五〇人（七四・六％）と七人（一〇・五％）、都志見村の四六人（三七・一％）、と三五人（二八・二％）、大塚村の一九人（二六・三％）と三六人（五〇％）となる。つまり、有田村が中位層にもっとも集中し、都志見村・大塚村の順に占める割合が低下するものの、それぞれの村落事情を反映させた再生産組織が成立していたのである。

前表から各村の上位本家百姓を抜き出して、それぞれの存在形態を示すと表Ｉ－一七のとおりである。いずれも、初期本百姓の系譜につながる層であり、大規模な所持耕地を牛馬及び非血縁の下人労働を含む家父制的複合大家族をもって地主手作経営を営んでいた。この下人労働を擁する経営状態は、上位層に限らず中位層にまで及んでいるところから、当時なお村落上層に支配的な農業経営のあり方であったと思われる。ただし、有田村八右衛門の下人安右衛門の例に見られるように、主家から独立して本家百姓（高持百姓）へ転化していく動向も認められ、中

表Ⅰ－13　慶長６年安芸・備後村々の農民構成

国	安芸国												備後国			安芸国					
郡	賀茂郡			佐東郡			高田郡			山県郡			甲奴郡			賀茂郡					
村　　名	下見村			久地村			房後村			後有田村			辻村			乃美尾村			吉川村		
村　　高（石）	711.262			695.000			332.640			567.397			397.957			785.400			420.413		
名請百姓（人）	70			73			41			86			77			232			141		
平均持高（石）	10.160			9.520			8.113			6.597			5.168			3.385			2.981		
5石未満（%）	47.1			54.8			51.2			63.9			72.7			78.0			80.8		
	高持	屋敷持	%	高持	屋敷持	%	高持	屋敷持	%	高持	屋敷持	%	高持	屋敷持	%	高持	屋敷持	%	高持	屋敷持	%
50石以上							1	1	2.4				1	1	1.3						
40～50	1	1	1.4							1	1	1.2				1	1	0.4			
30～40	5	5	7.1							3	3	3.5	1	1	1.3	1	1	0.4			
20～30	6	6	8.6	2	2	2.8	3	3	7.3	6	6	7.0	3	2	3.9	2	2	0.9			
15～20	9	9	12.9	5	5	6.8	3	3	7.3	2	1	2.3	2	2	2.6	5	5	2.2	2	2	1.4
10～15	5	5	7.1	6	6	8.2	3	3	7.3	7	7	8.1	4	3	5.2	13	9	5.6	6	6	4.3
7～10	6	6	8.6	9	5	12.3	7	6	17.1	7	3	8.1	4	4	5.2	20	15	8.6	10	8	7.1
5～7	5	5	7.1	11	6	15.1	3	3	7.3	5	3	5.8	6	6	7.8	9	8	3.9	9	7	6.4
3～5	7	7	10.0	11	9	15.1	3	1	7.3	13	7	15.1	7	6	9.1	17	8	7.3	24	19	17.0
1～3	12	11	17.1	14	8	19.2	5		12.2	16	5	18.6	18	9	23.4	42	8	18.1	34	19	24.1
1石未満	14	11	20.0	15	4	20.5	13		31.7	26	6	30.2	31	10	40.2	122	15	52.6	56	12	39.7
合　　計	70	66	100	73	45	100	41	19	100	86	42	100	77	44	100	232	72	100	141	73	100
屋敷持／百姓	94%			62%			46%			52%			57%			31%			52%		

表Ⅰ－14　元和９年山県郡宮迫村の知行受組編成

組	組高	百姓名	所持高		越石	
			石高	屋敷数	石高	相手組
			石		石	
与十郎組	54,420	与十郎	11.159	1		
		三六	10.693	2		
		衛蔵	6.160			
三郎兵衛組	54,420	三郎兵衛	20.547	2	3,403	太郎右衛門組へ
		惣三郎	15.223	1		
十右衛門組	52,000	十右衛門	29.847	2	27,050	助左衛門組へ 与十郎組へ 孫左衛門組へ 太郎右衛門組へ 小四郎組へ
		六郎左衛門	13.343	1		
		甚五郎	6.164			
		小左衛門	3.792			
		新五郎	3.431	1		
		助二郎	.624	1		
助左衛門組	52,000	助左衛門	10.410	1		
		孫三郎	8.006	1		
		与介	5.685	1		
		与三郎	4.197			
孫左衛門組	52,000	孫左衛門	14.585	1		
		助右衛門	13.239	1		
太郎右衛門組	23.832	太郎右衛門	7.541	2		
		新左衛門	3.490	1		
与三左衛門組	23.832	与三左衛門	8.930	2	2,876	小四郎組へ
		甚吉	7.739	2		
惣四郎組	23,832	惣四郎	21.449	2	5,003	三郎兵衛門へ
小四郎組	23,832	小四郎	14.696	1		
仁兵衛組	23,832	仁兵衛	17.557	2	1,178	孫左衛門組へ
合計	384,000	24	258,404	28	39,510	

元和９年「安芸国山県郡宮迫村知行割組別名寄帳」（青野春水「芸備農村」表４を加工作成、『広島県史』総説）。

表Ⅰ－15　寛文11年佐伯郡中須加村の給地別農民構成

給人	給高			百姓(No.)	所持高	家数			人数	牛数	腰林
	石高	毛付高	荒率			本家	小家	奉公家			
	石	石	%		石						
奥次郎兵衛	64.600	43.765	32.3	4	15.540	1	1		9	1	
				5	14.250	1			5	1	.300
				19	6.315	1			4		
				入作	7.660						
境茂兵衛	54.523	37.930	30.4	6	13.500	1	3		12	1	
				10	10.210	1			6	1	
				11	9.720	1			8	2	
				28	4.500	1			5		
				奉公人				1	4		
				奉公人				1	3		
原権八	54.523	37.623	31.0	2	18.600	1	4		23	1	.300
				13	9.390	1			6	1	
				16	7.413	1			2		
				33	2.220	1			3		
樋口平右衛門	54.524	36.107	33.8	3	18.564	1			7		.500
				27	4.652	1			5		
				入作	12.891						
森島新五	53.250	35.900	32.6	12	9.498	1			4	1	
				17	6.581	1			4		
				18	6.450	1			5		
				22	5.740	1			3		
				30	4.295	1			4	1	
				31	3.336	1			5	1	
小河市兵衛	50.000	34.572	30.9	1	20.050	1	3		19	1	
				7	12.530	1			4	1	
				後家	1.992		1		2		
森又兵衛	39.815	27.023	32.2	14	8.687	1			5	1	
				20	6.315	1			5	1	
				25	5.087	1			6		
				32	2.820	1			8		
				入作	4.112						
矢島長右衛門	35.295	23.905	32.3	15	8.602	1			3	1	
				23	5.613	1			3	1	
				24	5.350	1			6	1	
				29	4.340	1			7	1	
白幡江左衛門	35.295	23.905	32.3	8	10.914	1			5	1	
				26	5.004	1			4	1	
				入作	7.987						
谷藤十郎	25.415	17.225	32.3	9	10.588	1			6	1	
				21	6.087	1			6	1	
				34	.550	1			3		
10	467.240	317.955	32.7	34	317.955	34	12	2	219	23	1.100

1．寛文11年２月「佐伯郡中須加村万差出シ御帳」による。
2．百姓欄のNo.は、所持高の順位を示している。

表Ⅰ－16　山県郡都志見・有田・大塚村の農民構成

		百姓数	家			数		人	数		牛	馬	数
		(%)	本家	小家	部屋	下人家	計(1家当り)	男	女	計(1家当り)	牛	馬	計(1家当り)
40石～50石	都志見	1 (0.8)	1			4	5 (5.0)	14	14	28 (28.0)	3	6	9 (9.0)
	有　田												
	大　塚												
30～40	都志見												
	有　田	1 (1.5)	1		1	2	4 (4.0)	6	9	15 (15.0)	1	1	2 (2.0)
	大　塚	1 (1.4)	1			1	2 (2.0)	7	10	17 (17.0)	4	2	6 (6.0)
20～30	都志見	4 (3.2)	4		1	22	27 (6.8)	86	86	172 (43.0)	5	6	11 (2.7)
	有　田	2 (3.0)	2				2 (1.0)	9	8	17 (8.5)	1	1	2 (1.0)
	大　塚												
15～20	都志見												
	有　田	10 (14.9)	10	1	3	6	20 (2.0)	52	52	104 (10.4)	8	8	16 (1.6)
	大　塚	2 (2.8)	2		2	3	7 (3.5)	19	15	34 (17.0)	4	2	6 (3.0)
10～15	都志見	8 (6.5)	8		2	2	12 (1.5)	38	38	76 (9.5)	7	9	16 (2.0)
	有　田	15 (22.4)	15			1	16 (1.1)	46	42	88 (5.9)	7	6	13 (0.8)
	大　塚	5 (6.9)	5		1		6 (1.2)	19	23	42 (8.4)	7	7	14 (2.8)
7～10	都志見	17 (13.7)	17		4	8	29 (1.7)	71	64	135 (7.9)	9	11	20 (1.2)
	有　田	15 (22.4)	15	1			17 (1.1)	48	42	90 (6.0)	7	7	14 (0.9)
	大　塚	5 (6.9)	5		1	1	7 (1.4)	17	25	42 (8.4)	7	5	12 (2.4)
5～7	都志見	21 (16.9)	21		3	3	27 (1.3)	77	68	145 (6.9)	18	17	35 (1.7)
	有　田	10 (14.9)	10			1	10 (1.0)	23	23	46 (4.6)	4	1	5 (0.5)
	大　塚	7 (9.7)	6		1		7 (1.0)	22	23	45 (6.4)	6	5	11 (1.6)
3～5	都志見	38 (30.7)	38		8	7	53 (1.4)	137	110	247 (6.5)	23	23	46 (1.2)
	有　田	7 (10.4)	7				7 (1.0)	15	14	29 (2.9)		2	2 (0.3)
	大　塚	16 (22.2)	15		2	1	18 (1.1)	54	51	105 (6.5)	9	6	15 (0.9)
1～3	都志見	30 (24.2)	30		2	2	34 (1.3)	76	69	145 (4.8)	11	6	17 (0.6)
	有　田	6 (9.0)	6				6 (1.0)	15	8	23 (15)	1		1 (0.1)
	大　塚	29 (40.3)	27			2	29 (1.0)	80	74	154 (5.4)	10	3	13 (0.4)
1石未満	都志見	5 (4.0)	5		1		6 (1.2)	13	14	27 (5.4)			
	有　田	1 (1.5)	1				1 (1.0)	2	2	4 (4.0)			
	大　塚	7 (9.7)	7				7 (1.0)	15	9	24 (3.4)	1		1 (0.1)
合計	都志見	124 (100)	124		21	48	193 (1.6)	512	463	975 (7.9)	76	78	154 (1.2)
	有　田	67 (100)	67	2	4	10	83 (1.2)	216	200	416 (6.2)	29	26	55 (0.8)
	大　塚	72 (100)	68		7	8	83 (1.2)	233	230	463 (6.4)	48	30	78 (1.1)

延宝７年「山県郡都志見村御差出帳」、表紙欠「御検地慶長６年11月、牧主馬殿、有田村」、延宝７年「山県郡大塚村御差出帳」による。

表Ⅰ－17　延宝７年の村々上位者の存在形態

村	百姓	所持地				家・建物									人数				牛馬		
		区別	畝数 反	石高 石	筆数	本家	部屋	下人家	蔵	門	牛馬屋	その他			計	男	女	計	牛	馬	計
都志見村	岡田 次良兵衛	田	42.613	36.345	22	1		4	1	1	2	（古屋） 1	（灰屋） 1		11	14	14	28	3	6	9
		畠	5.705	1.741	13																
		屋敷	1.611	2.183	8																
		計	(49.928)	(40.228)	43																
	土井 七郎左衛門	田	27.523	22.289	17	1		13	4	1	7	（鍛冶屋） 1	（同小屋） 1	（藁屋） 4	32	52	51	103	5	7	12
		畠	4.814	2.129	15																
		屋敷	1.515	2.325	5																
		計	(33.922)	(28.662)	37																
	田中 源兵衛	田	24.817	21.370	9	1		2	1	1	1				6	9	8	17	1	2	3
		畠	3.504	1.833	5																
		屋敷	.618	.900	1																
		計	(30.519)	(25.703)	15																
	新屋 長兵衛	田	26.621	19.312	16	1		5	2		3	（風呂屋） 1			12	16	19	35	3	3	6
		畠	1.811	.743	14																
		屋敷	.614	.920	2																
		計	(29.116)	(23.175)	32																
有田村	八右衛門	田	20.000	24.762	29	1	1	2			1				5	6	9	15	1	1	2
		畠	27.306	2.639	16																
		屋敷	.203	.350	1																
		計	(45.314)	(36.082)	46																
	（八右衛門下 人安右衛門）	田	6.106	6.301	7	1					1				2	4	4	8	1	1	2
		畠	.802	.570	7																
		屋敷	.018	.350	1																
		計	(9.818)	(8.652)	15																
	七郎左衛門	田	16.300	14.350	16	1		1			2				4	4	6	10	1	1	2
		畠	1.524	1.142	6																
		屋敷	.423	.715	1																
		計	25.417	21.415	23																
大塚村	畠中 作兵衛	田	42.711	35.017	16	1		2	1		1				5	7	10	17	4	2	6
		畠	5.605	3.190	4																
		屋敷	1.106	1.436	1																
		計	(49.422)	(39.564)	21																
	市 利兵衛	田	22.003	16.078	14	1	1	1	1		1				5	10	9	19	2	1	3
		畠	1.302	.77	3																
		屋敷	.404	.615	1																
		計	(23.709)	(17.465)	18																

1．所持地欄の（　）内の数値は、集計値でなく帳記載値である。
2．「山県郡都志見村御差出帳」、「山県郡大塚村御差出帳」、表紙欠「御検地慶長六年拾壱月、牧主馬殿」による。

位層以下では単婚小家族労働による経営形態が一般的に維持されていた。なお、都志見村七郎左衛門・長兵衛の両家に下人家と、男女人数が抜群に多いのは、両家が共同で鉄山経営に携わっていたからであり、村内所在の大鍛冶屋に就労する鉄山職人を下人家に包括していたからである。[32] 五石未満の高持百姓は、都志見村七三人（五八・九％）、有田村一三人（二〇・九％）、大塚村二人（七二・二％）と、村により差をみせるが、その多くは福島検地帳で、無屋敷・零細名請人であった者が、本家百姓に自立していった結果の階層であり、また、初期本百姓の解体に伴って独立したり、没落した小百姓をもって構成されるにいたったのである。

以上のような高持百姓で構成される近世前期の村落構造は、家父長制的な複合大家族をもって地主手作経営を行う階層と、村内小集落（旧名）を基盤に単婚小家族の高持百姓が作った生産組（共同体組織）によって再生産を営む階層とで維持されているわけで、福島検地の政策意図は、後者の強力な展開を期待したものであったが、一定の時期の歴史的事実として、両者の併存形態がみられていたというべきであろう。

註
（1）後藤陽一「大会報告Ⅱ・補論（封建権力と村落構成）」（『封建領主制の確立――太閤検地をめぐる諸問題――』有斐閣　一九五二年）。
（2）宇和島藩「大成郡録二」（『愛媛県編年史』第五）。
（3）新居浜市矢野家文書。検地帳の記録は、田方・畠方・屋敷別に分け、一筆ごとにほの木・田畠等級・分米・名請人を記す太閤検地の基準を用いる。なお、同十九年の越智郡鍋地村、同郡鴨辺村、中村の検地帳も現存する。
（4）愛媛県立図書館「京都大学所蔵文書」。正則は伊予国宇摩・新居・周敷・桑村・越智の五郡とともに、同国公領九万石の代官預りで、公領検地も実施した。なお、天正十四年小早川領の給人坪付は、田地のみ貫高換算の石高表示であった。（天正十四年十二月十三日「乃万郡大井郷八幡領坪付帳之事」）。
（5）『愛知県の歴史』一二六頁。

(6) 現存の福島検地帳及び文政二年「国郡志御用ニ付下調書出帳」など村差出帳記載のものを集計した。
(7)「小田文書」(『佐伯町誌』資料編)。
(8) 田中家文書「安芸国佐西郡坪井付御検地帳」、児玉家文書「安芸国佐西郡三宅村御検地帳」(『五日市町誌』資料)。
(9) 土肥文庫「御法度被仰出候条々」(『広島県史』近世資料編Ⅲ)。
(10)「安芸国・備後国知行帳」(『広島県史』近世資料編Ⅱ)及び「元和五巳未年福島正則落去ニ付水野家江引渡高」(「備陽六郡志」巻二『備後叢書』(1))。
(11) 土井作治「近世たたら製鉄の技術」(『講座・日本技術の社会史』第五巻『採鉱と冶金』七二頁)。
(12) 享和二年「山野井景篦口上書」(『大柿町史』五七頁)。
(13) 三良坂・佐々木忠氏旧蔵「古今雑録」及び『広島県史』近世1 八〇頁。これらは『大柿町史』の指摘をそのまま踏襲しており、検討の余地がある。
(14)「野坂文書」一七六号の1、「厳島野坂文書」一六二四・一四八二号(『広島県史』古代中世資料編Ⅱ・Ⅲ)。
(15)「福島正則分限帳」。「京大本」では「御扶持方百廿八人ふち、諸職人旁々役なし」に対して、「続群書類従本」に「扶持方三百廿八人分、是ハ所々寺々何も役ナシ」とあり、これを採用した。しかし、分限帳には「輝元建立初号安国寺恵瓊和尚居住ノ寺」四か寺外二か寺(九四三石十人扶持)を記しているのみで、厳島社一三〇〇石外の寺々を加えても、実質的には三〇〇〇石を越えなかったと思われる。
(16)「横屋文書」寛永十年七月一日「加計村年貢減免嘆願書」(『加計町史資料』下巻)。他に「寺社由緒」、「志誌」類にみられる。
(17) 京極家文書・慶長六年十月三日「安芸国高田郡房後村御検地帳」の奥書部分。
(18)「厳島野坂文書」一五四二号(『広島県史』古代中世資料編Ⅱ)。
(19)「福島正則家中分限帳」(『続群書類従』巻七一四)。
(20)「小田文書」(『佐伯町誌』資料編)。その全文は、本稿第二項に掲げた。
(21) 土肥文庫「御法度被仰出候条々」(『広島県史』近世資料編Ⅲ)。

(22) 利岡俊昭「減転封に伴う先収貢租返還問題について――長州藩毛利氏の事例――」(『史観』第四八号)。なお、土井作治『幕藩制国家の展開』四七頁にもふれている。
(23) 「小田文書」慶長七年二月五日「さゝい郡久嶋村当土免定之事」(『佐伯町誌』資料編)。
(24) 『御調郡志』六九九〜七〇〇頁。
(25) 「三原志稿」巻之五(『三原市史』第四巻資料編一)。
(26) 「小田文書」(『佐伯町誌』資料編)。
(27) 『御調郡志』六九九〜七〇〇頁。
(28) 熊本・尾関堯彦氏蔵「福島家御写書・福島正則書状」(『三原市史』第六巻　資料編)。
(29) 現存する福島検地帳から各郡にわたり、一〇〇〜一〇〇〇石規模の一三か村を選び、名請人別に集計した。名請人の肩書記載が不統一であるため、同人名を厳密に区分けできず、明らかに別人と思われる者も、同一人とした場合がある。しかし、だいたいの傾向を探るのに支障はないと考えて表示した。
(30) 元和九年「安芸国山県郡宮迫村知行割組別名寄帳」。五日市池高家文書・寛文十一年「佐伯郡中須加村差出シ御帳」(『五日市町誌』資料)。
(31) 香川家文書・延宝七年六月「山県郡都志見村差出帳」。立川家文書・表紙欠「御検地　慶長六年十一月　牧主馬殿」。植田家文書・延宝七年六月「山県郡大塚村御差出帳」。立川家の本帳は、かつて、後藤陽一氏が慶長六年福島検地の名寄帳として、「瀬戸内海地域における近世村落の形成について」(『史学研究』一〇号)のなかで紹介され、以来、近世初頭における村落構成の一類型とされてきた。
　しかし、本帳を書誌的にみる限り、山県郡代官が支配村々に命じて提出させた延宝七年六月の各村「差出帳」の畝高名寄せ部分であることは明白である。したがって、高持百姓の畝数・分米・家数・人数・牛馬所持数などは、すべて延宝七年当時の現状であることも動かし難い。ただ、畝数・分米の合計としてまとめられた数値と一筆ごとの集計値との間に開きがあるので、その差を慶長検地の田畑内訳と延宝時の請高と理解することができるかも知れない。
(32) 土井作治「近世たたら製鉄の技術」(『講座・日本技術の社会史』・第五巻『採鉱と冶金』七三頁)。なお、山県郡大塚村では、村内に広島商人芥川屋十郎兵衛の経営する大鍛冶屋三軒があったが、そこで働く鉄山職人・労働者の宗門人別は、鉄山経営の管轄するところで、村人別から除外されていた。

3　浅野氏の地詰と地概し

元和五年（一六一九）福島氏が改易となると、その旧領は浅野氏と水野氏に分有されることになった。それぞれ福島検地で確定した石高を継承したものであるが、広島藩の場合、寛永十五年（一六三八）に蔵入地、また正保三年（一六四六）には給知分についての地詰《じづめ》（幕府に対しては非公式の一藩限りの検地という意味で使用する）が実施されている。すなわち、広島藩では寛永九年、二代浅野光晟《みつあきら》が襲封したとき、幕府の意向もあって庶兄長治に五万石を分知して三次藩を成立させたことから、領地高の再確認の必要性が生じた。しかも、慶長六年の検地以来、生産力の上昇や天災等による地味の変化等によって、村によっては現実の生産力にかなりの差異を生じていたからである。

地詰の準備は寛永十三年ごろから始められた(1)。まず、各村から慶長六年検地帳を提出させ、その記載事項と現況とがあまりに相違していない村については、慶長検地帳をそのまま再確認するか、あるいは村高を変更しないで地概《じならし》ですませている。いっぽう、福島検地の際、指出で済まされていた地域や、土地の状況が慶長六年以降かなり変化している村々については、検地奉行を派遣し、徹底した地詰を実施している。

このとき使用した間竿は、毛利検地・福島検地で使用した六尺五寸を一間とする竿であった。また田品は表Ⅰ－一八に示すように、福島検地のそれを原則として用いたが、田品の石盛については、村によってかなり高い位付けをなされたものもあった。たとえば、安北郡（高宮郡）狩留家村は、この検地によって新しく成立した村であるが、この時上々田は二石の石盛になっている。

こうして新村高が決定されたが、表I－一九について二つの検地を比較してみると、安北郡（高宮郡）の三村は村高には全く変化はなかったが、田品においては、下々田、下々下田等の等級が新たに加えられており、佐東郡（沼田郡）においては四ヵ村で村高が増加している。

また表I－二〇に示す賀茂・豊田郡の各村では、村高がかなり変化していることが認められる。このうち豊田郡忠海村では村高が三分の一に減少しているが、これは寛永地詰を機に忠海・能地・渡瀬の三ヵ村に分けられたことによる。こうした例は他郡にもみられ、この地詰が領内の村々を藩体制の支配に適合させるために編成する役割を果たしたことが知られるのである。

かくて、寛永地詰によって、藩全体としては約五万石の創出をみた。すなわち、寛文四年（一六六四）の幕府への報告によると、新田高一万七二八〇石、地詰による改出高三万四三〇八石と計五万一五八八石となっている[2]。もちろん、これは主として寛永・正保両度の地詰の結果と考えられ、この地詰によって三次藩への分知分を補うとともに、四二万石の大名としての本藩の格式保持が図られたことがうかがえる。

ともあれ、寛永・正保の地詰は、広島藩のその後の村高の基準となり、その地詰帳は「御本帳」とよばれて村々で最も重んぜられたのである。

この後、広島藩においては、寛文・貞享期に簡単な地概が行われている[3]。ついで藩主吉長の時、大規模な地詰が計画された。まず、正徳二年（一七一二）の郡制改革にともない、同年十二月、広島町組新開の地概を実施し[4]、ついで同四年には蔵入地・給知を問わず、おいおい地概を実施することを示達している。これは寛永・正保地詰以来の村高と現実の耕地の状況・生産高の間にかなりの異同が生じてきているという事情にこたえて、これを是正しようとするものであった。しかし、この時は町組新開のほか、高宮郡可部町、中島村など一部で実施されたのみで中

表Ｉ－18　広島藩各村の田品別の石盛（単位，石）

郡		佐東		安北																			賀茂			
田品	村	久地	小河内	下深川	中深川	上深川	狩留家	小河原	末光	諸木	玖	岩上	矢口	小田	関屋	鈴張	飯室	桐原	勝木	下町屋	上原	水落	下市	竹原東野	竹原西野	戸谷大谷分
田方	上々	1.5					2.0					1.6	1.7					1.65		1.6			2.1			
	上	1.4	1.5	1.6	1.6	1.7	1.8	1.5	1.4	1.6	1.5	1.5	1.6	1.55	1.4	1.4	1.4	1.6	1.5	1.5	1.6	1.5	2.0	1.7	1.8	1.6
	上中	1.3		1.5	1.5	1.6	1.7	1.4	1.3	1.5	1.4	1.4	1.4	1.5	1.3	1.3	1.3	1.55	1.4	1.4	1.5	1.4	1.9	1.6	1.7	1.5
	上下	1.2	1.3	1.4	1.4	1.5	1.6	1.3	1.2	1.4	1.3	1.3	1.3	1.4	1.2	1.2	1.2	1.5	1.3	1.3	1.4	1.3	1.8	1.5	1.6	1.4
	中上														1.05			1.45		1.2			1.7			
	中	1.1	1.2	1.3	1.3	1.4	1.5	1.2	1.1	1.3	1.2	1.2	1.2	1.3	1.0	1.1	1.1	1.4	1.2	1.1	1.3	1.2	1.6	1.4	1.5	1.3
	中々	1.0	1.1	1.2	1.2	1.3	1.4	1.1	1.0	1.2	1.1	1.1	1.1	1.2	.95	1.0	1.0	1.35	1.1	1.0	1.2	1.1	1.5	1.3	1.4	1.2
	中下	.9	1.0	1.1	1.1	1.2	1.3	1.0	.9	1.1	1.0	1.0	1.0	1.1	.9	.9	.9	1.25	1.0	.9	1.1	1.0	1.4	1.2	1.3	1.1
	下上														.8			1.15					1.3			
	下	.8	.8	.9	.9	1.0	1.1	.8	.7	1.0	.9	.9	.95	1.0	.7	.8	.8	1.0	.9	.8	1.0	.9	1.2	1.0	1.2	.9
	下中	.7	.7	.7	.7	.8	.9	.6	.5	.9	.8	.8	.9	.9	.6	.7	.7	.8	.8	.7	.9		1.0	.8		.7
	下々	.6	.6	.5	.5	.6	.65	.4	.3	.8	.7	.7	.8	.8	.5	.6	(.53)	.6	.7	.6	.7	.8	.8	.6	.8	.5
	下々下									.65		.55			(.4)	.5		.4		.5				.5		
	見付												.5			(.4)				.4	.4				.4	.4
畑中	上々																									
	上	.8	.8	1.0	1.0	1.1	1.1	.9		.9	.8	.8	1.3	1.0	.7	.8	.6	1.0	.8	.8	1.0	.8		1.1	1.2	1.0
	上中	.7	.7	.9	.9	1.0	1.0	.8	.68	.83	.7	.7	1.1	.9	.6	.7	.5	.95	.7	.7	.9	.7		1.0		
	上下	.6	.6	.8	.8	.9	.9	.7	.6	.7	.6	.6	1.0	.8	.5	.6		.9	.6	.6	.8	.6		.9	1.0	.8
	中上	.5													.45											
	中		.5	.7	.7	.8	.8	.6	.5	.6	.5	.5	.9	.7	.4	.5	.4	.8	.5	.5	.7	.5		.8	.9	.7
	中々	.45	.45	.6	.6	.7	.7	.5	.4	.5		.4	.8	.6	.35	.45		.75	.4	.45	.6	.45		.7	.8	.6
	中下	.4	.4	.5	.5	.6	.6	.45	.35	.4	.4	.3	.7	.5	.3	.4	.3	.7	.35	.4	.5	.4		.6	.7	.5
	下上														.25											
	下	.35	.35	.45	.45	.55	.55	.4	.3	.3	.3	(.35)	.5	.45	.2	.35		.55	.3	.35	.4			.55	.65	.45
	下中	.3	.3	.4	.4	.5	.5	.35					.4	.4	.15	.3		.45	.25	.3	.3			.5	.6	.4
	下々	.25	.2	.35	.35	.4	.4	.3	.2		.2	(.3)	.3	.35	.1	.25	(.16)	.35	.2	.25	.2	.35		.4	.5	.35
	下々下	.2					.25					(.2)			.05	.2		.24		.2		25		.35		
	見付												.2			.1									.2	
屋敷			1.5	1.5	1.5	1.5	1.5	1.5	1.5	1.5	1.5	1.5	1.5	1.5				1.5	1.5	1.5	1.5	1.5		1.5	1.5	1.5

各村寛永地詰帳による。

止となっている。⑤

その後享保二十年（一七三五）十一月、家臣に対する永代録の実施を機に、郡中の明知・給知に対していっせいに地概を実施することとなった。

当時村方では、田畑の収穫高が変わったり、荒所・起地によって面積が変化してきて、帳簿の上ではっきりしないようになって、寛永・正保地詰に基礎をおく石高所持のあり方が現実とそぐわなくなっていた。そこで、この地概においては、村高を変更せずに、「畝出候ハ、位を下、畝不足候ハ、上」げることによって、村内にける耕地の現状に即して、村高の再分配を行うことを目的とした。⑥こうして十二月に実施上の細目を示達し、翌元文元年正月に着手した。こうして領内の明知・給地を二〇組に分け、郡廻り・代官の監督のもとに、各組ごとに、地概方歩行組二人、地概頭取番組四人を宛て、相互に他郡の村役人の加勢をえて実施されたが、四月までにすべて完了した。⑦しかし、この地概は、村高を変更しないという前提にたつ限り、村内限りでの耕地の公狭、高の高下のみの部分修正にすぎず、それゆえ村相互間の不均衡はそのままということになる。当時、さらに分筆などして質入・売買によって集めた耕地は、ややもするとその石高は低く高付けされたことから、徐々に村内での土地集積をはじめつつあった村落上層農民にとっては、その「うま味」を否定されることになった。また、藩の示した趣意が農民

表Ⅰ－19　村高の変化(1)

		慶長6年(A)	正徳5年(B)	(B)/(A)
安北	鈴張	石 1,018.840	石 1,018.840	1.00
	関屋	82.466	82.466	1.00
	飯室	932.560	932.560	1.00
佐東	久地	695.000	707.725	1.02
	小河内	1,223.629	1,226.059	1.00
	毛木	273.300	335.600	1.23
	後山	394.800	458.900	1.16
	宮野	50.000	73.000	1.46
	筒瀬	249.280	249.220	1.00

慶長6年は「元和5年安芸国知行帳」，正徳5年は「郡村高帳」による。

表Ⅰ－20　村高の変化(2)

郡	村	福島検地	寛永検地
賀茂郡	下市	石 405.400	石 625.358
	下市町屋敷	42.955	
	竹原西村	547.700	2,092.418
	西野	1,151.150	
	東野	932.250	905.966
	新庄	1,351.980	1,060.669
	高崎	254.070	181.699
	同村	12.900	
豊田郡	吉奈	769.720	827.700
	同村	1.200	
	忠海	1,719.515	524.344
	同村	20.400	
	田万里	820.890	1,085.500
	福田	178.200	154.400

『竹原市史』第1巻による。なお「同村」とは新開分を示している。

に徹底しないままに、地概が急いで実施されたことから、現地での地概がかならずしも村高の再分配にならなかった。こうして、元文二年（一七三七）十月には郡中で動揺がおこったために、藩はこの地概の結果を採用せず、従来どおり古帳すなわち寛永・正保の地詰帳によって年貢を収取することに戻した(8)。

以後、地こぶり、竿入れと称する一村限りでの部分的な地概が、村方の申請にもとづいてなされたことはあったが、全藩的規模での検地・地詰・地概は広島藩においては実施されず、原則として村高は不易とされるにいたった。けれども、時代がくだるにつれて、村内の耕地の現状、すなわち耕地の生産力の上昇や、災害による耕地の荒廃化の事情によって、村高との間に相違を生じてくることになった。とくに十八世紀中期以降、年貢の賦課率が慣行的に固定化されるようになると、右の傾向はいっそう大きくなり、ここに村高不易の原則に基礎をおく広島藩における石高制の矛盾はいよいよ拡大されたのである。

古地に対する地詰とは別に、新開地があれば、一定の期限を経て新開地詰が実施されている。新開地は干拓・開墾によるもので、新開が造成されるとはじめ数年間は鍬下年季《くわしたねんき》として、年貢・諸役が免除された。こうした年季がすむと、見取米といって、その年々の収穫に対して年貢が賦課された。そして耕地の状態が安定したと認められると、地詰が実施されて、石高が確定し、高付地となった。そして、はじめは新開高として、村高とは別個に取扱われていたが、一定の年代がすぎると、正式に村高にくり入れられた。

註（1）「広島藩御覚書帳」二（『広島県史』近世資料編Ⅰに収録）による。
（2）右に同じ。
（3）右に同じ。
（4）東京・浅野氏「事跡緒鑑」三一（広島市立中央図書館「浅野文庫」）による。
（5）東京・浅野氏「吉長公御代記」巻一〇上（広島市立中央図書館「浅野文庫」）による。
（6）東京・浅野氏「右同」巻三一下による。
（7）右に同じ。
（8）右に同じ。

二　広島城下町の形成と町組

はじめに

幕藩制国家成立期の都市に素材を求めた研究は、近年大きな前進を示しつつある。朝尾直弘氏は、近世都市における町の本質を、「家屋敷・財産・信用の共同保全」を目的とする地縁的共同組織と把握し、「身分的資本」の単位としての「地縁的・職業的身分共同体」と規定した。[1]また、吉田伸之氏は、近世初期の町と町人を「安堵型」と

「創出型」に分け、両者の特質として、前者の町は、小商人や商業・手工業未分離の小経営・小資本の混成団体であり、ほぼ均等の狭い間口と不揃いな奥行をもつ小町屋敷で構成されていたのに対して、後者の町は、比較的単一に近い職種の商人や職人の集団で構成されている場合と、雑多な小資本の商人・職人で構成されている場合とがあり、町開発を担った者が上層を占め、比較的広い間口と一定した奥行をもつ町屋敷からなっている。そして、成立条件は両者の間に大きな違いが認められるが、共通性として町人の住居や店舗・作業場としての町屋敷を基礎に、商業・手工業未分離の小経営からなり立っていたこと、こうした小規模な町屋敷を細胞とする一個の有機的な地縁的共同組織が、「町衆」あるいは「町中」として自主的に運営されていたことに注目すべきであると主張している。[2]

本稿が対象とした広島城下町人町の場合、天正十七年（一五八九）以降広島湾頭のデルタ地帯に建設されたので、吉田氏の「創出型」であるといえる。もちろん、そのように類型化されるとしても、町の成立過程における普請役の負担形態、地子免除政策、町域の開拓や払下げ関係、移住者の招致・定着の性格など、非常に多様なあり方にもとづいて、町の構成や機能に影響力をもつことはいうまでもない。

その点、広島城下町の成立に関して、すでに『広島市史』や『新修広島市史』のほか、河合正治・中部よし子・後藤陽一氏らの諸労作がみられるが[3]、城下町全体の推移に力点がおかれていて、成立過程の諸画期をおさえて考察がすすめられているとはいえないものがある。

ここでは、町人の結合体である「町々」の成立過程を軸に、広島城下町人町の歴史的性格とその確立時期を明らかにしたい。

1　町組の形成過程

広島城下町の成立に関する通説では、天正十七年四月十五日、毛利輝元による築城の鍬始め以来、翌年二月には「二宮太郎右衛門（就辰）奉行ニて町割出来仕候」[4]と町割も行われ、工事は急速に進捗し、暮には一部石垣等の未完成を除いて主要部分が竣功、同十九年正月八日、輝元を迎えて広島入城を果した。

その後も、広島城下町は文禄二年に石垣普請[5]、慶長二年に土手普請[6]、同四年に城郭完成など[7]、毛利氏が広島を退去する慶長五年までの一〇年間、城郭と城下町の建設工事が続けられ、ほぼ完成の域に達したといわれている。

また、同年十月封知された福島正則も、城下内外の土木普請に意を用いるとともに、町人町区域の拡大や、町奉行・大年寄制を創出するなど、城下町の整備を積極的に推進した。その跡をうけて、元和五年七月、入国した浅野氏も、明治二年の版籍奉還まで代々広島城主として、広島城下町の発展をすすめてきたとされている。

さて、以上のような広島城下町の推移を具体的に示すために、天正十八年（一五九〇）、元和五年（一六一九）、寛永年間（一六二四～四三）の、それぞれの時期（段階）をあらわす「広島城下町絵図」[8]を掲げよう。三つの絵図を比較すると、第一に注目されるのは城下町の範囲が図一では、北の「はこしま」より南の京橋川と本川に囲まれた地域および本川西側沿い地域を限って町割が設定されているのに対して、図二・三は北部の「はこしま」をとり込み、南は新開地へ進出、東は「猿猴川」東側、西は「小屋川」まで町域の拡大がみられる。このように図一に対して図二・三の連続発展性が認められるが、ここでは町人町に限定した上で、特徴を列挙すればつぎの通りである。

(1)　図一における町人町の位置は、城郭の南西方向、西堂川（運河）・本川に挟まれた地域に碁盤目状の区画をもって設定されているのに対して、図二・三では、本町あるいは中島本町という呼称のとおり、町屋の中心的役割をもつと同時に、城郭の南と西方面を貫通する山陽道と石見・出雲路に沿った町区域及び白島に拡大がみられ、表筋・脇・裏筋の町並を形成するようになった。

(2) 町区画をしめす町名は、図一が皮屋・板屋両町名をつけているのみで、他は町割一六区画および「ゑんこう橋」町わりと記すのに対して、図二では固有の町名・規模を示す町五九、町名のみの町四と合せて六三町、図三になると町区画が五二に整理され、そのすべてに町名と町規模があらわされるなど、町名で代表される「町区域」の形成がみられる。

(3) 町区域とその規模は、図一においてきわめて大ざっ把であるが、図二では城下中央付近の道路に囲まれた「町々」の明確化と、京橋以東・猫屋橋以西および白島東部の町割地域が、その規模を固めていく方向がみられ、図三では、それらがさらに整備・緻密化されて、町々の境界が設けられ、侍屋敷町と寺院配置に規制されながら、城下町全体のなかで位置づけられていった。

以上のように、広島城下町絵図からは、町人町の構成や、町機能の内容を具体的に明らかにすることはできないが、町形成全体の動向をみれば、図一と図二・三との間に大きな差異を認めることができる。すなわち、毛利時代の町人町は、城下南西部の一角に町ブロックとして設定されるのみであって、町割を行う段階で山陽道および石見・出雲路との関連が見通されていなかったことが判明する。そして、天正十九年に実施された人掃令において、城下侍町は対象になっているものの、町人町の実施は明確でなかったし[9]、また、毛利氏の家臣団・商人・職人・その他の城下集住強制策も、兵農分離制の不徹底や、領国流通体制の温存策などのために[10]、十分な成果を収め得なかったことに照応しているように、町人町自体の経済・流通機能が、毛利氏領国の拠点にふさわしい発展をとげることができなかったようである。

これに対して、福島・浅野時代になると、積極的な城下町経営の結果として、町人町の再町割編成、町区域の拡

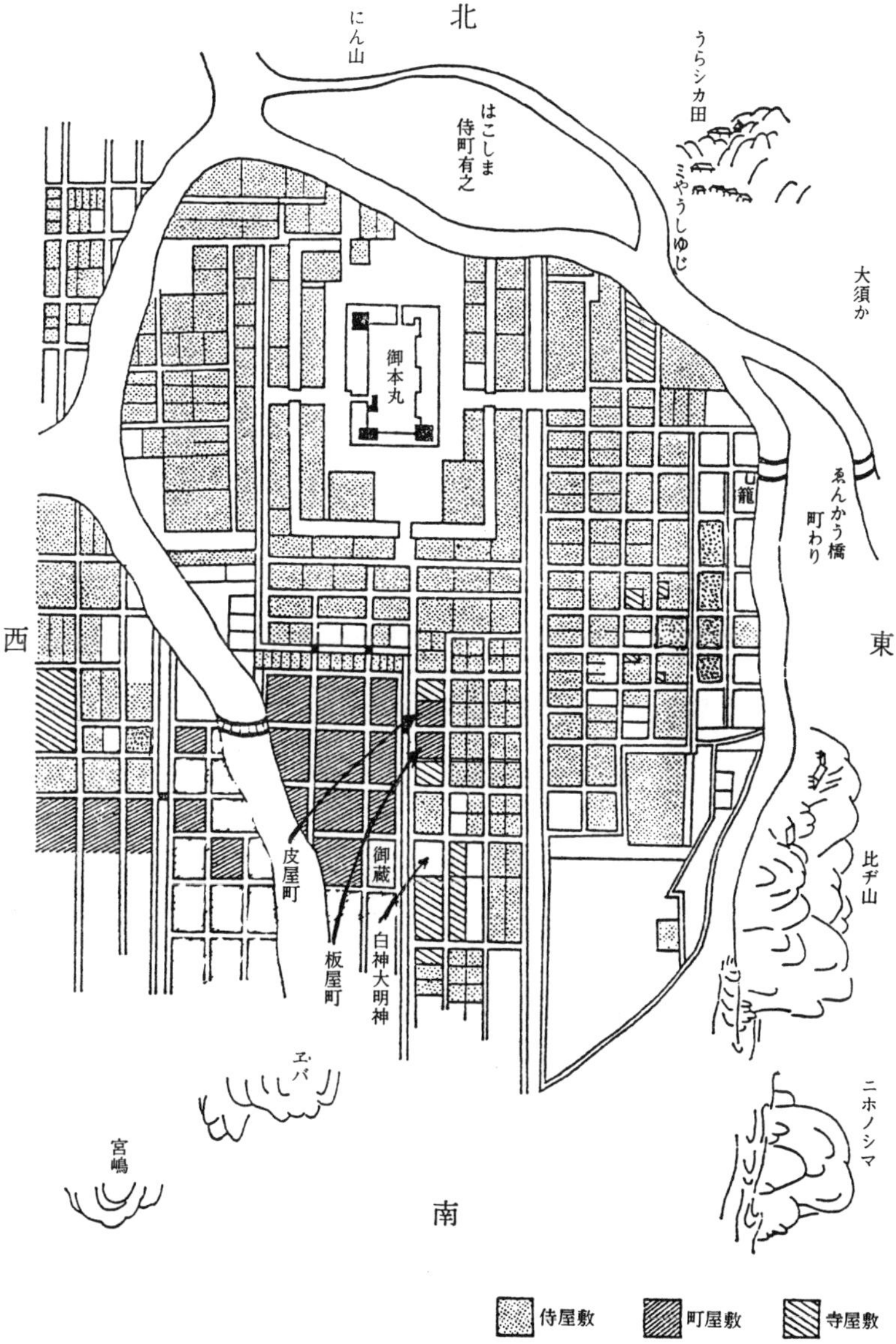

図１　毛利氏時代広島城下絵図（毛利家文庫「芸州広島城町割之図」）

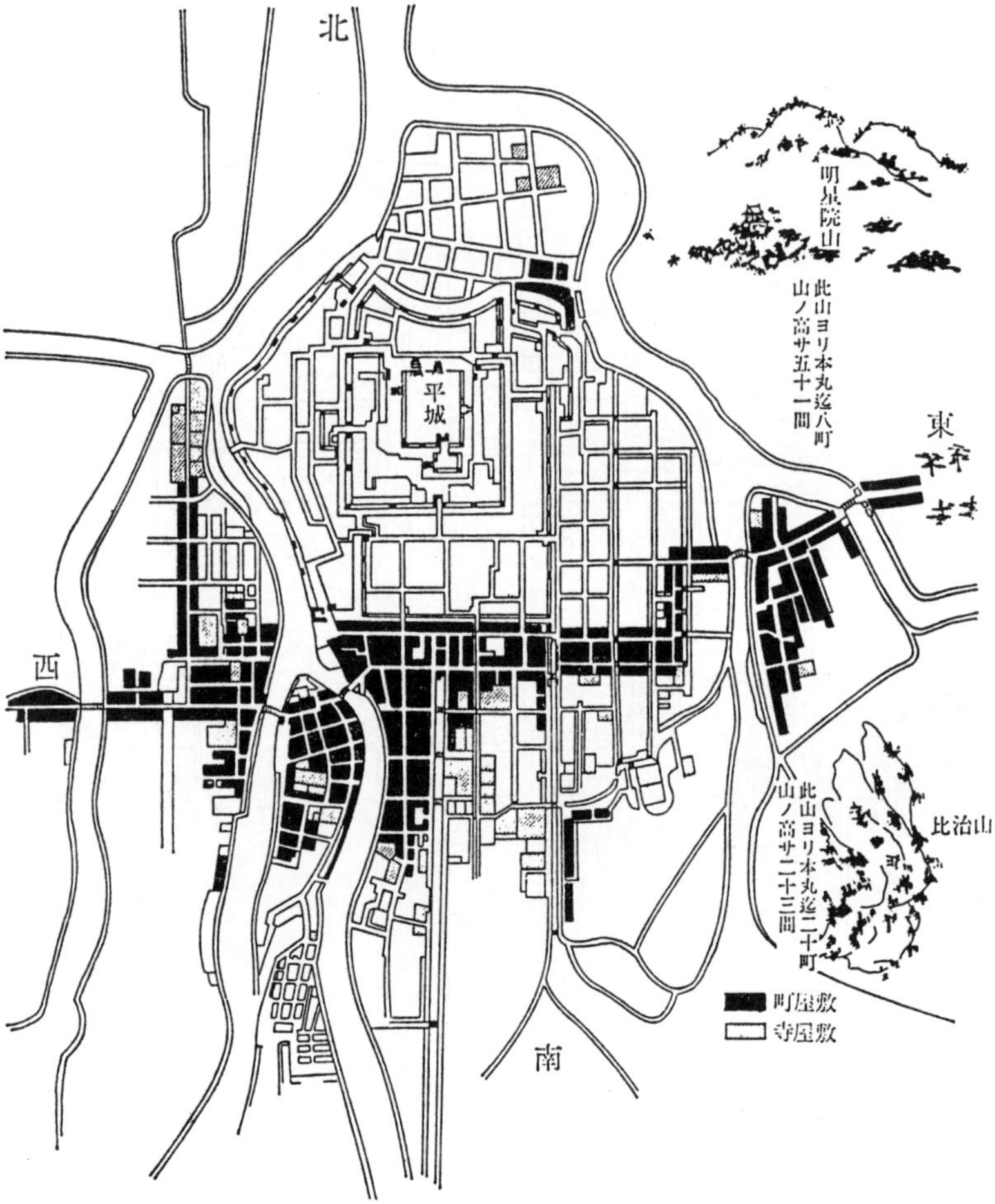

図２　福島時代の町割図（「浅野長晟入国時の城下絵図」）

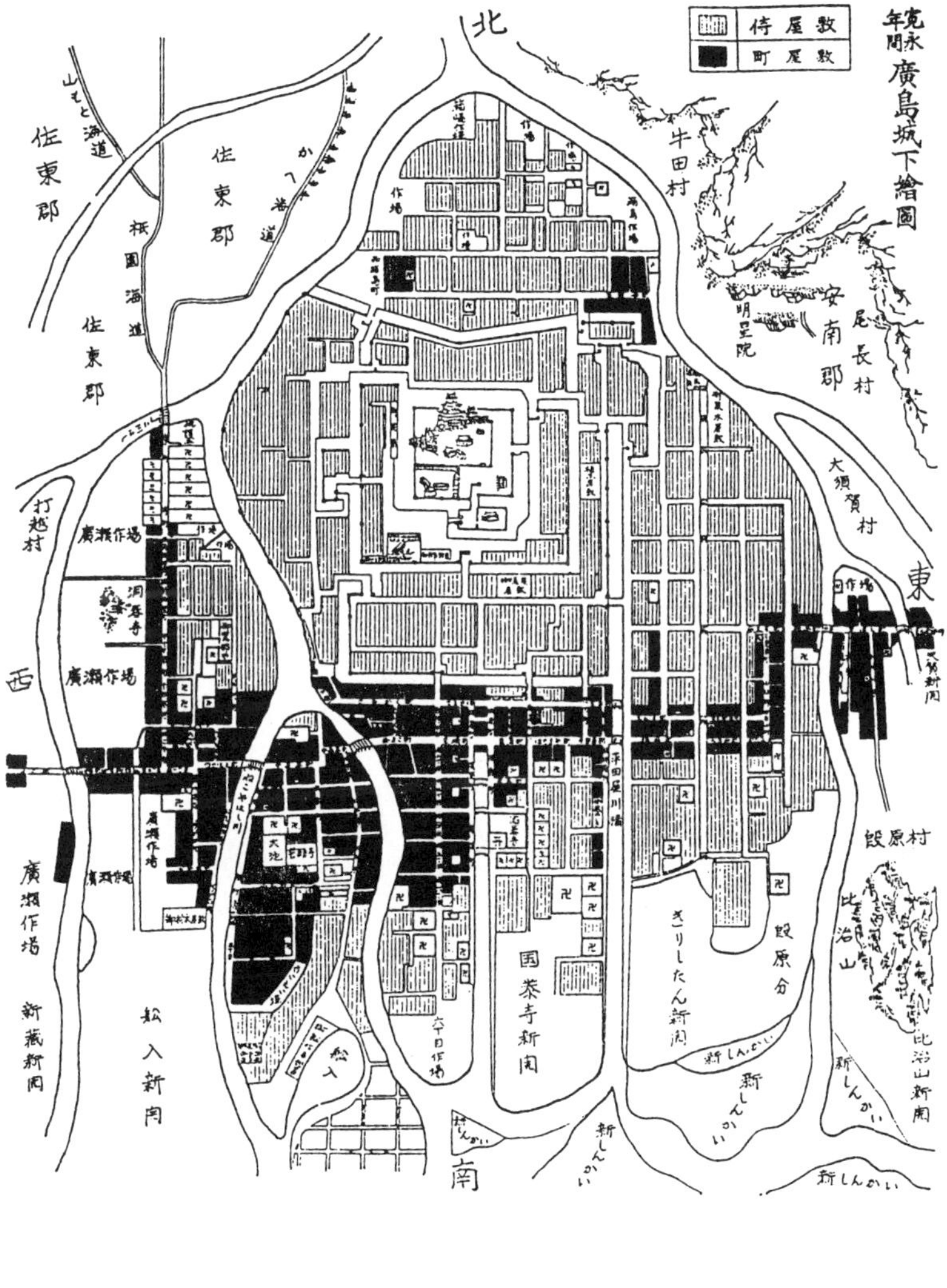

図３　寛永年間広島城下絵図

張整備などが行われ、さらに町人町を統括支配する町奉行（元和八年からは東西両町奉行）のもと、各町を五つの町ブロック（五町組）に分けられる。そして、それぞれ一人づつの大年寄と、各町に町年寄を置く支配組織が構築されていくなかで、各町がそれぞれ、固有な自立的機能を展開する方向が看取されるのであった。

表Ⅰ－21　広島城下町（町人町）の動向

	町組				新開組		
	町名	町区	家数	人数	村・新開数	家数	人数
天正18年（1590）	2						
元和5年（1619）	63	5	2,000				
寛永2年（1625）	52	5	2,288				
寛文4年（1664）		5	3,504		7・3		
延宝5年（1677）	68	5	3,652	31,205		737	6,201
正徳5年（1715）	68	5	3,958	37,155	17・7	970	10,855

「自得公済美録」巻18　『芸備国郡志』「頼氏記録」『広島藩御覚書帖』による。

この点を明らかにするために作成したのが、表Ⅰ－二一および表Ⅰ－二二～二六である。

まず、表Ⅰ－二一は町人町全体の動向をみたものであり、元和五年（一六一九）の段階では、福島正則一九年間の領国経営の結果として、広島城下町に山陽道を引き入れ、その東西出入口にあたる安南郡矢賀・尾長両村の境岩鼻、佐西郡草津、比治山の近傍の三カ所に大門を設置して、城下町と郡方の境とした[11]。また、同じく城下東西の尾長・川田両村にかわた集落を配置して周辺を固めている。これらによって、町域の拡大を窺うことが出来るが、内部の町人町は、町名をもつ町六三、そのうち、町規模を示す町間数を記した町五九となり、残る四町は町域の間数が流動的であった。

その後七か年を経過した寛永二年（一六二五）には、町人町は五二町と減少し、浅野氏の町政策による編成が進んでいることを示している。しかし、寛文四年（一六六四）幕府に届け出た「公儀御帖面」によると、従来の広島新開・同町のはずれのほかに沼田（旧佐東）・安芸（旧安南）両郡から七か村を編入し、五町組に対して新開組を新設して、町奉行支配区としており、広

表Ⅰ－22　白神町組の町名・規模の推移　単位：①③丁 ②家数/竈数（以下同じ）

①元和5年（1619）		②寛永2年（1625）		③正徳5年（1715）		③－①
さるがく町	3.10	猿楽町・細工町	87/182	猿楽町	2.31	－.39
細工町	1.04	—	—	細工町	1.35	.31
かミや町	2.08	紙屋町	42/135	紙屋町	2.19	.11
横町	2.50	西横町	19/ 11	横町	0.36	－2.14
志ほや町	2.08	塩屋町	36/ 74	塩屋町	1.20	－.48
尾道町	2.12	尾道町	25/ 77	尾道町	1.07	－1.05
本町1丁目	1.04	白神1丁目	29/ 45	白神1丁目	1.14	.10
〃　2丁目	1.05	白神2丁目	24/ 85	白神2丁目	1.14	.09
〃　3丁目	1.03	白神3丁目	28/ 64	白神3丁目	1.15	.12
〃　4丁目	1.05	白神4丁目	32/ 58	白神4丁目	1.16	.11
〃　5丁目	1.04	白神5丁目	39/ 61	白神5丁目	1.25	.21
〃　6丁目	0.51	白神6丁目	25/ 47	白神6丁目	1.03	.12
たうふや町	0.40	豆腐屋町	26/ 21	鳥屋町	0.44	.04
13	20.24 (1.34)	12	412/860 (34/ 72)	13	17.39 (1.25)	－2.45

島城下町の範囲がさらに拡大されたことが判明する[12]。これに照応して広島五町組の町数も延宝五年（一六七七）には六八町となり、以後、町域・町名ともに一八世紀後半まで維持されている[13]。

以上のことから広島城下町の町人町が、幕藩制下の有機的・地縁的な町共同体として事実上確立してくるのは、寛文・延宝期に至ってからであると指摘できよう。表Ⅰ－二二～二六は、その点を町人町の各ブロックごとに明らかにしようとしたもので、元和五年（一六一九）・寛永二年（一六二五）・正徳五年（一七一五）の三期における町名・町規模の動向を表示したものである。

(1) **白神町組**　この町ブロックは、広島城下町のうち、もっとも古く、毛利氏の天正十八年町割に際して、一二町区を計画し、町人町の中心的役割を果すべく設定されたという由来をもっている。町名は町割当初は記されていないが、元和五年には本町と称される町区域を軸に、その周辺に猿楽町・細工町・紙屋町・塩屋町・豆腐屋町など職人名の町が配されて、一三町

表Ⅰ－23　中島町組の町名・規模の推移

①元和５年（1619）		②寛永２年（1625）		③正徳５年（1715）		③－①
中島本町	2.02	中島本町	75/158	中島本町	3.05	1.03
湯屋町	0.40	—	—	—	—	－.40
天神町筋	3.34	舟町	94/215	天神町	4.00	.26
材木町	1.40	材木町	55/100	材木町	1.49	.09
本柳町	0.40	東柳町	29/ 35	元柳町	1.07	.27
新町筋	4.30	中島地方町	65/ 30	中島新町	6.55	2.25
木引町	2.03	—	—	木挽町	1.10	－.53
加子町	—	—	—	—	—	
8	15.09 （1.54）	5	318/538 （64/108）	6	18.06 （3.01）	2.57

の規模を示す。本町は町間数約六丁の区域であるが、ほぼ一丁単位に一丁目～六丁目まで区画され、他の町はそれよりもやや大きく二～三丁までの規模で町共同体が形成された。寛永二年までに、本町は白神社に因なんだ固有町名に改称され、横町が西横町になり、猿楽・細工両町を一町に合せて一二町になる。しかし、延宝五年には猿楽・細工町が分離されて、もとの二町に戻り、再び一三町に復した。また、西横町が横町に復し、豆腐屋町が鳥屋町に名称変更されている。各町の規模は、元和五年に対して正徳五年になると一町一丁規模に平均化する傾向がいちじるしい。

(2)中島町組　この町ブロックも、町割当初においては、白神地域とともに一六町区を計画し、町人町の中心地区に設定されたが、その後の発展は、元安川・本川に挟まれた「中の島」であり、藩の船頭・加子屋敷や木材陸揚場の指定を受けたことなどのために、町人・町域ともにきわめて流動的であった。元和五年には町長四〇間から四丁三〇間までの八町が存在し、町規模に大きな開きがあった。寛永年間には、町名・区域の異動が頻繁で、加子町は町組から除かれて新開方に編入され、天神町筋は、湯屋町を吸収して上船町・下船町に、新町筋は木引町を吸収し、中島本町に対応する中島地方町に、本柳町は東柳町に改称され、これにしたがって町区も大

表Ⅰ－24　中通り町組の町名・規模の推移

①元和5年（1619）		②寛永2年（1625）		③正徳5年（1715）		③－①
東箱嶋町	3.37	東箱嶋町	59/ 78	東白島町	2.37	－1.00
—	—	西箱島町	16/ 50	西白島町	0.41	.41
竹屋町	6.00	—	—	竹屋町	3.04	－2.56
東魚屋町	1.30	東魚屋町	28/ 71	東魚屋町	1.18	－ .12
たて町	2.26	立町	40/136	立町	1.31	－ .55
とぎや町	2.35	研屋町	50/122	研屋町	1.56	－ .39
平田町	1.25	平田屋町	30/ 76	平田屋町	1.36	.11
はりまや町	1.09	播磨屋町	31/ 41	播磨屋町	1.07	－ .02
革屋町	1.08	革屋町	22/ 66	革屋町	1.05	－ .03
西魚屋町	2.06	西魚屋町	54/ 23	西魚屋町	1.12	－ .54
鉄炮屋町	1.35	鉄炮屋町	16/ 40	鉄炮屋町	1.25	－ .10
せんば町	1.10	—	—	新川場町	1.18	.08
—	—	—	—	中町	1.06	1.06
—	—	—	—	袋町	1.03	1.03
11	24.41 (2.15)	10	346/703 (35/ 70)	14	20.59 (1.30)	－3.42

きく変更された。ところが、延宝五年までに上・下両船町はふたたび天神町に復し、東柳町は元柳町に、中島地方町は中島新町と、旧木引町区域が分立して木挽町が再設されるなどの変動を経た上、近世的な町に編成されていく。その結果、材木・元柳・木挽三町は町規模一丁余の平均的町に落着くが、中島本・天神・中島新三町は、それぞれ三丁・四丁・六丁余の大規模町を形成しており、寛永期から寛文・延宝期にかけて幕藩制的町形成のうえに、大きな画期が存在したことを指摘しうる。

(3)**中通り町組**　この町ブロックは、町割当初に皮屋町・板屋町と名付けられた町域を含むが、大部分の地域は、天野・小笠原・福原・粟屋・南方・渡辺・富田・北方・大庭といった毛利氏の有力家臣の屋敷地に割当てられていた。それが本格的に町人町に組み入れられたのは、城下町に山陽道を引き入れてからであり、この街道に沿う毛利家臣屋敷地は新たに町区に編成

表Ⅰ－25　新町組の町名・規模の推移

①元和5年（1619）		②寛永2年（1625）		③正徳5年（1715）		③－①
ゑんこう橋町	2.00	猿猴橋町	58/ 3	猿猴橋町	2.03	.03
—	—	—	—	東愛宕町	2.59	2.59
—	—	—	—	西愛宕町	3.03	3.03
京橋町	3.03	京橋町	105/ 81	京橋町	3.07	.04
吉田町	1.00	吉田町	11/ 20	吉田町	.27	－ .33
かや町	—	—	—	—	—	—
ひぢやま町	2.00	比治山町	78/ 39	比治山町	2.15	.15
大工町	1.00	—	—	東大工町	1.24	.24
大黒町	1.50	—	—	—	—	－1.50
柳町	2.45	柳町	10/ 4	東柳町	1.20	－1.25
東土手町	2.50	京橋土手町	29/ 2	東土手町	1.23	－1.27
橋本町	1.13	橋本町	41/ 60	橋本町	1.09	－ .04
いはみや町	1.10	石見屋町	38/ 84	石見屋町	1.26	.16
山口町	1.10	山口町	30/ 50	山口町	1.04	－ .06
銀山町	1.39	銀山町	42/ 92	銀山町	1.34	－ .05
東引御堂町	1.30	東引御堂町	49/ 49	東引御堂町	1.31	.01
—	—	—	—	松川町	1.47	1.47
ゑびす町	1.57	胡町	52/101	胡町	2.10	.13
ちぎや町	1.30	釿屋町	28/ 56	釿屋町	1.12	－ .18
ほり川町	1.54	堀川町	52/ 56	堀川町	2.11	.17
17	28.31 （1.41）	14	623/697 （45/ 50）	18	32.05 （1.47）	3.34

された。普請奉行二宮太郎右衛門に協力して町割に参画し、堀川（平田屋川）一帯の土地造成、町人頭になった平田屋佐渡守宗加（尼子牢人）の名に因んで命名された平田町、研師湯川播磨守宗有（紀伊国牢人）が町割に協力して土地普請を行った地域に因んで研屋町・播磨屋町などの町名が付けられた[14]。元和五年には、この町区で八町、それに地域的に離れているが、船場《せんば》・竹屋・東箱島の三町を加えて一一町の町ブロックを形成している。その町規模は、竹屋・東箱島両町など離れた町を除き、町長一～二丁と平均的な町が形成されていた。寛永年間には、平田町が平田屋町となったほか、船場・竹屋両町が町人町から除か

れて武家屋敷地に編入され、新たに西箱島が町人町に新設されたので、差引一〇町になっている。しかし、延宝五年までに東西両箱島町が東白島町・西白島町となり、鉄砲屋町の南、平田屋川沿いに新川場町が復活し、竹屋町もふたたび編入され、さらに西魚屋・鉄砲両町の南側に、袋町・中町両町が新設されて、一四町となった。各町のうち東西両白島町と竹屋町を除き、その中心となる山陽道沿いの町々は元和五年以降の活発な動きを認めることはできないが、すべて町長一丁台の規模に整備される。かくて、この町ブロックにおいても、寛永・寛文期の幕藩制的な町編成がすすんだことをはっきりと示している。

(4)新町組　この町ブロックは、当初に家臣家敷地とされた地域と、城下町の東入口に位置する周辺地域が含められる。山陽道の城下引入れによって本格的な町人町に設定され、猿猴橋詰から中通組平田屋町にいたる道路沿いに形成された町々である。すなわち、福島正則の発意により、銭屋又兵衛が慶長八年（一六〇三）西引御堂町にあった胡社を遷座させ、胡町・東引御堂町を新設して、商業の振興をはかったというように[15]、市場機能を備えた商人主体の町人町として成立した地域と、京橋川から東の猿猴橋・矢賀村・尾長村と続く山陽道沿いの町はずれ集落を取り込んだもので、元和五年には一七町が形成されるが、茅町のみは、まだ町規模（町間数）が確定していなかった。茅町以外の町々は、京橋川以東の京橋・猿猴橋・比治山・柳・東土手五町など周辺町が、町長二〜三丁規模とやや大きいのに対し、中心部の各町はすべて一丁規模の町として成立しており、正則の町割政策が貫徹していることを示している。

しかして、寛永年間には、東土手町が京橋土手町と改称したほか、茅・大工・大黒の三町が町分から除かれて一四町に縮小したが、延宝五年までに大工町が東大工町として復活し、さらに矢賀村から尾長村にいたる山陽道筋に東愛宕町・西愛宕町の両町、および松川町が新設編入されたので、逆に一八町に増加した。なお、京橋土手町はもとの東土手町、柳町は東柳町と改称している。

表Ⅰ－26　広瀬町組の町名・規模の推移

①元和5年（1619）		②寛永2年（1625）		③正徳5年（1715）		③－①
寺　　町	3.53	—	—	寺　　町	3.34	－.19
西引御堂町	1.54	西引御堂町	115/ 22	西引御堂町	2.51	.57
十日市町	2.04	十日市町	60/ 15	十日市町	1.57	－.07
ねこや町	2.00	猫屋町	67/ 30	猫屋町	2.17	.17
大工町	0.40	—	—	西大工町	0.24	－.16
油屋町	1.40	油屋町	45/ 44	油屋町	2.24	.44
かぢや町	1.20	鍛冶屋町	33/ 13	鍛冶屋町	2.07	.47
塚本町	1.53	塚本町	46/ 92	塚本町	1.38	－.15
堺　　町	4.00	堺1丁目・2丁目	59/ 65	堺1丁目・2丁目	2.14	－1.46
—	—	堺3丁目・4丁目	61/ 6	堺3丁目	0.57	.57
—	—	—	—	堺4丁目	0.55	.55
小屋町	2.10	—	—	小屋新町	2.16	.06
西土手町	1.20	西土手町	15/ 15	西土手町	0.28	－.52
地方町	1.26	西土手地方町	67/141	西地方町	2.28	1.02
かべや町	—	—	—	—	—	—
唐人町	—	唐人町	21/ 7	唐人町	0.30	.30
—	—	—	—	空鞘町	1.50	1.50
—	—	—	—	左官町	0.43	.43
14	24.20	11	589/450	17	29.33	5.13
	(1.58)		(54/ 41)		(1.44)	

このように新町組は、城下町人町の東部ブロックとして、胡町・東引御堂町など商業・市場機能をもつ幕藩制的町に定着した町々と、京橋町以東の町々のように町域の外延的拡大を含みながら、城下町機能を発揮する町区の二方向に分類できよう。

(5) **広瀬町組**　この町ブロックは新町組に対置して広島城下の西端に位置し、その一部はすでに天正十八年の町割当初に、大まかな三町区が設定されたが、大部分は毛利家臣の屋敷地であった。もっとも、毛利氏時代に、城下西端であるところから、「むかしハ川上の村里より莚・ござ・竹の皮笠・竹かごあるいハ青ものやうの品々をこの所にもち出、月ごとに十日の市をなしける」[16]由来もあって、十日市町と名付けるという町場形成もあったが、やはり、本格的には山陽道の引入れおよび雲石路の起点が設定されることによって、丁形型の街道沿いに各町が成立したといえよう。それは慶長八年（一六〇三）、仏護寺をはじめ真宗寺院を集めて寺町を設けたことに示されるように[17]、雲石路を横川近くまでと、山陽道を川田川にいたる地域までを町形成の対象とし、元和五年には一四町が成立している。町規模は、堺・寺町両町が町長四丁、十日市・猫屋・小屋三町が二丁台のほか、町長一丁余の規模であった。ただし、かべや・唐人両町のみは、町間数が確定していない。

それが寛永年間には、地方町が西土手地方町と改称され、寺町の大半が寺屋敷であること、大工町・小屋町・かべや町が周辺部であるため町組から除かれた。また、堺町は町長四丁が、一丁目・二丁目・三丁目・四丁目と四区分されたが、一・二、三・四の二町とされ、鍛冶町では、寛永十四年三月、鍛冶弟子二一人を油屋町の畠地三反余に移して町屋敷に取り立て新鍛冶屋町を称させた[18]。こうした寛永期の動きは、町数が一二町に減ずることになったが、延宝五年には、町人屋敷地の増えた寺町をはじめ、大工町が西大工町、小屋町が小屋新町として復帰し、堺三丁目・四丁目が二分されて独立の町区となったこと、また、空鞘・左官両町が新設町に取立てられたため、逆に一七町に増加した。なお、西土手地方町が西地方町と改称されている。

このような寛永期の動向は、城下西端の町ブロックで、町共同体の形成が他のブロックに比して遅れていたこと、同時に新しい町開発の可能性を抱えていたことによるが、延宝期に確立した町は、寺屋敷を含む寺町を除いて、いずれも町間数一丁余の規模に平均化してきている。

以上、広島城下町全体としての特徴をまとめると、第一に毛利氏の町人町政策に対して福島正則のそれは大きく異なり、慶長年代にいたって、広島城下町人町の基礎が出来上ったといえる。それは白神・中島地域にかたよった町ブロックを克服し、山陽道および雲石路に沿って広く町域を展開させ、新町・中通り・白神・中島・広瀬の五町ブロック（町組）を形成させたことにある。そして、各町は領主政策に対抗を示すと同時に、元和五年六三町、寛永二年五二町、延宝五年六八町と町数の増減が示すように各町の創立時期や、成立の歴史的事情、固有な町性格などにも規制されながら、それぞれ幕藩制下の城下町人町に固有な町共同体を確立させたのである。

第二に各町組は、その中核に小商業・手工業未分離の小経営・小資本で構成される経済単位としての町々を抱え、さらにその周辺に比較的単一の業種や職人の集中によって構成される町々を配する形で町ブロックを形作っている。それらの町規模は、城下外延部の拡大・流動的な地域を除くと、道路を挟んだ町並が町間数（町屋敷の表間口）一丁～二丁規模に整序されていく方向がみられた。これは近世城下町の基礎構造、経済機能の町単位として、町間数一丁規模がもっとも普遍的な規模であったことのあらわれであろう。

註

（1）朝尾直弘「近世の身分制と賤民」（『部落問題研究』六八）。

（2）吉田伸之「町人と町」（『講座日本歴史』5・近世1）。

（3）河合正治「城下町成立の問題――広島を中心として――」（魚澄惣五郎編『大名領国と城下町』一九五七年、柳原書店）、中部よし子「中間地域における近世城下町の形成――安芸国広島の場合――」（同著『近世都市の成立と構造』一九六七年　新生社）、後藤陽一『広島城下町』（『広島県史』総説一九八四年広島県）などが代表的研究といえよう。

（4）（5）「山県源右衛門覚書」。

（6）「厳島野坂文書」一八九二号（『広島県史』古代中世資料編Ⅱ）。

（7）「知新集」巻二五（『新修広島市史』第六巻資料編その一）。

（8）図一の「毛利時代の広島城下絵図」（山口県文書館「毛利家文庫」）は、標題・成立年代ともに記されていないが、『広島市史』、『新修広島市史』の附図に収録された嘉永七年書写された同系統図の標題に「芸州広島・御分国八州之時御城下屋敷割幷神社佛閣割共図」とあるのが示唆的であり、また「山県源右衛門覚書」からみて、毛利時代の実測図ではなく、天正十八年の城下町割図（設計図）と推定されよう。

図二の「元和五年浅野長晟入国時の広島城下絵図」（広島市立中央図書館蔵）は、「長晟入国時」とあるところから、元和五年の町絵図であり、福島正則時代に行われた事実をあらわしているとみることができる。

図三の「寛永年間広島城下町絵図」（広島市立中央図書館蔵）は、寛永十年までの町絵図と認められる。
（9）『新修広島市史』第一巻総説編三〇二頁。
（10）松浦義則「毛利氏の領国経営」（『広島県史』近世1）、後藤陽一「広島城下町」（『広島県史』総説）。
（11）三井大作「広島の町門に就きて」（「尚古」五七号）、「知新集」（『新修広島市史』第四巻）など。
（12）元和五年の「知行帳」によれば、広島城下町の範囲に、高付地として「広島新開一三三九石余、同町はづれ三七二石」のみが記載されている。また、寛文四年の「御帳面高」によれば、城下町分として「広島新開・同町はずれ・同新開」のほかに、沼田郡の川田・箱島両村、安芸郡の段原・大須賀・明星院・箱島・尾長の五ヵ村、合せて七ヵ村、高八〇三七石余を編入し、町組とは別に新開組を成立させている。この新開組は、正徳五年には、「広島新開・同町はずれ・同新開」がそれぞれ固有な村・新開の名称で呼ばれており、沼田・安芸両郡編入分と合せて、川田・箱島（西）・観音・船入・国泰寺・矢賀・竹屋・比治・広瀬・六町目・古川・大黒・大須賀・箱島（東）・段原・明星院・尾長の一七村、水主町・江波・吉島・山崎大津・仁保島東・仁保島西の七新開、合計高一万八三〇石余に分立増加している。
（13）宝暦七年（一七五七）、宝暦改革の一環として、町奉行支配から新開組を独立させて新開奉行を新設し、これを機会に、従来町組に属していた西愛宕町・東愛宕町（新町組）、空鞘町・左官町・小屋新町・西地方町（広瀬組）の六町が、新開組へ編入されたので、町組は六四町に縮少され、以後固定化される。なお、新開奉行は、寛政元年（一七八九）に廃され、新開組はふたたび町奉行支配に復している。
（14）いままでは『知新集』の旧家由来にもとづいて、町割当初からこれらの町名が名付けられていたように説明されており、通説となっているが、この説は、天正十八年城下町割図の存在を考慮しておらず、事実と明らかにくい違っている。そこで考えられるのは、福島正則時代の町人町編成の時に町名の大部分が命名されたという説がなり立つであろう。
(15)「知新集」巻一一西光寺(『新修広島市史』第六巻資料編その一)、香川南浜「秋長夜話」後編。
(16)(17)(18)「知新集」巻六、広瀬組(『新修広島市史』第六巻資料編その一)。

2　町人役の負担

幕藩制国家は身分制支配の枠組として「武士・百姓・町人・賤民」身分の成立を前提になりたっている。武士と百姓の区別は、豊臣統一政権による一連の検地政策や刀狩令の徹底により、武士身分が軍役機能を独占し、百姓身分が人夫役・陣夫役を負担して、両者が支配する側と支配される側に関係づけられる社会体制をつくり出すことにあったが、町人身分が確定される際も、同様の過程がみられた。たとえば、京都のように古代から続いた都市の住人(農・商人・職人)を近世町人身分に編成・確定するためには、天正十五〜十八年の秀吉による洛中検地、同十九年の地子免許、同二十年の間口・家数指出などを通して、「領主」(本所・寺社・被官)的土地所有(地子+課役)を否定し、統一政権の町人足役の負担者=家持町人を把握する作業が必要だったのである。[1] 毛利氏領国内でも身分編成が急速に現実化したのは、秀吉の朝鮮出兵にそなえて出された天正十九年(一五九一)の身分移動の禁令(定)や、翌年の人掃令の実施であった。

厳島領家数・人数付立之事
一家数千間　寺内 社家　百ヶ所 百ヶ所

一出家百人
一社家百人
一奉公人廿人　内五人　渡唐
　　　　　　　十五人　留守居
一職人廿人
一町人千人
一女何人
　以上　男数何人
　　　　女数何人
右、神文

この文書[2]は、秀吉の人掃令にもとづいて、厳島内の「唐入」の陣夫として召連られる者と、在地にあって夫役負担能力を有する者の調査を目的とした家数・人数改めの書式であった。奉公人二〇人のうち、「渡唐」五人、「留守居」一五人と書上げられているが、社家・出家のほかに「職人」「町人」の身分区別に特徴が認められる。なお、文禄五年には「厳島百姓屋敷地料銀」として一七人から銀一二二匁が徴収されており、厳島住人の屋敷を百姓屋敷と把握することも行われている。

このように人掃令後における毛利氏の厳島住人の身分把握は、一定の基準をもっていたとはいえないものがある。このことは、厳島に限らず毛利領国内においてもしばしば見届けられたところで、文禄四年十一月、毛利氏は尾道・鞆を公領とし、代官支配下においたが、鞆代官は家臣三上元安を任じ、尾道代官には初期豪商の性格をもった泉屋一相・笠岡屋又左衛門尉の両商人を任じている。代官の主要な任務は、公領年貢の収納、段銭・夫役の徴収であり、管轄地の在地給人を一所衆として支配することも出来たので、毛利氏譜代家臣が多く任じられたが、天正

草創期の転入者一覧

家職	定着後人名	備考
酒造・穀物商	伊予屋助右衛門	
薬種	横田屋四郎右衛門初代	
後質貸	縄屋九左衛門初代	
研職		慶長5年に紀州帰国
〃	研屋市左衛門	
医業	医師道巴	
質貸	茶屋太衛左門	備中笠岡を経て来住
鍛冶職	大和屋平右衛門	
大工職	松田屋源次郎	
茶・瀬戸物商	松屋久吉	
出酒造	2代草津屋猪兵衛	
薬種	金川屋九郎右衛門	
味噌・醤油商	2代樽屋与三左衛門	
	平田屋惣右衛門	町人頭、後、出雲帰国
革造り	革屋頭孫左衛門	後、新開地に移住
銅虫細工	荘屋源左衛門	
ねりもの細工	丹波屋彦右衛門	
茅葺・耕作	家根屋庄兵衛	
薬種	鴈金屋平右衛門	吉田町で商人に転ず
酒造り	三原屋三郎右衛門	三原を経て来住
研職	本阿弥五郎右衛門	
材木類商	元和5年岩国屋与三右衛門	
紙商	伊予屋九郎右衛門	
塗師細工	油屋九右衛門	安芸国吉田を経て来住
印判彫刻	印判屋与次郎	当初借地住
味噌醤油商	備中屋助左衛門	
厳島神事用達	山田左衛門	
醤油商	油屋与三右衛門	
酒造・質貸	長谷川屋	輝元の友として招かれる
油稼	油屋吉右衛門	後野上屋、厳島を経て来住
刀剣商	鉄屋孫左衛門	
	芥川屋助右衛門	毛利時代目代役
鉄商	大田屋七郎兵衛	山県郡大塚村経由
鍛冶業	鍛冶屋忠左衛門	
〃	八文字屋忠兵衛	
〃	法道寺屋三郎左衛門	
〃	美濃嘉右衛門	
鉄細工	錠屋権右衛門	はじめ鋳物、金銀細工
瓦造り	瓦師善右衛門	瓦屋4人共に舟入村移住
駕籠細工	2代八木屋善太郎	佐東郡八木村経由
耕作	木屋太兵衛	
酒造	金屋五郎兵衛	

表Ⅰ－27　広島城下町

	来往時人名	前住地・状況	来往年代	来住家地
新町	兵頭助右衛門尉	伊予国牢人	天正19年	銀山町南
	万代弥三郎	近江国牢人	町割の時	橋本町
	保田内蔵	牢人	毛利時代	〃
	湯川播磨守宗有	紀伊国牢人	天正の頃	播磨屋町
	湯川市左衛門郷治	紀伊国牢人の二男	〃	石見屋町
	神保五郎	安芸国小早川家牢人	慶長以前	山口町
	茶屋太左衛門	備前国住人	慶長年中	銀山町
	池田何某	高田郡吉田住人	町割以前	稲荷町辺
	大工源次郎		町割の頃	〃
	松屋久吉	高田郡吉田住人	天正17年	堀川町辺
中通り	横山吉右衛門	佐伯郡草津浦	天正の頃	播磨屋町辺
	九郎右衛門	備前国金川	〃	〃
	岡本万三郎	美作国津山、牢人岡本修理子	町割の頃	〃
	平田佐渡	出雲国杵築、尼子牢人	天正18年頃	平田町
	伍家孫左衛門	佐東郡武田家知行人	天正18年正月	革屋町
	香川源左衛門	佐東郡武田牢人	毛利時代	研屋町
	岡田彦九郎猶正	丹波国住人	慶長年間	立町
	庄兵衛	伊予国住人	永禄年中	箱島
白神	鴈金屋平右衛門	高田郡吉田、元毛利牢人	天正年中	本町１丁目
	菊屋三郎右衛門	播磨国赤松家の一族・牢人	慶長２年	本町３丁目
	羽仁五郎右衛門	安芸国、毛利牢人	毛利時代	猿楽町
	多田与三右衛門	高田郡吉田、毛利家臣の庶子	天正18年５月	尾道町
	九郎右衛門	伊予国出身	天正19年	紙屋町
	武田九郎信朝	甲斐国武田氏牢人	文禄２年５月	塩屋町
中島	印判屋与次郎	石見国牢人	慶長３年	本町
	大塚助左衛門	備中国出身	毛利時代	〃
	山田左衛門	安南郡府中村社人	天正17年	天神町
広瀬	与三右衛門	高田郡吉田町	天正17年	堺町
	長谷川右京	泉州堺、足利牢人	天正19年	〃
	山口吉右衛門	周防国野上市の住人	町割の頃	油屋町
	孫左衛門	石見国出羽出身	毛利時代	〃
	芥川助右衛門寄林	佐東郡古市、武田牢人	町割の時	堺町
	菅沼七郎兵衛	美濃国笠松の住人	文禄５年	塚本町
	高田忠左衛門	沼田郡南下安、神職の庶子	文禄の頃	〃
	忠兵衛	高田郡吉田の出身	天正の頃	鍛治屋町
	三郎左衛門	〃	天正19年	〃
	世良嘉右衛門	毛利氏家臣の弟	天正の頃	〃
	権右衛門	高田郡多治比村住人	天正17年正月	芳原新地
	岩尾善右衛門	山城国山科	毛利時代	唐人町
	桑原与兵衛	伊予国河野氏の一族	慶長年中	西引御堂町
	木屋太兵衛	高田郡吉田の出身	〃	空鞘町
	猫屋九郎左衛門	府中松崎八幡宮棚守	天正の頃	猫屋町
	河村五郎兵衛	佐東郡大町武田氏の一族牢人	町割当時	〃

「知新集」（『修新広島市史』第６巻資料編その一）

末期からは商人や小者・中間出身者が代官になる例も増加している。このように毛利氏の領国支配政策としては、兵農分離・農商区分など身分制支配の明確な整序方向が推進されていたとはいい難いものがある。

さて、天正十八年からはじまった広島城下町の建設工事は、毛利氏領国から多大な建設資材・労働力を賦課徴収して行われたわけであるが、その方法は「城誘役《しろこしらえ》」を全領国に拡大して、毛利家臣・給人には知行高、国郡・郷村には石高、町屋敷に棟別などの基準を設けて、必要資材・夫役等を徴収した。そのなかで注目されるのは、「島普請」の基礎が出来、城下町広島の建設とともに各地から来住し、町人身分に編成される住人の性格である。

当時の毛利氏領国には、農村の郷村市場で商人的活動をしていた郷村市場商人、各地の都市＝町を拠点に商工業営業を行い、一定の特権を認められていた座商人、在地領主に前貸をおこない年貢収納に当っていた土倉商人、京都・堺、その他領外各地と取引していた遠隔地交易商人、大名の物資の調達・運送にあたる初期豪商など、さまざまな商人層が活動していたのであるが、これらのうち、特権的座司商工業者と認められる有力商人・職人の広島城下への移住はほとんど認められない。広島と山口をかけ持ちで蔵本商人として活躍していた播磨屋又左衛門(3)、広島の広瀬で輝元や厳島社に呉服をあきなっていた「ぬりや良空(4)」らわずかに伝えられる広島商人の例のほかには、「知新集」の旧家・名家に関する城下町開創期の居住を伝える四三家にすぎない(5)。表Ⅰ－二七はこれら広島転入者の町ブロック別一覧である。まず、転入者の前住地は領国内二四人（五六％）、領国外から一七人（四〇％）、不明二人（四％）、その際の社会的身分状況は、牢人一七人、武家の庶子二人、商人七人、職人八人、百姓一人、その他である。また、広島での居住場所は、広瀬ブロック一六人、新町ブロック一〇人、中通り八人、白神五人、中島三人とあって、典拠資料が文政期の由緒書で正確は期し難いとはいえ、広瀬・中通り・新町三ブロックの武家屋敷とされた地に三三人（七七％）を、どのように理解すべきか。さらにかれらは、広島町人町の形成からいえば、ごく一部の町人であり、元和五年に町家数二〇〇〇軒、借屋竈二〇六五竈と把握された町人の大部分が、広島築城後、毛利氏領国内外から転入した者であった。それは、さきの町上層を占めた町人の多くが牢人・郷村市場商人・職人等であり、城下町の建設に乗じて転身をはかる目的のもと来住したと同様に、農村の百姓あるいはその兄弟・庶子が、領主の年貢、夫役の重課を逃れて、広島城下へ集中し町普請役を勤めながら、商工業関係に従事していくとみて差支えはないであろう。

以上の武家の庶子・牢人・商人・職人から百姓等にいたる社会的身分・階層の者は、毛利氏の身分政策からみて、広島転入後直ちに町人身分に設定・処遇されたのではなかった。つまり、身分・階層を問わず町普請・人足役を割当てられ、土地造成・家普請がすすみ、城下町の形態が整えられるにしたがって、かれらの居住地も固まり、さらにその居住地の屋敷を基準とする軒別の普請・人足役を負担することになったのである。その際、大工・船大工・木挽、その他の諸職人棟梁ら、定められた公役をつとめる特定職人（御用職人）は、普請・人足役の免除が行われた。

また、城下町の地子免除は、特定職人に限らず、普請・人足役を負担する城下居住者に対しても実施された。このようにして広島城下居住者のうち、毛利氏の家臣・中間・小者など軍役と関係する階層および寺社以外の住民を、町人身分と規定する基盤が形成されつつあった。しかし、毛利氏が政策的に広島町人の基準を示して町人編成を行った様子はみられない。ここに武家屋敷地とされた中通り・新町・広瀬各町ブロックへ転住した者の定着を解く鍵があるのであって、当時家職のため商人・職人とよばれたかも知れないが、決して町人身分に編成されたわけではなかったのである。(6) ところが、元和五年芸備両国四九万石を領知した福島正則は、翌六年から太閤検地や刀狩りなど、領国経営の重要政策を実施して、積極的に兵農分離・町在分離をすすめ、幕藩制的身分制を基本とした支配を徹底させていった。

広島城下町の東西に大門を建設して、城下町と郡方との境界を厳にしたのもそのあらわれであるし、城下に山陽道の引入や雲石路の起点を設けて、その沿道筋を中心に町人町を編成しなおし、商工業者を集住させて町人の町とし、家臣団の侍屋敷と厳密に区別する政策をとったのも一連の政策である。そして、侍士に軍役を課したのに対応して、町人には町人役として普請・人足役を割当て、徴収する仕組を採用した。普請・人足役は棟役=町家単位に賦課され、夫役・役代銀として取立てられた。もっとも浦方の町で藩が船頭・水主の入用時に普請・人足役の一種とみなされる加子役(水主役)を徴収しており、この課役も家単位であった。三原町では、慶長十七年につぎのような加子役の賦課徴収がなされていた[7]。

　　三わら町いゑつけ
一いゑ高四百九拾参けん
　内
一百参拾参けん　　諸しよく人　ごけ　びく　めくら
一九けん　　　　　きやくらいのやどのぞく
残而参百五拾壱けん　かこやく
　内
一弐百参拾四けん　但三ふ弐ゆるし候
一百拾七けん　　　かこやく仕ぶん
右之銀子壱貫百七拾目
　かこ壱人ニ付て大さかまで上下五匁つゝ、但壱ねんニ弐もとり、けい長十七年ゟ右之さん用ニ銀子可出候
けい長拾七年八月十一日

大夫書判
上月ふんこのかミ
ましまミまさかのかミ
大さきけんはのかミ

すなわち、家数四九三軒のうち、諸職人・後家・比丘・盲人一三三軒、客宿九軒が役負担を免除され、残る三五一軒が町人役家として水主役を負担した。しかし、実際の徴発にあたっては、その三分の二を免じ、一一七軒に割り当てた。それは一軒前「かこ一人に付」一年に二回、大坂まで往復することを基準とするが、慶長十七年以降は、大坂往復一回を銀五匁の計算で、一一七軒分の銀一貫一七〇匁を銀納させていた。

広島町人町でも福島時代の状況を反映した課役として、入国早々の浅野氏は、元和五年に「むね役・くぐ役・よし代銀」の銀一二貫七八六匁を取り立てて「小物成」の中に含めている[8]。また、元和八年には広島町から水主役銀一一貫四七四匁、葭之銀一貫三三二匁、合せて銀一二貫八〇六匁を収納している[9]。これらは福島時代の町人役の一部をなすもので普請・人足役（城誘役）の系譜をもつ夫役が現物徴発のかわりに役代納化して徴収されたものである。これら町人役は元和～寛永年間に近世租税体系としての性格や、賦課基準が整えられ、幕藩制的町人役体系としての形態を確定するにいたった。そこには、広島町人が町役家として出役・出銀するものを、大きく二分している。一つは藩に収公される水主役銀・諸職人水役銀・葭銀など諸役代銀に属するものと、諸町役人給米・出役夫賃米・諸作事普請費・川堀夫賃・寺社初穂銀など町組入用に属するものとであった。それらの負担基準の例を、中通り町組東魚屋町によって示すとつぎの通りである。

〔東魚屋町〕惣家数合四拾八軒
此間数合百五拾七間四尺八寸五歩
内
四間三寸五歩　堀端通り道、先年ゟ御引被成候
弐間三尺八寸　飛脚屋敷ニ御引被成候　孫兵衛
五間三尺　　年寄役ニ御引被成候　　次兵衛
合拾壱間五尺壱寸五歩
残テ百四拾五間六尺　　御役目之家
内
五拾七間四尺壱寸　　本役之家
八拾八間壱尺九寸　　半役之家
承応弐年八月六日洪水ニ古絵図損し写替相違御座候処、相改指上ヶ申候　以上
承応三年甲午十月八日

年寄　次兵衛印
組頭　又兵衛印
同　九郎左衛門印

沖　左　平　太　様
寺西与三兵衛様

これは、町人役負担の賦課基準図とされていた町絵図が承応二年八月の大洪水で水損したのを契機に新規に改訂

表Ｉ－28　承応３年新町組町の町人役負担

	猿猴橋町		京橋町		吉田町		胡　町	
	家数（軒）	間数（間）	家数（軒）	間数（間）	家数（軒）	間数（間）	家数（軒）	間数（間）
総町人家	118	246	134	375	14	55	74	262
（拝領家）	44	153						
役方内訳　年寄役	1	8	1	6	1	2	1	10
役方内訳　大工役			2	5			1	3
役方内訳　橋掃除役	2	3	5	12				
役方内訳　南・北水道の上				2				
役方内訳　胡堂								4
計	3	11	8	25	1	2	2	17
御役目家	115	235	126	350	13	53	72	245
内訳　本役家		213		350		53		220
内訳　半役家		22						25

し、翌三年十月町年寄・組頭連名で両町奉行あてに差し出したものである[10]。東魚屋町の家数四八軒、表間口数一五七間余、このうち「御役目」＝町人役を負担する家の間口一四五間余となる。さらにこの町人役を負担する家は本役五七間余、半役八八間余と区別された。本役・半役の区別は、前者が大通り（表通り）に面した町屋敷の表間口であるのに対して、後者は脇道筋に面した町屋敷の表間口の負担である。

　また、町人役を免除された家は、年寄役の次兵衛家（五間余）、飛脚屋敷の孫兵衛家（二間余）、および堀端通り道（四間余）であり、他の公役を勤める町屋敷および公共施設が免除の対象とされている。したがって、町人役は、他の公役負担のある町屋敷（家）を除いて、その持主の職種を問わず、すべての町屋敷の表間口の間数を基準に賦課されている。表Ｉ－二八～三一は新町・中通り・白神・中島の町組ごとに、町人役負担の判明する町々を一覧したものである。まず、表Ｉ－二八は、新町組四町における町人役の負担状況であり、猿猴橋町にある拝領家四四軒（一五三間）は、町人役免除の対象になっていない。なお京橋・吉田両町では半役を負担する脇道筋の町屋敷がみられない。町人役免除には、各町に年寄役を勤める町人町屋

表Ⅰ－29　承応３年、中通組町の町人役負担

		革屋町		平田屋町		東魚屋町		東白島町		西白島町	
		家数（軒）	間数（間）	家数（軒）	間数（間）	家数（軒）	間数（間）	家数（軒）	間数（間）	家数（軒）	間数（間）
総町人家		28	131	40	192	48	158	82	316	27	100
役方内訳	年寄役	1	17	1	15	1	5	1	6	1	5
	座敷役	1	13	2	19						
	飛脚屋敷役				3	1	3				
	堀端通り道役						4				
	計	2	30	3	37	2	12	1	6	1	5
御役目家		26	101	37	155	46	146	81	310	26	95
内訳	本役家				128		58		222		82
	半役家				27		88		16		
	加子銀（1匁役）								72		13

敷があり、京橋・胡両町では大工役、猿猴橋・京橋両町では、両橋の掃除役を務める者の町屋敷および公共の南北水道の上、胡堂が対象になっていた。

表Ⅰ－二九は中通り町組五町の町人役負担状況で、革屋・西白島両町には半役家が存在しなかったこと、東白島・西白島両町では、町人役家のうち、七二間と一三間分が一匁役（表間口一間に対して一匁を徴収）と称する加子役家に指定されていた。町人役免除は、各町の年寄役のほか、革屋・平田屋両町の座敷役、平田屋・東魚屋両町の飛脚屋敷役、東魚屋町の堀端通り道役などであった。

表Ⅰ－三〇は白神町組八町の町人役負担状況であって、本町（白神）二丁目、三丁目、六丁目および猿楽・西横両町には半役家がみられない。また、町人役免除は、本町一・二丁目の座敷役、客人家役、本町六丁目、塩屋町の大工役、木引役、紙屋町の桶屋棟梁役、本町六丁目の寺屋敷などが対象とされていた。

表Ⅰ－三一の中島町組五町の町人役負担には、材木・木引両町が壱匁役（水主役）を内包している。また、町人役免除には、各町の年寄役のほか、中島本町、天神町筋、木引町など三町に大工役、材木町に船大工役、木引町に木引役、中島本町に橋掃除役などがあって、免除の対象とされている。

表Ⅰ－30　承応3年白神組町の町人役負担

		本町一丁目		本町二丁目		本町三丁目		本町六丁目		紙屋町		猿楽町		塩屋町		西横町	
		家数（軒）	間数（間）	家数（軒）	間数（間）	家数（軒）	間数（間）	家数（軒）	間数（間）	家数（軒）	間数（間）	家数（軒）	間数（間）	家数（軒）	間数（間）	家数（軒）	間数（間）
総町人家		25	149	26	150	32	151	26	127	65	280	56	322	41	160	19	73
役方内訳	年寄役	1	17	1	12	1	19	1	7	1	5	1	9	1	5	1	10
	座敷役	1	10														
	客人家役	4	33	4	38												
	大工役							13	54					1	5		
	木引役							2	18								
	桶屋総領役									1	6						
	寺屋敷							1	12								
	計	6	60	5	50	1	19	17	91	2	11	1	313	2	10	1	10
御役目家		19	89	21	100	31	132	9	36	63	269	55	313	39	150	18	63
内訳	本役家		85		100		132		36		215		313		140		63
	半役家		4								54				10		

以上のように、各町組単位にまとめた町人役負担は、町々によって多少の異動はあるものの、本来的な一軒前の本役家の設定があって、その負担軽減を理由とする半役家の創出が行われたということができよう。そして、表間口の間数、一間口を賦課基準にする方法は、まさに農村における石高制に対応したものであった。なお、壱匁役（水主役）は材木・木引、東西両白島の四町に取り立てられているだけで、町人町の性格が明確にされるにつれて

表Ⅰ－31　承応3年中島町組の町人役負担

		中島本町		材木町		天神町筋		木引町		本柳町	
		家数（軒）	間数（間）	家数（軒）	間数（間）	家数（軒）	間数（間）	家数（軒）	間数（間）	家数（軒）	間数（間）
総町人家		83	372	132	504	60	219	17	70	38	134
役方内訳	年寄役	1	13	1	4	1	6			1	6
	大工役	1	6			1	3	6	25		
	船大工役			4	18						
	木引役							10	40		
	橋掃除役	4	10								
	計	6	29	5	22	2	9	16	65	1	6
後役目家		79	343	127	482	58	210	1	5	37	128
内訳	本役家		328		144		197				125
	半役家		15		42		13				3
	壱匁役（水主役）				296			1	5		

課役負担の整理縮小の対象になっていた。

町人役免除についても、町草創期から藩の御用（公役）を勤める特定の大工・船大工・木挽・桶屋棟梁らの屋敷のほかに、町役人としての年寄役（大年寄・町年寄）の町屋敷、藩の賓客接待など公用利用される町屋敷（座敷役）や、天下送り・公用運送を勤める飛脚・伝馬屋敷、藩の架設した猿猴橋・京橋・猫屋橋などの橋掃除役を務めるものの町屋敷など公役に任ずるものに整理されてきている。

このように町人役の賦課基準が家持に限定されて取り立てられる夫役あるいは役代銀は、さらに銀納に統一される方向にあるが、それらは町組または各町の公的費用、つまり農村の村入用に対応した町入用＝町運営費を主体とする性格を附与されるに至った。町組の運営費を大割銀、町運営費を小間銀と称して徴収されるようになったのがこれである。大割・小間の名称が何時設けられたかは明らかでない。広島藩郡方の郡割・村割など村入用の成立は、だいたい寛文・延宝期にあたるところから、広島町人町の場合も、ほぼ同時期に成立したと思われる。

このことは、寛永十年正月の広島町法度では[11]、「町之人足召仕」「伝馬人足之儀御定」、臨時の「損所御普請」など、町方負担にふれているのみであるが、寛文三年四月の広島町中法度になると、[12]「諸役・年寄・組頭依怙無之、割符仕請払之帳面、町中江可令露顕、若私曲有之者為越度事」と、町人負担の割り当て徴収と、その使途を明確にする方法を示し、大割・小間銀の成立を裏付けている。なお、町方所在の奉公人・拝領屋敷の町役負担は、承応三年の町絵図（切図）[13]および延宝四年の書付に「拝領屋敷ニ其身致住宅借屋ニ仕候義、町役勤候家ハ御赦免」[14]とか、宝永六年には「拝領家之役銀、町方ゟ取立之時節、遅滞無之様可被申付事」[15]とあるように、本来的には町役免除の対象とされていないが、自身番・水揚・火事場などの町役の一部は免除されていた。[16]

さて、町人役のあり方は、広島城下町の確立にともなって、町役＝町諸入用として制度的に定着したが、その内容はかならずしも固定したものではなかった。成立期の適切な事例がないので、すこし時代の降った宝暦期の場合を検討しよう。

藩主浅野宗恒によって実施された宝暦期の藩政改革は、その一環として、同七年十二月広島城下町組の諸入用にも、費目・経費の減少、定額予算制を導入することになった。

> 近年町方及二衰微一、家持共町出役銀出し兼候ものも数多有レ之、町役人共致二難渋一候段相聞へ候、右出役銀類諸事往古ゟ不相応之儀も有レ之、諸繕等多き候趣相聞へ候に付、此度万端取縮め、諸繕も定額申付候条、左之通可二相心得一候、尤来卯正月ゟ相改可レ申事

右の前文につづいて、三二ヵ条の規定が設けられたが、そのうち町役諸費の収入・支出にかかわるものを整理すると表Ｉ－三二のようになる。[17]これらは「右之通り、諸入役減し候間、此上随分減じ可レ然品も有レ之候ハヽ、心を附可二申出一候事」と、従来の町諸役および、その経費の減少に重点をおいたことと、「町々諸繕之請払并町銀を

広島町諸役負担の改革令

改革以後	備　考
半方は藩へ、半方は町方臨時入用へ充当する 1町ごとの定格帳により、毎月續立 1ヵ月銀續立	臨時の諸續を抑制
町役人へ諸口3束、銀4匁提出 廃止 出夫を減じ、出役夫選考差出し 町組大年寄見分、年番大年寄支出 在国時廃止、町肝煎請持、留中時のみ年番大年寄支出 丁銀払い、差問の節は年番大年寄取替え 減額申付 禁止、出役懸り物入を中止 員数定格、不時入用は大年寄へ申請 廃止、町中家持の家来・雇者2人ずつ立番、物騒・臨時かわた番雇いは自由	買主より祝物として
町々よりの謝礼を禁止 専任をきめ、費用は町中払押え 新設、諸事請銀・諸払毎暮勘定帖管理、5組町々の家持共へ閲覧 廃止 新設、臨時入用は年番大年寄より支出 家持申合せにより定め置勝手次第 相応に減額抑制 町々勘定帖に記入し、町組大年寄に提出 町銀に組入れ支払いに廻し、町續を減額 廃止 従来通り 年番大年寄より支出 〃 町役人吟味、家請人へ一時取替え 限月・待月過ぎに町役人の調べにより埒明	 毎暮大年寄より心付け 大名通行・辻押等は減額 不風俗の者借屋明け

表Ⅰ－32　宝暦7年、

	項　目	改革以前
藩上納	1　町家売買の十歩一銀	藩へ収納
	2　大割水主役、その他諸續物	その都度徴収
	3　諸職人水役銀	〃
従来からの費目	1　町家帖切	慣行通り
	2　水丁場の町役人出張所	〃
	3　出火の際の町夫出役	〃
	4　町門作事入用銀	〃
	5　町々門番人賃銀・油銭共	定めの給銀等支給
	6　町家作事入用銀	町組大年寄示談
	7　町々よりの寺社初穂銀	慣行通り
	8　寺社への町續寄進等	〃
	9　町々役用紙・筆・墨等	入用次第
	10　自身番・見廻り番・出張中番等	慣行通り
成立期以後の費目	1　参勤の節、町役人立宿へ礼銭	立宿正光寺へ礼銀1枚、外に町々謝礼
	2　大名通行時の肝煎前後4人出役	1町組ごとの交代制
	3　大年寄大割年番	なし
	4　町々知□事集会算用	慣行通り
	5　町々諸役帖定格の續ぎ	その都度續ぎ
	6　町々月行司	慣行通り
	7　町々年寄役袴代	〃
	8　町々有銀	〃
	9　町々貯銀	〃
	10　宗旨改め時の鳥目銭	1人につき2銭ずつ差出す
	11　横川かわた番所給米・油銭共	5町組の續立
	12　町々野非人死亡の埋葬入用	町にて支出
	13　町々捨子取扱い入用	〃
	14　借屋住者の宿賃滞納	慣行通り
	15　家賃定法流合難渋	〃

『広島市史』第2巻328～334頁による。

出役へ足払、家持ゟ繢高、貸家之ものゟ繢等分りを、毎暮に勘定帖面、其組之大年寄へ可二差出一事」と、町諸役銀の徴収と支払、家持・借家両負担の区別などを厳正に書き出させたこと、また、従来は諸役ごとに取り立て・支払っていたのを、月々一括徴収しておき、それぞれに支払いしながら毎暮精算する年間収支決算方式に改めたことである。

町役諸入用の徴収方法は、従来・諸繢銀と称して大割銀＝町組、小間銀＝町々の区別を設け、町諸役ごとに取り立てていたのを、大割・小間割合せて定小間銀として一括し、月単位に一定額を徴収するものと、不時物入を中心とする臨時諸費割の徴収とに分けている。前者には、町家売買の十歩一銀の半分や、水主役銀・諸役水役銀などのように領主上納分と、町組や町々の諸入用に充当されるものであり、後者は幕府公役の町組負担をはじめ、風水害・火事・その他の臨時諸入用の負担であった。表示した町役の項目は、宝暦期までに町組・町々で慣行的に執行されていたものであるが、城下町成立当初の町役形態はしだいに限定され、町組・町々の発展とともに新たに設定されたものが多くなっている。

註（1）吉田伸之「公儀と町人身分」（歴史学研究別冊特集『世界史における地域と民衆』――一九八〇年度歴史学研究会大会報告――）。
（2）野坂文書「厳島社領家数人数書付書式」（『広島県史』古代中世資料編Ⅲ、五九二頁）。
（3）『萩藩閥閲録』一六〇に「広島山口をかけ可罷居候」とあり、毛利氏の蔵本をつとめていたことが知られる。
（4）「厳島野坂文書」一七七六～一七七九（『広島県史』古代中世資料Ⅱ　厳島文書1）。
（5）「知新集」（『新修広島市史』第六巻資料編　その一）。
（6）たとえば、毛利時代に町人頭の職名があったことを示す最初の文献は「知新集」であるが、別のところでは「町方示し役」とも称していて、かならずしも「町人頭」という名に確定できない。また、平田屋惣右衛門についていいえば、招かれて広島来住とともに、町人になって「町人頭」についたというのではなく、毛利時代は、以前と同じく平田佐渡守宗加と称しており、土木功者として普請奉行二宮太郎右衛門に協力して町割・運河堀・土地造成に当った。したがって、毛利氏は平田佐渡を城下町建設の専門家として招へいしたものであって、客人待遇をとっていたものと思われ、慶長五年の毛利氏の改易と同じくして出雲に帰っている。その後福島正則の要請に応えて再び来住した際、平田屋惣右衛門を名乗り、「大年寄」となって町人身分を確定したものである。小さい事であるが元和五年の「城下町絵図」が「平田屋町」ではなく「平田町」と記されていることも示唆的である。こうした事例は、湯川播磨守宗有、その他の有力町人の由来を検討しても、毛利時代に町人呼称のなかったことはほぼ明らかである。

（7）「三原志稿」巻一（『三原市史』第四巻　資料編一）。
（8）元和五年「安芸・備後小物成之御帳」（広島市中央図書館「浅野文庫」）。
（9）元和八年「銀子受取帳」（同右）。
（10）承応三年十月八日「広島城下町組絵図（町切図）」（広島中央図書館蔵）。この切絵図のうちで町人役負担の賦課基準を記載してあるのは、城下の東からの猿猴橋・京橋・吉田・胡の四町、中通り町組の革屋・平田屋・東魚屋・東白島・西白島の五町、白神町組の本町一～三丁目、六丁目・紙屋・猿楽・塩屋・西横の八町、中島町組の中島本町・材木・天神町筋・木引・本柳の五町、合せて二二町がある。
（11）寛永十年正月二日「浅野光晟広島町法度」（「玄徳公済美録」巻四上、『広島県史』近世資料編Ⅲ　藩法集1）。
（12）寛文三年四月吉日「広島町法度」（「玄徳公済美録」巻三十四、『広島県史』近世資料編Ⅲ　藩法集1）。
（13）広島市中央図書館「広島町切絵図」。
（14）延宝四年八月晦日「家中拝領屋敷・長屋等居住に関する書付」（「顕妙公済美録」巻五、『広島県史』近世資料編Ⅲ　藩法集1一七八）。
（15）宝永六年十月「町新開の拝領家屋敷取扱いにつき書付」（「吉長公御代記」巻五下、『広島県史』近世資料編Ⅲ　藩法集1二九九）。
（16）延宝五年十二月廿五日「町方居住の奉公人・拝領家の町役につき書付」（「顕妙公済美録」巻六下、『広島県史』近世資料編Ⅲ　藩法集1一八〇)。
(17)『広島市史』第二巻三二八～三三四頁。

三　町人町の支配と町構成

1　町役人制と自治

広島城下町は、天正十八年（一五九〇）城郭の外堀（現相生橋～八丁堀）の南中央に、運河（西堂川）を挟んで左右対称に東部を侍町、西部を町人町とする構成をもって町割されたが、慶長五年（一六〇〇）福島正則の入城によって、大幅な都市計画の改変があった。それは、城下町に山陽道を引入れて東西に貫通させるとともに、出雲・石見路の起点を堺町に新設して、道路網を整備するなど、城下町と領国とを結ぶ交通体系の完備を目指す計画であった。そして、町域の沿道に町人町を配して、城下全域に職人・商業地を拡大させ、町数も六五町に増加するものであった。その基調は、元和五年（一六一九）入封の浅野氏に受継がれ、新領主による編成過程を経て寛文・延宝期にいたり、幕藩制国家の城下町人町体制が確立したということができる。

そこで、まず町支配の組織と町法度の分析を通じて、町人自治のあり方を明らかにしたい。

広島城下町の支配に関しては、毛利時代（慶長五年まで）普請奉行に二宮就辰が当り、城の留守番を命ぜられた佐波隆秀は、城中だけでなく町の掃除まで心付けるよう命ぜられている。(1)また、二宮就辰に協力した尼子牢人平田佐渡を町人頭に任じ、武田牢人芥川助右衛門を目代役に任じたといわれる。(2)町人頭は広島築城・開市の功をもって任じられたというもので、その職掌は不明、また、目代役も普請人足役などの徴収を掌ったものと思われるが、役の権限や具体的内容は明らかでない。

この外、土地造成や河溝浚鑿・町割等の土工棟梁に佐東郡毛木村の佐々木重元を任じたとあり、(3) 領内徴発の城誘役夫は、一〇人・一〇〇人・一〇〇〇人単位に編成して組頭を、また棟梁役を配したとされる。(4)

福島正則の城下町経営時代になると、慶長八年（一六〇三）星野越後守・小川若狭守両人に奉行を命じて城下町人町の大規模な町割編成を行わせ、その後町奉行として星野越後守を任じたといわれる。(5)

このようにして形成された町々は、それぞれ固有な町名が名付けられ、町人のなかから町年寄・組頭など町役人が選任されるなどして各町ごとのいちおう自治的な運営組織を整える方向にむかったが、その上でさらに惣町中を東から新町・中通・白神・中島・広瀬の五つの町組に編成、各町組に町大年寄役を置いたといわれる。(6)

町大年寄役には、毛利氏の広島退去にともない出雲国へ引退した平田佐渡が、ふたたび呼び返されて平田町に住し、平田屋惣右衛門となって中通組大年寄を命じられたという。武田牢人の芥河屋孫右衛門は、広瀬堺町に住し、福島正則入部後、広瀬組大年寄を命じられたという。また、慶長三年十二月、白神社建立に際し、願主として惣町中奉賀金募集にあたった万屋市左衛門は、本町に住し、福島入部後、白神組大年寄にあげられたという。町割の頃、高田郡吉田から来住し、茶・瀬戸物を商う松屋太郎右衛門は、慶長八年、「市之町」（胡町）の成立や、胡社・西光寺移転の世話役を勤めるなどして、新町組大年寄にあげられたという。さらに天正年中、高田郡吉田より本町一丁目に来住し、薬種を商っていた鴈金屋嘉右衛門も、福島時代に町大年寄役に就いたといわれる。

以上のように、広島城下町人町の町支配は、すでに福島時代から町奉行――町大年寄――町年寄・組頭の組織ができ上っていたというのが通説であるが、それは文政五年（一八二二）成立の「知新集」の所載の旧家書上げをもとに、その引用からなる後代の諸書によって普及したものである。(6) ところが、これらを詳細に検討すると、(1)「旧家書上げ」のはじめの部分は伝承が多く、依拠史料に乏しいこと、⑵町大年寄役の任免年月や職制・権限内容が不明であること、⑶白神組の名称は、尾道町対岸の白神社に由来すると思われるが、元和五年の城下絵図に本町一～六丁目とあって、白神一～六丁目に改められるのが、浅野氏の町編成以後であるから、福島時代の「白神組」にも疑問が残る。⑷中島組の町大年寄は、組内に大年寄とすべき町人のいないことから、他組の鴈金屋嘉右衛門を任じたとするのも、後世の説明で、創設時から備中屋をはじめ有力町人の存在が知られるので、説得力がない。⑸組頭役は、福島氏の慶長十九年（一六一四）ごろから、佐西郡玖島村などで庄屋のもと年寄が組頭と変更するなど、藩の地方支配に庄屋・組頭制の普及が認められるので、広島城下町の町組支配においても町大年寄・町年寄・組頭制が、元和五年八月の浅野長晟の広島入城を機に成立したものと考えられる。

つぎに浅野時代の町支配のあり方をみてみよう。

浅野長晟は、城下町を直接支配下におくとともに、数年の間町奉行一人を選任した。表Ｉ－三三は、広島町奉行の任免一覧を示したものであるが、元和八年から城下町人町を東西に分けて、東町奉行に田原伝左衛門、西町奉行に松田為兵衛の両人を任じている。その後、一七世紀末までに東七人、西八人の町奉行を任免し、一人平均の在役期間は約一〇年であるが、別に任期を定めていない。

広島町奉行は、藩主の所在する城下を支配するいっさいの権限を掌握するから、その地位はきわめて高く、有能な人材を配するのが常で、ほとんどは寺社町奉行として任命される。しかし、町行政の実務は、町人の自治機構に委ね、その指揮監督に当るものであったから、町奉行所の機構は簡単であった。東・西両町奉行所には、町奉行のもとに侍士の町奉行付、歩行の町方詰・町廻り、足軽の町方付らが配属され、主として公事の吟味にあたった。

広島城下町人町の町方行政機構は、浅野時代初頭に、町大年寄――町年寄・組頭制として確立した。

町大年寄の設置年月は不明であるが、町人町に新町・中通・白神・中島・広瀬の五町組制をしいた時期と、各組

表Ⅰ－33　広島町奉行一覧

東町奉行			
	名前	任	免
1	田原　伝左衛門	元和8年	寛永9年
2	真柄　権太夫	寛永9年	同 16年
3	野上　七兵衛	寛永16年	同 19年
4	沖　左平太	寛永19年	寛文元年6月2日
5	武井　三郎兵衛	寛文元年7月	延宝2年10月17日
6	武井　又十郎	延宝2年11月6日	元禄10年12月14日
7	小鷹狩　伝蔵	元禄11年正月26日	正徳元年7月18日
8	進藤　彦兵衛	正徳元年7月18日	同 5年11月28日
9	龍神　新平	正徳5年11月28日	享保13年11月15日
10	竹中　文内	享保13年11月15日	元文2年12月28日
11	久保田　新五	元文2年12月28日	同 5年9月16日
12	松田　半兵衛	元文5年11月24日	宝暦7年12月1日
13	八木　次兵衛	宝暦8年正月15日	同 11年8月4日
14	植木　小右衛門	宝暦11年10月26日	明和6年12月2日
西町奉行			
	名前	任	免
1	松田　為兵衛	元和8年	寛永9年
2	岡木　修理	寛永10年	同 12年
3	岡村　弥左衛門	寛永12年11月	慶安元年3月22日
4	寺西　与三兵衛	慶安元年6月15日	明暦3年4月
5	広沢　茂右衛門	明暦3年4月	寛文4年
6	深溝　助大夫	寛文4年	延宝5年10月12日
7	須田　金右衛門	延宝5年10月12日	元禄5年9月9日
8	松田　嘉右衛門	元禄5年9月9日	同 15年正月28日
9	伴　宗兵衛	元禄15年正月28日	宝永6年11月9日
10	団　弥五右衛門	宝永6年11月9日	正徳5年10月21日
11	御牧　源大夫	正徳5年11月6日	享保3年5月18日
12	三上　保之助	享保3年6月21日	同 8年10月28日
13	明石弥一右衛門	享保8年10月28日	同 16年正月15日
14	木村　野右衛門	享保16年3月16日	寛保3年5月24日

『広島市史』第一巻による。

表Ⅰ－34　広島町の大年寄一覧

(1)新町組町大年寄

No.	名　　前	任	免
1	松屋太郎右衛門久巴		慶安３年５月９日
2	松屋太郎右衛門平助	慶安４年	天和元年12月
3	伊予屋　助三郎	天和元年12月	元禄５年３月17日
4	松屋　太郎右衛門	元禄５年３月17日	同　12年９月14日
5	伊予屋吉左衛門新助	元禄12年９月15日	享保８年６月10日
6	三原屋　新三郎	享保８年６月10日	同　年７月12日
7	室屋　惣左衛門友心	享保８年７月12日	延享４年７月９日
8	室屋　喜右衛門源内	延享４年７月９日	明和元年５月28日
9	室屋　嘉右衛門(弥八郎)	明和元年７月25日	寛政元年４月27日

(2)中通組町大年寄

No.	名　　前	任	免
1	平田屋惣右衛門宗加		元和７年
2	かご屋　五郎右衛門	元和７年	寛永13年
3	三原屋正左衛門宗伯	寛永13年	正保４年
4	三原屋　小十郎	正保４年	明暦３年
5	三原屋正左衛門宗貞	明暦３年	天和３年12月
6	三原屋　重右衛門	天和３年12月15日	貞享４年
7	三原屋　小十郎	貞享４年	正徳元年
8	三原屋　三郎右衛門	正徳元年７月22日	享保18年６月27日
9	室屋　惣左衛門	享保18年６月28日	同　年７月
10	三原屋　三郎右衛門	享保18年７月	延享２年閏12月朔日

⑶白神組町大年寄

No.	名　　前	任	免
1	万　屋　宗　甫		正保3年
2	万　屋　長右衛門	正保3年	寛文元年
3	万　屋　市左衛門	寛文元年	同 11年
4	三原屋三郎右衛門	寛文11年	元禄9年2月20日
5	三原屋三郎右衛門（甚七）	元禄9年2月20日	正徳元年6月11日
6	三原屋三郎右衛門（新三郎）	正徳元年6月11日	享保18年6月27日
7	芥河屋　孫右衛門	享保18年6月28日	同　年12月18日
8	三原屋三郎右衛門（助三郎）	享保18年12月18日	宝暦6年7月26日
9	三原屋三郎右衛門（甚七）	宝暦6年9月18日	明和2年4月11日

⑷中島組町大年寄

No.	名　　前	任	免
1	備中屋　助左衛門		寛永13年
2	備前屋　九右衛門	寛永13年	同 20年
3	播磨屋助右衛門浄玄	寛永20年	正保4年
4	備中屋　彦右衛門	正保4年	明暦3年
5	備中屋　助左衛門	明暦3年	寛文6年
6	播磨屋　助右衛門	寛文6年	延宝2年
7	隅　屋　作兵衛	延宝2年2月26日	天和3年12月15日
8	両替屋　五郎右衛門	天和3年12月15日	元禄13年7月7日
9	両替屋　正　作	元禄13年9月14日	同 14年
10	両替屋　五郎右衛門	元禄14年	正徳4年
11	備前屋　六右衛門	正徳4年	享保3年
12	芥河屋孫右衛門寄継	享保3年	同 18年12月18日
13	両替屋　五郎右衛門	享保18年12月18日	同 19年3月15日
14	芥河屋孫右衛門寄継	享保19年3月15日	延享2年閏12月朔日

(5)広瀬組町大年寄

No.	名　　前	任	免
1	芥河屋孫右衛門常有		寛永９年
2	芥河屋孫右衛門寄資	寛永10年	正保４年
3	芥河屋孫右衛門寄隣	正保５年	延宝５年正月７日
4	橘　屋　甚兵衛	延宝５年２月２日	天和３年12月15日
5	芥河屋孫右衛門義隣	天和３年12月15日	元禄６年11月19日
6	芥河屋　平　八	元禄６年11月19日	享保18年12月18日
7	芥河屋　孫右衛門	享保18年12月18日	延享２年閏12月朔日
8	芥河屋　久五兵衛	延享２年閏12月朔日	明和２年12月23日

『広島市史』第一巻による。

ごとに一人づつの町大年寄役を任命した年月がほぼ一致すると思われる。表Ｉ－三四（(1)～(5)）は各町組の町大年寄の任免一覧である。各組の初代に関してはいずれも就任年月が不詳で、平田屋惣右衛門が元和七年、芥河屋孫右衛門・備中屋助左衛門が寛永年代、万屋宗甫・松屋太郎右衛門が正保・慶安年代まで在役していた。一七世紀末までは各町組とも、四人～八人が就任し、在役期間も平均一〇～二〇年と長いものが多かった。町大年寄に選任された各人は、だいたい、毛利・福島時代に広島城下町へ来住し、町建設に功労があった層から選ばれており、入部後間もない浅野氏の城下町人支配の一環として、有力町人の懐柔策から出た特権的役務であったと思われる。したがって、町大年寄役が実際の町人行政機能の最高責任者としての職務内容を備えるようになるのは、一八世紀以降のことである。その職掌は、初期においては儀礼的なことが多く、藩主在国時の年頭・節句などの御礼、歳末祝儀などに惣町中を代表して登城し、鳥目や酒肴目録を献上したり、藩主の参勤交代の発駕・帰城時の送迎、諸大名・幕府役人らの広島来泊時の謁見・接待などが主なものであった。また、町組行政に直接関係するものとしては、町年寄・組頭の町役人の任免に際して推薦等の役割、町奉行所の寄合にでて政策決定に参加、水火の節、それぞれの場所に出張り、町役人の指揮などがあった。(7)

町年寄・組頭の制は、各町単位におくのが原則となるが、浅野初期の広島町ではかなり流動的であった。城下町人町の町数が浅野長晟入国の元和五年には六三町、寛永二年には五二町、延宝五年には六八町と町編成とともに分合をくり返していたから、二〜三町を結んで一人の町年寄をおくこともあった。しかし、寛文十二年九月には新町組一七町、中通組一四町中一二町、白神組一三町中一一町、中島組六町、広瀬組一七町中一六町と、六七町中六二町に町年寄（組頭は全町）の名が見えるから(8)、寛文・延宝期までにほぼ整備されていると思われる。

町年寄・組頭制は、福島時代からの継承といわれるが、そのうち組頭については、浅野氏の入国後にあらわれる。元和五年入国時、領国にあてた掟書には、「庄屋・長百姓《おとな》」「町年寄・肝煎」または「惣代」などの名がみられるものの、「組頭」は見られない。ところが、浅野氏は翌六年、領内に「拾人組」を結ばせ、領民支配の単位にした。城下町人町でも、寛永十年の町法度に「町中拾人与如毎年之可申付事」とあることによって(9)、町方・郡村ともに実施されたことがわかる。拾人組にはそれぞれ組頭がおかれ、町単位の町年寄支配をさらに分轄した組として定着せしめ、「町之年寄・与頭」支配の末端組織としたのであった。

その後、慶安二年（一六四九）広島藩は幕府の切支丹宗徒の徹底的な摘発を目的とする五人組の制度を領内町方・郡中・浦島いっせいに申し渡し、組の連帯責任を強調した。藩が城下町人町に結ばせた五人組に期待したものは次のとおりである(10)。

五人組仕常々可相改覚

(1)一不届之者於有之者吟味仕可申来事

(2)一借屋之儀其組へ令相談、宗門之儀も相改宿借可申候、近年他国ゟ参在之ものニ而も由来を聞届、当所之もの請相候者宿借可申候、若うさんなるもの候ハ、、可申来候

付、宿替候者有付所を聞届置可申事
(3)一自前々如被仰出、他国之牢人ニ一切宿借し申間敷事
(4)一他国之こせ《（瞽女）》・座頭・山伏・てくるほう廻・こも僧・念仏道心者其外むさと仕たるものに宿借し申間敷事
(5)一五人組中若妻子引越他国へ参儀候ハヽ、早速可申来事
(6)一子供弟子并売子借屋へ振売のものとも奉公人ニ付合不形儀之仕合於有之者、年寄・与頭急度可申来事
(7)一家持手前不罷成奉公ニ出候ハヽ、町之年寄・組頭へ相理り奉公ニ出候、以後町之儀ニもれ申間敷与書物を取其上出し
可申事
(8)一家之売買五人組へ相対仕、其上ニ而町之年寄ニ可令相談事
右之旨堅可相守、若違背之者於有之者曲言可申付者也　慶安弐年四月五日

まず、「不届之者」、犯人の摘発にはじまって、その一は、五人組構成員である家持町人の町への緊縛を強制したこと（(5)・(7)・(8)）。(5)は他国移動、(7)は家持の奉公、(8)は、持家の売買などについて、家持町人の一存ではできず、五人組・組頭・町年寄に対して申告・許可を必要とすること。

その二は五人組構成員になれない借屋層に対する規制である（(2)・(6)）。(2)は、宿借には組内の請人を必要とし、宗門改めを受けること、(6)は子供・弟子・借屋・振売らの武家奉公人に対する「付合不形儀の仕合」を戒めたものである。

その三は町外者の規制で、とくに他国牢人・他国ごぜ《（瞽女）》・座頭・山伏等に対して宿借を禁止している。

右の三つは、町の性格を規定する重要な条件であった。一町単位に五人組を結成させて、町共同体の構成員と成員外の借屋・隷属層、および町外者に区別して、町内者の町への緊縛、町外者の排除を基本として、かれらの行

動の相互規制、町年寄・組頭をして、細かに把握できる組織に編成したことを意味する。

町年寄役の職掌としては、藩主、町奉行等に対する儀礼的なものから、町行政事務や役職特権にいたる多くの事項があり、組頭役はこれを補佐し、任免や職掌など町年寄に準じた(11)。

承応三年（一六五四）十月作成の城下町人町切絵図に記された町年寄、組頭を一覧すると表I－三五のとおりである。これは、町年寄・組頭名が確実に記された町に限ったが、五町組合せて二一町にのぼる。ここに示される各町の家数は、西横町の一九軒から中島新町の一三二軒までで、三〇軒以下六町、三一～五〇軒まで八町、五一軒以上七町である。

各町の町年寄と所持家規模をみると、町年寄二一人のうち、所持家一軒のみ一二人、二軒三人、三軒四人、四軒・七軒各一人、所持家の表間口数は、一〇間まで一三人、一一間～二〇間六人、二一間以上二人となっており、町年寄に選任されたものは、毛利・福島時代以来の町人で所持家・表間口数とともに規模の大きい有力町人であったことが判明する。

一町あたりの組頭数は、家持町人の家数に比例してほぼ決められていたようである。もともと組頭は、各町で結ばれた拾人組頭に由来するもので、家持一〇軒前後を基礎としていた。承応三年の場合、すでに例外も認められるが、一〇軒から二〇軒で一人、二〇軒から五〇軒で二～三人、五〇軒以上一〇〇軒前後で四～五人と組頭数の少数化の傾向があった。

表I－三六は、広島町人町全体の町年寄・組頭の人数を示したものである。寛文十二年頃には、町年寄が一町一人制としてほぼ固められ、組頭数は承応・明暦年代にくらべると、寛文年代には減少整理される傾向が指摘される。六六町の組頭一四一人のうち、石見屋・西引御堂両町は各五人、京橋・東引御堂・東白島・竹屋・紙屋五町が各四人と組頭の多い町もあるが、一町平均では二・一人と、一町二人制の町が圧倒的になっている。また、組頭の

・組頭一覧（承応３年10月）

組頭（軒－間）		
長左衛門（１－２）		
七右衛門（２－９） 五郎兵衛（２－５） 材木屋伝兵衛（１－５） 又兵衛（６－19） 元屋弥三右衛門（１－４） 革屋　助左衛門（１－２） 魚屋　喜右衛門（１－５） 材木屋　九兵衛（３－11） 鞘師　新左衛門（１－５） 味噌屋　勘兵衛（１－３）	久兵衛（３－12） 材木屋新左衛門（１－４） 九郎左衛門 薬屋　庄兵衛（１－11） 革屋　治左衛門（１－２） 味噌屋清左衛門（１－６） 万屋　長右衛門（１－10） 麹屋　弥三兵衛（１－９）	徳右衛門（１－４） 銀屋　弥右衛門（１－２） 和泉屋三郎兵衛（１－６）
酒屋九郎右衛門（１－５） 木屋　助右衛門（１－３） はと屋　善兵衛（１－４） 伊予屋長右衛門（１－８） 奈良屋勘右衛門（２－19） 高畑屋　善兵衛（４－19） 絵書　清兵衛（１－３）	砥屋　新左衛門（１－５） 大坂屋　七兵衛（１－５） 油屋　加左衛門（３－７） 鶴屋　新九郎（１－８） 味噌屋又左衛門（２－９） 塗師　助左衛門（１－６）	木屋　惣右衛門（１－４） 対島屋次左衛門（１－６） 米屋　庄　助（１－５） 畳屋　平三郎（１－５）
両替屋　庄作（２－７） 紀国屋四郎右衛門（２－８） 材木屋喜右衛門（１－５） 材木屋　清兵衛（１－３） 船持　惣右衛門（１－３） 木屋　与左衛門（３－８） 茶売　五左衛門（２－７）	酒屋　五郎兵衛（１－５） 米屋　九左衛門（１－５） 材木屋　仁兵衛（１－５） 作人　善五郎（１－２） 喜右衛門（１－５）	備後屋八右衛門（２－11） 材木屋三右衛門（２－３） 茶売　七右衛門（２－６）
船持　又兵衛（１－２） 作人　平左衛門（１－３）	船持　善右衛門	作人　孫　介（１－３）

表Ⅰ－35　広島町々の町年寄

組名	町名	家数	町年寄（軒－間）
新町組	猿猴橋町	74軒	惣左衛門（3－15）
中通組	東白島町	82	加右衛門（1－6）
	西白島町	27	房屋　次郎左衛門（1－5）
	東魚屋町	48	次兵衛（1－5）
	とぎ屋町	52	彦兵衛（3－10）
	革屋町	28	梨地屋　九左衛門（1－17）
	西魚屋町	42	三郎左衛門（2－10）
	鉄砲屋町	37	紀国屋　市左衛門（1－8）
	中町	20	三郎左衛門
	袋町	35	与三右衛門（1－8）
白神組	猿楽町	56	九郎兵衛（1－9）
	西横町	19	固屋　又右衛門（1－9）
	塩屋町	41	三原屋　与左衛門（3－9）
	白神1丁目	25	万屋　長右衛門（1－16）
	白神2丁目	26	万屋　久左衛門（2－11）
	白神3丁目	32	三原屋三郎左衛門（7－40）
中島組	中島本町	83	備中屋　彦右衛門（4－27）
	材木町	60	茂兵衛（2－5）
	元柳町	38	甚右衛門（1－5）
	中島新町	132	粉屋　六郎右衛門（1－4）
			木引　庄左衛門（1－4）
広瀬組	地方町	103	作人　次郎右衛門（3－7）

承応3年10月「広島城下町々絵図（町切図）」（広島市立中央図書館蔵）による。

表Ⅰ－36　広島各町の町役人の数の異動

（　）は、天和３年の町役人数

組	町名	承応３年 町年寄	承応３年 組頭	寛文12年 町年寄	寛文12年 組頭
新町	松原町			1	3
	松原2丁目			1	1
	猿猴橋町	1	1	1	1
	比治山町			1	1
	東大工町			1	1
	松川町			1	1
	東土手町			1	3
	東柳町			1	1
	京橋町			1	4
	橋本町			1	5
	石見屋町	(1)	(2)	1	3
	山口町			1	2
	銀山町			1	3
	鉄屋町			1	2
	東引御堂町			1	4
	胡町			1	3
	堀川町			1	2
中通	平田屋町			—	1
	播磨屋町			1	2
	革屋町	1	3	1	2
	立町			1	2
	研屋町	1	3	1	3
	新川場町			1	1
	東魚屋町	1	2	1	2
	鉄砲屋町	1	2	1	2
	西魚屋町	1	2	1	2
	中町	1	1	—	1
	袋町	1	2	1	2
	竹屋町			1	4
	東白島町	1	4	1	4
	西白島町	1	2	1	2
白神	猿楽町	1	4	1	3
	細工町			1	3
白神	紙屋町	(1)	(3)	1	4
	塩屋町	1	3	1	2
	尾道町			1	2
	横町	1	3	1	2
	鳥屋町			1	2
	白神1丁目	1	2	1	2
	白神2丁目	1	2	1	2
	白神3丁目	1	3	—	2
	白神4丁目			1	2
	白神5丁目			1	2
中島	中島本町	1	5	1	2
	天神町			1	3
	材木町	1	4	1	2
	柳町	1	2	—	2
	中島新町	1	4	1	2
	木引町	1		1	2
広瀬	塚本町			—	2
	猫屋町			1	2
	堺町			1	3
	堺町3丁目			1	2
	堺町4丁目			1	2
	十日市町			1	2
	油屋町			1	2
	西引御堂町			1	5
	寺町			1	1
	空鞘町			1	1
	鍛冶屋町			1	3
	左官町	(1)	(1)	1	1
	西大工町			1	—
	土手町			1	1
	西地方町	1	4	1	2
	唐人町			1	—
	小屋新町			1	1

京橋・松井家文書「広島町酒屋酒造高御改連判并惣町年寄組頭連判帳」による。

階層性は、各町の性格によって異なり、必ずしも町年寄のように町内の有力町人が推されるのではなく、結ばれた組内の家持町人が選任されるのが建前で、組によっては表間口二間余の家持商人・職人が任命された場合もあった。承応三年の場合二一町の組頭五八人（二人不明）についてみると、持家一軒のもの四〇人（六七・〇%）、二軒九人（一五・五%）、三軒四人、四軒一人、六軒一人、また表間口二間のもの六人、三間～五間二八人（四八・三%）、六間～一〇間一六人（二七・六%）、一一間～二〇間六人（一〇・三%）の構成を示しており、持家一軒、表間口二間～五間規模のもの三四人と、組頭の五八・六%を占めていた。

以上のような城下町人町の支配機構は、町人の立場からみて、強力な支配力となり町人個々の自主性や固有性を基礎とする自治の機能を大きく抑圧するものとなった。

しかも、城下町支配の一環として町法の論理は、強力な町掟となって発現した。もともと、町掟の類は、個々の町の構成町人の自治的な動きのなかで形成されるものを指し、町人相互の規制力として機能するものであったが、初期城下町のように政治権力の支配の強い町では、ほとんど存在せず、大名権力の強力な統制のもとに、上からの町秩序の強制が認められた。

広島城下町でも、毛利・福島時代の町法として体系化されたものは見当らない。元和五年以後の浅野氏になると、翌六年あたりから江戸参府のため留守居年寄あてに認めた「留守中法度」などに、町支配の心得を中心とした条文が含まれる。たとえば、元和六年正月の留守中法度に、「一、夜廻之もの共侍町并町中相廻り、夜ありき仕ものを改、火の用心等堅可申付候、うたかはしきもの候ハヽ、からめ可申候、からめ取候事不成候ハヽ、当座に討果し可申候事」、「一、火事之事、侍町之儀者随分かけつけ遣し可申候事、町中火事ゆき候ハヽ、町奉行かけ出、やき候家にかまハす火もと近き家五間拾間こほち候て成共火のとまり候様ニ可仕事」の二条がある。[12]これは、直接城下町に対するものではなく、留守居の浅野右近大夫并与頭中など家中に宛てたものであるが、一応、侍町と町人町を区別し、町人町の治安と出火という非常事態への対応を示しており、入国後間もない時期だけにかなり強圧的態度で臨んでいたことが知られる。

元和十年二月の留守中法度においても、侍町と町人町を区別した上で、町人町の火事は、「町奉行并弓鉄砲之頭下々」がかけつけ、「火もとの家けし候事ならす候者、近所之家ともこほち候而火のとまり候やうに可仕候、物取以下無之やうに可申付事」と、火事の類焼を防ぎ、治安に配慮している。また、町門について「夜之五ッ時」より閉鎖を指示した。そして、ここでもっとも重視しているのは、侍と町人との関係で、「侍共と町人なに様之出入在之候とも、町奉行かたへよく〳〵相届可致沙汰候、理なく侍共私之さいはん候ハ、理非によらず可為曲言事」と侍・町人間の紛争に侍の私裁判を戒めていることである[13]。

右のような領主の町人町支配のあり方は、寛永五年九月の留守中法度においても、同趣旨の条文が含まれ、入国以来の一貫した支配の論理と認めることができよう。さらに、この年には、「一、寺々并町方植木花等掘取候儀停止之事」、「一、家中下々男女によらす走り候時、町中を相改并舟留をむさと仕間敷候、但、いつれの町へ走り入候と慥なる儀於在之ハ、町奉行方へ相理改可申事」とあるように、城下町人町に対して、侍個々の私的介入を制限し、必要な場合のみ町奉行を通じて行わせることとするなど、町中の自治的な動きを認める方向があらわれてきた[14]。

このような方向は、入国初頭の支配が徹底し、領主の親裁から職制支配への切替之整備を特徴とするもので、侍と町人との身分的整序を明確にし、その居住と権限がそれぞれ明確になってきたことを示すものであった。

こうした町支配のあり方がいよいよ明確になる画期が、寛永十年（一六三三）の城下町に対して独自な法令として独立して制定されたことに裏付けられる。もちろん、同時に出された留守中法度には、従来の条文がほぼ同文で含まれているとともに、町人町に対して次のような町定が出されている。

定　　　　　　　　　　　　　　　　　　広嶋町

一御公儀町送之伝馬人足、夜中によらす油断仕間敷事
一諸牢人に宿かし申間敷事
一たいうす門徒堅御停止候、并たはこ売買仕間敷事
一はくち其外諸勝負堅停止之事
一当町之者他国へ相越在付之儀、并奉公日用等に罷越候儀堅停止候、若相越候もの於在之ハ、本人ハ不及申其親類に至迄可為曲言事
一辻おとり・辻すまふ、付、門立仕間敷事
一町中火事之時町人共早速罷出火を消可申事
如此其方判形ニ而当町ニ立置可申者也
寛永拾年正月二日
〔加判〕
岡本修理亮殿
〔町奉行〕
真柄権太夫殿

これは、加判役岡本修理亮・町奉行真柄権太夫両人の判形で、広島町定の高札として掲げたものであり、町人が守るべき七か条の禁令であった。

右と同時に、浅野光晟が同じく両人にあてた自筆覚があり、これは二〇か条にわたっている。(16)この法度を条文ごとに検討してみると、大きく二区分される。

一、対家中を軸にしたもの

(1)町中諸公事之儀如何様之つてを頼申候共、大身小身によらす無其構有様に可申付候

(2)侍共と町人出入於在之者其方へ可申理候間、能々聞届有様に可相済候　若難済儀者可申上候

(3)他国と出入於在之者急度可申上候、我等留守之時は年寄共と致相談可相済事

(4)町中にて喧嘩口論仕におゐては其方早々罷出聞届可申付候、若相手をあやめ申候ハヽ、搦捕、其主人之方へ相渡可申候

(5)火事之刻町中之儀年寄共并弓鉄砲頭早速罷出可申候、町人之儀内々拵置候道具を持せ、其方早々召連罷出火を消可申事

(6)侍共通り候刻町人可致下馬候、其外慮外なる躰仕間敷由可申聞事

(8)町中借物互之一礼次第たるへき事

(9)他国より之客人并使者在之時、早速振廻以下申付馳走可仕事

(10)町方へ之用所、わきよりむさと申候共承引仕間敷旨町中へ可申渡置事

(11)家中下々男女によらす走り候時町中むさと相改間敷候、但いつれの町へ走入慥成儀於在之者急度相改、隠置宿主曲言に可申付事

(12)我等用所に町之人足召仕候時、普請之様子見及扶持方可遣事

(13)広島廻り并新開堤之儀、大水出候時家中侍共可罷出候間、町中之ものも不残召連罷出水ふせき可仕候事

(20)町中より礼物正月に一度公用五貫文取可申候、樽・さかなハ不苦候、其外一切取申間敷事

二、町中に対する規制

(7)町中拾人与如毎年之可申付事

⒁諸勧進停止之事
⒂寺方町方飼鳥花植木之類掘取不申様ニ可申付候、殊他国へ珍敷花一切遣申間敷事
⒃町屋売買之儀、其町之年寄・与頭吟味仕、其上町奉行へ相理慥成ものに売買於仕者双方曲言可申付事
⒄奉公人・商人・地下人によらす慥成請人無之ものに宿をかし候もの、宿主之儀者不及申其拾人与之もの可為曲言候、若不審なるもの宿を借り候者町奉行へ可申理事
⒅町中夜番火用心以下油断仕間敷候、并留守之内夜之五ツ時よりくきぬきをさし、出入仕間敷事
⒆伝馬人足之儀御定之外一切出し申間敷事

対家中の規制に属する一三ヵ条は、町人町を舞台とする領主層の対町人とのあり方をまとめたものである。領主がお膝元の城下町人町の把握を如実に示しており、いまだ、侍町との区別、町に対する自治的権限を大きく奪って、町の自立論理を容認しない状況にあった。

町の統括支配は、町奉行が掌握し、侍と町中との問題は、すべて町奉行の権限において公平に裁くこと、他からの介入を強く排除しているところがあった⑴・⑵・⑷・⑸・⑽。なかでも、特徴的なのは、⑹の侍と町人の身分に関して、町中で侍に対して下馬することを定め、身分の上下を明らかにしていること、⑼の領主への他国客・使臣の接待を町中が負担することをきめていること。

これに対して、⑻の町中借物は相互の一札によること、⑽の町中への申入れは、筋を通し、脇からのものは拒否できること、⒇の町中の正月礼物は、公用五貫文の一括献上に定め、他の礼物を認めないことなど、町中として統一した対領主への対応を認可しつつあったことであり、町の自治制・自律的な動きがでてきたことを意味している。

つぎに二の町中に対する規制の問題は、全体として町中維持に対する条文で、町中として禁制条項に関するものと、町運営の規制に関するものとに分れる。前者は⒁の諸勧進、⒂の「飼鳥花木之類」の掘り取りと珍花の他国持出しなどの禁止であり、後者は、⑺の町中十人組の結成、⒃の町屋売買に町年寄・組頭の吟味と町奉行の認可、⒄の町中の借家・借宿は請人を立てる、⒅の町中の夜番・火の用心と町門閉鎖（夜の五ツ時）、⒆の定めの伝馬人足以外は一切出さないことなどであった。

なかでも、⑺・⒃・⒄・⒆などは、町運営の基礎となるもので、町奉行がこれらを統括支配し、町中の運営組織に対する指揮命令機能が確立することによって、幕藩制的な町編成ができ上るということを示唆している。しかし、この寛永十年の段階では、領主権力の町中支配が直接的に強力であり、町人町の町中組織の機能が十分に発揮されているとはいい難い状況にあった。

つまり、この町法度のなかでは、五町組を単位とする町大年寄の権限が規定されていないし、町年寄・組頭の町支配の職務権限も強力とはいえず、総じてこうした町人の自立的な町運営は充分に執行されているとはいえなかったからである。したがって、寛永十年に町人町に対する独立した町法度が制定され、町の自治に大きな画期となったといっても、その内実は以上に分析したとおりで、町人の立場からみた町自治には、ほど遠いものがあったのである。

ところが、寛文三年四月に武井・広沢両町奉行名で出された広島町中法度は[17]、その内容において町自治をかなりおし進めたものになっている。これは一七か条からなり、その全文を示すと、つぎのとおりである。

⑴一諸町人対侍衆不礼可仕、見セ（店）ニ罷在候者侍衆見なから、□或臥或者すねをなげ出し、不作法之仕合有之者籠舎
可被仰付、惣而武士之奉公人に慮外之躰可為曲事条、売子下々に至迄可申知事

⑵一大年寄之下知違背輩有之者可為曲事、但、大年寄企非儀私曲於有之者、何者ニよらす可訴来、并町々之年寄対其町中右同前之事

付、諸役年寄・組頭依怙無之、割符仕請払之帳面町中江可令露顕、若私曲有之者可為越度事

⑶一町中夜番・火番等無懈怠可相勤、不審成者有之者其所ニ留置可申来事

⑷一目安訴状差上者有之時、年寄・与頭聞届、双方申分無之様に曖、不済儀者早速可申来、年寄・組頭贔屓之沙汰を以或事をのばし、或片落成曖於仕者、不依何者直々可訴来事

⑸一往還之旅人一夜之宿、西土手町之外一切不可借、西土手町不存者有之者町送りニいたし可遣之、若逗留仕度与申者ハ可申来事

⑹一他国之商人慥成者者人数を改、年寄・組頭・五人組江相断、宿請之手形仕、奉行衆江致持参借可申、若不相断宿仕者有之者、宿主之儀者不及申、五人組迄可為曲事

⑺一家持・借屋之者に至迄他国へ参候時ハ、五人組江致相談年寄へ相断可罷越候、無断罷出者有之者五人組より可告来事

⑻一他国之諸勧進、縦慥成様子存知候共一切宿不仕、并橋之上下・町はつれに臥罷在、宿なし不審成者ハ早速可追払、他国之者与申ニおゐてハ留置可申来、御領内可払遣事

⑼一跡式之儀兼而年寄・組頭・五人組ニ申聞遺言書置可仕、年寄・組頭不存書置、不可立証文諍論之時者筋目次第可令沙汰事

⑽一借屋之儀念を入請人を可取、宿替仕時ハ先之宿後宿互ニ聞届可申来事

付、他領之儀は不及申、侍屋鋪・寺方・郡方・其外町与ニ而無之方より初而町内へ宿かり参候者者奉行所へ可相伺事

(11)一境目論之儀先規より之帳面次第可申付、自今以後ひさし・塀・垣等に至迄少ニ而も造出者有之者、年寄・組頭可申来
於免置ニハ本人之儀者不及申年寄・組頭まて可為越度事

(12)一質物取候儀、常々存たるものニ而居所慥成者持来者しち者之品を致吟味取之、不存ものニ者請人立させ可取之、失物
有之候刻、何物によらす質屋を尋来時者不隠置可申聞事

(13)一預ケ人之儀、何方より申来候共請合念を入置、奉行所へ断被申候得者其内者預り置申候、下ニ而久敷預り申儀者不罷
成候由預来者ニ相断、其上早速可申来事

(14)一雖為親子兄弟、走者一切不可抱置事、付り、手負之者来者留置可申来事

(15)一町人、刀并大脇差御停止たり、見合に捕、籠舎可被仰付事

(16)一下人召置候刻先之主人へ相理可召置、無断抱置、先之主人ゟ申分於有之者、後之主人可為越度事
付、売子諸職人之弟子・六尺等、約束之日数不立内ニ主人之手前暇を乞捨ニいたし身を自由ニ仕儀、自今已後左様
之不作法もの有之候ハヽ、可訴来事

(17)一年切之奉公人拾年之外御停止たり、相背者於有之者可為曲事

右町々ニ写置毎月寄合之刻令披見、借屋之もの売子下々至迄申含、無断絶可相守此旨者也

寛文三年卯月吉日

〔町奉行〕
武井三郎兵衛
〔町奉行〕
広沢茂右衛門

各条文を検討すると、次のような性格をもっている。

(イ)　町人身分の位置づけを示すもので、(1)条は、侍衆（武士身分）に対する諸町人の応対が、「不礼」「不作法」にならないこと。そして、(15)条は、「町人、刀并大脇差御停止たり」と、武士身分との違いを明確にしている。

(ロ)　町の自治に関するもので、(2)条において大年寄・町年寄の町組・各町権限を定め、その「非儀私曲」の堤訴権を留保している。このほか、町中運営に年寄・組頭が中心になるよう各条をもって規定しており、町人自治は行政的に年寄・組頭を通じて行う方向が確立している。

(ハ)　治安・紛争に関するもので、(3)条は町中の夜番・火の用心、不審者の措置、(4)は目安訴状の取り扱いを規定している。

(ニ)　町外の他者排除に関するもので、(5)条は往還の旅人一宿を西土手町に指定、(6)条は他国商人宿を宿請手形によること、(8)条は他国の諸勧進をはじめ、橋の上下、町はずれ、宿なし不審者など他国の者は、留めおき、領内追払いとするなど、見知らぬ者が無断で町内に闖入するのを防遏《ぼうあつ》している。

(ホ)　町人株の維持・町緊縛に関するものは、(9)条が町人跡式の相続取きめ、(11)条が町家のひさし・塀・垣等にいたる境目論の規定を行い、(7)において家持・借屋の者にいたるまで他国行きを五人組承認事項としている。

(ヘ)　町中での生活・商売等の申合せ諸規制に関するもので、(10)条は借家人の規定で、他国または領内の者でも、はじめて町内に借家する場合は、町奉行所の許可を要し、それ以外は請人を取り、先宿・後宿を確認する。(14)条は、走り人を一切匿わないこと、(13)条は預ケ人は町奉行所の指示により預かること、(16)・(17)は下人・年切奉公人の召抱之規定で、下人は先抱主の了解、年切奉公人は一〇年切までとし、売子・諸職人の弟子・六尺らが約束期日前に暇乞することを戒めている。

以上が町法度の内容であるが、その特徴は寛永年代の町定に較べて、第一に町の自治組織が整備され、町人による各町の自主的運営が展開されるようになっていること、第二に町人自治の担い手は、町構成員たる家持町人であり、その末端が五人組で組織されているが、町組における町大年寄、各町における町年寄・組頭の行政的権限が強化され、町奉行―町大年寄―町年寄・組頭のラインによる支配機能の徹底をはかるようになった。町人自治の論理自体は、城下町という条件に規定をうけて、幕藩制下の特有な性格に変質せしめられている。第三に各町の町人階層は、商人のもとに下人として店子・売子、諸職人の弟子・六尺らがあり、さらに年切奉公人を抱えた小資本の商・手工業未分離の小経営体と借屋層を中心とする店借・小商人等があり、各町はそれらを包みこんだ町人層を軸に成り立っていたといえよう。そして同時に、初期から町建設を担ったもの、領主の御用達、藩権力と結びついた権威的な関係で成長した商人・高利貸資本の所有者らが、各町で頭角をあらわして大年寄・町年寄の町役を掌握し、それらに従属した町々が一七世紀末から一八世紀初頭に出現したのであった。

なお、寛文三年の町法度は、その後広島町の基本法度としての役割を果し、元禄十二年（一六九九）五月、町奉行松田加右衛門、小鷹狩伝蔵両人の名で、四か条が追加されただけであった。

追加四か条は、(1)博奕御法度の申付、(2)町中での喧嘩・刃傷又は打果者の措置、(3)町中における行疲又は病人躰の介抱、(4)町中年寄・組頭屋敷の質物に書入に関する取扱いなどであり、基本的には寛文度を補う形をとっていた。

註

（1）『閥閲録』七一。

（2）「知新集」巻一二（『新修広島市史』第六巻資料編その一所収）。

（3）『広島市史』第一巻　五二頁。

（4）「知新集」巻六。

（5）「福島大夫殿御事」。
（6）『新修広島市史』第二巻政治史編　二七六頁。
（7）芥河平二郎旧蔵「古記録」（『新修広島市史』第二巻政治史編　二九一頁）。
（8）寛文十二年九月二十八日「広島町酒屋酒造高御改連判并惣町年寄・与頭連判帳」（京橋・松井家文書）。
（9）浅野光晟広島町法度（「玄徳公済美録」巻四上『広島県史』近世資料編Ⅲ四四号所収）。
（10）「玄徳公済美録」巻二十（『広島県史』近世資料編Ⅲ一二一号）。
（11）芥河平二郎旧蔵「古記録」（『新修広島市史』第二巻政治史編　二九九頁）。
（12）浅野長晟留守中法度（「自得公済美録」巻十三上『広島県史』近世資料編Ⅲ一一号）。
（13）浅野長晟留守中法度（「自得公済美録」巻十七）。
（14）浅野長晟留守中法度（「自得公済美録」巻二十）。
（15）（16）浅野光晟広島町法度（「玄徳公済美録」巻四上）。
（17）広島町中法度（「玄徳公済美録」巻三十四）。

2　町人の町構成と機能

近世都市の個別町に関する研究は非常に少ない。なかでも初期の町や町人の具体像は明らかにされておらず、広島城下町人町については皆無といっても過言ではない。

毛利時代の広島城下町人町は、町割が行われたといっても、町名が判明するのは、板屋町と皮屋町のわずか両町であったが、福島正則の慶長五年（一六〇〇）から元和五年（一六一九）まで、一九年にわたる城下町経営の結果、六三の町名をもつ町人町が形成されている。いま、これら町の名前がどのように名付けられているかを示すために、いくつかに分類して地域ブロックごとに一覧すると表Ⅰ－三七のとおりである。各町人の職種や業種などの営

表Ⅰ－37　広島城下町の町名分布（元和５年）

区　分	新町組		中通組		白神組		中島組		広瀬組		計（%）
職業に関係した町名	大工町	1	革屋町 研屋町 鉄砲屋町	3	細工町 猿楽町	2	材木町 木挽町 加子町	3	大工町 鍛冶屋町 かべ屋町	3	12（20.7）
商いに関係した町名	斜屋町	1	西魚町屋 東魚屋町	2	紙屋町 塩屋町 豆腐屋町	3	湯屋町	1	油屋町 十日市町	2	9（15.5）
出身地に因んだ町名	山口町 銀山町 吉田町 石見屋町	4	平田町	1	尾道町	1			堺町	1	7（12.1）
地名に由来する町名	堀川町 橋本町 京橋町 比治山町 猿猴橋町	5	船場町 東箱島町 西箱島町	3					塚本町 地方町	2	10（17.2）
事物・人物に関係する町名	柳町 東土手町 茅町	3	播磨屋町	1			本柳町	1	土手町 唐人町 寺町 小屋町	4	9（15.5）
縁起に因んだ町名	東引御堂町 胡町 大黒町	3					天神町	1	西引御堂町 猫屋町	2	6（10.3）
その他			立町	1	本町 横町	2	本町 新町	2			5（8.7）
計		17		11		8		8		14	58（100）

元和５年「浅野長晟入国時の城下絵図」より。（１丁目・２丁目等は省略した。）

為となんらかの対応関係にあったという仮定を前提にすると、(1)職人的業種に関係する町名一二（二一％）、(2)商業に関係する町名（縁起を含む）一五（二六％）、(3)地名に関係する町名（出身地を含む）一七（二九％）、(4)事物・人物・その他に因む町名一四（二四％）となり、職種を直接あらわした町名は四七％ほどで、地名や事物・人物、その他に因んだ町名の方が過半を占めている。このことは、決して職人の町や商業の町が意図的に創設されなかったことを意味するのではなく、初期の町として単一職種の専業的な町割よりも、商業や手工業未分離の小経営が混住する町の成立事情を背景にしていたと思われる。それでも、全体的な分布としていえることは、毛利時代から町人町割区であった白神・中島・広瀬の三ブロックに職人名・商売名を冠した町名が比較的に多いことが指摘される。これは、毛利氏の町割以後の町形成過程において、同一地域に同一職種の商・職人を集中させる指揮・強制策のあったことを物語っている。これに対して福島時代に町人町に編成された中通・新町両ブロックでは、地名・事物・人物に因んだ町名が多いという特徴が認められよう。

そこで、職人や商人の職種を直接あらわした町名をもつ町々の町名由来を抄出したものが表Ⅰ－三八である。この表は町人町全体を網羅したものとはいいがたいが、商・職人町の多くが、それぞれ同一の職種や業種が地域的に集中していることによって命名されたとする説を採用している。しかも、東西大工町・革屋町・研屋町・塩屋町・鉄砲屋町などのように、承応・明暦年代の町絵図に単一職種が多く集中して存在していたことをもって裏付けようとしている。(1)

たしかに職人町として現れる町名はすくなくない。東から東大工町・鉄砲屋町・研屋町・石切屋町（西魚屋町の古名）・革屋町・尾道町（尾道浦石工集住地）・材木町（木屋）・木挽町・加子町・西大工町・左官町・鍛冶屋町・畳屋町・かべ屋町などで、革屋町以外は本街道筋に平行した裏町・脇町に位置していた。また、商業の営業名を町名としたものは、食品関係では東西両魚屋町・八百屋町・塩屋町・豆腐屋町、その他に釿屋町・紙屋町・湯屋町・舟

表Ⅰ－38　職人・商人に関係した町名由来

町組	町　名	由　来　内　容
新町	大工町	承応の絵図に東大工町とあるは、そのかミより大工職のもの数多居住せし故名付るならん。
	胡町	慶長8年胡堂十日市町より此処へ引うつしはじめて胡町と名付く。
	東引御堂町	往昔胡堂今の処へ引移されし時、此町を東引御堂町と名付く。
中通	鉄砲屋町	もと鉄砲鍛冶数多住ける故名付く。明暦図に鉄砲屋多く見ゆ。
	革屋町	昔、革細工するもの数多居住せる故名付くならん。承応図に革屋某多く見ゆ。
	研屋町	刀剣研職のもの数多居住せし故名付く。承応図にも研屋何某という者多く見ゆ。
	西魚屋町	もと魚商人あまた住ける故名つく。また、石切屋町ともよぶ。今に石工多く住めり。
	東魚屋町	昔より魚を商うもの多く住めり、西魚屋町に対して東魚屋町という。
白神	尾道町	文禄の頃、尾道浦より大工石工来り、居宅造作、所々普請出来ける故尾道町と名付けし由彼家の旧記に見ゆ。
	細工町	もと小細工職の者数多居住せし故かく名付くるか、由来不詳。
	猿楽町	もと能役者猿楽の者多く居住しける故かく名付くるか、由来不詳。
	紙屋町	伊予屋九郎右衛門先祖、天正頃より紙商を初め、諸郡より紙類持出し、手広く商いせしにより、おのづから紙屋町と名付ける由申伝える。
	塩屋町	承応図に塩屋何某の家数々見ゆ、それ以前も塩屋多き故自ら町名なりしか。
中島	材木町	昔より材木を商うもの数多居住す。
	木挽町	昔より木挽職のもの数多居住す。寛永図には小引新町と見ゆ。
広瀬	鍛冶屋町	往古より鍛冶数多住ける故名付く。新鍛冶屋町は寛永14年鍛冶弟子21人へ油屋町のうち畠地3反12歩屋敷地を下され名付ける由伝へらる。
	西大工町	この大工町、昔は大工職のものばかり住ける故名付く。今もこの処の家は、すべて大工水役のミにて諸役銀をゆるさる。
	地方町	この所を畳屋町と呼ぶは、町割の節畳刺多くここに集いける故名付くる由いへり。その後何時の頃地方町と改りけるや知れず。
	かべ屋町	鍛冶屋町に隣る。承応図に塗壁町又は左官町ともあり、もと壁ぬり多く住ける故よしなるらん。
	油屋町	昔より油商人多く住ける故名付く。承応図に油商人多く見ゆ。
	十日市町	昔は川上の村里より莚・ござ・竹の皮笠・竹かご或は青物様の品々をこの所に持出し、月ごと十日の市をなしけるよりは自ら町の名となりぬ。

文政5年「知新集」による。

町などがみられるが、そのほかに商人町としては、町開発に功があった有力商人の屋号をとった平田屋町・播磨屋町・石見屋町・堺町・猫屋町など、有力商人の出身地に因んだ山口町・吉田町・銀山町などがあり、さらに地名・町成立の新旧・方角・地形や位置・縁起などに関係する町名も大なり小なり商業機能を備えた町として形成されたものであった。

以上のように広島城下町人町の各町が、固有な町の性格をあらわす町名を持つにいたる由来ないし経緯をある程度明らかにしているが、総体としていえることは、毛利氏の城下町割以降、個々の町形成の過程において、同一地域に同一職種を集めて居住させるような強制策が働いて、その町の基盤が形成され、福島正則入城とともに行われた町人町の拡大政策のもと、町編成・整備のなかで、六三に及ぶ町々が誕生したものと思われる。そして、毛利時代から商・職人の単一職種の比較的集中した町には直接的な職種や営業種名が付けられ、また、町開発に名を残した有力者に因んで名付けるなど、おのおの固有な事情に則して町名を定着せしめた様子が窺われる。したがって、少なくとも職人町・商人町として直接的な職種・営業品目を現わすような町名をもつ町々は、町構成も同一業種の集合体としての実態に近いものであったということができよう。たとえば、福島正則が慶長十九年十月、大坂の役に参陣するため、幟・ふきぬき等を新調した際、「町のかわやともに申付、則てまちんを可遣候」と[2]、革屋町の皮革細工職人を指名徴発した。これは革屋町の町構成員の大部分が皮革細工職人によって占められ、領主需要に対応しうる供給能力を備えていたからに外ならない。しかし、正則がわざわざ仕事に応じた手間賃の支給を指示していることは、町ないし職人に対して、特権を付与していたとは考えられない。このことは、革屋町に限らず、福島時代までの町政策であったと思われる。

ところが、元和五年（一六一九）八月、浅野長晟の広島入城は、城下町人町に対して、大きな変化を与えずにおかなかった。福島正則の改易は城下商・職人の移動には及ばなかったが、新領主長晟は和歌山より商・職人に至るまで大挙して広島の地へ移住することを認めている。

表I－三九は、近世初頭に城下町に来住し、旧家と称されるようになった商・職人家の判明するものをかかげたが、総数一〇一家のうち、毛利期三〇人、福島期一九人に対して浅野初期は五二人と圧倒的多数を占めていることが判明する。その大部分は、長晟の入国に従ってやってきた商・職人で、和歌山時代から特権的待遇をうけていたのが特徴的である。広島入町に際しても、領主指定の家屋敷下付や、切米・扶持米・合力米銀の給付をうけたものも多く、それぞれの職種における棟梁役または頭・元締的存在で、領主と一般町人の間にあって、媒介的役割を果す存在になっていた。そうした商・職人の職種・業種をみると、職人的業種に携わるのは、大工（棟梁役・肝煎役・触方など）四軒、左官（棟梁役）一軒、塗師二軒、畳屋（棟梁役・肝煎役）三軒、柿葺（棟梁役）一軒、檜物細工四軒、桶屋（棟梁役）一軒、紺屋五軒、鍛冶屋（棟梁役）六軒、瓦職（棟梁役）一軒、金具細工（銅虫細工を含む）五軒、柄巻細工（鞘師）・革細工各二軒、火縄師・鉄砲台師・研師・矢師・張付職（棟梁役）各一軒、傘屋二軒、具足屋・織物・掛継細工・仕立物各一軒など四七軒であり、商人職種は干物・青物類御用三軒、魚類御用二軒、油御用・酒御用・銀懸屋各一軒など八軒で、専門的技術を備えた職人棟梁層とその仲間の移住が注目されるのであった。(3)

こうした上層商・職人の各町への定着は、従来の町共同体構成員にかなりの波紋を投げかけている。しかし、彼らが町構成員の一員になることによって、町自体に浅野氏の支配政策を容易に浸透させ、権威的な町に編成されていく方向を押し進めることになった。また、これと同時に、元和七年から同九年五月の間に、新町組の京橋・鉄砲屋・鈩屋・東引御堂・堀川各町、中島組の中島本町・材木町、白神三丁目、広瀬組の油屋・十日市・猫屋・堺町四丁目の各町で、「御成敗家」・「上り家欠所」・「走り人」が一七軒数えられ、それらの家・諸道具等の売買代銀一貫九三〇目余を収納しており、(4)新しい上からの町共同体の形成が進められていることを裏付けている。

表Ⅰ－39　広島城下町人町の職種・移住者等一覧（近世初頭）

		職　　種	名　　前	移　　住	生　国	備　　考
新町	A	醸酒	万　代　弥　三　郎	(橋　本　町)	近江国	高田郡横田村より
		薬種商	横田屋四郎右衛門	(　〃　)		〃
		鍛冶	池　田　　某	(稲　荷　町)		町割前、高田郡吉田より
	B	米綿銭商	銭　屋　又兵衛	胡　　町		慶長8年、安南郡温品村より、町年寄
		醸酒・穀物商	伊予屋　助右衛門	銀　山　町		慶長年中、　〃　後に東引御堂町へ移る
		茶商	茶　屋　太左衛門	〃		〃備中国笠岡より
	C	鉄鎶細工御用	法　安　久治(父)	橋　本　町		元和5年、紀州より、家拝領
		細工御用	矢　師　次左衛門	(比治山町)	紀伊国	〃　〃
		紺屋職	岩　室　半右衛門	山　口　町		元和年間、近江国より
		檜物屋御用	檜物屋　藤右衛門	銀　山　町		元和5年、紀州より、表5間の家拝領、年頭御目見
		傘・釣燈御用	傘　屋　庄右衛門	〃		〃　〃
		質商	天満屋　治兵衛	胡　　町		寛文3年、東魚屋町より移転
中通	A	薬種商	金川屋九郎右衛門	(播磨屋町)		天正年中、備前国金川村より
		研師	湯　川　市左衛門	(研　屋　町)		〃　紀伊国より
	B	八百屋	丹波屋　彦九郎	立　　町		慶長年中、丹波国より
		味噌醤油商	樽　屋　万三郎	播磨屋町	美作国	安南郡海田市より
		筆作り	筆　屋　藤左衛門	平田屋町		慶長11年、天下一の称
		白粉師	白粉師　佐左衛門	播磨屋町		慶長16年
		伽羅油師	伽羅油師　徳三郎	〃		〃
		鏡研師	鏡研師　吉兵衛	〃		〃
		〃	鏡研師　五兵衛	〃		〃
		〃	鏡研師　徳兵衛	〃		〃
	C	鎶細工御用	法安久治(長男)	鉄砲屋町		元和5年、紀州より、家拝領、鍛冶小屋勤め
		鉄砲金具御用	榎並屋　清兵衛	〃	紀伊国	〃　〃
		鉄砲台御用	台　屋　五郎作	〃	〃	〃　〃　切米30石5人扶持
		鉄砲金具師	台　屋　久　作	〃	〃	〃　〃　切米20石5人扶持
		火縄御用	火縄屋　佐次兵衛	東白島町	〃	〃　〃
		数寄屋金具細工	金具屋　藤三郎	立　　町		〃　〃
		銀掛屋御用	糸　屋　庄兵衛	播磨屋町		〃　〃　家拝領、合力米30石
		位牌并薄置細工	加　藤　九右衛門	革　屋　町	紀伊国	〃　〃
		仕立屋	若狭屋　兵右衛門	平田屋町		〃　〃
		麹商売	麹　屋　市左衛門	(袋　　町)		〃　〃
		青物乾物并魚類諸事	伏見屋　又兵衛	東魚屋町		〃　〃
		肴御用	天満屋　治兵衛	〃		〃　〃　年頭御目見
		〃	天満屋　七右衛門	〃		〃　〃
白神	A	薬種商	雁金屋　嘉右衛門	(本町1丁目)		天正年中、高田郡吉田より
		醸酒業(菊屋酒)	三原屋三郎右衛門	(本町3丁目)		慶長2年、備後国三原より

		職種	名前	移住	生国	備考
白神	A	紙商い	伊予屋九郎右衛門	(紙屋町)		天正19年、伊予国より
		塗師細工	九右衛門	(塩屋町)		文禄2年、佐東郡より
	B	醸酒・穀物商	升屋 平兵衛	本町4丁目		慶長8年、備後国三次より
		耕作・穀物商	柏屋 九郎兵衛	本町3丁目		元和元年、長門国より
		鯨油入津取扱商	油屋 元右衛門	塩屋町		慶長年中、塗師細工より転業
	C	鍛冶棟梁役	根来 彦右衛門	掘川町		天和5年、紀州より、家拝領、切米10石2人扶持
		大工肝煎役	大工 清右衛門	塩屋町		〃 〃 後に木引町に移転
		左官棟梁役	山合 与左衛門	本町3丁目	紀伊国	〃 〃 家地拝領
		檜物細工	檜物屋 彦左衛門	紙屋町	甲斐国	〃 〃
		銀方御用	菊屋 長兵衛尉	本町1丁目	紀伊国	〃 〃
		研御用	皆伝 甚四郎	本町5丁目		元和5年、紀州より、家拝領、切米20石
		張付棟梁役	才所 治部広明	本町3丁目	甲斐国	〃 〃 家拝領、切米20石5人扶持
		柄巻細工御用	阿波 久兵衛	本町4丁目		〃 〃 家拝領、合力銀3枚
		白銀細工御用	中村 五郎右衛門	猿楽町	京都	〃 〃 家拝領、合力米10石
		餝屋細工御用	荘屋 甚三郎	本町4丁目		〃 〃 家拝領、切米10石
		革細工御用	西村孫六・六左衛門	本町3丁目		〃 〃 家拝領、合力米30石
		〃	木村 権右衛門	本町3丁目	紀伊国	〃 〃
		油御用	油屋 彦三郎	堀川町		〃 〃 年頭御目見
中島	A	味噌醤油商	備中屋 助左衛門	(中島本町)	備中国	天正年代、備中国より
		印判彫刻	三刀屋 石見	(〃)	出雲国	慶長3年、京都より
	B	刀鍛冶	輝広	船町	尾張国	慶長5年、尾張国より、東西15間の宅地拝領
		材木商い	井筒屋 市左衛門	材木町		元和年中、転住
	C	大工棟梁役	西浜 才次郎	元柳町		元和5年、紀州より、家拝領
		染物御用	紺屋 五郎大夫	〃		〃 〃 家拝領、合力米10石、年頭御目見
		木挽職	今井 与左衛門	木引町	紀伊国	〃 〃
		廻船業(船持)	志和久屋 吉兵衛	天神町		元和年間、大坂より移住
広瀬	A	鍛冶	八文字屋 忠兵衛	(鍛冶屋町)		天正年中、高田郡吉田より
		〃	法道寺屋三郎左衛門	(〃)		天正19年、 〃
		〃	美濃屋 嘉右衛門	(〃)		天正年中、 〃
		〃	中村屋 忠左衛門	(塚本町)		文禄年中、佐東郡祇園より
		瓦焼	岩尾 善右衛門	(〃)		天正年中、山城国山科より、元和年間新開へ移る
		〃	新蔵	(〃)		〃 〃 〃
		〃	惣四郎	(〃)		〃 〃 〃
		〃	新六	(〃)		〃 〃 〃
		〃	平次	(〃)		〃 〃 〃
		鉄細工	錠屋 権右衛門	(鍛冶屋町)		天正17年、高田郡多治比村より

		職種	名前	移住	生国	備考
広瀬	A	鉄商	大田屋　孫一	(塚本町)		慶長元年、山県郡大塚村より
		醸酒業	長谷川右京(堺屋)	(堺町)		天正年中、和泉国堺より
		〃	芥河屋　助右衛門	(〃)		〃　佐東郡古市より
		〃	金屋　五郎左衛門	(猫屋町)		〃　佐東郡大町村より
		醤油商い	油屋　与三右衛門	(堺町)		天正17年、高田郡吉田より
		油商い	油屋後野上屋吉右衛門	(油屋町)		天正年中、周防国都濃郡野上市より
	B	釘類商い	釘屋　吉左衛門	塚本町		初代吉左衛門京都より、2代目
		醸酒并駕籠細工	八木屋　与兵衛	西引御堂町		慶長年中、佐東郡八木村より
		耕作	木屋　太兵衛	(空鞘町)		来住、元和元年賃銭渡船を始める
	C	酒屋商	紀伊国屋三郎右衛門	塚本町		元和年中、紀州より
		味噌醤油	矢野屋　勘右衛門	〃		3代勘右衛門の時より
		杮葺御用	恩地　助兵衛	堺町	大坂	元和5年、紀州より、家地拝領
		紺屋職	湊屋　正兵衛	猫屋町		〃　〃
		馬追頭	助兵衛	〃	紀伊国	〃　〃
		船頭	井口　又右衛門	〃	和泉国	〃　〃
その他	A	瓦師棟梁	桜井　庄左衛門			慶長5年、毛利移封の時萩へ移る
		〃	松本　東左衛門			〃　〃
		細工人頭取	石川　六右衛門			〃　〃
	C	畳屋棟梁役	黒山　次郎作			元和5年、紀州より、知行200石30人扶持
		畳屋肝煎	畳屋　九助			〃　〃
		畳御用	畳屋　甚右衛門			〃　〃
		桶屋棟梁役	桶屋　弥左衛門	(竹屋町)		〃　〃　切米3石1人扶持　御目見
		たばこ灰運上御用	平田　治左衛門			元和5年、紀州より
		紺屋職	畑　仁左衛門			〃　〃
		質物・端物商売	住吉屋　七郎兵衛			〃　〃
		醸酒・干物・漬物商	伊藤　甚右衛門			〃　〃
		鞘師	鈴田　九郎左衛門		尾張国	〃　〃
		瓦御用	瓦師　新左衛門	(船入村)	紀伊国	〃　〃　免地表64間半、合力米5石

1．A＝毛利時代、主として町割以後、B＝福島時代、C＝浅野時代、主として元和年中。
2．享保6年9月「甲州紀州之者先祖書寄帳」、文政5年「知新集」、『広島市史第一巻』等による。

以上のような浅野氏入国後の町人町編成の過程は、まず広島町奉行田原伝左衛門の広島町総改めによって、寛永二年（一六二五）十二月の段階が判明する。すなわち広島惣町中（町人町）の町数（家持・以下同）五五町[5]、家数二、二八八軒、借屋三、四五八軒（竈）とある。これは元和五年の入国時にくらべると、七か年の間に町数にして一一町の減少[6]、家数にして二八八軒、借屋数にして一、三九三竈の増加となる。とくに町数の大幅な減少は、浅野氏の城下町政策にもとづく町編成の過程を示すもので、町の合併、町域境界の分合、周辺町の分離など、かなり大きな変動を窺うことができる。また、年平均にして家数四一軒増、借屋一九九竈増という現象も、活発な城下町への流入を物語っている。その状況を各町単位にみたものが表I－四〇である。[7]惣町中として家数と借屋数をみると、家数に対して借屋竈が約一・五倍と上回っており、町構成員としての家持町人より、一人前と把握されない隷細借屋階層の占める比率が高いという町構成のあり方を示している。その状況は、各町によって大きく異なっていた。町組別にみると、町人町の中央地域を占める中通・白神両町組は、家数と借屋数の比率が二・五五倍、二・〇九倍と二倍以上に達している。ついで中島・新町両町組の一・六九倍、一・一七倍と一倍台、広瀬組だけが〇・七六倍と家数を借屋数が上回っていた。ことに家数に対して借屋の倍率が高いのは、中通組西魚屋町の三・七六倍を筆頭にたて町・革屋・西箱嶋の四町、白神組紙屋・尾道・白神二丁目の三町など合せて七町が三倍以上を示し、中通組東魚屋・研屋・平田屋・鉄砲屋の四町、白神組猿楽・細工町、白神三丁目の二町、中島組中島本町・舟町の二町、新町組石見屋・銀山・斜屋の三町、広瀬組塚本町西土手地方町の二町など一三町が二倍台となっている。いっぽう、家数に対して借屋敷の下回っているのは、白神組豆腐屋町、中島組中島地方町、新町組京橋・猿猴橋・比治山・京橋土手・柳町の五町、広瀬組西引御堂・十日市・猫屋・油屋・鍛治屋・堺町三・四丁目・唐人町の七町など一四町であり、猿猴橋町・京橋土手町、堺町三・四丁目の三町は、わずかに〇・一倍以下であった。このように町人町の中心に位置する町には、家数を大きく上回る多数の借屋層をかかえる活発な商業・職人の町として整備され

表Ⅰ－40　広島町の商・職人家数・借屋数（寛永２年）

	町　名	家数	借屋	借屋／家数		町　名	家数	借屋	借屋／家数
新町組	猿猴橋町	58	3	0.05	白神組	尾道町	25	77	3.08
	京橋町	105	81	0.77		白神１丁目	29	45	1.55
	吉田町	11	20	1.82		白神２丁目	24	85	3.54
	比治山町	78	39	0.50		白神３丁目	28	64	2.29
	柳町	10	4	0.40		白神４丁目	32	58	1.81
	京橋土手町	29	2	0.07		白神５丁目	39	61	1.56
	橋本町	41	60	1.46		白神６丁目	25	47	1.88
	石見屋町	38	84	2.21		豆腐屋町	26	21	0.81
	山口町	30	50	1.67	小計		376〔412〕	786〔860〕	2.09〔2.29〕
	東引御堂町	49	49	1.00	中島組	中島本町	75	158	2.11
	胡町	52	101	1.94		舟町	94	215	2.29
	釿屋町	28	56	2.00		材木町	55	100	1.82
	堀川町	52	86	1.65		東柳町	29	35	1.21
小計		623	727	1.17		中島地方町	65	30	0.46
中通組	東魚町	28	71	2.54	小計		318	538	1.69
	たて町	40	136	3.40	広瀬組	西引御堂筋町	115	22	0.19
	研屋町	50	122	2.44		十日市町	60	15	0.25
	平田屋町	30	76	2.53		猫屋町	67	30	0.45
	播磨屋町	31	41	1.32		油屋町	45	44	0.98
	革屋町	22	66	3.00		鍛冶屋町	33	13	0.39
	西魚町	54	203	3.76		塚本町	46	92	2.00
	鉄砲屋町	16	40	2.50		堺町1丁目・2丁目	59	65	1.10
	本箱嶋町	59	78	1.32		堺町3丁目・4丁目	61	6	0.10
	西箱嶋町	16	50	3.13		西土手町	15	15	1.00
小計		346	883	2.55		西土手地方町	67	141	2.10
	猿楽・細工町	87	182	2.09		唐人町	21	7	0.33
	紙屋町	42	135	3.21	小計		589	450	0.76
	西横町	19	11	0.58	合計		2,272〔2,288〕	3,384〔3,458〕	1.49〔1.51〕

1.「自得公済美録」巻十八による。
2.〔　〕内は計数値である。

ていき、広瀬・新町両組の東西周辺は、いまだ多くの開拓の余地を残した町々であったことが知られる。

すでに述べたとおり、広島総町人町の家数の推移は、元和五年（一六一九）の二、〇〇〇軒を基点にして、寛永二年（一六二五）に二、二八八軒（二八八軒増）、寛文三年（一六六三）に三、五〇四軒（一、五〇四軒増）、延宝五年に三、六五二軒（一、六五二軒増）、正徳五年（一七一五）に三、九五八軒（一、九五八軒増）と約一世紀の間に約二倍の増加を示すが、近世初頭の半世紀の間の増加率がいちじるしい。

さて、寛永二年以降における町単位の家数変遷を知るものに、承応三年（一六五四）、明暦四年（一六五八）、天和三年（一六八三）の町絵図がある。[8] 全町にわたってはいないが、現存している各町を一覧すると表Ⅰ－四一のとおりである。寛永二年を基準にすると、承応三年の二三町中、家数増加を示すのは一八町（七八％）、減少は四町（一七％）となり、明暦四年の四町中、増減各二町で相半ばしている。また、天和三年の一一町中、家数増加は九町（八二％）、減少は二町（一八％）である。したがって、各町段階でみても、一七世紀後半までは一部の特別な事情を有する町々を除いて、家数（家持）の増加は一般的傾向であったといえよう。ただし、家数（家持）の増加は、かならずしも各町区域の拡大を意味しない。各町とも面数（表間口）がほとんど異動していないように、一定の町屋敷が細分割されて表間口の狭い家数が増加するのである。もちろん、町屋敷の併合もあったし、町内家持が二軒以上の家を買得したり、他町等からの掛持家主の数も増える傾向があり、家数や間口・竈数だけではあらわせない複雑な町構造を内包するようになった。

こうした町々の性格を幕藩制国家における首都城下町の成立の視点から把握すれば、第一に城下町人町建設期の初期職人・商人らの集住間もなく職種・業種ごとに形成されていた町役負担を軸にした町々が、町人主体の生産・流通機能をもって経済的に自立した商・職人混在の町として成立したこと。第二に初期町割の画一的な町屋敷区画が、しだいに分割あるいは併合されてそれぞれ固有な職種・業種を中心にした経営を成立させ、それに関係した

表Ⅰ－41　広島各町の家数・面数の変遷

組	町　名	寛永2年		承応3年		明暦4年		天和3年		増　減　率		
		家数	借屋数	家数	面数	家数	面数	家数	面数	承応3年	明暦4年	天和3年
新町	東愛宕町							112	351			
	猿猴橋町	58	3	74	246					1.28		
	京橋町	105	81	134	375					1.28		
	吉田町	11	20	14	54					1.27		
	比治山町	78	39					68	269			0.87
	東土手町	29	2					51	167			1.76
	石見屋町	38	84					48	173			1.26
	胡町	52	101	74	261					1.42		
	釿屋町	28	56					40	116			1.43
中通	本白島町	59	78	82	315					1.39		
	西白島町	16	50	27	99					1.69		
	東魚屋町	28	71	48	157			52	157	1.71		1.86
	立町	40	136					49	189			1.23
	研屋町	50	122			52	235				1.04	
	平田屋町	30	76	40	192					1.33		
	播磨屋町	31	41			29	139	34	139		0.94	1.10
	革屋町	22	66	28	131			30	131	1.27		1.36
	西魚屋町	54	28			42	150	46	150		0.78	0.85
	鉄砲屋町	16	40			37	170				2.31	
	中町					20	134	19	133			
	袋町					35	137					
白神	猿楽町	78	182	56	322			64	317	0.72		0.82
	紙屋町	42	135	65	279			72	277	1.55		1.71
	横町	19	11	19	73					1.00		
	塩屋町	36	74	41	160					1.14		
	白神1丁目	29	45	25	148					0.86		
	白神2丁目	24	85	26	149					1.08		
	白神3丁目	28	64	32	151					1.14		
	白神6丁目	25	47	26	127					1.04		
中島	中島本町	75	158	83	371					1.11		
	舟町	94	215	132	503			118	459	1.40		1.26
	元柳町	29	35	38	134					1.31		
	材木町	55	100	60	218					1.09		
	中島新町	65	30	132	503					2.03		
広瀬	油屋町	45	44	60	186					1.33		
	西地方町	67	141	103	296					1.54		
	広瀬左官町							26	117			

広島各町絵図（広島市立中央図書館蔵）による。

商・職人・隷細借屋層の集合体として構成されていることにに分けられる。これらのことを、町組の町々ごとに確かめておきたい。

(1) 広瀬・新町組

広瀬・新町両町組は、広島城下町の西と東の外縁部に位置し、承応三年の油屋町、地方町（以上広瀬組）、胡町・吉田町・京橋町・猿猴橋町（以上新町組）など六町、および天和四年の左官町（広瀬組）、斜屋町・石見屋町・京橋土手町・比治山町・東愛宕町（以上新町組）など六町の町絵図がある。

承応三年の油屋町ほか五町の住民構成をみると、表I－四二～四七のとおりである。このうち、西地方町、吉田町、京橋町、猿猴橋町の四町は、両町組のうちでも外縁部にあたっていて、家持人数の半ば近くが作人（町百姓）あるいは舟持・加子など農漁・交通業に携わっていて、商・職人町への転化がいまだ及んでいない地域といえる。しかし、個々にみれば、西地方町は寛永二年の家数六七軒（借屋一四一竈）から承応三年の家数一〇三軒（表間口二九六間）と町区域の拡張とともに家数増加がみられる。[9] そして、町外家持（掛持）・不明を除いた町内家持八二人中、農漁・交通業者が六〇人（作人二七・船持二〇・加子九・水使一・船大工三）と七三・二％を占め、紺屋・髪結職人と塩屋・魚売・籠売・とうし売ら振売・小商人が一六人と二〇％・町役人六人（七％）という割合を示している。複数の家持は三軒（表間口七間）所持の町年寄のみで、表間口五間以上も作人三人に過ぎず、大多数が表間口三間以下の小規模家持階層であった。

吉田町は本街道筋京橋町から北へ入る脇町で、元和五年の町長一丁、寛永二年の家数一一軒（借屋二〇竈）、承応三年の家数一四軒（表間口五四間）である。他町からの掛持家持六人、家臣と思われる家持二人、武家奉公人二人、畠作り（作人）三人、年寄一人という構成で、自立した町機能を備えていたとはいえない。

表Ⅰ－42　広瀬組油屋町の住民構成（承応3年）

		寺・僧	舞まい	薬師	肝煎屋敷	大工	桶屋	紺屋	つづら作	鑓屋	酒屋	米屋	麹屋	油屋	油売	茶売	魚売	煙草切	煙草屋	中買	小売	作人	合計	%
1軒	1間												1							1	1	1	4	7.7
	2間		1		1	2	1	1	2	1				1	5	2		1	1	1			20	38.5
	3間			1						1				1	1		1	3		2		2	12	23.1
	4間													1	1					1			3	5.8
	5間																					1	1	1.9
	6間					1									2								3	5.8
2軒	2間																			1			1	1.9
	3間																			2			2	3.8
	4間										1			1									2	3.8
	6間											1			1								2	3.8
	8間														1								1	1.9
	20間	1																					1	1.9
合計		1	1	1	1	3	1	1	2	2	1	1	1	4	11	2	1	4	1	8	1	4	52	

表Ⅰ－43　広瀬組西地方町の住民構成（承応3年）

		年寄	組頭	肝煎家	船大工	紺屋	かみゆい	塩屋	魚売	籠売	とうし売	おりのべ	指屋	さみや	商人	作人	船持	加子	水使	掛持	不明	合計	%
1軒	1間			1								1		1		2	3	4				12	12.2
	2間		1		1	2	1	1	1	1	1	3				16	15	3	1	5	3	55	56.1
	3間		3		2			2					1		1	5	2	2		3		21	21.4
	4間															1				1		2	2.0
	6間															1				2		3	3.1
	7間															1						1	1.0
	8間															1						1	1.0
	11間																					1	1.0
2軒	4間																					1	1.0
3軒	7間	1																				1	1.0
合計		1	4	1	3	2	1	3	1	1	1	4	1	1	1	27	20	9	1	13	3	98	

表Ⅰ－44　新町組胡町の住民構成（承応3年）

		年寄（和久屋）	奉公人	大工	材木屋	格子屋	塗物屋	木印屋	紅屋	米屋	塩屋	茶屋	茶売	酢屋	銭屋	端物屋	木綿売	納物屋	曽田屋	森杠屋	梨屋	紀伊国屋	山代屋	池田屋	ハト屋	玉屋	いづち屋	ひらく屋	掛持	不明	合計	%
1軒	1間																						1								1	1.7
	2間			2		1		1	1	1		2	2	1		2				1	1						1	1	4	5	26	43.3
	3間						1			3	1					4						1							1		11	18.3
	4間		1								1					1	1	1								1					6	10.0
	5間		2				1									1						1									5	8.3
	6間										1				1										1						3	5.0
	7間				1														1					1							3	5.0
2軒	4間															1															1	1.7
	5間														1																1	1.7
	7間																														1	1.7
	8間														1							1									1	1.7
3軒	14間	1																													1	1.7
合計		1	3	2	1	1	2	1	1	4	3	2	2	1	3	9	1	1	1	1	1	3	1	1	1	1	1	1	5	5	60	

猿猴橋町の場合も、町長二丁で寛永二年の家数五八軒（借屋三竈）から承応三年には家数七四軒（表間口二四六間余）に増加している。そのうち、四四軒は拝領家で椀奉行・持筒・持弓・長印持ら家臣と茶道指南が居住し、残る三〇軒を作人二三人、橋掃二人が所持する。作人から町年寄・組頭各一人が選出されている。このように猿猴橋町には、商・職人の存在が確認されない。

また、京橋町は町長三丁、寛永二年の一〇五軒（借屋八一竈）から承応三年には一三四軒（表間口三七五間余）に増加している。このうち他町掛持一六人を除いた一〇二人が町構成者で、畠作（町百姓）五一人（五〇%）、武家奉公人七人のほか、大工・紺屋四人、魚売一六人、茶売四人、酒屋・味噌屋・鍋屋六人などとなっており、商・職人の比率は約三〇%に達している。

表Ⅰ－45　新町組吉田町の住民構成（承応３年）

		奉公人	年寄	畠作り	姓名のみ	掛持	合計	%
1軒	2間	2	1	2		1	6	42.9
	3間					2	2	14.3
	4間				1	1	2	14.3
	5間			1		2	3	21.4
	6間				1		1	7.1
合計		2	1	3	2	6	14	

これに対して、慶長八年に「市之町」として町割された胡町は、元和五年の町長一丁五七間から正徳五年には町長二丁一〇間と町規模がやや拡大するが、寛永二年の家数五二軒（借屋一〇一竈）、承応三年には、家数七四軒（表間口二六一間余）と増加する。他町からの掛持家五軒を除くと町家所持者五五人となり、武家奉公三、大工二のほか大半を、端物屋九、米屋四、塩屋三、銭屋三、茶屋（売）四をはじめ、それぞれ屋号をもつ商人層によって構成されていた。町年寄は所持家三軒（表間口一四間）の和久屋新右衛門であり、表間口五間以上の家持商人は一二人（二一・八%）、間口三間以下の家持小商人は二三人（四一・八%）を占めていた。このように胡町は、すでに有数の商業の町を形成していた。

表Ⅰ－46　新町組京橋町の住民構成（承応３年）

		年寄	肝煎	奉公人	薬師	山伏	畠作	大工	紺屋	馬指	馬乗	酒屋	味噌屋	鍋屋	餅屋	茶売	魚売	橋掃	掛持	不明	合計	%
1軒	1間		1				1						1	1			4	1	1		10	8.5
	2間			6	1	1	29	2	1				1	1	1	4	5	4	8	1	65	55.1
	3間			1			7			1							1		1		11	9.3
	4間						1							1							2	1.7
	5間						6		1		1	1							4		13	11.0
	6間	1					1														2	1.7
2軒	2間						2										5		1		8	6.8
	3間						1										1				2	1.7
	4間																		1		1	0.8
	5間						1														1	0.8
	6間				1																1	0.8
	8間						2														2	1.7
合計		1	1	7	2	1	51	2	2	1	1	1	2	3	1	4	16	5	16	1	118	

表Ⅰ－47　新町組猿猴橋町の住民構成（承応３年）

		家臣				年寄	組頭	作人	茶道指南	橋掃	合計	%
		椀奉行	持筒	持弓	馬印持							
1軒	1間							3		2	5	7.2
	2間	1	21	2	1		1	8			34	49.3
	3間		5	2				4			11	15.9
	4間		2					1	1		4	5.8
	5間		4	1				2	1		8	11.6
	6間		2					1			3	4.3
	7間		1								1	1.4
2軒	4間							1			1	1.4
	5間							1			1	1.4
3軒	15間					1					1	1.4
合計		1	35	5	1	1	1	21	2	2	69	

表Ⅰ－48　広瀬組油屋町の住民構成（寛永年間）

		寺・僧	道心者	薬師	大工	桶屋	鑓屋	鍛冶	鍋鋳掛	油絞り	油屋	油売	豆腐屋	魚売	万振売	つづら作（売）	せきだ作	元屋	町百姓（作人）	おうか引	かたより	舞まい	名前のみ	合計	%
1軒	1間		1									2		1		2	1							7	14.0
	2間		1		2			1	1	3	2	5				1				1		1	2	20	40.0
	3間				1							1	1	1	1			1	1		1		2	10	20.0
	4間					1					2													3	6.0
	5間			1			1				1								1					4	8.0
	6間				2						1													3	6.0
2軒	8間			1							1													2	4.0
	20間	1																						1	2.0
合計		1	2	2	5	1	1	1	1	3	7	8	1	2	1	3	1	1	2	1	1	1	4	50	

つぎに油屋町は、元和五年の町長一丁四〇間が、正徳五年には二丁二四間と拡大され、寛永二年の家数四五軒（借屋四四竈）、承応三年の家数六〇軒（表間口一八六間）と推移する。寛永年間の町絵図と対比すると、町屋敷五九区画のうち家数五四軒（表間口一八五間余）で、寛永二年の家数との差は九軒である。町家数五四軒の構成を示すと表Ⅰ－四八のとおり、一軒の家持四七人、二軒以上所持するもの三人である。職人的業種に携わるのは、大工・桶屋・鍛冶・鍋鋳掛・鑓屋・つづら作・せきだ作・油絞りなど二〇人（三二％）、商人は寺僧・薬師・作人らを除く二〇人（四〇％）となり、商・職人が相半ばした構成を示している。とくに燈油として需要の多かった油製造・販売に従事するのは一八人（一九軒）と大きな比重を占めていた。そして、油屋・油売・油絞りを書き分けていることは、職種の分業をあらわすもので、油屋が作業場または店舗を構えた小資本の経営体であるのに対して、油売は振売りの油商い、油絞りは油作業場で働く絞り職人であったと思われる。町構成員のうち、家間口三間以内の小規模家持が三七人（七四％）と三分二以上を占め、油売・油絞りのほか、豆腐屋・魚売・万振売、鍛冶・鍋いかけ・つづら作・せきだ作など、振売りを主とした小商人や小職人層が主体であったことが判明する。家間口五間以上の家持は、油屋

町の家持移動表

番号	寛永年間			承応3年	
	表口	職・人名		表口	職・人名
31	2	油屋 六兵衛	＝	2	油売 六右衛門
32	3	油屋 吉右衛門	＝	3	油売 与左衛門
33	5	〃	＝	5	〃
34	3	大工 久右衛門		3	作人 久右衛門
35	2	油絞り 三吉		2	油屋 又右衛門
36	2	久七後家		2	〃
37	4	薬師 道安		4	米屋 市郎右衛門
38	4	油屋 助右衛門	＜	2	〃
39				2	油屋次郎左衛門後家
40	4	薬師 道安		4	中買 勘左衛門家門
41	3	長次郎		3	中買 市左衛門
42	1	油売 次右衛門	＝	2	油売 甚右衛門
43	2	油売 次郎左衛門	＝	2	──→
44	5	薬師 喜雲	＜	3	煙草屋 八左衛門
45				2	桶屋 助左衛門
46	5	油屋 惣右衛門		6	油売次左衛門娘ひさ
47	4	桶屋 惣右衛門		4	油売 与三右衛門
48	3	油売 源左衛門	＝	3	──→
49	3	魚売 清右衛門	＝	3	──→
50	1	つづら作 作助		1	麹屋 久右衛門
51	3	元屋 与右衛門		3	煙草切 とらの介
52	2	油絞り 次郎右衛門	＜	2	紺屋 吉左衛門
53				1	作人 助九郎
54	5	鑓屋 善左衛門	＜	2	鑓屋 長次郎
55				3	鑓屋 長五郎
56	3	町百姓 助九郎	＝	3	作人 正九郎
57	2	おうか引 源次郎		2	中買 八兵衛
58	1	道心者 玖吉	＜	1	〃
59				1	中買 彦左衛門
60	3	豆腐屋 弥右衛門		3	中買 八郎左衛門
小計	86	28		90	30
合計	164	52		168	52

表Ⅰ－49　広瀬組油屋

番号	寛永年間			承応３年	
	表口	職・人名		表口	職・人名
1	間 4	明教寺浄念	＝	4	→
2	16	明教寺	＝	16	→
3	3	後家春清　かかへ		3	煙草切　源右衛門
4	3	かたより　清右衛門		3	薬師　玄竹
5	6	大工　久兵衛	＝	6	→
6	2	道心者　慶雲		2	油売　作蔵
7	2	鍛冶　八兵衛		2	中買　孫兵衛
8	2	弥兵衛後家		2	酒屋　正左衛門
9	2	油絞り　惣介		2	〃
10	2	油売　助左衛門		2	煙草切　長右衛門
11	2	舞まい　九郎左衛門	＝	2	舞まい　九兵衛
12	2	大工　久兵衛	＝	2	大工　正兵衛
13	2	油売　作蔵		2	肝煎屋敷六右衛門
14	2	油売　孫市	＝	2	→
15	6	油屋　左介	＜	4	〃
16				2	つづら作　作介
17	6	大工　安右衛門		6	油売　惣左衛門
18	2	鍋いかけ　久蔵		2	茶売　吉左衛門
19	4	油屋　惣左衛門	＝	4	油屋次左衛門娘さん
20	1	せきだ作　善三郎		1	中買　甚右衛門
21	1	油売　伝蔵		1	〃
22	2	大工　十兵衛	＝	2	→
23	2	松売　与三右衛門		2	茶売　長兵衛
24	2	油売　惣右衛門		2	煙草切　長太郎
25	2	つづら作　孫兵衛	＝	2	→
小計	78	24		78	22
（北側東より西へ）					
26	5	作人　次郎右衛門	＝	5	→
27	2	油屋　与介	＝	2	油売　茂兵衛
28	1	つづら売　九右衛門		1	小売　三十郎
29	3	万振売　七蔵	＜	1	中買　吉左衛門
30				2	〃

（注）＝で結んだものは同一家（代替を含む）を示す。
＜は屋敷の分割移動を示す。

三、大工・薬師各二、鑓屋・作人各一の九人（一八％）であり、油屋吉右衛門は家二軒（表間口八間）を所持し、燈油製造・販売の経営を通して問屋商人化する方向がみられる。

以上のような油屋町の構成は、承応三年になると表Ｉ－四二のとおり、職人的業種が、大工・桶屋・紺屋など九人（一七％）に減り、商業従事者が三五人（六七％）に増加する。油関係では油絞りが消えて油屋・油売一五人（二九％）となり、酒屋・米屋・麹屋・茶売・竹売・煙草（切）屋が新たに開業した。また、万振売が消えて仲買・小売商を名乗るなど問屋商事の流通分化もあらわれる。表Ｉ－四九は構成の推移を家持別に追ってみたものであるが、――であらわした同一家（代替りも含む）は五二人中一九人（三七％）と意外に少なく、変動がいちじるしい。寛永から承応三年の間に職種の変動のあった家持は二二人（四二％）と半数に近く、家持七軒が一四軒に分割され、二軒所持の家持が一人から八人に増加するなど、流動的な様相が窺われる。このような町全体の動きは、依然として絞油・販売など燈油経営に従事する家々を核に小商人層の形成がいちじるしい状況のなかで、商人町としての性格をあらわす問屋・仲買・小売層の分化・形成が進みつつあったといえよう。

表Ｉ－五〇～五五は、天和三年（一六八三）における広瀬組左官町・新町組東愛宕町・東土手町・比治山町・石見屋町・斜屋町の住民構成を示したものである[10]。

左官町は、承応三年の町絵図に塗壁町または左官町とも記され、左官職の人々が多く住んでいたので名付けられたといわれるが[11]、天和三年の家数二六軒（表間口一一七間）、家持二五人で、そのうち作人一〇人（四〇％）、職人的業種は刀鍛冶冬広（町年寄）のみ、他は米屋・油屋・金屋・鍋屋など商人一一人（四四％）という構成を示し、農業中心から商業の町へ推移しつつあった。

東愛宕町は家数一一二軒（表間口三五一間）、家持一〇七人のうち作人八八人（八二％）、商・職人一七人（一六％）、東土手町は寛永二年の家数二九軒（町長二丁五〇間、借屋二竈）、天和三年の家数五一軒（表間口一六七間）、

表Ⅰ－50　広瀬組左官町の住民構成（天和３年）

		町年寄（冬広）	組頭（作人）	米屋	油屋	金屋	鍋屋	木屋	せきた屋	紙帳屋	煙草屋	進藤屋	高畠屋	廿日市屋	作人	座頭	名前のみ	合計	%
1軒	1間														1			1	4.0
	2間			1			1	1	1	1	1				4	2	1	13	52.0
	3間		1												3			4	16.0
	5間														1			1	4.0
	6間													1				1	4.0
	8間	1			1	1												3	12.0
	21間											1						1	4.0
2軒	15間												1					1	4.0
合計		1	1	1	1	1	1	1	1	1	1	1	1	1	9	2	1	25	

表Ⅰ－51　新町組東愛宕町の住民構成（天和３年）

		医師	鍛冶	紺屋	茶屋	縄屋	山県屋	友屋	三川屋	備中屋	とら屋	三田屋	戸石屋	作人	合計	%
1軒	2間	1	2			1				1				43	48	44.9
	3間	1	2		1									25	29	27.1
	4間			2									1	13	16	15.0
	5間		1	1					1					6	9	8.4
	7間													1	1	0.9
2軒	5間										1				1	0.9
	6間											1			1	0.9
	11間							1							1	0.9
	12間						1								1	0.9
合計		2	5	3	1	1	1	1	1	1	1	1	1	88	107	

表Ⅰ－52　新町組東土手町の住民構成（天和３年）

		絹屋	綿売	作人	合計	%
1軒	2間			9	9	19.1
	3間	1	1	16	18	38.3
	4間			9	9	19.1
	5間			5	5	10.6
2軒	5間			3	3	6.4
	6間			1	1	2.1
	8間			1	1	2.1
3軒	8間			1	1	2.1
合計		1	1	45	47	

表Ⅰ－53　新町組比治山町の住民構成（天和３年）

		寺	拝領家	大工	鍛冶	革屋	紺屋	鍋屋	米屋	豆腐屋	小田屋	作人	名前のみ	後家	合計	%
1軒	2間		2	1			1		1	2		9	2	3	21	33.9
	3間		2	1		1						4			8	12.9
	4間		4	1								2			7	11.3
	5間	1	7		2			1	1		1	1		1	15	24.2
	6間						1					1			2	3.2
	7間		3												3	4.8
	10間		1												1	1.6
2軒	4間											2			2	3.2
	7間		1										1		2	3.2
	8間		1												1	1.6
合計		1	21	3	2	1	2	1	2	2	1		3	4	62	

表Ⅰ－54　新町組石見屋町の住民構成（天和３年）

		町年寄（三島屋）	組頭	寺	山伏	医師	鍛冶	紺屋	檜物屋	柿屋	米屋	麹屋	銭屋	茶屋	糸屋	縄屋	古道具屋	角屋	備中屋	大坂屋	伊予屋	宮島屋	瀬野屋	作人	名前のみ	町之家	合計	%
1軒	2間				1	2	2	1	1	1	1	2	1	1		1	1				1	1	1	2	1	1	22	56.4
	3間																			1							1	2.6
	4間														1		1		1								3	7.7
	5間		1			1				1		2												1			6	15.4
	8間			1																							1	2.6
2軒	4間							1													1						2	5.1
	8間		1																								1	2.6
3軒	12間	1																	1								2	5.1
	15間																	1									1	2.6
合計		1	2	1	1	3	2	2	1	2	1	4	1	1	1	1	2	1	2	1	2	1	1	3	1	1	39	

表Ⅰ－55　新町組斜屋町の住民構成（天和３年）

		拝領（金具屋）	大工	左官	桶屋	紺屋	木屋	柿屋	米屋	糀屋	油屋	小間物屋	煙草屋	大田屋	有間屋	吉田屋	作人	合計	%
1軒	1間					1												1	2.8
	2間		5		3	1	1	1	1			1	2				5	20	55.6
	3間	1	1	1		1										1	2	7	19.4
	4間					1									1			2	5.6
	5間								1				1	1				3	8.3
2軒	4間				1													1	2.8
	5間									1	1							2	5.6
合計		1	6	1	4	4	1	1	2	1	1	1	3	1	1	1	7	36	

家持四七人のうち作人四五人（九六％）、商人二人（四％）、比治山町は寛永二年の家数七八軒（借屋三九竈、町長二丁）、天和三年の家数六八軒（表間口二六九間）、家持六二人のうち、拝領家二一人（三四％）、作人一九人（三一％）、商・職人一四人（二三％）などの構成を示している。これらの町は、いずれも商工業の比率が低位という城下町外縁部の特徴をもっていた。[12]石見屋・釿屋両町は、本街道筋にあたり寛永二年の家数は三八軒と二八軒（借屋は八四竈と五六竈）、天和三年には家数四八軒（表間口一七三間）と四〇軒（表間口一一六間）、家持三九人と三六人、そのうち商・職人は二九人（七四％）と二九人（八一％）、で釿屋町の方がやや高率となっている。職種は鍛冶・紺屋・檜物屋・柿屋と大工・左官・桶屋・紺屋・木屋・米屋・麹屋・銭屋・茶屋・糸屋・縄屋・古道具屋と米屋・糀屋・油屋・小間物屋・煙草屋など、共通しているものもあるが、両町の間で機能的に補完し合っていた職種もあった。

(2) 中島町組

中島町組では、承応三年の中島本町・材木町・元柳町・中島新町、天和三年の中島新町など、五町の町絵図がある。承応三年の中島本町ほか三町の住民構成をみると、表Ｉ－五六～五九のとおりである。このうち、中島本町は、町形成がもっとも古く、本街道に沿った地域であるため、町人のほとんどが商事を営んでいる。町規模は元和五年の二丁二間から正徳五年には三丁五間と拡大し、寛永二年の家数七五軒（借屋一五八竈）、承応三年の家数八三軒（表間口三七一間）、家持六五人のうち、五六人（八六％）が商人であった。酒屋・米屋・麹屋・味噌屋・茶売・塩売など取扱商品との関係を思わせる屋号を付けたもの三一人、備中屋・備前屋・奈良屋・播磨屋・紀伊国屋・若狭屋・伊予屋・三原屋・山県屋など、国名・地名を屋号とするもの二五人という構成であるが、家間口二・三間の小商人二四人（四三％）、五間以上の商人三二人（五七％）、とくに家四軒（表間口二七間）を所持する備中屋彦右衛門（町年寄）、家三軒（表間口二〇間）所持の備前屋九右衛門ら家二軒以上を所持するもの一一人（二〇％）と、各

表Ⅰ－56　中島本町の住民構成（承応３年）

		町年寄（備中屋）	組頭	医師	大工	材木屋	酒屋	米屋	麹屋	味噌屋	茶屋	茶売	塩売	紙屋	鍋屋	風呂屋	紀伊国屋	播磨屋	三木屋	備前屋	奈良屋	若狭屋	和泉屋	伊予屋	三原屋	山県屋	桔梗屋	角屋	薄屋	大源屋	竹西屋	橋掃	町抱	不明	合計	%
1軒	2間							4				5		1			1					1								1		3			16	24.6
	3間						1	2	2	1		2	1						1												1			1	12	18.5
	4間							2		1					1							1										1			6	9.2
	5間		2	1	1			3							1	1			1					1	1			2							14	1.5
	6間														1												1		1				1		4	6.2
	7間			1																															1	1.5
	8間																						1												1	1.5
2軒	5間					1																													1	1.5
	7間		1								1																								2	3.0
	8間		1																																2	3.0
	9間																					1				1									1	1.5
	10間																	1																	1	1.5
3軒	11間		1																																1	1.5
	15間																				1														1	1.5
	20間																			1															1	1.5
4軒	27間	1																																		
合計		1	5	2	1	1	1	11	2	2	1	7	1	1	3	1	1	1	2	1	1	3	1	1	1	1	1	2	1	1	1	4	1	1	65	

表Ⅰ－57　中島組材木町の住民構成（承応３年）

		年寄	組頭	肝煎屋敷	神主	医師	大工	紺屋	木引	材木屋	せき駄作り	塩売	茶売	振売	油売	馬追	船持	大和屋	作人	名前のみ	掛持	合計	%
1軒	1間								1													1	2.1
	2間				1	1	1	2		1			1	1	2	2	1	1	1	2		17	36.2
	3間							1		3									2	1	1	8	17.0
	4間			1						1	1											3	6.4
	5間						1			2		1									1	5	10.6
2軒	3間		1																			1	2.1
	4間		1					1														2	4.3
	5間	1	2							3												6	12.8
	8間									1												1	2.1
	13間									1												1	2.1
3軒	7間									1												1	2.1
	12間									1												1	2.1
合計		1	4	1	1	1	2	4	1	14	1	1	1	1	2	2	1	1	3	3	2	47	

表Ⅰ－58　中島組元柳町の住民構成（承応３年）

		年寄	組頭	山方屋	大工	船大工	紺屋	茶売	薪売	格子屋	船持	船乗	作人	抱・後家	合計	%
1軒	2間		1			1	1				7	1	2	4	17	47.2
	3間		1		1						4				6	16.7
	4間							1	1	1	1		2		6	16.7
	5間	1							1		1				3	8.3
	6間				1										1	2.8
	11間						1								1	2.8
2軒	4間			1											1	2.8
	6間										1				1	2.8
合計		1	2	1	2	1	2	1	2	1	14	1	4	4	36	

表Ⅰ－59　中島組新町の住民構成（承応3年）

		町年寄（粉屋）	組頭	奉公人	寺	医者	神主	大工	船大工	木引	材木屋	木売	研屋	鍛冶屋	鞘屋	紺屋	米屋	味噌売	塩売	茶売	細物屋	絵書	船持	船乗	柴売	作人	他町掛持	合計	%
1軒	1間																						4					4	3.3
	2間							1	1										1	2			5	4		1		15	12.3
	3間		1	8		1	1		2			1	1	1				1	1	2	1		8	5	1	4	5	44	36.1
	4間	1		2				5	1	6	1				1				2	1		1	3			1	5	30	24.6
	5間				1			1	3							1	1			1			2	1				11	9.0
	6間										2															1	1	4	3.3
	7間				1																							1	0.8
2軒	2間																						1					1	0.8
	6間		1	1	1															1								4	3.3
	7間		1																								1	2	1.6
	9間																			1								1	0.8
3軒	9間		1	1					1																			3	2.5
	13間																										2	2	1.6
合計		1	4	12	3	1	1	7	8	6	3	1	1	1	1	1	1	1	4	8	1	1	23	10	1	7	14	122	

種商事の問屋経営を志向する有力商人層の形成が指摘されよう。

材木町・元柳町・中島新町の三町は、本街道から外れた脇町で猫屋川（本川）沿いに立地していたから、水運に関連した職種が注目される。材木町の町規模は、元和五年の町長一丁四〇間がほとんど変らず、寛永二年の家数五五軒（借屋一〇〇竈）、承応三年の家数六〇軒（表間口二一八間）、家持四七人のうち、材木屋・木引職一五人（三二％）、大工・紺屋・塩売・茶売・油売・振売などの商・職人一三人（二八％）、その他で、町名と一致した構成を示している。家間口三間までの家持二七人（五七％）、五間以上一五人（三二％）、とくに家三軒（表間口一二間）を所持する材木屋三郎右衛門ら二軒以上の家持一三人のうち一二人が材木屋の屋号をもち、材木問屋であった。

元柳町は、元和五年の町長四〇間から正徳五年には一丁七間に拡大し、寛永二年の家数二九軒（借屋三五竈）、承応三年の家数三八軒（表間口一三四間）、家持三六人のうち、船持・船乗・船大工一六人（四四％）、大工・紺屋・山方屋・格子屋・薪売・茶売ら商・職人一二人（三三％）、その他の構成を示し、水運活動に従事するものの比率が高かった。

中島新町は、一時中島地方町とも呼ばれ、元和五年の町長四丁三〇間から正徳五年には六丁五五間に拡張される。寛永二年の家数六五軒（借屋三〇竈）は、承応三年に家数一三二軒（表間口五〇三間）と増加し、家持一二二人である。その構成は、他町掛持一四人のほか、船持・船乗・船大工四一人（三八％）、大工・木引・材木屋・鍛冶屋・研屋・鞘屋・紺屋ら二三人（二一％）、米屋・味噌売・茶売・細物屋・柴売ら二〇人（一九％）などで、家間口三間未満五九人（五五％）、五間以上二四人（二二％）となり、水運・材木商事関係に携わる商・職人を中心に町形成が進んでいる。表Ⅰ－六〇は天和三年の住民構成であるが、[13] 家数一一八軒（表間口四三九間）、家持一〇六人となり、承応三年に比較するとやや減少している。家持の職種構成は、作人四六人（四三％）、船大工・船持二二人（二一％）、大工・木挽・木屋・鍛冶ら七人（七％）、米屋・味噌屋・両替屋・古着屋などの商人二一人（二〇％）、その

表Ⅰ－60　中島組中島新町の住民構成（天和3年）

軒	間口	町年寄（船大工）	寺僧	奉公人	拝領家（具足屋）	大工	木挽	木屋	檜物屋	船大工	船持	鍛冶	米屋	味噌屋	茶屋	両替屋	古着買	播磨屋	備前屋	伊予屋	下松屋	山代屋	高砂屋	作人	座頭・ごぜ	合計	%
1軒	1間									2	1													4		7	6.6
	2間						1			3	4	1			1									6	1	17	16.0
	3間			2		1	3	1		3	2		2	1	2	1							1	27		46	43.4
	4間									2	1		1		2					1				4	2	13	12.3
	5間		1							2	1		1								1			2	1	9	8.5
	6間								1										1			1		1		4	3.8
	7間		1																							1	0.9
	12間																							1		1	0.9
2軒	4間																1									1	0.9
	6間		1																							1	0.9
	8間				1																					1	0.9
3軒	11間																							1		1	0.9
	13間														1											1	0.9
	14間	1																								1	0.9
	17間																			1						1	0.9
	20間																	1								1	0.9
合計		1	3	2	1	1	4	1	1	12	9	1	4	1	6	1	1	1	1	2	1	1	1	46	4	106	

他と推移し、作人が約半数を占めるほど大幅な増加を示していること、水運・材木関係職種がやや減じ、商人がやや増した。また、家間口三間以下が七〇人（六六％）、五間以上二二人（二一％）と階層分化も進んでいる。

以上のように中島町組は、本川と元安川に挟まれた町々であり、本街道が通っている中島本町の商人町としての発展に対して、脇町にあたる他の町々は、その南部の藩営船作事所や船頭・水主町（拝領屋敷）に接していること、河川水運の材木・薪炭・諸物産の陸揚場所になっていたため、その関係の商・職人町として発展形態に大きな対比をみせている。

(3) 白神町組

白神町組は、毛利氏町割で商職人区に設定された地域であるが、承応三年の猿楽町・紙屋町・西横町・塩屋町・白神一丁目・同二丁目・同三丁目・同六丁目、天和三年の猿楽町・紙屋

表Ⅰ－61　白神組猿楽町の住民構成（承応3年）

		年寄	組頭	家臣・拝領家	医師	畳屋	紺屋	砥屋	木屋	檜皮屋	紙屋	屏風屋	酒屋	麹屋	白銀屋	古鉄屋	薬屋	安土屋	紀伊国屋	冨屋	掛持	合計	%
1軒	2間					1	1	1	4		1			1	2						1	12	24.5
	3間		1				1		4	1		1			1					1	1	11	22.4
	4間		1						1													2	4.1
	5間		2				1						1				1		1		3	9	18.4
	6間				1																	1	2.0
	7間				1				1													2	4.1
	9間	1																				1	2.0
	10間			1																		1	2.0
	12間				1																	1	2.0
	15間			1																	1	2	4.1
	16間			1																		1	2.0
	20間				1																	1	2.0
2軒	6間															1						1	2.0
	7間																				1	1	2.0
	11間																	1				1	2.0
	22間			1																		1	2.0
	36間			1																		1	2.0
合計		1	4	5	4	1	3	1	10	1	1	1	1	1	3	1	1	1	1	1	7	49	

町など、一〇町の町絵図がある。

承応三年の猿楽町ほか七町の住民構成は、表Ⅰ－六一～六八のとおりである。

猿楽町は、元和五年の町長三丁一〇間から正徳五年には二町三一間と縮小されるが、承応三年の家数五六軒（表間口三三二間）、家持四九人、そのうち他町掛持・家臣・医師を除いた三三人が商・職人である。その職種は畳屋・紺屋・砥屋・屏風屋ら職人七人（二一％）、木屋・檜皮屋一三人（三九％）、酒屋・麹屋・薬屋・白銀屋・古鉄屋ら商人一二人（三六％）の構成を示し、家間口三間未満二一人（六四％）、五間以上一〇人（三〇％）であった。これを天和三年の住民構成（表Ⅰ－六九）と比較すると、商職人五一人のうち、[15]木屋・檜皮屋・柿屋一九人（三七％）、米屋・銀屋・麹屋・菓子屋・天王寺屋ら商人二九人（五七％）、家間口三間未満三一人（六一％）、五間以上一六人（三九％）となり、町人増加にともなって商人層の伸長がいちじるしい。とくに、本川筋の藩の

表Ⅰ－62　白神組紙屋町の住民構成（承応３年）

		拝領家	薬師	山伏	年寄伊予屋	大工	塗師屋	桶屋	檜物屋	檜皮屋	炭屋	焼炭屋	かねかけ屋	紺屋	乗物屋	鍵屋	木薬屋	本屋	米屋	紙屋	小間物屋	石見屋	和泉屋	丸屋	山口屋	いか屋	名前のみ	合計	%
1軒	1間					1																						1	1.8
	2間	1	2				4	1		1		2	1	2		1					1	1						17	29.8
	3間							3							1				1	1					1		1	8	14.0
	4間			1				1			1									3						1		7	12.3
	5間	1	3				1		2								1			1			1					10	17.5
	6間			2				1										1	1	1								6	10.5
	7間		1																					1				2	3.5
	8間							1																				1	1.8
	9間								1																			1	1.8
	16間	1																										1	1.8
2軒	5間				1																							1	1.8
	11間		1																									1	1.8
	13間																							1				1	1.8
合計		3	7	3	1	1	5	7	3	1	1	2	1	2	1	1	1	1	2	6	1	1	1	2	1	1	1	57	

表Ⅰ－63　白神組西横町の住民構成（承応３年）

		年寄	組頭	銭屋	油屋	紙屋	小間物屋	せぎだ屋	古鉄屋	伊予屋	三原屋	島屋	新屋	町中之屋	名前のみ	合計	%
1軒	1間								1		1					2	11.1
	2間						1								1	2	11.1
	3間				1	1	1	1				1		1		6	33.3
	4間		1							1	1		1			4	22.2
	5間		1	1												2	11.1
	6間		1													1	5.6
	9間	1														1	5.6
合計		1	3	1	1	1	2	1	1	1	2	1	1	1	1	18	

表Ｉ－64　白神組塩屋町の住民構成（承応３年）

		年寄（三原屋）	組頭	奉公人	山伏	大工	紺屋	米屋	紙屋	銭屋	塩屋	時絵屋	めし屋	辻藤兵衛	三原屋	那波屋	山口屋	薄屋	松屋	合計	%
1軒	2間			1				1	1		5								1	9	29.0
	3間			1			1				2			1	1					6	19.4
	4間				1						1		1							3	9.7
	5間		1			1				1	2	1						1		7	22.6
	6間										1									1	3.2
	7間																1			1	3.2
	8間		1																	1	3.2
	16間															1				1	3.2
3軒	7間		1																	1	3.2
	9間	1																		1	3.2
合計		1	3	2	1	1	1	1	1	1	11	1	1	1	1	1	1	1	1	31	

表Ｉ－65　白神１丁目の住民構成（承応３年）

		年寄（万屋）	組頭（奈良屋）	酢屋	木屋	秤屋	紙屋	細物屋	具足屋	天王寺屋	伊予屋	河内屋	大和屋	三原屋	島屋	小島屋	靏屋	ゑび屋	だんき屋	菊屋	横井	合計	%
1軒	1間							1							1							2	8.7
	2間					1						1										2	8.7
	3間						1		1													2	8.7
	4間						1										1					2	8.7
	5間													1		1	1	1	1		1	6	26.1
	6間				1															1		2	8.7
	7間									1			1									2	8.7
	8間																1					1	4.3
	10間										1											1	4.3
	16間	1																				1	4.3
2軒	8間			1																		1	4.3
	19間		1																			1	4.3
合計		1	1	1	1	1	2	1	1	1	1	1	1	1	1	1	3	1	1	1	1	23	

表Ⅰ－66　白神２丁目の住民構成（承応３年）

		年寄（万屋）	組頭	医者	平野屋	三原屋	薄屋	近藤屋	高畠屋	味噌屋	梅屋	万屋	小猿屋	かわら屋	合計	%
1軒	3間								1	1					2	11.1
	4間			1		1									2	11.1
	5間			1					2			1			4	22.2
	6間															
	7間										1		1		2	11.1
	9間													1	1	5.6
	10間						1								1	5.6
	12間							1							1	5.6
2軒	9間		1												1	5.6
	10間					1									1	5.6
	11間	1													1	5.6
	14間				1										1	5.6
4軒	19間		1												1	5.6
合計		1	2	2	1	2	1	1	3	1	1	1	1	1	18	

表Ⅰ－67　白神３丁目の住民構成（承応３年）

		年寄	組頭	医師	大工	壁塗師	桶屋	木屋	畳屋	皮屋	紺屋	白銀屋	銅屋	茶屋	三原屋	伊予屋	柏屋	牛尾	山合	合計	%
1軒	2間								1		1									2	8.3
	3間		1			1			1			1	1					1		6	25.0
	4間				1										1					2	8.3
	5間		1	1			1	1		1			1			1	1		1	9	37.5
	6間		1											1						2	8.3
2軒	7間									1										1	4.2
3軒	13間														1					1	4.2
6軒	40間	1																		1	4.2
合計		1	3	1	1	1	1	1	2	2	1	1	2	1	2	1	1	1	1	24	

表Ⅰ－68　白神６丁目の住民構成（承応３年）

		寺院	年寄	大工役	木引役	町役	合計	%
1軒	2間			1		1	2	7.7
	3間			8		3	11	42.3
	4間			3		1	4	15.4
	5間			3		1	4	15.4
	7間		1				1	3.8
	8間				1	1	2	7.7
	9間				1		1	3.8
	12間	1					1	3.8
合計		1	1	15	2	7	26	

表Ⅰ－69　白神組猿楽町の住民構成（天和３年）

		町年寄（河内屋）	組頭	拝領家	医師	町中之家	紺屋	木屋	檜皮屋	柿屋	米屋	紙屋	絹屋	銀屋	麹屋	菓子屋	天王寺屋	海老屋	大坂屋	安土屋	姫路屋	金光屋	小西屋	松屋	合計	%
1軒	1間							2																	2	3.6
	2間						1	6		1	1		1	1	1	1		2		1					16	28.6
	3間		1	1		1		1	2		2			1			2					1	1	1	14	25.0
	4間					1		1													1				3	5.4
	5間	1	1				1	1		2								2	1						9	16.1
	6間							1									1								2	3.6
	7間		1																						1	1.8
	9間																			1					1	1.8
	15間			1																					1	1.8
	16間				1																				1	1.8
2軒	4間							1																	1	1.8
	6間							1																	1	1.8
	8間										1														1	1.8
	10間											1													1	1.8
	26間				1																				1	1.8
	36間				1																				1	1.8
合計		1	3	2	3	2	2	14	2	3	4	1	1	2	1	1	3	4	1	2	1	1	1	1	56	

船着場や、材木蔵・木売所・米蔵などの機能が発揮されるようになると、木屋・米屋、その他関係商人が目立って増加した。

紙屋町は町規模二丁余、寛永二年の家数四二軒（借屋一三五竈）、承応三年の家数六五間（表間口二七九間）、家持五七人、天和三年の家数七二軒（表間口二七七間）、家持五九人と推移する。西横町は元和五年の町規模二丁五〇間から正徳五年には三五間に縮小する。寛永二年の家数一九軒（借屋一一竈）、承応三年の家数一九軒（表間口七三間）、家持一八人である。塩屋町は、元和五年の町規模二丁八間から正徳五年の一丁二〇間に減少、寛永二年の家数三六軒（借屋七四竈）、承応三年の家数四一軒（表間口一六〇間）、家持三一人となる。また、白神一丁目・二丁目は、町規模各一丁余、寛永二年の家数二九軒（借屋四五竈）と二四軒（借屋八五竈）、承応三年の家数二五軒（表間口一四八間）、家持二三人と家数二六軒（表間口一四九間）、家持一八人である。紙屋町ほか四町の職種構成は、各町とも商人が過半数以上を占め、西横町を除く各町の家間口三間未満層は四〇％以下で、五間以上の中堅・有力商人層が過半を占めるという性格をもっている。

そして表Ｉ－七〇は天和三年における紙屋町の住民構成で、家持五九人のうち、大工・桶屋・塗師・屏風屋・紺屋一五人（二五％）、米屋・油屋・銀屋ら商人三八人（六四％）、家間口三間以下三五人（五九％）、五間以上二〇人（三四％）であり、商人層の増加がすすむとともに、小商人層の占める比率が高くなって階層分化の様相を呈している。

これに対して白神三丁目・六丁目は、町規模ほぼ一丁余、寛永二年の家数二八軒（借屋六四竈）と二五軒（借屋四七竈）、承応三年の家数三二軒（表間口五一間）と二六軒（表間口一二七間）、家持二四人と二六人、その職種構成は三丁目が、大工・桶屋・壁塗屋・畳屋ら職人一三人（五四％）、三原屋・伊予屋・茶屋ら商人一〇人（四二％）であり、六丁目が大工一五人、木引二人など大半が職人であった。このことから、白神三丁目から六丁目までの四町

住民構成（天和3年）

紙屋	筆屋	煙草屋	笠屋	合羽屋	乗物屋	鳥羽屋	山口屋	伊予屋	三原屋	福見屋	樑屋	安本屋	徳屋	名前のみ	合計	%
	1		1												3	5.1
		1	2				1	1	1	1	1				19	32.2
2			1		1							1			13	22.0
														1	3	5.1
						1							1		8	13.6
				1											5	8.5
															1	1.7
															1	1.7
															1	1.7
								1							2	3.4
														1	1	1.7
										1					1	1.7
															1	1.7
2	1	1	4	1	1	1	1	2	1	2	1	1	1	2	59	

は、職人町として形成・維持されていたことが判明する。

　以上のように白神町組は、本街道を挟んで両側に形成された紙屋町・塩屋町・白神一丁目・同二丁目・細工町・猿楽町などが商人町機能を発展させるのに対して、尾道町・白神三丁目～六丁目の町々は、石工・大工・左官、その他の職人町機能を備えた地域として展開しており、町機能が二つの方向に分化していった。

(4) 中通町組

　中通町組は、福島正則の入部後町人町に編成された地域であるが、承応三年の平田屋町・革屋町・東魚屋町・東西両箱島町、明暦四年の研屋町・播磨屋町・西魚屋町・鉄砲屋町・中町・袋町、天和三年の播磨屋町・革屋町・東西両魚屋町・立町・中町など、のべ一六町の町絵図が

表Ｉ－70　白神組紙屋町の

		町年寄（伏見屋）	組頭	拝領家	外科・医師	山伏	大工	桶屋	木屋	檜物屋	屏風屋	塗師屋	紺屋	米屋	油屋	茶屋	銀屋
1軒	1間							1									
	2間						1	2		1	1	3	1	1			1
	3間		1		1		1	2		2			1				
	4間					1						1					
	5間	1		1	1					1				2			
	6間							1						1	1	1	
	7間								1								
	16間			1													
2軒	4間				1												
	6間		1														
	11間																
	13間																
6軒	17間		1														
合計		1	3	2	3	1	2	6	1	4	1	4	2	4	1	1	1

ある。

承応三年の平田屋町ほか四町の住民構成は、表Ｉ－七一～七五のとおりである。

平田屋町は本街道沿い、元和五年の町規模一丁二五間が、正徳五年にも一丁三六間とほとんど変らず、寛永二年の家数三〇軒（借屋七六竈）、承応三年の家数四〇軒（表間口一九二間）、家持二六人のうち、商人二三人と八八％を占める。とくに家七軒（表間口三一間）所持の三原屋小十郎をはじめとして家間口五間以上一八人（六九％）と有力層の形成がみられる。

革屋町は、本街道沿いの町規模一丁八間の町で、寛永二年の家数二二軒（借屋六六竈）、承応三年の家数二八軒（表間口一三一間）、家持二六人、天和三年の家数三〇軒（表間口一三一間）、家持二四人と推移する。承応三年の職種構成は、革屋一六人（六二％）、他の商人九人（三五％）、天和三年は革屋一四人（五八％）、他の商人一〇人（四二％）である（表I－七六）。また、家屋敷別の移動をみると表I－七七のとおりであり、＝＝線は家持で移動のないもの一四人、移動したもの一二人、家屋敷の分割五件などであった。以上のように革屋町は革細工職人を中心に有力商人も併存する革細工・商事機能を備えた町であった。この関係は、多少の階層分化を内包しながら少なくとも天和期まで維持されたが、元禄・宝永年代に改屋号した五人を含めて革屋が八人、正徳・享保年代に五人と、革屋職人が急速に消滅し、問屋中心の商人町へ変貌した[15]。

東魚屋・東白島両町は、寛永二年の家数二八軒（借屋七一竈）と五九軒（借屋七八竈）、承応三年の家数四八軒（表間口一五七間）と八二軒（表間口三二五間）、家持二六人と七〇人など増加傾向にあったが、職種構成は明らかでない。ただし、東魚屋町は天和三年の町絵図があり、家数五二軒（表間口一五七間）、そのうち

表I－71　中通組平田屋町の住民構成（承応3年）

		医師	革屋	細物屋	紙屋	米屋	麹屋	平田屋	三原屋	吉田屋	伊予屋	小泉屋	冨士屋	和泉屋	三木屋	茶売	町中之家	他町掛持	合計	%
1軒	2間	1																	1	3.4
	3間			1		1					1				1		1		5	17.2
	4間	1			1														2	6.9
	5間		1			2	2		1			2	1	1		1		1	12	41.4
	6間								1		1						1		3	10.3
	10間																1		1	3.4
2軒	5間					1													1	3.4
	8間									1									1	3.4
	14間							1											1	3.4
3軒	20間								1										1	3.4
7軒	31間								1										1	3.4
合計		2	1	1	1	4	2	1	4	1	2	2	1	1	1	1	3	1	29	

表Ⅰ－72　中通り組革屋町の住民構成（承応３年）

		奉公人	年寄梨地屋	組頭和泉屋	革屋	端物屋	さめ屋	那波屋	坂田屋	木薬屋	名前のみ	合計	%
1軒	2間	1			11						1	13	50.0
	3間				3							3	11.5
	4間									1		1	3.8
	5間				1	1						2	7.7
	6間			1								1	3.8
	7間										1	1	3.8
	9間						1					1	3.8
	10間							1				1	3.8
	17間		1									1	3.8
2軒	3間				1							1	3.8
	17間								1			1	3.8
合計		1	1	1	16	1	1	1	1	1	2	26	

表Ⅰ－73　中通り組東魚屋町の住民構成（承応３年）

		年寄	惣代（組頭）	飛脚（屋敷）	僧侶	名前のみ	（他町）掛持	合計	%
1軒	2間					5	1	6	23.1
	3間				1	6		7	26.9
	4間				1	1		2	7.7
	5間	1				1		2	7.7
	6間						1	1	3.8
2軒	4間					2		2	7.7
	6間					1		1	3.8
	7間			1				1	3.8
	11間					1		1	3.8
3軒	14間					1	1	2	7.7
6軒	19間		1					1	3.8
合計		1	1	1	2	18	3	26	

表Ⅰ－74　中通り組東白島町の住民構成（承応3年）

		年寄	組頭	拝領家	寺	医師	名前のみ	後家	茅屋一匁役	茅屋七分五厘役	掛持（石見屋）	合計	%
1軒	1間						1					1	1.4
	2間					1	2		3			6	8.6
	3間				1	3	15	3	5	2		29	41.4
	4間		1				4	1	4	2		12	17.1
	5間			1			4		4		1	10	14.3
	6間	1					1	1				3	4.3
	7間				1							1	1.4
2軒	4間						1					1	1.4
	5間		1									1	1.4
	8間						3					3	4.3
	9間		1									1	1.4
3軒	11間						1					1	1.4
	12間		1									1	1.4
合計		1	4	1	2	4	32	5	16	4	1	70	

表Ⅰ－75　中通り組西白島町の住民構成（承応3年）

		年寄	組頭	木屋	材木屋	薪屋（売）	清酒屋	塩売	茶売	豆腐屋	切麦屋	端物屋	小間物屋	紙屋	紺屋	合計	%
1軒	2間								1	1	1					3	11.1
	3間			1	2	3	1	1	2			1	1		1	13	48.1
	4間		1	1	2						1			1		6	22.2
	5間	1	1			1			1							4	14.8
2軒	11間				1											1	3.7
合計		1	2	2	5	4	1	1	4	1	2	1	1	1	1	27	

表Ｉ－76　中通り組革屋町の住民構成（天和３年）

		年寄	革屋	漆屋	鍋屋	米屋	梨子地屋	那波屋	伏見屋	木梨屋	坂田屋	鮫屋	合計	%
1軒	2間		9	1									10	41.7
	3間		3			1							4	16.7
	4間									1			1	4.2
	5間		1										1	4.2
	6間											1	1	4.2
	10間							1			1		2	8.3
2軒	4間		1										1	4.2
	8間	1			1								2	8.3
	23間						1						1	4.2
3軒	7間								1				1	4.2
合計		1	14	1	1	1	1	1	1	1	1	1	24	

裏屋敷のない半役の家が三四軒を占める。家持四六人は、魚屋（六人）・八百屋（四人）・錺屋（三人）など屋号で商事の判るもの一六人（三五%）、胡屋・天満屋・山代屋などの商人二三人（五〇%）で構成され、表間口三間以下の層三七人（八〇%）と、平田屋川沿いに裏屋敷のない店舗を営業する小商人が多数を占めていた（表Ｉ－七八）。西白島町は、築城時から竹材木等の貯場となり、大工小屋を設けていたが、浅野氏入国後町人町に編入された。寛永二年の家数一六軒（借屋五〇竈）、承応三年の家数二八軒（表間口九九間）、家持二七人のうち、木屋・材木屋・薪屋一三人（四八%）、他は飲食・日用品を商う商人層であり、家間口三間以下の小商人が約六〇%を占めていた。なお、藩専売用の用材・薪炭を取扱う材木場が設置されるのは正徳五年（一七一五）である。

表Ｉ－七九～八四は、明暦四年の播磨屋町ほか五町の住民構成を示したものである。

播磨屋町は、本街道に沿い町規模一丁九間の町で、寛永二年の家数三一軒（借屋四一竈）、明暦四年の家数二九軒（表間口一三九間）、家持二六人、天和三年の家数三四

表Ⅰ－77　中通り組革屋町住民の移動

屋敷番号	承応3年（1654）			天和3年（1660）	
	表間数	職・商人名		表間数	職・商人名
1	6.50	組頭　和泉屋　三郎兵衛		6.50	梨子地屋　ひ　さ
2	10.26	なはや　彦右衛門	＝	10.26	那波屋　ま　つ
3	2.40	組頭　革　屋　助左衛門		3.45	伏見屋　作兵衛
4	2.34	革　屋　彦三郎		2.35	同　上
5	3.30	革　屋　彦兵衛		2.55	同　上
6	2.38	革　屋　作　助		2.39	漆　屋二郎右衛門
7	4.16	木梨屋　吉右衛門	＝	4.16	た　け
8	3.33	（拝領）越前革屋六左衛門		3.34	米　屋　忠兵衛
9	2.33	革　屋　市右衛門	＝	2.34	革　屋　市右衛門
10	2.33	奉公人　忠五郎		2.34	革　屋　伊兵衛
11	2.55	革　屋　久四郎	＝	2.55	革　屋　太右衛門
12	2.32	革　屋　徳左衛門	＝	2.33	革屋徳右衛門後家
13				4.31	鍋　屋　加右衛門
14	5.08	坂田屋　四郎兵衛		3.00	同　上
15	12.28	同　上	＝	10.04	坂田屋　藤右衛門
16	9.27	さめや浄泉	＝	6.27	鮫　屋　五左衛門
17				3.00	若狭屋　安右衛門
18	2.35	革　屋吉郎右衛門	＝	2.36	革　屋吉郎右衛門
19	1.34	革　屋　安右衛門		5.43	若狭屋　安右衛門
20	2.04	同上			
21	2.04	革　屋　惣左衛門			
22	2.43	組頭　革　屋　治左衛門	＝	2.43	革　屋　長右衛門
23	2.40	革　屋　善左衛門	＝	2.40	革　屋　善左衛門
24	5.20	革　屋　十右衛門	＝	2.51	革　屋　源　蔵
25	7.29	宗玄後家		2.31	革　屋　次郎兵衛
26				3.65	革　屋　七兵衛
27				3.31	革　屋　太兵衛
28	3.11	革　屋　弥十郎	＝	3.11	革　屋　弥十郎
29	2.41	宇右衛門後家	＝	2.42	革　屋次郎右衛門
30	2.35	革　屋　忠左衛門		2.35	同　上
31	5.11	端物屋八郎右衛門		5.11	革　屋　助左衛門
32	17.27	年寄　梨地屋　九左衛門	＝	17.27	梨子地屋　ひ　さ
合計	126.17	26		125.84	24

（注）＝で結んだものは同一家（代替を含む）を表わす。
＜は屋敷の分割移動を表わす。

表Ⅰ－78　中通り組東魚屋町の住民構成（天和３年）

		医師	研屋	錺屋	銭屋	魚屋	八百屋	胡屋	松屋	海田屋	吉田屋	天満屋	三原屋	山代屋	瀬戸屋	大竹屋	岩国屋	富屋	後家	町之家	合計	%
1軒	1間													2						1	3	6.5
	2間		1	2		3	4	2	1	1	1		1	1	1	1			2	4	25	54.3
	3間				1	3			1		1						1	1		1	9	19.6
	4間								1	1						1					3	6.5
	6間				1																1	2.2
	7間								1												1	2.2
	8間											1									1	2.2
2軒	6間							1													1	2.2
	8間	1																			1	2.2
3軒	15間			1																	1	2.2
合　計		1	1	3	2	6	4	3	4	2	2	1	1	3	1	2	1	1	2	6	46	

表Ⅰ－79　中通り組播磨屋町の住民構成（明暦４年）

		米屋	樽屋	柿屋	うるし屋	筆屋	糸屋	かうし屋	干物屋	質屋	木薬屋	草津屋	金川屋	那波屋	紀伊国屋	備前屋	合計	%
1軒	2間					2			3								5	19.2
	3間	1		1	1						3						6	23.1
	4間								1								1	3.8
	5間			2				1							1		4	15.4
	6間															1	1	3.8
	7間		2	1			1					1					5	19.2
	9間												1				1	3.8
	10間													1			1	3.8
2軒	9間									1	1						2	7.7
合　計		1	2	4	1	2	1	1	4	1	4	1	1	1	1	1	26	

表Ⅰ－80　中通り組研屋町の住民構成（明暦４年）

		年寄	組頭	山伏	奉公人	薬師	大工	鞘師	研屋	革屋	白革屋	飾屋	格子屋	扇屋	銀屋	米屋	魚屋	ぬし屋	茶屋	版木習	元屋	きんちら屋	名前のみ	合計	%
1軒	2間		1	1			1	3	3			2			2		1	1	1	1	2		1	20	47.6
	3間				1								1					2				1		5	11.9
	4間		1			1									1	1								4	9.5
	5間					1												1						2	4.8
	7間													1										1	2.4
	11間		1																					1	2.4
2軒	4間								1		1													2	4.8
	5間					1																		1	2.4
	7間																	1						1	2.4
	8間									1														1	2.4
	9間					1																		1	2.4
3軒	10間	1																						1	2.4
4軒	12間					1																		1	2.4
5軒	19間					1																		1	2.4
合計		1	3	1	1	6	1	3	4	1	1	2	1	1	3	1	1	5	1	1	2	1	1	42	

表Ⅰ－81　中通り組西魚屋町の住民構成（明暦４年）

		年寄	組頭	惣代	早道	大工	畳屋	紺屋	糸屋	米屋	麹屋	味噌屋	塩屋	魚屋	油屋	茶売	くし屋	ぬし屋	僧侶下人	名前のみ	合計	%
1軒	1間					1		1										1			3	9.1
	2間				1	1	1	1		1			1		1	2	1			1	11	33.3
	3間							2	1	1	1				2	1			1	2	11	33.3
	4間													1							1	3.0
	5間		1	1								1									3	9.1
	6間		1																		1	3.0
	7間																			1	1	3.0
2軒	8間											1									1	3.0
	10間	1																			1	3.0
合計		1	2	1	1	2	1	4	1	2	1	2	1	1	3	3	1	1	1	4	33	

表Ⅰ－82　中通り組鉄砲屋町の住民構成（明暦4年）

		年寄	組頭	大工	材木屋	柴屋	鉄砲屋	台屋	紺屋	紙屋	仕廻屋	三原屋	吉田屋	伏見屋	江島屋	万屋	戸島屋	松屋	さめ屋	吉松屋	辻藤兵衛	法安久次	医師	白島権兵衛	徳永平左衛門	名前のみ	掛持（革屋町）	合計	%
1軒	2間						2	1							1													4	12.5
	3間				1	1	1		1		1		1				1	1	1								1	10	31.3
	4間			1	1											1				1						1		5	15.6
	5間				1									1									2	1				5	15.6
	8間	1																										1	3.1
	10間		1																		1				1			3	9.4
2軒	7間									1																		1	3.1
	8間																					1						1	3.1
3軒	11間		1																									1	3.1
	17間											1																1	3.1
合計		1	2	1	3	1	3	1	1	1	1	1	1	1	1	1	1	1	1	1	1	1	2	1	1	1	1	32	

表Ⅰ－83　中通り組中町の住民構成（明暦4年）

		組頭	紺屋	革屋	鑓屋	錺屋	筆屋	米屋	茶売	木綿屋	京屋	さうかん屋	検校	喜多	医師	山伏	合計	%
1軒	2間		1				1		1								3	16.7
	3間				1				1	1		1					4	22.2
	4間			1					1								2	11.1
	5間	1				1		1							1		4	22.2
	17間															1	1	5.6
	19間														1		1	5.6
	20間										1						1	5.6
2軒	15間												1	1			2	11.1
合計		1	1	1	1	1	1	1	3	1	1	1	1	1	2	1	18	

表Ⅰ－84　中通り組袋町の住民構成（明暦4年）

		年寄	組頭	物代	大工	桶屋	革屋	木屋	白銀屋	さくわん	料理人	米屋	塩屋	八百屋	豆腐屋	油売	木綿売	茶売	元売加々	医師	連歌師	名前のみ	合計	%
1軒	2間									3								1		2			6	18.8
	3間		1	1	1	1		4			1			1	1	1		1	1	1			15	46.9
	4間						1																1	3.1
	5間								1			1	2								1	1	6	18.8
	9間		1																				1	3.1
	11間	1																					1	3.1
2軒	3間																			1			1	3.1
	7間																1						1	3.1
合計		1	2	1	1	1	1	4	1	3	1	1	2	1	1	1	1	2	1	4	1	1	32	

軒（同上）、家持二九人と微増していく。その職種構成は、明暦四年の屋号をもって職種の判る柿屋・木薬屋・干物屋（以上各四人）、筆屋・樽屋（以上各二人）、米屋・質屋・漆屋ら二一人（八一％）と那波屋・金川屋ら五人（一九％）に対して、天和三年には前者が一二人（四一％）、後者が一五人（五二％）と推移し（表Ⅰ－八五）、また、家間口三間以下の層が四二％から三一％と減少するなど、明暦から天和年代にかけて、店舗を基盤に問屋商事を行う階層が増加している。

研屋・西魚屋両町は、脇道筋に位置した町で、町規模が元和五年の二丁三五間と二丁六間から、正徳五年には一丁五六間と一丁一二間に縮小され、寛永二年の家数五〇軒（借屋一二二竈）と五四軒（借屋二〇三竈）、明暦四年の家数五二軒（表間口二三五間）と四二軒（表間口一五〇間）である。その職種構成は両町とも、屋号を以って職種を知り得る大工・研屋・米屋・魚屋・茶屋らの商・職人が大半を占め、家間口三間以下の小規模階層が六〇～七五％を占め、家間口三間以下の小規模階層が六〇～七五％を占めていた。西魚屋町は天和三年でも、家数四六軒（表間口一五〇間）、家持四一人のうち、左官・紺屋・米屋・魚屋など三三人（八〇％）、家間口三間以下二九人（七一％）と、ほぼ同様の構成を保っていた（表Ⅰ－八六）。

鉄砲屋町・中町・袋町の三町は、いずれも本街道に並行した南脇筋

表Ⅰ－85　中通り組播磨屋町の住民構成（天和３年）

		拝領家（糸屋）	医師	樽屋	柿屋	檜物屋	染屋	木薬屋	米屋	萬屋	金川屋	那波屋	草津屋	世並屋	吉田屋	谷村屋	相生村屋	山代屋	和久屋	栃屋	かまつ屋	口屋	町之家	合計	%
1軒	1間																						1	1	3.4
	2間					2							1						1	1		1		6	20.7
	3間								1		1			1										3	10.3
	4間		1			1		1		1					1									5	17.2
	5間				2													1			1			4	13.8
	6間										1													1	3.4
	7間	1			1								1											3	10.3
	10間											1												1	3.4
2軒	4間															1								1	3.4
	5間				1																			1	3.4
	6間						1										1							2	6.9
	12間			1																				1	3.4
合計		1	1	1	4	3	1	1	1	1	2	1	2	1	1	1	1	1	1	1	1	1	1	29	

の町で、中・袋両町は「右之新町明暦三年ニ被為仰付候」とあるように[16]、明暦三年の成立である。鉄砲屋町は町規模一丁三五間、寛永二年の家数一六軒（借屋四〇竈）、明暦四年の家数三七軒（表間口一七〇間）、家持三二人である。職種構成は、町名と関連する鉄砲屋・台屋・鍛冶は五人（一六％）、大工・紺屋職人もわずかで、三原屋・材木屋ら商人一六人（五〇％）を占める。藩用達の京都呉服商の辻藤兵衛も家間口一〇間の支店舗を構えていた。

中町・袋町は、町規模が各一丁余、明暦四年の家数二〇軒（表間口一三四間）と三五軒（表間口一三七間）、家持一八人と三二人であった。職種構成は、中町が紺屋・革屋・錺屋ら職人四人（二二％）、米屋・木綿屋らが商人八人（四四％）に対して[17]、袋町が職人四人（一三％）、商人二一人（六六％）であり、家間口三間以下の層も、中町の七人（三九％）に対して袋町二二人（六九％）と多く、袋町は西堂川河岸の材木商（木屋・毛利時代の板屋町）とともに八百屋・油売・茶売・木綿売など小商人の存在が特徴的である。

表Ⅰ－86　中通り組西魚屋町の住民構成（天和３年）

		寺僧	医師	料理人	左官	紺屋	革屋	木屋	米屋	麹屋	油屋	茶屋	温飩屋	魚屋	柊屋	櫛屋	紅屋	古金屋	三田屋	後家	合計	%
1軒	1間				1					1										1	3	7.3
	2間		1		1	1				2	1		1	2		1	1	1			12	29.3
	3間		2			2			1	1	1	3	1		1				1	1	14	34.1
	4間	1	1				1													1	4	9.8
	5間		3																		3	7.3
	6間			1																	1	2.4
	7間											1									1	2.4
2軒	4間											1						1			2	4.9
	7間							1													1	2.4
合計		1	7	1	2	3	1	1	1	4	2	5	2	2	1	1	1	2	1	3	41	

表Ⅰ－87　中通り組立町の住民構成（天和３年）

		寺僧	医師	拝領家（丸屋）	町之肝煎	桶屋	檜物屋	紺屋	磨屋	米屋	麹屋	銀屋	銭屋	八百屋	魚屋	うどん屋	煙草屋	鶴屋	清須屋	熊野屋	三原屋	山本屋	吉田屋	吉野屋	岩国屋	名前のみ	合計	%
1軒	1間				1																						1	2.5
	2間								1	1	1			1	1		1	1		1					1		9	22.5
	3間					1		2				1	1			1				2			1	1			10	25.0
	4間	1		1						1										1	1						5	12.5
	5間													1												2	3	7.5
	6間	1												1							1		1				4	10.0
	10間		1																								1	2.5
2軒	4間																		1		1						2	5.0
	7間		1																								1	2.5
	8間																					1					1	2.5
	10間						1																				1	2.5
3軒	10間																		1								1	2.5
	12間																			1							1	2.5
合計		2	2	1	1	1	1	2	1	2	1	1	1	3	1	1	1	1	2	5	3	1	2	1	1	2	40	

立町の町規模は、元和五年の二丁二六間から正徳五年の一丁三一間に縮小される。寛永二年の家数四〇軒（借屋一三六竈）、天和三年の家数四九軒（表間口一八九間）、家持四〇人で、桶屋・紺屋・磨屋など職人五人（一三％）、米屋・銀屋・銭屋・八百屋・魚屋など屋号で判る商人一二人（三〇％）、三原屋・熊野屋などの商人一七人（四三％）、その他の職種構成を示し、家間口三間以下二〇人（五〇％）、五間以上一三人（三三％）と、食料・日用品を商う小商人層と問屋商事を営む商人層との均衡がとれた町となっている（表Ⅰ－八七）。

このように中通り町組は、福島正則の町割編成の後、本街道沿いの町々を中心に広島城下有数の店舗商業・問屋商事地域へと発展していった。

以上、城下五町組の町ごとに、それぞれ町の構成・機能のあり方をみてきたので、最後に全体的な総括を試みたい。

まず、町人町全体の動向は、一言でいうと幕藩制国家の城下町人町体制が、寛文・延宝期を画期として成立したと認められること。寛文三年（一六六三）の町法の成立や、町年寄・組頭制など、町支配方式の整備とならんで、幕藩制的流通機構や領域市場圏の形成などに対応した城下町商業＝中継的問屋商事の成立・展開が顕著にあらわれている。

広島城下町人町は、町割当初から持家（経済的基盤）に一定度の広狭差をもつ商・職人によって形成され、それが二度の領主改易を契機として領域内外の商・職人の多数の移住を包括しながら町編成が進められた。また、初期商人の解体、小規模商・職人層の増加形成をともなう階層分化、初期商業の分化にともなう問屋・仲買・小売など商事形態の展開を基盤として、各町単位に城下需要に応じた多数の仲買・小売商人層の形成と、商業資本の拡大を志向する問屋商人層の成長が見られるのである。このため、かって同一職種の集住によって形成されていた職人町も、商人層の進出とともに、しだいに商業的機能を備えた町に変ぼうしていき、町人町全体として領内外の物資集散を軸とする領国経済の中枢的機能を果すようになったのである。

こうした問屋制商業の展開と密接に関係し、その発展の契機となったものに、領主需要を調達する用聞商人制があった。広島藩は領主・家臣団や城下町人町の消費生活を充足し、藩蔵に収納した年貢米および多量の物資を売却するため、藩と特定の関係で結ばれた用聞商人を指定した。その役割は、(1)諸物資の調達、(2)勘定方用聞として金融・両替業務に従事、(3)藩の商品流通統制に参加する。その他を行うもので、和歌山から浅野氏に従って移住してきた商人のうち、油屋彦三郎（油用聞）、天満屋治兵衛・同七右衛門（肴用聞）、伏見屋又兵衛（青物・乾物・魚類御用）、菊屋長兵衛尉（酒・香物・銀方御用）、清須屋長右衛門（酒・干物・青物御用）、紀伊国屋権之丞・同三郎右衛門（酒御用）、麹屋市左衛門（麹御用）、住吉屋七郎兵衛（質・反物）、傘屋庄右衛門（傘・釣燈御用）、平田治左衛門（たばこ灰の運上御用）らを領主用聞としている。その後も野上屋吉右衛門（油用聞）、三原屋三郎右衛門（献上酒御用）、富士屋喜兵衛（納戸・船手方用聞）、二文字屋源右衛門（菓子類御用）、箸屋喜兵衛（箸・豆腐台所御用）らが、用聞商人に指定されている。このほか、藩は借銀調達や公金運用、鉄・紙・木材・油・綿・唐物など、領内特産や外来品の藩内需要および領外販売にも、特定の用聞商人を指定し、集荷・販売権を与えている。かれらは城下町組の各町に店舗を構え、領内外商品の流通機構を掌握することで、自己の商事機能を分化・発展させ、経済的基盤の拡大につとめたのである。

これら用聞商人は、同時に各町の有力商人として、城下町人町を権威的な町として領内外に位置づける役割を果したが、その結合基盤を強固にする要因に同種同業のほか、有力町家の同族的組織が形成されていた。町単位にみてとっても、中通組東魚屋・立両町では、吉田屋・熊野屋各五、松屋・三原屋各四、胡屋・山代屋各三家などがあって、本分家関係で町共同体の指導的立場を保持していた。こうした本分家・別家の分出は町内にとどまらず、町組全体としてみれば、三原屋の同族と思われる家が、平田屋町四、立町三、西横町・白神二丁目・同三丁目各

二、東魚屋町・鉄砲町・紙屋町・塩屋町・中島本町各一家と、合せて一八家が存在し、同族団的結合によって城下全体の権威的町の機能を強化する役割を果していた。

さらに城下町建設に領内外から大規模に動員された諸職人について、町割以後、福島時代までに、革屋町・鉄砲屋町・鍛治屋町・東大工町・西大工町・木引町・かべ屋町・畳屋町・石工（尾道）町など、一部を除き城下外縁町を中心に各職種にちなんだ職人町が形成されるものの、近世的町の成立後、専業的職人町として城下町産業の基礎を発展させることはできなかった。その主な原因として、城下町が領主支配の拠点であっただけに、領主の職人政策のあり方にかかわっていたことがあげられる。毛利氏は広島築城に際して、広く職人技術の粋を結集させたが、その高度な職人技術の保持者を城下に定住させ、それを媒介として強力な領国経営をすすめるまでにいたらなかった。また、そのあとへ入城した福島正則（慶長五年）および浅野長晟（元和五年）はともに、前任地から相応の諸職人を伴ってきたが、彼等を特定の職種専業地域を指定して集住させることはせず、各町に分散配置した形跡が認められるものの、さらに領内各地にあったすぐれた職人技術者の積極的な集住策は確かめられない。城下諸職人の支配のあり方は、御用聞制をとり、町在の有力職人を含めた棟梁層を中心に拝領屋敷・給扶持・町役免除などの領主特権を与えて優遇するとともに、大工・船大工・木挽・鍛冶・柿葺・瓦師・桶屋・畳刺・壁塗・籠作・張付らの諸職人を、藩作事所において掌握し、本役（年に二四日）、半役（年に一二日）の区分による賦課調達制を採用して領主需要を充当した(18)。

こうした職人支配のあり方は、その後の城下町職人的手工業の発展方向を強く規制した。とくに一七世紀後半からの職人技術の展開期において、領国需要に応える武器・武具・仏具をはじめ美術工芸的細工物・装身具・生活調度品など、技能的な二次的加工業部門の発展はみられるものの、全国的に展開した先進地都市技術の地域的伝播を吸収・育成することができず、近世産業の基盤をなす特産地形成を志向するような鍛冶・鋳物業・織物業・窯業など、諸生産業の急速な発達を促すことができなかった。それは、城下町組よりも、むしろ城下近郊の諸郡、可部・三次・尾道などの在町に、農村加工業を主体にした産業特産地が形成されるのである。

註

（1）「知新集」・『広島市史』第一巻　六九頁。

（2）慶長十九年十月十二日「福島正則書状」（『広島県史』近世資料編Ⅱ二六号）。

（3）享保六年「甲州・紀州之者先祖書寄帳」（『広島市史』第一巻　二三四頁）。

（4）元和九年五月「広島町上り家之内売家并けッしょ物代銀目録」（広島市立中央図書館「浅野文庫」）。

（5）寛永二年十二月二十八日「広島町数家数改目録」（「自得公済美録」巻十八）。

（6）「広島町数家数目録」の五二町は「合」計五五町と記されるが、内訳は五二町であり、それぞれ家数・借屋数を伴うのでこのように訂正した。つまり、町人町の東からかや町・東大工町・大黒町・竹屋町・せんば町・細工町（猿楽町と合併）・湯屋町・木引町・加子町・かべ屋町・西大工町・小屋町・寺町の一三町を除き、西箱島町・堺町三・四丁目を加えて、差引一一町である。

（7）家持については、惣町中の内「弐千間は御所入之時在来家、弐百八拾八間ハ御所入以後出来家」とあり、借屋数についても、惣町中のうち「弐千六拾五間ハ御所入之時在来借屋、千三百九拾三間ハ御所入以後出来借屋」とあることによって増加家数の把握ができる。なお、さきに総計として掲げた数値と内訳数の集計値が合わないが、その原因が究明できないのでそのままとした。

（8）これらのうち、承応三年十月八日付町絵図は、「承応弐年八月六日洪水古絵図損シ写替相違有之処相改者也」と、町奉行両人より各町の町年寄・組頭宛に下渡されたものであり、明暦四年五月三日付の町絵図は、「明暦三年二月五日之火事ニ絵図再帳焼失ニ付、相改差上ケ申候」と、各町の町年寄・組頭より町奉行両人宛に差出したもの、天和三年十二月廿日付の町絵図も「古絵図損シ候ニ付写替え、相違之所相改指上申候」と、各町の町年寄・組頭より町奉行両人へ差出したものである。各年代とも惣町にわたっているのではなく、承応三年は二三町、明暦四年は六町、天和三年は一五町の町絵図が保存されている。

(9) 西地方町の町区域は、元和五年広島城下町絵図で町長一丁二六間から正徳五年の調査時には、町長二丁二八間と記されていて、約二倍近い拡大である。したがって、承応年中にはすでに正徳期に近い町域の設定があり、家数も相応の増加を示しているものと思われる。

(10) 天和三年極月廿日広島城下町切絵図（広島市立中央図書館蔵）。

(11)「知新集」巻八、新開組下巻（『新修広島市史』第六巻資料編その一）。

(12) こうした城下外縁部に属する町々のうち東西両愛宕町、空鞘町、左官町、天満町、西地方町は、宝暦七年（一七五七）町組から新開組に編入されており、宝暦改革における町支配政策とはいえ、町商工業立地の変更を認めざるを得ない。

(13) 本表（表I－六〇）とほぼ同一のものが、『新修広島市史』第三巻社会経済史編二三九頁に、第三七表「中島本町の職業構成（天和絵図）」として収載されているが、これは中島新町の間違いである。したがって、本文一三八頁の記述も中島新町のことで、中島本町のものでないことを指摘しておく。

(14) 商職人五一人のなかには、拝領家の銀屋市左衛門、大工木本五左衛、および町年寄・組頭を含めて数値を出している。本書ではしばしばこの集計方法を用いたので、表示の数値と一致しないことがある。

(15) 古江・本田家蔵「革屋町屋敷絵図」。

(16) 明暦四年五月三日「広島城下中町・袋町絵図」（広島市立中央図書館蔵）。

(17) なお、中町にはこの明暦四年の町絵図に続いて天和三年のものも残っており、その内容は家数一九軒（表間口一三三間）、家持一六人のうち、大工・塗師・紺屋ら職人四人（二五％）、銭屋・山城屋ら商人六人（三七・五％）、医者・その他六人（三七・五％）と、明暦四年と余り変っていない。

(18) この制は、寛永十六年（一六三九）から定賃米にもとづく米代納制に改められ、さらに寛文十一年（一六七一）には銀代納制となり、諸職人水役銀と称されるようになった。

第二章　財政改革と国益政策

一　宝暦改革と大坂市場

1　一八世紀前半の藩財政

　宝暦・天明期には、全国で三五以上の諸藩が藩政改革を実施しているが、その大半は西国・九州の諸藩に集中していた。[1]また、諸大名の大坂借銀において、西国・九州諸藩のうち四四藩が享保二年（一七一七）鴻池の大名貸に名を連ねていたが、同二十年には二〇藩、宝暦・天明期にはわずか六藩と、急速に姿を消している。[2]この二つを考え合わせると、西国・九州の諸藩の多くが一八世紀中葉に藩政改革を行った際、その一環として大坂藩債を整理する過程で、幕藩制的市場構造の変質を求めるところの国益政策を強力に推進したことが知られる。それはすでに佐賀藩等において指摘されているところであるが、[3]地域的にもまた領国経営上からも、中央市場＝大坂を切り離して考えることのできない立場の広島藩について解明したい。

　広島藩は元和五年（一六一九）以来、瀬戸内海地域の安芸・備後両国にまたがって領域を形成する典型的な領国型の外様大名で、大坂市場なかんずく鴻池善右衛門家との親密な取引関係や、一八世紀後半期の「徹底した緊縮政策と前代からの節倹策に基づく財政上の余裕」などが注目されながらも、[4]近年ようやく宝暦改革の存在が指摘された程度で、[5]経済政策の特質や、大坂市場との対抗関係が解明されたとはいいがたい。したがって、ここでは広島藩が享保期以降からつねに打開することを迫られていた領域支配の弛緩と、藩財政の危機的状況をどのように把握し、藩政改革によってどのように克服したか、その際悪化した大坂市場との関係を、どのように改編・維持したかなどの諸特徴を明らかにしながら、政策の具体的展開のなかに国益思想の普及にもとづく国益政策の採用を位置づけ、明和・天明期以降への展望をも言及したい。

広島藩の領国体制は、寛永・寛文期に確立し、その後宝永・享保期にかけて体制の整備、改編強化をめざした藩政改革が実施された。しかし、宝永五年（一七〇八）の差上米制の反対出訴や、享保三年（一七一八）の郡制改革・定免制等の撤回を求める全藩領百姓一揆、同二十一年の明知給知の総地概しの失敗などにうかがわれるように、藩権力の意図は農民闘争の高揚を前にあいついで挫折を余儀なくされ、めだった成果をあげることができなかった。そのため、享保期以降は郡村支配の弛緩や貢租の徴収が限界に達し、藩財政の窮乏はきわめて悪化の状態を呈していった。そして、悪質な大坂借銀が累積した結果、寛保三年（一七四三）の時点で「中古之格」、すなわち、宝永・正徳の改革にならってふたたび藩政改革が企てられたが、目ぼしい具体的施策が行われないまま推移し、宝暦二年（一七五二）襲封した浅野宗恒によって宝暦改革が開始されるのである。

まず、改革の前提として藩財政の構造およびその窮状を明らかにしよう。

広島藩の藩財政が確立したのはだいたい寛文・延宝期であるが、財政歳入の主体となる年貢米については表Ⅱ―一・二のとおりである。領高は享保五年（一七二〇）以降四八万石余とかわらず、その取箇は平年作で二五万石前後（免五ツ二歩）、享保十七年（一七三二）のような大凶作では一〇万石未満（免二ツ）の場合も稀にはあり、そのうち、平年時で家中知行地を除いた蔵入・明知分の取箇約一五万石（六三％）が、藩財政にくみ込まれたとみてよい。もちろん、年貢米のみが財政歳入を構成しているのではなく、享保四年の場合を具体的に示すと表Ⅱ―三のようになる。全収入は米一八万五七三石、銀一九九九貫目余であり、これを公定価で米に換算すれば一九万三八九七

表Ⅱ－1　広島藩の年貢米収納高

	領知高	平年の取箇	享保17年取箇予想
本田分	426,500.0 石	231,223.8 石	87,677.9
新田分	56,956.1	24,632.1	10,350.1
計	483,456.1	255,855.9	98,028.0

備考　1　「吉長公御代記」巻28付による。
　　　2　平年の取箇は享保12年（1727）以降5か年の平均である。

表Ⅱ－2　享保4年12月改めの支配高

	石高	%	
蔵入	126,964.718 石	29%	63%
同上新開	11,111.838	2%	
明知方	137,559.097	32%	
給知方（家老給知を含む）	154,832.242	36%	37%
家老自分新開	2,742.582	1%	
計（総支配高）	433,210.477	100%	

備考　1　「広島藩御覚書帳」2による。
　　　2　上表は三次支藩5万石分を含まない。同藩は享保5年（1720）本藩に還付されるが，これを加えても蔵入・給知の割合はほとんど変わらない。（明和7年「芸備郡村記」）

石、銀に直すと九六九四貫余、つまり、広島藩の財政規模は米で約二〇万石弱、銀で約一万貫とみてよいであろう。

その歳入構成は、項目のＡＢＣＤが貢租にあたる部分で全体の八五％、Fが藩専売制による利潤銀で五％、Gが家中からの借知その他の負担分で九％、Ｅが雑収入で一％という割合になる。この事例は享保四年（一七一九）のものであるが、収入高・内訳比率の基本構成は一八世紀後半から一九世紀初頭にかけて変化していない。しかし、貢租部分なかんずく年貢米の減少と家中負担分の増加がめだっていることに注目したい。

また、歳出についてはこの時期の史料が見出せないが、参考までに嘉永六年（一八五三）の例をかかげると表Ⅱ－四のとおりである。具体性のない数字であるが、歳出構造の基本をみることは可能であり、家臣の知行・扶持米をのぞく主要な部分が

表Ⅱ－3　享保4年の広島藩蔵入

		米・銀額	米に換算高	%
A	年貢米	154,000石	154,000石	
	新開見取米等	300石	300	
	小計	154,300石	154,300	79.6
B	種米貸等利足	1,933石	1,933	
	小計	1,933石	1,933	1.0
C	一歩米	3,700石	3,700	
	厘米	2,700石	2,700	
	蒲刈繋船米	140石	140	
	広島町水主役銀	15貫	100	
	小計	6,540石 15貫	6,640	3.4
D	小物成	80貫	533	
	諸札役銀	20貫300匁	135	
	職人水役銀	30貫	200	
	竹代銀	4貫700匁	31	
	船床銀	20貫	133	
	諸運上銀	171貫230匁	1,141	
	塩浜年貢	115貫	766	
	小計	441貫230匁	2,939	1.5
E	米蔵計出目	1,000石	1,000	
	積賃等雑収入	83貫030匁	553	
	小計	1,000石 83貫030匁	1,553	0.8
F	紙・鉄・材木等利潤銀	1,300貫	8,666	
	小計	1,300貫	8,666	4.5
G	家中江戸役人銀	140貫	933	
	家中地役人銀	20貫	133	
	家中三歩米	800石	800	
	家老与力掛模相銀・家中上米等	(一つ成) 16,000石	16,000	
	小計	160貫 16,800石	17,866	9.2
合計		1,999貫260匁 180,573石	193,897	100.0

備考　1　「広島藩御覚書帳」7による。
2　銀表示は四ツ宝銀，米は石以下省略，米・銀の換算比率は石につき150匁替。

表Ⅱ－４　嘉永６年度の主な財政支出

	費　目	米・金高	石に換算高	%
(1)	江戸暮向井大坂借財払共（大坂払米）	70,000石	7,000石	26.4
(2)	銀札代	30,000石	30,000	11.3
(3)	藩家在国及参勤等諸費	30,000石	30,000	11.3
(4)	藩士家禄幷各種持米	120,000石	120,000	45.3
(5)	藩家住居用賄費	20,000両	12,800	4.8
(6)	泰栄大夫人化粧費	3,000両	1,920	0.7
合　計		米 250,000石 23,000両	264,720	100.0

備考　1　「芸藩志拾遺」巻４による。
　　　2　この今中大学報告はあまり信用できない。とくに政治面の支出が顧慮されず，また，(4）は借知その他のため，実際は８万石近くを藩家諸経費に回されていた（『新修広島市史』第２巻249頁)。１両は６斗４升と換算。

江戸藩邸の諸入用や、大坂借銀の元利払い、参勤交代の道中費用などの諸経費にあてられていた。つまり、藩財政の構造的特質として、石高制と領国経済の非独立性のゆえに、幕府軍役の一種である在府制・参勤交代・国役普請御用および領内非自給部分の購入に必要な正貨を調達するために、中央市場＝大坂商業と結びつかざるを得なかった。その際、広島藩から蔵元・掛屋に指定された大坂鴻池の役割は、蔵米・蔵物の販売代銀を保管するとともに、藩が必要とする費用をその都度立替えておき、一定時期に立替分と販売代銀を精算し、余銀があれば国元下し銀とし、不足であれば借銀として翌年にくり越したのである。その結果、大坂鴻池と広島藩との間には、表Ⅱ－五のとおり、しだいに債務関係が深められていった。その基本的理由は、蔵米・蔵物の販売時期が限定され、販売価格や販売量に変動があったにもかかわらず、大名経費は毎年一定額以上を必要とし、しかも幕府の臨時課役が加わって年々増大し、恒常的に歳出が歳入を上回ったためである。もちろん、借銀そのものは藩財政を直接危うくするものではないが、それが累積してつぎの借銀ができなくなったとき、幕府軍役の遂行が不可能となり、はじめて領主の危機がおとずれたのである。

表Ⅱ－5　鴻池家の広島藩への貸有銀

年　代	借銀高	年　代	借銀高
享保 4	328貫	享保18	3,851貫
5（1720）	311	19	4,328
6	356	20（1735）	4,428
7	1,005	21	4,332
8	1,002	元文 2	3,795
9	897	3	3,992
10（1725）	741	4	4,020
11	829	5（1740）	3,795
12	1,618	6	3,747
13	1,722	寛保 2	3,395
14	3,031	3	3,203
15（1730）	2,656	4	3,002
16	3,087	延享 2（1745）	3,399
17	2,473		

備考　森泰博『大名金融史論』274頁の表 2 の一部で作成した。

このように藩財政は本来的に窮乏化する構造を備えていたが、その破綻を救う方法として、広島藩では歳入の増大＝収奪強化、歳出の節減および大坂借銀の操作という三つの対策を積極的に試みた。とくに一八世紀の前半期には定免制、地詰・地概しの実施による貢租の増徴や、主要国産の統制強化による藩専売制利潤、諸運上銀の増収、あるいは家中上米（借知）の恒常化、銀札通用による領内金銀の藩庫吸収、幕府の国役賦課や凶作飢饉を契機とする領内町方・郡方にたいする「御用銀」の強制など、各種の方策を実施して歳入の増大をはかった。また、一方では家中・町新開・郡中・諸社寺など、それぞれにきびしい倹約令を布くとともに、経費節減を直接の目的とした請定銀制（予算制）を採用した。表Ⅱ－六は享保十八年（一七三三）諸役所の請定銀額（予算額）であるが、その額は作事方が享保三年（一七一八）以前の五〇〇〇石から銀九〇貫（二一四三石）、船作事方が三〇〇〇石から銀四五貫（一〇七一石）、普請方が一〇〇〇石から銀二〇貫（四七六石）と、大幅な減額を行っており、全体で銀二四〇二貫余、米九〇石、そのうち江戸藩邸入用の銀二〇〇〇貫を差引けば、全歳入のわずか四％にすぎない。しかも、その後「諸事省略」の名目で諸役所の人員整理や、経費の縮小が続けられ、延享二年（一七四五）には享保十八年からみて一律三〇％も減額された。[6]

表Ⅱ－6　享保18年諸役所請定銀

役所名	米・銀高	役所名	米・銀高
船方	銀 45貫	米蔵	銀 3貫
作事方	90貫	勘定所	3貫500匁
船作事方	45貫	御城勘定所	3貫
普請方	20貫	江戸定御入用	2,000貫
武具方	17貫	浅野外記奥向入用	8貫
納戸	30貫	御花畠屋敷入用	米 90石
台所（在国）	15貫		銀 16貫
〃（留守）	12貫	稽古屋敷入用	10貫
馬屋	16貫500匁	浅野主馬奥向入用	1貫500匁
新御屋敷	75貫	浅野主殿奥向入用	1貫500匁
鷹方	500匁	屋敷普請入用	1貫500匁
銀蔵	200匁	小計	米 90石
			銀2,414貫200匁

備考　1　「吉長公御代記」巻29による。
　　　2　山方・紙方・鉄方はそれぞれ働き銀をもって経費を償うこととした。

　また、大坂借銀対策については、「大坂借銀高も相増、利銀計も余程之事ニ候」という事態がつづき、鴻池をはじめ大坂商人の融資拒絶もでる有様となったので、上方商人十数人から先納借をはじめ高利率の借銀増や、大坂蔵有米をはるかに越えて売米切手を発行するなど、無理な資金ぐりを行うようになっていた。とくに元文二年（一七三七）には広島藩から質米切手（純然たる貸銀の担保としての先納切手）がおびただしく発行されていたこと、また蔵屋敷有米の三倍以上の売米切手が発行されていたことが発覚し、浜方米屋の間で大騒ぎになった[7]。広島藩では国元から銀一〇〇〇貫目と、扶持方米および他国米を大急ぎで買入れ、大坂へ廻送することによってようやく騒ぎを鎮めたが、大坂市場における広島蔵の信用をいちじるしく落とす結果になった。このような事情もあって延享元年（一七四四）には、「大坂御米銀差引敗レニ及候而ハ、江戸・御国共之御差問、彼是難能力量とも旨、諸向ゟ申出有之候へ共外致方も無之、随分力一杯被取計候様申談之事」と[8]、広島藩はきびしい財政的な危機意識をもって対処する必要に迫られていた。

以上は、広島藩の財政を中心に藩政の動向をみたわけであるが、藩財政の基盤である芸備領域の農村は、すでに農民的商品流通の展開と小商品生産の前進によって農民層の分解が進行し五石未満の零細農民が五〇％以上を占める趨勢になっていた(9)。このため、享保三年（一七一八）の全藩領一揆における農民要求でも、農民貸付の破棄、藩重役から村方役人までの退役、質地売却の山林田畑の取り戻し、往年の訴訟でも裁判せよという質地小作騒動や、村方地主小作騒動をも内包するほどになり(10)、また、村方争論においても、「其内十ニシテ五六ハ庄屋と百姓之間、村方算用事ゟ起り、二三ハ山林・田畠之境目等ヲ争ヒ、一二ハ親子兄弟類遺産ヲ論シ、又ハ米銀借貨等と見へ」とあるように(11)、村方出入の過半数が村諸入用をめぐる村役人と農民の対立に起因していた。このことは、領域農民において質地直小作の普遍的な展開と、すでに一部で村方地主小作関係の存在が指摘されるほどに本百姓体制がいちじるしく変質しつつあったことを示している。したがって、広島藩の農村把握はきわめて困難視され、「唯今ニ而ハ、いつれの村々も古水帳ニ難為分明、すべて混乱相聞候」とか、「村方実之毛付・畝高も唯今ニ而不相知候ニ付、第一免組之相当難積、御所務方正道不相成候」という声になってあらわれるようになった(12)。すなわち、そのことは、諸郡の免率が「とかく上リハ少ク、下リやすき様ニ成申候、此段不審ニ候」と維持しがたくなってきたことや(13)、年貢米の収納についても、「たとへ少々不作之年たり共、兼テ被仰付置候通、見付も於不願ハ聊無滞様御納所可相済儀ニ候処、御納所半ニ至不埒之申出致候村方も有之趣ニ追々相聞候」とあるごとく(14)、農民の抵抗がしだいに強くなり、年貢米収納額の現状維持も難しい状況が到来しているのであった。

註（1）吉永昭・横山昭男「国産奨励と藩政改革」（岩波講座『日本歴史』近世3所収）。

（2）森泰博『大名金融史論』一三八頁。

（3）藤田貞一郎『近代経済思想の研究』三一頁、長野暹「幕藩体制中期の市場構造についての覚書」（『大阪の研究』3所収）。
（4）畑中誠治「宝暦・天明期瀬戸内諸藩における経済政策とその基盤」（『歴史学研究』三〇四号）。
（5）土井作治「近世国益政策の特質」（『史学研究』一二四号）。
（6）（8）「事蹟諸鑑」五一雑事。
（7）「吉長公御代記」巻三三上。
（9）後藤陽一「一九世紀山陽筋農村における富農経営の性格」（『史学雑誌』六三ノ七）の賀茂郡郷村・市飯田村、小川国治「近世後期瀬戸内農村における農民的土地所有の進展」（『芸備地方史研究』六九・七〇）の賀茂郡広村、畑中誠治「太田騒動と扱苧生産」（『史学研究』一一八号）の山県郡加計村など。
（10）畑中誠治「幕藩制の動揺」（シンポジウム『日本歴史』13、一九七四年）。
（11）（12）「芸州政基」（『広島県史』近世資料編Ⅱ所収）。
（13）（14）「吉長公御代記」巻三二上。

2　宝暦改革の内容

宝暦改革は、広島藩主浅野吉長が宝暦二年（一七五二）一月に死去し、同年三月その封を継いだ浅野宗恒によって翌三年ごろから開始された。しかし、宗恒は同十三年二月には致仕し、その治世はわずか一一年間であった。このあと襲封した浅野重晟も、宗恒の政策を継承発展せしめ、明和・天明期を中心に特徴的な藩政の展開をみせたが、ここではいちおう宗恒の時代に限定して考察したい。

宝暦改革の推進母体は、権限を一手に掌握した特定者によって強力に遂行されたものではなく、岡本靱負の意志をついだ御年寄寺西藤蔵をはじめ、浅野外守・奥頼母・山田兵太夫らの合議で実施に移されたものであり、郡奉行鳥井九郎兵衛・能勢監物、勘定奉行戸田嘉藤太・龍神甚太夫・川崎鹿之助らが実務担当者として重要な役割をはたした。

まず、政策の主たるものを年代別に列挙すると表Ⅱ－七のとおりである。

藩職制および家中にたいしては、勘定方・郡方の整理・統合と支配強化をねらいながら政務の簡素化、諸役所の経費節減、家中経済の引締め策などに重点がおかれた。

すでに寛保三年（一七四三）、「諸役方並諸式至而御省略、万端可成御手軽を第一ニ相心得、随分業減シ候様肝要ニ候」と申渡すところがあったが[1]、宝暦六年（一七五六）勘定所を移転するに際して、事務整理や人員削減をはかった。同八年には山奉行の職制が廃止されて、山方役所は勘定所付属とし、郡中山林の管理は代官引請となった。こうして、宝暦期の勘定奉行は「郡方所務」、すなわち、年貢収納関係をすべて支配したが、さらに破損方・見積方・作事方などの諸役所、および米蔵・銀蔵・材木場・銀札場・川口番・口屋番・尾道運上など、藩の財政に直接関係するものを集中的に支配・管掌し、権限の強化をはかっている。また、同七年にはあらたに新開奉行および新開方綿改所を設置して、従来町奉行支配下にあった広島近郊の新開地二八か村を独自の行政単位とした[2]。これは後述するように領内新開地の高付政策の一環であり、同時に「入役等相減し、上納滞無く」を期しているごとく、政務の簡素化をも意図していた。この外、諸役方の官僚化にともなって休日制がはじまったし、諸役所の経費や人員に関しても、宝暦四年（一七五四）には藩主在府年の一か年諸経費銀三三七貫目をもって、「是非相済候様」と命じ、歩行組以下二五人の冗員整理や、諸役所用紙の五割削減、冬期火鉢・昼食支給の改廃、着服はすべて粗服に改める等々、細部にわたってその趣旨を実行させた[3]。

全藩士にたいしても、藩は暑寒吉凶の行事や、進物・贈答などの禁止はもちろん、「於御国ハ、銘々行装・暮シ方等いか様ニ而も不苦勝手次第、同列も不見合略仕候様ニ」と、格式にとらわれない諸事省略を強制し、つづいて

表Ⅱ－7　宝暦期の藩政策一覧

年　月	事　　　項
宝暦3・11	翌年から家中にたいし，7か年間の半知を申し付ける。
11	諸役所の休日制と請定銀の削減を実施する。
12	全面的な諸事省略令（7か年間）を発し，「御勝手向取縮」の趣旨徹底をはかる。
	地こぶりに代官・検地奉行を廃し，村横目のもと自主施行に改める。
4・2	諸郡貨物の破棄および取立物7か年賦返済を触れる。
3	諸士永代禄を廃す。また，給地を代官支配に改める。
3	郡方仕置に関する基本方針を触れる。
5・	相場会所（差紙札場所）を創設する。
6・8	郡中賄賂筋を厳しく取り締まる。
12	座頭・盲女の廻在を禁じ，居扶持米制を採用する。
7・4	貸銀は貸捨，相対借は永年賦取扱いを触れる。
7	大坂登せ米船肝煎制を廃し，直雇制に改める。
	給地の代官支配をやめ，惣入替を行う。
	新開方綿改所を設ける。
8・2	種米・牛銀等定格の外，貸米銀のすべてを廃棄する。
2	山奉行の職制を廃し，建山支配を代官引受とし，材木場は勘定所引受と改める。
	船手御用と浦島5郡の役家割から高割に改める。
9・1	郡方出郡役人の賄方を定める。
2	借米銀の30年賦返済法を定める。
6	郡奉行を郡代と改め，その心得を定めて威儀を正させる。
閏7	郡中公事出入は代官直吟味に改め，城下郡方吟味屋敷で取り扱う。
8	銀札通用を停止し，正貨引換完了。
10・1	諸事省略令の再度7か年間続行を触れる。
	郡方見取新開に竿入を行い，高付を指示する。
	盗賊改めの役儀等の取締りを厳命する。
11・	他国酒の入り込みを禁止し，無株者の酒商事を取り締まる。
	川口入津米の差留中は，領内での他国米売米を禁止する。
7	諸郡の賄方規定を改める。
12・3	草津牡蠣株仲間定法を定める。
8	大坂登せ米の船肝煎制を復活する。

宝暦四年から同十年までの七か年間、二ツ五歩の上げ米（半知）を申付けた。[4] 当時の給知高は一七万六四七三石で年貢収納額約八万八〇〇〇石、その二五％は四万四〇〇〇石にあたり、これを七年間にわたって借り上げるというものである。また、同四年三月には享保二十年（一七三五）から続けていた諸士の永代禄制を廃止し、全給知を代官支配にあらためて家臣徴収分以外はすべて藩庫に収納することとした。この永代禄の制は、藩士の封禄をまったく家付のものとし、世代による増減をなくし、給知村を固定したものであったが、廃止の理由は「却而御賞罰も難成、御国政差閊も有之」というものであり、本人の勤怠によって家禄の増減を行い、封建的な家禄を俸禄的なものへ一歩進める措置であると同時に、家禄制の藩財政にたいする負担の軽減をねらったものである。すなわち、同六年家中の士で職務を怠り、あるいは疾病など永きにわたるとき、小普請入りを命じて家禄を減額することがあわせ行われ、給知高の削減がつよく意図されていた。[5] また、宝暦八年（一七五八）、三次町に在住させていた旧三次支藩の家臣団を解体せしめ、広島城下に屋敷を与えて引移らせたが、[6] これも家臣の統制強化と知行・扶持米をふくむ諸費節減の一環にほかならない。

以上のように広島藩は、家臣知行地にたいして徹底した制限を加えて、家中経済の緊縮を要求し、その余分を領主財政にくみ入れる方策を講じた。しかし、このような七か年を一くぎりとする緊急体制も、全期間徹底をみたわけではなく、同六年には家中知行免を一ツ五歩戻しの四ツ物成に申付け、翌七年には給知村の公平を期す必要から総入替を実施するとともに、全給知の代官支配をも廃止している。このことは目標期間の半ばにも達しないうちの修正であるが、家中経済が予想以上に逼塞したことと、改革の過程における速効的役割を達したことによると思われる。

つぎに郡方支配に関しては、郡奉行の権限を強化して公事出入の厳正、村方諸入用の節減、土地政策の徹底などが推進された。

公事訴訟について「百姓之疑候品ハ、免割・郡割・夫役又ハ算用合等之類より事起り、多勢申合色々と悪事をたくらみ、又ハ庄屋之仕形善悪ニより可申候」というように、村方騒動や農民一揆が伏在する緊迫した農村状況を認識していたのであって、宝暦四年（一七五四）三月、「百姓之仕置ハ諸事正道ニ取計、聊も邪之筋無之様ニ仕懸可然候」と「郡方仕置」の基本方針を、御年寄・郡奉行・勘定奉行・郡廻り・代官ら列座の上で厳重に申渡すところがあった。つづいて同六年、郡奉行の指令で各郡一、二村ずつを選んで抜打ち的な会計検査が実施され、多くの村々で諸入役の不正、郡方役人の贈収賄の事実が摘発された。郡奉行は、諸郡の代官以下の郡方役人、村役人・百姓中にたいし、それぞれ厳重な戒告を与えて、綱紀の粛正をはかるべきことを厳達するとともに、村廻りの怠慢を譴責した。そして、翌七年には村廻りを郡方歩行目付と改めて郡奉行直属の目付役とし、番組・村方役人らの非違を観察し、郡方公事出入の吟味に専念させた。

ついで同八年には町方吟味屋敷、同九年には郡方吟味屋敷を広島城下に設けて、町方・郡中の公事出入の関係者すべてを吟味屋敷に引出し、代官の直吟味を励行させ、なお、代官の「力ニ難及」きものは、町・郡奉行が裁判を執行し、勘定奉行・郡廻り・代官・歩行目付らにも立合わせた。このように公事出入に関する裁判の公正や、村入用にたいする厳正などをとくに強調したことは、郡村の変質に対応した封建支配の強化と農民の諸負担の軽減をはかることにあった。

さて、藩は封建貢租の基盤である領域農村の土地保有状況について、「村々百姓地主年貢諸役等申乙有之、たとへば五石三石ほどの高持で、内証ハ十石程作リ候百姓モアリ、又拾石ほどの高持で四、五石前程外ハ作リ高無之様之百姓も有之」と述べているように、正規の土地台帳では農民の土地所有の実際が掌握できなくなっていることを認識しており、宝暦三年（一七五三）には「田地不同ニ有之、近年物作地等致出来、往々衰微之基」となった郡村を対象に、「竿入して無申乙様に畝高を平等に概す」地概し・地こぶりの実施を申付けた。この時期に地こぶりの実施が強調されているのは注目に価いするところで、従来の地概しが代官・検地奉行を派遣して行われていたのにたいして、地こぶりは村横目（歩行組）・村下代の派遣にとどめ、割庄屋以下村役人・農民によって自主的に行うように改めている。すなわち、「下方ニ而百姓同志改む」るとあるごとく、封建貢租の賦課配分を農民自身の手で確定されると同時に、村入用の節減をもねらった巧妙な方法というべきであり、とくに農村変化のいちじるしい地域を対象として重点的に実施をみたことから、当時進展しつつあった地主・小作関係の実態に対応した政策であったことが知られる。また、新開地の生産力を高めるために、すでに木綿・楮・漆・雑穀などの栽培が奨励され、それらの施肥や品種改良などの技術的向上がはかられたが、さらに新開荒地を対象に唐櫨・砂糖黍・甘藷など新品種の導入が積極的に行われた。そして、宝暦七年（一七五七）六月、藩は広島新開二八か村に新開奉行および新開方綿改所を新設して、新開地の農政を町奉行から独立した取扱いに改めた。また、同十年には諸郡の見取新開に竿入を実施して本高に編入するよう高付政策を指令した。このように領内の新開地を対象に積極的な貢租増徴策を実施したことは、瀬戸内海地域における沿海諸島干拓地の動向が、農村変化の一翼を担うほどになっていただけに、藩政策上からも欠かせないところであった。

いずれにしても、これら政策の本質は歳出に見合うだけの封建貢租の確保を期して行われたものであり、その主流は年々の免率を低下せしめないことにあった。広島藩は徴祖法として享保初年の一時期を除き一貫して土免の法によっていたが、宝暦期からは土免法による賦課率を高率位のところで固定化し、実質的に定免化した。また、年貢収納法も従来の慣行的規則を略して実利的な方法に改め、その遵守を徹底させるところがあった。

つぎに商業・金融面の政策について、広島藩は他国商事を抑制して領域内交換および信用取引の発展をはかるために、諸問屋定法や相場会所の設置、借米銀の永年賦償還などの施策を行った。

領国経済の中心的役割をはたしている城下町では、既設の諸株仲間にたいして、その特権を保護し、冥加銀の増徴をはかるところがあったが、さらに尾道・竹原をはじめ各地の港町・在町の諸問屋・仲買商事にたいしても、商事資金の貸付を行った。そして、他国米の移入やその販売、領内米の移出などにきびしい統制を加えたことはいうまでもないが、とくに他国米は貢租納入時期の移入・売買を厳禁しただけでなく、期間外でも商事用にかぎり移入先・売り先とその石高を届けでるように改め、また、貢租皆済前の新米抜売りにも勘定所付属の米目付を巡回させて違反の摘発に当たらせたし、さらに藩専売制下にあった板・材木・鉄・紙等についても、増産を目的とする仕入銀の前貸を積極的に行うとともに、抜荷・抜売をきびしく取り締まった。しかし、こうした商事統制は、城下町や港町における他国商事を衰退にむかわせたが、宝暦十二年（一七六二）の広島・可部両所の鉄問屋協定にみられるごとく[12]、広島鉄問屋の支配から抜けられないでいた可部町の鉄問屋が、石州諸領・山県郡・高田郡などから積出される鉄を購入して広島鉄問屋へ売渡すという機能を獲得しており、「可部町江九州幷ニ鍛冶屋より直キ買ニ参候」というような鉄流通上に独自な地位を築きはじめている。この動向は、在町・郡中の繰綿・扱苧などの問屋・仲買商人ら在郷商人の成長にも認められるところで、領内の地方間交換、つまり、幕藩制的分業配置と国内市場の形成への展望を示すものであった。

　いっぽう、広島城下町では綿改所が町方支配銀五〇〇貫目を働銀として金融商事を営むようになった。すなわち、綿改所は改めに差出された繰綿を質入れの形式でいったん格納し、これを抵当に資金の貸下げを行ったのであって、その際発行された預り手形（質札）が相場物として売買され、「商売体之利潤」および繰綿取引における活況を見込んだものである。また、宝暦五年（一七五五）には、米会所と綿会所から構成される相場会所を設置し、城下町有力商人から頭取役七人、懸り役一四人を選んで運営に当たらせ、米・雑穀・指紙・綿・相場物の卸取引を行わせた[13]。その設置目的は「城下雑穀米銀幷差紙相場等平等ニ可致」と、相場立を公正にして信用取引をいっそう盛んにしようとするもので、相場取引は株仲買のものにかぎり許されたが、「御家中其以下商人共」も売買を希望するものは株仲間に依頼して行うことができ、郡中からも取引に加わるものが少なくなかった。

また、郡村貸借米銀について、広島藩は宝暦四年(一七五四)六月「古キ御借物」の破棄ないし七か年賦返済令を布達した[14]。これは凶作・飢饉時の救恤貸、損所普請入用の拝借米銀、国産物などの増産奨励貸銀など、藩からの貸米銀の元利返済残分を郡単位にまとめ、破棄ないし年賦返済分に区別して整理を支持したものである。佐伯郡の例では、享保十年(一七二五)から宝暦元年(一七五一)まで二七年間の未払い分が、米八五四四石余、銀二二三貫目に達しており、そのうち破棄分が米四四八六石、銀八貫目、七か年賦返済分が米四〇五八石、銀二一五貫目と、米の破棄が過半数になっているが、全体からみると約二五%を破棄したことになる。つづいて同八年二月、藩は「種米・牛銀其外定格物之外御貸シ米銀」を残らず破棄すると通告し、翌九年二月には、前年二月までの未進米銀、役人加印貸借米銀の無利子三〇年賦返済令を布達した[15]。このようにあいつぐ公借米銀の破棄や年賦償還、あるいは相対貸借物の永年賦償還などの実施をみたことは、郡村貸借が累積してその返済に見通しが得られないばかりか、農民の再生産構造を破壊させる要因となり、農民の階層分化を促進させていることを藩が認識したからにほかならない。したがって、藩は農民にたいして「随分農業相励」み、村々の「起地・惣作相片付、諸入役相減し、村方取直し候様ニ末々迄も無油断相励可申候」とのべているごとく、農村再生策の一つとして棄捐および債務整理を断行せざるを得なかったのである。

以上のように宝暦改革の基調は、諸事省略令にもとづく財政支出の節減と、郡村支配の強化による貢租収納の確保をめざす諸施策を実施し、破綻に瀕した藩財政を再建することにあったということができる。その際、貢租確保策として地こぶりの施行、新開地の高付、土免法の実質定免化などの方向が出されていることは注目されるところである。とくに地こぶりの施行は、農村の変化に対応したもので、耕作の事実にもとづくよりも地主として土地の権利を保有する者を年貢負担者に確定していく作業であり、その上にたって封建貢租が確保されるという意味をもっている。ただ、藩の政策がストレートに地主・小作関係を追認したものでなかったことは、郡村貸借物の永年賦償還令にみられるごとく、農民の質地取戻しを強調した施策もあり、農民分解阻止の意図がつよく働いていた。
また、広島藩は商品生産・流通への介入を通じて、その利潤を収奪し財政補塡に役立てようとする動きを活発に行っている。それも従来のように個々の国産物のみを対象にしたのではなく、総合的な経済政策としての色彩がつよくみられはじめた。すなわち、領域内諸産物の開発・増大を奨励し、各地での加工生産物の生産拡大をはかる一方、領外諸物品の移入を抑制して自給化政策をすすめ、さらに余分の諸産物は領外移出して他国の正金銀を獲得するという領域経済の自立化をめざした方向である。こうした政策は、明和・天明期以降になってより具体的な展開を示すところのいわゆる国益政策であって、この時期にはその方向付けがなされたといえよう。

註
(1)(3)(4)「事蹟緒鑑」五一雑事（広島市中央図書館「浅野文庫」）。
(2)「鶴皐公済美録」巻一八上。
(5)「事蹟緒鑑」五八。
(6)「芸備郡要集」一六（『廿日市町史』資料編Ⅱ所収）。
(7)「芸州政基」（『広島県史』近世資料編Ⅱ所収）。
(8)「郡中賄路筋吟味ニ付達」（『青枯集』巻四）、『新修広島市史』第二巻、三四六頁。
(9)「吟味屋敷御代官直吟味之事」（『温故郡務録』四二）。
(10)「芸州政基」（『広島県史』近世資料編Ⅱ所収）。
(11)「地こふり当時作略之一・二巻」（三原市立図書館「安田家文書」）。
(12)武井博明「近世後期在郷町における鉄問屋の機能」（『近世製鉄史論』所収）。
(13)「知新集」五（『新修広島市史』第六巻所収）。

(14)「佐伯郡御借米銀御捨丼御宥免帳」(廿日市市相良家蔵)。
(15)「借米銀三十年賦実施につき申渡」(『広島県史』近世資料編Ⅲ所収)。

3 大坂市場との対抗

広島藩は悪化した藩財政を再編成するために、大坂市場の大名貸をはじめとする借銀のあり方を改革する必要に迫られていた。かくて、宝暦期には江戸仕送り、上方支出など他国諸入用や、大坂蔵屋敷など諸役所経費の節減をすすめて、経常収支のバランスを保つこと、累積した大坂借銀の年賦償還をとりはからって本来の大名貸に戻すこと、および掛屋鴻池がうけもつ他国収支に藩の主体性を確立することなどの政策を実施した。その関係施策を一覧すると表Ⅱ－八のようになる。

まず、他国諸入用・同諸役所経費の節減については、宝暦三年(一七五三)の諸事省略令が申付けられた際、同様の趣旨徹底がはかられ、同四年には江戸・大坂・伏見などの諸屋敷も請定銀の削減が行われたが、とくに「江戸定御用」を銀二〇〇〇貫から一六〇〇貫目に減額計上したのが注目される。そして、同六年から八年にかけて大坂蔵屋敷諸役人の勤め方や、大坂登せ米の輸送方法、蔵米の保管などを軸にした「大坂蔵屋敷仕法」とよばれる改革が実施された。宝暦六年(一七五六)十月、大坂詰の御蔵奉行以下諸役人の交代を行うとともに、大坂表勤め方心得を申渡した(1)。交代の理由は、大坂町人にたいして「大数之御無心申入」れたので、勤続していては何かと町人へ「義理立」をせざるを得ず、それでは「大坂表御倹約御立兼」となるので、藩債整理にあたった役人を交代させ、大坂町人との関係を改めることであった。すなわち、大坂詰役人に渡された勤務心得には、

(1) 大坂銀主町人との付合は、いっさい禁止せよ。

表Ⅱ－8　宝暦期における大坂関係施策

年　月	事　　　項
宝暦3・	幕府の山門普請御用のため，大坂商人12人へ借銀を申込む。
3・4	幕府囲米制を命ずる（高1万石に籾1000俵）。
5・8	大坂借銀の永年賦交渉をはじめる。
6・10	大坂蔵屋敷詰役人の勤め方を改める。
7・7	大坂登せ米船肝煎制を廃止，直雇制に改める。
7・11	船手方を改正し，諸事削減をはかる。
8・4	船手方御用を浦島5郡の役家制から高割賦課に改める。
8・	国元御除金の制を復活する。
9・8	幕府，菜種・綿実の大坂積登せを令し，他所売を禁ずる。
11・	大坂鴻池との相対掛合はじまる。
12・	大坂登せ米船の肝煎制を復活する。
13・11	蔵米の直売制を採用する。
明和元・	大坂借銀の年賦返済法片付き，勘定奉行定期登坂制が確立する。

(2)　大坂蔵屋敷では倹約を第一に心得、新たな倹約法を工夫したものには加増、倹約仕法に背いたものには減俸を申付ける。

(3)　大坂蔵屋敷役人は、家族をすべて大坂表によび寄せ、家計の節減をはかること。

(4)　大坂での遊興・遊参・芝居見物などいっさいを厳禁する。

(5)　毎日「身代相立、御倹約之工夫」のみを考えて、財政建直しに尽力すること。

とある。[2]このような仕法は、大坂において他藩の評判となり、「中々水ももらさぬ御取締御主法」といわれた。

また、大坂登せ米は宝暦期になると八万石に達するのであるが、その廻送について宝暦七年（一七五七）七月、藩は船肝煎役を廃止し、直雇制にきりかえた。[3]これは年貢米の大坂積登せにあたって、藩の船手奉行支配下で広島をはじめ三津・竹原・忠海・尾道など浦辺島方五郡の港町に、それぞれ「大坂御登米船積請負肝煎役」（御登米支配人）を定めて、その責任において蔵米輸送を行わせ、規定の運賃米を受けとる仕組であった。ところが、船肝煎役は船持や船頭・水主らが定運賃の蔵米輸送を回避するのを理由に、運賃の値上げや、米俵の積込み・積下しの際のこぼれ米の不正所得、廻米期日の遅延などの行為を多発させ、廻米経費の増大や、蔵米の品質管理に支障をきたさせていた。そこで、船肝煎制を廃して米蔵奉行が浦辺諸郡の割庄屋・庄屋に命じて廻船・船頭・水主を徴発し、蔵米輸送に従事させる藩の直雇制に改めたのである。また、この制と関連して広島藩では、御船手（船奉行）の支配の範囲を縮小して、領内の廻船・漁船・川船の管理や、浦島の水主役家の賦課などを代官支配（郡奉行）に改め、蒲刈船屋勤番・大坂勤番の船頭・水主の廃止、浦水主の雇代廃止、御船手扶持切米三六九八石余を二五〇〇石に削減、正徳期増加の「御船頭九人」の一代足軽へ編入（勘定所支配）など、諸事省略の趣旨を徹底させた。そして、宝暦八年には安芸・佐伯・賀茂・豊田・御調の浦島五郡の御船手御用銀の賦課徴収を、従来の役家割から高割制へ改めた[4]。これは浦島五郡の蔵奉行支配の大坂登せ米の船頭・水主らの経費確保を意図したもので、蔵米輸送の体制強化にほかならない。また、領内各蔵所の年貢米が船積され、大坂蔵へ納められるまでの品質管理の責任および仲背・運賃等についてつぎのように具体的な改革指示を行っている[5]。

(1) 米の品質管理のため、領内蔵所で米俵に納め百姓の名札を付けさせ、大坂水揚げまで百姓責任とする。

(2) 米の目減り防止のため、船積み・水揚げに従事する蔵仲背の「草履米・酒代米」などを禁止する。

(3) 大坂蔵出入の仲背のすべてを解雇し、国元の百姓役で仲背を勤めさせる。

(4) 広島米の運賃は、「諸家様御米」の場合より高いので三分の一賃下げとする。

さて、大坂市場における広島藩の立場は、享保期以降借銀の累積によって新たな借銀ができなくなるという困難な状況になっていた。したがって、広島藩は大坂鴻池らとの取引関係を中絶させて、大名貸との縁をきるか、または、債務整理など大坂町人との関係を改善して、本来的な大名貸をとり戻すかの岐路に立っていた。

すでに宝暦期では、為替業務が手形流通の発展、金融機構の整備によって大名貸と結合する必然性が消え、また米切手の買取り、質入の形式で借銀が可能になっていたので、資金調達の面でも、蔵元兼掛屋の貸付のみに依存する必要がなくなり、藩領域経済の自立基盤の形成を志向する西国諸藩のなかには、大坂借銀との関係を断つものがでてきたのである。

広島藩の大坂借銀は、寛保三年（一七四三）四〇万両（銀二万貫目）といわれていたが、宝暦五年（一七五五）八月には「大坂御借金年賦御片付方申談之事」とあるごとく、[6]本格的な年賦返還交渉にはいったことが知られる。当時、鴻池には元文三年（一七三八）元銀三九八一貫、寛延三年（一七五〇）元銀二二五〇貫、別段物元銀二四〇〇貫目などの元利残り、その他があり、鴻池の外にも浜方に銀四八一〇貫目、館入その他に銀五三八二貫などがあって、それぞれ銀主別・借入年次別の交渉が進められたが、広島藩の態度は三〇年賦または永年賦（一〇〇年賦）返還、利率の引下げ、交渉成立までは元利払いの棚上げなどを条件につよい姿勢でのぞんでいた。そして、翌六年八月の大坂蔵屋敷役人の交代や、同年十二月の「島屋・加島屋殊之外出精仕、浜方も年四朱に内談相済候」という情報、[7]あるいは、同九年十二月大坂から鴻池善右衛門・海部屋善次・岩井屋仁右衛門の三人が広島へ下り、「大坂表借銀、今年分利御断ニ付為歎」、ないし「年賦古借計御払被下候而は迷惑仕候、新之御用被仰付被下候様ニと願上」ていることなどは、[8]大坂借銀の年賦返還交渉の過程を示すものである。

ともかく、広島藩が宝暦五年を期して交渉をはじめた背景には、東国飢饉による大坂市場の米価騰貴など有利な材料があったと思われるが、上述のようなつよい態度の提案を行った結果、島屋・加島屋をはじめ浜方銀主のなかには年賦交渉に応ずるものもあらわれ、また、鴻池・海部屋・岩井屋らのように藩領内の経済事情の調査をかねて来広し、あらたな借銀申込みを要請するものもでてきたのである。このような変化は、広島藩が馴じみの銀主以外からも新規に借銀を行うことができ、古借銀の拘束をうけなくてもよくなっていることを示しており、藩の債務整理が多少とも好転したことをあらわしている。とくに同八年大坂蔵物売払代の支出残金三万三〇〇〇両余を国元へ下して、「御除銀」とする制を復活させたことは、藩財政のやりくりにある程度の見通しがでてきたことを物語っている。

かくて、宝暦十一年（一七六一）三月には、広島藩も鴻池善右衛門と本格的な相対掛合を成立させたのである。鴻池家の相対掛合は、宝暦三年（一七五三）の彦根藩を最初に同十一年広島藩、同十三年岡山藩、その後明和七年（一七七〇）までに高知・徳島・萩・高崎・福井の諸藩との間で行われた。相対掛合の成立は、諸藩が借銀申入れの際、銀高・利息・期限などについて、銀主と対等に交渉できる条件を保持するようになったことを意味する。すなわち、藩側が鴻池へ全面的に依存するのではなく、経理に長じた勘定所役人や大坂蔵屋敷役人を配置して、独自に米価・諸物価の動向を熟知し、蔵米・蔵物の売立、借銀申入れを行うのにたいして、鴻池側も諸藩の政策動向にいちはやく対応し、藩の経済力や大坂廻米能力などを計算した上で、貸付先を選び、貸付額・利率・返済方法などの条件を決定するという手堅い大名貸へ転換することである。

広島藩では宝暦十一年三月、藩主の意をうけて勘定奉行戸田嘉藤太が登坂し、鴻池宗知と対談の上、いま実施中の「御国御仕法」は好調であるので、「此後御約束御違変無之」ようにしたい、また旧債も「諸事己前へ引戻し、相向候上は責而年四朱利息を、去冬限月より月四朱にいたし度」、さらに明和二年（一七六五）までにすべての古借銀の元利渡し方を決定したいと積極的な態度を表明した(9)。

かくして、同年十二月元銀三九八一貫余の元利残りを、無利息毎年暮蔵米五〇〇石渡し、明和元年元銀一一四〇貫目を無利息毎年五〇〇石渡し、同じく別段物その他の元銀三五〇〇貫を、毎年四八二〇石分の米切手渡しというように、順次交渉が妥決していき、鴻池にたいする旧債はついにすべて整理されたのであった。また、鴻池以外からの借入についても、浜方・館入その他を含めて銀約一万貫目が、明和二年から年六・二％の元利返済に決定したのである(10)。

表Ⅱ－9　大坂鴻池の広島藩米銀出入積書

		宝暦11年（1月～8月）		宝暦13年（4月～6月）		明和元年（4月～9月・極月～閏極月）		明和2年（9月～極月）		明和3年（9月～極月）	
		米銀高	%	米銀高	%	米銀高	%	米銀高	%	米銀高	%
収入	前期より越銀	800貫	29.3								
	米売払代	960	35.2	660貫	45.1	1,078貫	39.2	3,250貫	84.4	3,720貫	81.0
	紙・鉄・炭売払代	350	12.8	150	10.2	155	5.6	300	7.8	350	7.6
	広島より登せ銀			526	36.0	460	16.7	300	7.8	520	11.3
	品々詰	50		126		380					
	江戸よりの為替銀	100									
	船頭納					36					
	鴻池出銀	500	18.3								
	先納借居え					640					
	計	2,730		1,462		2,749		3,850		4,590	
支出	来春への越銀手当							100			
	江戸下し銀	1,980	45.0	737	35.3	3,123	55.7	2,830	51.3	2,919	56.3
	上方諸払	380	8.6			210	3.7	300	5.4	320	6.2
	上下道中入用	430		70							
	買戻し米代	600									
	巡見及不時入用不足	500									
	鴻池返済元利	510		1,000	48.0	1,995	35.6	1,580	28.6	1,350	26.0
	鴻池当分取替9月へ越高返弁として							550	9.9	597	11.5
	新先納借利息9月～極月迄月々仕替候分							157	2.8		
	大坂為替払幷上方諸入用先納利払			273	13.1	280	5.0				
	計	4,400		2,083		5,608		5,517		5,186	
差引		1,670不足		618不足		2,869不足		1,667不足		596不足	

以後の広島藩は、新借について勘定奉行が掛屋鴻池の合意を得た上、さらに江戸仕送り・上方支出と蔵米・蔵物売代銀の差引バランスを考えながら、手堅い借入れを行うのであった。すなわち、江戸仕送りと上方入用が、大坂蔵物売払代でまかなわれる際、春から秋の新穀廻着期までの江戸仕送り費を当用借と位置づけ、年によって幕府国役や江戸藩邸消失など臨時入用の江戸下しが増大し、当用不足が証文借に転化した場合も、その後何年かの大坂登せ米代で返済を約束するというものである。表Ⅱ－九は広島藩と鴻池家との間に相対掛合が成立してから、広島藩が鴻池家へ提示して同意を求めた金銀出入積書を整理したものである。[11] 各年とも上半期と下半期の出入費目・金額に大きな差が認められること、また、だいたい半期分の収入三〇〇〇～四〇〇〇貫前後にたいして、支出は四〇〇〇～五〇〇〇貫前後となり、差引一〇〇〇貫前後の不足がみられた。この不足額について、宝暦十一年（一七六一）では銀一六七〇貫のうち、六九〇貫は米一万六五〇〇石の増登せ（石につき四一匁五分）、約五〇〇貫目は巡見入用および不時入用を節減し、残り四〇〇～五〇〇貫は鴻池の当用貸として下半期へくり越し、「新石登候処格別御無心ニハ不及申」とした。宝暦十三年（一七六三）、明和元年（一七六四）の場合も、それぞれ下半期の大坂登せ米の売払代銀で決済するよう当用借でくり越した。また、明和二年下半期の不足銀一六六七貫は、登せ米六万五〇〇〇石の売払米価を石につき六〇匁かえにして六五〇貫、登せ米一万三〇〇〇石の春季売払い（石につき六〇匁）七八〇貫目を見込んで一四三〇貫目、残り二三七貫目は「船頭為替等登り込候ハ、大概指くり突合可申事」、さらに同三年下半期の不足分五九六貫は、「来春迄之内、猶又払米代銀を以指引相形付可申事」としていた。このように各半期の不足銀は、つぎの半期で決済する方法を取っているが、全体としては経費の節減、国元からの登せ銀、登せ米の増加などで補った上で、なお不足するところを米価の高い時期を見計らって売払う方法、とくに越年の上春売りに期待していたことが知られる。

以上のように大坂市場を中心にした広島藩の財政状態は、宝暦末年から明和初年にかけて歳入・歳出がほぼバランスをとるところまで回復した。そして、鴻池家との関係も、蔵米・蔵物の売代銀、国元登せ銀、江戸下し銀、上方諸払い、借銀元利払いなどの取扱いに限られ、無理な臨時借銀を回避するようになった。このことは、広島藩が財政的回復を背景として鴻池家に全面的に依存しなくなり、複数以上の館入および口入先を確保し、大坂において相対的に自立して取引関係が維持できるようになったことを意味する。その原因はいろいろあるが、藩政策面に限っていえば、諸事省略令の徹底による諸経費の節減、財政支出の引締めを前提として、大坂登せ米が享保期の五～六万石から宝暦期には八万石前後に増加できたこと、国元からの登せ銀・船頭為替（大坂置為替）が恒常的に大坂収支を補えるようになったこと、また、財政的好転により大坂登せ米の飢餓売を有利な売立方式に変えることができたこと、さらに過米切手の発行に対応して米切手の価格維持の必要から数人以上の館入からの借銀、あるいはその不足を口入による借銀で補う金融の円滑化などがあげられよう。

かくして、広島藩は宝暦改革の過程において、藩領域アウタルキーの形成を志向する「国益」にねざした経済政策を模索しつつ、藩財政の建直しにある程度の成果をおさめ、大坂市場とも本来的な大名貸を基盤においた取引関係を取戻すことができた。そのため、広島藩では、西国諸藩のいくつかの藩が藩経済自立化の過程で大坂市場を脱却したように明確な態度をとることができず、幕藩制的市場構造のなかで相対的自立化の道をあゆまざるを得なかったのである。

おわりに、広島藩における宝暦改革の政策基調は、明和・天明期の藩政にも発展的に継承された。そして、藩債整理以後は藩財政の小康状態を堅持する方向で政策が展開されており、領国経済の自立化および幕藩制的市場の確保を重点にして国産諸品の開発増収・流通統制をはかり、藩庫に正金銀を吸収する施策と、それを支える封建的支配イデオロギーの強化策を推進したところに特徴がみられる。

まず、藩財政の指標になる大坂借銀の推移にふれておく。大坂市場では、前代に引続いて蔵元・掛屋の鴻池が中心的役割をはたしたが、明和期には鴻池のほかに辻・河井・那波屋・江川・海部屋・平野屋らが、安永・天明期には岩井屋・加島屋・鴻池（市兵衛）・島屋・炭屋・近江屋らも加わって、臨時借入のための館入・口入先を形成しており、特定の大坂商人のみに新借を依存することを回避していた。しかも、鴻池は米代銀、海部屋は鉄代銀、岩井屋は紙代銀と、蔵物別に蔵元・掛屋の業務分掌を定めていて、蔵元が表面にでて借銀調達にも奔走するようになった。そこで、鴻池が取扱った広島藩の米銀出入高をまとめてみると表Ⅱ－一〇のようになる。[12]大坂支出の主要部分をしめる江戸惣入用銀（江戸下し銀）は、安永～文化年代の年平均額銀四四二二貫余であり、このほかに上方諸払、借銀方元利その他があった。これらの歳出にたいして大坂登せ米七万～八万石、大坂登せ銀三〇〇～一二〇〇貫目、証文借銀三〇～一五二七貫目、その他によって消却されていたが、毎年のように当用借が証文借に転化しているものの、ともかく何年かの登せ米代で返済されていたので、年々の収支はほぼ均衡をたもっていたとみることができる。

さて、特徴的な経済施策としては、明和元年（一七六四）、宝暦九年（一七五九）以来通用を停止していた銀札を再発行して、正金銀の領内通用を禁止し、藩庫へ正金銀を収納する方策を実施したのにつづいて、国産の育成・自給化および他国商品の移入抑制策が明確に打出された。これまで藩専売または統制機関として設置されていた山方材木場・紙蔵・鉄座役所・木綿改所などの機構整備や業務拡大を行うとともに、新たに明和六年（一七六九）には養蚕・織絹の生産加工・販売の指導機関として絹座を開設し、[13]寛政十年（一七九八）には幕府統制下の燈油に関して、藩自給用の名目をもって幕府の許可を得、実質的に領内の自給を目的とする藩営油御用所および「手作手紋」株を設けた。[14]そして、これらの機関を通して蔵物に指定した商品の抜荷取締まりはもとより、領内国産の生産・流通への介入、さらに領外商品の移入抑制にも積極的な対策を講じたのである。とくに、領内港町・在町で行う他国商事は、正金銀の仕切り取引のためきびしく統制するところであり、また、国産の領外売についても、明和・天明

表Ⅱ－10　大坂鴻池取扱いの広島藩米銀高

	大坂登せ米	大坂登せ銀	御除金銀	貸有銀	臨時借銀	江戸惣入用銀
明和元（1764）	米 72,220石	銀 460貫				
2（1765）	米 78,000石	銀 300貫				
3		銀 520貫				
4						
5		銀 1,200貫				
8（1771）					銀 30貫	
安永元	米 70,000石	銀 300貫			銀 600貫	
2	米 80,000石			銀 952貫		
3				銀 1,013貫	銀 1,360貫	銀 5,248貫
4（1775）				銀 1,232貫		
5				銀 1,029貫		
6	米 75,000石		金 1,037両	銀 903貫		
7				銀 822貫		
8		銀 642貫 金 6,480両		銀 1,527貫		
9（1780）				銀 1,220貫		
天明元				銀 812貫		銀 3,053貫
2				銀 693貫		
3				銀 563貫		
4				銀 419貫		銀 4,622貫
5（1785）				銀 354貫		銀 3,623貫
6			金 7,000両	銀 298貫		銀 4,649貫
7				銀 218貫	銀 370貫	銀 5,213貫
8				銀 722貫		銀 4,383貫
寛政元				銀 93貫		銀 4,425貫
2（1790）				銀 30貫		
3				銀 530貫		
4				銀 530貫		
5				銀 824貫		
6		金 8,000両		銀 795貫		
7（1795）				銀 765貫		銀 5,473貫
8		銀 200貫 金 4,600両		銀 736貫	銀 300貫	銀 5,122貫
9		金 20,000両		銀 706貫		銀 4,734貫
10		銀 200貫 金 18,500両		銀 677貫		銀 5,786貫

備考　大坂登せ米・江戸惣入用銀等は，毎年でなく不完全さを免れないが，全体の傾向を知るには差支えないと思われる。

表Ⅱ－11　鉄の価格（舎印１駄につき）

	大坂売	広島地売
元　文　3	匁 97.25	匁 92.50
宝　暦　4	84.50	84.50
明　和　2	99.00	99.00
明和３～7	85.56	89.30
明和８～安永４	88.50	90.80
安永５～9	83.30	86.22

年間に交易地あるいは郡単位に他国売商品の員数調べを行い、正金銀獲得状況を把握しようとした。

広島藩領からの他国売は、明和八年（一七七一）の改めによると、[15] 塩・鉄・魚介類・畳表・薪炭・木綿・煙草など四一品目、その代銀は八四〇〇貫目であり、享保五年（一七二〇）の同調査における代銀五三九二貫余にくらべて一・六倍増となっていた。また、天明元年（一七八一）五月、広島町組から「他国へ売捌候類ニ而重立候品」一か年分の報告によると、[16] 移出商品は鉄類・苧類・綿類・呉服反物・古手類・荒物・煙草など四〇品目、代銀二〇〇〇貫目以上、その販路は米・鉄・紙・煎海鼠など大坂・長崎へ回送する特定商品を除くと、「播磨・備前・備中・備後・阿波・伊予・讃岐・出雲・伯耆・石見・周防・長門・因幡・豊前・豊後・肥前・肥後・筑前辺へ差登せ差下し申候」と、瀬戸内諸国はもとより山陰・九州など広い地域にわたって取引が行われており、大坂市場からの離脱が顕著である。たとえば、鉄の場合表Ⅱ－一一のとおり、明和三年（一七六六）以後、大坂売価より広島地売価が高値であるように、諸国の経済的発展を背景として広島地売が活発化し、大坂登せ高が減少する状態となっている。[17] これは塩・木綿・扱苧その他の諸商品も同様の傾向にあり、従来の流通機構が明らかに変質しつつあったことを物語っている。広島藩はこれらの動向にたいして、他国商事の問屋株仲間の結成、商事資金の貸付、販売代銀の銀札取替および代銀送りに置為替仕法[18]の奨励などの対応策を通じて、他国商事の掌握と他国流入正金銀の藩庫吸収を試み、国益政策の徹底をはかったのである。

つぎに注目すべきは、封建支配の論理強化をめざすものとして身分制整序の強化、社倉法の実施、封建教学の成立などがある。
　倹約令に示された風俗規制は、身分制の整序を強制するものであるが、明和四年（一七六七）かわた身分の職分・風俗についてきびしく糺し、また天明元年（一七八一）には「郡中かわた作法」をいましめ、風俗の奢侈、男女の髪型・錺物・衣服の規制、百姓との交際を厳禁するなど、藩権力による差別の顕在化策を強行した。[19]これは封建支配の矛盾が拡大し、身分制のゆるみを糺すと同時に、百姓一揆・村方騒動の高揚を抑止する手段として行われたものでもあった。
　また、社倉法は凶作・飢饉対策であるが、小農維持の論理確立のため、明和七年（一七七〇）から藩領村々全体に実施をすすめた。すなわち、郡ごとに社倉支配役・主役をおき、村単位に救麦・永貸麦・永利麦の三種を備蓄するもので、救麦は持高四石以下の百姓ならびに浮過を対象に十一月より翌年四月までの六か月間を救恤しうる量を貯蔵し、永貸麦は無利貸付、永利麦は利貸を行って救麦を補充した。この制は安永九年（一七八〇）には領内全町村に設立され、天明六年（一七八六）には本法成就を達成し、その貯麦総額は四万七八三九石に及んだ。そして、折からつづいた天明の大凶作・飢饉に際して、その効用が発揮された。[20]
　さらに寛保三年（一七四三）廃止された白島稽古場屋敷・講学館にかわるものとして、天明元年（一七八一）藩学問所を創設し、頼春水・香川南浜ら著名な町人出身の学者の登用をもって現実的な経済実学による人材教育をめざした。[21]とくに、武士教育によって社会の矛盾に対処しうる人材の育成と、為政者としての資質の確立に力点をおいており、まさに幕藩制社会が大きく変化していく起点に対応した政策として位置づけられよう。

註（1）（2）（5）「久留米藩聞書」。
（3）「事跡緒鑑」三三。

（4）「浦島在之五郡之御船手御用割賦銀古法之通相改候事」（『青枯集』五）。
（6）「事蹟緒鑑」三七他国。
（7）「事蹟緒鑑」五一雑事（浅野文庫）。
（8）「編年雑記」一一（広島大学附属図書館「隅屋文庫」）。
（9）（10）（11）宝暦十一年「芸州御積書目録幷御相対御掛合之控」（大阪大学経済学部鴻池家文書）。
（12）森泰博『大名金融史論』二七四頁表2、宝暦十一・明和四・安永六・寛政八「芸州御積書目録幷御相対御掛合之控」（大阪大学経済学部鴻池家文書）。
（13）「絹座設置・養蚕振興に関する達」（『広島県史』近世資料編Ⅲ所収）。
（14）「御用油絞一件控」（『新修広島市史』第三巻、二九三頁）。
（15）「郡々諸色他国売物寄」（「学己集」二）。
（16）『新修広島市史』第三巻、三一七頁、第四九表。
（17）武井博明「大坂鉄座の意義」（『芸備地方史研究』五四号）。
（18）広島藩の大坂置為替は、商品販売者が大坂市場で売払った諸物産の代銀を、藩の大坂蔵屋敷へふり込み、国元の札場で代銀に相当する銀札を受取る仕組であって、藩庫へ金銀増殖を企てる政策として用いられ、天明年間から文化十二年の間一時的にすたれた。
（19）「郡中かわたの風俗取締りに関する触書」（『広島県史』近世資料編Ⅲ所収）。
（20）「芸藩志拾遺」一〇・一一（『広島県史』近世資料編Ⅰ所収）。
（21）「恭昭公済美録」巻二四上。

二　藩財政の収支記録

1　「古今増減秘録」の性格

広島藩財政の研究は、後藤陽一氏の所論をはじめ幾つかの業績がみられるが[1]、それらは分析の対象とする財政関係史料の基本を「済美録」・「芸藩志」・「芸藩志拾遺」・「広島藩御覚書帳」および「鴻池家文書」などのなかに求め、活用しているのが現状である。

そのうち一八世紀後半における広島藩財政の研究動向を整理すれば、当該期の広島藩財政の基本評価において、財政収支の不均衡とその拡大により財政窮乏が一般的であったという後藤陽一氏を代表する見解[2]と、経常収支の黒字をてこに財政状況は安定していたとする谷村賢治氏の見解に分れる[3]。双方ともほぼ同一史料の分析にもかかわらず基本的認識において差がみられ、相反する結論が導き出されているのであった。

しかし、いずれにしても、一八世紀後半期の基本的な財政史料を欠き、断片的ともいえる傍証史料をもとに推論するという弱点を有していたことは否めない。この問題を克服するためには、当該期の新しい史料の発見が急務とされていたが、このたび、その欠陥を補って余りある藩勘定所米銀方の帳簿から抄出したと思われる米・金・銀の請払い（収支）の記録「古今増減秘録」（書冊・和綴九四丁）を入手することができた。

本書は、愛知県西尾市立図書館「岩瀬文庫」に架蔵されており、一九八〇年八月、隼田嘉彦氏がフィルム撮影のあと、広島県史編さん室へ提供されたものである。いままでにその一部が『広島県史　近世2』に利用された以外は皆無と思われる[4]。

本書の編著者は記されず不明。しかし江戸にあって藩御用達所内の勘定方米銀掛りの作成ないし保管諸記録を藩命により自由に報告を求めることのできる立場にある者と思われるところから、江戸留守居役下の藩財政関係に精通した役職者に限定することができよう。本書が江戸で編修されたとみられるのは、先の目録に「江戸・大坂・御国」とあることや、藩主の参勤交代による居場所について、江戸滞在中を「御在所」とし、国元帰国中を「御留守」としていることであり、記述内容も江戸にある立場でまとめたものが随所にみられることによる。

本書の内容は、宝暦改革の基調を継承した七代藩主浅野重晟時代の財政状況をあらわす各種の数値を列挙したもので、ほぼ明和二年（一七六五）から文化三年（一八〇六）までの四一年間を対象としている。その作成意図は、寛政初年からはじまった藩伝来の旧記類の整理と、その沿革を摘記した「事蹟緒鑑」の編修、続いて行われた御代記「済美録」の編修と関連して、重晟時代の緊縮財政のあり方とその運用状況を整理し、今後に資する役割を果させようとするものであったと推測される[6]。したがって、各項目に記載された数字も、「十年め書継ノ事」「安永四年後五ヶ年振書継ノ事」「年々書継ノ事」など事項によって一〇年・五年・毎年の三区分を指定し、それぞれ年間の数値を書き継いでおり、はじめの方は単位以下を「余り」「有余」など概数を用いているが、後半になると正確に記している。このことは、文化三年を余り隔らない時期に、各項目ごとに一定の書式をつくり、該当年数値を「旧記類」のなかから選択抜粋して記入したことを示しており、後年に編さんしたことが明らかである。また、記載された数値に計算値の違いが多く、正確を期する史料としては疑問があるが、重晟時代の直後に原文書を用いて作成した編さん物であるだけに、十分信頼できる第一級史料と見て差支えないと思われる。

さて、本書は約四〇年を一つの時期として、広島藩の財政状況の全体像を明らかにした好個の資料であるが、同時に財政運営の実際をも示す興味深い内容をもっている。従来の藩財政研究では、藩が取扱う米・金・銀などの請払い（収支）の方法や、締メ高・場所など一元的に把握することが行われてきたが、つぎのような特徴が判明した。

（1）広島藩財政を総合的に把握することのできる数的データーが集められている。それは直接財政収支を示すものと、それにかかわる基礎的データーをあらわすもので、前者が前半部に後者が後半部に収められている。これらの項目・数値を総合的に駆使することによって、一八世紀後半、一七六五年から一八〇六年までの藩財政の基本構造とその特質、および約四〇年間にわたる財政収支の推移を明らかにすることができる。

（2）広島藩の財政収支は、原則的に国元（広島）・大坂・江戸の三か所で、それぞれ独立的に収支決算を行う仕組をとり、さらに三方の報告をうけて勘定奉行が藩全体の歳入・歳出をまとめる方法を採用していたようである。なお、三か所での収支は、年間を上半期・下半期の二季に分けて精算する慣例をとっている。その外、京都・伏見などでの請払いは、大坂の収支部門に包括され、他は三か所のいずれかに属した。

（3）米・金・銀等の歳入・歳出はすべて一括して行うのではなく米の収支と金・銀・銭貨の収支とを別途に行う方式をとっていた。国元では米・金・銀・銭貨のすべてを取扱い、大坂・江戸では金・銀を中心に取り扱っていた。

（4）広島藩の家臣経済は、地方知行制にもとづき、原則的に別体系であったが、この時期には米の請払いを軸に、藩財政に依存する度合が強くなっている。それは、恒常的な借知と関係し、蔵米・扶持米給与者以外の給人とも深くかかわっていた。

註（1）広島藩財政の問題を直接取り上げた諸論文のうち、一八世紀を対象にしたものは次のとおりである。

（1）『新修広島市史　第二巻　政治史編』一九五八年　第三編第二章第四節第三項藩の財政（二四三〜二六〇頁）及び第四章第三節第二項財政の破綻（三六八〜三七七頁）は、後藤陽一執筆分であり、広島藩財政を体系的に取り扱った最初のものとして、その後の研究に大きな影響を与えている。
(2) 谷村賢治「近世後期の藩財政と経済政策――広島藩の場合――」（『地方史研究』一七三、一九八一年十月）。
(3) 森泰博『大名金融史論』（大原新生社　一九七〇年）第六章「西国大藩の大借銀」は、広島藩財政関係を主体に論述したもので、大坂大名貸による融通銀の立場から藩借銀の性格を明らかにしている。
(4) 土井作治『幕藩制国家の展開』第二章第五節藩財政の成立過程、第四章第三節藩財政の再建仕法、溪水社一九八五年二月。

（2）『新修広島市史』第二巻　政治史編　三六八～七〇頁による。その文献は「広島藩御覚書帳」（『広島県史　近世資料編Ⅰ』所収）、同じく「芸藩志拾遺」（『広島県史　近世資料編Ⅰ』所収）、「事蹟緒鑑」五一雑事（寛保三年二月十五日）、「芸州御積目録并御相対御掛合控」（鴻池文書）、浅野家文庫「天祐公済美録」巻二七（文化八年二月二十七日の条）など。
（3）谷村賢治「近世後期の藩財政と経済政策」（『地方史研究』一七三）。
（4）『広島県史　近世2』Ⅰ一広島藩の政策と財政「3藩財政の運営」（六三～一〇〇頁）において、表二四広島藩の大坂収支銀額一覧、表三一広島藩の江戸諸入用高と大坂登せ米などの典拠として用いた。
（5）二七項目のうち、三項目だけが別立てとなり付録的に取り扱われていたが、後に分離したものであろう。
（6）重晟は当時から名君として評価され、藩年寄職を務めた沢三石（一七七二～一八五三）の「竹館遺事」（三冊）や、頼春水の「竹館小録」など事蹟を記録したものもあり、当代から藩政のあり方が注目されていたと思われる。

2　藩米収支の状況

まず、広島藩が領国から収取することのできた物成・諸役米等（藩米）の請払い状況について検討してみよう[1]。

表Ⅱ－一二は、広島藩の領知高（草高）に対する蔵入（藩直轄分）と給知（家臣地方知行分）の割合およびその推

表Ⅱ－12　広島藩総高・蔵入・給知

	総高		蔵入		給知	
	石高	%	石高	%	石高	%
明和2年（1765）	478,399石	100	266,841石	55.8	211,558石	44.2
安永4年（1775）	478,405	100	276,161	57.7	202,244	42.3
〃 8年（1779）	478,405	100	274,501	57.4	203,904	42.6
天明3年（1783）	478,550	100	277,094	57.9	201,458	42.1
〃 7年（1787）	478,552	100	276,689	57.8	201,863	42.2
寛政3年（1791）	478,554	100	275,609	57.6	202,945	42.4
〃 7年（1795）	478,563	100	275,370	57.5	203,193	42.5
〃 11年（1799）	478,563	100	281,513	58.8	197,050	41.2
文化元年（1804）	478,563	100	276,840	57.8	201,723	42.2

移を五か年ごとに示したものである。明和二年（一七六五）の場合、藩の総高四七万八三九九石余のうち、蔵入高二六万六八四一石余（五五・八％）と給知高二一万一五五八石余（四四・二％）の割合であった。以後、文化元年（一八〇四）までの推移をみると、総高はわずかずつ増加して寛政七年（一七九五）に四七万八五六三石余と一六四石増で変化が少ない。蔵入高は年によって多少の増減があり、割合のもっとも低い明和二年に対して寛政十一年が五八・八％と高く、一万四六七二石の差がみられる。給知高は蔵入高とは逆に寛政十一年が四一・二％ともっとも低く、明和二年が四四・二％と最高を示している。

したがって、この時期を平均すると、広島藩の総高四七万八〇〇〇石に対して蔵入高二七万五〇〇〇石（五七・六％）と給知高二〇万三〇〇〇石（四二・四％）の割合であった。

つぎに広島藩が収取した「惣物成米」の請払い状況を、一〇年ごとの安永八年（一七七九）・天明八年（一七八八）・寛政九年（一七九七）の三か年で示すと表Ⅱ－一三のとおりとなる。「惣物成請」（蔵入）の部門では、安永八年の場合、総高四七万八一四九石余に対して免率四ツ九分七厘九毛で、物成二三万八〇七四石余、これに口米・見取米・諸役米類・積賃米など一万石を加えて、合計二四万八

表Ⅱ－13　物物成米の収支増減

			安永8年		天明8年		寛政9年	
			米　額	%	米　額	%	米　額	%
		領知高	478,149石		478,286石		478,293石	
米請		物成	238,074		239,143		239,146	
米請		口米・見取米・諸役米類・積賃米	10,000		10,000		10,519	
米請		合計	248,074	51.8	249,143	52.1	249,665	52.2
米払		歳入	95,833	38.5	91,520	36.8	89,977	36.0
米払		近江守物成	12,000	4.8	12,000	4.8	12,000	4.8
米払		家中末々迄出米并ニ寺社領	141,241	56.7	145,522	58.4	147,758	59.2
米払	内訳	家老給知	22,800	16.1	22,800		22,800	
米払	内訳	寺社領	840	0.6	840		825	
米払	内訳	家中総給知	60,284	42.7	60,315		58,606	
米払	内訳	役料定江戸料	3,876	2.7	4,014		3,953	
米払	内訳	小姓組儒医組	9,543	6.8	17,056		11,937	
米払	内訳	足軽料	2,009	1.4	2,007		2,269	
米払	内訳	御書翰別より料理人迄	6,051	4.3	6,289		6,802	
米払	内訳	御役者より御小人迄	18,165	12.9	13,503		18,800	
米払	内訳	惣扶持方	17,673	12.5	18,570		21,707	
米払		合計	249,074	100	249,042	100	249,735	100

〇七四石余となる。同様に天明八年は免率五ツ丁度で合計請高二四万九一四三石余、寛政九年には免率四ツ九分九厘九毛九八で合計請高二四万九六六五石余となった。各年とも全請高は、総高の五一・八%、五二・一%、五二・二%を占めており、一年間の「物物成」概数高二五万石弱とみられる。

これに対して払い高（歳出）は、大別して(A)「蔵入ニ当ル」九万五八三三石余（三八・五%）、(B)「近江守物成」一万二〇〇〇石（四・八%）、(C)「家中末々迄出米并ニ寺社領」一四万一二四一石余（五六・七%）の三部門に分けられ、合計高二四万九〇七四石であった。したがって、請米より支払米の方が一〇〇〇石多く、収支としては不足額一〇〇〇石となっている。(A)は米請高から(B)・(C)を差し引いた残り高であり、つぎのような注記がみられる。

有米故ヶ様ニ記置候得共、当小内ヲ分ケ候へハ払ニ可在廉も可有之候、全ク御蔵入共難申、此差引ハ惣御高ノ内ニて御家中ノ出来ヲ引キ、其残と見候へハよく申候、并ニ此外ニ諸役運上・鉄・紙・材木御利潤、役人銀等有之候へ共、御物成迄ノ見物事□□下地より無之ニ付略ス、年々惣不足ニ准ス、上ノ御用ニ成候分ノ全キ納高ヲ見候為ノ物ニハ無之候事

つまり、家中・扶持人・その他現米の給与対象者に支払った残米で、主に藩主家計や売米に回される部分と見なされるが、この米高が藩米として勘定方に入るのではなく、あくまでも計算上の米高にすぎない。これに対して、(B)は青山内証分家（定江戸）の知行高三万石に相当する物成高（借知分一ツ成をさし引いた四ツ成）であり、(C)は家老以下家臣すべての給与・扶持米であった。この内訳は、総給米一四万一二四一石余のうち、家老給知分二万二八〇〇石余（一六・一％）家中総給知分六万二八四石余（四二・七％）、小姓組・儒医組九五四三石（六・八％）、足軽料二〇〇九石余（一・四％）、御書翰より料理人まで五〇五一石余（四・三％）、御役者より御小人まで一万八一六五石余（一二・九％）、惣締扶持方一万七六七三石余（一二・五％）、役料定江戸料三八六石余（二・七％）、寺社領八四〇石余（〇・六％）などとなっている。ただし、この項目の数値は、「先年御勘定所ゟ出ル分」であって、別に朱書の「近年御勘定所ゟ出ル分」という後筆があり、その分の合計高は一一万五三四三石余であって先年分との差引二万五八九九石余の減少となっている。そして、次の様な付箋がついていた。

墨書ハ先年御勘定所ゟ出候分へ手元ニて御家老給知・寺社領ヲ物成ニ而入有之候有米故、其侭出し候へ共、両年共御借米中故実ニ不当、其外員数も近来出し候分とハ異同有之候ニ付両端並へ置、并ニ墨書ニハ知行故儒医組ノ庫挙無之、惣

表Ⅱ－14　安永8年の家中末々・寺社領分払い米内訳

先年勘定所より出ル分			近年勘定所より出ル分		
項目	米高	%	項目	米高	%
家老給知	22,800石	16.1	左同	17,100石	14.8
寺社領	840	0.6	左同	625	0.6
家中惣給知	60,284	42.7	左同	45,118	39.1
役料定江戸料	3,876	2.7	左同	2,905	2.5
小姓組儒医組	9,543	6.8	惣〆切米	8,067	7.0
			儒医組	687	0.6
足軽料	2,009	1.4	左同	2,010	1.8
御書翰より料理人迄	6,051	4.3	左同	5,541	4.8
御役者より御小人迄	18,165	12.9	左同	15,614	13.5
惣〆扶持方	17,670	12.5	左同	17,670	15.3
合計	141,241	100	左同	115,342	100

給知中ニ有之哉難分

この付箋では両者の相違の理由がかならずしも明らかでないが、表Ⅱ－一四のとおり双方を比較してみると、小姓組・儒医組を惣〆切米と儒医組に二分したこと、払い米高を四ツ物成から三ツ物成に準じて計算直しを行っていることなどである。つまり、この年は、藩が家中から二ツ成の借知（上米）を行って、家中等への払い米を一一万五三四二石余に減額し、残る一ツ成分の二万五八九九石余を蔵入分（藩米）に回したので、一二万一七三二石余を藩米に組み入れることができた。また、一〇年後の天明八年、二〇年後の寛政九年ともに、物成米等の請払いがほぼ同様に推移していることが認められる。ただし、天明八年の場合は、安永八年と同様に借知二ツ成の年であったから、家中等への支払い米高は一一万四二〇九石余となり、差引分の三万一三一三石余が蔵入分に回されたので、合計一二万二八三三石余となっている。

つぎに寛政十一年（一七九九）を例にとって、藩勘定方が実際に収取し、支払った藩米の「凡積」状況をまとめたものが表Ⅱ－一五である。藩米から除かれる部分は、家中等への

表Ⅱ－15　寛政11年の藩米請払いの「凡積」

		石高	備考
A	領高	478,563石	
B	家老給知	57,000	
	家中給知幷伊勢愛宕領	139,783	
	萬引高	267	
	小計	197,050	41.2%
C	蔵入（差引残高）	281,513	58.8%
D（歳入米）	物成（年貢米幷口米）	143,411	去土免4ツ9944，82.6%
	見取米	258	
	蔵米・扶持方の面々知行物成蔵入	4,000	
	諸役米	5,300	3.1%
	蔵積賃，浦辺蔵々積賃，運賃その外	1,800	
	家老幷家中知行物成1つ成上ケ米	18,150	10.5%
	同上三歩米去年分当年上納	590	
	合計	173,509	100%
E（歳出米）	近江守3万石の物成幷判物被下分	12,000	6.9%
	預蔵米・預扶持方の面々知行物成	3,130	1.8%
	新知加増蔵米渡り，役料儒医知行5ケ寺外	6,000	3.5%
	侍中儒医・歩行以下切米其外諸払	36,000	20.7%
	惣扶持方	18,500	10.7%
	郡渡り寺社領幷庄屋給其外直払	1,000	5.7%（下記4項合計）
	品々不時渡り幷郡方不時貸物有之〆	5,000	
	三次繰出米雑用米蔵繰替駄賃浦辺廻米	2,430	
	町郡永代上仕候者へ下さる扶持方利米	1,480	
	売米	85,670	49.4%
	登せ米75,000石の運賃米	2,775	1.6%
	合計	173,509	100%

表Ⅱ－16　藩米請払い高の推移

	米額	指数	借知率
明和2年（1765）	172,045	100	1ツ成
〃 6年（1769）	178,610	104	1.5成
安永3年（1774）	189,545	110	1.5成
〃 8年（1779）	189,653	110	2ツ成
天明4年（1784）	171,165	99	1ツ成
寛政元年（1789）	172,806	100	1ツ成
〃 6年（1794）	180,255	105	1.5成
〃 11年（1799）	173,509	101	1ツ成
文化元年（1804）	171,840	100	1ツ成

地方知行関係で、藩領総高四七万八五六三石余のうち、家老・家中給知等一九万七〇五〇石余（四一・二％）であり、差引残高二八万一五一三石余（五八・八％）が藩米を収取する蔵入地高であった。

そのうち歳入関係は、土免四ツ九分九厘四毛四の物成一四万三四一一石程（八二・六％）、諸役米五三〇〇石程（三・一％）、家老并家中知行物成一ツ成上米（借知）一万八一五〇石程（一〇・五％）、「蔵米并扶持方之面々知行物成口米とも御蔵入ニ成」分四〇〇〇石程（二・三％）、その他合計一七万三五〇九石程であった。これに対して歳出を構成するのは、青山内証分家三万石の物成等一万二〇〇〇石（六・九％）、預蔵米方・預扶持方面々へ三一三〇石程（一・八％）、新知加増蔵米渡り、役料等六〇〇〇石程（三・五％）、侍中儒医・歩行以下の切米・諸払い三万六〇〇〇石程（二〇・七％）、総扶持方一万八五〇〇石程（一〇・七％）、品々不時渡り并郡方不時貨物等五〇〇〇石（二・九％）、売米八万五六七〇石程（四九・四％）、その他合計一七万三五〇九石程であった。このうち、青山内証分家の物成等一万二〇〇〇石の内訳は、近江守長員へ渡される額一万一五二四石、内家臣知行・切米・扶持方四一三六石、売米七三八八石（代銀四〇六貫三四〇目）、外に給知判物被下歩引四七六石である。また、藩売米八万五六七〇石程の内訳は、大坂之内六万七六一二石、銀上分一万二〇〇〇石、鉄方へ売米四五〇〇石、地払一五五八石程となる(2)。

このように寛政十一年の藩米請払い（収支）額は一七万三五〇九石程であったこと、その請払い内容も、歳入は物成八二・六％、家中借知一〇・五％など、歳出は売米四九・四％、分家・家中以下の諸払い四三・六％、郡町への諸払い五・七％などで、構成されていることが明らかになった。

こうした藩米の請払い年額を明和二年より文化元年まで五年ごとに示したものが表Ⅱ－一六である。その推移は、明和二年を一〇〇とすると天明四年の九九（一七万二一六五石余）から安永八年の一一〇（一八万九六五三石余）まで、二万石弱の開きが見られる。この差額は、各年の免率と借知高との相関関係にあるもので、借知一ツ成の年が請払い高一七万二〇〇〇石前後、二ツ成の年一九万石弱、一ツ五分成の年がその中間で一八万前後であった[3]。

以上の要点をまとめると、第一に一八世紀後半における広島藩の領知総高四七万八〇〇〇石余のうち、藩（家中を含む）が収取しうる物成・諸役米などの米高は、二五万石弱であった。第二に広島藩は地方知行制を採用していたから、家臣給知を除いた蔵入地を軸に藩勘定方の藩米請払い（収支）を構成するので、蔵入地よりの物成等約一五万石、恒常化した借知一ツ成、臨時借知五分ないし一ツ成、その他を加えて、一七万石から一九万石弱が藩財政の米収支部門として機能していた。第三に藩米収支の支出部門は、青山内証分家の物成米、家中以下切米・扶持支給米、郡町諸支払米と大坂登せ米を中心とする売米で構成されるが、財政運用としては、これら諸払い部門をいかに切りつめ、売米部門へ振り向けるかにあったようである。

註

（1）本稿での註記に際しては、「古今増減秘録」の史料に限って取り上げなかった。

（2）大坂払い辻は、この藩売米高に内証分家売米七三八八石を加えて、合計七万五〇〇〇石となる。

（3）谷村賢治氏によると、借知の高い年は、災害の年ないしその翌年に限られ、災害のショック・アブソーバーの役割を借知が果していたと推察されているが、現実には一ツ成が恒常化しており、その役目を果すのは五分ないし一ツ成までで、そのことが財政収支を黒字に転換する程の規模ではなく、過大に評価しているというべきである。

3　金銀貨収支の状況

広島藩の勘定方収支において金銀銭貨の請払いは、主として江戸・大坂および国元（広島）に分けられ、それぞれの藩役所で収支精算が行われる仕組になっていた。

まず、寛政十一年（一七九九）における国元の銀請払い状況「凡積」をみたのが表Ⅱ－一七である。銀の歳入部門は、九項目に分けられるが、これをまとめると⑴年貢関係の請銀（銀納・鉄方売米・地払等）一一四八貫二〇〇目程（三二・二％）、⑵専売利潤銀（鉄紙・材木場等）四七〇貫目程（一三・二％）、⑶諸役・諸運上銀四二〇貫目程（一一・八％）、⑷蔵積賃その外品々諸銀二〇〇貫目程（五・六％）、⑸江戸役地役人銀一三五貫目程（三・九％）、⑹江戸・大坂為替銀一三九五貫目程（三九・一％）などで、合計請銀三五六八貫二〇〇目程となり、年貢銀と諸役・諸運上銀を合せて四四％、江戸・大坂為替銀三九・一％、専売利潤銀一三・二％などが、主な歳入項目を構成している。

また、銀の歳出部門は、二四項目に分けられ総額四八四〇貫九八〇目となる。その内容を大別すると、⑴諸役所諸払銀八七二貫八八〇目程（一八％）、⑵家中旅行渡り銀・増銀等四一〇貫目（八・五％）⑶若殿道中入用等三九五貫目程（八・二％）、⑷専売制仕入銀一〇三二貫五〇〇目程（二一・三％）、⑸国町郡借銀・利足等一二四六貫六〇〇目程（二五・八％）、⑹江戸・大坂為替払銀八二〇貫目程（一六・九％）などである。なお、諸役所諸払いに含めた払い銀四八〇貫一〇〇目程の内訳は、表Ⅱ－一八のとおりで、御馬屋一〇貫目以下一三項目、その他諸払いとなっている。このような歳出銀の特徴は、「請定銀」とよばれる予算制にもとづく諸役所支出に一八％、家中旅費等八・五％、鉄紙など専売品仕入に二一・三％、領内借銀の利足払い二五・八％、江戸・大坂為替払い一六・九％

表Ⅱ－17　国元における銀請払い概数（寛政11年）

	費目	銀高	備考
請銀（収入）		貫　匁	
	年貢銀納	660,000	12,000石代，石に付55匁
	鉄方売米代	202,500	4,500石代，石に付45匁
	地払米代	85,700	1,558石代，石に付55匁
	蔵積賃其外品々請	200,000	5.6%
	諸役諸運上	420,000	11.8%
	鉄・紙・材木場利潤銀	470,000	13.2%
	江戸役地役人銀	135,000	3.9%
	江戸為替	895,000	39.1%
	大坂為替	500,000	
	合計	3,568,200	100%
払い銀（支出）		貫　匁	
	作事所	150,000	
	船作事所	48,000	
	普請方	18,000	
	武具方	7,000	
	諸払（諸役所方）	480,100	
	切符者書料・小人料	100,000	
	歩行以下旅行渡り物定旅	130,000	8.5%
	家中増物足銀	180,000	
	若殿参広上下道中入用	205,000	
	佐之助様物成米代	90,000	8.2%
	同人余銀御立用返済ニ〆	100,000	
	三次・西城鉄方仕入	750,000	
	同所米代直仕入ニ成	202,500	21.3%
	三次紙方仕入	80,000	
	諸役所不時入用有之ニ〆	30,000	
	普請方川浚入用	10,000	
	宮島大鳥居木買上代	90,000	
	宮島社領米代	64,000	
	御内用被下銀	39,780	
	町郡才覚銀幷差紙質入才覚銀利足	162,700	
	国元借銀之利足，年賦銀元銀之内以下共	997,200	25.8%
	江戸屋敷類焼ニ付町郡用銀寸志銀之利足其外出銀利足共	86,700	
	江戸より国元ニて為替	300,000	16.9%
	大坂方々請幷鉄紙代為替	520,000	
	合計	4,840,980	
差引不足		1,272,780	

表Ⅱ－18　「諸払」の内訳

費目		銀高
		貫　匁
諸払	御馬屋	10,000
	同所薬調合入用	1,000
	御納所	10,000
	御台所	10,000
	城広式・江戸休息所入用共	8,000
	御鷹方	7,358
	御銀方	600
	勘定所	2,500
	御城勘定所	840
	御米蔵	2,500
	露地方	2,580
	御泉水	2,627
	御持弓筒方	100
	諸払	350,000
	合計	480,100

などで構成され、歳出銀の四分一が領内借銀の利足払いなどに充当されている。

以上、国元における銀請払いの状況の大体をみたわけであるが、寛政十一年の歳入銀三五六八貫二〇〇目程に対して歳出銀四八四〇貫九八〇目程であり、差引一二七二貫七八〇目程の不足（赤字）となっており、ほぼ領内借銀の利足分等に相当する額ということができる。

つぎに同じく寛政十一年、大坂における広島藩の銀請払い状況の「凡積」をまとめたのが表Ⅱ－一九である。その歳入部門は四項目よりなり、(1)大坂売払い米（七万五〇〇〇石）代銀四一二五貫目程（七〇・九％）、(2)鉄・紙専売品売払い代銀一三八〇貫目程（二三・七％）、(3)江戸より国元への為替銀三〇〇貫目程（五・六％）、(4)方々より請銀一四貫目程（〇・二％）、などで、合計総額五八一九貫目程となる。そのうち大半の九五％弱を大坂登せ米と藩専売制下の鉄・紙売払代が占めていた。

これに対して歳出部門は一五項目からなり、総支出額九四六八貫八六〇目程となる。その内容を概括的にまとめると、(1)江戸諸入用（経常費分）三八三三貫目程[1]（四〇・五％）、(2)江戸臨時入用六九六貫目程（七・三％）、京都・伏見・大坂小払い入用一三〇貫目程（一・四％）、大坂為替五〇〇貫目程（五・三％）、大坂借銀の元利返済分四三〇九貫八六〇目程（四五・五％）、などとなる。その特徴は、経常・臨時費を合せて江戸諸入用四七・八％、大坂借

表Ⅱ－19　大坂における銀請払い概数

	費　目	銀　高	備　考
		貫　匁	
請銀	売米75,000石代	4,125,000	石に付55匁替
	売鉄紙代	1,380,000	鉄代9.30貫，紙代450貫目
	江戸より国元にて為替	300,000	
	方々請	14,000	
	合　計	5,819,000	
払い銀	江戸諸入用	3,773,000	定銀2,878貫，家中為替895貫目
	幸橋御前賄金代来申年分	60,000	
	近江守神田橋番所請取に付入用	153,000	
	火消入用	180,000	
	邑姫引越入用	250,000	
	豊吉養子出城入用	113,000	
	京・伏見・大坂小払其外雑用	130,000	
	大坂為替	500,000	
	江戸他借利足幷元入5朱方	14,900	
	同断29,000両元利返済ニ〆	1,901,060	小判60目替
	水野将監借入に〆立用被進候分	7,100	5000両の残2000両代117,900の利足
	大坂借金之利足	214,100	
	大坂借銀之内返済に〆	600,000	
	大坂借銀新証文之利足	279,500	新証文4,505貫目の利足
	去暮大坂差引不足当分借入相成	1,293,200	鴻池善右衛門出銀1,220貫之元利返済
	合　計	9,468,860	
差引不足		3,649,860	

銀の元利返済分四五・五％、この両者で大坂支払銀の九三・三％を占めていたことである。このことは、大坂の役割が蔵米・蔵物の販売と借銀を調達し、江戸諸入用費を確保することにあったことを如実に物語っている。

さて、この年の大坂請払い銀の総額をみると、歳入銀五八一九貫目程に対して歳出銀は九四六八貫八六〇目程、差引三六四九貫六八〇目程の不足（赤字）であり、借銀・利足の支払い分よりは六六〇貫目ほどしたまわっていた。

以上のとおり、寛政十一年の国元・大坂両地における銀請払い状況をみてきたが、その総合高では、歳入が国元三五八六貫二〇〇目、大坂五八一九貫で、合計九四〇五貫二〇〇目、これに対して歳出は国元四八四〇貫九八〇目、大坂九四六八貫八六〇目、合計一万四三〇九貫八四〇目であり、差引四九〇四貫六四〇目の不足（赤字）となった。この不足分のうち国元の「友之助様御余銀御借居ニ相成候ニ付減ス」一〇〇貫目、および大坂の「江戸御地借之内元金二万八九〇〇両代、右同断ニ付減ス」一七三四貫目程を合せて、一八三四貫目程が減少したので、実質不足額は三〇七〇貫目であった。また、但書として次のような説明がある。


但、凡積り之義ニ御座候ニ付、約メニ至リ候得者、小内出入茂御座候、尤去暮大造之御借増ニ而当年ハ格別御不足多相成申候、□印六百貫目御借銀之内御返済建置候分、御払方相止申候而茂いまだ御不足多ニ御座候、△印千弐百弐拾貫目御払米御直段次第ニ而御借居ニ仕候得者御不足少ニ相成筋ニ御座候事

これによると、銀の収支不足額が多いのは寛政八年六月の台風による領内田畑損毛一三万一四三三石余の影響があって多額の借銀を残していた。このために「大坂御借銀之内御返済ニ〆」六〇〇貫目程や、「去暮大坂差引不足当分御借入ニ相成、鴻池善右衛門出銀千弐百弐拾貫目之元利返済ニ〆」一二九三貫二〇〇目程の元銀等の返済繰り延べを行って、出銀を少なくし、請払い銀の差を縮める工夫がみられるが、いずれも収支均衡のためのびほう策に過ぎなかった。

ともかく、寛政十一年における国元・大坂の銀請払い額に四九〇六貫六四〇目の不足額（支出銀の三四・三%にあたる）があったことと同時に、国元・大坂の歳出総額のうち借銀・利子への出銀が五五五六貫四六〇目程（国元

表Ⅱ－20　国元・大坂における銀請払高

	請入額	払出額	差引不足額	指数
	貫　匁	貫　匁	貫　匁	
明和２年（1765）	8,309,700	10,874,700	2,565,700	100
〃　６年（1769）	10,655,000	11,336,000	681,000	26
安永３年（1774）	11,248,500	14,607,800	3,359,300	131
〃　８年（1779）	11,100,500	12,817,900	1,717,400	67
天明４年（1784）	9,136,860	11,476,300	2,339,440	91
寛政元年（1789）	9,205,500	11,995,500	2,790,000	109
〃　６年（1794）	9,516,000	11,687,900	2,171,900	85
〃　11年（1799）	9,405,200	14,309,840	4,904,640	191
文化元年（1804）	8,931,500	11,903,300	2,714,500	106

一二四六貫六〇〇目、大坂四三〇九貫八六〇目）と、三八・八％を占めていたことは、この年の藩財政運用のあり方のなかで、収支不均衡および借銀の果す役割が、藩財政そのものの特質をあらわすものとして注目される。

寛政十一年の場合、右のような銀請払い状況であるが、国元・大坂を一括して明和二年から文化元年まで五年ごとの年請払い総額を示すと表Ⅱ－二〇のようになる。各年ともそれぞれ振幅がみられるが、歳入額は明和二年の八三〇九貫から安永三年の一万一二四八貫余まで、歳出額は明和二年の一万八七四貫余から安永三年の一万四六〇七貫まで、差引不足額（赤字）は明和六年の六八一貫目から寛政十一年の四九〇四貫目までであり、差引不足額の明和二年を一〇〇として各年の指数を求めると、さきの明和六年は二六、寛政十一年を一九一であって、大きな格差があった。五年目書継ぎの九年次のうち、赤字一〇〇〇貫以下一年、一〇〇一貫以上一年、二〇〇一貫以上五年、三〇〇一貫以上一年、四〇〇一貫以上一年となり、二〇〇一貫以上が七か年を占めることは、一八世紀後半期の広島藩財政が一般的に赤字経営で運用されていたことを示している。なお但書で寛政元年に借銀元銀二六四五貫を据置き、翌年に繰越せば差引不足額は一四五貫に減ずる。同様に同六年は借銀元銀二二八七貫六〇〇目の据置きで、逆に一一五貫

表Ⅱ－21　江戸・大坂・国元総払高

	江戸		大坂		国元		総計		備考
	銀額	%	銀額	%	銀額	%	銀額	%	
安永5年(1776)	2,704,000	38.5	1,458,000	20.7	2,871,000	40.8	7,033,000	100	在府中
〃 6年(1777)	2,326,000	36.1	1,313,000	20.4	2,797,000	43.5	6,436,000	100	帰国中
天明6年(1786)	3,526,000	43.5	891,000	11.0	3,681,000	45.5	8,098,000	100	在府中
〃 7年(1787)	3,878,000	41.2	1,599,000	17.0	3,926,000	41.8	9,403,000	100	帰国中
寛政8年(1796)	3,842,401	37.5	681,356	6.7	5,709,000	55.8	10,232,757	100	在府中
〃 9年(1797)	3,734,000	44.3	753,600	8.9	3,938,000	46.8	8,425,600	100	帰国中
文化2年(1805)	3,110,766	38.9	880,772	11.0	4,013,411	50.1	8,004,949	100	〃

七〇〇目の黒字、同十一年は借銀元銀三六五四貫目の据置きで、不足額八六七貫一八〇目に減少、文化元年は借銀元銀二四四三貫二〇〇目の据置きで、不足額二七一貫三〇〇目に減少になるなどの方法を記し、財政収支の辻褄合せがみられるが、結局借銀の繰り延べであり、あとには元利返済額の増大が残されるのみであった。

つぎに藩主重晟の在府中と留守中を区別して江戸・大坂・国元三か所で支払われた銀高とその総高の割合を示すと表Ⅱ－二一のようになる。安永・天明・寛政の各年とも、今迄に例示された年代と合致しないが、それぞれ年間総支払い額が寛政八年一万二三二貫余から安永六年の六四三六貫余までと、他の例示年にくらべて概して低い数値になっている。それは安永五年の江戸支払い額二七〇四貫目について、朱書で「御家中為替并御他借払と差引いたし、正ノ御払と出し候事故、奥ニ有之江戸惣入用高へハ符合不致、下モいつれも同じ」と注記されているように、それぞれ為替や借銀の元利高を除いた実質払い高であったことによると思われる。江戸・大坂・国元三者の支出割合は、江戸が安永六年の三六・一％から寛政九年の四四・三％、平均四〇・一％、大坂が寛政八

表Ⅱ－22　寛政11年の金銀銭惣約額

区分		請高	払い高	翌年越高	備考
国元	大判	枚 5		枚 5	
	小判	両 17,724	両 16,511	両 1,213	
	壱歩判	切 2,570	切 1,867	切 703	
	銀	貫 匁 5,870,233,491	貫 匁 5,688,664,68	貫 匁 181,568,811	貫 匁 内正銀77,650,811
	銭	貫 文 1,840,028	貫 文 951,464	貫 文 888,660	
大坂	銀	貫 匁 14,634,581,326	貫 匁 14,610,955,96	貫 匁 23,625,366	
合計	大判	枚 5		枚 5	1枚銀にして800目
	小判	両 17,724	両 16,511	両 1,213	1両銀にして60目
	壱歩判	切 2,570	切 1,867	切 707	1切銀にして15匁
	銀	貫 匁 20,504,814,817	貫 匁 20,299,620,64	貫 匁 205,194,177	
	銭	貫 文 1,840,128	貫 文 951,464	貫 文 888,660	1貫文銀にして15匁
銀に換算		貫 匁 21,638,406,737	貫 匁 21,332,557,60	貫 匁 305,849,137	

年の六・七％から安永五年の二〇・七％まで、平均一三・一％、国元が安永五年の四〇・八％から寛政八年の五五・八％、平均四六・八％となり、実質払い銀は江戸四・大坂一・国元五の割合であったとみられる。藩主の在府・帰国別では藩主の在府で江戸諸入用が増加するのが当然であるが、その増加率より年々の固有な支払いが上回っていたようである。とくに寛政八年の場合、領国の洪水被害のため国元の臨時支払いが嵩み、五五・八％を占めるにいたったと思われる。

　さらに広島藩の歳入・歳出における貨幣の種類別請払い状況を、国元・大坂別に寛政十一年の場合を示すと表Ⅱ－二二のようになる。大坂はすべて正銀の請払いであったが、国元では金貨（大判・小判・壱歩判）・銀貨・銀札・銭貨などの請払いであった。両所の合計高を銀換算すると、請高二万一六三八貫余に対して払い高二万一三三二貫余となり、差

表Ⅱ－23　金銀銭惣約残高

年　代	残り銀高	指　数
	貫　匁	
安永3年	443,231余	100
〃　8年	836,715余	188
天明4年	635,996余	143
寛政元年	484,685余	109
〃　6年	792,962余	179
〃　11年	305,849余	69
文化元年	675,688余	152

引高として翌年繰越し三〇五貫余であった。この請払い繰越高を安永三年から五か年ごとにあらわすと表Ⅱ－二三のとおりである。各年とも銀換算で三〇〇貫から八〇〇貫余までの翌年繰越高がみられる。しかし、これは藩財政の収支における黒字をあらわすものではない。国元および大坂の在庫量を示すものであって、為替や借銀の別なく藩勘定方が取扱った収支額とその残り高の貨幣種類をまとめたものであった。なお、この残高が国元等で貯えられる「御除金」とは、ほとんど関係がないものと思われる。

以上、広島藩の金銀貨を主体にした請払い状況の特徴は、第一に国元・大坂・江戸の三か所で、それぞれ収支決算を行う仕組であったが、江戸歳入の大半を占める江戸諸入用を、大坂で調達するところから、江戸と大坂を一括精算することが行われた。また、大坂請銀の主体が国元から輸送の蔵米・蔵物販売代であるため、両者の比較精算を行う場合が多かったようである。第二に藩財政の請払い金額は、国元と大坂とを分けて前者の三分の一、後者の三分の二の割合を示し、広島藩にとって大坂が国元からの商品代銀獲得と借銀・江戸諸入用の調達に重要な機能を果していたことを裏付けている。第三に明和二年から文化元年まで広島藩の年平均請払い金銀高は、国元・大坂合計歳入九七二二貫余、歳出一万二三三三貫目余、差引二六一一貫目余の不足（赤字）となる。この収支不足額は歳出額の二一％にあたっており、藩財政収支の基本的性格として、歳入額よりも歳出額が常に上回っていて、赤字財政の連続であったことを明らかにしている。第四に藩財政収支のなかで、借銀の元利支払い率の高いことが大きな特徴をなしており、この額を減少させ収支均衡を取り戻すことが、財政運用の政策課題となっていたことが判明する。その際、藩の基本的経済政策としては、国益政策の実施が模索されている時期であったが、その成果はいまだ財政面に具体的効果をあげていないようである。

註（1）この江戸諸入用（経常費）の内訳は、御定銀二八七八貫目などから成っている。そして「但当年ハ御帰国御入用為替ニ不及候ニ付減ス」とあるように、参勤の年であったから、帰国入用の必要がなく、諸入用額は減額されている。

4　藩借銀の性格

さて、藩財政収支の特徴として、藩借銀の運用が大きな役割を占めていたことを指摘したので、その借銀の内容を検討したい。表Ⅱ－二四は寛政元年の藩借財総額を米・銀別に一覧したものである。借財は一九項目にわたり、江戸・大坂・国元でそれぞれ一括されるもののほかに、主として臨時的に領国内に賦課した古石高・古御用銀、町郡才覚銀、安永元年広島藩上屋敷類焼、同七年日光宮修復御手伝、天明八年関東川々普請御手伝などにともなう町郡・諸役所からの御用出銀などであった。借財総額の種類は、米高一万九八〇一石余、金高（小判）六万二九三〇両、銀高二万五一八三貫三六五匁余となり、すべて銀に換算して三万四八貫二三四匁余（金にして五〇万八〇三両余）と、ぼう大な額の藩債をかかえていたことになる。もっとも、項目に○印が付された一四項目は、「郡中・町新開御用銀、其外諸役所ゟ出銀」に当り、米一万九八〇一石余、小判一万七六〇両、銀一万八〇七六貫七〇二匁余、銀高にして一万九八一一貫三五七匁余である。これには、但書に「此御用銀類ハ年々利銀御下被下、元銀ハ御返弁建之ものニも無之、勿論差上候者共之内身上向不如意ニ相成及難渋願出候へハ、其値追々御下被候、諸役所之分も年々利銀御払方相建請之相渡、此分も元銀ハ差向御返弁筋之義ニハ無之候」とあって、元銀を据え置き、利子分のみ支払う方法をとっていた。しかも、国元借財の米一万六四七九石余、小判五〇〇両、銀九五四二貫九五七匁

表Ⅱ－24　寛政元年の藩借銀等内訳

項目	米高	小判	銀高	備考
江戸		32,420両	227,463匁	内10,250両，作事所・台所・厩其外諸役所より定銀之残等出銀
大坂		30,000	5,694,200	
○国元	16,499,117石	500	9,542,957	町郡御用銀幷山門御用銀寸志永代上ケ共一式高
○古石領高	3,382,139			
友之助様余銀之内被下用			300,000	○内100貫目諸役所出銀
宮島役所より預銀			160,000	○内100貫目諸役所出銀
差紙質入借			875,000	
○古御用銀			108,221	換算率　1石につき銀55匁
○町郡才覚銀			700,370	小判1両につき銀60目
○江戸上屋敷類焼に付厘米方出銀			300,000	壱歩判切につき銀15匁
○右同断ニ付町郡御用銀			1,272,775	
○日光修理手伝ニ付町郡御用銀			2,385,384	町郡御用銀・寸志銀永代上ル
○右同断ニ付綿座より出銀			100,000	
○関東川々就手伝諸役所より出銀			340,000	
○関東川々手伝ニ付町郡御用銀幷寸志銀			2,029,033	
○関東筋幷伊豆川々手伝ニ付		10	897,968	町郡御用銀幷寸志銀永代上ゲ共去年中出銀之分
○右同断ニ付諸役所より出銀			200,000	
合計	19,801,256	62,930	25,183,365	
（金または銀に換算）		（金500,803）	（銀30,048,234）	
内訳　郡中町新開御用銀，諸役所より出銀	19,801,256	10,760	18,076,702	（銀にして19,811貫余）
内訳　国元・江戸・大坂3か所全くの借銀		52,170	7,106,663	差引残高
内訳　（金・銀に換算）		（170,600）	（10,236,863）	

表Ⅱ－25　寛政元年藩借銀の元利支払い形態

区分			銀換算総額	%	備考
江戸	借銀	元利払い分	貫 匁 1,557,843	5.2	
		元銀据置分	615,000	2.0	諸役所定銀の残分出銀
大坂	借銀	元利払い分	7,494,200	24.9	
国元	諸役所出銀	元利払い分	60,000	0.2	
		元銀据置分	1,040,000	3.5	
	御用銀・寸志銀	元銀据置分	4,170,399	13.9	
		永代上ル分	13,764,360	45.8	
	その他	元利払い分	1,075,000	3.6	
		元銀据置分	286,017	0.9	
藩	合計	元利払い分	10,187,043	33.9	
		元銀据置分	6,111,416	20.3	
		永代上ル分	13,764,360	45.8	
		合計	30,062,819	100	

余（以上銀に換算一万四七九貫三〇二匁余）は「町郡御用銀并山門御用銀、寸志銀永代上ヶ共一式高」、銀二三八五貫三八四匁余の「日光御宮御修復就御手伝、町郡御用銀・寸志上ヶ銀永代上ヶ共」小判一〇両、銀八九七貫九六〇匁余（銀にして八九八貫五六〇匁余）の「関東筋并伊豆川々就御手伝、町郡御用銀并寸志銀永代上ヶ共」とあるように、これらを銀換算して一万三七六四貫六四六匁余に当る借銀額は、元利とも返済を要しない「永代上ゲ米銀」のなかに繰り入れているのであった。したがって、広島藩が元利ともに償還の債務を負うものと認識していたのは、国元・江戸・大坂三か所で小判五万二一七〇両、銀七一〇六貫六六三匁余、銀にして一万二三六貫八六三匁余（金にして一七万六〇〇両）であったということになる。こうした藩の借銀認識をまとめてみると表Ⅱ－二五のとおりとなる。すなわち、(1)借銀本来の元利支払い分一万一八七貫目余（三三・九％）、(2)元銀を据置き利子支払い分六一一一貫目余（二〇・三％）、(3)永代上ル分一万三七六四貫余（四五・八％）であって、(1)に相当するのは江戸・大坂での借銀であり、(2)は江戸藩邸・

表Ⅱ－26　江戸・大坂・国元における借銀総額

	借銀高		差向き返弁筋のない借銀高			全く返弁を要する借銀高		
	銀高	金に換算	銀高	金に換算	%	銀高	金に換算	%
明和2年(1765)	貫 匁 34,628,460	両 577,141	貫 匁 20,387,100	両 339,785	58.9	貫 匁 14,241,360	両 237,356	41.1
安永8年(1779)	31,393,500	523,225	12,496,800	208,280	39.8	18,896,700	314,945	60.2
寛政元年(1789)	30,048,234	500,803	10,236,000	170,600	34.1	19,812,234	330,203	65.9
〃 5年(1793)	30,283,205	504,720	10,999,800	183,330	36.2	19,283,405	321,390	63.8
〃 9年(1797)	31,610,145	526,835	11,551,200	192,520	36.5	20,058,945	334,315	63.5
享和元年(1801)	32,233,870	537,231	13,187,460	219,791	40.9	19,046,410	317,440	59.1
文化2年(1805)	33,818,015	563,632	13,137,540	218,959	38.8	20,680,475	344,673	61.2

国元諸役所などの出銀及び領内町・郡中からの御用銀・寸志銀の一部で構成され、⑶は領民に賦課した御用銀・寸志銀の特定分が家中の「借知」形式と同様に認識されて藩上納に切り替えられ、元利とも据置かれる方法であった。ここでは、藩借銀の六六％以上が元利及び元銀据置きの措置がとられていること、とくに領民の御用銀・寸志銀に依存する率が約六〇％に達し、その大半を償還の対象から除外して献納帳消しの対策がとられていることを指摘しておきたい。

寛政元年の藩借銀の内容は、右にみたような性格をもつが、それを前提として明和二年から文化二年まで一〇年ないし四年ごとの江戸・大坂・国元の借銀総額を示したのが表Ⅱ－二六である。借銀総額は明和二年の三万四六二八貫余から寛政元年の三万四八貫余、そのうち「差向返弁筋のない借銀」が同じく明和二年の二万三八七貫余から寛政元年の一万二三六貫余、間違いなく返済を要する借銀が文化二年の二万六八〇貫余から明和二年の一万四二四一貫余までであった。借銀高の推移は、総額と返済を要しない高が、明和期から寛政初年に向けて減少傾向をたどり、それから以降は次第に増大する傾向にあるのに対して、償還を迫られる借銀高は、この期間ほぼ横這い傾向と把握されるが、明和二年の一万四二四一貫余から文化二年の二万六八〇貫余へと、実質的には四〇〇〇貫余増大の動向を示していたのである。

こうした広島藩の借銀総高の推移状況は、宝暦改革の基調を継承した藩債整理の実態をあらわすものであるが、次に借銀の累積過程を検討したい。

広島藩が藩財政の基盤を確立させて以来、基本的な歳入・歳出のあり方は、大坂において支払い不足を当用借の融通で当座を凌いでおき、上半期・下半期の両期に過不足を精算する仕組をとっていた。そして、残高があれば「越有銀」として翌年へ繰り越したが、そのなかから不時入用に備える「御除銀」を別置し、国元または大坂で保管することも行われた。また、歳入不足のため、当用借が年内に返済できず翌年繰り越しとなる場合は、新たに「証文借」に書き替え元利の返却期限を定めて別途返済する方法をとっていた。藩財政の収支不均衡が顕著となる享保期以降は、歳出を押えるため諸役所等の経常的経費に「請定銀」の制（予算制）をとり入れたが、宝暦改革時には藩財政にきびしく予算制を執行して、財政再建を企てたのである。

さて、財政支出がしだいに過大となるのに対応して借銀調達もまた重要になってきたが、広島藩では、ほぼ享保初年になると成文化された定法をもつにいたった[1]。その内容は、第一に大坂蔵米物売払い代銀で江戸諸入用・その他大坂支払いに不足する場合、「於上方御借銀ヲ相増、夫ヲ以御不足御償ひ之筋ニ成申候」と、まず、上方借銀を「相増」調達して、その年の支払いにあてる。第二は右の方法でなお不足する時は、「其節之様子次第ニ而御国ゟ御銀差登せ間を合せ候儀も御座候」と、国元の藩有銀を集め船積輸送して補充する。第三にそれでも不足する時は、「其趣次第ニ町方・郡方ゟ銀子ヲ当分御借用之儀茂御座候」と、最後の手段として領域町人・農民からの当分借用銀もあるとしている。

このように領外支出の主軸をしめる大坂請払いには、大坂販売代金を充てたが、それを超える支出銀の調達は、

表Ⅱ－27　大坂における請払高差繰り方法

	請合高								入用銀	差引高	借　居	余　銀	その後借入	尚差引不足	借銀合計
	越有銀	売鉄代銀	売紙代銀	売米代銀	地払米代	方々請銀	別段正銀登	合　計							
	貫匁	貫匁	貫匁	貫匁		貫匁		貫匁	貫匁	貫匁					
寛政3年 (1791)	38,000	160,000	166,000	5,099,580 (5,535,000)	匁 (石ニ付 73.5)	39,000		5,502,580	4,140,000	1,362,000		1,351,470			
〃 4年 (1792)	8,200	300,000	120,000	5,175,387 (6,100,500)	250,000 (87.15)	25,000		5,628,587	4,514,805	1,113,782		1,113,782			
〃 5年 (1793)		240,000	133,000	4,125,000 (4,179,000)	250,000 (59.7)	13,000		4,511,000	4,238,000	273,000		273,000 国元下し銀			
〃 6年 (1794)	15,000	210,000	77,000	3,735,000 (4,711,000)	250,000 (67.3)	30,000	25,000	438,200	5,852,000	-1,470,000	1,630,000	160,000			1,630,000
〃 7年 (1795)		200,000	160,000	5,333,572 (5,560,000)	250,000 (79.43)	10,000		5,956,572	6,330,020	-376,448	1,660,750	1,284,300			1,660,750
〃 8年 (1796)		260,000	830,000	4,820,300 (4,888,000)	250,000 (75.2)	10,000	35,000	5,458,300	6,560,400	-1,102,100	1,670,000	568,000	900,000 国元洪水ニ付		2,570,000
〃 9年 (1797)	30,000	200,000	100,000	4,145,988 (4,524,800)	250,000 (64.64)	10,000	1,223,170	5,959,100	7,677,900	-1,718,800	2,046,900	328,000			2,046,900
〃 10年 (1798)	12,000	230,000	90,000	4,029,566 (4,084,500)	250,000 (58.35)	10,000	120,000	4,741,500	8,372,300	-3,630,800	1,960,600		1,080,000 江戸借金ニ付	590,200	3,040,600
〃 11年 (1799)	2,000	230,000	200,000	4,519,100 (4,578,000)	250,000 (65.4)	10,000	349,000	5,560,100	8,315,000	-2,754,900	2,370,960		480,000		2,850,960
〃 12年 (1800)	5,000	170,000	113,000	5,179,736 (5,233,200)	250,000 (74.76)	10,000	200,000	5,927,736	8,897,200	-2,969,464	3,196,800	287,336			3,196,800
享和元年 (1801)	10,000	90,000	140,000	4,781,700 (4,844,000)	250,000 (69.2)	5,000		5,276,700	6,987,930	-1,711,230	191,150	200,020	2,240,000 普請御用ニ付		6,151,250
〃 2年 (1802)		150,000	117,000	4,146,000 (4,200,000)	250,000 (60.0)	13,000		4,696,000	6,319,200	-1,623,200	1,969,800	346,600			1,969,800
〃 3年 (1803)	40,000	120,000	70,000	4,025,700 (4,078,200)	250,000 (58.26)	3,000		4,508,700	6,541,300	-2,032,600	2,566,080	533,400	480,000 定府・青山仕向		3,046,080
文化元年 (1804)	4,000	245,000	96,000	3,855,700 (3,906,000)	250,000 (55.8)	89,000		4,552,500	6,733,400	-2,178,500	2,566,080	387,157			2,566,080
〃 2年 (1805)	20,400	220,000	69,000	3,669,210 (3,717,000)	250,000 (53.1)	43,159		4,281,700	7,223,500	-2,941,700	2,551,300		195,447 幕借入れ	234,953	2,746,747
〃 3年 (1806)	1,930	165,000	77,800	3,037,595 (4,043,690)	250,000 (57.767)	14,800	250,000	3,558,120	7,359,080	-3,550,960	2,370,930		1,180,030		3,550,960

⑴上方借銀、⑵国元藩有銀、⑶領内町人・百姓借銀の順序で行う原則を立てていた。領内町方・郡方借銀を最後においたのは、領内金銀はいつでも強制的に借りることができ、肝要の急用に備えるもの、あるいは「国中の金銀は皆身が金銀可成と仰らる」という考え方と同時に、幕藩制貢租体系をもって藩財政の運営が十分行える段階を示しているといえる。[2]表Ⅱ－二七は寛政三年から文化三年までの大坂における年々請払い高の「差繰り」状況をまとめたものである。各年取まとめ時期は、「御米銀引受御勘定奉行大坂ゟ被帰候上ニ差出し書付ノ大概ナリ」とあるとおり、藩勘定奉行が登坂して年間収支決算の合意に達したもので、その年の勘定数値を示しているといえよう。大坂請合高の内容は、越有銀・売鉄代銀・売紙代銀・売払米代銀・方々請銀・地払米代銀・別段登せ正銀などで、国元登せの諸産物販売代銀と現銀輸送からなっている。これを大坂支払高（経常の江戸諸入用をはじめ京・大坂入用費）と臨時物入支払い高を合せて差引いたものが、残高・不足高となる。さらに旧借銀の元利返済額または借据えを決定して過不足（余銀または不足銀）を出し、不足であれば新借銀を調達して埋めていく方法をとっている。大坂請払い銀の過不足は、寛政三～五年に借銀の借据えのない余銀があるだけで、以後はすべて不足銀のため借据え、さらに新借銀の調達など、しだいに不足額・借銀高の増加傾向を認めることができる。なかでも、「別段正銀登多有之年ニ御余銀有之バ、真ノ御余銀ノ年ニあらず」とあるように、国元より送銀の正銀調達は、国元諸役所借集め銀及び町郡御用銀・寸志銀などの領国借銀に外ならなかった。この別段正銀登せを必要とする年は経常費で賄うことのできない臨時物入による支出が多くなり、その分が増大するほど財政悪化を引き起こしていった。

表Ⅱ－二八は広島藩の臨時入用高を年別に一覧したものである。明和二年（一七六五）より文化二年（一八〇五）までの四〇年間に主な臨時入用七五件、入用銀総額六万五七九九貫七六〇目余となる。入用区分は、幕府公役六一％、藩主家（青山も含む）関係一三％、藩国・家中等二五％などの割合であり、大規模な入用には明和元年の朝鮮来聘使接待二三九〇貫余、同四年の関東川々普請手伝一万四四九五貫余、安永元年の江戸上屋敷類焼普請八四八

表Ⅱ－28　臨時諸入用高の概要

年次	朝廷		公儀		藩主家		青山家		藩・家中等		合計	
元禄10年（1697）			津山在番	貫 匁 375,400							1件	375,400
享保2年（1717）					判物	貫 5,200					1	5,200
元文元年（1736）	入内	貫 17,200									1	17,200
〃 4年（1739）									厳島大鳥居普請	貫 273,000	1	273,000
延享3年（1746）			巡見・招請	1,168,000							1	1,168,000
寛延元年（1748）			朝鮮人来聘	1,734,960							1	1,734,960
〃 2年（1749）					宗恒元服	120,000					1	120,000
宝暦元年（1751）			吉宗薨	54,000							1	54,000
〃 2年（1752）					宗恒家督・吉長死去	658,600					1	658,600
〃 4年（1754）			巡見使	671,000							1	671,000
〃 5年（1755）	入内	17,800									1	17,800
〃 6年（1756）			江州山門手伝	6,065,760							1	6,065,760
〃 8年（1758）					重晟元服・濃姫片付	316,000					1	316,000
〃 9年（1759）									大坂町人招待	1歩判22切 7,000	1	7,330
〃 10年（1760）			将軍宣下（家治）	90,000							1	90,000
〃 11年（1761）			家重薨・招請	561,000			青山馳走御用	貫 380,000			3	941,000
〃 12年（1762）	崩御	3,200									1	3,200
〃 13年（1763）					重晟家督	367,790					1	367,790
明和元年（1764）			朝鮮人来聘	2,390,950	重晟昇進・岩姫片付	557,000					3	2,947,950
〃 2年（1765）					邦姫婚礼	550,000			通り祭礼	160,200	2	550,000
〃 4年（1767）			関東川々手伝・招請	14,495,700	左近将監片付	700,000					3	15,195,700
〃 6年（1769）					陽姫婚礼	245,000	青山家督	120,230			2	365,230
〃 7年（1770）			増上寺火の番	221,000							1	221,000
安永元年（1772）									上屋敷類焼普請	8,487,800	1	8,487,800
〃 2年（1773）			遊行上人	58,090	時之丞誕生・潔広院死去	328,000					2	386,090
〃 5年（1776）							番所勤（4カ年）	474,000			1	474,000

〃　7年（1778）			日光修復手伝	8,636,160							1	8,636,160
〃　8年（1779）	崩御	3,500									1	3,500
〃　9年（1780）							青山馳走御用	299,000			1	299,000
天明元年（1781）	即位	55,600									1	55,600
〃　2年（1782）					姫出府	129,400					1	129,400
〃　3年（1783）					吉長33回忌	4,000			泊鷹野・水野通行	16,390	3	20,390
〃　4年（1784）							馳走御用	490,000	水野通行	2,390	2	492,390
〃　5年（1785）							防御用（4カ年）	255,000	鷹野・宮島社参	8,990	3	263,990
〃　6年（1786）			将軍宣下（家斉）	29,000							1	29,000
〃　7年（1787）					斉賢乗出・鶴皐院死去	265,000			泊鷹野	2,000	3	267,000
〃　8年（1788）			関東筋川々手伝	8,150,660	勝姫片付	327,800					2	9,478,460
寛政元年（1789）			巡見使	361,000	斉賢元服	208,000			泊鷹野	7,000	3	576,000
〃　2年（1790）					重晟昇進	157,000					1	157,000
〃　4年（1792）			上野火ノ番	310,000	玄徳院100回忌	4,000					2	314,000
〃　5年（1793）	入内	24,490			孚希宮婚礼·下野片付·之丞出府·鶴皐院7回忌	1,101,000			天守閣普請	36,000	6	1,161,490
〃　6年（1794）			遊行上人	59,300	斉賢昇進	162,000			上向屋敷類焼·水野通行	967,720	4	1,189,020
〃　7年（1795）							お仲片付（子女）	212,000	同上普請·隔年祭礼·同上 家中貸銀	4,803,840 2,491,000	5	7,506,840
〃　8年（1796）					判物・虎之助生・朝弥院死去	182,170					3	182,170
〃　9年（1797）					御方万出府	241,100					1	241,100
〃　10年（1798）					教姫婚礼	558,000					1	558,000
〃　11年（1799）			増上寺火ノ番	360,000	斉賢家督·邑姫婚礼·鶴皐院13回忌	859,200	青山婚礼・豊吉片付	604,300			6	1,823,500
〃　12年（1800）					藤・文生・体国院54回忌	40,190	青山家督	104,920	隔年祭礼	2,720	5	147,830
享和元年（1801）			美濃筋川々普請	4,414,680			お京片付（子女）	95,800	厳島大鳥居普請	302,190	3	4,812,670
〃　2年（1802）									泊鷹野・宮島社参	4,400	2	4,400
文化元年（1804）					於栄片付	12,930					1	12,930
〃　2年（1805）									家中貸銀	1,758,000	1	1,758,000
合　計 （%）	6	122,790 (0.1)	23	50,206,660 (61.4)	38	8,099,380 (9.9)	11	3,035,250 (3.7)	22	20,329,640 (24.9)	100	81,794,050 (100)

換算は米1石に付銀55匁替，金1両に付銀60匁替，1歩判1切につき銀15匁替とした。

七貫余、同七年の日光東照宮修復手伝八六三六貫余、天明八年の関東川々普請手伝八一五〇貫余、寛政七年の江戸上向屋敷類焼普請四八〇三貫余、享和元年の美濃筋川々普請手伝四四一四貫余などがみられる。

これら臨時諸入用費の調達は、入用規模が大きいものほど、領内町方・郡方の御用銀・寸志銀など借銀に依存する度合が高くなっている。すでにのべた明和二年の差向き返弁筋のない借銀が借銀総額の五八・九％（表Ⅱ－二六）や、寛政元年の郡町御用銀等が総借銀の五九・六％（表Ⅱ－二五）を占めるなど、借銀高の六〇％弱を領域町人・農民に依存する事態が到来しているのであった。

以上のように一八世紀後半の広島藩財政は、かなり具体的な状況が明らかにされた訳であるが、総体的状況とその特質をまとめておきたい。まず第一に財政規模の問題がある。広島藩の領知総高は四七万八〇〇〇石であり、藩が収取する物成・諸役米などの米高は二五万石ほどであった。そのうち、藩財政を構成する藩米は、蔵入地の物成、家中借知等を加えて一七万石から一九万石弱であった。このうち、藩売米約八万石を差引いて九万石から一一万石、平均一〇万石程度が藩財政における年間収支の米部門の規模となる。さらに平均銀収支（金銭を含む）は、歳入九七二二貫余、歳出一万二二三三貫余、差引二六一一貫余不足であった。したがって、米銀を合せた広島藩財政の全規模は、歳入一万五二二二貫余（石五五匁替）、歳出一万七八三三貫余（同）であり、各年については平均高の前後歳入二〇〇〇貫余、歳出三〇〇〇貫余の幅の増減がみられた。

第二に藩財政の収支状況は、構造的な歳入不足（赤字）が顕著にあらわれていた。当該期の各年不足は、約一〇〇〇貫から五〇〇〇貫余にまで達し、年平均二五八三貫余となったが、それは不足額の量的多寡だけが問題なのではなく、歳出に対する歳入財源の絶対的不足に主たる原因があった。谷村氏が「領主財政経常収支はかろうじて黒字を呈していた(3)」といわれるのは、宝暦改革以後の経常費に、予算制を採用して藩債に依存しながら収支のバランスを図っていた結果である。もちろん、当時の財政において「臨時的経費」の膨張を別途経費制（特別会計）にすることはなく、経常予算に追加して一括精算する方法がとられていた。すなわち、歳入の基礎的財源は、(1)蔵入地からの物成・諸役米銀等の年貢・諸役関係、(2)鉄・紙・材木等の藩専売利潤銀、(3)家中上げ米（借知）、(4)その他藩請米銀などで構成されるが、その総額は、年々多少の増減があるものの、一八世紀初頭も、一九世紀半ばにおいても大きな変化はなく、固定化ないし、漸減傾向にあった。(4) これに対して歳出の方は、一八世紀以降、「請定銀」制（予算制）をしいて経費の膨張を抑制する種々の緊縮政策を講じてはいたが、実質的な歳出増大を避けることができなかった。藩経費の支出方法は、その都度必要に応じて有米銀のなかから支払われたが、有米銀不足の時は、当用借を行って当座を凌いでおき、年二回（八月・十二月）の精算期に過不足を改め、翌年繰り越しとする当用借を証文借に書き替えて、借銀償還を講ずることとしている。こうした証文借による借銀・利子の累積が、収支の不均衡をもたらし、新たな借銀の融通が得られなくなった時に、藩財政の危機、ひいては領主危機が到来したといえるのである。

第三に藩財政の運用上、重要な役割を果した借銀の性格が問題となる。広島藩の借銀調達の原則は、まず上方借銀、次に藩役所借銀、さらに領域農民・町人借銀の順序で行うことにあったが、一八世紀後半の段階において、藩借銀がおおよそ上方・江戸三〇％、諸役所六％、領域農民・町民六〇％、その他四％の割合を占めるにいたっている。このことは藩財政にとって、財政規模を越える借銀をかかえていることとともに、本来の借銀融通機能を備えた上方からの融通も困難視されており、明らかに財政処理に危機的状況がおとづれているといってよい。また、借銀の六〇％を領域農民・町人に依存している状況は、年貢・諸役、藩専売制利潤銀など貢租体系の収奪が限界に達し、新たな財源措置を求めざるをえない異常な事態というべきで、領主と領民のあり方をあらためて問題にしなければならない。

註（1）「御年貢其外御領分ゟ上納筋之御米銀并御払方大概」（「広島藩御覚書帳」七）・『広島県史』近世資料編Ⅰ所収）、なお、森泰博『大名金融史論』一一三～四頁に、江戸仕送り・京都・大坂での支払いと大坂登米と借銀との関係を集約的に示しているとして、要約紹介されている。
（2）谷口澄夫『岡山藩政史の研究』一五九頁に「有斐録」から引用して、岡山藩主池田光政の経済政策として紹介している。
（3）谷村賢治「近世後期の藩財政と経済政策―広島藩の場合―」（『地方史研究』一七三、一九八一年十月）。
（4）享保四年の財政収入（『広島藩御覚書帖』七、御年貢其外御領分ゟ上納筋之御米銀并御払方大概）や、嘉永元年の財政収入（『芸藩志拾遺』四）から米価上昇分を差引いて実質額を比較してみると、横這い状況で、ほとんど変っていない。

三　一八世紀後半国益政策の実施

1　宝暦・天明期の国益政策

幕藩制下において「国益」という言葉は、一八世紀以降、太宰春台・佐藤信渕らに代表される経世家の間で用いられた。そして近世後期には東北から九州の諸藩の多くが、藩財政再建のための経済政策の論理としてその実現を強力に追求した事実が見られる(1)。とくに近年藤田貞一郎氏が、明治絶対主義政府の経済イデオロギーを明らかにする視点から、和歌山藩をはじめ各藩の経済政策の検討を通じて国益概念の検出を試みているが(2)、いまだその思想・政策の存在を指摘するにとどまり、幕藩制国家の解体過程のなかで、国益思想や国益政策がどのような契機で創出され、展開するにいたったのか、そして、幕藩制の解体にいかなる役割を果したかなどの歴史的概念としての位置づけは、今後の課題として残されたままである。

周知のように近世における国益概念は、幕藩権力の主導のもとで殖産興業、藩専売制、ないし藩営商業などとして具体的にあらわれる経済政策のことであって、いわゆる国産諸品の開発増収と他国販売を基軸に成立している。すなわち、幕藩制的領域経済の自立化と幕藩制的市場構造とを前提とした上で、諸国各藩が国産商品の生産・流通を統制して領国に正金銀の蓄積をはかり、もって藩財政の補塡を目的とすることであって、それは明らかに幕藩制国家支配における搾取方式の一定の転換を意味し、幕藩制解体期にあらわれた経済的特質とみることができる。

いっぽう宝暦・天明期以降の特産物生産・流通の増大は、幕藩制的経済の中核を占めた大坂中央市場の米価下落と諸物価高騰を招くが、そうした背景のなかから生産諸条件の確保を果した豪農の生成発展がみられ(3)、領主の搾取強化と競い合う形において、豪農層の農村支配が進行する。したがって近世の国益概念は領主的イデオロギーとして登場するが、その政策の具体的展開の担い手は、村役人的側面をもつ豪農層であり、同時にまた政策進展の成否を握っていたのも彼等に外ならなかった。

本稿では広島藩の藩政展開なかんづく宝暦・天明期以降における政策展開の具体相として国産物の生産奨励と諸商品の流通統制の動向および金銀増殖のための大坂置為替仕法を中心に、国益政策の基調とその歴史的性格の検討をすすめたい。

一八世紀後半期の広島藩は藩財政の窮乏化と農村支配の弱体化によって領主権力の存立を危くするものがあった。それは宝永四年の税制改革、正徳二年の郡制改革、享保二十年の明給知地概の実施など一連の藩政改革が、いずれも農民一揆や領民各層の反対にあって撤回しなければならなかった事情が示すように、この時期の商品経済の滲透による農村の新しい動きを抑えて、本来の封建農村の支配体制を強固にすることに成功しなかったことによると考えられる。

芸備農村では「以前ハ大高持ニテ他郡迄も家名触候様成家柄之百姓も、参四拾年来之中ニも悉小百姓と成、本家分家何も渡世難成、末々ハ少之持地をも売払、過半無高浮過ニテ暮さる村々共、何程か見聞及申候」とか、[4]「近年郡中ニ工商之者弥増多出来仕候故、農事日雇並ニ農奉公人近年別テ不自由罷成、給米等余程相増候得共、都テ働方ハ前々と違い大ニ衰へ、譬バ先年弐人召抱相済候百姓は当時三人召抱不申候テハ手届不申様移リ申候、（中略）又自ツト一同食物宜相成、并着類等准之候ニ付入用者抜群相増候故、農作業引合不申ニ付、大作之者共多クハ預ケ作ニ仕、別テ浦辺並ニ地方ニテも市町等之儀ハ一円手作相止メ申候者数多御座候」などとみられるように農民層の分解が進行し、そのなかから土地を集積し、かつ商品の生産・流通にも関与して高利貸資本としての活動をいとなむ豪農経営の成立が認められ、地主的発展の基礎が方向づけられた。[5]また、豪農経営のもとで村落内には浮過層を含む零細農民が急増しつつあり、田畑売買・水利・山利用・村入用の賦課等をめぐる公事出入が頻発する情勢にあった。これに対し藩権力は宝暦九年町方吟味屋敷の設置や、郡割・村割の厳正化と村入用の検査等をおこなって、村役人の不正防止に重点をおき、さらに化政期に入ると公事出入の吟味を割庄屋の取扱いとし、割庄屋・庄屋に「徒党・強訴示教方用掛り」を任命するなど、[6]権力末端の村役人を村落支配に積極的に動員して、幕藩制村落支配の維持強化につとめなければならなかった。

以上のような農村の変容は、藩財政の基礎である封建貢租の搾取を困難にした。一八世紀初頭の広島藩の財源構成は、年貢・諸役米一六万三、七七三石・銀九八貫（八四％）、諸運上・藩専売利潤銀一、七四二貫（七％）、家中上米・役人銀一六〇貫・米一万六、八〇〇石（九％）であり、[7]その後も比率は大きく変らず、財政収入の主要部分を年貢がしめており、それは土免六割を越える高租率によって支えられていた。したがって藩財政面にとっては「免上り不申候テハ勝手之助ケに相成申物ハ有之間敷候」と増徴を期待していたが、実際には「諸郡免上りがたき様に相成候」と認めざるを得ないように年貢増収は限界状況を示しているのであった。[8]このことは、領域内の諸生産の成果が従来の封建貢租搾取機構では掌握できなくなり、領主的危機が体制的に顕著になったことを示すものである。こうして広島藩は巨額の藩債を抱え、寛保三年には大坂表において「当時御借金凡四拾万両」にものぼり、財政は極度の悪化状態に陥ったのである。[9]ここにいたって年貢の確保による財政の建直しが期待できない藩のとるべき道として、国産物の自給・他国売による利益を考えた藩領繁栄のための経済策、すなわち国益政策の採用に踏みだしていく。

まず、はじめに広島藩が着手したのは藩債償還を基軸とした財政改革であり、その成果により藩財政の一時的小康が保たれた。この時期の経済政策の主な内容はつぎのとおりである。

藩は宝暦三年（一七五三）の家中半知借上げと、七か年の諸事万端取縮めを命じたのをきっかけに、その後領内に徹底的な倹約令を強制した。そして、他方藩職務機構を改革して年寄・勘定奉行に米銀方（財政）担当の専任をおき、勘定所米銀方・積方係りの拡充強化や町村財政の厳正化と立入検査制などを採用して全般的な経費節減をはかるところがあった。[10]

さらに広島藩は享保年代以降蔵元・掛屋を独占させ、江戸仕送り・上方支出・登せ米の売払いと借銀調達とを全面的に担当させていた鴻池善右衛門との掛合処置を成立させた。すなわち、明和元年（一七六四）、いままでの大坂借銀を新証文二通に書替え整理して、無利子一〇〇年賦償還の方法に同意させ、[11]新規取引には米銀方専任の勘定奉行が毎秋上坂して、その年の決済と翌年の予算提示を行なう慣例をつくった。[12]また、領内農民との貸借関係も、宝暦八年「種米・牛銀・其外定格物之外御貸シ米銀」の返納を残らず免除したのをはじめ、同年二月以前の貸借米銀のすべてを永年賦（三〇年賦）とした。[13]

かくて、藩は国産奨励として他国種および技術を導入することによって新産業をおこし、特産地形成のための基礎作りを奨励した。絞油（綿実・菜種）・茶・越後苧（真苧）・藺・楮・養蚕・桑・唐櫨・漆・砂糖黍・甘蔗・桐などがその対象である。

たとえば、広島沖の金輪島への唐櫨殖栽は、宝暦元・明和五年など再三にわたって試みられたし、養蚕・絹織業に関しては、明和六年絹座を設けてその振興を試みている。絹座は「郡中町方共蚕飼立テ、絹機織習のため絹座御構、追々其業弘り織出し候」とあるごとく[14]、郡村の養蚕業、町方の絹織業という分業組織の指導機関となり、蚕卵紙の制作・払下げや、製糸・織絹の道具を設備して、その伝習また機業道具の貸出しによる賃繰・賃機の業務をもあわせ行ない、将来は国産地絹で領内需要のすべてをまかない、他国絹を追放する意気込みで設置されたものであった。また、太田川流域農村の特産として名をなした太田苧も、越後苧の導入後、製品に見合う品種の選別、技術の伝習、生産加工用具の改良など生産性の向上が知られている[15]。

結局のところ、領内および他国から持ち込まれる正金銀を藩庫に吸いあげ、蓄積していくために、明和二年（一七六五）藩領域における正金銀の使用を禁止し、銀札遣いのみを認めて、領民の所持する正金銀を藩御札場を通して回収することとし、正金銀で仕切りをする他国商事の統制を実施した。明和八・天明元年に行なわれた他国売商品の員数調べなども、正金銀獲得状況の把握を目的としたものであって、正金銀の藩庫すいあげ政策の一環であった。

こうした一連の政策に領域単位の国益思想の影響のあることは見のがせず、明和六年の達には、「御領分ニテ蚕飼立於町方絹類織之候ハ、格別之御国産ノミならず、追々及繁栄候ハ御国益ニモ可相成候」と、実際に国益の語が用いられ出すのである[16]。

註（1）たとえば、一ノ関藩の宝暦五年侍医建部清庵「民間備荒録」、仙台藩の天明元年国産会所・林子平「上書」、米沢藩

の宝暦年代家老竹俣当綱「立政録」、鳥取藩の明和二年蠟座「町方御定」、徳島藩の明和三年明和仕法「藍政意見書」、高知藩の宝暦二年国産方役所、熊本藩の天明二年藩士平野新兵衛外「書簡」など。
（2）藤田貞一郎『近世経済思想の研究』。
（3）豊田寛三・頼祺一「幕末期における階級構成と階級闘争―広島藩を中心にして―」（『歴史学研究』三五九号）。
（4）延享五年「郡中百姓分家田畠分譲之儀ニ付存寄書付」（『学己集』巻五）。
（5）文化九年「郡村取計方御頭書ニ付愚考書試帳」（広島県立文書館「東広島市吉川竹内家文書」）。
（6）文化九年「御紙面控」（右に同じ）。
（7）「広島藩御覚書帳」・『新修広島市史』第二巻二四四頁。
（8）享保二〇年「勝手不如意につき建直し方書付」（「吉長公御代記」巻二一上）。
（9）「事蹟緒鑑」五一雑事。
（10）「御役之章程」（林保登編「芸藩輯要」）。
（11）「久留米藩聞書」。
（12）森泰博「大名金融史論」二六七頁。
（13）宝暦九年「借米銀三十年賦実施につき申渡」（隅屋文庫「御触状写帳」・『広島県史』近世資料編Ⅲ七二八頁）。
（14）（16）明和六年「絹座設置・養蚕振興に関する達」（野坂文庫「芸備大帖外史」・『広島県史』近世資料編Ⅲ七九二頁）。
（15）畑中誠治「太田騒動と扱苧生産」（「史学研究」一一八号）。

2　化政期の国益政策と開地

一九世紀初頭における広島藩は、普遍化して領主的危機状況が続いており、経済政策の重点はいきおい窮迫財政の建直しを前面に押しだした国益政策の積極的な展開がみとめられる。この時期の特徴は、藩政務の集中化が行われ、「御米銀方」担当の年寄を中心に、勘定奉行、町・郡奉行をあげて遂行することとし、政策の展望と計画推進のための協力態勢の強化がはかられた。とくに文化七年（一八一〇）年寄上座に就任した関蔵人のもとで、蔵奉行・勘定奉行・郡奉行を兼務する筒井極人がでるに及んで国益計画は一層明確になっていく。

すなわち、文化九年、藩は諸郡村の割庄屋・庄屋らに対して、政策遂行の前提条件として「郡村建り方」および村々の産業開発に関する意見を求めた後、同十四年には藩勘定方に諸品方を新設して、国産開発・領外販売等に当らせた[1]。それは広島城下の豪商四名を御用引受方とし、江戸表・家中入用品にいたるまで国産品を調達させ、さらに領内物産を買占めて江戸・大坂へ移出販売する。郡中には郡単位に数人の「国産御用懸り」を任命し、国産の開発に積極的な資金貸与と製品買上げを保証するというものであった。かくて国益計画は文政期に入ってピークに達し、政策の総括者筒井極人みずから何度も領内を廻郡したが、その時の口演書には、化政期国益政策の基調をあますところなく伝えている[2]。

総テ生産之義ハ、海辺奥筋郡々ニ寄リ風土之違ひ、其差別甲乙も有之候へ共、其所ニ有来リ之品ハ弥致増長、又其土地ニ可応新産業類ヲも相初、農閑之餘力ヲ以益相励候ハヽ、別テ小百姓難渋之者共のすぎはい共可相成、且亦其所々之長或ハ富有ニ相暮候者、右産物之取捌方実意を以過分之利徳ヲ不貪様ニ致世話候ハヽ、小身難渋之者共之成立ニ相成、一方ニテハ生産増長ニ随ひ世話いたし候者も相応之利潤ヲ得、大小之百姓共各便利ニ成、一郡一村へ総辻之為ニ可相成、御上ニも当時御勝手向御不差繰之上、此先倍之御物入之廉も被相続候へ共、右生産増長之義ニ付、当座之被得御利徳御為御力入候御趣意ニテハ無之、第一末々之者共成立ヲ思召寄之事候得ハ、ケ様之御時節柄狭テ寸志之為ニも農業ハ素ゟ諸産業等迄、一統銘々之力一杯致出精〔以下略〕。（傍点は筆者）

つまり、領内産業の現勢に対して商品生産地図の変容を強調し、「無」から「有」を生ずる方向を打ち出している。とくに国産開発の担い手として豪農＝村役人・上層農民を「懸り役」あるいは「支配役」に任じ、開発計画の具申や、藩営の下請けなど国産振興の現地責任者としたことは、村落支配者たる豪農層の富力とプランを吸収して政策展開をはかるところがあった。その具体的展開を大別すると領内の干拓・開墾による生産規模の拡大（土地開発）、生産資金の貸与による国産諸品の開発と買上げ保証（国産の奨励）、国産品の他国売ルートの確保と売上銀の銀札払の円滑化（流通統制）となる。以下その特質をのべよう。

土地開発については、文政十二年（一八二九）の触に、「開地産業増之儀ハ、浦辺島ハ沖干潟新開・新浜所築調方目論見、他方奥郡ハ野山差開作所相増よう申入相導可然事候」と、沿岸・島嶼と山地の地帯区分のもとに計画され、開地によって新作物を導入し、商品作物の生産とその商品化を目指している[3]。また、開地方法は商人地主の投資とともに、藩から村役人層が「開拓懸り役」等に任命され、貸付資金を得て起されたものが多かった。

表Ⅱ－二九は広島藩の郡別高付・新開面積を一覧したもので、このうち、無高付新開七八八町余の大部分が化政期の計画・造成とみてよい。開地の著しいのは賀茂・安芸・豊田・佐伯など沿岸・島嶼部の諸郡であり、諸郡の主な内容が表Ⅱ－三〇である。小島新開・三外原・柏原・野呂山等のごとく、藩の開拓資金貸付をえて大規模開地をおこない、新村落の形成を志向した場合と、商人投資を中心に塩田あるいは畠地造成による換金作物の栽培を志向する場合とがあった。そしていずれも豪農・豪商層の強力な主導下で領主プランのもとに行われているのが特徴である。

開地の二・三例を示すと、賀茂郡三外原村の場合、郡奉行・代官・手付の指揮と近隣村々の割庄屋・庄屋・組頭らの肝入りで、文化五年から開拓に着手し、同十二年には一村が形成された。入居者には開拓耕地および「御仕向銀」（家作り費一五〇匁～二五〇匁）の給付、池塘・用水路・氏神社殿等共同利用施設に対しても、仕向銀・寄附金で整備させた。文政二年には田畑面積二五町歩、市町三丁余（家四九軒）、市立日春秋各三度（牛馬市・日用物資の売買）、溜池二、用水路一一、販売商品（煙草・綿・茶・はぜ実・莚・縄・瓦・木綿・焼物等）、家数八七軒（農家三九・紺屋三・小商人二・諸職人八・浮過四・革田二、外に納屋牛馬屋）となっている。[4]

　野路山開地は開拓面積三三三町余を目標に文政十二年からはじまり、代官手付・開地御用掛り役（割庄屋・庄屋ら九人）の指導、耕地・溜池・用水路・道路等への仕向銀給付によって、天保四年には入居戸数二〇〇余戸、牛馬市も開かれている。[5]

表Ⅱ－29　広島藩の郡別本高・新開面積表（芸藩通志）

郡名		高付面積		無高付新開	新開率
		本斗	新開		
沿岸部	安芸	町 2,516.4	町 214.4	町 210.4	% 8.36
	沼田	1,899.7	33.0	－	－
	佐伯	3,630.4	129.6	72.5	1.99
	高宮	1,615.3	7.2	3.4	.21
	賀茂	5,965.7	201.7	260.0	4.35
	豊田	6,053.1	36.9	131.7	2.17
	御調	4,028.8	163.7	23.5	.58
	小計	25,709.4	786.5	701.5	2.72
内陸部	山県	3,913.5	33.5	15.4	.35
	高田	4,633.5	14.3	4.7	.10
	甲奴	510.5	－	－	－
	世羅	3,785.5	1.0	16.2	.42
	三谿	2,071.1	7.9	8.3	.40
	奴可	2,636.1	52.9	1.5	.05
	三上	1,334.9	13.1	1.6	.11
	恵蘇	2,720.6	15.9	1.1	.04
	三次	2,714.1	2.5	37.7	1.38
	小計	24,319.8	141.1	86.5	.35
合計		50,029.2	927.6	788.0	1.57

小島新開は文政十二年大竹・油見・小方三か村が共同で、大竹川左岸浅洲一三〇町余の干拓を申請、代官・村役人の指揮および貸付金三、〇〇〇両を得て、天保元年から工事に着手し、嘉永三年には検地竿入高六三八石、入居者相次いで一村を形成した。[6]

表Ⅱ－30　化政期の新開一覧（「明治前日本土木史」その他）

郡	年　代	新　　開　　名	面　積
			町反
広　島	文化10	国泰寺沖新開（田） （高667石，山城屋孫右衛門請）	44.0
佐　伯	文政4	江波丸子新開	23.0
	享和元	大竹村中ノ新開	7.6
	天保3	〃　小島新開 （高638石　藩役人・村役人の指導投資）	98.0
安　芸	文化2	庄山田村岩方沖新開	4.0
	〃　4	和庄村湯崎新開	7.5
	〃　6	〃　　大新開	15.4
	〃　7	吉浦村西新開	3.0
	〃　9	〃　干潟新開	3.6
	文政8	宮原村呉町新開	4.0
	〃　11	庄山田村搔揚新開	11.5
	〃　12	〃　　西浜新開	1.5
賀　茂	文化3	広村武兵衛新開	9.5
	〃	竹原小島新開	5.2
	〃　6	広村末広新開	12.3
	〃　7	竹原喜良崎新開	2.0
	〃　8	広村弥生新開 （役夫1日2,000人，総人夫12万人）	39.6
	〃	〃　津久茂新開	7.0
	〃	〃　横路新開	1.8
	文政2	田口村外三舛原村 （居宅59軒　188人，市立，村落形成）	25.4
	〃	〃　　柏原 （居宅74軒，303人，牛18匹，村落形成）	31.1
	〃　8	仁方村新開（塩浜）	10.2
	〃　11	竹原大乗大新開	4.6
	〃　12	野呂山 （居宅200軒4地区，市立，村落形成）	333.4
	天保元	竹原新浜（藩営塩田）	13.7
御　調	天保2	因島蘇功新田	20.0

表Ⅱ－29と面積が合わないのは，広島町新開および化政期以後の開地を加えたことによる。

表Ⅱ－31　新開地（730町歩）の経営収支表（文政6年）

費目			実績	代銀
綿作	収入（A）	繰綿	貫 94,900	貫　匁 1,913,306.45
		綿実	255,500	166,075
		綿木より薪束		29,200
		綿間植付大根		36,500
		畠縁植付大豆	石 730	36,500
		計		2,181,581.45
	支出（B）	畠年貢	石 5,110	357,700
		綿繰賃銭		146,000
		肥代・干鰯代共		474,500
		年中手間賃・諸入用		547,500
		計		1,525,700
	（A）－（B）（作徳）			655,881.45
	反当り利潤			匁 89.84
麦作	収入（A）	出来麦	石 16,060	貫　目 738,760
		麦藁		44,800
		計		782,560
	支出（B）	肥代		255,500
		人夫賃銭・諸入用		547,500
		計		803,000
	（A）－（B）（作徳）			－10,440
	反当り			匁分 －2.8
総作徳				貫　匁 645,441.45
反当り				87.04

備考：年中手間賃諸入用を家族労働とすれば普通作で237匁余の収益となる。

また、こうした開地の経営方法についても町新開・郡中の意見を徴している。文政六年（一八二三）安芸郡海田市村福岡屋の作成した「綿作麦作仕込より取入迄作徳積り」もその一環をなすものである。(7) 表Ⅱ－三一は、作徳記載の部分を整理したもので、広島町新開・安芸・沼田郡など広島湾頭の新開地約七三〇町歩と見立てて、綿作・麦・大豆・大根栽培など畑作集約農法による経営収支を見積り、反当り銀八七匁の利潤と算定している。その場合、安芸郡海田市周辺における実際の綿作経営が基礎になってはいるが、肥料代の比重が高いこと、年中の投下労働をすべて雇傭による給銀払とし、「綿は大造之御国産にて数万人之作人とも、御家中多門住・町方住人・日雇賃取候者、繰屋並ニ賃銭取、油屋之外幾万人歟之渡世相成候事」と、農民・都市下層民の副業になることを指摘している。

なお、この時期には郡中上層農民の多くが農業経営なかんずく気象・農業技術・肥料・投下労働力・賃銀などに深い関心を示し、生産性の向上をはかった諸記録を残すようになったが[8]、これら実学的素養と国益政策との関係は密接であった。

註

（1）『広島市史』第三巻四〇頁。
（2）文政十二年「筒井極人口演頭書」（広島市可部町重清家文書）。
（3）「廻章来浜記」（広島大学文学部国史研究室蔵）。
（4）文政二年「国郡志御用ニ付下調書出帳　（三舛原村）」（広島県立文書館寄託「東広島市吉川竹内家文書」）。
（5）『呉市史』第一巻一八七頁。
（6）『明治前日本土木史』。
（7）広島市尾藤節男蔵・市立浅野図書館筆写本による。
（8）たとえば兼沢土井家「作帳」・上町屋野平家「萬覚書」・加計井上家「年代記」など、なお、後藤陽一「一九世紀山陽筋農村における富農経営の性格」（「史学雑誌」六二の七）・畑中誠治「幕末期稲作農村における地主経営の性格」（「史学研究三〇周年記念論叢」所収）などは、これら村落支配層の詳細な個別経営分析である。

3 国産奨励

広島藩における国産物の生産・販売奨励については、「都テ御国益御便利筋手堅被行候様」と町方・郡中村々へ呼びかけがなされる。それは文化十四年諸品方の設置以来にわかに活発となり、文政末年には各郡ごとに具体的な品目をあげて取り組ませ、その掌握につとめた。たとえば、山県・賀茂両郡における国産奨励の取り組み状況を一覧すると、表Ⅱ－三二のようになる。(1)

他の各郡においても同様の取計いが行われたであろう（表Ⅱ－三三参照）。広島藩の国産開発の全容を明らかにすることは困難で、奨励国産名は、ほぼ領域全体に及んでいるものの、すでに藩営・藩専売制・運上銀徴収などの生産・流通統制のもとにあった在来特産物の生産増大のための再編成をはじめ、新産物の導入と開発、農民的商品生産の把握など、その対象は多岐にわたり、試行的色彩の強いものであった。(2)しかも、国産諸品の主たる奨励地域が広島湾頭とその周辺部に集中していたことは、藩政策の性格と政策自体の限界を示しているといえよう。

つぎに広島藩が領内自給あるいは他国売商品として積極的に掌握・助勢した国産品目の内容を検討しよう。

まず、藩営鉄山について、化政期広島藩領の鉄山は、山県・高田・三次・恵蘇・奴可五郡で稼行され、山県郡の一部を除き藩専売制下にあった。そして、鉄山のうち寛政三年九、文化四年二六、天保六年三六か所と、急速に藩営化の道をたどっている。(3)そのうちの一つ山県郡大塚村鉄山は、文化十四年藩営鉄山として計画され、文政五年開業、天保四年廃止という経過をたどった、この時期の典型的ともいえる代官請鉄山である。

その経営に関しては、文政五年開業当時の短期日、郡役所内に「鑪所詰手附」一人を駐在させた外は特別の役職を設けず、もっぱら藩が命じた「懸り役」に鉄山業務の一さいをゆだねた。開業当初の組織は、鑪辻懸り役割庄屋後有田

表Ⅱ－32　山県・賀茂郡の国産物生産の取りくみ一覧

山　県　郡 （文政10年郡役所から割庄屋宛の順達）	賀　茂　郡 （文政末年、割庄屋から郡役所宛の報告）
1．開地	1．広村多賀谷武兵衛末広沖新塩浜開地
2．楮植増し	2．広村五兵衛養蚕および葛製造
3．桑苗植付	3．下市村田坂屋藤助蚕糸製法
4．茶園実植	4．田口村山所蕨粉出し
5．菜種・からし菜植	5．桐苗・杉苗植増
6．藍作り	6．中島村百姓松煙製造
7．琉球芋作り（太田筋・穴村・坪野村）	7．菅田村外六か村瓦焼出売捌き
8．御山所・野山・腰林へ樹木苗の植付	8．内平村外一二か村皿山用焼物土堀出し
9．御用材木・板のほか奥筋小板・割物類・枌等挽出	9．三津村御建山で瓦・水瓶用土取り
10．仕入御用炭の外炭荷物差出	10．丸山村・宮領村に新紙漉開始
11．木地物・その他挽下駄・浜鍬の類売捌き	11．広村小坪浦灰山より肥灰・塗灰焼出し．岩国・長州・大坂表へ売捌き
12．越後芋	12．広村大新開庄屋源蔵小倉織幷髪毛綱製作
13．今吉田―飯室村々藺作・畳表作り	13．原村外村々山所より砥石堀出し売捌き
14．ひねり箕	14．蒲刈島焼出しの正石灰・塗灰売捌問屋五人新設
15．はばき	15．浦部村々漁網製造
16．蒲細工	16．丸山村常七郎木綿染地売捌き
17．木の実油絞	17．仁方村才助羅織開始
18．蚊屋地・畳緑地織出	18．竹原塩江戸廻し売捌き
19．薬種	19．高屋東村医師桃蹊人参半夏製作郡内弘め方
20．山県黄連植付	20．寺家村医師三益薬種類堀出製作弘め方
21．その外何によらず心付申値取約考合申出候事	21．仁賀新庄その外郡内雁皮取出し
	22．紫根植弘めおよび上方売捌
	23．荏種植弘め

表Ⅱ－33　広島藩掌握の国産一覧

種　類	年代	重点地域	所　轄	内　容
正石灰	文政10	安芸蒲刈島 賀茂　広村	郡役所	御用所一用懸り（蒲刈庄屋肥灰・塗灰焼出し、国内外売、３年間10俵四国へ４万俵、代銀48貫利潤12貫
製　油	文政８	安芸高宮・ 町新開	勘定方	油方用懸り・種物用懸り、油方引受場所を設置し、油御用所・助勢絞・手作手絞支配、大坂積登せ
櫨・漆実	文化７	広島町新開 賀茂外諸郡	郡役所	用懸り役（割庄屋）、苗の下渡し、上種・地種奨励、広島・尾道および他国売（予州・大坂）
藍　玉	文化元	沼田・高宮 賀茂	新開方藍座	広島で国産藍玉作試、文政３藍座設置により、国内外向の製造・販売拡張
焼　物	文政２	城下・沼田 賀茂外	郡役所	瓦・茶腕・皿等焼物の国産化、職人技術導入、他領販売は質低下のため期待なし
皮　革	文政２	安芸八郡	勘定方	城下東西頭、皮荷座を設け領内皮革を集荷、他国売を計画するも、文政７年「下地仕馴」に復す。
木　綿	文政９	沿岸部諸郡	（木綿改所）	郡中木綿作、綿織出状況及び集荷販売等について調査、天保13年木綿専売統制
奈良晒布	文政12	広島城下町	町方役所	塩町木地屋・堺町油屋の織出を助成、機織・紡工の募集及び技術伝習により国産化をはかる。
砂　糖	文政12	広島城下町	町方役所	二文字屋に一色問屋を命じ、一手製造及び一手売買取締方をもって国産化を期待
藺蓆類	文政元	沼田・高宮 山県	諸品方	用聞、川上蓙を買占め、時期をみて荒物商人等へ販売する方法を採用
傘	文化10	広島城下町	諸品方	佐伯郡廿日市・郡中の傘用轆轤技術を導入、城下傘屋に国産用傘製造の特権を付与
線　香	文政５	〃	〃	平塚山代屋製造の国産品を引受、藩用外は、山代屋・茶屋を通じて売弘め
槇　皮	文化13	〃	〃	郡中生産を城下に集荷し、需要の国産化と共に他領販出を計画
墨	文政13	沼田郡 新庄村	御山方	墨製松煙方用受引・改役、墨製御場所を設置、佐伯屋に墨製松煙方を命じ、奈良の技術導入、国産化
ベンガラ	文政12	沼田郡 舟入村	ベンガラ座	舟入瓦焼松島屋、久地村の緑礬でベンガラの国産化を計り、「御売所」「国産辨柄取次所」を指定
小倉織	文政13	広島城下町	絹座	小倉織支配所、他国産の移入を抑制し国産品売弘めに「国産小倉織卸問屋」の指定、呉服問屋・古手屋に取次買を認める。
葛・蕨	文政11	沼田外諸郡	郡役所	葛葉・葛かずら・葛粉・生蕨・蕨粉等を増産し、城下・町方需要に応ず。
にんじん	文政11	奴可・沼田	〃	用懸り・定手伝夫によって人参試植を実施
こんにゃく玉	文政11	沼田・山県	〃	用懸りにより郡村で増産を計る
真　苧	文政12	山県郡 戸河内村	〃	木地屋彦三郎、野生真苧からの苧布製法技術を郡中に伝習、製品を木地屋へ集荷し、国産他国売を計画
紅　花	天保元	山県郡 大利原組	〃	出羽国最上郡の伊六なる者を呼び寄せ、試植・失敗

村彦四郎・小鉄支配役並鑪元締役割庄屋大朝村祐平・小鉄支配役並鑪元締添役大塚村庄屋庄平・御用聞広島細工町玉屋武平・御鋼売捌支配方年寄同格割庄屋佐々木八右衛門であったが、同七年には鑪方元締並粉鉄支配役頭取佐々木八右衛門・粉鉄支配役大塚村庄平の二人のみにしぼり、八右衛門には鉄山支配全般と鑪・鍛冶部門、庄平には鉄穴流し部門を受け持つよう改めた。八右衛門は代官所へ鉄山経営資金の下付、砂鉄見取・鉄穴仕明の見分などを申請するとともに、同家手代を派遣して製鉄作業全般の指図をはじめ、鉄山労働者の調達と賃銀の支払い、大炭・小炭・砂鉄・飯米等の受取りと代銀支払い、製品の搬出など経営全体の差配に当らせるのである。産鉄の販売ははじめ郡内に求める傾向にあったが、文政七年以後大半を八右衛門の大坂出店へ直送して大坂鉄仲買へ売捌き、その仕切代銀を大坂置為替仕法により代官所上納とした。表Ⅱ－三四は経営期間中の収支計算表(4)で、赤字決算の年が六回、閉山後の代銀取立収入を除くと、差引利益銀六四貫余となり、当初の鉄山設置費約八〇貫を考えれば、財政収入はおろか投下資金の回収さえできないまま廃止したことになる。閉山の理由は打替山の準備不足、鉄穴流しに対する川下村々の故障申立てなどであるが、基本的には文政五年大朝村祐平の「大借財(5)」、天保二年大塚村庄平の「借財(6)」など、豪農層に経営不振の肩がわりを強制するような赤字経営のあり方を指摘できよう。

つぎに板・材木類、紙類とともに藩専売制下の特産物であるが、化政期には統制の方法に少なからぬ変化を認めることができる。すなわち、板・材木類については、文化十三年（一八一六）廿日市・草津へ「定問屋」を設け、佐伯・沼田両郡の板・材木類の他郡他国売を許可したのを契機に、もっとも統制のきびしい「御山方御場所」に指定されていた山県郡太田筋諸村からも、度々板・材木類の「他所勝手売」の歎願がでるようになった(7)。そのため、藩は太田筋諸村に対して文政六年（一八二三）定問屋による「百姓自用竹木類」のみの他所売を認め、さらに天保十年（一八三九）山県郡の割庄屋六名に「御用懸り」を命じ、他国売は「上方登せ」を条件に林産物の商品化を許可したのである。

このことは、専売制の変質という藩の林産物統制のあり方に一大転換をもたらしたことになるが、[8]「藩用材」の確保後は板・材木類の商品化を一層押しすすめ、他国正金銀の獲得を目指したことに外ならない。その際藩の町方商人を中心にした利潤収奪方式のプランと、地元荷主層を代表する村方役人層との対抗があり、結局商人荷主を排除し、地元荷主の大坂登せ実現によって成立したといえる。

紙・楮については藩専売制の強化策がとられた。山県郡の場合、これまでは紙漉村々へ楮仕入銀を貸与し、紙の種類・規格・丸数の割当てによる買上げ制をとっていたが、文化二年からは、御紙蔵支配の紙楮受拂所を設置し、三人の紙楮支配役（割庄屋）、村々の紙楮改役（庄屋）に命じて、全楮の藩庫買上げ、紙漉村々へ紙割当額に応じた皮楮の下付および出来紙の受取りという藩営紙漉制の採用にふみきる。[9]この方法がほぼ完全に実施されるのが文化四年であり、諸郡にも適用されたのは文化八年以降のことである。かくて、楮増産・紙増漉の奨励、紙楮の抜売厳禁、紙屋の販売統制などによって紙産額の増大、大坂売りを期待しているが、山県郡の推移は表Ⅱ－三五のとおりである。[10]紙産額のピークは文政期であって天保以降は急速に減額している。[11]

さらに薬種の場合は、国産薬の製造普及と他国売薬の輸入抑制が課題となっている。すでに寛政四年に領内で製造販売されている薬種名・数量価格・販路・取

表Ⅱ－34　大塚村藩営鉄山の経営収支表
（加計文書）

	収　入	支　出	利　潤
	貫	貫	貫
文政 5	32,724	54,149	－21,425
〃 6	49,936	52,333	－ 2,397
〃 7	37,649	58,480	－20,831
〃 8	116,823	95,375	21,448
〃 9	45,259	99,923	－54,664
〃 10	129,115	94,578	34,537
〃 11	79,249	80,297	－ 1,048
〃 12	82,553	75,615	6,938
天保元	144,701	91,598	53,103
〃 2	70,681	82,841	－12,160
〃 3	75,562	43,091	32,471
〃 4 以後	102,658	—	102,658
合　計	966,910	828,280	138,630

表Ⅱ－35　山県郡紙生産額・代銀の推移

年　代	紙生産額	A代銀	B藩返上銀	A－B	紙漉人損益
	丸	貫	貫	貫	
文化4	3,403	179,620	132,675	46,945	
〃 5	4,038	202,296	143,323	58,973	
〃 6	3,670	183,485	139,776	43,709	
〃 7	3,916	197,134	138,539	58,595	
〃 8	4,010	199,397	139,634	59,763	
〃 9	3,997	197,132	160,392	36,740	
〃 10	4,640	221,102	177,620	43,482	
〃 13	5,943	302,220	190,464	111,756	
〃 14	4,869	244,626	186,578	58,048	
文政2	5,581	281,657	186,442	96,215	
〃 3	6,664	337,973	223,175	114,798	
天保2	5,593	284,476	129,138	155,338	
〃 4	3,848	200,970	122,214	78,756	
〃 5	3,083	163,964	112,479	51,485	
〃 6	3,195	172,214	123,572	48,642	
〃 7	3,044	163,094	110,345	52,749	
〃 8	2,239	123,431	87,375	36,056	－3,313
〃 9	1,189	66,462	97,891	－31,429	－24,429
〃 10	974	55,665	38,145	17,520	
〃 11	972	62,918	44,930	17,988	
弘化2	不　明	1,226,473	730,583	495,890	－33,070
〃 3	〃	30,762	25,318	5,444	－4,395

扱人等の調査を行ったが、文政二年には、御山方支配の「御用懸り」を各郡に任命し、また、安芸郡府中村堤屋又兵衛に薬草掘りの指導とその買上げの免許札を与えて、国産和薬の生産拡張をはかった[12]。このため、賀茂・山県・佐伯・沼田・安芸諸郡において薬草採取・買集めに携わる者が増加し、藩では文政八年（一八二五）、正金銀を領外へ流失させる他国売薬の入り込みを禁じ、国産薬による自給の可否を検討した。ところが沼田郡割庄屋らが「他国へ正銀取帰ル計リニテも無御座、御領分中之売薬師共御他領之正金銀取帰り候事も余程之趣ニも相聞申候、左スレバ大辻甲乙ハ可有御

座候得共、全双方相共交易融通之利得を以渡世仕候」と、他国と領国が独立した経済単位であることを前提とした貨幣収支のバランスの必要を説き、国産自給と余物の他国売で、単純に金銀増殖ができる段階でないと反対したので、ついに藩は他国売薬の締出し政策を断念せざるを得なかった。[13]

以上のほか、この時期の国産奨励の対象となった品目は多岐にわたり、それぞれの生産性と流通状況に応じた政策が展開されていた。そして全体的にいえることは、藩の国産奨励の意図が、諸産業の長期的発展をうながすような振興策でなく、資金貸付による生産量の増大と他国売、とくに大坂登せを強制し、売上代銀の藩庫吸収にあったことが露骨にでている。しかも、各物産の取扱いが勘定方・諸品方・御山方・御紙蔵・各郡役所・座改所などと区々で、方針自体にも喰違いがみられ、藩政内部において総合的な国益計画の樹立にまで至っていなかったこと、各物産ごとの「御用懸り役」の任命も各役所が競い合う形となり、封建的支配組織の利用と地域的限定のために、末端の豪農層（割庄屋・庄屋）の多くが幾つも「懸り役」を兼務する場合が生じ着実な推進を阻害した。また、稀少価値のある特産物生産の伸長に期待する余り、全面的な資金貸与にもとづく経営、つまり藩営化の傾向がつよくだされている。諸品方支配の物産にはとくにその傾向がつよく、ために広島城下町およびその周辺で生産されるものが対象とならざるを得なかったし、諸郡の場合には「代官請」、その実際は割庄屋・庄屋ら豪農層の請負経営によって生産・販売が行われ、農民の小商品生産にもとづく商品、零細な土地保有を基盤とした小家族労働による商品生産の統制にまで及ばなかったということである。つまりこの期の国益政策は、豪農・豪商の力を借りなければ遂行できないという限界があり、そのほとんどが場当り的な実験的試作を出ず、文政末年には多くの国産物の生産・流通を通して領主・豪農間および直接生産者との対立関係をあらわにしているのである。

註（1）文政十年「御触書扣帖」（広島大学付属図書館「隅屋文庫」）・天保三年「郡用諸書付扣帳」（広島県立文書館寄託

「東広島市吉川竹内家文書」）。
（2）現存する各郡の「御触書扣」・「諸書付扣」・「御用年誌帳」類から作成した。奨励品名は各郡共通に順達されているので、そのうちから試植されたものに限った。
（3）（4）武井博明「文政天保期広島藩々営鉄山の一考察」（『近世製鉄史論』所収、「芸備地方史研究」四一・四二合併号）。
（5）「大朝村祐平殿借方一巻諸覚」（広島大学附属図書館「隅屋文庫」）。
（6）「大塚村庄屋庄平借財一件」（右同文庫）。
（7）文政四年「御山方へ御歎書付差出候一巻」（右同文庫）。
（8）道重哲男「近世後期広島藩における経済的対抗―文政～天保期における林産物他所売歎願をめぐって―」（『近世社会経済史論』）。
（9）文化十年「御紙蔵表御仕向方御内々御尋ニ付申上壱巻」（広島大学附属図書館「隅屋文庫」）。
（10）文化四～弘化三年「御紙方十三村銀受取覚帳」（広島大学附属図書館「隅屋文庫」）。
（11）「芸藩志拾遺」第六巻・「国郡志御用ニ付下調書出帳」山県郡辻（同隅屋文庫）。
（12）「郡方諸御用跡扣」（野間家文書・浅野図書館筆写本による）。
（13）文政八年「郡諸扣」（広島市安古市町横山家文書）。

4　国産自給論と「他国金銀出入約メ」

藩の国益政策をさらにおし進め、ほぼ一時期を画したのが、文化七年御年寄上座に就任した関蔵人と、かれに抜擢登用されて勘定奉行頭取・郡奉行になった筒井極人の線で、藩の政務を担当した文政期であった。その実施機関は文化十四年に設置された「諸品方（産物方）」であり、城下の豪商が藩御用聞となって、国産の買い占めに当り、同時に国産開発およびそれに要する助成資金の貸与、製品買い上げの保証を行わせたのであるが、藩は文政十年になると、各郡の割庄屋一・二名に「御領分中正金銀他国へ出入差引被レ試度、依而一郡限り村毎諸商事其外何事ニよらず金銀出入へ懸り候儀、出と入と点検いたし差引差出候様」[1]という密命を発して、国産開発の成果と領内外の正金銀出入額の数量的な把握を試みるにいたった。その際作成されたのが「他国金銀出入約メ帳」であり[2]、各郡割庄屋を「正金銀出入約メ御用懸り」に任命して調査させ、竹原下市・御手洗町、山県・佐伯両郡などに、その記録を伝えているが、ここでは山県・佐伯両郡の場合を検討しよう。

その内容は大別して郡内飯米の自給程度、郡内需要による正金銀の流出に郡産物の他国販売による正金銀の獲得とからなり、郡ごとの商品生産と流通形態の動向をつかむことが可能である。

飯米等の自給程度については、佐伯・山県両郡とも算定方法がほぼ同じであるから、これを整理するとつぎの表Ⅱ－三六がえられる。これらの数値はすべて調査時点での推定であり、出来高は村高に関係なく反当収穫量を、佐伯郡は米二石一斗、麦一石二斗（総面積の1／3）、山県郡は米一石八斗、麦一石二斗（同）とみて、総面積にかけて算出しており、「村々有穀さつま芋迄も米ニ見込テ」（佐伯）とか、「麦大豆小豆ハ勿論都而雑穀残らず」（山県）とあって、いわば郡内食料の総量をあらわそうとしている。たとえば、山県郡出来米七万七〇五石余は、正米下見帳で集計すると、文政八～一〇年間の一か年平均三万四〇〇〇石の二、三倍強にあたるわけで、文政当時の生産力上昇の指標となる。

郡内消費には郡民の飯米として一人一日五合に総人数をかけて出し（山県郡は他国出稼の約一一％を差引く）、年貢米上納分も佐伯郡は水内五か村、廿日市・草津・飯山・吉和村の四か村が差次銀納で、現米は郡内消費にまわされ、山県郡でも「奥山・太田筋一円差次御上納仕、口筋出来米之内融通飯米ニ仕来、正米御上納格外無御座」と、年貢高の八七％が郡内に残されている。ほかに洞雲寺領米（佐伯郡）、酒造米一七軒分（山県郡）が郡内消費とみら

表Ⅱ－36　郡単位の飯米自給事情

			佐伯郡	山県郡	備　　考
生産		郡中田畠屋敷総畝	37,599,320反	39,280,602反	
		上田・浅野新開畝	795,203反		
	①	此出来米	80,208,600石	70,705,092石	反当り出来高　佐伯 2,100石　山県 1,800石
	②	洞雲寺領米その外村明知給知銀納差次払の代り米	1,000,000石		
	③	出来麦	15,277,800石	13,800,000石	麦蒔地約3分1とみて、反当り　佐伯 1,200石　山県 1,200石
	④	以上計（①＋②＋③）	96,486,400	84,505,092	
消費	⑤	年貢米納（正米）	18,414,423石	2,258,518石	免率　佐伯5ツ5歩
	⑥	郡民飯米	126,000,000石	86,668,200石	佐伯　70,000人 山県　48,071人
	⑦	郡中酒造替り米		1,700,000石	山県酒造　17軒
	⑧	以上計（⑤＋⑥＋⑦）	144,414,423	90,626,718	
	⑨	差引計（④－⑧）	－47,928,073石	－6,120,816石	

れる。

かくて、郡内で自給できる割合は、佐伯郡六七％で不足額四万七九二八石、山県郡では九三％で不足額六一二〇石と計算されている。

郡内需要による正金銀の流出は、右の不足を補うため他郡・他領から買米するほか、郡内で生産できない物産を移入するわけであるが、両郡では表Ⅱ－三七のとおりとなる。ここでは、郡外から移入する物産に対して、銀札または正金銀のいずれによって支払いを済ますかが明らかになる。

山県郡の飯米不足分は、佐伯郡廿日市および他郡から買米二〇〇〇石を補うが、なお四〇〇〇石の不足分については記入がない。ほかに肥料用の干鰯・油玉・日用の塩・燈油な

表Ⅱ－37　他国・他郡からの需要品移入

		佐伯郡	山県郡	備　　考
米・雑穀類			2,000石	他郡より買入、銀札払
買米	草津村	1,200石		諸方入込漁人幷所飯用、近村村々買取り
	五日市村	2,000		所飯用奥筋村っ山荷物代等ニ売渡シ
	廿日市	12,000		水内筋5か村、原・五日市・中須賀・廿日市6軒分の酒造米　山県郡・防石、奥筋近在所飯用として売払
	宮内村串戸	200		所飯用、山荷物仕入に奥村へ売払、漁人共の飯用にも売払、但し、うち100石は宮島辺の買米で、銀札払
	能美島村々	4,000		所飯用、安芸郡瀬戸島・仁保島・江波・宮島等にて買受け銀札払
	計	19,400	2,000	
⑩	代銀	1,164貫	120貫	（1石につき60目かへ）
⑪	干鰯・油玉	銀　80貫	銀 118貫	村々田畑肥として、
⑫	塩		135	広島城下・可部・廿日市その他浦々にて買入、全く札銀払い
⑬	燈油		156	
⑩＋⑪＋⑫＋⑬		1,244貫	529貫	

どの買入れに銀五〇〇貫を要したが、正銀払いは燈油購入分の一五六貫目であった。

佐伯郡の買米は草津・五日市・廿日市・串戸の諸港で、他国米一万九〇〇〇石余であったが、なお二万八〇〇〇石が不足で、その補塡については記していない。しかも、この買米は郡内飯用だけでなく、郡酒米や山県郡および防州・石州方面へも売られ、純然たる正銀取引分一万五〇〇〇石、のこる四〇〇〇石余は正銀取引後の他国米を銀札取引の領内売りにまわしている。ほかには干鰯購入代銀八〇貫を計上しただけで、「灯油・反物等上方より買下し、尚米之儀も時ニ取右之余も買入之儀可レ有二御座一、其外他国売薬等ニ而金銀差出候儀も御座候得共小内聢々難二相知一御座候」と、正銀取引高の不明分も多いとしている。

したがって、両郡の物産移入代銀を比較すると、山県郡の銀五二八貫に対して佐伯郡は銀一二四四貫と二、四倍に達し、その他の不明分を加えるとその差はさらに開くと思われる。しかも、山県郡の場合、多くは広島城下・可部・廿日市・尾道など領内各地から銀札払いで購入し、直接の正銀取引は一〇〇貫前後であったのに対して、佐伯郡では現米納年貢を主とする地域、および他領交易のさかんな諸港があった関係から、他国米をはじめ移入物産のほとんどが正銀払いであった。

さらに郡内物産の移出による金銀所得については、佐伯・山県両郡の諸物産の種類・移出数量ともに大きく異なり、それを整理すると表Ⅱ－三八・三九がえられる。

佐伯郡の物産は、他領との正銀取引分のみに限定され、領内取引分は対象からはずされている。そして、草津・五日市・廿日市・串戸・地御前・玖波の諸港から直接領外市場へ積登せて取引するもの、他国商人が諸港へ来て交易するもの、郡内の仲買い商人の手をへて広島問屋へ集荷され、他国へ移出されるものなどに区別される。

草津港からは牡蠣・鯖塩物・干鰯・蛤などの海産物を主に移出したが、とくに牡蠣は蠣屋二一軒が、大坂牡蠣船商の免許をうけて営業しており、「蠣屋共大坂ニ而夫々借用方有之、夫へ払込候ニ付凡テ金銀取帰ハ不レ仕候得共、根元ハ金銀借受、右売上ケ之内を以払込候故、全く金銀取帰り候道理ニ相当申候」という状況である。佐伯特産の諸紙は、年々半紙四〇〇〇丸、諸口一〇〇〇丸を漉き出すが、藩専売制下にあって、製品のすべてを御紙蔵が買いとり、半方を領内消費、残りを大坂へ送り売り払った。串戸から大坂登せの塵紙一五〇〇丸は、「当時御給主様塵紙御買上座御座候ニ付、全ク内証登せと相聞申候」とあるごとく、給主らも買い占めをはかり、塵紙はその埒外であったことを示している。

木綿類は郡物産の五四％をしめ、「大造之金銀他国より取込み、御国益第一之産業ニ御座候」とある。とくに能美島村々で織り出す木綿は約二〇万反といわれ、その集荷・販売はつぎのようになる。

表Ⅱ－38　佐伯郡の物産売払表（1か年分）

地域	物産名	数量	代銀	正銀・銀札の別	売払先その他
草津村	牡蠣（蠣屋21軒）		100貫	正銀	大坂で蛎売上高、蛎屋の借金に充当
	鯖塩物		6	〃	上方へ積登せ
	煎鰯・干鰯		6	〃	〃
	実綿		15	〃	他国積出し
	蛤		2	〃	上方より買船参り売渡す
五日市村	板・割炭等		50	〃	他国積出し
廿日市	〃		160	〃	〃
宮内村串戸	〃		20	〃	〃
	山葵		16	〃	大坂積登せ
	塵紙	1,500丸	33	〃	〃、この分座につき全内証登せ
地御前村	大縄		24	〃	他国売払　｝所売払御免にて、内証積出し
	煎鰯		20	〃	上方へ登せ　｝所売払御免にて、内証積出し
	山前物		50	〃	他国積出し　｝所売払御免にて、内証積出し
能美島村々	木綿	20万反	720	〃	生産20万のうち、上坂登せ　16万反　720貫　所売払　4万反　180貫
郡中浦々	煎海鼠	8,000斤	20	〃	広島を経て防州・長崎へ
吉和村	炭荷物	6万俵	90	〃	串戸・玖波納屋より大坂登せ
紙蔵仕入	半紙・諸口	5,000丸	175	〃	5千丸のうち、大坂登せ　2,500丸分
己斐～地御前村々	繰綿	300貫	150	〃	他国積出し、海辺村々で繰綿にし綿座渡分
孫右衛門積前			123,180	〃	他国より入銀
合計			1,780,180		

表Ⅱ－39　山県郡の物産売払表（１か年分）

	物産名	数量	代銀	銀の種類	売払先その他
御山方荷物	諸板・黒炭 材木・粉		貫 135,202	銀札	城下売払
御紙方荷物	諸紙		240,024	正銀・銀札	大坂登せ　3分2、城下　3分1
	薪木		64,990	銀札	城下売払
	出来楮		112,890	銀札	残らず御紙蔵へ買上
	こんにゃく玉		15,000	正銀・銀札	広島・可部町売払い３分２、他国積出し３分１
	出来茶		17,000	銀札	城下売払
	たばこ		40,150	正銀・銀札	城下売払、石州辺売払い15貫目
	杉皮		2,500	銀札	広島売払、日用引残り他所へ売払
	山薬種		5,000	〃	〃
	下駄		5,000	〃	〃
	紫蘇		350	〃	〃
	箕		3,000	〃	〃
	苧玉	1,500丸	10,500	〃	〃
	楮皮	1,000丸	9,000	〃	〃
	わらびの粉		1,000	〃	〃
	農業みの		11,300	〃	〃
	西条柿		7,000	〃	〃
	畳表		1,500	〃	〃
大朝村鋳物師	鋳物		26,244	正銀・銀札	文銀５貫950、銀札32貫194
	扱苧	4,000丸	571,430	正銀	八右衛門手元より大坂・下筋へ140貫、その他は小商人・広島問屋より上・下国へ売る
	香茸		28,570	〃	広島の半方、広島より上方・下筋へ売払
	干栗	150石	9,000	〃	〃
	他国出稼人賃銀	6,000人	63,000	〃	
針金鍛冶屋10軒	針金 （鍛冶屋10軒）	6,000貫	52,200	〃	
割鉄鍛冶屋９軒	割鉄	97,200貫	158,760	正銀	
釘地鉄鍛冶屋４軒	釘地鉄	38,880貫	42,160	〃	
藩営鉧押鑪１軒	鉧	560駄	61,600	〃	
藩営鍛冶屋１軒	鉄	10,800貫	46,440	〃	
佐々木八右衛門 銑押鑪２軒	銑	8,904駄	39,360	〃	
佐々木八右衛門 割鉄鍛冶屋11軒	割鉄	110,880貫	510,840	〃	
合計			2,291,010		

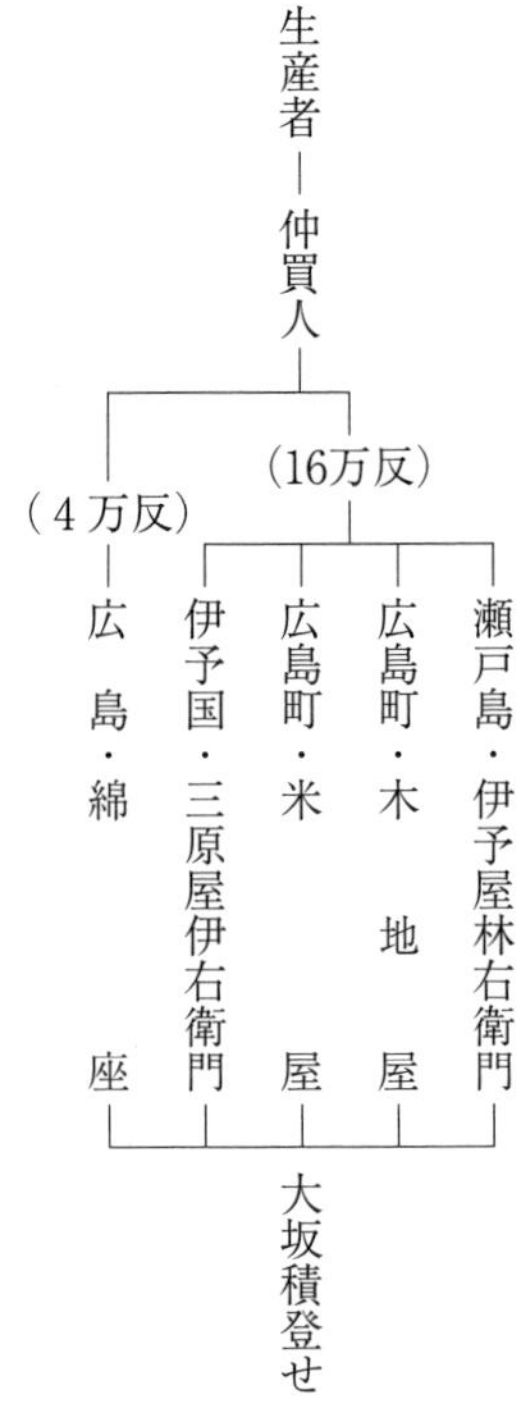

伊予国岩城・三原屋伊右衛門は、「広島ニ而金銀両替し銀札ニ而買受」けの買船を能美島に廻し、瀬戸島伊予屋、広島木地屋・米屋らは、いずれも銀札で買い取ると、大坂へ積み登せて売り払ったが、その代銀は「大坂御屋敷へ相納め、御切手受取帰り御札場ニ而銀札受取候也」と、大坂蔵屋敷に売上代の正銀をふりこみ、広島札場で銀札を受けとる置為替の方法を用いていた。また、二割方（約四万反）は「広島綿座より中買之者買受仕入候由相聞候」とあるごとく、綿座役所からの買いとりのあったことが知られる。このほか、己斐村から地御前村にいたる沿岸諸村の出来綿は広島へ集荷され、そこで繰綿にされて綿座へ買いとられていた。このように瀬戸内沿岸部諸村の木綿生産は、原料綿のまま販売されていたが、能美島村々では綿栽培と同時に農家副業として「能美木綿」の織り出しがさかんに行われ、それは売払代銀七二〇貫目が、織出し手間三二〇貫、綿代四〇〇貫と区別されるように、仲買人を媒介にして広島その他の有力商業資本とふかい関係が生じており、綿座支配も一部にとどまっていたことが明らかになる。

郡中浦々生産の煎海鼠は、俵物として長崎貿易に用いられ、広島町対馬屋忠八郎が郡下一円に買集め、防州遠崎を経て長崎へと集荷される仕組みであった。また、板・炭などの山荷物も藩専売統制下にあり、御山方ないし問屋御免の場合に積出しするが、そのうち吉和村の炭荷は、年貢の所払米と引きかえに炭を焼出す方法をとっていた。すなわち、年貢米九五二石余（五ツ成）を所蔵（村収蔵庫）へ納めておき、それに匹敵する炭荷を多田村御納屋へ運ぶが、その交換比は炭一俵米一升の割合であり、約六万俵が大坂登せで、残り三万五〇〇〇俵余が広島消費分であった。

つぎに山県郡の物産は、鉄・扱苧・紙・山荷物などが主なものであり、完全な藩専売制に組み入れられていたのは、御山方・御紙蔵支配の物産であった。

御山方の諸板・材木・黒炭・粉などは広島城下に集積され、大坂へも積み登した。御紙蔵は、郡中の全楮を買い上げて、これを紙漉人へ割付けて漉き出させ、製品をすべて買いとる仕組みであった。したがって、紙生産者の手元に入るのは「漉き手間賃」のみで、紙流通も「御紙蔵へ納メ紙代御城下御払も御座候得共、大坂御登せニ多分相成、大坂御登せ之分ハ正銀納ニ相成候得共何程位御登せニ相成候哉、下方ニ而相知申候得共、三歩弐も上登せニ遊さるべく」と、下方では明らかでないと説明している。

山県鉄は、郡物産移出高の四一％をしめる。郡内の鉄生産は近世初期石州辺から粉鉄《こがね》を仕入れ、鑪・鍛冶屋で原料鉄を製し、販売する形態をとりだしたのが主流をしめるにいたったもので、元禄九年藩専売制をしくが、山県郡のみは正徳元年統制外におかれた[9]。しかし、文政十年には、表Ⅱ－四〇のように藩営鑪・鍛冶屋各一軒が進出し、他は郡中鉄師の所持で、うち佐々木八右衛門が鑪二軒、鍛冶屋一一軒、鉄代銀の五一％に及んでいる[10]。

八右衛門経営の鑪・鍛冶屋は、郡内のほか石州道川村にもあり、粉鉄を石州辺で買い、鑪で吹いて一部（約千駄・代銀三九貫）を銑鉄のまま銀札で売り、あとを割鉄鍛冶屋へ廻し、割鉄一一万八八〇貫を得て大坂市場等で正銀取引し、銀五一〇貫を得ている。藩営の鉧押鑪では国産粉鉄を買って鉧五六〇駄を得、銑は鍛冶屋に廻して割鉄一万八貫を製し、鉧・割鉄ともに大坂へ積み登せた。

表Ⅱ－40　文政10年山県郡の鉄山経営

	売払代銀	%
藩　　　　　　営（銽・割鉄）	貫 108,040	10.4
佐々木　八右衛門（銑・割鉄）	550,200	50.9
大　　　朝　　　村（鋳物）	24,244	
その他民間（針金・割鉄・釘地鉄）	253,120	26.9
	935,604	

鉄師経営の割鉄鍛冶屋九軒、釘地鍛冶屋四軒、針金鍛冶屋一〇軒も地鉄を正銀で買入れ、割鉄・針金に仕立てて正銀取引を行っていた。このように山県鉄には藩専売制が徹底せず、有力鉄師の直接市場持込みが行われていて、能美木綿に照応する流通形態をとっていたと解される。

扱苧は麻の繊維を剥ぎとって荒苧をつくり、さらに灰汁等で扱き晒して仕立てたもので、太田筋一〇か村の特産物となり、仲買二一人・問屋一九軒があって、生産者から扱苧を買集め広島城下の問屋・扱苧屋へ移送した。このうちの大半を大坂をはじめ兵庫・下関・肥前平戸・対馬などひろく移出販売されたが、これらは佐々木八右衛門の手によるもの二七%、その他は「小商人共（約一〇%）幷広島他国売問屋（六三%）」という状況にあった。かくて、両郡物産の種類、領主権力の規制、調査の精粗により必ずしも同じでないが、売り払い先別に整理すると表Ⅱ－四一・四二のようになる。

大坂が五八%（佐伯）、五三%（山県）、他国売三一%（佐伯）、二三%（山県）、領内売り一〇%（佐伯）、二四%（山県）の割合となり、大坂が過半をしめてはいるものの、鉄・紙・木綿・山荷など領主権力の流通統制をうけた品目によって優位性が保たれているわけで、広島新開商人の取り扱う物産が、領内および他国市場に向けて増大しつつあったのが明らかである。

以上の集約として、両郡物産の移出入を差引くと、佐伯郡五三三貫余、山県郡一五三五貫におよぶ正銀が他国より移入蓄積されたことになる。しかし、山県郡内でも主穀生産地域である有間組・後有間組二二か村のように収支が合せて銀三二貫余赤字になる地域[11]、竹原下市も正銀取の赤字引二五三貫というように、他国交易港や平野部の純農村が銀流失地域となるような傾向がつよい[12]。

ともかく、文政期の沿岸・島嶼および山間地には、村や組合を越えて特産地帯が形成され、商品の生産・流通面に前貸し等にもとづく前期資本の浸透が根強く、藩はこれら有力商人らの流通機構を認めざるを得ず、藩自体の生

表Ⅱ－41　佐伯郡物産の売払先

	大坂	上方	他国	広島
御紙方（半紙・諸口塵紙）	208			
御山方（板・割炭）	90		230	
実綿・木綿・繰綿（座）	720		165	180
煎海鼠				20
山前物			50	
山葵	16			
大縄		26	24	
煎鰯・干鰯				
蛎	100	6		
鯖塩物		2		
蛤				
その他			123	
合計	1,134	34	592	200
%	57.9%	1.7%	30.20%	10.20%

表Ⅱ－42　山県郡物産の売払先

	広島・可部	石州	大坂	上下筋（他国）
御山方荷物	135			
御紙方荷物	80		160	
楮	113			
薪	65			
こんにゃく玉	10			5
茶	17			
たばこ	25	15		
扱苧			100	471
香茸・干栗	15			14
諸産物	55			
鋳物	32		6	
鑪・鍛冶鉄			911	
合計	547	15	1,177	490
%	24.40%	0.80%	52.8%	22%

産・流通への介入に一定の限度を示している。そして重点を殖産興業におき、「上下の益筋」あるいは「大小之百姓共相応之利潤ヲ得、各々弁利ニ成一郡一村へ総辻之為ニ相成」ると奨励策を講じつつ、その成果をどのような方法で藩財政に反映させるかが目論まれたのであった。

註

(1) 文化十四年・賀茂郡「郡組御触書扣」(広島県立文書館「東広島市吉川竹内家文書」)。
(2) 文政十二年・「筒井様御口演書」(広島市安佐北区南原重清家文書)。
(3) 森泰博「大名金融史論」二七九頁。
(4) 右同二七六頁。
(5) 「新修広島市史」第二巻三六一頁。
(6) 「広島市史」第二巻・「新修広島市史」第七巻二九一頁。
(7) 文政十年・沼田郡「郡用諸扣帖」(広島市安佐南区相田横山家文書)。
(8) 註(2)を参照、なお、この項で史料引用を特記しないかぎり、上記史料による。
(9) 「新修広島市史」第二巻　政治編。
(10)(11) 文政十年・「山県郡有間村組合諸色書出寄帳」・「山県郡後有間村組合諸色書出寄帳」(広島大学附属図書館「隅屋文庫」)。
(12) 文政十年「竹原町覚書」(竹原市立図書館蔵)。

5 「大坂置為替」の仕法

文政期の藩財政補強策に頼杏坪が、文政三年「近来追々承候得者御国産之品、上江御取上ケ御世話御座候而御売捌御座候由、定而與民同利之御取計ニて可レ有二御座一とは奉レ存候得共」というような「諸品座」の設置にもとづく専売制的利潤の蓄積もあったが[1]、この時期でより特徴的なのは金銀両替に注目した「置為替」仕法の運用であった。

すなわち、広島藩の金銀増殖計画の一翼を担うものとして、大坂商事における置為替、他国商事における御札場両替制を、国産増殖策と対応させることにより、藩庫へ正金銀の増殖を期すという仕組であった。

大坂置為替とは、大坂市場で売払われた領内諸物産の代銀を、藩蔵敷へふり込み、国元の御札場へ切手を渡し、代銀に相当する銀札を受取る仕組であって、文化十二年五月広島町・新開に対してつぎのように触れている[2]。

> 大坂江置為替与唱、町新開之者共上方へ差登候諸品荷物等之代銀鴻池店へ相納メ、切手ヲ取大坂御屋舗江差出し、同所御役所え請取書ヲ取、此元へ罷帰り候上、御勘定所江差出候得者、銀子拾貫目ニ付札歩として弐百目幷下り歩として六拾目合拾貫弐百六拾目之札銀於二爰元一相渡候、此取引去ル天明元年此迄ハ数多之事ニ有レ之候処、同年頃拾貫目ニ付札歩下り歩五拾目相減し、其以後置為替致候者無レ之処、此節より已前之通り置為替拾貫目ニ付札歩弐百目下り歩六拾目相渡り候様相成候間、町新開之者大坂置為替いたし便利之儀も有之候ハハ、随分□□不レ洩様綿密ニ相示し置可レ被レ申叓、

すなわち天明年間以来すたれていた大坂置為替を復活し、藩庫へ金銀増殖を企てる政策として用いようとしたことに注目され、正銀と銀札との交換比を銀一〇貫につき銀札一〇貫二六〇目（札歩銀二〇〇目、下り歩銀六〇目）に引きもどして、その「便利之儀」を強調し、為替仕法の奨励にのり出している。しかし、この方法を展開させるに当っては、相対的に低下しつつある大坂市場への国産積登せを増大させる一方、いったん渡った銀札を正金銀に兌換することを極力押えねばならなかった。

そこで、出されたのが文政三年三月のつぎのような触れである(3)。

一、去々年以来、追々札場へ入札多正銀引替え由、尤銘々望ニ応引替相済候儀勿論ニハ候へ共近来格別ニ引替多ク、中ニハ無レ故申出候様ニモ相聞、依之両替減少ノ渡リニ相成、夫ニ付而ハ末々之内色々取沙汰いたし候も有レ之由、甚不埒之事ニ候、若右等之風聞承伝自然人気ニ係リ銀札通用危踏、弥増正銀引替え事共ハ無レ之哉、勿論自然銀札通用被二差止一候様之御時節も有レ之候へ共、兼而定メ通リ金銀ヲ以速ニ引替遣し候事故、此段一統心得違無レ之、猥之取引致間敷候、尤他所向取引正銀ニ無レ之而ハ不二相済一儀も有之節ハ糺し上引替違可レ申候

たとえ、銀札流通が中止されるような事態になっても、正銀との兌換には応ずるから心配するな、と引きかえによる不安を押えると同時に、銀札を正銀に引きかえるのは、他国商事で正銀取引の必要な場合に限ると、この方針の基調を表明している。これは、大坂以外における他国取引で所得した正金銀、あるいは領民の所持するそれに対しても同様であって、「金銀所持之もの不用之節ニ而も貯え置、入用之者ばかりより御引替之儀願出候様ニ而者、御糺し之上ならでハ容易ニ御引替も不被為遣」と、正金銀は藩庫で貯え置くことを厳重に申し渡し、町組・郡中組合から「御受書」を差出させるほどであった(4)。

かくて、藩府の正金銀増殖政策の個別・具体的な展開の結果、大坂登せ金銀の蓄積となったわけであるが、この方法は真の金銀貨の蓄積ではなく、兌換を原則としていたから希望があれば応ぜざるを得ず、また江戸・大坂での金銀遣いは増大していったから、藩庫の正金銀は急速に減少せざるを得ない。なによりも、「近年両替屋共銀歩高ク売買いたし、殊ニ時之高下甚敷差寄、正金銀ニ而仕切仕入いたし候もの迷惑不少」という事態が、城下町・尾

道・三次などでおきているように、銀札価の下落現象とともに、「札場両替を差控へ、急場差繰の仕切銀」を行うものが増大し、藩の置為替や御札場両替を利用しなくなったことである。[5]そのため、藩府は文政九年正金銀両替の交換歩銀を改正したり、両替商や、問屋に対して再三「札場御定」どおり取り引きすること、「歩銀より高く売買いたし候様之相聞候者吟味之上急度咎候」とつよく申し渡すとともに、「生産筋」や「他国金銀出入」の実情をも掌握して、打開策の基礎にしようと意図したのであった。

さて、文政十年（一八二七）の「他国金銀出入」の調査は、郡単位および他国商事に関係する者の正金銀取扱い高を把握し、窮極的には大坂置為替仕法の強制をめざしたものに外ならない。表Ⅱ－四三はその集計で、領内正金銀遣いの状況をみたものであるが、[5]まず正金銀獲得地域としての山県郡は、年間銀四〇七貫余を非自給品購入のため領外へ支払い、鉄・紙・扱苧など一五品を領外売して、代銀一、七〇五貫を所得するので、一、二九八貫の黒字となる。このような地域は、安芸・備後の北部各郡に共通し、封建貢租の重課と窮迫経済を強制されながら、米穀生産の低位性を特産物生産で補塡する仕組におかれていた。

つぎに正金銀出入の均衡地域としての佐伯郡は、沿岸島嶼の諸港で他国商事を行い年間銀一、二四四貫余を支払い、木綿・紙・山荷物など国産一四品の代銀一、七八〇貫余を所得し、銀五三六貫余の黒字となる。このような地域は、

表Ⅱ－43　他国金銀出入表

	他国品買入高（出高）		他国売（入高）		差　引　合　計	
		貫　匁		貫　匁		貫　匁
佐　　伯　　郡	正銀	1,244,000	正銀	1,780,180	正銀	536,180
山　　県　　郡	〃	407,149	〃	1,705,806	〃	1,298,657
竹　原　下　市	〃	1,830,000	〃	1,577,000	〃	－253,000
御　手　洗　町	〃	1,454,501	〃	1,288,854	〃	－165,647
山県郡有間村組合（16か村）	〃	27,115	〃	9,000	〃	－ 18,115
山県郡後有間村組合（12か村）	〃	28,108	〃	13,500	〃	－ 14,608

表Ⅱ－44　文政10年南原屋文左衛門の問屋商事

品目	仕入			販売					備考
	仕入先	数量	%	販売先	数量	単価	代銀	%	
鉄鋼	石州	駄 4,665.0	45	大坂	駄 4,975.5	匁 70	貫 匁 373,087.50	48	正銀 50% 銀札 50%
	領内	5,710.5	55	防長・予州隣国	1,070.0	75	80,250.00	13	銀札100%
				領内	4,330.0				銀札100%
	計	10,375.5		計	10,375.5				
針金	石州	丸 179	54	大坂	丸 280	目 120	貫 目 33,600	83	正銀 50% 銀札 50%
	領内	155	46	領内	54			17	銀札100%
	計	334	100	計	334			100	
扱苧	領内	丸 785	100	領内	丸 785			100	大坂登せの場合もあり
灯油	大坂	挺 150	100	領内	挺 150	目 60	9,000	100	正銀で買い、銀札売
塩・綿肥之類	領内			領内 〃					銀札商い

沿岸・島嶼部をもつ諸郡に共通し、国産の生産地と積出港を媒介として正金銀出入のはげしいのを特徴とする。港町竹原下市は、他国商事で年間銀約二、〇〇〇貫を取扱い、銀二五三貫の流出、隔地間交易港御手洗では、年間銀約一、五〇〇貫を取扱い、銀一六六貫の赤字である。ただ前者は領外売の伸長によって正銀の流失が防げるのに対して、後者は中継的商事による自領転売分二〇%分を常に正銀流出としていたので、両港町における質的な差を指摘することができよう。また、高宮郡可部町の問屋商人南原屋文左衛門の金銀出入状況は表Ⅱ－四四となる(6)。南原屋の商事は石州諸領、山県・高田両郡から鉄荷を購入し、広島町問屋または大坂問屋へ売り渡す機能をもち、大坂市場との取引が過半をしめていた。そして、大坂売代銀のうち半額を仕入銀として正銀で確保し、残りを大坂置為替の銀札受取としていた。

さらに正金銀の流失地域として山県郡の主穀生産地域の有間・後有間村組合（二二村）の銀出入は、干鰯・塩・灯油などの購入代銀五五貫に対して、西条柿・薪炭などの売代銀二八貫で、銀二七貫の流失となるが、いずれも問屋商人を経由するので、銀札取引とみてよい。

この両組合と共通しているのは、いわゆる山陽筋農村とよばれる平野・盆地部の各郡で農業の生産性を高めるために金肥を用い、また自給し得ない需要物資を他郡・領外から商業資本の手を経て購入したが、米穀以外の国産商品をもたず、金銀の流失地域とならざるを得なかった。

以上のように藩は、他国商事において藩専売あるいは流通統制のつよい国産の多くが、大坂売と大坂置為替を利用している事実と、いっぽう西日本諸国と直接取引関係にある地域および在郷商人層の活動も確認し得たわけである。

以上のように、他国商事に対する藩権力の介入は、商事資金の貸付・収納、金銀両替等を通して一段と強められ、町方の問屋・仲買商人、郡中豪農層の活発な商事取引は抑制されていくのである。

表Ⅱ－四五は文政十一年（一八二八）竹原下市の株問屋一〇軒によって結成された「問屋座」の他国商事定法である[7]。その内容は座株問屋と無株問屋・仲買商を区別し、取引商品によって寸志銀の賦課率や、商事資金の貸付規制などで、とくに藩勘定所から融通をうけた問屋座銀制は、郡役所の権限で他国商事に必要な正銀の貸付けと取り立て、商事資金の預りを行い、二〇日を期限として正銀遣いを拘束した。この問屋座の性格は、少数大問屋の商事独占体制の崩れた段階で、小問屋・仲買商から他国問屋商事の権益を守ることにあったが、実質的には藩勘定所の指示をうけた賀茂郡役所付の番組衆岸勇兵衛・三輪伝蔵らによって正金銀の藩庫吸収機関に変質せしめられ、港町の他国商事に必須の正金銀の出入権を掌握されていたのである。このため、竹原下市の問屋・仲買商は他国商事に必要な資金を貯えることができず、「近来は仕切用正金銀ニ尽キ、昨今ニては入津米無是非出帆仕せ候船も御座候」と港町商事の不振を訴え、文政十二年塩江戸売資金銀三〇貫、天保五年他国米買上げ資金一五〇〇両をはじめ、度々の商事資金を問屋座をへて藩へ拝借嘆願に及んでいる。

表Ⅱ－45　竹原下市における他国商事の定法

商事品目		扱い問屋	貸付金の有無	寸志銀の賦課率	
				販売	買入
塩	大俵	大問屋2軒	有		
	小俵（2斗入）	中問屋7〃	〃		
米・雑穀類		株問屋10軒	〃	米1石につき3分	庭口銭1分
干鰯		〃	〃	銀高1貫目につき5匁	〃大俵5厘，中俵2厘，小俵1厘
実綿・晒蠟		〃	〃	〃　3匁	
干魚・塩魚		魚問屋1軒	〃	〃　3匁	
荒和布・磯物・櫨実・からし・胡麻・茶・七嶋・椹・材木・松節・下り油・苫・油粕・蠟・浜鍬・同柄・柏木・桃皮・竹皮・素麵		株問屋10軒	〃	〃　5匁	他銀高1貫目につき2匁（素麵10貫目箱につき庭口銭6厘）
乾物・かう類・果物・大根せうが・西瓜・冬瓜，野菜物		株問屋10軒	無	〃　5匁	
扱苧・煙草・瓦・唐津物・竹・木綿・醤油の味・酒粕味噌・醤油・菅笠・鍋・釜鉄・羽かね・釜石・和薬種		株問屋10軒	有	〃　3匁	その他銀高1貫目につき2匁（酢醤油樽1挺につき庭口銭1厘）
布物・古手・土臼・大小杉丸太之類・板・小割角物・石灰・沢炭・杉皮		無株問屋	無	〃　3匁	

以上のような他国商事の不振は、藩権力によっていわば作り出されたものであり、竹原下市に限らず広島藩全体のものであった。文政末年瀬戸内沿岸の諸港における正金銀の貯えについて、「第一の手寄尾道辺ニも一円無御座、豊田郡生口塩浜・大崎島杯ハ素ヨリ其外少々宛金融通も可有之場所は、手寄を以両替心配仕候得共、何方も甚払底致方も無御座」という有様になっている。(8) 尾道町でも文政七年設置の問屋座が「元来浜手仕切金補助斫引ノ為被立候処、近来ハ自他ノ無差別大造ノ借入金ヲ以テ猥リニ貸付候」と拝借銀の借入過剰によって座機能が麻痺させられたので、問屋・仲買商人から借銀未返済・倒産者が続出し、「何となく国々騒動仕候風説も御座候」という不穏な状況になっていった。(9)

つぎに具体的事例として山県郡鉄師佐々木八右衛門および可部町鉄問屋南原屋文左衛門の場合を取り上げたい。佐々木家の鉄山は、藩専売制にくみ込まれず、嘉永六年まで自立経営を行い、鉄の流通に独自なルートを確保していた。その鉄販売高の売先別比率を安永以降五年平均であらわしたのが表Ⅱ－四六である。[10]販売先の中心は大坂市場であるが、安永末年からはじまった大坂鉄取引の低迷に対する対応として、販路を下関・山陰諸港・九州・四国など西日本地域にもとめ、利潤の維持をはかろうとした。しかし、十分な成果が得られず文化十四年には、大坂出店を設置し、大坂直売りに活路を求めている。大坂出店の意図は問屋・仲買による鉄荷の代銀滞納と破産から来る損失の大きさから販売鉄の八〇％以上をしめる大坂市場への直接販売強化策とみられる。

こうして大坂出店は、文化十四年以降一二万三二六八束を一三二軒に売り渡し、その九三％を大坂鉄問屋・仲買（九九軒）が買い、のこる七％を尾張・播磨・摂津などの他国（三三軒）に向けられた。すでに出店をはじめてから文政四年までの五年間に、産鉄売さばき損銀約二〇貫を記録し、産鉄のほかに外鉄の転売や、新販路の積極的な開拓を行うことなく、大坂市場での損銀を藩拝借銀でやりくりする方法しかとっていないのは、経営の限界というよりまさに広島藩の大坂置為替仕法との関係にあったといえよう。

佐々木家は大坂置為替の再興以来「私方鉄代銀過半従来置為替ニ仕」としており、文政十一年に「歩安之御拝借銀」を貸すという山県郡役所の意向にしたがって年間三〇〇～五〇〇貫目の拝借銀があれば、従来の置為替二〇〇貫を五〇〇貫ないし七〇〇貫に増すことができ、いずれは目標額一、〇〇〇貫目に達しようと表Ⅱ－四七のような初年度目論見書を作成している。[11]

しかし、その結果は、表Ⅱ－四八のごとく文政十二年から五か年間に銀札一、五〇五貫を借銀し、大坂置為替による返済は元利とも正銀一、五六九貫余を七か年で完了した。[12]この拝借銀は、借銀返済と鉄類売上代銀の正銀全額を大坂置為替につぎこむ二重の強制に立たされ、天保三年（一八三二）には「去秋以来不捌ニテ第一江戸表之取引

表Ⅱ－46　山県郡佐々木八右衛門の鉄売り捌き表

	年平均売捌高	大坂売		大坂以外売	大坂以外への売捌の内訳											
			出店		広島売	下関売	可部売	播州売	尾道売	広島領内小売	九州売	四国売	山陰諸港売	石見領小売	その他	
安永2～〃6	7,375.8	99.6		0.4	100											
〃7～天明2	8,264.6	99.7		0.3	100											
天明3～〃7	3,571.2	99.8		0.2	100											
〃8～寛政4	10,275.4	89.1		10.9	2.0	97.9	0.1									
寛政5～〃9	11,967.8	91.7		8.3	3.2	44.9	43.1		4.8				4.0			
〃10～享和2	9,825.0	87.3		12.7	1.2	18.3	58.7				21.8					
享和3～文化4	8,133.4	82.3		17.7	2.7	2.3	79.6				13.5	1.7		0.1	0.1	壱岐売
文化5～〃9	10,979.8	78.4		21.6	1.3	0.5	91.0				7.2					
〃10～〃14	10,819.6	67.7	3.0	19.3	0.1	1.4	90.8			1.2	6.2			0.3		
文政元～〃5	13,133.0	10.3	78.9	10.8		2.0	69.0				4.6	17.7		6.4	0.3	対馬売
〃6～〃10	12,128.6	3.8	72.1	24.1	21.9	7.4	56.4	1.5	0.7	3.7	0.1	4.5			3.8	売先不明
〃11～天保3	10,768.2	2.5	68.9	28.6	59.7		21.2	6.1		7.1	1.0	4.8		0.1		
天保4～〃8	8,979.8	53.0	30.1	16.9	63.1		16.4	2.0		13.2		0.1	5.2			
〃9～〃13	11,451.0	22.7	17.7	59.6	61.4	1.5	0.2	1.1	0.2	8.8	0.5	0.4	20.1	5.3	0.5	北国売

悪敷、大坂表仲買共手元江引受呉不申」と借銀返済の渋滞をうったえている。そして、同五年正銀の両替札歩格差の損失（正銀四〇〇貫目が両替札歩の差で一〇〇貫以上の損失）を理由に、大坂置為替の辞意を表明し、「置為替ニ不仕候ても、正金銀は不残御当国へ取帰申候事故、矢張御国財ニ相成候儀ハ御同様之儀ニ御座候」と完全な離脱をはかった。[13] しかし、すでに大坂売りの不振はその極に達し、未済鉄代銀を累積させたまま、天保十一年（一八四〇）大坂出店を閉鎖し、嘉永六年（一八五三）年賦償還銀（貸借全額の無利一五〇年賦償を請願）を多額に残したまま、鉄山経営権を広島藩へ移管したのである。

佐々木家は化政期の藩政策と密着しすぎたために経営の不振をばん回することができなかったが、可部町南原屋はどうであろうか。南原屋も表Ⅱ－四九のとおり文政十年の他国金銀出入調査を機に、大坂販売鉄が大坂置為替にくみこまれた。南原屋の置為替額は、同家の他国商事における割合も大体二〇～三〇％と思われ、さきの佐々木家のように全面的な協力関係ではなかった。また拝借銀も天保飢饉の最中であった。天保七年（一八三六）に銀札三〇貫目、同八年に銀札一〇〇貫目を買米代として借りているのみで、鉄仕入資金の拝借銀はみられない。[14] このように南原屋が藩権力の強制にもかかわらず依存の度合が浅かったのは、一方では享保二年浜田藩鑪所御問屋（藩専売鉧の一手取扱い）を命ぜられ、仕入先の大部分を石州鉄に求めていたからであろう。しかも、南原屋が可部町において中継的問屋商事の地位を確立するのが化政期の後半であり、いわゆる新興の在郷商人であったことが、全面的に大坂置為替仕法にまきこまれなかった原因と思われる。

以上のごとく、化政期の広島藩は藩財政の危機打開を急ぐあまり、領内正金銀の流通・両替の抑制、他国商事資金の貸付・預金の強制、領内国産物の「自由」な市場選択の抑制と、大坂市場への積登せ強制、大坂売上代銀の置為替強制、領内における国産自給と他国商品の流通制限などの諸策を強行することによって、正金銀の藩庫吸収を露骨に追求している。このため、開地と国産奨励を中心とした国益計画も影がうすくなり、郡中豪農・町方問屋層

表Ⅱ－47　佐々木家の拝借銀と大坂置為替目論見書

担保物件	拝借銀			置為替納			備考
		借銀高	銀借期日		納入銀高	返済期日	
		貫匁			貫匁		
寸志上納金3,000両の証文	銀札	100	1月・2月・3月	正銀	70	2月・3月・4月	年利5朱
	〃	150	4月・5月・6月・7月	〃	100	5月・6月・7月・8月	〃
	〃	150	8月・9月	〃	60	9月・10月	〃
	〃	100	10月・11月	〃	150	11月・12月	〃
				〃	120	翌1月・2月・3月	〃
		500			500		

表Ⅱ－48　佐々木家の拝借銀と大坂置為替

年代	拝借銀（銀札）			大坂置為替（正銀）				
	回数	平均額	借銀額	回数	平均額	元銀分	利息分	返済額
		貫　匁	貫　匁		貫　匁	貫　匁	貫　匁	
文政12	5	65,000	325,000	3	70,896	210,418	2,269	212,687
天保元	8	54,375	435,000	7	65,558	450,739	8,171	458,910
〃 2	6	50,833	305,000	7	45,822	313,232	7,521	320,753
〃 3	6	46,666	280,000	6	54,596	320,607	6,967	327,574
〃 4	3	53,333	160,000	5	31,720	168,136	5,463	173,599
〃 5				2	16,837	30,205	3,469	33,674
〃 6				3	14,186	41,490	1,070	42,560
計	28		1,505,000	33		1,534,827	34,930	1,569,757

表Ⅱ－49　南原屋の大坂置為替

年代	置為替		札歩額	銀札請高
		貫匁	貫　匁	貫　匁
文政10	正銀	30	3,600	33,600
〃 11	〃	80	9,600	89,600
〃 12	〃	105	12,600	117,600
〃 13	〃	110	13,200	123,200
天保2	〃	65	7,800	72,800
〃 3	〃	35	4,200	39,200

の一部が参画するにとどまって、広汎な小商品生産者層、あるいは在郷商人・小問屋層の生産・流通活動まで掌握するに至らず、文政末年には事実上計画の破産状態に追い込まれていた。したがって、天保期以降はその打開策として、木綿・扱苧類の藩専売制を軸とした国益政策の新展開が試みられたのである。

註
（1）文政三年「春草堂秘録」（広島大学国史研究室蔵）。
（2）文化十二年　広島町組堀川町「御触帳」（『新修広島市史』第七巻所収）。
（3）文政三年「郡方諸御用跡控」（江田島市江田島町中井氏蔵）。
（4）文政十年「御用諸扣帳」（広島市安佐南区相田横山氏蔵）。
（5）「他国金銀出入約〆帳」（広島大学附属図書館「隅屋文庫」・「正金銀ニテ売買之品書上」（竹原書院図書館蔵）・「同上」（呉市豊町支所蔵）。
（6）文政十年「可部町諸控」（広島市安佐北区可部町白石家蔵）。
（7）（8）「問屋定法書」（竹原書院図書館蔵・『竹原市史』第五巻所収）。
（9）天保五年「十四町役方年誌」（尾道市青木家蔵）。
（10）武井博明「近世後期在郷町における鉄問屋の機能」（『近世製鉄史論』所収）の第十八表を加工作成した。
（11）（12）（13）文政十二年「大坂表置為替銀一件」（広島大学附属図書館「隅屋文庫」）。
（14）文政十年「可部町諸控」（広島市安佐北区可部町白石家蔵）。

第三章　近世の鉄山経営と鉄穴流し

一　藩営鉄山の形成

はじめに

中国山地における近世の鉄山経営は、伯耆・出雲・石見・播磨・美作・備中・備後・安芸の八か国にまたがる諸藩領で稼行された。これらの鉄山経営は、金銀銅鉱山に見られる幕府の直轄・藩営化や、採鉱・冶金技術の高水準、鉱山集落の発達などの諸特徴に対して、幕府の直轄はもとより藩営の例も少なく、鉄穴《かんな》流しとよばれる比重選鉱（砂鉄採掘）、鑪（砂鉄→鋼・銑）、大鍛冶屋（銑→鉄）の三工程をもって構成され、鉄山集落（山内）も燃料炭山に規定されて移動性に富むなど、立地・経営・技術・労働面において独自なものがあった。とくに元禄・享保期には、近世たたら製鉄法において天秤吹子の発明、高殿鑪の成立など製鉄技術に画期的な発展がみられ[1]、鉄の社会的需要の増大に応え得るとともに、全国的な鉄流通機構を確立させている。

本稿では、諸藩のうちでも例の少ない鉄山の藩営化を実施して、享保期以降諸国から積み登せた大坂荷鉄の二五％以上の年間産鉄量を確保している広島藩を例として[2]、藩営鉄山の成立過程、藩営支配下の経営形態、製鉄技術、労働組織、流通機構などの仕組とその特徴を明らかにしたい。

1　広島藩の鉄山政策

広島藩の鉄山政策を把握するために、主な鉄山関係事項を一覧すると表Ⅲ－一のようになる。これを参考に近世の鉄山業に対する藩政策の画期を求めると、ほぼ五期に分けられる(3)。

第一期は、元和～慶安年代で、前領主より引継ぎの領内鉄山業を、幕藩制的鉄山業へ編成し、近世貢租体系のなかに位置づけた時期である。

第二期は、延宝・元禄年代を中心に本百姓経営とともに展開される鉄山業の流通過程を、藩専売制として掌握し、収奪強化をはかった時期である。

第三期は正徳・享保年代より鉄山業の生産過程を藩営化し、鉄山の全過程を掌握する時期を指す。ただし、領内の全鉄山を対象としたのではなく、備後四郡（三次・恵蘇・三上・奴可）に限定していた。

第四・五期は、宝暦～天保年代までと幕末期で、いずれも藩領域を単位とする国益政策の一環として、藩営鉄山の経営拡充、全鉄山の藩営支配、鉄加工業の生産・販売奨励などに特徴づけられる政策を積極的にすすめた。

こうした藩政策のもとで展開された鉄山業を、数量的にあらわすと表Ⅲ－二のようになる（鉄穴部門は除く）。まず、元禄以前の全体数を知ることは難かしく、正徳二年（一七一二）にいたって鑪九か所（藩営七）、鍛冶屋四五軒（藩営二一）が知られる。その後寛政三年（一七九一）に鑪一四（藩営八）、鍛冶屋七一（藩営二五）、明治三年（一八七〇）はすべて藩営で鑪二二、鍛冶屋二六と推移した。また、鉄産額は、元和六年（一六二〇）備後鉄一万三三八貫（代銀八貫目）のほか、製鉄技術の躍進期を迎えた享保四年（一七一九）に三二万二一六〇貫（代銀二七五五貫目）以上、さらに明治三年にはその二・二倍の七二万七二〇〇貫目以上に達した。

表Ⅲ－1　広島藩における鉄山政策の推移

年　代	事　　項
慶長 4（1599）	毛利検地，鉄穴・鑪銭を把握して高に組み入れる（「中川文書」）
〃 6（1601）	福島検地，鉄役・吹役・鉄穴役を領高に結ぶ（備後国御知行帳）
元和 5（1619）	浅野長晟，上記鉄山役高を幕府より下げ渡される（同　上）
〃 6（1620）	浅野氏，備後 4 郡の鉄産額を調査（自得公済美録）
寛永 2（1625）	備後の鉄穴検地を実施（奴可郡村鉄穴帳）
〃 5（1628）	太田川上流域の鉄穴流しを禁止（自得公済美録20）
慶安 3（1630）	高田郡の鉄山運上（鑪札・吹屋札）はじまる（芸藩志拾遺 3）
明暦 2（1656）	備後に「御山札」（鉄山炭山）改め（御鉄方年々覚書）
寛文11（1671）	備後の鉄穴検地の再度実施（奴可郡鉄穴帳）
延宝 8（1680）	御買鉄制をはじめる。翌天和元年廃止する
天和 2（1682）	御買鉄制をふたたび実施，翌 3 年廃止（顕妙公済美録12）
貞享 4（1687）	山県郡の「官の鑪 1，鍛冶屋 2 」が払い下げられる（加計万乗）
元禄 9（1696）	広島に鉄座を設け，領内鉄の一手大坂販売を行う（広島市史 2 ）
〃 12（1699）	三次藩も鉄座を設け，鉄の大坂売を開始（天柱君御伝記 4 ）
宝永 8（1711）	三次藩領内鉄山の 3 か年借上げを命ずる（鉄山一統之次第）
（正徳元）	山県郡のみ鉄座廃止（鉄自由売被仰付諸書付控）
正徳 4（1714）	奴可・三上両郡鉄山の稼行中止を命ぜられる（奴可郡三上郡御鉄方之事）
享保 3（1718）	備後鉄山打ちこわし，奴可郡に藩営鍛冶屋(5)稼行，西城に御鉄会所を設置，三次藩でも藩営鑪 4，鍛冶屋10に削減（御鉄業旧記）
〃 5（1720）	三次藩鉄山，広島藩へ吸収稼行する
〃 12（1727）	三次御鉄方の開設（御鉄方行事帳）
元文 5（1740）	西城御鉄会所を三次御鉄方に合併する（同　上）
宝暦10（1760）	藩営鉄山の「万代不易之御趣向」を申し渡す（三次方御鉄山業旧記）
安永 9（1780）	幕府鉄座を設け，諸国鉄の大坂集荷制を実施（大坂市史 3 ）
天明元（1781）	藩営鉄山産鉄は大坂鉄座外を認可される（恭昭公済美録24）
寛政 2（1790）	三次郡鑪 6 か年稼行（郡鉄元締平蔵控）
文化10（1813）	鉄山不正一件，藩営鉄山改革案が提出される（御鉄業存寄頭書）
天保 5（1834）	国産三次千羽扱の生産・販売奨励（御用年誌帳）
〃 12（1841）	国産針金を藩専売制とする（組合村々万覚帳）
嘉永 6（1853）	山県郡鉄山，すべて藩営移行となる（加計万乗）
安政 4（1857）	備後鉄山，すべて代官請稼行に切替えられる（「郡務拾聚録」天）

表Ⅲ－2　広島藩鉄山業の数量的推移

	備後国				安芸国			藩営	鉄生産概数
	奴可	三上	恵蘇	三次	山県	高田	豊田		
	A・B	A・B	A・B	A・B	A・B	A・B	A・B	A・B	
元和6（1620）	(8)	(1)	(8)	(5)					13,338貫目
寛永9（1632）			39・19	3・2					
延宝7（1679）					4・4				
貞享4（1687）								1・2	
元禄9（1696）					(14)				
正徳2（1712）	2・6		5・15		2・24			7・21	
享保4（1719）	5・5		4・7	1・3	2・24			5・15	322,160貫目〜346,360貫目
〃 18（1733）		12・4			2・24		1・2	2・6	
元文4（1739）			(8)	(7)					
寛政3（1791）	11・43				2・23	1・5		8・25	
文化4（1807）		8・18						8・18	
文政8（1825）	16・38		2・有	2・有	2・19			6・26	
天保6（1835）	20・4				2・15				
嘉永6（1853）					1・2				
明治3（1870）	5・4	1・2	7・11	5・6	3・3			21・26	727,200貫目〜1,094,938貫目
〃 6（1873）	4・3	1・1	9・9	5・7	2・3			21・23	

1．数はすべて文献記載によった。（　）は鑪・鍛冶屋の区別ができない場合。
A＝鑪　B＝鍛冶屋
2．資料は，「自得公済美録」，「三次分家済美録」，「学己集」，「広島藩御覚書帳」，「郡務拾聚録」，「府県史料」，隅屋文庫「山県郡荷主共鉄之書付」などによった。

以上を要約すると、広島藩は領域鉄山を近世的な生産体制に編成したのち、藩専売制から藩営化を行って収奪強化を意図したことがわかる。その積極性は、天秤吹子を用いた高殿鑪の成立という製鉄技術の発展に対応して、鉄山の安定的経営のための資本・販路を確立させ、鉄山業の成果をとり込んで藩財政補塡を目指すことにあった。

そこでまず明らかにしておかなければならないものに、領知高に結ばれた鉄山役高がある。元和五年（一六一九）幕府から引渡された「備後国御知行帳」に鉄山役高九一八石四斗七升（鉄役四四七石七斗二升、吹役三二六石七斗五升、鉄穴役一四四石）とあり、表Ⅲ－三のような変遷を経て廃藩まで続いた。この役高は、慶長六年（一六〇一）、福島正則の領国総検地の際、貢

表Ⅲ－3　鉄山役高の推移

元和5年（1619）	寛永11年（1634） 寛文4年（1664）	元禄14年（1701）	享保初年	明治3年（1870）
		三次郡 143.104石 （鉄山吹役・鉄穴役）	三次郡 100.17石 横谷村 28.62 森山中村 28.62	三次郡 143.104石
	三次・恵蘇両郡 357.760石 （鉄山吹役・鉄穴役）		森山西村 14.31 西野村 14.31 櫃田村 14.31	
鉄山役高 918.47石 鉄役 447.72 ふき役 326.75 かなら役 144.00		恵蘇郡 214.656 （鉄山吹役・鉄穴役）	恵蘇郡 257.77 高野山村 114.49 河北村 42.93 比和村 28.62 竹地谷村 28.62 宮内村 14.31 湯木村 14.31 濁川村 14.31	恵蘇郡 214.656
	奴可郡 鉄山役高 255.212	奴可郡 169.212 （鉄山吹役・鉄穴役）		奴可郡 169.212
		三上郡 56.000 （鉄山吹役・鉄穴役）		三上郡 56.000
918.470	582.972	582.972	357.940	582.972

「備後国御知行帳」，「鳳源君御伝記」巻3，「広島藩御覚書帳」巻2，「学己集」巻2による。

租体系のなかに位置づけられたもので、[4]「鉄山に高を附候儀は、鉄穴・鑪・鍛冶・鋳物師等之職役を以、御所務を量候高に直し候哉と相見候」という見解がほぼ妥当とされている[5]。

その創始については、鎌倉末期以来、備後地毗庄の所領を相伝した山内氏が、高山門田において貫高表示の鍛冶屋・鋳物屋等を代々譲渡していたことが知られるし、[6]慶長四年雲州飯石郡来島郷の打渡坪付[7]では、田畠・屋敷とともに「鉄穴鑪銭」を把握し、米二一石に高付して、給人知行高に入れていた。こうした例は、少なくとも、慶長二、三年の毛利氏検地において、鉄山の生産力を石高に評価して所領高としていたことは明らかである。福島正則は、そうした前領主の先例をうけて、鉄山役高を把握し、領知高に結んだと

表Ⅲ－4　元和5年分備後「鉄役之分」の内容

	鉄	銀	備　　考
三吉郡	駄 31.	貫 匁 分 1.175.60	
恵蘇郡	200.	2.132.40	
三上郡	1.	295.60	
奴可郡	152.1束	4.292.02	
札なしの鉄	（銑）8.		林又兵衛・祝伝右衛門改留置分
御調郡		1.910.40	馬札　199枚分
世良郡		96.00	馬札　10枚分
計	392.1 （代銀 貫 匁分 30.732.6）	9.902.10	

1．鉄は「祝右衛門ニ引渡ス，重而算用可上」とある。
2．「安芸備後小物成之御帳」による。

いえる。

つぎの浅野氏は、この鉄山役高と現実の鉄山業とを、どのように結びつけて近世貢租体系内に位置づけたであろうか。まず、元和五年分の貢租取立てのうち「小物成帳」[8]のなかに備後国分として「鉄役之分」があり、その内容を示すと表Ⅲ－四のとおりとなる。これからみると、浅野氏は鉄山稼行者に営業札を交付し、札役数に応じて、それぞれ現物（鉄・銑）ないし役銀を徴収するという掌握の方法をとった。札役の種類は、鉄穴・鑪・吹屋（鍛冶屋）・鉄馬などであり、取立には備後国小物成奉行があたった。その総銀は四〇貫六三四匁七分、現物取立の鉄類は小物成奉行が広島・尾道などの領内市場で売払い、その代銀を銀奉行へ納めた。

翌六年広島藩は、領内の産鉄村々および出鉄高の調査を命じた。これは、領内特産鉄三〇〇〇貫を将軍家へ献上することと関連し、領知高に結ばれた鉄山役高の実態把握の必要性に迫られたからであろう。[9]その結果表Ⅲ－五のとおり、「鉄出郡并在々覚」[10]として備後四郡二二か村から打鉄一万三三三八貫目（五三四束）の産出高があったことを示している。この鉄額が在庫のものか、生産額かについて定説はないが、鉄山役銀の徴

表Ⅲ－５　広島藩の鉄産額と産出村々（元和６年）

	打　鉄	村
三　吉　郡	貫目 846	石原村，中野村，横谷村，大畠村，櫃田村
恵　蘇　郡	7,092	から松村，芦原村，高暮村，和南原村，湯川村 さるから村，三河内村，古頃村
奴　可　郡	5,364	入江村，小鳥原村，小奴可村，上千鳥村 内堀村，小串村，田鋤村，油木村
三　上　郡	36	本村
合　　計	13,338	４郡22か村
代　　銀	貫　匁 8.002.8	打鉄10貫目に付６匁ずつ，山元にて只今の相場

「自得公済美録」巻13下による。

収状況からみて、貢租賦課の対象たる鉄山業の年間出鉄額とするのが妥当であろう。[11]

この年は、年貢・小物成のほかに、「鉄山銀」三七貫三六八匁五厘が徴収されており、その内容は鉄山上り銀一三貫五一七匁九分五厘と鉄山下シ米代金二三貫八四〇匁一分であった。[12]すなわち、鉄山役として取立てた現物および鉄穴・鑪・鍛冶屋・馬札銀が前者であり、鉄山職人に払い下げた年貢米の代銀が後者であった。

また表Ⅲ－六は同八年の備後四郡貢租銀のうち、鉄山銀の内訳を示したもので、八年分の合計銀三六貫七一六匁七分、うち現物売払いに相当する代銀（A）一〇貫六七一匁六分、諸役銀（B）九貫四七二匁、鉄山下シ米銀（C）一六貫五三〇匁一分である。[13]これらのうち、（A）・（B）はほぼ毎月取立てられ、（C）は冬・春の両度に徴収されていた。

さらに広島藩が寛永九年（一六三二）三次藩を分出して支藩を立てた際に引渡した小物成目録から、[14]鉄山役関係を示すと表Ⅲ－七のとおりとなる。すなわち、鑪は五か村で鉄・銑一六四駄（代銀二貫五二八匁三分）、鍛冶屋は六か村で吹役銀九六〇匁、鉄運送は五か村・馬札銀四二二匁（一〇一枚）、請山役は九か村・銀二

表Ⅲ－6　元和８年　備後国４郡の貢租銀取立内容

			恵蘇・三吉郡（代官　祝伝右衛門）			奴可・三上郡（代官　川崎多左衛門）		
			収納月日	銀　額	前年残りの銀額	収納月日	銀　額	前年残りの銀額
				貫　匁				
年貢銀			３月～12月	24.232.08		３月～12月	22.250.42	
小物成銀			正月～12月	9.223.70		正月～12月	5.306.70	
壱歩米銀			12月	9.638.05		12. 23	312.30	
合計				43.093.83			27.869.42	
鉄山銀	A	所払				5. 晦	1.013.0	
		鉄山上り銀				7. 28	111.9	
						8. 23	63.5	
		鉄之代銀（鉄払銀）	10. 23		※697.7	6. 4	7.032.0	
			11. 10		210.2	11. 17	573.1	
						12. 28	1.878.1	
		鉄山銀				9. 12		628.5
		小計			907.9		10.671.6	638.5
	B	鉄山諸役銀	3. 4	1.235.5		2. 4	362.7	
			8. 25	1.513.5		3. 晦	1.804.7	
			10. 25	799.2		7. 24	367.3	
			11. 10	151.8		10. 23	※1.158.1	
			12. 晦	455.0		12. 晦	1.365.0	
		鉄山馬之口役銀	11. 12	259.2				
		小計		4.414.2			5.057.8	
	C	鉄山下シ米銀	3. 27		4.934.02	11. 15	4.848.0	
			5. 21		9.342.6	12. 13	5.556.9	
			5. 晦		6.053.0			
			12. 27	6.125.2				
		小計		6.125.2	20.329.62		10.404.9	
	鉄山失火科料銭		12. 晦	43.0				
	合計			10.582.4	21.237.52		26.134.3	638.5
総計				53.676.23	21.237.52		38.274.32	638.5

1．※印は川崎・祝両代官の合銀であり，４郡にまたがっている。
2．浅野家文書「元和八年銀子請取帳」による。

表Ⅲ－7　寛永9年　三次藩の鉄山役銀

郡	村名	鉄・銑額	ふき役銀	馬札役銀	請山役銀	鉄山仕出し米銀
三吉	酒屋				匁 15.	
	内別作				炭かま役 65.	
	別作			※ 匁 30.（5枚）		
	森山東	※鉄 駄 3.				
	ひげ三原				60.	
	櫃田				36.	
	横谷	※鉄 4. 三郎左衛門 又左衛門	※ 匁 30.（2丁） 又左衛門 源蔵			
	茂田	※鉄 4. 孫市				
	三吉市			※ 45.（5枚）		
	小計	鉄 11. 銀 匁 178.2	（2丁） 30.	（10枚） 75.	176.	貫 匁 5.382.7
恵蘇	泉田				10.	
	高野山	※銑 142.		※112.（18枚）		
	本郷				13.	
	向泉		※ 30.（1丁）			
	湯木		※ 30.（1丁）			
	門田				20.	
	濁川	※銑 11.	※170.（3丁）	※ 65.（50枚）		
	川北		※ 60.（2丁）		40.	
	高茂				32.	
	比和			※170.（23枚）		
	森脇		※640.（19丁）			
	小計	銑 153. 銀2,350.1	（26丁） 930.	（91枚） 347.	115.	8.865.3
合計		2,528.3	960.	422.	291.	14.248.

1．寛永9年「因幡守様御領分小物成目録」による。
2．※印は領知高に鉄山役が結ばれた村々を示す。
3．鉄代価は，「寛永七年之売立ノ値段」で，銑1駄につき銀15匁3分6厘，鉄1駄につき16匁2分ずつ。

表Ⅲ－8　備後4部の鉄山役札の規準

種類		銑	銀	備考
		束	匁	
鑪	上　札	39	(390)	札1枚につき
	中　札	33	(330)	〃
	下　札	28	(280)	〃
			匁	
鍛冶屋	上　札		143	札1枚につき（古札）
	中　札		123	〃　（〃）
	下　札		103	〃　（〃）
	下々札		42	〃　（新札）
鉄　穴　札			匁　匁 10～1	「高下有之」

「学己集」巻1による。

九一匁となり、合計銀四貫二〇一匁三分、年貢米の鉄山払いのみ郡単位で行われ、両郡代銀一四貫二四八匁であった。しかるに、三次藩が翌十年実際に収納した鉄山役は、銑・鉄穴銀九貫二八二匁四厘、吹札役銀四貫五八五匁、馬札役銀三貫五九二匁八分、合計一七貫四五九匁八分四厘となっていて、さきの引渡目録の役銀より約四倍も多いのである。[15]その理由は、第一に鉄山札役の徴収が鉄山稼行の実際に左右されていたこと、とくに鉄山改めによる初期鉄山の低位生産性や、稼行場所の移動性など実態把握が容易でなかった。第二に年々鉄の売払価格に差がみられたこと、第三に三次藩の鉄山収奪の強化策があげられよう。

以上のごとく元和・寛永期の広島藩は、鉄山稼行者に対して営業札を交付し、札役に対応した現物および役銀を徴収する形態の鉄山把握を行った。そして、「鉄山年貢」[16]とよばれたごとく、年々の札改めによって収納額が決定された。徴収基準についても表Ⅲ－八のとおり、鑪・鍛冶屋・鉄穴など、その生産力に応じて上・中・下・下々と田畑の等級と同様に位置づけられていたのである。

ところが、これら備後四郡のほかに、安芸国山県・高田・高宮・豊田の各郡に鉄山稼行が拡大されてくると、それらの統制にも鉄山札を交付し、鉄山運上銀を徴収するようになった。高田郡は慶安三年（一六五〇）に鑪札・吹屋札・馬札・鉄方船札、天和元年（一六八一）には小鉄《こがね》下請札が設けられた。[17]山県郡では表Ⅲ－九のごとく、各札がきめられ、それぞれ定額・定期に上納された。[18]これらは、鑪札一枚（一か所）が山県・高田・高宮の各郡とも銑

表Ⅲ－9　山県郡の鉄山札の内容

種類			数量	銀額	備考
鑪札	1枚	運上鉄	束 8	匁 640	広島町相場，12月上納
		鑪炭運上		500	毎年12月上納
		釘地炭運上		60	〃
	1枚	運上鉄	束 8	匁 640	
		鑪炭		500	
		釘地炭		50	
吹屋札			枚 24	匁 1,008	1軒（1枚）につき42匁
吹屋馬札			48	921.6	1軒（2枚）につき38匁4分
吹屋炭運上			24	5,400	1軒（1枚）につき225匁

「芸州山県郡村々諸色覚書」による。

八束、時下相場の代銀納とされているように、営業免許札運上銀として固定化されており、初期の鉄山札役の性格から大きく変化している。そのことは、元禄・享保期になるといっそう明確にされ、従来の鉄山札役とは別に現実の鉄山生産力に応じた運上銀として、新たに鑪に対しては一か所銀一貫~五〇〇目、鍛冶屋一軒に対して銀三〇〇~一八〇目、鍛冶炭札銀二〇~一八匁などと割賦徴収するようになった[19]。

鉄山役は以上のような経過をたどり、鉄山統制に一定の役割を果しているが、領知高に結ばれた鉄山業も、生産過程を中心に札役・運上銀制として貢租体系のなかで位置づけられる限り、収奪強化も一定の規制をうけ、享保初年の鉄山札・運上銀二六貫五六四匁余と[20]、近世初頭と収奪額において大きな変化が認められなかったのである。

註（1）高殿鑪の成立年代については諸説があり、もっとも早いのは洞富雄氏の戦国末期説（『種子島銃』）、遅いのは飯田賢一氏の安永年間説（『日本鉄鋼技術史論』）である。しかし、三枝博音氏（『明治前期鉱業技術発達史』）、向井義郎氏（「中国山地の鉄」『日本産業史大系』第七巻所収）、武井博明氏（「近世鉄山

業の鞴について」『近世製鉄史論』所収）ら多くは、「貞享～元禄初年」説を支持しており、本稿においても、その成立時期の解明に重点をおいた。なお、ここでは天秤吹子鑪と高殿鑪をほぼ同一と理解して論をすすめている。

（2）『広島県史』近世1　五七三頁。

（3）武井博明氏は、『近世製鉄史論』（三一書房・一九七二年刊）のあとがきにおいて、近世たたら製鉄業の段階区分を、㈠中世豪族的経営、㈡「名田地主」的経営、㈢村方小地主的経営、㈣「豪農」的経営、㈤寄生地主的経営の五期に分けて、体系的把握を試みられたが、残念ながら推定に終っている。

（4）「御知行帳」の最後に「此以前福島左衛門大輔殿内大崎玄蕃・間島美作極之判有之帳面を写、小物成共ニ相渡申候」とあることに基づいている。

（5）「学己集」巻二。松尾惣太郎・向井義郎・堀江文人の諸氏は、それぞれこの説を踏襲しておられる。

（6）岸田裕之「備後国山内氏一族と南北朝の動乱」（『歴史公論』九・昭和五十四年九月）。

（7）「中川四郎所蔵文書（赤穴文書）」。

（8）「自得公済美録」巻十二下。

（9）「自得公済美録」巻十三下。献上鉄は六年十一月六日、元和日付の本多上野・土井大炊宛の案紙と、十一月廿八日付将軍秀忠の浅野但馬守宛の礼状があり、いっぽう領内鉄の調査報告は同年閏十二月十日付である。

（10）「自得公済美録」巻十三下。

（11）武井博明氏は鉄額が少ないことから月産額とみている。また、難波宗朋・堀江文人両氏も生産額について疑問を呈しているが、説明がない。

（12）「元和六年銀子請取帳」（広島市立中央図書館「浅野文庫」）。

（13）「元和八年銀子請取帳」（右同）。

（14）寛永九年「因幡守様御領分小物成目録」（「鳳源君御伝記」巻二）。

（15）「寛永拾年分御年貢米払勘定目録」（「鳳源君御伝記」巻三）。

（16）「全ク米穀ニ相当候鉄之儀ニ御座候」（「芸藩志拾遺」六）。

(17)「芸藩通志」巻三。
(18) 享保十二年「芸州山県郡村々諸色覚書」(山県郡北広島町芸北深井家蔵)。
(19)(20)「学己集」巻一。

2　鉄の藩専売統制

幕藩制初期における鉄山経営は、おおむね初期本百姓体制で行われていた[1]。この頃の鑪は、「当時(文政期)鍛冶屋ニ用ひ候鞴様之ものニ而、一夜ニ付銑拾四五駄、弐拾駄も吹候事、弐村ニ山中古鑪跡御座候処、甚場所狭所ニ御座候、察候ニ所々壱ケ年程宛も吹場所替いたし候ものと奉存候」、あるいは、「往古の鑪跡御座候而、銑くず類有之ケ所場内逼り、当時(文政期)鑪など打立候場所ニハ相成不申候、是も吹差壱梃ニ而小構にして壱年半季ニ而も炭受宜ケ所々々にて吹候もの哉、何れも小構なる事と相察申候[2]」とあるように、踏吹子ないし吹差吹子を用いた小規模な爐による野だたら生産であった。寛永九年(一六三二)に鑪・鍛冶屋の経営者としてあらわれた三次郡横谷村三郎左衛門・又左衛門・源蔵や茂田村孫市らの基盤は判らないが[3]、山県郡の鉄山経営者都志見村七郎左衛門は、延宝七年の(一六七九)所持高二八石余(三町四反余)、家数三二軒(本家一、鍛冶屋一、同小屋一、門一、下人家一三、土蔵四、藁屋四、牛馬屋七)、人数一〇三人(男五二、女五一)であり[4]、村内経営の鍛冶屋職人を下人形態で抱えていたことが知られる。また七郎左衛門の分家長兵衛も所持高一三石余、人数三五人、下人家三軒の規模であるが、この両者は大暮・戸河内両村に鑪・鍛冶を共同経営しており、その場合の鉄山は村方に把握されない「山内」を形成していた。宮地村四郎兵衛は、奥中原村で鍛冶屋を一軒経営していたが、享保五年(一七二〇)の所持高一一石余、家四軒(本家一、年貢蔵一、酒屋一、牛馬屋一)人数一〇人(うち下人・下女三)であり、鉄山職人は上記の

表Ⅲ－10　蔵座鑪労働者の雇傭構成

職種	前職場	石見 益田郡	石見 邑智郡	石見 那賀郡	石見 銀山領	出雲・飯石郡	伯耆・日野郡	備後・恵蘇郡	安芸・山県郡	合計
村下	赤石鑪	1								1
炭坂	荊尾鑪								1	1
山配	鍋滝鑪							1		1
番子	赤名鑪			4					1	5
	鍋滝鑪			1		2				3
	鍋石鑪			2						2
	さりか谷鑪			3						3
	青尾鑪			2						2
	荊尾鑪		2	2					2	6
	横川御鑪								4	4
	横川御鍛冶屋								1	1
	川内鑪								2	2
	穢ケ谷鑪								1	1
	潰れ鑪								3	3
	山県郡村々								4	4
山子	鍋滝鑪		2	1		2		1		6
	横川御鑪								2	2
炭伐	横川御鑪								3	3
	横川御鍛冶屋								2	2
	山県郡村々								2	2
大工	横川御鍛冶屋			1						1
手子	大鳥鑪			1						1
	大鳥鍛冶屋		1							1
	溝口鑪						1		1	2
	横川御鍛冶屋				1				1	2
後吹	溝口鍛冶屋								1	1
合計		1	5	17	1	4	1	2	31	62

元禄12年「蔵座鑪人別由来帳」による。

村構成のなかに含められていない。(5)

さらに山県郡加計村八右衛門（宝永五年の持高三四石八斗）は、貞享四年（一六八七）戸河内村横川の「官鑪一ケ所、鍛冶屋二軒」を払い下げられて鉄山経営に携わるようになったが、(6)元禄十二年その鑪を同村柴木に移転したときの鉄山職人雇名簿が残っていて「山内」の人数一一七人（男八三、女三四）が判明する。(7)うち鉄山職人として雇傭された者六二人（家族持二二、独身四一）、その前職場・出身地別構成を示すと表Ⅲ－一〇のとおりである。一見して判るように各地の鉄山から集められており、横川鑪から蔵座鑪へと引続き雇傭されたものはわずか一五人（二四％）、他は石見鍋滝一〇（一六％）、山県苅尾七（一一％）、出雲赤名六（一〇％）などで過半数に達している。出身郡別では、地元山県三一（五〇％）、那賀一七（二七％）、邑智五（八％）で、八五％を占めていた。ともあれ、元禄期の鉄山職人は、村構成員から隔絶された存在となり、鉄山経営者と雇傭契約を結ぶことによって、集団「山内」を形成するようになっていた。しかも、山内の構成員は、稼行場所を移動するたびに過半数が入れ替るという流動性のはげしい状態を示している。その理由は、八右衛門家がいまだ自己の鉄山職人集団を確立させていない段階であったこと、また、鉄山の技術的躍進期にあたっており、それを担う新しい技術労働者の選択編成が行われつつあったこと、さらに各地に潰れ鑪があったように安定的経営が困難な状態にあったことなどがあげられる。したがって、元禄・享保期の鉄山経営は、決して中世的関係のもとで固定化されていたのではなく、まさに高殿鑪技術を擁した鉄山（山内）の形成へと大きく変貌を遂げつつあったといえよう。(8)

すなわち、慶長～寛永期は、幕藩制国家の生産体制への編成過程にあり、初期本百姓的生産形態をもつ。それは鉄山経営者が鉄山技術労働者としての本百姓および脇百姓（隷農・下人）を地親的家父長的支配のもとで行う形態であった。したがって、そこには初期農業における主家―下人関係がつよく投影されていたことはいうまでもない。また、寛文・延宝期になると製鉄技術と鉄生産力の発展（吹差吹子鑪の一般化）を背景に農業労働と分離された鉄山の専業技術集団の形成がすすむ。とくに大炭を求めて深山で稼行する鑪にはその傾向がつよかった。このようにして、元禄・享保期には、天秤吹子を用いた高殿鑪が出現し、銑・鉧の生産増大を背景に経営主と鉄山労働者の分業・生産体制が成立したのである。この生産体制を統制支配し、鉄山職人の技術を生産過程へ緊縛するために「鉄山格式」や、経営者の「一山的成敗」があらわれたといえよう。

つぎに近世初期の鉄流通について、藩は郡中法度に[9]「在々樋木調候事、蔵入は大工釘・鎹を可遣候、給人方は其所之給人より大工釘・かすかい出し可申」と灌漑用釘・鎹等をはじめ、武具・生産具その他の諸用具類に欠くことのできない鉄素材を領内において充足させることを第一義とする政策をとっていた。そのことが、「鉄年貢」方式の収奪をもたらし、その売払いを中心に藩→初期豪商→小鍛冶→領民という領内流通機構を成立させていたのである。広島城下町では、豪商芥川屋が一手に取扱う体制ができていた。延宝八・九年（一六八〇・八一）、天和二・三年（一六八二・八三）など数次におよぶ「買鉄制」の実施は、上記以外の領内鉄流通の展開に対して芥川屋が藩権力を背景に一手集荷する方式をとろうとしたものに外ならない。しかし、鉄山元から直接商人経由で流通する仕組が強力になり[10]、藩の「買鉄制」は一、二年の試行で断念せざるを得なくなっている。ことに天和三年（一六八三）七月には、「芥川屋十兵衛方ニて御売せ被成候鉄、向後御差止被成候ニ付、当町鍛冶屋共鉄買候儀以来何方ニても心次第ニ買申筈[11]」と、芥川屋十兵衛の手から城下小鍛冶屋への一手販売権を取りあげ、改めて鍛冶奉行に命じて、小鍛冶屋が、鉄師（荷主）等から自由に鉄材を購入することを認めるにいたった。これは、鉄生産力の発展を基礎にした領域流通市場の形成に対して特権的商人の独占的集荷体制が桎梏となり、廃止に踏みきらざるを得なかったことを意味する。そのことは、鉄が領内市場にとどまらず、全国流通機構の形成とともに、各荷主が直接大坂市場への販路を開き、「前貸銀無利子借込」といわれる大坂問屋の前期資本を得て、鉄山経営の拡大を行い、製鉄技術の革新と鉄生産量の飛躍的増加に役立たせるという関係が展開していくのである。

広島藩は、こうした領内鉄生産の動向に注目し、藩財政補塡の立場から鉄の流通過程の完全掌握とその利潤をとりこむ藩専売制の実施に踏み切った。すなわち、元禄九年（一六九六）、藩は鉄座を設けて領内産鉄を広島城下に集荷し、そのすべてを大坂市場で販売する体制をしいたのである。その直接の動機は、「先年高田郡・山県郡・奴可郡鉄荷主ゟ大坂鉄問屋へ鉄出来次第直ニ登せ売買仕候処、代銀其外存様ニ手廻難成荷主共不勝手ニ付[12]」と、藩が鉄山の経営資金を貸与して円滑な資金繰りを行わせる名目をとっている。その仕組は、鉄御用所から鉄師（荷主）に対して、三か月ごとに鉄仕入銀の貸付や飯米の支給を行い、製品のすべてを広島城下の本川鉄屋敷に集荷し、藩指定の大坂鉄問屋海部屋徳兵衛・紙屋吉兵衛に送り、その売捌きを独占させた。売払代銀のうち両問屋口銭二％、「万御造用」三％、本川鉄蔵屋敷料（鉄一束につき銀一分）および前貸銀を差引清算した残銀が鉄師の利益となった。そして、同十二年には広島の各川六か所に番所を設けて抜荷を取締るなどの措置を講じている。この仕法は、はじめ藩全体に及ぼされたが、正徳元年（一七一一）山県郡鉄師は藩へ銀四〇〇貫目を用立てて鉄座から抜け出し、奴可・三上郡でも経営不振による鉄師の破産があってかなり名目的になった。

三次藩でも元禄十二年（一六九九）の藩政改革とともに鉄専売制をしき、領内鉄を白銀屋惣兵衛・鉄屋次郎右衛門に集荷させ、大坂の川崎屋市兵衛に独占販売させた。しかし、同十五年には改革中止となり、大坂売捌き鉄の扱いは河内屋為左衛門・境屋庄左衛門両名が掌握支配するところとなった。

註

（1）武井博明「近世初・中期における鉄山労働者の性格」（『近世製鉄史論』）。
たとえば、元和七年「布部村検地帳」から、「たたら屋敷」を所持する一二名の農民について、又兵衛（畝数三町三反八畝二一歩、名子二）、与兵衛（同一町九反、名子三）両名が鑪主（鉄山経営者）で、のこる一〇名は一町六反から一反四畝までの耕地所持者で、村下以下の鑪技術労働者である。

（2）文政二年「国郡志御用ニ付下調書出帳」奴可郡辻帳（東京田辺家文書『東城町史』古代・中世・近世資料編所収）。

（3）寛永九年「因幡守様御領分小物成目録」（「鳳源君御伝記」巻二）。

（4）延宝七年「安芸国山県郡都志見村差出帳」（山県郡北広島町都志見香川家蔵）。

（5）享保五年「山県郡宮地村家人馬御改帳」（山県郡北広島町芸北支所蔵）。

（6）「加計万乗」巻一（広島大学附属図書館「隅屋文庫」）。

(7)元禄十二年「蔵座鑪人別由来帳」(同「隅屋文庫」)。
(8)向井義郎・武井博明両氏の鉄山史に共通していることは、おくれた山間地帯のおくれた産業構造論として、鉄山経営・労働力の性格を「奴隷的」「中世的オヤカタコカタ的」と把握し、前代の「遺制」、後進性を強調されている。畑中誠治氏は、その点不十分ながら、幕藩制身分関係に反映された労働者構成であると説いている。
(9)「自得公済美録」巻二十。
(10)「元禄十二年急度遣ス」(広島大学附属図書館「隅屋文庫」)。
(11)「顕妙公済美録」巻十二下。
(12)「学己集」巻二。

3 藩営鉄山の成立と構造

広島藩における藩営鉄山の成立は、正徳・享保期であった。その成立過程は、備後四郡のうち、本藩に所属した奴可・三上両郡と、分家三次藩の三次・恵蘇両郡とでは、かなりの違いが認められる。

まず、奴可・三上両郡では、元禄九年(一六九六)以来藩専売制下にあったが、宝永七年(一七一〇)に「御仕入銀相止」となり、翌正徳元年には「出来鉄御買上ケ」も廃されて、事実上藩専売制は中絶状態となった。[1] そのため、両郡の鉄山経営者らは、鑪札・鍛冶屋札蒙御免運上銀差上、銘々ニ」大坂問屋資本を導入しての自分経営を復活し、「割鉄大坂へ登せ支払申」すようになったのである。しかるに、同四年(一七一四)には、出来鉄不振により大坂積み登せができず、鉄問屋の借銀返済に窮する荷主(経営者)がでてきた。とくに大坂銀主は、「借銀夥敷滞申候ニ付」と油木村惣兵衛(六ノ原鑪経営)らを藩へ訴え、貸銀の返済を迫った。藩はこれを放置できず、彼等にかわって肩代りし、鉄山業を一時的に中止させた。[2] この措置に対して、「鉄山長割鍛冶屋無之テハ一向百姓浮儲

表Ⅲ－11　奴可郡の藩営鍛冶屋

	設　置	小　炭　焼　村	手代（2人扶持）	地鉄購入先
奴可郡	平　子鍛冶屋	平子・栗・高・川西	西城町久兵衛	八鳥村　始終鑪
	三　坂　〃	高尾・小鳥原・三坂 油木	小鳥原村　為右衛門	小奴可　小鳥原鑪
	衣木村　〃	入江・大屋・別所 田鍬・尺田・衣木	八鳥村　七郎右衛門	尺田　油木村鑪
	加　谷　〃	森・田黒・小奴可 加谷・内堀	小串村　義兵衛	上千鳥　小串鑪
	戸　宇　〃	未渡・宇山・山中・友 竹森・請原・戸宇・久	西城町　仁兵衛	川鳥・宇山・竹森鑪

無之、困窮至極ニ陥」と農民の嘆願が出され、また、享保三年（一七一八）百姓一揆の際、「御上ヨリ郡中為御救、中絶之長割鍛冶屋被仰付被下候様」と要求をかかげて闘っている。

かくて、同年十一月広島藩は藩営鉄山の設立を決定したのち、藩営長割鍛冶屋五軒の稼行を申し渡し、翌四年から操業を開始した。藩営鍛冶屋の運営方法は、「御手鑪無御座百姓共鑪より銑買調」えて行われるもので、「御鍛冶屋遣ヒ地鉄割賦ノ鑪ヨリ無差問被付渡候様申付、御鍛冶屋ノ手当不相済内ハ自分入用ニ遣ヒ、又ハ外へ売候義不相成候事、小炭等モ割賦村々ヨリ申合、凡一ケ所弐拾程ツ、差出シ無差問」としていた[3]。すなわち、この場合の「藩営」とは、鉄山業における全生産過程の最終段階にあたる大鍛冶屋（割鉄生産）部門を対象とし、流通過程を支配する藩専売制から生産過程の一部に踏み込んだ対応であったといえよう。藩営鍛冶屋の運営にあたって、表Ⅲ－一一のとおり、各鍛冶屋の支配に手代（二人扶持）を登用し、小炭焼村および銑購入先の鑪を指定した。これらの支配には、御鉄奉行・番組が「御城下ゟ被遣、其外元〆算用役ノ者共御鉄方抱、会所ニ相詰」とあるように、西城町に御鉄会所が設置され、そこに御鉄奉行二人（高橋五左衛門・多田文左衛門）、番組二人（津田伝助・横山吉郎兵衛）が常駐し、郡内から支配役（元締・算用役）二人（戸田屋伊右衛門・紅屋次兵衛）を任命して業務を管轄させ、さらに手代・下走り一二人（鍛冶屋に各一人ずつ）を召抱えて行わせた。

また、会所は各大鍛冶屋で生産された割鉄の集荷所であり、尾道経由で大坂市場へ積出す鉄荷の輸送事務をつかさどった。すなわち、会所において長割鉄荷に「上中下之目印ヲ差札ニ記シ、菰包ニ仕、尾道町迄馬ニ付差出シ、同所ゟ船ニ積大坂へ差登申候」と、産地より大坂販売に廻した。大坂では藩指定の鉄蔵元新屋庄左衛門に一手支配させ、鉄商売の町人へ入札売払いとし、代銀は蔵元鴻池善右衛門に請取らせる仕組とした[4]。

このような奴可・三上郡の藩営化は、第一に鉄山業の中枢に位置する鑪経営に及んでいないことである。いわば、藩は藩専売制から一歩すすんで市場用良鉄の生産工程を藩営化したにすぎない。その理由には、藩が財政補塡の立場から中央市場販売向の鉄荷生産に重点を置いた措置とも考えられる。また同時に、この時期の鑪経営が野鑪から高殿鑪への移行期にあり、高殿鑪経営の技術的不安定性が、鑪部門の藩営化を躊躇させたとも考えられよう。ともかく、この段階では、奴可・三上郡出鉄の大坂市場向割鉄生産の独占をはかっている。

第二に、藩独占のおよばない領内の日常的鉄需要に対して百姓経営の釘地鍛冶屋を認めたことである。釘地鍛冶屋は、割鉄鍛冶屋にくらべて施設も小規模で、二延鍛錬法の四ツ割・八ツ割（釘・農具・包丁・大工道具・小刀などの下地鉄）に限って生産させ、長割鉄に類似の上質鉄や大坂積登せ荷など、藩営鍛冶屋と競合するような行為は厳重に禁止されていた。ただ、後には釘地鍛冶のほか千割鍛冶屋（細割ともいい長割につぐ規模の錬鉄）までが許可され、郡内に釘地鍛冶二八軒、千割鍛冶四軒が稼行された。

つぎに三次藩に所属する三次・恵蘇両郡では、元禄十二年（一六九九）の藩専売制が同十五年に中絶状態となり、それを宝永八年（一七一一）正月にいたって三か年計画で藩営鉄山への切替えを命じたことからはじまった。すなわち、藩郡代（三上勘兵衛・吉田孫兵衛）は、同年（正徳元年）十一月すべての鉄山を鉄山札山に申付け、翌二年十一月には鉄奉行・元締ら鉄山諸役人を任命するとともに、両郡の鉄山業をすべて「御手鉄山」に移行した。「荷主鑪・同鍛冶屋御差止メ、諸道具・仕組共ニ当分御借上ケ[5]」とあるように、百姓経営を許さない方針を打ち出した。それは、三次藩が鉄の藩専売制を、流通過程にとどめず生産過程をも含めた鉄山の全過程におよぼしており、その点広島藩の場合と大きく異なるところである。両郡鉄山は、鑪五か所、鍛冶屋一五軒、鉄穴二二か所、御鉄山（炭山）九二か所（三次四四・恵蘇四八、山札一二二枚）などであり、それぞれで生産される小鉄（砂鉄）から大炭・小炭・銑・割鉄にいたるまで、藩用以外の売買・移出は、すべて抜荷として厳重に取締られることになったのである。

ところが、享保三年（一七一八）におこった百姓一揆は、三次藩においても猛威をふるい、恵蘇郡古頃村甲野鑪や川北村鍛冶屋、鉄方横目上原村十五郎、鉄方元締森脇村多賀与兵衛、木戸村長岡又兵衛らの鉄山・居宅は、「大勢押掛家財等破却」、「踏潰」された。そして、一揆要求は手きびしく、小炭焼出し・鉄荷輸送を担当する宮内村惣百姓の場合、要求一六項目のうち六項目にわたっている。[6]

一　鉄山御止メ可被下候
一　御鉄山ニ被成候而痛品々
一　先年より小炭直段弐百目ニ而御座候処、近年五　お（ママ）銀ニ而も右之直段被仰付候ハ年分六貫目余痛
一　耕作仕付候之時分も作を止メ小炭伐り申様ニと被仰付不作痛
一　小炭催促役人、村より雇ひ三石六斗痛
一　御鉄山ニ成御状繁日番、右之給ニ而不仕壱石之痛
一　商人荷物宮内より三次迄壱駄ニ而三匁五分之場所、御鉄壱駄ニ付ニ匁三分ニ御定年分三貫目余之痛

鉄山稼行地域の農民は、藩営鉄山による収奪強化が「困窮至極」の原因であると、藩営鉄山廃止を要求してい

た。

こうした要求は、藩営鉄山とのかかわり方の強弱によって異なるが、藩営鉄山の存在は、農民にとって農閑副業としての必要性よりも収奪強化されるとの認識を持っていたことのあらわれである。藩は一揆要求の一部を入れ、鍛冶屋五軒を廃して鑪五か所、鍛冶屋一〇軒とし、鉄方を郡奉行から勘定奉行の支配に変更し、鉄方元締四人を閉門にしたのをはじめ、鉄方諸役人の刷新をはかった。このような三次藩における藩営鉄山の特徴は、藩が鉄山の生産・流通全過程を経営したことであったが、鉄方諸役人はすべて郡村取立の役人であった。正徳二年（一七一二）郡代（郡奉行）—鉄奉行—元締の支配組織が採用され、郡代の三上勘兵衛・吉田孫兵衛両人のみは藩家臣で郡方支配の全般を管轄していたが、鉄奉行には山之内組岡部弥太郎・向泉村秋利太郎右衛門両人で、元禄十二年の藩政改革の一環として在方から所務役人（郷代官・召出米五〇俵、後切米一五石三人扶持）に取立てられ、鉄奉行に任命された。元締にははじめ布野村平林勘四郎・高野村出雲屋彦右衛門・水越村庄屋好右衛門・比和村糀屋藤四郎の四人、翌三年（一七一三）川北村九右衛門・木戸村長岡又兵衛・森脇村多賀与兵衛らが任命されたが、いずれも在村において「長立候者」あるいは村役人で、藩営化以前は鉄山経営に携わっていた。また、鉄山方横目役も設けられ、山之内組上原村庄屋十右衛門の弟十五郎、伊与組森脇村伝兵衛が命じられた。このように旧鉄山経営が藩営鉄山の支配を行い、藩の収奪強化体制をしいたことから、総百姓一揆の反撃をくらったわけで、このあと鉄方諸役人の交替が顕著にみられた。

つぎに藩営化の産鉄は、すべて三次町に集荷され、領内の小鍛冶屋需要分のみを残して「忠海迄遣し、彼地ゟ大坂へ差登せ申候」と、ほとんど大坂表へ廻送した。大坂では鉄問屋河内屋為左衛門・境屋庄右衛門両人に一手支配させ、「鉄商売仕候町人ゟ入札払ニ仕候」という形態で販売した代銀を、大坂蔵屋敷に納めさせている(7)。しかし、三次藩は享保五年継嗣断絶となり、遺領はふたたび広島藩の支配に復し、「御鉄奉行幷下役之者」は、そのまま

表Ⅲ－12　藩営鉄山の年間出鉄とその販売（享保期）

		奴可・三上郡	恵蘇・三次郡
藩営施設	鑪	0（後に2か所）	5か所
	鍛冶屋	5軒（1軒につき上・中・下鉄1000束ずつ）	10軒（1軒につき上・中・下鉄1000束ずつ）
大坂売鉄	産鉄量	5,000束（1束は11貫目）	10,000束（1束は12貫目）
	代銀	銀400貫目（上中下1束につきならし80匁）	銀800貫目（上中下1束につきならし80匁）
輸送経路		西城――尾道――大坂	三次――広島――大坂
大坂売	鉄蔵元	新屋庄左衛門	河内屋為左衛門・境屋庄左衛門
	販売方法	鉄売買商人による入札制	鉄売買商人による入札制
	集金	蔵元鴻池善右衛門へ買主が納入	蔵元鴻池善右衛門へ買主が納入
	鉄渡し	大坂蔵屋敷で払手形と引換渡し	大坂蔵屋敷で払手形と引換渡し
備考		1. 鉄方仕入銀，百姓鑪よりの鉄買入れなどの需要銀を差引いた利潤銀は120貫目ほどある。	1. 領内小鍛冶需要の残りを大坂販売にまわす。 2. 鉄・紙方仕入銀を差引き大坂売払いによる鉄紙両利潤銀700貫目余とあり，鉄の比重が低い。

「広島藩御覚書帳」による。

「不残御扶持浅野本家ヨリ被下置」となった。

さて、享保五年（一七二〇）、三次藩の本藩復帰によって統一された備後四郡の広島藩営鉄山は、同十二年三次御鉄方の開設、奴可・三上郡に藩営鑪の設置、元文五年（一七四〇）西城御鉄会所の三次御鉄方合併など、経営強化策がとられた。そして、宝暦十年（一七六〇）には、郡村の鉄山払い戻し運動にとどめをさす「全体御鉄山之儀ハ、御高籠ニ被結万代不易之御仕向有之候」という藩の公式見解を発表して、[8]鉄山藩営化に不動の体制をしいた。こうして藩は、備後特産鉄の完全掌握を行い、その販売代銀をもって藩財政の補填に役立たせる仕組を実現したのである。

まず、享保期における藩営鉄の年間産鉄量とその販売の仕組をみると表Ⅲ－一二のとおりである。備後四郡における大坂積登せ鉄の年間量は約一万五〇〇〇束（一七万五〇〇〇貫）、その販売代銀一二〇〇貫目であり、輸送経路や大坂での販売方法も明らかになる。

そこで、以上のような経緯をもった藩営鉄山の生産・流通構造が、百姓経営の鉄山といかなる違いを持つかを明らかにしよう。藩営鉄山は、鉄穴流しから出来鉄の販売にいたる全過程を、藩の直接管理下におき、そこから生ずる収益をすべて領主利潤として収奪する仕組であるが、生産過程の鉄穴流し・鑪・鍛冶屋三部門のうち、鍛冶屋（割鉄）部門に比重をおき、鑪・鉄穴流しの順で掌握度が低下している。鉄山経営の主要部門を構成する鑪・鍛冶屋に対する藩営の特徴は、つぎのとおりである。

(1) 製鉄部門　鑪の大炭、鍛冶屋の小炭や、築爐に必要な薪・炭などの供給確保に「御鉄山」（製炭林）の制を設けた。正徳四年（一七一四）油木村惣兵衛の「七ケ所山」を、藩が借財肩代りに藩有化したのをはじめとして、享保十年（一七二五）には鑪・鍛冶屋付属の鉄山備林として奴可郡二一、恵蘇郡四八、三次郡四四、合せて一一三か所が設定された[9]。そして、「此山ニおいて何木によらず一切伐採ルべからず」と山札を立てて管理し、鉄山経営の専用山として運用された。

(2) 鉄山職人飯米　山内職人に対する飯米供給として「年貢下シ来」の制が、近世初頭より採用されており、藩営鉄山へも適用された。年貢下シ米量は約一万石から三万石までといわれ、夏秋二期を限り年貢米上り銀相場より二匁上りで取立てられた[10]。

(3) 諸仕入銀　築爐・諸道具・小鉄購入その他の諸入用など、鑪・鍛冶屋を経営するための諸資金の貸与を受けた。鑪一代の諸経費が銀一貫六五〇目、鍛冶屋一日銀一三〇目といわれるが（表Ⅲ－一八・一九参照）、藩が銀または銀札で貸与し、出来銑または割鉄をもって清算した。

(4) 輸送部門　小鉄・銑・鉄および鑪・鍛冶屋へ材料を輸送する場合に「御用馬」の制がとられた。鉄山輸送を受けもつ村々に対して、駄賃馬を貸与したもので、無利子五か年賦返還などの方法をとっていた。

(5) 割鉄の集荷・販路　藩営割鉄は、領内需要の一部を除き、すべて大坂販売に向けた。そのため、奴可郡鉄は西城町、恵蘇・三次郡鉄は三次町の収納蔵に集荷した後、それぞれ尾道または広島を経由して大坂表へ積み登せ、鉄蔵元に指定した鉄問屋に販売させている。このため、藩営鉄は藩財政と大坂融資との関係から、販路が規制され、独自な市場選択はみられなかった。

なお、鉄穴流し部門の藩営支配が不徹底であったのは、原料となる小鉄（砂鉄）の品質によるところが大きく、高殿鑪の製鉄技術では、他領小鉄（山陰側の真砂）の供給を必須としたからである。

さて、藩営鉄山の支配は、享保五年（一七二〇）勘定奉行が管轄してから安政四年（一八五七）にいたるまで、ほぼ継続しており、[11] その職制はつぎのとおりである。

勘定奉行（三次鉄方役所勤番）―三次鉄奉行
- 鉄方帳元
  - 各鉄穴方（手代・下走）
  - 各鑪方（手代二・下走）
  - 各鍛冶屋方（手代・下走）
- 鉄方兼用役（鉄目付兼役四～五人）

三次鉄奉行は、三次鉄方役所（三次町）の勤番（侍士任命）、鉄方役所機構には、鉄方帳元と鉄方兼用役とがあり、鉄方兼用役のうち四～五人が鉄目付を兼務し、各鉄山の監察に当った（歩行組格）。鉄方帳元のもとに各鉄山があり、それぞれ手代（足軽格、二人扶持・切付一〇〇～三〇〇目）―下走（足軽格、二人扶持・切付八〇～一六〇目）を派遣して、鉄山職人および生産全般を監督させた。[12] このように藩営鉄山では、山内に藩役人格の者が入り込み、鉄生産や鉄山職人の監督を行うところに特徴があった。

鉄山労働組織および労働力編成は百姓経営の場合と基本的に変わりはない（表Ⅲ－一三参照）。鑪は高殿鑪を建設し、その総廻りに竹矢来で囲み、「職人居小屋・炭小屋・粉鉄置場・粉鉄洗場・鉄池等」を構え、「鑪方一式」の「職人妻子共集住居仕候」であり、鍛冶屋も「大き成業を仕候故炭薪大分入申候」割鉄鍛冶屋であった。表Ⅲ－一三のような職制・労働力編成をとり、手代・下走が藩御鉄方（足軽格）から派遣された現場責任者であり、村下・大工以下が技術・非技術系の鉄山専業労働者であった。

つぎに藩営鉄山の生産力と生産技術の推移について、図五は、たたら製鉄法において鉄生産力および社会的需要鉄の生産（銑）の画期的な発展を示したといわれる天秤吹子鑪の普及時期を推定したものである。[13] 近世初期に支配的であった踏吹鑪もしくは吹差吹子鑪が、天和年代から享保年代までの間に天秤吹子鑪にとってかわる推移を把握することができよう。天秤吹子鑪は、つぎのような規模を備えたいわゆる高殿鑪に外ならない。[14]

一　鑪壱ケ所　柱四本是ヲ押立ト申候
　手代小屋、鉄蔵共ニ壱軒
　下手代小屋弐軒
　村下・炭坂小屋弐軒
　　此外ニ山子・番子共銘々小屋ニ居候分三拾軒位
　小鉄𦼮《ねぐら》　鉄池等
右拵申所鑪普請ニ御座候

この天秤吹子鑪は、他国で別名「備後流銑鑪」とも呼ばれ、[15] 備後における使用年代と普及度がもっとも早かったことを示している。藩営鑪が百姓鑪に比して大型であったとの説は、[16] 藩がいち早く天秤吹子鑪の採用に踏み切って

表Ⅲ－13　藩営鑪・鍛冶屋の職制・職務内容

	職　名	人数	役　目	内　容
鑪	手代	2人	鑪総支配	諸職人・山子等の頭廻し，小鉄・炭薪・釜等の支配 / 扶持米・賃銀の請払い，その他諸用引受
	下走	1	〃 補佐	
	村下	1	鑪吹方の棟梁	日々吹小鉄の吟味差配，出来鉄の員数等改め
	炭坂	1	炭方吟味役	日々吹炭の吟味，その外村下役の補佐
	山配	1	炭・薪調達	鑪周辺の伐出し場管理，炭薪の貫目改め
	山子頭	1	総山子の頭	山所見廻り，伐木差図，立木等伐荒し注意
	吹踏	6	番子役	天秤吹子２人ずつ３交代で踏み続ける
	釜炊	1		炭坂に従い鑪釜の昼夜炊続，炭の差配
	粉鉄洗	1	小鉄の清洗	小鉄の純度を高める
	山子	30～40		炭焼，薪炭木の伐出し，鑪所の諸用を行う人数は不定
	うなり	1	賄担当	鑪小屋総職人の賄いを受持つ
割鉄鍛冶屋	手代	1人	鍛冶屋総支配	職人・山子の頭廻し，地鉄・長割，銑・炭等諸品の支配 / 扶持米・諸賃金等の請払い，その外諸用引受
	下走	1	〃 補佐	
	大工	2	職人棟梁	１カ月に細工上手20日，未熟10日
	左下	2	左下場作業	地鉄の吹分け，荒こなし，長割鍛鉄で大工補佐，火加減手伝い
	手子	6	鍛鉄作業	大工に従い２人ずつ左右に立ち，槌で長割鍛錬する
	吹差・左下吹	2		長割鍛冶では大工に，地鉄荒こなしでは左下につき手伝
	山子頭	1	総山子の小頭	山所を見廻り，立木荒しの取締り
	山子	不定	小炭焼	炭焼百姓不足の場合に雇い炭拵運搬する

「学己集」巻２による。

いたことの証明にもなる。

表Ⅲ－一四は、備後四郡で稼行される鑪の製鉄規模や経営状況を示したものである（表Ⅲ－一五・一六は参考までに鑪の規模・生産性を示している）。(1)は文政二年（一八一九）時の古鑪跡に対する見解として「往古」としており、高殿鑪以前の野鑪の特徴を備え、踏吹鑪もしくは吹差吹子鑪（二ツ鞴）の段階を指していたとみられる。(2)・(3)は藩営鑪の記録で、いずれも天秤

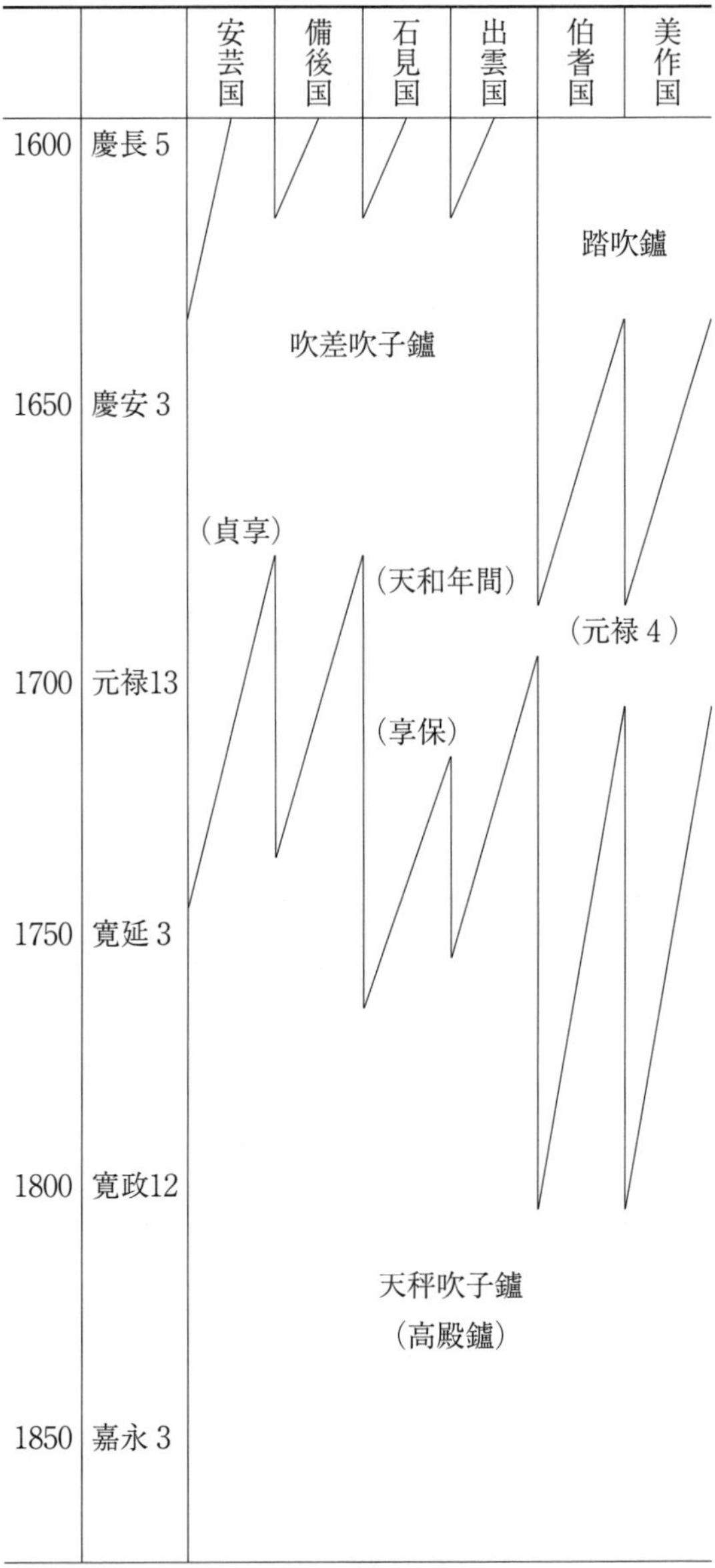

天明4年「鉄山必要記事」による。

図5　各鑪の普及推定図

吹子を備えた高殿鑪で銑押の形態が備わってきている。その特徴は、鑪床作りを大がかりに日数と労力（約二〇〇〇人役）を費やしていること、鑪の規模が大きいこと、天秤吹子は左右二丁ずつで一人踏天秤であったこと、銑押一代がほぼ四日四夜に固まったこと、銑産出量が一代で三五駄前後となったが、小鉄の使用量が高く、製鉄技術の優劣にいちじるしく左右されていたこと、鑪は大炭・薪の豊富な鉄山林（五〇〇代以上）があり、村落から隔絶した場所を選んで設置し、それを伐尽するまで一〇年前後も移動しない方式が固まっていたなどである。また(4)・(5)

表Ⅲ－14　各鑪の規模と製鉄状況

		床　　焼	炉の規模	送　風　器	1代日数	出来鉄（1代）	1場所年数	典　　拠
(1)	往　　古		場所狭く小規模	「鍛冶屋ニ用ひ候鞴様のもの」（踏吹子）	2日程	銑14.5駄～20駄位	1か年程で所替	「国郡志御用ニ付下調書出帳」（奴可郡辻）
(2)	享保初年	約100日（床・炉作りは「職人伝授の秘事」）	長さ8尺 横3尺4.5寸 高さ3尺5.6寸程	天秤吹子（両脇番子2人）	4日4夜または5夜吹	銑34.5駄（炉のあんばい次第）	「山林伐尽候へば，度々鑪打替申候故居所も軽く小屋掛ケ仕」	「学己集」巻2
(3)	宝暦4年	120日 使用木12万貫目（深さ1丈2尺，長さ7尋，横3尋半）		天秤吹子2丁（番子6人で1昼夜3交替作業）	4日4夜（1日1夜又は2日で鑪倒れあり）	40駄位（銑35 鉧5）（中の上）（小鉄280駄位 木炭3200貫目位）	「外へ御鉅十ケ年も壱ツ場所ニ御座候得ハ」	「鉄山一統之次第」
(4)	天明年間 〻 幕　　末	60～90日	長さ8尺 横3尺 高さ約3尺	天秤吹子（長さ1丈2尺 横3尺5寸～3尺）	4日4夜	銑・鉧40駄（小鉄 木炭）	約10年（660代）	奴可郡小足谷鑪の聞取り※
(5)	文政2年		「場所広く仕構大造」	天秤吹子	4日4夜	銑40駄位（小鉄150駄 木炭3300貫目位）	5，6年以上	「国郡志御用ニ寸下調書出帳」（奴可郡辻）

※　難波宗朋「備後国奴可郡における製鉄業の概況」（『広島県東城高等学校研究紀要』創刊号）による。

は、右の天秤吹子鑪の技術的安定と生産性向上のための四人踏天秤の導入その他の効率・拡充が認められる。

また、天秤吹子鑪の銑押法による銑生産の増大は、鍛冶屋部門に大きな変革をもたらした。銑生産の意味は、「天秤鞴と称する簡単な送風機を発明せしより著しく労力を省き、従来八人又は十人の人夫を要せしに対し僅かに二人にて之を操作せり。加之技術熟練発達に基き中国地方にありては、何等水力を利用することなく人力に送風し、其高さ低き爐を以て十分なる高温度を発生し得しものの如く能く銑鉄を製造し得たるものなるべし」とあるように[17]、生産性と同時に爐内高温（一一〇〇度C以上）による鉄の大量生産にあり、社会的需要に答える鍛冶屋機能の発展をうながした。この点、備後四郡では、「鍛冶屋ハ平割・長割・千割鍛冶・水役鍛冶・小鍛冶などとさまざま有之、何も右之鑪ニ而出来仕候銑或者鉧・雑鉄を以職を仕候」[18]とあり（表Ⅲ－一七参照）、大鍛冶屋では主として全国市場向けの長割鉄を鍛錬し（以上藩営）、領内需要として釘地鍛冶屋は「釘下地之割かね」・農具・包丁類、水役鍛冶は雑鉄類をもって四ツ切・八ツ切の「割かね」のほか農具釘・地類、小鍛冶は釘・包丁・小刀類、その他の鉄具等を製作していた（百姓経営）。なお、鋳物師職も鍋釜、その他すべて鋳物を製作し、領内需要に対する供給が飛躍的に増大したのであった。

ところで、天秤鑪の普及期にあたる元禄・享保～宝暦期の鉄生産は、決して安定したものではなかった。すでに述べたとおり、藩営鉄山の成立は、藩財政補塡とともに百姓鑪の投機性による不安定経営を直接の契機としていたが、藩営移行によってすべて解消されたわけではない。表Ⅲ－一八は銑押鑪一代（四日四夜）の収支内容をみたものであるが、平均差引二八五匁の負銀となった（表Ⅲ－一九は鍛冶屋の場合、負銀は一日で五匁余となる）。これは鑪の独立採算制の建前をもって算定したものであり、藩にとって飯米は年貢下し米でまかない、領内小鉄を藩営鉄穴から供給するから実際には負債とはならない。むしろ、この収支のなかで注目されるのは、他領小鉄の購入費九二四匁（五六％）を必要としたことである。藩営鑪は宝暦期にいたり小鉄使用量を領内産四〇％、他領産六〇％の割

表Ⅲ－15　芸備両国の鑪経営の規模（明治11年７月）

郡	村	字	鑪所		付属建物		鍛冶屋	鉄穴借区	
			か所	坪数	か所	坪数		か所	坪数
山県	川小田	若杉	1	坪 60.	7	坪 50.59	若杉・大暮・溝田	3	坪 1,652.5
	橋山	大谷	1	63.75	27	1,027.			
			2						
三次	上布野	落合	1	81.	25	501.58	石原村久志ヶ谷	15	1,468.0
	下作木	田野口	1	61.75	7	77.62			
	岡三渕	釜ケ崎	1	85.50	27	497.35	釜ケ崎		
	横谷	吹谷	1	90.25	14	224.67	吸谷・蓬原		
	櫃田	岩敷	1	72.	29	1,076.52	中野谷		
			5						
恵蘇	森脇	久泉原	1	90.	30	1,086.76	古頃村高谷・向原		
	川北	大津恵	1	100.	24	762.20	堺谷		
	和南原	篠原	1	90.	20	618.75			
	下湯川	永谷	1	95.	26	600.96	官内村花谷		
	竹地谷	増谷	1	92.30	18	565.55	槇ヶ原		
	高暮	上野	1	97.50	14	295.29	上り原村金屋谷・一野渡		
			6						
奴可	油木	門平	1	95.	25	949.90	皿谷	9	917.0
	小奴可	坂井谷	1	85.	25	820.10			
	八鳥	内京	1	80.	25	648.45			
	入江	城谷	1	64.	21	381.27	大屋村馬酔		
			4						
			17					8	1,011.4

「広島県史料」５による。

表Ⅲ－16　送風器の違いによる鑪１代の生産量・労働量

	区　分	炉底長・巾	番子数	大炭量	生産量	日　数
踏	吹　鑪	？×２尺	12	？貫	＜400貫	二日押
吹差吹子	二ツ鞴鑪	５尺×６寸	6	1.200	400	三日押又は四日押
	四ツ鞴鑪	７尺×？	12	2.200	730	
	八ツ鞴鑪	12尺×？	24	4.000	1.330	
天秤吹子	一人踏天秤鑪	７尺×？	6	2.400	800	
	四人踏天秤鑪	12尺×？	12	4.000	1.330	

「鉄山必要記事」による。

表Ⅲ－17　鍛冶屋の区別・特徴

区　別	規　模	職　　人	製品の規格	備　　考
長　割	か所 火窪2 吹子2 左下場2	人 大工 2 左下 2 手下 6 吹差・左下吹 2 山子	長さ2尺7寸～3尺 〃 幅１寸～３寸 厚さ３分～４分	極上鉄１駄につき銀90目～84匁 上鉄１駄につき82.3匁～75.6匁 中鉄１駄につき74.5匁～65.6匁 下鉄１駄につき64.5匁～50目
千　割	火窪1 吹子1	人 大工 1 吹差 1 手子 3	長さ１尺５寸～１尺６寸	長割に次ぐもの
水　役	火窪1 吹子1	人 大工 1 吹差 1 手子 2	４ツ切・八ツ切	雑鉄を材料とし，所により農具・釘鍛冶にする類も作る
釘　地	火窪1 吹子1	人 大工 1 吹差 1 手子 2	長さ５寸～６寸 幅４寸 厚さ１寸	釘の下地かね，農具，包丁類も拵える
小鍛冶	火窪1 吹子1	人 大工 1 手子 1		釘・包丁・小刀之類

「学己集」巻２による

表Ⅲ－18　銑押鑪1代の収支（宝暦4年）

項目			数量	代銀 賃銀	代銀 飯米代	代銀 計	備考
収入	銑		駄 35			貫 匁 1.260.00	1駄につき売値段36匁
収入	鉧		5			105.00	1駄につき売値段21匁
収入	合計		40			1.365.00	
支出	小鉄	領内分	駄 112			匁 336.00	1駄につき3匁
支出	小鉄	他領分	168			924.00	1駄につき5匁7分
支出	大炭		貫 3,200			176.00	10貫目につき5分5厘
支出	釜土	ねば土	300			16.00	
支出	釜土	まさ土	300			7.50	
支出	焼木		1,600	匁 5.00	匁 4.05	9.05	夫10人，1人につき賃銀5分，飯米8合1勺
支出	灰木		把 45	4.50	3.35	7.85	夫9人，〃　〃，1石＝50匁替
支出	鑪職人	村下	人 1	14.00		14.00	
支出	鑪職人	炭坂	1	7.00		7.00	
支出	鑪職人	番子	32	30.40	17.14	47.54	賃銀は上16人，1人1匁，下16人，1人9分
支出	炭負夫		56	32.50	26.33	58.83	賃銀は1人5分，飯米1人8合1勺，1石＝50匁替
支出	釜塗夫		8	4.00	3.24	7.24	灰仕事4人，土仕事4人分
支出	鋤夫			4.05	1.85	5.90	
支出	釜焼夫		1	50	40	90	
支出	火内役					30	
支出	山子頭役					2.00	
支出	鉄所夫		2	1.15	1.00	2.15	
支出	鉄山役人	給銀	5			13.95	手代・下走りの給銀から1代分を算出
支出	鉄山役人	味噌塩米代	7			3.35	
支出	鉄山役人	喰捨扶持	8			30.00	
支出	小鉄諸入用					1.20	
合計						1.650.00	
差引						-285.00	

「鉄山一統之次第」による。

表Ⅲ－19　上里村鍛冶屋１日の収支（宝暦４年）

	項目	数量	代銀 賃銀	代銀 飯米代	代銀 計	備考
収入	長割鉄	貫 40			匁 122.08	歩留，6349，駄にして１駄666
収入	合計	40			122.08	１駄につき25貫目
支出	地鉄	貫 63			匁 90.78	１駄につき36匁，１駄25貫目
支出	炭代	匁分 15.5			4.20	
支出	大工	人 1		匁 .50	.50	米１升分（年中３石６斗捨扶持方）
支出	左下	1	匁 2	.50	2.50	米１升分（〃）
支出	手子	4	5.80	2.00	7.80	米４升分（１人につき１匁25）
支出	吹差	1	.80	.85	1.65	米１升７合
支出	前吹	1	.55	.50	1.05	米１升分
支出	左下吹	1	.55	.50	1.05	米１升分
支出	火口搾賃				.15	
支出	たかね代				.03	
支出	そうき代				.05	
支出	とろ土代				.20	
支出	槌柄代				.06	
支出	塩代				.50	
支出	手代給銀	2			.83	本手代給銀200匁，下手代100目
支出	手代扶持	2			1.00	上２人の手代年間３石６斗ずつ給捨
支出	吹子祭割				.08	
支出	合計				127.12	
差引					-5.04	

「鉄山一統之次第」による。

合としているが、三次藩時代（享保五年以前）は、ほぼ領内小鉄で自給していた。それが藩営（正徳二年）になり、「御鑪御損も多立不申候哉、且ハ郡中為御救御鉄山ニ被為成候趣ニ伝承候処、追々小鉄出来減」じ、寛延年代には相半ばするようになったとある[19]。この領内小鉄の減産は、天秤吹子鑪の採用による製鉄技術と深いかかわりがあった。四日四夜（一代）の銑押には、領内小鉄（赤目）だけで爐内高温をながく維持することができず、他領小鉄（真砂）との混入が必須となり、その技術的処理が銑押一代の成否を握るようになったのである[20]。

こうした天秤吹子鑪（高殿鑪）の製鉄技術が鑪技術として定着普及するには長期間を要しており、その過程で多くの「鑪代倒れ」がおこった。たとえば、一日一夜で「倒れ」ると銑鉧二、三駄から五、六駄、二日二夜では七、八駄から一二駄、三日三夜でも「少シハ銑鉧有之」というように、技術的失敗は鉄山の生産性に大きな損失を与えている。これは「鑪と中物身上かろき鉄師共、鑪之あわい悪敷時ハ壱代倒ニても大分之損御座候得ハ十代・拾五代・弐拾代もはや倒申候得ハ身上潰れ候事」とあるように[21]、天秤吹子鑪の導入期の元禄・享保期に百姓鑪の倒産が相次いでおり、藩営移行後の天秤吹子鑪の経営といえども、安定的な稼行は望むべくもなかったのである。そのことが、宝暦期以前の藩営鉄山と鉄山職人および地域農村の生産基盤を規制しているのである。

最後に広島藩営鉄山は、高殿鑪の開発期にあって技術的な成功による量産と、鑪倒れによる損失破産という不安状況のなかで成立した。そして、高殿鑪の藩営化にかりたてたものは、国産鉄が藩財政の特質といえる大坂融通銀の巨大化（藩債へ転化）を抑制するための蔵米・蔵物のなかで年貢米についで有数の地位を占めていたこと、また、備後鉄を真先に対象としたのは、伝統的な鉄生産地であるとともに、領知高に結ばれた鉄山役高の存在が注目され、大きな役割を果したのであった。さらに藩営鉄山が宝暦期に「万代不易之御趣向」として確立するのは、高殿鑪の技術的安定と量産体制が密接に結びついた結果と推論できよう。

かくして、明和・天明期以降の藩営鉄山が展開するのであり、その特徴を指摘しておきたい。

まず、第一に鉄山政策のなかで、幕藩制の解体期に特徴づけられる国益政策がどのように貫徹され、具体的な展開を示したかである。それは天明元年（一七八一）幕府の鉄座外を許可されてから、積極的な国産鉄の増産対策となり、国益政策の特質である郡村単位の国産を拡大し、他国金銀の増殖策をうけて、勘定奉行支配の藩営鉄山のほかに、郡奉行支配の代官請および郡請鉄山が設立される。やがて嘉永・安政年代に領内全鉄山の代官請鉄山へと移行措置がとられるが、それと同時に中央市場向けの割鉄増産のための大鍛冶屋数の増加、および釘鍛治以下、各種鍛冶加工業を対象とした営業奨励が積極的に行われた。とくに後者は、釘地鉄・雑鉄利用を中心とするところから、郡村から営業申請するものには、藩諸品方からの資金貸による経営拡大を奨励し、鉄製品の販路開拓を援助した。天保五年（一八三四）の国産三次千歯扱の生産・販売奨励や(22)、同十二年（一八四一）の国産針金の藩専売制の実施などは(23)、その例で、幕末期の加工業の展開はいちじるしいものがあった。

註
(1)(2)(3)「奴可郡三上郡御鉄方之事」(「三次方御鉄山業旧記」)。
(4)「広島藩御覚書帳」(広島大学蔵)。
(5)「三次方御鉄山業旧記」。
(6)「天柱君御伝記」巻七。
(7)「広島藩御覚書帳」(広島大学蔵)。
(8)「三次方御鉄山業旧記」。
(9)「郡務拾聚録」所収「享保十年十月郡中村々御山帳写」(「三次方御鉄山業旧記」)。
(10)「学己集」巻一。
なお、「芸藩志拾遺」六によると、藩営鉄山の成立時、鉄山従業者六六〇〇余人とあるが、その典拠は不明。明治四年大蔵省上申書に管内鉄山へ年貢米三万石を送り込むとあるが、藩営のみに限定されず領内概数と思われる。また、別に鉄山へ下げ渡す年貢米は、内法米と称し、一俵三斗二升五合入のところを、三斗俵として交付し、差米の二升五合を拾い銑代といい救助米にあてたといわれる。
(11) 安政四年、備後四郡鉄山はすべて代官請鉄山に変更される。それ以前、寛政二年から同八年までの三次郡鑪の稼行や、文化十年の三次・恵蘇郡鉄山不正事件を契機とする郡奉行支配の代官請鉄山などの改革案も出されたが実現をみていない。

(12)「学己集」巻二。
(13)武井博明氏の「近世鉄山業の鞴について」（『たたら研究』第六号）の論説をもとに、その図式化を試みたものである。その基本は「鉄山必要記事」を中心に再構成した。
(14)「鉄山一統之次第」（『比和町誌』所収）。
(15)明和五年「鑪鍛冶屋見積覚書」（広島大学附属図書館「隅屋文庫」）、その性能は一代に砂鉄二六〇駄、木炭三六〇〇俵、銑三四駄、鉧六駄とほぼ同一である。
(16)堀江文人「備後三次・恵蘇郡の藩営鉄業と農村」（『たたら研究』第一三号）。
(17)俵国一『古来の砂鉄製錬法』四頁。
(18)「学己集」巻二。
(19)「鉄山一統之次第」（『比和町誌』所収）。
(20)「赤目と真砂の融点の違いにもとづく。「鉄山一統之次第」に鑪倒れの「第一之根元小鉄重キモ之御座候処、其小鉄之性悪敷故多ハ倒引」とあるとおり、融点の低い真砂を投入して、爐温を高め、赤目による鑪押に必要な爐温に早く到達する技術が重視された。
(21)「鉄山一統之次第」（『比和町誌』所収）。
(22)三原市菅・内海家「御用年誌帳」（『広島県史』近世資料編Ⅳ）。
三次千歯扱は、藩営鉄山から鉧・雑鉄などを請けて水役・釘地両鍛冶が製する稲扱をいい、白打（代銀七匁五分）・黒打（同六匁）の二種があった。藩内では従来主として因伯両国産の稲扱を移入していたが、化政期にいたり国益政策の見地に立って、国産三次鉄による稲扱を量産し、これを普及させ、領内自給を計画した。その結果、「丈夫ニ而手際も宜敷、値段も下直之品ニも有之便利」な稲扱が生産されるようになり、天保五年（一八三四）を機に積極的な領内普及を行ったのである。すなわち、藩は城下町商人伊予屋官次郎に命じて一手販売を取扱わせ、城下と三次町の二か所で製品の受渡しを行った。購入方法は、希望者が「御役所江罷出候得者切手下ケ遣シ、夫ヲ以官次郎方ニ而請取リ、代銀者霜月限リ御役所江差出候定ニ候」と、郡村役人がとりまとめて切手を発行し、製品受取り後、十一月限りに代銀を納入させる仕組であった。

(23) 天保十一年山県郡「組合村々万覚帳」(広島大学附属図書館「隅屋文庫」)。

この藩専売制は、天保十二年(一八四一)広島城下町問屋周防屋清左衛門に領内針金の一手集荷権を与え、針金荷の大坂販売を図ったが、資金不足のため実現しなかった。その後、弘化二年(一八四五)豊島屋円助が同様の権利を得て、「針金受引場所取引之大概」にもとづき実施した。それによると、㈠国産の針金および雲石両国産の針金荷でも領内取扱い荷は、すべていったん西本川受場所へ集荷する。㈡荷物は取引方買切りと委託売りに分けるが、一括大坂売払いにまわし、代銀は売仕切の届き次第清算する。㈢生産資金の前貸は、月々の生産見込額に応じて貸与し、製品納入をもって清算していく、なお、資金貸与にあたり相当額の抵当は代官所においてとっておく。などであり、「銘々勝手ニ差登せ候而者一統之気配ニ拘り、自然と直安之入札いたし候様相成り、約ル所荷主者素より御国損に落入候」と、国益政策に貫かれたものであったが、実際に行われた時期は不明である。

二　江川流域の鉄穴分布と藩営鉄山の鉄穴経営

はじめに

日本海にそそぐ江川流域は、石見・出雲・安芸・備後と四か国にまたがっている。近世期には、流域全体で砂鉄採取を行っていたが、小鉄の品質や幕藩支配政策の相違など、自然地形的立地、社会経済的条件などによって鉄穴流しとその経営は、大きく規制をうけることとなった。たとえば、中国脊梁山脈の伯耆大山から石見丸瀬山までの黒雲母花崗岩質系山地では真砂砂鉄を産出し、古くから千草鋼や出羽鋼、また、伯州鋼(印賀鋼・俣野鋼)、石見鋼

（邑智鋼・出羽鋼）、雲州鋼（後に玉鋼）などの名称でよばれた釼産地を形成するにいたったし、製鉄技術面でも踏鞴から天秤鞴へ、永代鑪の銑押法から一八世紀半ばには鉧押法を分立させている。また、流域一体の所領支配は、時代によって移動がみられるものの、『天保郷帳』の領有制によると、石見国は幕府領（大森代官支配）四万五〇〇〇石余、浜田藩領五万一〇〇〇石余、津和野藩領四万三〇〇〇石余が各郡に分散配置されている。これに対して出雲国は松江藩領（飯石郡三万一〇〇〇石余）、安芸国は広島藩領三一万一〇〇〇石余、備後国は広島藩領一七万一〇〇〇石余（他に福山藩領一〇万四〇〇〇石余、中津備後領二万石余、幕府領一万八〇〇〇石余、いずれも流域外）と一円支配であり、いわば石見国の非領国型地域に対して領国型地域に分けられる。この違いは、それぞれ各藩で推進された国益政策による採鉱の奨励や禁止、藩専売制・藩営化の実施などによって鉄穴経営にも構造的な規制力をもつと思われる。[1]

要約して、江川流域における採鉱地分布は、四か国九郡にまたがり、近世期では採鉱地村数四七～九七か村、鉄穴数四八八～六七〇か所、明治五～一六年では村数九四～一三五か村、鉄穴数三五五～六二七か所、年産額七五二万～一〇五九万貫ということになり、中国地方全体の一〇か国二五郡、採鉱地三七〇か村、年産額一七〇〇万貫という推定にしたがえば、この地域は有数の砂鉄生産地帯ということになろう。[2]

1　江川流域の採鉱地分布

江川流域で採鉱される小鉄の種類は、山砂鉄・川砂鉄・浜砂鉄とよばれる三種類である。そのうち、主体は山砂鉄であり、山地の地形が大きく上位・中位・下位の三つの平坦面をもつ、その間の緩斜面を切り崩して採鉱する。川砂鉄は江川本・支流で行われた鉄穴流しの下流、または自然堆積された川床の砂鉄を採鉱する。浜砂鉄は邇摩・

那賀両郡の海岸一帯で、日本海からうち返す波によって帯状にうち上げられた砂鉄を選鉱した。これら小鉄の採鉱村数・鉄穴数・年産額の判明するものを郡単位に集計すると表Ⅲ－二〇が得られる。[3] きわめて粗数値であるが、いちおう、これを基礎に郡単位の採鉱地分布のあらましを検討しておく。

(1) 石見国

江川河口から中流までと各支流域にあたる邇摩・邑智・那賀三郡の村々で砂鉄選鉱が行われた。

邇摩郡は大森銀山領であり、主として海岸部で浜砂鉄の採取を行っていた。近世期の記録がきわめて少ないが、文化二年（一八〇五）三月、湯泉津因幡屋伝右衛門方で鉄師一四人の浜砂鉄売捌き協定が行われ、才坂・百済・和江・大浦・宅埜・湯里などの浜砂鉄が対象になっている。[4] 明治初年では、「鉱山借区図」に宇埜・磯竹・福田の三村と採鉱地四か所が記されるのみで年産額の記載はない。[5]

那賀郡は、大森銀山領及び浜田・津和野両藩領が交錯しているため、近世期の数値はでない。浜砂鉄は日本海の海岸部浅利村から塩田浜・津野浜・波子村までで採取が行われた。とくに海岸部からほど近い飯田村で、正保年間から山砂鉄の採鉱がはじまり、それが浜砂鉄の採取につながったと伝えられる。そして、宝永・享保期から幕末にかけて、浅利・渡津・郷田・神主・神村・敬川など二〇か村に及んでいる。[6] いっぽう、山砂鉄は少なくとも慶長初年には鉄穴流しによる採鉱が行われている。江川流域から少しはずれるが、慶長九年（一六〇四）井野村で採鉱した小鉄を、波佐村空山経由で安芸国山県郡の鑪へ運ぶため、備後三次の鉄師畑中権右衛門が輸送路を開いたという伝聞もあり、[7] 近世初頭には他国から買上げられるほどの生産が確かめられる。ただ、流域村々に限定すると、近世前期に四か村、後期に二〇か村で採鉱されている。その後、『那賀郡村誌』によれば、明治七年の採鉱地に一八か村、鉄穴村五七か所、年産額三七〇万貫余とある。これに対して「鉱山借区図」は、採鉱地二二か村、券数（鉄

表Ⅲ－20　江川流域郡村の砂鉄採取村数・鉄穴数・年産額

		近世村数（天保郷帳）	近世前期		近世後期			明治5年			明治16年		
			産出村数	鉄穴数	産出村数	鉄穴数	年産額	産出村数	鉄穴数	年産額	産出村数	券数	年産額
出雲	飯石郡	61					駄	20		貫 1,500,000	16	35	貫 1,516,906
石見	邇摩郡	46									3	4	
	邑智郡	102	2	80	35	157		6	20	148,790	32	109	2,027,025
	那賀郡	116	4		15			18	57	3,693,177	22	69	1,108,059
備後	奴可郡	40	18	266	23	282		20	135	2,239,068	23	257	2,241,408
	恵蘇郡	45			11	157	140,000	11	49	1,836,380	13	85	302,195
	三次郡	52	4	11	6	37		11	34	554,756	19	45	291,873
安芸	高田郡	59	2		1	4	1,500	2	10	327,200	4	18	14,660
	山県郡	74	3		6	33	5,169	6	23	290,160	3	5	26,430
合計		595	33	357	97	670		94	328	10,589,531	135	627	7,528,556

穴）六九か所、年産額一一一万貫余とあり、生産額の差が大きい。この主たる原因は、井野村の産額にあり、前者が鉄穴一か所で三一一万貫余に対して、後者は鉄穴一一か所で一六万貫余であるから、明らかに前者の誤記とせざるを得ない[8]。

邑智郡は大森銀山領五四村、浜田藩領四六村、津和野藩領二村と、大森・浜田両領でほぼ二分される。村々は江川中流域に展開し、鉄穴流しを行う採鉱地三五か村を数え、郡村の三四％を占める。とくに黒雲母花崗岩地帯をもつ瑞穂・石見・川本町域村々では、早くから真砂小鉄の採鉱が行われ、近世初頭に瑞穂町域だけで、市木村の鉄穴一九か所、出羽村の一三か所、上田所村の一一か所、高原村の一〇か所、鱒渕村の七か所など一一か村で鉄穴数七四か所以上を数えたのである[9]。石見町域の中野・矢上・日貫・日和の各村も同様であり、中野村のように正保四年の鉄穴六八か所、寛文九年の六九か所、幕末の八三か所と、一村の鉄穴数全部を把握できる場合もある。なお、中野村では山砂鉄にほぼ匹敵する川砂鉄（川池）を採鉱していることに注目したい。また、「日本地誌提要」によると、明治五年（一八七二）の郡内採鉱地六か村、鉄穴六か所、年産額約一五万貫であり、「鉱山借区図」による同一六年（一八九〇）には、採鉱地三二か村、鉄穴数一〇九か所、年産額約二〇三万貫とあり、両年の差は大きい。

(2) 出雲国

江川流域に属するのは飯石郡の赤木・頓原町域で、慶長四年（一五九九）の「来島郷打渡坪付」に、鉄穴・鉄銭として米二一石を給与されており、鉄穴流しによる小鉄生産が特権として給与対象になっている。[10] 近世初頭以降の採鉱状況は調査中である。

(3) 安芸国

江川流域としては山県・高田両郡があげられ、いずれも広島藩の一円支配である。

山県郡は、西部が太田川流域であり、近世初頭まで小鉄選鉱を行っていたが、寛永五年（一六二八）広島城の堀が埋まるのを理由に鉄穴流しを厳禁し、採鉱が行われなくなった。[11] 東部の江川流域では、寛永十年（一六三三）下流の高田郡村々から鉄穴流しの禁止を訴願され、広島藩は鉄運上の収納を理由に継続を認めたいきさつがあった。[12] その後、藩は天和の買鉄制、元禄九年（一六九六）の藩専売制の実施から山県郡鉄師らが、正徳元年（一七一一）に抜け出して郡単位の私営鉄山を許可されると、高田・三次郡下流域農民の鉄穴流し禁止の嘆願を受け入れた。しかし、享保六年（一七二一）大塚村小兵衛鑪へ供給する小鉄に限るということで、大塚・岩戸・宮迫三か村の鉄穴流しを許可したものの、二年後に停止させている。かくて、一世紀近く中断したが、文政・天保期、山県郡代官所請け藩営鉄山を設置し、この鑪へ小鉄供給する必要から、大塚・大朝・新庄・岩戸・宮迫・筏津・田原・蔵迫八か村の「御仕入鉄穴」稼ぎを行わせている。この稼行期間における村々の小鉄生産は、年間一三〇〇〜五三〇〇駄で総計三万一五〇〇駄であった。ところが、この藩営鑪は天保四年に廃止となり、鉄穴流しも中断したのである。元治元年再び藩営鉄山が起され、明治維新後は広島官行鉄山として明治中期まで続くが、砂鉄選鉱も同期間行われている。

高田郡の鑪札・吹屋札運上は、山県郡より遅く慶安三年（一六五〇）に賦課されたから、この頃から生田・桑田・川根など諸村の鉄穴稼ぎも行われたと思われる。近世中期までの採鉱地村数・鉄穴数ともに判明しないが、粟屋村では、文化十三年（一八一六）に鉄穴四か所、年産額一五〇〇駄、天保九年（一八三八）には鉄穴五か所と増している。[13]「日本地誌提要」によれば、明治五年（一八七二）の採鉱地二か村、鉄穴一〇か所、年産額三二万貫余、また「鉱山借区図」による同十六年には、採鉱地四か村、鉄穴一八か所、年産額一万四六六〇貫であった。

(4)　備後国

慶長六年（一六〇一）福島正則によって備後鉄穴役一四四石が定められ、[14]これを幕府は元和五年浅野長晟（広島藩主）へ引継がせた。さらに元禄十四年（一七〇一）になると鉄穴・吹役として、三次・恵蘇・奴可・三上四郡へ分割している。つまり、鉄穴役を大名領知高に組入れ、さらに郡単位に分割して、それぞれの郡の採鉱権の行使を、将軍拝領の権利として保障したのである。広島藩は寛永九年（一六三二）三次・恵蘇両郡を中心に五万石を分知して三次藩を設けた。三次藩は本藩とは独自な鉄山政策をすすめ、元禄十二年（一六九九）三次・恵蘇両郡の鉄山に藩専売制を実施し、さらに正徳二年（一七一二）に「鉄山当分御借上ケ」政策をとって、全鉄山の藩営化を推進した（鑪五、大鍛冶一五）。このため、郡中村々にまたがる広大な山林の「御鉄山」指定、鉄穴流しによる小鉄の指定買上げなど、木炭や小鉄の自由売買をきびしく禁止した。[15]この政策は、三次藩が廃され広島藩へ戻された後も引継がれた。いっぽう、奴可・三上郡は、広島藩領として元禄九年（一六九六）鉄山の藩専売制が施行されたものの、藩営化されず、正徳二年（一七一二）には鑪二・大鍛冶六軒が対象であった。文政八年（一八二五）三上郡では鉄山操業がみられないが、奴可郡で鑪一六か所、鍛冶屋三八軒を操業している。その内訳は、藩営の鑪二か所、割鉄鍛冶六軒に対して、商鑪一四か所、割鉄鍛冶三二軒であり、私営と藩営とが併存していた。このため、藩営鑪

表Ⅲ－21　三次郡各村鉄穴数

村　名	享保初年	文政２年	弘化４年	明治５年	明治16年
茂田村	2	7		8 (1)	7
岡三淵村	5	10	12	6 (2)	1
森山東村			7	6 (5)	4
森山中村	1	2	10	5 (3)	4
森山西村			2	2	1
櫃田村	3	3		3 (2)	1
横谷村		2	5	2	—
光守村			1	1	—
泉吉田村				1	1
香淀村				—	12
伊賀和志村				—	3
門田村				—	3
小文村				—	2
下作木村				—	1
上里村				—	1
日下村				—	1
三原村				—	1
西河内村				—	1
石原村				—	1
藤兼村				—	1
大津村				—	1
合　計	11	24	37	34 (13)	47

への小鉄供給の鉄穴指定はあるものの、郡全体としては鉄穴稼ぎの自由売買が行われていた。以上のように備後国では郡により鉄穴流しの条件が異なっていたといえるが、郡別に採鉱地村・鉄穴数・生産額等にふれておこう。

三次郡の採鉱状況をまとめてみると表Ⅲ－二一のとおりである。近世前期は不明であるが、享保初年には岡三渕・櫃田など四か村で鉄穴一一か所であった。文政二年（一八一九）は採鉱地五か村、鉄穴数二四か所、弘化二年（一八四五）は採鉱地六か村、鉄穴数三七か所と[16]、しだいに増加傾向にあった。また、「日本地誌提要」によると、明治五年（一八七二）の採鉱地九か村、鉄穴数三四か所、年産額五五万四七五六貫とあり、「鉱山借区図」による同十六年は、採鉱地一九か村、鉄穴数四五か所、年産額二九万一八七三貫であった。

恵蘇郡の採鉱状況は、近世期の一八世紀末まで判明しない。寛政四年（一七九二）には、採鉱地が森脇・比和・上湯川・古頃など一四か村、鉄穴数一三一か所と郡村の三一％を占める。[16] 慶応元年（一八六五）には、採鉱地一一か村と三村減じたが、鉄穴数一五七か所と二六か所増加し、小鉄年産額一四万駄を生産したとある。[17]「日本地誌提要」による明治五年は、採鉱地一一か村、鉄穴数四九か所（うち休業二八か所）、年産額一八三万六三八〇貫とあり、[18]「鉱山借区図」による同十六年は、採鉱地一三か村、鉄穴数八五か所、年産額のみ森脇（二八か所）・比和（一〇か所）・上湯川（七か所）・三河内（六か所）四か村で三〇万二一九五貫と記している。

奴可郡の採鉱状況は、近世前期から比較的明らかになっており、寛永二年（一六二五）に鉄穴検地が実施され、寛文十一年（一六七一）、安永九年（一七八〇）、嘉永年間（一八四八〜五三）に鉄穴改めが行われ、鉄穴数二六六・二八二・二七七口に限定されていた。このうち、奴可郡は森村から竹森村までの一八か村が高梁川支流成羽川の流域に属し、福代村以下九か村が江川流域であって、質量ともに成羽川流域が優位にあった。しかも、成羽川上流域の採鉱村々及び鉄穴数は、近世期を通じて定数化され、さらに本口と落口（関口）を区別していた。これは備中国にまたがる広大な下流域農民との濁水紛争の結果、鉄穴稼ぎが広島藩の領知高に含まれていることを前提に、寛永・寛文検地改めの実態をもとに延宝七年から鉄穴の定数制を採用することで妥協が図られたのであった。[20] その点、江川流域に属した採鉱地村・鉄穴数ともいまだ定数化されるにいたらず、むしろ延宝七年以後に鉄穴稼ぎがはじまったとみられる。[21] 安永九年には採鉱地六か村、鉄穴数一六か所、嘉永年間には採鉱地四か村、鉄穴数一一か所と減少している。「日本地誌提要」による明治五年は、採鉱地三か村、鉄穴数七か所、「鉱山借区図」による明治十六年は、採鉱地四か村、鉄穴三〇か所であった。

2　鉄穴経営の諸形態

江川流域の近世鉄穴経営のあり方を対象にした場合、石見・出雲・備後・安芸四国にまたがって地域的にいたって広く、かつ、日本海沿岸の浜砂鉄、山陸部の山砂鉄・川砂鉄と小鉄の種類による相違もあり、それぞれ多様な経営形態を指摘することが可能であろう。そのうち、ここでは山砂鉄（川砂鉄も含む）の選鉱過程（鉄穴流し）を主体に、鉄穴経営のあり方を検討したい。

鉄穴経営の基本的な形態として、明治初年の「広島県史料」によると、近世期には「官有・民有相交レリ（中略）、曰官稼（官有地ヲ鉱山局ニテ直ニ開採スルヲ云フ）、曰官地仕入（官有地・鉄資金ヲ人民ニ貸付シ開採セシメ、満期採鉄ヲ以テ決算スルヲ云フ）、曰私地官稼（民有地ヲ借リ、鉱山局ニテ開採スルヲ云フ）、曰私地仕入（民有地ニ資金ヲ貸付シ、開採セシメ、満期採鉄ヲ以テ決算スルヲ云フ）ナリ、此他一己専業スル民有ノ鉄坑亦多シ」と五つの形態を指摘している。これは広島藩内の場合であり、はじめの四形態は、藩営鉄山向けの採鉱方法とその納入を軸にしたもの、最後の一つは私営鉄穴を示している。したがって、藩営化された鉄穴と私営鉄穴の二つの経営形態である。しかし、いずれも鉄穴流しを行う土地の所持（所有）形態と経営資金をもとに分類したもので、必ずしも経営実態を把握したものとはいえない。このほか、「砂鉄採取業ト同製鉄業トハ、古来ヨリ一人ノ営業者ガ一資本ヲ以テ営業セシモノニシテ、之レヲ分離シテ異人専業ト為セシモノニアラズ」[22]と、採鉱・鑪・鍛冶など製鉄分業体制を一体化して経営するのが本来的であるとか、鉄穴流しの原型は、砂鉄採掘地・水路敷・精洗池敷などを同一人が所持し経営する形態であるとする説もあるが、近世製鉄の段階は、製鉄の各過程が分業・自立して経営できるまでに発展したことを前提にして考察を進める必要がある。

さいわい、江川流域ではすでに石見国邑智郡市木村原田家や、備後国恵蘇郡森脇村名越家、安芸国高田郡粟屋村中村家の鉄穴経営が研究報告されており[23]、それらの成果をもとに、まず、①鉄穴経営における鉄穴所有の性格、②鉄穴所有者と経営者との関係、③経営者と労働者との関係、④藩領の鉄山政策や村落構造との関係、などを問題にすることによって、鉄穴経営の諸形態を規制する条件を明確にしておきたい。

①に関して、鉄穴の近世的所有の内容は、まず単に採掘地の所持にとどまらず、藩有地（鉄山）・個人地（腰林）・共有地（野山）であれ、砂鉄選鉱を目的とする鉄穴流しに必要な砂鉄採掘地・水路敷・精洗池敷等の排他的使用を範囲とする使用権（稼行権＝採掘権）の確立である。それは所有者個人が所得した財産として、私的に売買・貸借・質入・譲渡（相続）の対象となる強い権利であった[24]。そして、鉄穴の単独所有だけでなく、一か所の鉄穴を共同所有する場合も、人数に応じてそれぞれ分割所有されるので、鉄穴が経営されると所有分だけの歩合配分を受け取ることができる。したがって、鉄穴所有とは、土地所有を絶対条件としない稼行権（採鉱権）と得分権（収益配分）とで構成されていたのであった。

②の鉄穴所有と経営者との関係は、鉄穴を村単位でみると、鉄穴数とその所有者数あるいは稼行者（経営者）数が、それぞれ異なっている。たとえば、邑智郡中野村の正保四年（一六四七）の鉄穴数六八か所（川池を含む）に対して稼行者三四人をはじめ、奴可郡小奴可村の延宝八年（一六七九）の鉄穴数五四か所、その所有者三五人[25]、山県郡大塚村など六か村の文政九年（一八二六）の鉄穴数三三か所、その経営者数二四人などである。このことは、鉄穴経営の形態を原則的に、(イ)自己所有の鉄穴を経営する場合、(ロ)共有鉄穴を経営する場合、(ハ)他人所有の鉄穴を借用して経営する場合の三つの型に分けることができる。そして、実際にはそれぞれの型の経営のほか、いずれか二つあるいは三つの併合型が存在するわけで、そこに経営規模の差等が実現したのである。さらに経営形態に関して問題になるのは、共有鉄穴及び借用鉄穴を経営する場合の鉄穴所有者に対する歩合配分（貸借・得分権）である。

これは各鉄穴によって異なり、一般的に二〇～五〇％とされているが、すべて経営者と所有者の間で相対取り極めである。

③の経営者と鉄穴労働者との関係は、大別して鉄穴経営者の自家労働（奉公人を含む）で採鉱作業を行う場合と雇傭労働による場合とである。鉄穴労働者には採掘・精洗作業（鉄穴流し）に従事する労働者と、鉄穴・水路普請等雑役に従う労働者が必要となるが、主として前者を中心に鉄穴師―流し子組が組織され、数人から十数人の規模で採鉱作業を行っている。

鉄穴経営の第一は村内の寄合稼ぎである。鉄穴所有者が経営者となって鉄穴流しを行うには、経営者自身が鉄穴師を兼ね、流し子組を作って管理にあたる。その場合、小規模な経営ならば家族労働力を動員して流し子作業に従事することもできるが、複数の鉄穴あるいは規模を大きくして経営する場合には、他の鉄穴所有者、その他（中小農民・小作人ら）を構成員とする流し子組をつくることになる。このように村内の鉄穴所有者が、互いに経営者になったり、流し子に従事する状況にある経営形態を「寄合稼ぎ」と規定される。[26] 採鉱地村で寄合稼ぎの存在が支配的であるためには、鉄穴経営の内容として鉄穴用水利用権（水代）・山野所持利用権（山代）・鉄穴諸設備（間歩）などが分離されずに単数または複数の農民に所持されていることが前提条件となり、流域の採鉱地村々でも商品貨幣経済の浸透度のおくれた山間地村々にみられる。

鉄穴経営の第二は請負稼ぎである。鉄穴経営者が鉄穴稼ぎに必要な鉄穴師―流し子組を一定期間雇傭し、採鉱作業に従事させることであった。この型には村内の鉄穴所有者以外の農民が請負う場合と他国他村の出稼ぎ農民に請負わす場合とがあった。村内の請負稼ぎは、鉄穴所有者（経営者）から採鉱を請負うもので、請負者が鉄穴師となり流し子組を作ることになる。この場合、鉄穴稼行権に含まれる鉄穴用水利用権（水代）、山野所持利用権（山代）、鉄穴採掘精洗設備（間歩）が分離しており、請負者はそのいずれかの権利を所得し、他の権利を借り受けて流し子組を組織するのが一般的なあり方であった。そこには、諸権利の分離分轄が認められる村経済の基盤が必要であった。

また、他国他村の出稼ぎ労働力を雇傭して鉄穴稼行を請負わす場合は、鉄穴経営者が流し子組集団を率いる鉄穴師頭と相対で、小鉄一駄当りの値段を合意して鉄穴流しを請負わす。請負契約は一季（九月～翌年三月）ごとに更新する。契約が成立すると、鉄穴師頭は小屋頭―鉄穴師・流し子組を組織して出稼ぎ地へ出向くのである。出稼ぎ組を就労させるにあたって経営者は、かれらが生産・生活するに必要な米銀・塩・鍬・斧・寝具など生産用具・生活必需品を揃えて貸付けておき、各季末に小鉄代銀と差引精算する習慣であった[27]。この他国他村の出稼ぎ労働力の受入れは、採鉱地村の村落上層農民が稼行する鉄穴経営に多くみられたが、採鉱技術の伝播にも大きな役割を果たしている。文政・天保期、安芸国山県郡口筋村々の鉄穴経営には、鉧押鑪用の小鉄選鉱のために、わざわざ石見国邑智郡矢上村の鉄穴師―流し子組の出稼ぎ労働者を雇傭して、採鉱に当らせるとともに専業技術の指導を仰いだのである（後述）。

鉄穴経営の第三は、賃銀稼ぎである。鉄穴経営者が村内の鉄穴師・流し子経験者を賃銀（銭）＝日当で雇って、一定期間の鉄穴流し作業に従事させる型である[28]。この形態の前提には、採鉱技術が大きな比重を占め、村内における鉄穴流し技術の平準化が必要な条件になること、及び村内または近くに地域市場（市町・宿場など）が存在して、物資の流通、商品生産の発展があること。そして、賃労働の基盤が形成されていることとともに、従来の村落共同体規制が崩れてきたことがあげられよう。

④の藩鉄山政策や村落構造が、鉄穴経営の性格を規定するというのは、採鉱地村々が「山間僻村」に立地していたとしても、近世初頭から幕末・明治にいたる約三世紀の間に、村落構造の変化を認めることができ、それに対応して鉄穴経営も変化していくのではないか、少数の有力百姓を中心に村落共同体規制の強い村や、村高が百姓に平

均的に所持され、共同体的規制の弱くなった村、市場や街道があり商品流通の浸透した村々など、それぞれの村経済、社会の発展に対応した鉄穴経営の類型化や、その推移のなかでの変化を提示することが必要となる。また、藩の鉄山政策による規制は、一般的な産業奨励政策にとどまらず、藩財政の恒常的な窮乏を建直す国益政策などにより、鉄山の藩専売制、あるいは藩営化を実施することによって、小鉄生産が収奪にさらされた鉄穴経営と、そうでない地域のそれとは経営内容が大きく異なるはずであり、経営悪化はまぬがれない。そうした諸条件を視野に入れた鉄穴経営の性格検証が要請されている。

事例として広島藩領、備後国恵蘇郡森脇村の鉄穴経営をみておくと、森脇村は、出雲国境吾妻山山麓に位置し、近世期は村高七九九石余、『芸藩通志』に「田畑は狭くして多く瘠土」、「雪甚深く、平年凡一丈に及ぶ、麦類作るべからず、茶楮竹柿の類、一切生ひず」、「農を専とし、別産なし、但、農余に鉄鉱炭焼の業をなすもの少からず」と、低位生産性、商品生産に乏しい山村としている。幕末期の農民構成も、農民一〇〇人中、所持面積四～二町のもの九人（二一％）、二町～五反のもの七三人（七六％）、五反以下一八人（三％）で、中農層が圧倒的な比重をしめており、農民層分解が進んでいなかった。

広島藩の鉄山政策は、三次藩時代の正徳期に鉄山の藩営化がすすみ、享保五年（一七二〇）広島藩に戻されてからも、そのまま引継がれて、鉄穴経営は藩営鑪の支配下におかれた。森脇村の鉄穴は、鉄山林（藩有林）にあるのが四〇か所（本口三〇、関一〇）前後、運上銀を上納する野山・腰林（共有・私有林）にあるのが四〇か所（本口二〇、関二〇）と八〇か所前後である。明治八年の鉄穴七八か所は一七人が所有していたが、その内訳は三八か所1／2を一人、一二か所1／2を一人、九か所を一人、二か所1／2を一人、二か所を二人、一か所1／2を三人、一か所を六人、1／2か所を二人となり、上位三人への集積が顕著である。このうち、上位二番目が名越家である。名越家の所持高は、天明五年（一七八五）七石余、天保十四年（一八四三）一三石余、嘉永五年（一八四九）二八石余、慶応二年（一八六六）四六石余と、幕末期に急成長をとげた豪農であり、鉄穴所有も、村内で天保十二年（一八四二）七か所（本口三、関四）、安政四年（一八五四）一五か所（本口七、関八）、また村外にも上湯川・上里・福田・比和の隣村に買得鉄穴五か所（本口四、関一）がみられる。

名越家の鉄穴経営は、文久二年（一八六二）、鉄穴一六か所（本口五、関一一）を稼動させている。その内容は、名越家の単独所有四か所、共有八か所、他家所有の借受け四か所であり、共有及び他家所有の借受けに対しては、所有権の割合に応じた得分（小鉄産額の歩合二〇％）を支払う必要があった。もちろん、逆に他家が名越家所有の鉄穴を借受け（懸け渡）経営する場合には、名越家へ得分（歩合）が払われる。名越家の鉄穴労働力は、さきの原田家と同様に、石見国邑智郡矢上村の鉄穴師頭―小屋頭―鉄穴師・流し子組を集団雇傭して行っており、請負い値段は、藩営鑪買上げ値段の六〇～六五％でとりきめ、契約していた。

以上のような名越家の鉄穴経営は、経営資金を藩鉄方から前貸仕入銀として借り受け、選鉱した小鉄をすべて指定の藩営鑪へ納め、その買上げ代銀と借入銀を差引精算される仕組であるが、毎年のように小鉄代過上銀一〇貫余の収益を出していること、また、名越家の家計収支によれば、藩鉄方の前貸仕入銀を鉄穴経営に投入する外に、その六〇％近くを田畑買付資金としたり、村内農民・小作人へ貸付け利殖にまわすなど、資産形成に有効利用している[29]。

3　藩営下山県郡口筋の鉄穴経営

(1)　小鉄採鉱の推移

安芸国山県郡口筋村々の小鉄採鉱は、近世初頭から享保初年、享保六・七年、文政・天保期、元治元年～明治中

期の四期で、断続的であった。その原因は、下流域村々の鉄穴流し反対運動が強いために、口筋に鑪が設置された場合に限り採鉱を行うという方法が定着したのである。この定着は、近世初頭からではなく、享保以降である。寛永十年（一六三三）二月の「家老申渡し」によると、「高田郡大川筋、山県郡ニて鉄あらい申ニ付、年々ニ川高ク成田地過分ニそこね候間、山県郡鉄あらい候事留候様ニと高田郡川端之村々訴訟申候、然共先代より有来鉄運上免レ候事も不成候間、川除を百姓と役人ニて申付由出羽守ニ申渡候事」とあり[30]、広島藩の先代（浅野長晟、元和五年入封）から続いている鉄運上の取り立てを理由に、下流域農民の禁止訴訟を押えて川除を命じ、採鉱を続行させている。それが享保年代になると、「先年ハ口筋村々之内宜粉鉄山奥山ニ御座候ニ付、御仕入ヲ以粉鉄稼出精仕候ニ付、鑪・鍛冶屋ケ所繁昌仕候故、全郡中之大益ニ相成、鑪・鍛冶屋師共儀も職方便利宜相続仕候所、享保年中已来御差留メニ相成、依之無是非石州より粉鉄・銑等買受職仕候」とあるように[31]、天和・元禄の藩専売制下では、鉄穴経営資金が前貸されていたが、正徳二年（一七一二）山県郡鉄山が藩専売制から脱退・自立すると、資金貸与はもとより下流農民の反対運動を受け入れて、藩は鉄穴流しの禁止措置をとった。そのため、山県鉄師らは石見国の小鉄・銑を買い付けて経営するようになったとしている。しかし、山県郡口筋村々の鉄穴流しが完全禁止された訳ではなく、以後、特定鑪への小鉄供給に限って許可する方法が採用されたのである。

享保六年（一七二一）十一月から二か年間、大塚村芥川屋小兵衛経営の鑪へ小鉄供給するため、大塚・岩戸・宮迫三か村の鉄穴流しが許可されている。山県郡鉄師仲間五人の協定によると、大塚村の小鉄はすべて小兵衛鑪のものとする。ただし、余分がでれば仲間の鑪（二か所）へ廻し、不足すれば岩戸・宮迫など他村小鉄をふりむけて、すべて仲間内で処理し、他売りはしないというものであった[32]。

その後は、本稿の主題である文政・天保期の山県郡代官所請け藩営鑪への小鉄供給を目的とする口筋村々の鉄穴経営と、元治元年（一八六四）から明治中期までの藩生産方藩宮鑪→広島官行鉄山に小鉄供給した鉄穴流しの二期であり、口筋村々の鉄穴経営はきわめて断続的であったことになる。その理由の第一は、口筋村々が石見・備後・安芸三国を貫流する江川の最上流、水源地域であって、広大な下流域の「川下村々殊之外難儀」の原因であったこと。また、口筋村々の立地条件、広島・浜田街道が貫通していて、物資流通や地域市場の形成、都市商業資本による鉄産業の勃興などもあって、村々の村落構造・産業構成の変化が大きく影響を与えていたと思われる。

(2) 藩の鉄山政策

文政・天保期の山県郡代官所請けの藩営鉄山の開設にともなう口筋村々の鉄穴経営は、広島藩が一八世紀半ばから展開してきた国益政策のきわめて重要な実施事例の一つであった。

国益政策は、化政期になって一気に展開するが、それは文化七年（一八一〇）、年寄上座に就任した関蔵人のもとで、蔵奉行・勘定奉行・郡奉行を兼帯した筒井極人により、領内郡村の割庄屋・庄屋ら豪農層に働きかけて「郡村再建仕法」及び「国産開発仕法」に関する意見具申を求めたことが発端となる。藩はそれをうけて、同十四年藩勘定所に「諸品方」と名付けた実施機関を新設して具体化をはかった。すなわち、広島城下の豪商四人に藩御用引受方を命じ、藩国用・家中入用・江戸表入用のすべてを国産品でまかなう目的のもとに、領内物産の開発と買上げ保証、国産諸品の他国販売ルートの確保、売上げ代銀の銀札払い（置為替）の円滑化をはかるというものであった。実施に当っては、諸品方の下請機関を郡代官役所とし、各郡に数人の「国産御用懸り」役を任命して諸企画・実施を担当させ、国産開発に必要な資金貸与や国産製品買上げ保証を、諸品方—郡代官役所—国産御用懸りの仕組を通して行った[33]。国産の対象になったのは、割鉄のほか、紙類・木綿・皮革・塩・材木板類など多岐にわたったが、ここでは山県郡代官所請け藩営鉄山に限って、その経緯を追ってみよう。文化十年（一八一三）山県郡割庄屋六人の連名で提出した「代官請鉄山開設目論見書」をうけた藩は、同十三年頃から実施を前提とした調査をはじめた。小鉄供給に必要な鉄穴流し関係は、良質の小鉄を採取できる村々の調査と、それに伴う下流域への影響及びその措置方法であった。文化十四年十二月には、口筋村々の割庄屋三人が、採鉱可能村として一七か村（大塚・大朝・新庄・宮迫・岩戸・川戸・筏津・田原・志路原・上石・海応寺・下石・寺原・有間・蔵迫・舞綱・木次）をあげ、早急な試行を求めている。また、下流農民に対しては、「当郡川下モ村々ニ当りてハ兼而篤く口演書ヲ以テ諭シ中付候処、呑水差閊候所板井構及出来候上ハ見越ヲ以後難ヲ相歎ニ存念差寄せ無之旨、且高田・三次両郡之義も其受々より諭方ニ寄而、是亦大意同様之義ニ相決し」と対応策を講じている。こうして、文政三年秋から鉄穴流しに着手、翌四年秋から大塚村野山高原山に鈩押鑪を建設、翌五年二月から操業を開始したのであるが、藩営鉄山のもとで鉄穴流し対策に、いかに郡民の目が向けられていたかを示す一文があるので引用しておこう[34]。

去秋（文政三年）より大朝・大塚・新庄・岩戸・宮迫等之村々ニおゐて、小鉄洗ひ申事始り、近年段々願出候処、川下モ村々高田郡・三次郡辺より川埋り、田畑へ水上り、又ハ三次辺川舟通路難成旨申出厳敷歎出候処、舟路難成ハ馬ヲ違い候様被為仰付、馬代御下ケ被下候、馬壱疋代弐百目ツヽ御下ケ被下候由ニ相聞へ申候、当郡之内川戸・惣森・川東・川西・壬生・川井・丁保余原等之村々、呑水差閊候旨申出候処、井ヲ掘り候様被為仰付、呑水無之人別へハ井掘り賃ニして銀四拾目ツヽ御下候、川埋り田畠損シ候ハヽ、其筋願出候様被仰付、川下モ村々よりいか体願出候而も御聞無之、小鉄あらい候儀御免有之候ニ付、五六年も見合願出可然との事ニ而、川筋一同居り合申候、依之大塚村ニ而御鑪当秋より始り申候、世話人大朝村祐平、大塚村庄平へ被仰付候、小鉄ハ至而宜敷銀ニ相成申由。

藩営鉄山の当初の経営組織は、山県郡代官支配のもと、生産方に鑪辻懸り役（割庄屋後有田村彦四郎）―小鉄支配役幷鑪元締役（割庄屋大朝村祐平）―小鉄支配役幷鑪元締添役（庄屋大塚村庄平）、販売方に御用聞（広島細工町玉

屋武平）―御鋼売捌支配方（郡年寄同格割庄屋加計村佐々木八右衛門）で構成された。その意図は、山県郡割庄屋六人及び村々庄屋・豪農層の意見を徴して、地域産出の出来小鉄の性質を生かした釼生産技術をもった鉧押鑪を経営することとし、生産担当に口筋割庄屋・庄屋をあて、販売担当を広島商人と藩最大の鉄師で広島・大坂間の販売ルートをもつ佐々木八右衛門にまかすとともに、八右衛門をこの事業の後見役と位置付けたのである。ところが、文政五年（一八二二）二月開業して間もなく玉屋武平は病気を理由に辞任し、秋には大朝村祐平が、「大借ニ付勤向御差留」（御役御免）となり、残る彦四郎・庄平両人で経営したものの、不馴れもあって同五・六年とも大赤字となった。代官役所は、同六年十二月新たに鑪所幷村々粉鉄辻引受役（彦四郎・祐平の職務を合せた役）を設けて佐々木八右衛門を就任させ打開しようとはかったが、八右衛門は役目多忙を理由に辞退した。八右衛門の真意は別のところにあり、鉄山の機構改革に関する意見書を差出したので、翌七年正月、藩営鉄山の組織を一新した。そして、生産担当は鑪方元締幷粉鉄支配役頭取（佐々木八右衛門）―小鉄支配役（大塚村庄平）、売捌担当（佐々木八右衛門）と簡略化し、八右衛門に藩営鉄山経営の全権を掌握させ、小鉄供給の実務のみ庄平に担当させる体制にして再出発したのである。その後、八右衛門の進言にもとづいて、同七年六月に八右衛門所有の長割鍛冶屋一軒を移転して付設し、釼以外の鉧・銑の鍛造にあてた。同八年秋には、付近の山林を伐り尽して溝口村枕へ鑪・長割鍛冶屋ともに移転し、十月から操業した。そして、天保三年（一八三二）六月、ここでも山林を伐り尽し、田原村中畑山か、戸谷村鶉木奥山への移転を検討するが、各村農民の承諾が得られず、また、鉄穴流しに反対する下流域農民の故障申立てが強硬で折合いがつかないことから、天保四年になって鑪・長割鍛冶屋・鉄穴流しともに廃止を決定し、一二年間にわたった山県郡代官所請け藩営鉄山は終焉した。

次にこの大塚・溝口両藩営鉄山の出来鋼・銑鉄の各年別売捌き状況をまとめると、表Ⅲ－二二のとおりである。

地元豪農の主導による開業後一・二年は、国益政策当面の主旨にもとづく国産開発・自給の建前から、地売（郡内

表Ⅲ－22　出来鋼・銑の売捌き額と販路

	売捌き額	販		路			
		大坂売	%	広島城下売	%	郡内売	%
文政5年	束 1,073	束 348	32.4	束		束 725	67.6
〃 6年	1,550	851	55.0	38	2.5	661	42.6
〃 7年	1,008	711	70.0	4	0.4	293	29.1
〃 8年	2,418	1,962	81.0			456	18.9
〃 9年	620	618	99.7			2	0.3
〃 10年	2,511	2,265	90.0			246	9.8
〃 11年	1,657	1,402	84.0	5	0.3	250	15.1
〃 12年	1,650	1,406	85.0			244	14.8
天保元年	2,582	2,580	99.9			2	0.1
〃 2年	1,226	1,224	99.0			12	1.0
〃 3年	1,427	1,219	86.0			208	14.6
〃 4年	761	761	100				100
合　計	18,483	15,347	83.0	47	0.2	3,099	16.8

売）が優位にあった。具体的には文政五・六年の状況をみると、まだ、長割鍛冶屋が付設されず、鋼（釼）は大坂売の対象としたが、付随してできる鉧・銑は、そのまま郡内の針金・釘地鍛冶屋や鋳物師へ廻し地場鉄加工業の振興を図ろうとしていたのであった。しかし、専業鉄山企業家（有力鉄師）である佐々木八右衛門が実権を掌握してからは、経営方針を一変させ、国益政策本来の目的である他国金銀の獲得を目指して、中央市場用製品（鋼・割鉄）の生産に切り換え、他国売（大坂売）に集中する体制をとったのである。そのことは、本表の一二年間総計の大坂売額一万五三三八束（八三％）の外に郡内売の総額三〇九九束（一七％）のなかに、佐々木八右衛門買鉄一一七四束が含められ、八右衛門家の大坂出店隅広屋雄助へ廻送されるとみられるから、実質的な地売は一九二五束で全体の約一〇％（当初一・二年を含む）と僅かになり、佐々木八右衛門を通して藩の鉄山政策の意図が貫かれるのである。

それと関連して、この藩営鉄山における経営全体の

表Ⅲ－23　藩営鉄山の経営収支表

	収　入	支　出	差　引
	貫　匁	貫　匁	貫　匁
文政５年	32,724	54,149	-21,425
〃　６年	49,963	52,333	-2,370
〃　７年	37,649	58,480	-20,831
〃　８年	116,823	95,375	21,448
〃　９年	45,259	99,923	-54,664
〃　10年	129,115	94,578	34,537
〃　11年	79,249	80,297	-1,048
〃　12年	82,553	75,615	6,938
天保元年	144,701	91,598	53,103
〃　２年	70,681	82,841	-12,160
〃　３年	75,562	43,091	32,471
〃　４年	102,658	—	102,658
合　計	966,937	828,280	138,657

備考　(1)　収入には，売仕切の越年分（残り）は含まない。
(2)　天保４年は，以後の販売収入を一括した。

収支状況をあわせ検討しよう。山県郡代官所の管理下で行われた大塚・溝口両藩営鉄山に関する諸費用の支出と出来鋼・割鉄などの販売代銀収入を、各年ごとにまとめると表Ⅲ－二三が得られる[35]。収入部内は出来鋼・割鉄など製品販売代銀であり、各年の生産額が年内に売仕切を済ますとは限らず、在庫（売れ残り分）は翌年売りに組み入れられた。したがって、天保四年（一八三三）の鉄山廃止後に一〇二貫六五八匁の収入とは、大坂売りのうち木津屋周蔵扱いの天保四・五両年売仕切代銀三七貫三八六匁と、隅広屋雄助扱い分六一貫余であり、外に鉄山（鑪・鍛冶屋）道具の処分代銀及び鉄山労働者への賃付代銀を合せた四貫余が組み込まれている。これに対して支出部門は、藩営鉄山の経営に必要な諸費用であり、鉄穴流しの秋山仕入銀をはじめ毎年の鑪・長割鍛冶屋の仕入貸付、鉄山労働者諸手当・貸付米銀など諸支出の合計額である。また、差引額とは収支の精算で利潤をあらわし、マイナス額は欠損（赤字）である。全体的には、文政四・五・六年の三年連続赤字を含め営業期間の半分が赤字であり、天保四年以後の収入を入れて銀一三八貫余の利潤であるが、これをはずせば、一一年間の利益約三六貫余、年平均三貫余にすぎない。さらに郡代官所では、代官請け鉄山の開設にあたり文政四・五年勘定所諸品方から「鑪諸仕入才覚取替銀（経営資金）七三貫四一七匁を借り受け、銀五貫七一二匁余に及ぶ利息払いを続けている（利率は文政五年が月一歩、六年が月六朱、七年以後は月八朱である）。以上のような鉄山の経営も、まったく口筋村々の鉄穴流し農民の犠牲のうえに成り立っていたということになる。

(3) 鉄穴経営の性格

文政四年（一八二一）二月、口筋村々の鉄穴流し免許とともに、規則書が代官名で布達された。(36)

申付ル

一粉鉄堀洗之義者秋彼岸ゟ翌春彼岸迄定例ニ可相心得候事

附、秋彼岸ゟ翌春彼岸迄洗ひ溜メ置候ハヽ、支配人共致見分上中下直段ヲ定メ其上ニ而代銀取引可仕事

一鉄穴口之義ハ支配役人とも見分ヲ請ケ差図ヲ以仕明可申、我意之仕形於有之ニ（ママ）洗ひ溜メ候粉鉄其趣ニ寄リ取上申付候義も可有之事

一鉄穴口水懸リ之儀ハ村々一統自他之無差別、溝筋見合便利次第水通シ合可申、尤溝代取引も銘々勝手次第ニ者不相成候条、支配役人共江申出善悪ニ随ひ差支不相成様可仕事

一釼吹粉鉄升目之儀ハ四斗四升一駄ニ通用可仕事

一粉鉄堀洗ニ付運上銀追而相究メ候条、此等之義も兼而相心得可被在事

一堀流方之儀ニ付故障ケ間鋪義無之様、支配役人共ゟ急度相示シ可申義勿論、万一無拠儀ニ而入用等出来候ハヽ、夫々相約、懸り合之者ゟ為差出可申事

一粉鉄方ゟ可差出諸入用ハ、粉鉄上中下概シ直段ニ割付、是ヲ上中下之直段江闔ケ可申事、右之通相定付置候、此余之義ハ追々模様ニ寄、得失考合之上申付候儀も可有之候条、此旨可相心得者也

巳二月九日　　大野是助
　　　　　　奥田卯之助

これは、鉄穴流しに対する藩の規制である。その要点は、第一に出来小鉄の抜売禁止である。出来小鉄を藩営鑪がすべて買上げ、鑪の年中使用量の確保を強制している。したがって、村々鉄穴に生産割当てを行い、採鉱ノルマ制を課したことになる。第二に鉄穴流しの期間を、秋彼岸から春彼岸までの六か月間とし、釼吹小鉄桝は、四斗四升入をもって一駄としている。この容量規定は、米年貢の、一俵四斗三升入と同様であり、一般桝の一駄四斗より四升分の口米（小鉄）分だけ多く鉄穴経営者負担となる。第三に鉄穴場の開設・廃止はすべて藩の許可を要する。これは、郡代官所小鉄支配役（大塚村庄平）が鉄穴稼行全体を管理することで、「鉄穴口水懸り」、「溝代取引」など鉄穴経営者の「我意之仕形」をきびしく戒めている。ただし、村々鉄穴で選鉱する小鉄は、本口小鉄（鉄穴山口採取）・川鉄（山口の下流の関施設で採取）・汲鉄（流し施設を使わず川床から採取）の三種とし、汲鉄のみは鉄穴諸規制が及ばず自由採取とする。第四に村々鉄穴は、藩勘定所から運上冥加銀が賦課される。その額は、小鉄一駄につき一分五厘であり、小鉄代銀のなかから差引かれる仕組であった。第五に鉄穴経営を行うものは、藩営鑪から「秋山仕入銀」の前貸をうける。これは村々鉄穴の小鉄生産量を見込み、鉄穴単位に仕入銀額を申請して貸与されるもので、毎年五月、出来小鉄の買上げ代銀と差引精算される。過銀が残れば経営者の収益になり、不足が出れば借銀となり、利息をつけて返済するが、実際には次の秋山仕入銀のなかへ元利とも加算され、次の精算期に決済された。第六に小鉄は鉧押しに適した品質のものを選鉱する必要があり、高度な採鉱技術をもった石見国邑智郡矢上村から鉄穴師頭―小屋頭―鉄穴師・流し子組の出稼ぎ集団を雇傭して採鉱に当らせるとともに、村内農民の採鉱技術の指導をもあおいでいた。

表Ⅲ－24　口筋村々の村別鉄穴数及び鉄穴名

	鉄穴数	鉄　穴　名　称
大塚村	11	①番屋　②丸山　③吉ケ谷　④小田ケ迫　⑤上追坂　⑥堀越　⑦清水　⑧角土　⑨掛田　⑩哲口　⑪大鉄穴
大朝村	7	①小枝　②上甲摺　③下甲摺　④矢熊　⑤九文明　⑥聖尻　⑦百山
新庄村	5	①境　②柏木　③水越　④小深　⑤七間光
岩戸村	5	①新屋田　②笹原　③柳谷　④南原　⑤平家
宮迫村	5	①富安　②石道迫　③大番　④輪之内　⑤桂仏
筏津村	1	①新右衛門
蔵迫村	1	①神崎
田原村	1	①野地居

第七に藩営鑪の小鉄買上げ価格は、毎期、鉄穴ごとに定められた値段で行われる。毎年五月の秋山仕入銀と収納小鉄代銀との差引精算される直前に通知される。買上げ価格の決定方法は、佐々木八右衛門が鉄山全体の収支を勘案した上で決定し、これを郡代官所へ上申して、藩の決定価格として通達し、精算されたのである。

以上が口筋村々の鉄穴流し経営上の要点であるが、次に実際の経営内容を検討しよう。

まず、口筋北組村々のうち、文政四年（一八二一）から天保四年（一八三三）まで一三か年の間に小鉄を採鉱した村々と鉄穴名をあげると表Ⅲ－二四のとおりで、大塚村以下八か村、鉄穴三六か所である。内訳は大塚村一一か所、大朝村七か所、新庄・岩戸・宮迫三か村に各五か所、筏津・蔵迫・田原三か村に各一か所と、大塚・大朝・新庄・岩戸・宮迫五か村に集中していた。

つぎに藩営鑪が年々買上げた小鉄数量をまとめると、表Ⅲ－二五のようになる。佐々木八右衛門の支配に変った後の数値しか得られないが、年々の買上げは一二〇〇駄から五三〇〇駄と大きな差がみられる。しかし、小鉄買上げ量だけでいえば、文政九年をピークにしてしだいに減少傾向にあったといえよう。同七年から天保四年までの総計は三万一四七四駄、そのうち鉄穴口小鉄が九一％、川鉄五％、汲鉄

表Ⅲ－25　藩営鑪の小鉄買上げ額の推移

	小鉄	%	川鉄	%	汲鉄	%	合計	吹数
	駄		駄		駄		駄	
文政6(1823)年							2,359	16
〃 7(1824)年	4,627	91.0	359	7.1	97	1.9	5,083	34
〃 8(1825)年	4,588	92.5	273	5.6	97	1.9	4,958	33
〃 9(1826)年	4,912	91.5	278	5.2	178	3.3	5,368	36
〃 10(1827)年	3,331	86.2	217	5.6	315	8.2	3,863	26
〃 11(1828)年	1,578	81.3	129	6.6	236	12.1	1,943	13
〃 12(1829)年	1,282	99.4	8	0.6	—		1,290	8
天保元(1830)年	1,976	85.5	150	6.5	186	8.0	2,312	15
〃 2(1831)年	2,118	90.7	69	2.9	154	6.4	2,341	15
〃 3(1832)年	2,455	96.0	104	4.0	—		2,558	17
〃 4(1833)年	1,621	92.3	76	4.3	60	3.4	1,757	12
合　計	28,488	90.5	1,663	5.3	1,323	4.2	31,473	209

備考　合計値は文政6年分を除いた。

四％で、小鉄のほとんどは、鉄穴口で採取されていた。ちなみに石見国邑智郡の鎰押鑪を例に、鑪一吹の小鉄使用量を一五〇駄として算出すると、この藩営鑪の年間吹数は文政九年の三六吹から文政十二年の八吹の間である。石見鑪は年間吹数の一般的規準を三五～四〇吹としているから、辛うじて到達した年は文政七・八・九年の三か年にすぎず、その半数以下が七か年もあったことになり、吹鉄原料の供給量だけからみれば、大きく期待を下回っていたことになる。

さらに鉄穴経営者数の年別・村別一覧をかかげると表Ⅲ－二六のようになる。大塚村から宮迫村までの五か村で毎年継続して行われたが、ほぼ安定して稼行されたのは岩戸・宮迫両村で、中心的存在の大塚・大朝・新庄三か村の経営者数の増減が多いこと、とくに新庄村は天保元年（一八三〇）以降廃止状態に追い込まれているなど、小鉄選鉱事業を軌道にのせてすすめることができなかったようである。

表Ⅲ－二七は、藩営鑪が村々出来小鉄を秋口から翌年春まで買取った際の小鉄一駄当りの単価表である。買取

表Ⅲ－26　山県郡口筋北組村々の鉄穴・経営者数の推移

村名	区別	文政7年	〃8年	〃9年	〃10年	〃11年	〃12年	天保元年	〃2年	〃3年	〃4年
大塚	鉄穴	4	11	11	6	3	4	3	5	4	4
	川鉄	2	1	1	3	1		2		1	1
	経営者	4	5	5	5	3	3	5	6	4	4
大朝	鉄穴	3	5	7	8	2	6	3	4	4	3
	川鉄	7	5	3	2	3		1	1	2	1
	経営者	5	5	7	7	3	7	4	5	5	2
新庄	鉄穴	4	4	5	5	3	3	2		1	
	川鉄	3	1								
	経営者	5	3	3	3	3	3	2		1	
岩戸	鉄穴	2	5	4	4	3	3	3	3	3	3
	川鉄		2	1	1	3	1	2	2	1	
	経営者	2	5	4	3	5	3	5	5	4	3
宮迫	鉄穴	3	3	3	3	2	1	2	2	2	2
	川鉄			1							
	経営者	3	3	3	3	2	1	2	2	2	2
蔵迫	鉄穴		1								
	川鉄										
	経営者		1								
筏津	鉄穴	1									
	川鉄										
	経営者	2									
田原	鉄穴			1							
	川鉄										
	経営者			1							
合計	鉄穴	17	29	31	26	13	17	13	14	14	12
	川鉄	12	9	6	6	7	1	5	3	4	2
	経営者	21	22	23	21	16	17	18	18	16	11

表Ⅲ－27　鉄穴別小鉄１駄の単価の推移（単位は匁）

村名	鉄穴名	文政6年	〃7年	〃8年	〃9年	〃10年	〃11年	〃12年	天保元年	〃2年	〃3年	〃4年
大塚	番屋	5.5		5.8	5.6							
	丸山	5.6	5.8	5.9	5.7	5.6	5.6	5.6	5.6	5.6	5.6	5.4
	小田ケ迫	4.7		4.9	4.7					4.7	4.7	
	上追坂			5.6	5.4							
	堀越			5.2	5.0	4.9				4.9	4.9	4.8
	清水			5.7	5.5	5.4	5.4	5.4	5.4	5.4	5.4	5.3
	角土	5.1	5.3	5.3	5.1	5.0	5.0	5.0	5.0			
	掛田	4.9	5.1	5.1	4.9	5.1						
	哲口			5.0	4.8							
	吉ケ谷			6.2	6.0	5.9		5.9				
	大鉄穴		5.7									
大朝	小枝			5.0	4.8	4.7						
	上甲摺		5.0	5.1	4.9	4.8	4.8	4.8	4.8	4.8	4.8	4.7
	下甲摺	4.7	4.9	4.9	4.7	4.6						
	矢熊		6.5	6.5	5.8	5.7		6.1	6.1	6.1	6.1	6.0
	九文明				4.7	4.6		4.6				
	聖尻			5.3	4.9	4.8	4.8					
	百山				5.4	5.1		5.1	5.1	5.1	5.1	5.0
新庄	境	6.5	6.7		6.3	6.2	6.2	6.2	6.5			
	柏木			5.6	5.4	5.3						
	水越	6.2	6.4	6.2	6.0	5.9						
	小深	6.3	6.5	6.5	6.3	6.2	6.2	6.2				
	七間光	6.1	6.3	6.5	6.3	6.2	6.2	6.2	6.2		6.2	
岩戸	新屋田	6.5	6.7	6.7	6.5	6.4	6.4	6.4	6.4	6.4	6.4	6.3
	笹原			6.2	6.0	5.9	5.9	5.9	5.9	5.9	5.9	5.8
	柳谷	6.4	6.6	6.6	6.4	6.3	6.3	6.3	6.3	6.3	6.3	6.2
	南原			5.5	5.3	5.2						
宮迫	富安	6.2	6.4	6.3	6.1	6.0	6.0		6.0	6.0	6.0	5.9
	石堂迫			5.8	5.6	5.5	5.5					
	大番				5.2		5.3	5.3				
	桂仏		5.3									
蔵迫	神崎			6.1								
田原	野地居				1.3							
筏津	新右衛門		5.7									

り値段は買取りが終ってから鉄穴単位に決定されるから、収納時には不明であった。小鉄値段は、文政九年（一八二六）の場合、「去秋より当春迄出来粉鉄直段之儀左之通り申付候、尤去年分と差引弐分下ケニ相当り候ても兼而申付候通、冥加銀下地駄別五分之所三分ニ下遣候ニ付、鉄穴於手元ハ全去同ニ相当り候、尤大朝村聖尻文五郎鉄穴小鉄清メ方不宜候ニ付、去年ニ四分下ケニ申付候、此旨相心得、以来一統洗ひ方念入候様可申付候」とあり、また、翌十年の場合は、「尤当年者鉄捌ケ方不景気ニ付、都而壱分宛直段下ケニ申付候条、人別過不足致差引未進丈ケハ早々取立可差出」とあるから、小鉄選鉱の品質だけでなく、製品鉄の売捌け状況によっても、小鉄価格にしわ寄せがきていたことが判明する。村単位で鉄穴ごとの単価をみると、新庄・岩戸両村鉄穴の一駄当り六匁以上と品質がよく、大塚・大朝両村鉄穴では四〜五匁代でやや劣っていた。小鉄値段が極端に低かった田原村野地居鉄穴新口は、「此粉鉄歩留リ等抜群不宜、此直段（一駄ニ付一匁三分）ニ而も其不引合ニ相見候へ共、先ツ此度ハ此通リ申付候、已来洗ひ方ニ別而念入可申候事」ということで、文政九年（一八二六）はじめて新口鉄穴の選鉱を行ったものの、この年限りで廃し、田原村では行われなくなった。小鉄値段の推移は、鉄山経営の推移を反映しているが、文政六・七・八年の三か年は年々一駄当り一〜二匁ずつ値上げしたものの、同九年には一率二匁下げ、翌十年には一匁下げで、結局、文政六年以下の水準に逆戻りした。以後天保三年までこの価格がそのまま踏襲され、天保四年（一八三三）の鉄山廃止の決定がきまると、さらに一駄一匁下げで買取った。この小鉄値段の水準は他と比較して一概にはいえないが、当時備後恵蘇郡で小鉄一駄が地元産三〜五匁、他国産六〜七匁であり、石見邑智郡では五〜八匁であった。文政十年（一八二七）大塚村善平の石見国市木村への小鉄抜売が発覚した際の小鉄値段は、藩営鑪買上げ値が一駄四匁七分なのに対して、市木売は駄賃銀も含めて一駄八匁であり、ほぼ二倍に近い値段が付けられていた。このような状況からみると、藩営鉄山の一環として運営される鉄原料部門の小鉄買上げ価格が、経営状態を反映して品質管理の厳正、割当制にもとづく労働強化の割には、不当に押えられていたといえるであろう。

また、口筋村々の鉄穴ごとの生産状況（藩営鑪買上げ額）を年ごとにまとめてみると、表Ⅲ－二八が得られる。各鉄穴のうちほぼ毎年操業したのは、大塚村の丸山・清水両鉄穴・大朝村の上甲摺・矢熊・百山三鉄穴、新庄村の七間光、岩戸村の新屋田・笹原・柳谷三鉄穴、宮迫村の富安・輪之内両鉄穴など一一鉄穴にすぎず、他鉄穴は年による休止・廃止がいちじるしい。一鉄穴当りの年間生産額は、大塚村堀越鉄穴が文政九年に五六七駄のトップを示し、一般的な生産水準である年間三〇〇駄を超えたのが、上甲摺鉄穴の五か年、丸山鉄穴の四か年、堀越・清水両鉄穴の各二か年、矢熊・七間光両鉄穴の各一か年にすぎなかった。各年の一鉄穴当りの平均値は、文政九年の一六九駄から同十二年の八〇駄までの間で、一般的平均の半分以下の低生産であったということができよう。なお、川鉄・汲鉄の採取は、大塚・大朝両村で川鉄、岩戸村で汲鉄が連続して行われ、とくに秋山仕入銀の対象とされない汲鉄採取に岩戸村農民四〇～八〇人が携わり、自由な小遣い稼ぎとして注目される。

最後に口筋村々の鉄穴稼ぎの特徴を、鉄穴経営者の個々のあり方を検討することによって　総括しておきたい。

鉄穴経営者のなかでもっとも規模を大きくして鉄穴流しを営んだのは、小鉄支配役大塚村庄平の長男松太郎である。当初松太郎は番屋・吉ケ谷・丸山・小田ケ迫・上追坂の五鉄穴及び丸山川鉄を経営し、鉄穴労働に石見国邑智郡矢上村辺の鉄穴師・流し子と地下雇人・「鉄穴ロニ而家内之者共も洗ひ追々手熟仕候者、私儀も倶々出精仕」と、鋼押用小鉄の選鉱技術の導入指導を兼ねて、石州矢上村の鉄穴師・流し子の出稼ぎ労働と村内雇傭・家内労働での作業体制をとっていた。その経営収支を示すと次のようになる。

一小鉄弐百四拾三駄　丸山鉄穴
一同　六拾弐駄　同所川場
一同　三拾駄　小田ケ迫

小鉄生産量の推移（単位は駄）

村名	鉄穴名	文政7年	〃8年	〃9年	〃10年	〃11年	〃12年	天保元年	〃2年	〃3年	〃4年
岩戸	新屋田	197	202	237	170	167	191	200	131	177	34
	笹原		114	137	130	110	89	181	193	144	17
	柳谷	172	163	185	156	157	21	114	105	184	128
	南原		62	37	16						
	平家		147								
	小計	369	688	596	472	434	301	495	429	505	179
	川鉄		94	45	23	52	8	24	47	10	
	汲鉄		23	100	297	206		163	119		60
宮迫	富安	155	174	174	69	55		75	92	58	59
	石道迫		30	59	71	58					
	大番			149							
	輪之内	119	209		201		74	164	197	257	221
	桂仏	55									
	小計	329	413	382	341	113	74	239	289	315	280
	川鉄			3							
	汲鉄		39		2						
蔵迫	神崎		73								
田原	野地居				227						
筏津	新右衛門	159									
小鉄合計		2,986	4,614	4,923	3,267	1,564	1,369	1,964	2,130	2,371	1,532
鉄穴当り平均		166	159	169	130	120	80	151	164	182	139
川鉄合計		487	319	296	270	144	8	165	128	172	182
汲鉄合計		9	98	178	316	236		188	154		60
総計		3,482	5,031	5,397	3,853	1,944	1,377	2,317	2,412	2,543	1,774

備考　加計隅屋文庫，文政7年～天保4年「村々小鉄代銀算用人別請取印形帳」による。

表Ⅲ－28　村別・鉄穴別

村名	鉄穴名	文政7年	〃8年	〃9年	〃10年	〃11年	〃12年	天保元年	〃2年	〃3年	〃4年
大塚	番屋		137	23							
	丸山	352	239	472	241	139	130	413	235	324	251
	吉ケ谷		85	80	22		16				
	小田ケ迫	81	216	80					81	109	
	上追坂		201	74	124		63		22		
	堀越		311	567	285				208	100	50
	清水		436	278	321	131	39	145	158	200	290
	角土	41	118	75	56	41	18	8			
	掛田	178	125	34							
	哲口		14	5							
	大鉄穴	255									
	小計	907	1,882	1,688	1,049	311	266	566	704	733	591
	川鉄	211	130	117	135	32		77	23	82	90
	汲鉄			12		26		9	21		
大朝	小枝		67	135	9						
	上甲摺	248	343	341	260	222	192	314	333	333	290
	下甲摺	295	212	60	53		27				
	矢熊	159	358	263	187		174	113	219	167	168
	九文明			200	85		56				
	聖尻		85	141	95	104					
	百山			110	133		60	47	156	148	24
	小計	702	1,065	1,250	822	326	509	474	708	648	482
	川鉄	246	85	131	112	60		64	58	80	92
	汲鉄		36	34							
新庄	境	83	15	81	53	45	31	5			
	柏木		51	147	66						
	水越	172	36	103	85						
	小深	133	129	142	189	154	78				
	七間光	132	262	307	190	181	110	185		170	
	小計	520	493	780	583	380	219	190		170	
	川鉄	30	10								
	汲鉄	9		32	17	4		16	14		

一同　弐拾壱駄九合　吉ケ谷
一同　壱駄九合三勺　角尾鉄穴
〆　三百五拾九駄八合三勺
一銀八百八匁三分六厘　鉄穴司へ遣申銀辻
一同四百目　池溝等相調申候夫賃場所年貢共
内
小鉄代壱貫九百六匁弐分六里
（差引　六百九拾七匁九分　利）

すなわち、鉄穴五か所（川鉄を含む）を経営し、小鉄選鉱高三五九駄余、その代銀一貫九〇六匁余で、経営費は一貫二〇八匁余、収益として六九七匁余が得られたことになる。この形態であれば利益は固いといえるが、しかし、ここには鉄穴経営のための前貸仕入銀（秋山仕入銀）・冥加運上銀と小鉄買上げ代銀の差引問題が入っていない。そこで、鉄穴経営者個々の「御仕入鉄穴」（藩営鉄穴）としての年別収支の推移を検討しよう。

まず、最初に確認しておきたいのは、「御仕入鉄穴」であるため、鉄穴経営者個々の経営実績に優先して、各鉄穴に課された割当生産小鉄額（ノルマ制）をあらわす「秋山仕入銀」額（前貸資金）と買上げ小鉄代銀とが相殺されて、なお残り銀（経営者利益）を累積することが安定経営の前提であった。ところが、表Ⅲ－二九～三一にあらわれているとおり、各鉄穴の多くが前貸仕入銀を返済できずに赤字経営を連続させており、鉄穴の手離し、経営者の交替、村受・廃止などがみられる。とくに小鉄買上げ値段を下げた文政十一年（一八二八）以降は、鉄穴経営者・鉄穴数ともに減少して小鉄供給量の大幅な減額をきたし、藩営鉄山が経営危機にさらされている。

そこで鉄穴経営のあり方を形態的にみると、①二つ以上の鉄穴で採鉱する複数経営の型、②鉄穴一つ（川鉄を含む）を経営する型、③流し施設をもたず汲鉄の採取を中心にした駄賃稼ぎの型の三つに分けられる。第一の型に属するのは、鉄穴五か所を経営した大塚村松太郎を筆頭に鉄穴三か所の同村円浄、岩戸村の清助の三人、鉄穴二か所を経営するのは大塚村の善平、大朝村の和十郎の二人らで、合せて五人である。第二の型は、さきの五人以外の鉄穴経営者一一人ということになる。第三の型は、表にはあらわれないが岩戸・新庄両村を中心に、川床の砂鉄を選鉱して二駄・三駄と少量の小鉄を納めて駄賃を稼ぐもので、文政七年（一八二四）二〇人、同九年六〇人、同十年七五人、同十一年五九人、天保元年（一八三〇）四三人、同二年三五人とあり、村内零細農民の駄賃稼ぎであった。

さて、複数鉄穴経営者の収支状況をみると、いずれも赤字が先行して安定的経営には程遠いものであった。先にもふれた大塚村松太郎の場合、当初鉄穴五か所、川鉄一か所を経営するが、文政八年に差引過銀一八一匁があったのみで、以降同九年は不足銀二貫六三二匁、同十年は同じく四貫一〇〇目とすべて赤字経営を強いられる。とくに松太郎は鉄穴流しを開設するに当って、秋山仕入銀とは別に経営資金として銀二貫五〇〇目、四貫六〇〇目を五か年賦で借り受け、年々元利償還が加算されたので、同十一年鉄穴一、川鉄一に縮少経営し、天保二年（一八三一）には最後まで残した丸山鉄穴も、村内の次助・市左衛門の下請け経営に委ねた。もっとも、その事情は、「庄平身代及潰、同人倅松太郎名前之鉄穴方年符銀幷御仕入等返上難相成ニ付、大塚村役人中より下受人之次助・市左衛門へ松太郎稼口之鉄穴為引受申候」というもので、松太郎の年符銀・仕入銀は「庄平借銀」に回し、同年の鉄穴の利銀一貫二四六匁となっている。庄平・松太郎親子は、藩営鉄山へ肩入れし過ぎて倒産したものと思われる。他の五人のうち、大朝村和十郎・大塚村善平も、文政十一年以後は休・廃業においこまれている。岩戸村清助は、鉄穴二・三か所の経営で黒字・赤字をくり返していたが、天保三年経営を小兵衛に委ねて撤退している。結局、大塚村円浄が、鉄穴三・二か所から一か所、赤字連続の経営ながら、天保四年の廃止まで続いた。これに対して鉄穴単数

表Ⅲ－29　大塚村鉄穴経営の収支状況

		文政8年	〃 9年	〃 10年	〃 11年	〃 12年	天保元年	〃 2年	〃 3年
松太郎	鉄穴名	番屋・吉ケ谷丸山・同川鉄小田ケ迫・上追坂	番屋・吉ケ谷丸山・同川鉄小田ケ迫・上追坂	吉ケ谷・丸山掛田・川鉄2ヵ所	丸山・同川鉄	吉ケ谷・丸山	丸山	丸山（次助 茂右衛門）	丸山（次助 茂右衛門）
	小鉄量	駄 872	駄 794	駄 356	駄 170	駄 146	駄 413	駄 235	駄 324
	代　銀	貫匁 4,912	貫匁 4,450	貫匁 1,992	貫匁 949	貫匁 822	貫匁 2,210	貫匁 1,317	貫匁 1,812
	冥加銀	436	238	107	51	44	124	71	97
	秋山銀	3,600	6,200	5,350	—	—	—	—	—
	年賦銀	695	644	635	1,480	2,041	2,564	—	2,840
	差引額	181	-2,632	-4,100	-582	-1,376	-378	1,246	-1,125
良平	鉄穴名	堀　越	堀　越	堀越・山1歩			丸山川鉄	堀　越	堀越・丸山川鉄
	小鉄量	311	567	317			12	208	132
	代　銀	1,616	2,833	1,553			57	1,021	668
	冥加銀	155	70	95			3	63	40
	秋山銀	1,200	1,800	1,500			—	541	500
	差引額	261	863	-42			54	417	128
和忠太	鉄穴名	清　水	清　水	清　水	清　水	清　水	清　水	清　水	清　水
	小鉄量	436	278	321	131	39	145	158	200
	代　銀	2,483	1,528	1,736	707	211	780	852	1,080
	冥加銀	218	83	96	39	12	43	47	60
	秋山銀	1,500	1,800	1,200	600	600	800	800	1,250
	差引額	765	-355	440	68	-401	-63	5	-230

	鉄穴名	角土・掛田哲口	角土・掛田哲口	角　土	角　土	角　土	角　土	小田ケ迫	小田ケ迫
円浄	小鉄量	256	114	56	41	18	83	21	109
	代　銀	1,329	573	278	206	90	42	97	513
	冥加銀	128	34	17	12	5	2	6	33
	秋山銀	950	1,750	1,350	1,160	1,050	1,060	1,150	1,170
	差引額	251	−1,211	−1,089	−966	−965	−1,020	−1,059	−690
	鉄穴名	下追坂・小田ケ迫	小田ケ迫・山１歩・川鉄	小田ケ迫・丸山川鉄				小田ケ迫（又兵衛）	
善平	小鉄量	67	25	21				81	
	代　銀	358	113	88				382	
	冥加銀	33	8	6				24	
	秋山銀	870	700	700				—	
	差引額	−545	−594	−618				357	

表Ⅲ－30　大朝村鉄穴経営の収支状況

		文政８年	〃　９年	〃　10年	〃　11年	〃　12年	天保元年	〃　２年	〃　３年
序助	鉄穴名	小　枝	小　枝	小枝・矢熊		矢　熊	矢　熊	矢　熊	矢熊・同川鉄
	小鉄量	駄 67	駄 135	駄 191		駄 107	駄 113	駄 219	駄 222
	代　銀	貫匁 336	貫匁 648	貫匁 1,080		貫匁 655	貫匁 689	貫匁 1,337	貫匁 1,354
	冥加銀	34	40	57		32	34	66	67
	秋山銀	200	200	1,500		930	800	800	800
	差引額	102	407	−477		−307	−144	470	487
九十郎	鉄穴名	上甲摺・同川鉄	上甲摺・同川鉄	上甲摺・同川鉄	上甲摺・同川鉄		上甲摺	上甲摺	上甲摺
	小鉄量	350	374	281	228		314	333	333
	代　銀	1,047	1,812	1,333	1,089		1507	1,598	1,600
	冥加銀	175	112	84	68		94	100	100
	秋山銀	1,300	1,300	1,200	600		1,000	1,000	1,000
	差引額	306	399	48	420		413	498	500
貞兵衛	鉄穴名	下甲摺・同川鉄	下甲摺・同川鉄	下甲摺・同川鉄	下甲摺・同川鉄	甲　摺	川　鉄	川　鉄	川　鉄
	小鉄量	214	125	144	54	27	49	22	6
	代　銀	1,047	555	615	223	110	202	90	23
	冥加銀	107	37	44	16	8	15	7	2
	秋山銀	1,500	1,000	550	150	150	150	100	100
	差引額	−559	482	21	56	48	37	−16	−79

和十郎	鉄穴名	矢熊・同川鉄	矢熊・九文明	矢熊・九文明		九文明・追坂甚兵衛共			
	小鉄量	422	497	90		119			
	代　銀	2,740	2,665	420		578			
	冥加銀	211	149	27		36			
	秋山銀	2,000	1,900	400		700			
	差引額	529	616	419		−157			
文五郎	鉄穴名	聖　尻	聖　尻	聖　尻	聖　尻				
	小鉄量	85	141	95	104				
	代　銀	448	690	457	499				
	冥加銀	42	42	29	31				
	秋山銀	200	300	400	300				
	差引額	206	347	28	168				
清助	鉄穴名		百　山	百　山		百　山	百山・山1歩	百山（清七）	百山（清七）
	小鉄量		110	133		60	5	78	87
	代　銀		592	678		306	27	397	441
	冥加銀		33	40		18	2	23	26
	秋山銀		200	500		300	41	100	350
	差引額		359	138		−12	−16	274	65

表Ⅲ－31　岩戸村鉄穴経営の収支状況

		文政８年	〃　９年	〃　10年	〃　11年	〃　12年	天保元年	〃　２年	〃　３年
清助	鉄穴名	新屋田・柳谷・南原	新屋田・南原	柳谷・新屋田・南原	新屋田・同川鉄	柳谷・新屋田	新屋田	柳谷・新屋田	新屋田（小兵衛）
	小鉄量	駄 427	駄 274	駄 343	駄 185	駄 212	駄 200	駄 237	駄 177
	代　銀	貫 匁 2,770	貫 匁 1,735	貫 匁 2,160	貫 匁 1,173	貫 匁 1,352	貫 匁 1,280	貫 匁 1,504	貫 匁 1,135
	冥加銀	213	82	103	55	63	60	71	53
	秋山銀	2,200	1,200	2,100	600	1,400	1,000	1,500	800
	差引額	356	453	−42	517	−112	220	−67	281
庄六	鉄穴名	笹　原	笹　原	笹　原	笹　原	笹　原	笹　原	笹　原	笹　原
	小鉄量	114	137	130	110	89	181	193	144
	代　銀	704	821	767	646	525	1,066	1,138	850
	冥加銀	57	41	39	33	27	54	56	43
	秋山銀	200	400	400	300	400	400	400	400
	差引額	447	380	328	313	98	612	679	407
惣助	鉄穴名	平家（儀兵衛）	柳谷（本蔵）		柳　谷		柳　谷		柳谷（本蔵）
	小鉄量	147	185		157		114		184
	代　銀	925	1,181		992		721		1,162
	冥加銀	73	55		47		34		55
	秋山銀	200	1,000		600		500		500
	差引額	651	125		344		187		607
善兵衛	鉄穴名	川　鉄	川　鉄		川　鉄		川　鉄	川　鉄	
	小鉄量	57	45		16		15	28	
	代　銀	333	249		91		80	146	
	冥加銀	29	13		5		5	8	
	秋山銀	220	150		—		—	100	
	差引額	83	85		68		75	38	
幸助	鉄穴名	川　鉄		川　鉄	川　鉄	川　鉄	川　鉄	川　鉄	川　鉄
	小鉄量	—		23	18	8	9	19	10
	代　銀	—		124	96	41	46	102	55
	冥加銀	—		7	5	2	3	6	3
	秋山銀	150		300	200	200	200	200	150
	差引額	−150		−183	−109	−161	−157	−104	−98

経営の場合、一一人中三人が文政十一年以降に廃業、二人が断続的に続けたが、他の六人は連続経営であった。赤字の連続したものもいるが、岩戸村庄六の場合、笹原鉄穴一か所を文政八年から天保三年まで八年間の経営で、過銀三貫二六四匁となっている。その内訳は、文政八年四四七匁からはじまって、三八〇匁、三二八匁、三一三匁、九八匁、六一二匁、六七九匁、四〇七匁と、毎年少額ではあるがすべて過銀（黒字）であって、小鉄買上げ値段の上下にかかわらず、ほぼ安定した経営であり、のこる他の経営者についても、ほぼ同様のことがいえる。この鉄穴の単数経営は、経営者が鉄穴師になり流し子を自家労働力でまかなう小経営であるが、山県郡口筋北組村々のような完全藩営の条件のもとで稼行される鉄穴流しは、わずかにこの小経営の型が適合していたことになる。

以上のように、江川流域を中心に近世鉄山の鉄原料の供給部門である鉄穴経営のあり方を問題にしてきたが、そこには大きく近世的な規定制が働いていることを見逃すことができない。第一に鉄穴所有の近世的性格の内容である。これは鉄穴流しを行う占有空間の核となる鉄穴（採掘地）の非自立性に起因する。つまり、鉄穴流しを行う林野は、各分野の複合利用される空間であり、採鉱のみに専有化し得なかった。農業・生活分野で薪炭林・採草地・放牧地などと重複し、調整が必要であった。そして、人々の居住空間としての村落構造のあり方と関係し、村落共同体規制の強弱が大きな影響をもつと思われること。第二に鉄穴における小鉄生産の低位性である。これは、砂鉄に含まれる鉄分比率が少なく、きわめて貧鉱から選鉱するものであったこと。しかも、鉄穴流しという一種の比重選鉱法の枠を超えることができなかったこと。第三に鉄穴労働力が秋から春までに限定された農間副業労働に依存していたこと。高度な専業技術の必要性をもちながら、季節的出稼ぎ労働・副業的労働が中心で、年中労働の鑪需要の小鉄供給が不足していたことがあげられる。第四に領主による鉄専売制・藩営化政策は、鉄産業の発展にとって大きな障害になっていたことなどである。

註

（1）「天保郷帳」。

（2）中国地方全体の数値については、武井博明「近世後期における鉄穴経営と村落構造」（『史学研究』一〇一号・一九六七年、後に同著『近世製鉄史論』三一書房・一九七二年に収録）による。

（3）ただし、この数値のなかには郡単位のため流域外を含めた場合がある。たとえば、備後奴可郡は高梁川支流成羽川上流域が三分の二を占めているが一括したこと、出雲飯石郡も斐伊川支流域が大きく占め、分割し得なかったことなどである。いずれにしても信頼すべき数値に乏しく概数であることを断っておきたい。

（4）『川本町誌』歴史篇・一九七八年。

（5）「鉱山借区図」については、大橋博「明治前期における鉄生産の分布状態と諸問題」（『たたら研究』第七号・一九六一年）所収の第一表を利用した。

（6）森脇太一「石見江津地方における小鉄事業」（『たたら研究』第一三号・一九六六年）。

（7）「加計万乗」巻一（広島大学附属図書館「隅屋文庫」）の慶長九年の条。

（8）鉄穴一か所で採鉱される小鉄の出来高は様々である。ただ、鉄穴稼ぎの採算の上から、一般的に一鉄穴当り一万〜二万貫（三〇〇〜六〇〇駄）を基準とすることがある。

（9）『瑞穂町誌』第三集（一九七七年）所収の町内鉄穴場の分布をまとめた。

（10）中川氏所蔵文書「雲州飯石郡来嶋郷打渡坪付」（慶長四年九月十三日付）。

（11）浅野文庫「自得公済美録」巻二〇「浅野長晟郡中法度」（『広島県史』近世資料編Ⅲ所収）。

（12）浅野文庫「玄徳公済美録」巻四上（『広島県史』近世資料編Ⅲ所収）。

（13）三次市粟屋・中村家文書による。

（14）元和五年「備後国御知行帳」（『広島県史』近世資料編Ⅱ所収）。この「かなら役」（鉄穴役）のほか、鉄役四四七石七斗二升、ふき役三二六石七斗五升も合せ決定され、合計すると九四八石四斗七升となり、福島正則の幕府拝領高四九万八千石余の一部になっている。このことは、後に成羽川（高梁川支流）下流域農民の鉄穴流し禁止運動や、安永年代の幕府鉄座からの脱出などに有効（切札）であった。

(15) 三次市立図書館「三次・双三郡史資料」、「三次方御鉄山業旧記」。

(16) 広島大学蔵・享保初年「三次郡覚書」、岡三渕三上家文書・文政二年「国郡志御用ニ付下調べ帳」、三次市立図書館・弘化二年「三次郡川下組鉄穴稼ニ付様子申上覚」などによる。

(17) 庄原市比和町森脇名越家・寛政四年「恵蘇郡村々万差出帖」による。

(18) 三次市・原田家・慶応元年「鉄穴一巻」による。なお、この年の年産額一四万駄は、一駄三〇貫とすると四二〇万貫となる。また、鉄穴一五七か所であるから、一鉄穴当りの平均出来小鉄は二万六七五一駄余となり、鉄穴の生産性の高さに注目される。

(19) この「日本地誌提要」の数値は、地方文書との間に大きな隔りがある。森脇村の例でみると、鉄穴一か所であるが、安政四年に本口二九、関二二の五一か所、明治八年には本口四〇、関三八の七八か所で、実態をあらわしていない。

(20) 高梁川流域農民との間に起った濁水紛争は、延宝年間、元禄十六年、安永五年、天保十一年、弘化二年など、幾度となく鉄穴流し期間の短縮、規定口数の確認、超過口数の禁止、全面中止などを倉敷代官所へ提訴している（『東城町史』備後鉄山資料編）。

(21) 高尾村の鉄穴一か所、寛文四年分立の三坂村の鉄穴七か所（本口三、落口四）は、小奴可村に含まれており、いずれも成羽川流域の鉄穴流しであった。

(22) 島根県仁多郡奥出雲町横田卜蔵家文書、明治初年にまとめた記録。

(23) 原田・名越両家に関しては、武井博明「近世後期における鉄穴経営と村落構造」（『史学研究』一〇一号・一九六七年）及び同「幕末期広島藩における一鉄穴経営」（『芸備地方史研究』四七号・一九六三年）。中村家については、片田朋子「一九世紀における鉄穴の経営実態とその変遷」（『たたら研究』第一二号・一九六五年）。

(24) 鉄穴関係文書の証文類、たとえば「永代売切鉄穴証文之事」、「鉄穴掛ケ渡証文之事」、「鉄穴等譲渡証文之事」などにあらわれている。

(25) 庄原市東城町森・横路家・延宝八年「郡中鉄穴数覚帳」（『東城町史』備後鉄山資料編・一九九一年所収）による。

(26) 武井博明「近世後期における鉄穴経営と村落構造」(『史学研究』一〇一号・一九六七年)。
(27) 武井博明「幕末期広島藩における一鉄穴経営」(『芸備地方史研究』四七号・一九六三年)。
(28) 庄司久孝「鑪より見たる近世中国山村の社会経済構造」(『史林』三七巻六号)。この例は、美作国大庭郡徳山家の鉄穴経営の場合で、同家経営の鉄山に付属した「人夫を一日一匁四分~一匁八分」の賃銀で雇い鉄穴流し作業に従事させたものである。
(29) 庄原市比和町森脇名越家文書・明治八年「森脇村鉄穴書出控帳」、安政六年「鉄穴掛ケ渡証文之事」、文久元年「永代売切鉄穴証文之書」など。武井博明「幕末期広島藩における一鉄穴経営」(『芸備地方史研究』四七号・一九六三年)。
(30)「玄徳公済美録」巻四上(『広島県史』近世資料編Ⅲ・藩法集一所収)。
(31) 文化十三年「当郡鉄穴方一巻」(広島大学附属図書館「隅屋文庫」)。
(32) 同上。
(33) 広島市安佐北区可部町南原・重清家「筒井極人口演頭書」他、国益政策の展開については『広島県史』近世二・四~九ページを参照されたい。
(34) 広島市西区高須・飯田家「室屋旧蔵文書・旧記年代記」。なお、開業後の川下村々への補償銀は、文政五年に銀二貫一七〇匁、同七年八月に郡内村々から高田・三次郡村々、三次町舟方へ銀三貫九七三匁、銭九五貫六〇〇文など、故障申し立てに対する補償に応じている。
(35) 武井博明・片田朋子「文政・天保期広島藩藩営鉄山の一考察」(『芸備地方史研究』四一・四二合併号)の第六号をもとにし、数値を再吟味して脱漏を補った。
(36) 広島大学附属図書館「隅屋文庫」「藩営鉄山文書(山県郡大塚村・溝口村)」による。

三　東城川流域の近世鉄山と鉄穴流し

1　近世鉄山の系譜

領内鉄山業を幕藩制的鉄山業へと編成し、近世貢租体系のなかへ位置づけたのは、元和五年（一六一九）入部した浅野長晟が、幕府からこの鉄山役高をそっくり継承してからであった。すなわち、領主浅野氏は村々の鉄山稼行者に営業札を交付し、札役数に応じて現物（鉄・銑）ないし役銀を取り立てるという掌握の方法をとった。札役の種類には鉄穴役・たたら役・吹屋（鍛冶屋）役・鉄馬役などがあり、その取り立てを小物成奉行が担当した。元和五年分の取立額は、現物（鉄）が三吉・恵蘇・三上・奴可四郡合計で鉄三九二・一駄、札銀は四郡のほか御調・世良両郡（鉄馬札）からも取り立てられ、銀九貫九〇二匁余であった。現物取立の鉄類は、尾道などの領内市場で売り捌かれ、その代銀三〇貫七三三匁は、札銀と合わせて四〇貫六三五匁余を藩の銀奉行へ納めている[1]。

また、翌六年、広島藩は将軍家へ特産鉄三〇〇〇貫（一〇〇駄）を献上するために、領内の産鉄村々および出鉄額を書き出させた。その内容は四郡で鉄一万三三三八貫（四四四・六駄）、その代銀八貫二匁余となるという。この年に取り立てた鉄山銀は、鉄山上り銀一三貫五一八匁余と鉄山下し米代銀二二貫八四〇匁との合計三六貫三五八匁余であり、前者が鉄山役として取り立てた鉄穴・たたら・吹屋・鉄馬札などの現物代銀と札銀の合計で、先の産鉄額及び代銀は、たたら・吹屋役に相当すると思われる。後者は鉄山職人に飯米用として払い下げた年貢米の代銀であった[2]。また、元和八年にも鉄山上り銀二〇貫一八七匁、鉄山下し米代銀一六貫五七三匁、合わせて三六貫七六〇

匁を取り立てていた。(3)

このように浅野氏入国当初の元和五・六・八年の三か年間、備後鉄山の把握とその現物納鉄・納銀などの方法がほぼ同様であり、領主の貢租体系としての鉄山支配の枠組が形成されたといえるものがある。それはたたら・鍛冶屋・鉄穴などの生産規模に応じたランクづけを行って営業札を交付し、銑（鉄）・札銀の取り立てがなされるようになって制度化されたのである。奴可郡のたたら札役による銑鉄取立額は、元和五年分が一五二・一駄（売払代銀一一貫九二二匁余）、同六年分が一七八・八駄（山元代銀三貫二一八匁余）、同八年分が一三六・一駄（所払・売払銀一〇貫六七一匁余）であり、出鉄村々は元和六年分に、小奴可・内堀・上千鳥・小串・小鳥原・油木・入江・田鋤の八か村を書き出し、他の年代も同様と考えられるから、当時は郡北部を製鉄主産地とすることができよう。しかも、製鉄形態やその規模は、文政二年（一八一九）の「国郡志郡辻書出帳」奴可郡に、郡内には「往古の鑪跡御座候而、銑くず類有之ケ所、場内逼り当時鑪など打立候場所ニハ相成不申候、是も吹差壱挺ニ而小構にして壱年・半季ニ而も炭受宜ケ所々々にて吹候もの哉、何れも小構なる事と相察申候」とか、「当時鍛冶屋ニ用ひ候鞴様之もの二而、一夜に付銑拾四・五駄、弐拾駄及も吹候事哉、村ニ山中古鑪跡御座候処、甚場所狭所ニ御座候、察ルニ所々壱ケ年程宛も吹、場所替いたし候ものと奉存候」などと記されているように、山中の手狭な場所に小規模な長方形箱型炉を築き、差鞴二挺を用いて一代に銑一四・五駄から二〇駄（四二〇〜六〇〇貫）ほどを生産し、炭山を求めて一年ごとに移動していたという。その製鉄炉は、戦国末・近世初頭の野だたらの特徴を備えており、鉄穴・鍛冶工程も、鑪炉に対応する採鉱法としての鉄穴流しの採用や、錬鉄部門の大鍛冶の存在も、しだいに整備されつつあったと思われる。

つぎに寛文・延宝期（一六六一〜八〇）から宝暦・明和期（一七五一〜七二）にいたる一〇〇年間における藩の対策は、永代たたらの成立から発展の成果を、藩専売制や生産過程の藩営化を通して収奪強化を図っていたことに特徴づけられる。永代たたらの成立は、一六八〇年代（ほぼ天和・貞享年代）に伯耆・備後両国で出現し、貞享・元禄年代には安芸・出雲両国で開始されている。(4) 山県郡穴村権右衛門は貞享年代に備後国から中備後流の天秤吹銑鑪を導入して安芸国山県郡橋山村で操業し、加計村八右衛門は元禄十二年（一六九九）戸河内村蔵座で備後流天秤吹銑鑪をはじめたとあるから、(5) 永代たたらの製鉄技術は経営者に雇庸された鉄山職人（主に村下）によって鉄山から鉄山へと各国へ伝播していったことが判明する。そして、備後の鑪は伯耆とならんでもっともはやく天秤鞴を使い出し、備後流または中備後流の銑鑪（後の銑押鑪）とよばれて、他国へ技術伝播の対象になっていたから、永代たたら発生の国とすることが出来るかも知れない。

さて、永代たたらとは「鑪壱ケ所、柱四本、是ヲ押立ト申候、手代小屋、鉄蔵共ニ壱軒、下手代小屋二軒、村下・炭坂小屋弐軒、小鉄堺《ねぐら》、鉄池等、此外ニ山子・番子共銘々小屋ニ居候分三拾軒位」とあるように、(6) 製鉄場中央の長方形箱型炉と天秤鞴を囲み、四本の押立柱に支えられた高殿と手代・職人小屋、鉄蔵など付属施設の総廻りを竹矢来で囲んだ山内を指している。つまり、近世製鉄の精錬部門が独立経営体として機能するようになったもので、ほかに選鉱部門の鉄穴流し、鍛錬部門の大鍛冶も同様に自立経営するようになっている。永代たたらの生産性は、野だたら段階の踏鞴鑪の四倍、吹差鞴鑪の二倍ほどといわれる。永代たたら一基は、一代（四昼夜）で大炭三〇〇〇貫、小鉄二五〇駄を用いて出来銑・鉧四〇駄（銑三五駄・鉧五駄）を目安にしたといい、年間五〇代として年産鉄二〇〇〇駄（六万貫目、銑五万二五〇〇貫目、鉧七五〇〇貫目）を生産する能力を備えるにいたったといえる。(7)

こうした奴可郡の永代たたらは、延宝七年（一六七九）に油木村花の木鑪、小鳥原村鑪、宇山村鑪などのほか、八か村の小鉄を買う鑪が数か所に存在したし、さらに郡産小鉄を買付ける神石郡、備中・伯耆の他郡・他国鑪があった。その後正徳二年（一七一二）藩専売制下の鑪二か所、鍛冶屋（大鍛冶）六軒の稼行が知られ、享保四年（一七一九）には鑪一一か所、鍛冶屋五軒、同十八年（一七三三）には鑪一二か所、鍛冶屋四軒などが判明する。(8) 享保四年の永代たたらは上千鳥・小串・川鳥・宇山・竹森・始終・小奴可・小鳥原・八鳥・油木・入江（尺田）の一一か村にあり、藩営鍛冶屋は戸宇・加谷・大屋（衣木）・平子・三坂の五か村にあった。

奴可郡の鉄山に対する藩専売制・藩営化政策は、同じ備後国の三次・恵蘇郡地域にくらべてゆるやかであった。広島藩は領内鉄山に対して、延宝・天和年代（一六七三〜八四）数次にわたり買鉄制を実施した。これは広島城下の豪商芥川十兵衛に、領内産鉄の集荷と城下小鍛冶への一手販売権を与えたものであったが、実際の実施時期は、延宝八・九、天和二・三年にとどまり、結局、この制を廃止している。この原因としては領内の鉄流通が、領域市場にとどまらず全国流通市場の形成にともなって、各荷主（鉄山師）たちによる直接大坂市場への参入、「前貸銀無利子借込み」といわれる大坂問屋の前貸資本の支配下におかれる状況になったからにほかならない。藩はこうした領内産鉄の流通動向を完全に掌握し、その利益を財政補塡にとり込めるようにするために藩専売制の強化を打ち出したのである。すなわち、元禄九年（一六九六）、藩は鉄座を設けて領内産鉄を広島城下に集荷し、そのすべてを大坂市場で販売する体制をしいたのである。その直接の動機は「先年高田郡・山県郡・奴可郡鉄荷主ゟ大坂鉄問屋鉄出来次第直ニ登せ売買仕候処、代銀其外存様ニ手廻難成荷主共不勝手ニ付」というもので、藩が大坂問屋資本に代わり鉄山の経営資金を荷主に貸与して円滑な資金繰りを行わせる名目をとっている[9]。その仕組は、鉄御用所から鉄師（荷主）に対して、三か月ごとに鉄仕入銀の貸付や、飯米の支給を行い、錬鉄のすべてを広島城下の本川鉄屋敷に集荷し、藩指定の大坂鉄問屋海部屋徳兵衛・紙屋吉兵衛に送り、その大坂売捌きを独占させている。売払代銀のうち両問屋に口銭二％、「万御造用」に三％、本川鉄蔵屋敷料（鉄一束につき銀一分）および前貸銀を差引き清算した残銀が荷主（鉄師）の利益となった。そして、同十二年には広島の各川六か所に番所を設けて抜荷を取締まるなどの措置を講じている。この仕法は、はじめ藩全体に及ぼされたが、正徳元年（一七一一）山県郡鉄師は藩へ銀四〇〇貫目を用立てて鉄座から抜け出し、奴可・三上郡でも経営不振による鉄師の破産があってかなり名目的になった。奴可郡（三上郡も含む）では宝永七年（一七一〇）に鉄御用所から貸与されていた「御仕入銀相止」となり、さらに翌正徳元年には「出来鉄御買上ケ」も廃止されて、藩専売制は事実上中絶状態となった。そのため、鉄山に関係する農民たちは「鉄山長割鍛冶屋無之テハ一向百姓浮儲無之、困窮至極ニ陥」と、藩へ嘆願書を提出し、また、享保三年百姓一揆の際には、「御上ヨリ郡中為御救、中絶之長割鍛冶屋被仰付被下候様」と再開の要求をかかげてたたかうなどしている。広島藩は、享保三年十一月、三次藩の三次・恵蘇郡の藩営鉄山にならって、奴可郡へも藩営長割鍛冶屋五軒の稼行を申し渡し、翌四年から操業を開始することにした。各鍛冶屋の支配に手代（二人扶持）を登用し、小炭焼村および銑購入先の鑪を指定した[10]。具体的に加谷割鉄鍛冶屋は、手代を小串村義兵衛が勤め、銑鉄の購入先を上千鳥・小串の両鑪から、小炭の仕入先に森・田黒・小奴可・加谷・内堀の五か村を指定し、戸宇割鉄鍛冶屋は手代を西城町仁兵衛、銑鉄の購入先に川鳥・宇山・竹森の三鑪、小炭の仕入先に未渡・宇山・山中・菅・竹森・請原・戸宇・久代の八か村を指定している。このほかに始終鑪は平子鍛冶へ、小奴可鑪は三坂鍛冶へ銑鉄を供給し、川西村の小炭は平子鍛冶へ搬入を指定されることになった。このため本町域の銑鉄・小炭は、加谷・戸宇・平子・三坂のいずれかの割鉄鍛冶屋へ供給する体制がしかれたことになる。これらの支配には、藩が鉄奉行・番組を広島城下より派遣し、「元締・算用役ノ者共御鉄方抱、会所ニ相詰」とあるように、奴可郡西城町に鉄会所を設置し、そこに鉄奉行二人（高橋五左衛門・多田文左衛門）、番組二人（津田伝助・増山吉郎兵衛）を常駐させ、郡内から支配役（元締・算用役）二人（戸田屋伊右衛門・紅屋次兵衛）を任命し、会所詰めで業務を管轄させた。さらに五軒の各鍛冶屋には一人ずつの手代・下走り、合わせて一二人を派遣して鍛冶屋経営を行わせた。

また、会所は各鍛冶屋で生産された割鉄の集荷所でもあり、尾道経由で大坂市場へ積出す鉄荷の輸送事務をつかさどった。すなわち、会所において長割鉄荷に「上中下之目印ヲ差札ニ記シ、菰包ニ仕、尾道町迄馬ニ付差出シ、同所より船ニ積大坂へ差登申候」と、奴可郡鉄荷は尾道経由で大坂へ廻送され、売り捌かれた。大坂では藩指定の鉄蔵元新屋庄左衛門に一手支配させ、鉄商人へ告示して入札売り払いとし、この代銀は蔵元鴻池善右衛門に請取らせる仕組としている。

以上のように奴可郡の藩営鉄山政策の特徴は、元禄・享保年代において鉄山業の基本とされる製鉄部門の鑪経営にまで及んでいないことである。いわば、藩は藩専売制から一歩すすんで市場用良鉄の生産工程を藩営化したにすぎない。その理由には、藩が奴可郡農民の再生産体制と経済事情を踏まえながらも、藩財政補塡の立場から中央市場販売向の鉄荷生産に重点を置いた措置とも考えられる。また同時に、この時期の鑪経営が野だたらから永代たたらへの移行期にあり、永代たたら経営の技術的不安定性が、たたら（製鉄）部門の藩営化を躊躇させたとも考えられよう。ともかく、この段階では、奴可郡出鉄の大坂市場向けの割鉄生産の独占をはかったということができよう。

さて、一八世紀後半以降の鉄山政策は、永代たたら体制にある製鉄業を私営から藩営に編成する時期にあたっており、従来からの鉄山藩営化はすすまなかったが、一九世紀半ばになって藩営のうちでも代官所受け鉄山が増加する傾向をみせている。その契機になったのは、藩が化政期（一八〇四〜二九）から藩領域を単位とする国益政策の一環として全鉄山の藩営支配、鉄加工業の生産・販売の奨励を重点的に推進したことであろう。

このような政策を基調とするようになったものに、安永九年（一七八〇）の幕府鉄座（全国鉄専売制）に対する藩の対応がある。老中首座田沼意次は、経済政策の一環として鉄の流通に着目し、全国の産鉄・銑・釼のすべてを大坂鉄問屋へ積み登させ、それを鉄座へ売り渡すことに定め、これ以外の直売りを禁止した。鉄座へ集めた鉄は、大坂の鉄仲買を通じて小売商や鉄加工業者へ売り捌き、口銭として問屋には仕切値段の百分の一（後に百分の二）、仲買には販売代銀の百分の二をとらせ、問屋・仲買はそれぞれに株仲間を結成させるという制であった。この大坂中心のきびしい流通統制は、諸国売りを拡大しつつあった諸国鉄山師にとって大きな打撃をうけ、強力な鉄座廃止運動へと連動していった。その結果、田沼の失却により天明七年（一七八七）鉄座も廃止されたが、これより先、広島藩は備後鉄山を領知高に組み込んでいることを理由に、鉄座を通すことなく大坂蔵屋敷から自由に鉄売買ができるよう幕府に願い出て、天明二年座外鉄の権利を獲得している。当時の該当備後鉄山は、藩営鑪一か所、同鍛冶屋四三軒であり、このうち奴可郡内で経営されていたのは、藩営鑪二か所、同割鉄鍛冶屋六軒で、産鉄六〇〇〇束前後が対象になっていたのである[11]。

次に奴可郡鉄山の支配形態とその稼行状況の動向を追ってみよう。奴可郡鉄山は藩営鉄山の場合、他の備後鉄山と同様「万代不易之御趣向」として、藩勘定奉行―三次鉄奉行（西城鉄会所を元文五年合併）の支配機構のもとで、藩利をはかるため経営されるものであったが、寛政年代（一七八九～一八〇一）以降から、藩営鉄山の形態をとりながら郡鑪（郡請たたら）、あるいは代官請鉄山（代官所請たたら）と呼ばれる鑪・鍛冶屋があらわれる。郡鑪は寛政ごろ三次・恵蘇両郡において試行経営されたものの間もなく中止され、わずかに幕末・維新期に恵蘇郡森脇村石ケ原鑪・三次郡大津鑪などが郡鑪として稼行されたのみである。したがって奴可郡をはじめ他郡には普及し、一般化しなかったものである。郡鑪はその所轄を郡奉行―郡代官所の支配に移し、「雖二官吏司一レ之、而非二官物一、所上以レ利二郡之窮民一也」と説明するように、鉄山の経営に要する諸経費を償却した後の利益はすべて郡用にあて、「民力の不足を補う」理念のもとに稼行するものであった[12]。そして、実際には恵蘇郡鑪が寛政元年（一七八九）、三次郡鉄山が同二年から同八年までの七年間にわたって経営された。このうち、三次郡鉄山は代官所の支配下にあって割庄屋二人が鑪元締に、庄屋二人が同引受役に選任され、鑪一か所、大鍛冶屋二軒を経営した。そして、出来鉄は販路を領内市場の尾道・可部・吉田・宇津戸など、領外では山陰市場の温泉津・大森・大田などに求めたが、見込み通りに売り捌けず、借り入れ資金の返済や運用が思わしくないまま、場所移転を契機に廃止を余儀なくされた。ただ地元民の利益に関しては、木炭焼出しに従事して「渡世の一助」になったとか、村々に新鉄穴を開設して小鉄採取の業を拡大することができ、大量の小鉄販売、輸送にたずさわることができたので、「村内一統儲筋融通仕、右御他領筋年来之借銀四五ケ年之内ニ不残相払ひ、御年貢筋ハ不及申農業無異ニ相凌ぐ」と期待されるものであった[13]。

代官所請鉄山も支配機構は郡鑪と同じく郡奉行―郡代官の管轄に属したが、この鉄山が現実に浮上したきたのは、文化十年（一八一三）三次・恵蘇両郡の藩営鉄山手代らの不正事件を契機に、鉄山支配の機構改革が提唱されたこと、さらに同十三年藩勘定方に諸品方を新設して勘定・郡両奉行を兼帯した筒井極人主導の国益政策の推進などが、その機運を整えるにいたったからである。藩営鉄山のなかった山県・高田両郡でも、これを機に代官所請鉄山の設立が実現した。とくに山県郡では文化十三年に、割庄屋六人が提出した「代官所請鉄山目論見書」にもとづいて、小鉄採取から精錬・割鉄製造まで一連の製鉄工程（鉄穴流し・たたら・大鍛冶）を藩営化した山県郡代官所請鉄山が、諸品方からの資金融資を得て文政四年（一八二一）から天保四年（一八三三）まで一三年にわたって経営されたのをはじめ、幕末期には両郡の各地に代官所請鉄山が実現した[14]。備後四郡では、三次・恵蘇両郡の藩営鉄山手代の不正事件による鉄山改革を当面の課題としたものの、藩営の代官所請けへの移行は藩利から民利優先を志向するあり方（割庄屋・庄屋層の役務による中間収奪）に、懸念が表明される有様で容易に決断されなかった。むしろ、民利優先であれば私営鉄山を許可すべきだとの意見もでて、奴可郡で稼行している商鑪形態を、三次・恵蘇両郡にも普及させる案が進められた[15]。

さて、奴可郡においては一九世紀初頭ごろ藩営鉄山は新鑪二か所が稼働をはじめ、家老上田知行所支配の塩原村新鑪も聞届けられていたが、文化十年（一八一三）奴可郡西城町板倉銀右衛門が小奴可村板井谷・部ケ滝鉄山毛上を奴可・三上郡代官所へ差出したのを契機に、代官所請鉄山の採択を審議するところとなった。藩は当初、板井谷鉄山（鑪）を鉄方引受の藩営鉄山にするよう指示したが、代官頼万四郎（杏坪）らは提供者の「御為筋ニ相成」との意図や、小奴可村民の「巳年御払替以来、下方未進銀滞り不申様仕度」「利益も有之候ハヽ、右御救方仕向之足ニ取用ヒ候様仕度存候」という意向をうけて、郡内に「御代官所受之分も相始メ申度奉存候」と、藩へ上申書を提出し、強く働きかけたのである。[16] しかし、藩は三次・恵蘇郡の藩営鉄山手代不正事件での地方役人不信が尾を引いていて、容易に代官所請鉄山の許可を決定することができず、その実現は先送りされたのであった。その後、藩の国益政策の推進による国産開発や、山県郡の代官所請鉄山の経営などによって代官所請藩営鉄山の開業の条件が整っていった。この形態の鉄山は、藩側と農民との仲介的役割を担うもので、「割庄屋・庄屋をつとめる鉄山経営者・豪農層の民営化要求を抑えつつ経営に参画させ、彼らと藩との共生関係を土台として、生産性の拡大・収奪強化をはかろうとした」という意見もあるように、地域豪農層の主導による産業振興意見をうけ入れる形で、幕末期から各郡で実現したのである。[17] その画期となったのは、安政四年（一八五七）閏五月に触れられた鉄山改めに関する通達であり、奴可郡鉄山と深く関係しているので全文を掲げておこう。[18]

三次御鉄方之儀、今般御改革、奴可・三上・三次郡ニ有之御鑪・鍛冶屋ハ、一円両郡御役所へ御委ねニ相成候旨被仰出候、仍而之追々御場所引渡ニ相成候得者、当御役所ゟ御人出ニ而其侭職業相行せ候間、此旨可相心得、右ニ付而者追々申付候儀も可有之候得共、何そ上下便利筋心附之義も候ハヽ、無用捨可申出候、右之趣鉄山有之村ニ者不及申、其外組合村々へも可申聞者也

この通達は、奴可・三上・三次三郡にある藩営鑪・鍛冶屋のすべてを奴可・三上、三次両郡代官所請鉄山として両郡役所に引渡し、鉄方役人の出向のもと経営を行うというものであった。こうして三郡の藩営鉄山（鑪・大鍛冶）がすべて代官所請鉄山に移行されたわけであるが、奴可郡ではこの年鉄山改めを実施して郡内鉄山の所持形態

を明らかにしている。それによると郡内で操業の鑪は二三か所、鍛冶屋三九軒であった。鑪数の内訳は藩営代官所請が小奴可村板井谷鑪と湯木村六ノ原鑪の二か所、家老上田知行所請の塩原村鑪及び上中下規模の私営鑪二〇か所であり、鍛冶屋の方は、藩営代官所請割鉄鍛冶屋が大佐村福山、尺田村茅谷、大屋村馬酔、吉備谷、外に二軒の六軒、私営千割鍛冶屋四軒と同下鍛冶二八軒及び三上郡上谷村鍛冶の川東村出営業を合わせて私営鍛冶三三軒である。なお、私営鉄山の営業定数株については、奴可郡の鑪株は従来から定数なし、鍛冶屋株は千割・下鍛冶合わせて三二軒とされていた。[19] 安政四年の藩営鉄山の稼行数は、それ以前の文政年間（国郡志郡辻書出帳）の数字と変化はないが、その後、文久三年（一八六三）十二月に未渡村吉栄山鑪が代官所請鑪に移行するなどの変動があって、明治二・三年（一八六九・七〇）には、郡内に藩営代官所請鑪が小奴可村板井谷・未渡村吉栄山・宇山村浅取山・本村大津恵・小鳥原村内京・湯木村門平・尺田村尺田の七か所（三年には浅取山・尺田鑪が消え、吉備山・六ノ原両鑪が見える）が稼働しており、代官所請割鉄鍛冶屋は本村吉備谷・湯木村六ノ原・大佐村福山・同馬酔・尺田村茅谷の五軒（三年には吉備谷・六ノ原・福山が消え、堺谷・皿谷・尺田鍛冶が見える）であった。この時、備後四郡の藩営鉄山は四三か所であり、ほかに郡鑪・郡鍛冶屋も存在したといわれるが明らかにできない。[20]

註（1）広島市中央図書館「浅野文庫」「安芸備後小物成之御帳」（『広島県史』近世1所収）。
（2）広島市中央図書館「浅野文庫」「元和六年銀子請取帳」（『広島県史』近世1所収）。
（3）広島市中央図書館「浅野文庫」「元和八年銀子請取帳」（『広島県史』近世1所収）。
（4）下原重仲『鉄山必要記事』（一九四四年『日本科学古典全書』第十巻所収）。
（5）広島大学附属図書館「隅屋文庫」「鉄山諸事一件」。
（6）（7）「鉄山一統之次第」（『比和町誌』所収）。
（8）広島大学文学部蔵「広島藩御覚書帳」（『広島県史』近世資料編Ⅰ所収）。

（9）「学己集」第二巻（『広島県史蹟名勝天然記念物調査報告』第三輯所収）。
（10）（11）「芸藩志拾遺」六（『広島県史』近世資料編I所収）。
（12）寺川行和「郡鑪説（寛政三年）」（『芸藩通志』巻一五九、『東城町史』備後鉄山資料編所収）。
（13）「布野組村々聞探り見込み頭書」。
（14）広島大学附属図書館「隅屋文庫」「藩営鉄山一件」。
（15）「御鉄業存寄頭書」（堀江文人「備後国三次・恵蘇郡の藩営鉄業と農村」（『たたら研究』第一三号））。
（16）東京頼家「杏翁意見」（『広島県史』近世資料編VI・『東城町史』備後鉄山資料編所収）。
（17）井上洋「幕末・維新期の鉱山政策と広島鉄山」（渡辺則文編『産業の発達と地域社会—瀬戸内産業史の研究—』所収）。
（18）庄原市東城町川東小田家「郡務拾聚録」天（『広島県史』近世資料編IV所収）。
（19）「安政四年鉄山改メ」（「郡務拾聚録」地巻）。
（20）庄原市口和町三吉家「奴可郡・恵蘇郡・三次郡御鉄山者不人気一件諸控」（明治二年）（『東城町史』備後鉄山資料編所収）。

2　鉄山経営と流通

鉄山経営といえば、酸化鉄（小鉄等）を還元して鉄を作る製鉄工程の作業を行う鑪経営と、不要成分や不純物を除去し、必要成分（炭素・マンガン等）の調整作業を行う大鍛冶工程の経営を指し、この両者がそれぞれ自立して経営されるようになったところに近世製鉄の特質がある。出雲や安芸の鉄山では大鉄山師が君臨し、鉄穴や鑪・大鍛冶を一手に確保して製鉄の一貫工程を掌握して行う形態をとっていたが、備後奴可郡の鉄山では村組の分業化のすすんだ形での単独経営が主体となっていた。鑪・鍛冶屋の操業総数の把握は、近世初頭の元和六年、中期の正徳・享保期、幕末期の文政・安政年代のほぼ三期にすぎない。近世初頭の元和六年（一六二〇）は、その前年に広島城へ入部した浅野長晟が、幕府への献上鉄三〇〇〇貫と関連して領内鉄生産の様子の問合せに答えて調査報告したもので、備後四郡のうち奴可郡の生産打鉄五三六四貫目、出鉄村々は六か村で、それぞれに鑪・鍛冶屋の稼行があったことを示すものである。次の正徳・享保期は、永代たたら技術の普及により藩専売から藩営への移行を含め、鉄山経営のあり方が問題とされ、それに伴って鑪・鍛冶屋の実数・生産販売額も明らかにされる。正徳二年（一七一二）奴可郡では藩専売制下の鑪二か所、割鉄鍛冶屋六軒の稼行が知られるが、油木村六野原鑪（経営者同村惣兵衛）らの「大坂借銀夥々敷仕滞申候」という事情、また、それら借銀の藩肩替わりに対する「御貸銀返上不埒ニ付持山不残御取上ゲニ相成リ」ということもあって、同四年には奴可郡内の鑪・鍛冶屋を享保三年まで中絶させたようである。[1]しかし、次の史料によれば、この中止命令は藩専売制下の鑪・割鉄鍛冶、つまり、大坂販売鉄の関係者だけであって、その他の私営鑪・鍛冶屋には及ばなかったものと思われる。すなわち、享保三年（一七一八）秋の「何卒御上ヨリ郡中為メ御救、中絶之長割鍛冶屋被仰付被下候様ニト」いう嘆願書には、「去ル正徳四年大坂鉄問屋ヨリ郡中鉄借銀不払之趣訴へ来リ候ニ付、其分上ヨリ御銀ヲ以上方滞銀御払被遣、右ノ次第故郡中長割鍛冶屋都テ大坂へ登セ候様ノ鉄仕出シ候義皆停止被仰付候帖面上ケ申候」とあって、販路を大坂に向けた割鉄関係を中止させたことを明確に指摘している。[2]そして、その復活操業に向けて藩営割鉄鍛冶屋五軒を建設し、銑供給の私営鑪一〇か所を指定するのであった。これらの稼働した成果としては、年間に大坂売割鉄五〇〇〇束（二五〇〇駄）を生産し、その販売代銀を鴻池善右衛門（蔵元）を通して藩勘定所へ収める仕組となっていた。私営鑪から銑鉄の供給をうけた割鉄鍛冶屋一軒は、一束一一貫目ずつの上・中・下のランクをつけた割鉄一〇〇〇束（五〇〇駄）を生産する。五軒分の割鉄五〇〇〇束をそれぞれ菰包みのうえ、上・中・下印の差札をつけた鉄荷に仕上げると、西城町鉄会所から尾道町まで馬で運搬し、同湊からは船荷として大坂の鉄問屋新屋庄左衛門（広島鉄蔵元）へ積登せ、入札払いに売捌かれている。

また、文政八年（一八二五）の鉄山調査は、国郡志改編のための資料であったから、村々に正確な書出しが求められた。奴可郡では鑪一六か所・鍛冶屋三八軒が操業しており、享保期にくらべると約三倍となる。その内訳は鑪では藩営鑪二か所、商鑪一四か所に分かれる。商鑪に定数の規定がないとされる(3)。鍛冶屋は藩営割鉄鍛冶屋が六軒、私営鍛冶屋は定数の三二軒であり、千割鍛冶・下鍛冶などの区別があった。安政四年（一八五七）五月、広島藩は三次鉄方に所属する備後三郡（奴可・三上・三次）の藩営鑪・鍛冶屋のすべてを各郡代官所請鉄山に移行する触れを出し、合わせて鉄山改めを実施した。これによって奴可郡で操業しているのは鑪二三か所、鍛冶屋三九軒と把握されている。その内訳は、鑪が藩営代官所請鑪二か所、家老上田知行所請鑪一か所、私営鑪二〇か所であり、鍛冶屋の方は藩営代官所請割鉄鍛冶屋六軒、私営千割鍛冶屋四軒、私営下鍛冶二八軒及び三上郡上谷村下鍛冶屋の川東村出営業一軒などであった。その後、文久改革によって代官所請鉄山が鉄方支配に変更されたり、私営鉄山が藩営化を申請して認可されたり、幕末・明治維新期に少なからず数値や経営形態に変動がみられた。

つぎに奴可郡鉄山を村ごとにわけて鑪・鍛冶屋の種別と操業年代を一覧するとつぎのようになる。

奴可郡の村別鑪・鍛冶屋の操業年代一覧

(1)　川西村

種別	名称	経営形態・札主	操業期間	備考
下鍛冶	川西鍛冶	川西村弥右衛門	～安政四～	

(2)　戸宇村

割鉄鍛冶	戸宇村鍛冶屋	藩営	享保四年三月～	（指定銑）川鳥・宇山・竹森三鑪より

下鍛冶	戸宇鍛冶	札主・川島村清吉	～安政四～	

(3) 小奴可村

鑪	おぬか村鑪	私営	～元和六～	
〃	小奴可村鑪	私営	～享保三～	銑は藩営三坂割鉄鍛冶へ
〃	板井谷鑪	私営	～文化十～	代官請を願い出るも実現せず。
〃	板井谷鑪	代官請・鉄方支配・官営	安政四～文久三～明治十七	
〃	持丸鑪	札主・常右衛門	～安政四～	
〃	持丸川西鑪		不明	付設大鍛冶『保光たたら（一九八五年）』
〃	耳木鑪		不明	『保光たたら（一九八五年）』
〃	桃の木谷鑪		不明	『保光たたら（一九八五年）』
千割鍛冶	小奴可村千割鍛冶	札主・小奴可村中	～安政四～	操業は巳盆まで栗村で、以後は小奴可村で行う。

(4) 加谷村

割鉄鍛冶	加谷村鍛冶屋	藩営	享保四・三～	銑は上千鳥・小串両鑪より買受け

(5) 内堀村

鑪	うつほり村鑪	私営	～元和六～	
〃	大古屋鑪	私営・鑪師所尾村宝の原三郎右衛門	天保三～安政四～	安政四年以後の札主清三郎となる。
〃	藪谷山鑪	私営	安政四～慶応三	
鑪	小足谷鑪	私営	慶応三～	藪谷山鑪を継承
下鍛冶	内堀鍛冶	札主・所尾村義右衛門	～安政四～	

(6) 上千鳥村

鑪	上千鳥村鑪	私営	～元和六～	
〃	上千鳥村鑪	藩営	～享保三～	銑は藩営加谷村割鉄鍛冶へ売
〃	殿蔵利鑪	私営・札主丈吉	～嘉永二～安政四～	
〃	柳渡り鑪	私営・柱主茂十	～安政四～	
下鍛冶	上千鳥鍛冶	札主・小串村野田栄三郎	～安政四～	

(7) 小串村

鑪	小串村鑪	私営	～元和六～	
〃	小串村鑪	私営	～享保三～	銑は藩営加谷割鉄鍛冶へ売り
〃	猪之原鑪	私営・札主野田栄三郎	～安政四～	
〃	瀬戸奥鑪		不明	大鍛冶付設『保光たたら（一九八六年）』
〃	奥赤谷鑪		不明	大鍛冶付設『保光たたら（一九八六年）』
〃	金屋子山鑪		不明	『保光たたら（一九八六年）』
〃	熊坂鑪		不明	『保光たたら（一九八六年）』
千割鍛冶	小串村千割鍛冶	私営	～享保四～	
下鍛冶	小ぐし鍛冶	札主・西城町理兵衛名	～安政四～	

(8) 塩原村

鑪	塩原村新鑪	上田知行所支配	文化初～安政四～	
〃	黒地山鑪	私営	文政四～嘉永二～	文政七年の打立議定書あり
〃	黒金山鑪		不明	明治末年まで操業『保光たたら（一九八六年）』

(9) 森村

鑪	宝久山鑪	私営・札主森村織右衛門	慶応三〜	
〃	湯谷鑪（一号）		不明	炉跡『保光たたら（一九八六年）』
〃	湯谷鑪（二号）		不明	炉跡『保光たたら（一九八六年）』

(10) 田殿村

鑪	叶山鑪	私営・鑪師庄兵衛	天保十三〜弘化四	
〃	中芝山鑪	私営	〜安政五〜文久二	文久二年胡蔵山鑪と名称替え
〃	胡蔵山鑪	私営	文久二〜明治五	中芝山鑪を継承
〃	奥谷鑪		不明	炉跡『保光たたら（一九八六年）』

(11) 川島村

鑪	川島村鑪	私営	〜享保三〜	銑は藩営戸宇割鉄鍛冶へ売り
大鍛冶	朴の木鍛冶		不明	大鍛冶跡『保光たたら（一九八六年）』
下鍛冶	川島鍛冶	札主・川島村七郎兵衛名	〜安政四〜	当時同村伝四郎の経営

(12) 保田村

鑪	八頭山鑪	私営・札主源右衛門	〜安政四〜	
〃	福田山鑪	私営	〜安政五〜	
下鍛冶	保田鍛冶	札主・東城町弥右衛門	〜安政四〜	

(13) 菅村

鑪	大杉山鑪	私営・札主要助	嘉永元〜文久三〜	

(14)　請原村

鑪	大谷山鑪①	私営・札主万蔵	嘉永元～文久二	
〃	大谷山鑪②	私営・鑪師三百助・勘十	文久二～慶応三～	鑪師三百助・勘十の模相稼き（八：二の出資）
下鍛冶	請原・大谷鍛冶	札主・請原村久兵衛	～安政四～	

(15)　粟田村

鑪	野田ケ花鑪	私営・札主惣左衛門	～安政四～	
〃	若姉山鑪		不明	炉跡『保光たたら（一九八六年）』
〃	保光鑪		不明	炉跡・大鍛冶跡『保光たたら（一九八六年）』
〃	保光第二鑪		不明	炉跡『保光たたら（一九八六年）』

(16)　森脇村

鑪	長者山鑪		～嘉永元～安政四～	

(17)　竹森村

鑪	竹森村鑪	私営	～享保三～	銑は藩営戸宇村割銑鍛冶へ専売
〃	叶谷鑪①	私営・鉄師小奴可村新左衛門・常左衛門・波蔵	文政三～同十一～	
〃	鉄井谷鑪②	私営	天保十～弘化四	叶谷鑪名を改称して引継ぎ経営
〃	叶喜山鑪	私営・札主名越三百助	安政三～慶応二	荷主西城町重太郎出職、安政六年より備中和助
〃	正田山鑪①	私営・中鑪規模	天保三～同八	
〃	正田山鑪②	私営・鑪師菅村新屋浪右衛門・同多之助	嘉永四～安政三	

(18) 未渡村

鑪	吉栄山鑪①	私営・鑪師複数	弘化四～文久三	模相掛吹を出願し許可される。
〃	吉栄山鑪②	藩営・鉄方支配	文久三～明治五	文久三年十二月、藩営願出許可
〃	久代谷鑪	私営	～嘉永二・三～	
〃	鬼神山鑪①	私営・札主藤一郎	～安政四～	
〃	鬼神山鑪②	私営・鑪師未渡村岩太郎・川北村清三郎掛持（七：三）	万延元～文久三・九	
〃	鬼神山鑪③	藩営・鉄方支配	文久三・十～明治七	同年十月藩営を許可され、鉄方支配となる。
〃	大原山鑪		不明	炉跡『保光たたら（一九八六年）』
下鍛冶	未渡鍛冶	札主・未渡村勘兵衛名・村辻	～安政四～	

(19) 宇山村

鑪	宇山村鑪	私営	～寛永七・九～	菅村庄三郎請鉄穴を指定
〃	宇山村鑪	私営	～享保三～	銑は藩営戸宇村割鉄鍛冶へ専売
〃	浅取山鑪①	私営・札主庄兵衛・菊平	～安政二～文久三	
〃	浅取山鑪②	藩営・鉄方支配	文久三～明治二～	
〃	定森鑪		不明	炉跡『保光たたら（一九八六年）』
〃	宗政鑪		不明	炉跡『保光たたら（一九八六年）』
〃	大成山鑪		不明	炉跡『保光たたら（一九八六年）』
大鍛冶	橋詰鍛冶屋		不明	大鍛冶場『保光たたら（一九八六年）』

(20) 始終村

下鍛冶	宇山鍛冶	札主・西城町さしき屋久左衛門	～安政四～	

鑪	始終村鑪	私営	～享保三～	銑は藩営平子割鉄鍛冶へ専売
〃	上原山鑪①	私営・札主義兵衛	～安政四～	
〃	上原山鑪②	上田知行所請	安政五～明治五・十	稼主要兵衛に替わり休山村受、上田支配となる。
大鍛冶	上原鍛冶屋		不明	大鍛冶場『保光たたら（一九八六年）』
千割鍛冶	始終村千割鍛冶	札主・竹森村長泥義兵衛	～安政四～	
下鍛冶	始終鍛冶	札主・西城町半次郎	～安政四～	
〃	始終鍛冶	札主・竹森村嘉左衛門	～安政四～	

(21) 山中村

下鍛冶	山中鍛冶	札主・西城町直之助	～安政四～	

(22) 久代村

鑪	永久山鑪	私営・札主良兵衛	～安政四～	

(23) 西城町

千割鍛冶	西城町千割鍛冶	私営	享保四～	
〃	横町千割鍛冶	札主・入江村尺田兵兵衛	～安政四～	当年経営、さじき屋久左衛門
〃	中千場千割鍛冶	札主・竹森村岡田才一	～安政四～	
下鍛冶	下千場鍛冶	札主・梶屋佐助	～安政四～	
〃	上千場鍛冶	札主・高取屋徳次郎	～安政四～	
〃	川原上ミ鍛冶	札主・府中屋与右衛門	～安政四～	当時経営、田房屋久兵衛
〃	河原下モ鍛冶	札主・戸坂屋柳右衛門	～安政四～	

(24) 入江村

鑪	入江村鑪	私営	～元和六～	
〃	たすき村鑪	私営	～元和六～	
〃	尺田村鑪	私営	～享保三～	銑は藩営衣の木割鉄鍛冶へ専売
〃	尺田鑪	藩営・鉄方支配	～明治二～	
〃	城谷鑪	官営・広島鉱山	～明治十一・七～	大屋村馬酔割鉄鍛冶へ
割鉄鍛冶	茅谷割鉄鍛冶	代官請・鉄方支配	安政四～明治二～	
千割鍛冶	入江村千割鍛冶	私営	～享保四～	

(25) 大屋村

割鉄鍛冶	馬酔割鉄鍛冶	代官請・鉄方支配	安政四～明治二～	

(26) 八鳥村

鑪	八鳥村鑪	私営	～享保三～	銑は藩営平子村割鉄鍛冶へ専売
下鍛冶	鑪谷鍛冶	札主・西城町さじき屋並次・大佐村五日市友蔵	～安政四～	

(27) 小鳥原村

鑪	しとど原村鑪	私営	～元和六～	
〃	小鳥原村鑪	私営	～寛文七・九～	川鳥村弥助請鉄穴を指定
〃	小鳥原村鑪	私営	～享保三～	銑は藩営三坂村割鉄鍛冶へ専売
〃	内京鑪①	私営	～嘉永五～	
〃	内京鑪②	藩営・鉄方支配・官営	～明治二～十七	

〃	雨樋鑪	私営・札主和吉	〜安政四〜	
〃	小坪鑪	私営・札主大作・清兵衛	〜安政四〜	
〃	灰谷鑪	私営・札主庄右衛門	〜安政四〜	
〃	金屋子鑪		不明	炉跡『広島県史跡六ノ原製鉄場跡（一九九〇年）』

(28) 油木村

鑪	ゆき村鑪	私営	〜元和六〜	
〃	衣の木鑪	私営	〜寛文七・九〜	山中村与兵衛請鉄穴を指定
〃	六野原鑪	私営・惣兵衛	元禄ころ〜正徳四	経営上大借銀につき藩取上げ
〃	油木村鑪	私営	〜享保三〜	銑は藩営衣木割鉄鍛冶へ専売
〃	衣木山鑪	私営	〜嘉永元・二〜	
〃	文平山鑪	私営	〜嘉永五〜	
〃	灰庭鑪	私営・札主和兵次	〜安政四〜	
〃	六ノ原鑪	藩営・代官請	〜安政四〜	
〃	門平鑪	鉄方支配・官営広島鉱山	明治二〜三十七	明治三十七年広島鉱山廃山
〃	古屋敷鑪		不明	『広島県史跡六ノ原製鉄場跡（一九九〇年）』
〃	一の渡鑪		不明	『広島県史跡六ノ原製鉄場跡（一九九〇年）』
〃	庄原鑪			不明
〃	皿谷鑪		不明	『広島県史跡六ノ原製鉄場跡（一九九〇年）』
割鉄鍛冶	衣木村割鉄鍛冶	藩営	享保四・三〜	尺田・油木両鑪を指定
〃	六ノ原割鉄鍛冶	藩営・鉄方支配	〜明治二・三〜	

(29) 三坂村

鑪	吹屋谷鑪		不明	『広島県史跡六ノ原製鉄場跡（一九九〇年）』
〃	三井野鑪		不明	『広島県史跡六ノ原製鉄場跡（一九九〇年）』
割鉄鍛冶	三坂村割鉄鍛冶	藩営	享保四・三〜	小奴可・小鳥原両鑪を指定

(30) 大佐村

割鉄鍛冶	福山割鉄鍛冶	藩営・代官請・鉄方支配	安政四〜明治二〜	
下鍛冶	五日市田中鍛冶	札主・小奴可村義右衛門	〜安政四〜	
〃	五日市谷崎鍛冶	札主・西城町豊之助	〜安政四〜	
〃	五日市紙屋谷鍛冶	札主・西城町久左衛門	〜安政四〜	
〃	五日市紫野前鍛冶	札主・西城町大作	〜安政四〜	
〃	五日市三ノ谷鍛冶	札主・西城町良兵衛	〜安政四〜	
〃	五日市紫野上鍛冶	札主・西城町義作	〜安政四〜	
〃	五日市原田屋鍛冶	札主・大佐村兵右衛門	〜安政四〜	
〃	横路屋せと鍛冶	札主・大佐村政五郎	〜安政四〜	
〃	横路屋せと鍛冶	札主・大佐村大右衛門	〜安政四〜	

(31) 平子村

割鉄鍛冶	平子村鍛冶	藩営	〜享保四・三〜	

(32) 高尾村

鑪	長久山鑪	私営・鉄師仲次郎	文化十三〜文政八	付設鍛冶二軒を併置

〃	高葉鑪	私営・鉄師仲次郎	文政八秋〜	〃
〃	植木鑪	私営・札主要蔵	〜安政四〜	
鍛　冶	長久山鍛冶	私営	文化一三〜文政八〜	長久山・高葉両鑪の付設鍛冶
〃	木谷林鍛冶	私営	文化一三〜文政八〜	

(33)　三上郡本村

鑪	大津恵鑪	鉄方支配・官営広島鉱山	明治二〜十七	
割鉄鍛冶	吉備谷鍛冶	代官請・鉄方支配	安政四〜明治三	
〃	堺谷鍛冶	鉄方支配・官営広島鉱山	明治三〜十一	

「芸藩志拾遺」六、「広島藩御覚書帳」、「学己集」、「三次方御鉄山業旧記」、「郡務拾聚録」、「鉄山一統之次第」、「奴可郡・恵蘇郡・三次郡御鉄山者不人気一軒諸扣」、竹森・名越家文書、森村横路家文書等による。

旧東城町域は近世村三〇か町村のうち二二か村、旧西城町域は一三か町村のうち一〇か村にわたり、ほぼ全域に分散操業していたことが判明する。ただ、操業の傾向からみると、鑪・割鉄鍛冶（大鍛冶）は郡北村々に集中しているのに対して、下鍛冶は西城町・大佐村域に集中する特徴が見られた。これら近世における鑪・鍛冶屋の操業箇所を集計すれば、奴可郡全体で一五四か所以上にのぼっており、地域の主要産業であったことは論ずるまでもない。

まず鑪・鍛冶屋の立地の問題として、一般的には農村部から遠く隔絶された山中で、専業集団による製鉄が行われていたように説かれているが、当地方では、小鉄の採取（鉄穴流し）から燃料の製炭供給、鉄山卸し米の確保、出来鉄（銑）の駄送にいたるまで、村々と強く結びついていたことから、村益を考えて製鉄場所は、谷合や山麓丘陵上など意外と村落に近い所に設営されていた。

稼行場所の確認できる鑪・鍛冶屋をみると、町域を流れる東城川の支流粟田川・内堀川・持丸川・田黒川及び帝釈川などの上流域の流れにそった谷合に立地したものが多く、さらにやや広い沖積地に面した丘陵山麓に位置するものもあった。急峻な谷合いに立地する例としては、小奴可村持丸たたらが持丸川最上流域の右岸、道後山から南へのびる丘陵の標高約九〇〇メートルの斜面に設定されていた。

菅村大杉山たたらは東城川にそそぐ田黒川の左岸、徳雲寺の東方の丘陵北側急斜面、標高約四八〇メートルの所を削平して平坦部を造り出し設置している。

内堀村小足谷たたらも内堀川の小さな二つの支流が合流するところから、北側丘陵の南側緩斜面、標高約六六〇メートルのところに、縦・幅七メートル、深さ二、六メートルの地下構造（床釣り）をもって、設営された。

粟田村保光たたらも粟田川支流の保光川右岸の丘陵南側山麓、標高四六五メートルのところに設けられ、川の両側にわずかな谷地田があるものの、深い谷あいに位置していた。

また、やや広い丘陵山麓に立地する例としては、小奴可村板井谷たたらが持丸川に向かってのびる丘陵山麓の河岸段丘上に位置し、前面にかなり広い段丘面がひろがっていた。

森村湯谷たたらは田黒川の西側、飯山（標高一〇〇〇メートル）から東へ派生する丘陵が緩やかな勾配にかわる傾斜変換線の丘陵尾根上の平坦地、標高約六三〇メートルに設けられた。

田黒村富士名谷たたらは東城町より一〇キロメートル弱、東城川と田黒川の間で田黒川に向かってのびる丘陵の南側斜面を利用して設営されたが、その南側一帯には小さな谷田がひらかれていた。

文政八年（一八二五）「国郡志郡辻書出帳」奴可郡に、当時設営の鑪は天秤吹子を用いて四日四夜の一夜に銑四〇駄余を吹く能力をもっており、五、六年は継続して操業できる場所を選ぶとある。すなわち、鑪一か所の砂鉄・

燃料の一夜使用量を、小鉄一五〇駄、大炭三三〇〇貫とみて、年間五〇夜、五、六年分では小鉄四、五万駄、大炭八〇万～一〇〇万貫が必要となるから、これらの確保が可能な立地を選択することになる。それには木炭林の少ない山では場所設営費の償却が困難になり、木炭林の多過ぎる山では遠い所まで製炭をのばし運搬費をかけすぎて鑪打替えを行わなくては採算がとれなくなるからである。さらに小鉄との関係は、村落小鉄組ごとに生産・買入量および駄賃を見積もって鑪設営を上・中・下にランク付けした。上位は山の中ほどに鑪を構えるもので、小鉄駄送費が少なくて、炭所に有利な地を得、山代も高いというもの、中位は小鉄場に遠く、できるだけ近寄せて鑪場を設定するが、炭所からも遠くなり、山代は安値で済む。下位は小鉄・炭所ともに遠く不便な山所に鑪を打立てるので山代は無代となる、ただし、村方の炭焼駄賃稼ぎや卸し米一二石値段の利得など村益の多いことから、しばしば鑪設営が行われている、という立地条件を示しており、結局、木炭林と小鉄組のあり方および村益をも考えた鑪打立てが行われていたことになる。[4]

つぎに鑪・鍛冶操業の施設について、宝暦四年（一七五四）の「鉄山一統之次第」に、鑪場規模として「（高殿）鑪壱ケ所、柱四本、是を押立と申候、手代小屋・鉄蔵共ニ壱軒、下手代小屋弐軒、村下・炭坂小屋弐軒、此外ニ山子・番子共銘々小屋ニ居候分三拾軒位、また小鉄堋《ねぐら》、鉄池など、右拵申所鑪普請ニ御座候」、また、大鍛冶（割鉄鍛冶屋）の場合も、「（割鉄）鍛冶屋壱軒、手代小屋・鉄蔵共壱軒、下手代小屋壱軒、職人小屋四、五軒、右之通りニ御座候」とある。[5]こららのなかで重要なのは、高殿や鑪（炉床）の規模や構造である。年不詳の「鑪打方諸帖」によると、当地域の高殿鑪で大鑪と呼ばれるのは一四尋（約二五・二メートル）四方以上もあり、通例（中鑪）では一三尋（約二三・四メートル）四方であった。[6]また、柳渡り山鑪は一二尋（約二一・六メートル）四方とあるから、これは小鑪と呼ぶべきであろうか。因みに鑪運上銀は三段階に分けて鑪札を発行・徴収しており、上鑪札（銑一九駄＝銀三八〇目）・中鑪札（銑一六駄半＝銀三三〇目）・下鑪札（銑一四駄＝銀二八〇目）とし、銀高の多少は「山所善悪ニ寄運上高下御座候」とするが、鑪の規模=生産力に基づく区分であったことが判る。高殿を支えるのは四本の押立柱であり、一本の長さ二丈四尺（地上一丈九尺、地下五尺）、押立柱の間隔は堅二丈三尺（約七メートル）・横二丈二尺（約六・七メートル）とある。[7] また、一二尋鑪（小鑪）と呼ばれた柳渡り山鑪の押立柱は長さ二丈二尺（地上一丈八尺、地下四尺）、押立柱の間隔は二丈二尺余（約六・六メートル）であった。これに対して一九八五年に発掘報告された粟田村保光鑪は、押立柱の間隔がほぼ六メートル（約二丈）四方で、建物を八間（約一四・五メートル）四方の方形で隅の丸くなった小型の丸打高殿と推定している。[8] 森村湯谷鑪（一号）の場合も、押立柱の間隔は二丈五尺（約七・五メートル）と大鑪の規模と推定された。

さらに鑪の床釣り（地下構造）については、「鉄山一統之次第」に深さ一丈一尺（約三・三メートル）、長さ七尋（約一二・六メートル）、横三尋半（六・三メートル）の穴を掘り、「底ニ木すりと申深サ弐尺五寸丸ク石取ニシテ、中に十文字樋ニてほらずと申ぐるめに石を立る。九通りに五通り其上土壱尺程宛甲ヲ掛る〔中略〕此焼夫役百七拾人、右之床を焼申事百弐拾日之間、昼夜木を切掛焼申事」とあり、藩営鑪では焼木をおよそ一二万貫と見積もっているという。「鑪打方諸帳」の床釣り規模もたて二丈（約六メートル）、横二丈九尺（約八・七メートル）、深さ一丈（約三メートル）であり、本床（大舟）三尺二寸（約一メートル）、幅両口とも二尺八寸（約〇・八メートル）、小舟の長さ一丈三尺（約三・九メートル）、両口一尺六寸（約〇・五メートル）高さ一尺六寸（約〇・五メートル）と記されている。発掘された保光鑪の床釣り施設は長さ約一三メートル、幅七メートル、深さ三・五メートルの掘り方をもち、本床は南北一対の小舟にはさまれた長さ六・九メートル、幅〇・八〜一・三メートルの空間にアーチ状に構築され、小舟の全長六・九メートル、幅一・五メートル、高さ一・一メートルと推定している。同じく湯谷鑪（二号炉）は一号炉の上に直交して築かれ、その床釣りは南北一三・五メートル、東西五メートル、深さ約二メートルの規模で、両小舟にはさまれた本床は小舟の基底面より〇・四メートル高く、長さ六・三メートル、幅〇・八メートルの間に築かれた。両小舟は全長六・三メートル、幅一メートル、高さ〇・九メートルと測定され、この両小舟と本床の関係は出雲鑪の特徴を取り入れたものといわれる。

以上のような高殿鑪の建設について鑪経営者たちはどの程度の経費を積算の基礎としていたのであろうか。年不詳の「新場所鑪打建下積り帖」によると、[9] 鑪を共同経営するとして四人がそれぞれ銀二貫五〇〇目を出資し、銀一〇貫目を用意できれば、新鑪一か所の建設操業の可能なことを立案している。すなわち、見積書では経費を大きく四部門に分け、⑴鑪打立入用銀三貫六五七匁、⑵山代入用銀二貫目、⑶一吹立入用銀一貫三三四匁三八、⑷予備銀二貫目、合計銀七貫九九一匁三分八厘と積算していた。この新鑪は近くに八〇軒ばかりの集落があり、大炭は竹渡り奥山・壱駄岩山、山小鉄は菅村辺、川小鉄は川東・川西両村床から購入するとしているから、ほぼ菅村か竹森村内を想定できよう。諸経費のうち⑴の部門は高殿鑪の建設費にあたり、打立平夫一〇〇〇人、屋根葺茅六〇〇貫、縄七四連を見積もっているが、このうち平夫二四〇人（二四％）は村方八〇軒から一軒当たり三人ずつの合力夫で飯米のみ計上している。同様に茅一六〇貫（二七％）・縄二四連（三二％）を合力にあて、他は買付けている。床釣りの構築も床堀り・床焼き・床釣り夫等二八〇人役、照らし木八万貫、灰木八〇〇〇貫、その他を見込んでいるが、肝心な押立柱や棟木・長尾などの諸材が見込まれていない。また、⑶の一代吹立入用も大炭三〇〇〇貫目、小鉄一四〇駄五合、手山子八人分、その他を計上しているものの、肝心な鉄山職人（村下・山配・炭坂・番子ら）諸費が計上されていない。したがって、実際に鑪操業を行うためには銀一〇貫目だけでは困難で、必要な諸条件を整えられなければならない。ともかく、この積算書の特徴は、第一に村方の合力を見込むなど村方との共存を基礎に計画が立案されていたこと、第二に高殿鑪の基本材や鉄山職人を計上しなかった理由は、新鑪とはいっても他に潰れ鑪、あるいは経営譲渡など他鑪の継承があって別枠とされていたと考えられること。第三に当地域の村々ではある程度の資金を調達すれば、かなり容易に鉄山経営者になり得る情勢が醸成されつつあった。それは鑪経営だけでなく、鍛冶屋経営・鉄穴経営についてもいえることで、いわば製鉄業のもつ各部門の専門技術が村民の間に平準化していたことを物語るものである。文化十三年（一八一六）十一月、高尾村方と長久山鑪の鉄山師仲次郎との間で交わされた鉄山議定書によると、次の箇条のとおり、鉄山と村方との密接な関係を示すことができる。[10]

(1) 村方の鉄山卸し米三〇石は、定法の通り壱俵三斗七升五合入り、米俵に念を入れ鉄山所へ着渡しにする。
(2) 鉄山場所、長久山之内に山内諸小屋および茶園など勝手次第になさること。
(3) 山内下肥、鉄山遣い残りはすべて村方へ下さること。
(4) 大炭の買取り値段は、鉄山着で三六〇目、中以下は二〇目下りとし、厳重に改め請取ること。
(5) 鉄山請所内で都合により村方のもので大炭・小炭・焼灰木・日用等相稼ぐ者の米銀取引は、山法にてらし行うこと。
(6) 鉄山諸商内もの勝手に取越しなさること。
(7) 鉄山出入荷物、村方へ連絡の上銑・小割軽目・重目勝手次等お雇出しのこと。
(8) 鑪ざんぞう、鉄山請所の外の川捨たり分は村方で取り上げてよい。
(9) 山内抱えの者、村方へでても一宿もできないこと。
(10) 鑪吹仕舞の後は本小屋（高殿）鑪ほどは村方で引き取り、残る諸小屋は勝手次第のこと。
(11) 山内墓所は先年のとおり草山の内で使用すること。

なお、近世後期に操業した鑪の生産力および郡域での年間鉄生産額をまとめておきたい。まず、第一に享保年代の成立とされる「学己集」によると、備後鑪は「凡四日押一代吹ニ而鉄三四、五駄程出来候」とある。この鉄は銑のほか鉧・雑鉄などを含めたものという。第二は宝暦四年（一七五四）の「鉄山一統之次第」で、鑪一代を四日四夜吹とし、この入用小鉄二八〇駄・大炭三二〇〇貫を投入して出来鉄四〇駄（銑三五駄、鉧五駄）位を得るという。

ただし、一代吹四〇駄は中の上位に当たる。一か月四代として一六〇駄、一年間に鑪一か所の産額一九二〇駄（四万九九二〇貫）となり、だいたい年間二〇〇〇駄・五万二〇〇〇貫という数字が得られる。第三は文政二年（一八一九）成立の「国郡志郡辻書出帳」奴可郡である。鑪一代は四日四夜吹で、小鉄一五〇駄・大炭三三〇〇貫を使用して吹鉄四〇駄（一駄の正味二六貫目）位としている。第四は「新場所鑪打立下積り帖」（年不詳）で、成立年代は幕末期と推定される。この数字は見積もりであるが、新鑪の一代当たりに使用する大炭三〇〇〇貫目、小鉄一四〇駄五合（上小鉄三九駄・中小鉄四五駄五合・川小鉄五六駄）とみて吹銑四〇駄と計算していた。第五は文政八年（一八二五）正月に報告された前年中の「竹森村鉄井谷鑪代数吹荷物申上書付」である。これによると鉄井谷鑪は文政七年中に四一代の操業を行い、吹鉄一二四〇駄を生産している。したがって、月平均三・四代を操業し、鑪一代に約三〇駄を得たことになる。

これらの事例から、当地域の鑪一代の生産能力は吹鉄四〇駄（一〇四〇貫）を標準にしていた。大炭・小鉄の使用については、大炭が三〇〇〇貫以上、小鉄は二八〇駄から一五〇駄、一四〇駄と減少する傾向にあり、酸化鉄の還元が効率化していることを示すものである。そこで、奴可郡の年間産鉄量は、だいたい四万駄（一〇四万貫目）と推定される。つまり、安政四年（一八五七）の奴可郡鉄山改めによると[11]、郡内の鑪操業二〇か所と把握されているから、鑪一代当たりの大炭三〇〇〇貫、小鉄一五〇駄、吹鉄四〇駄（一〇四〇貫目）を基準にして、月当たり四代、年間四八代、それを二〇か所に乗じれば、年間の大炭使用量二八八万貫目、小鉄使用量一四万四〇〇〇駄に対して出来鉄は三万八四〇〇駄（九九万八四〇〇貫目）という数値になる。これが当時の中の上位であれば、鑪の年間操業五〇代という平均回数に照らして得たものであり、郡産鉄量一〇四万貫という数値は、元文元年（一七三六）における全国市場大坂入津鉄一一〇万貫に匹敵する数値であったことも指摘したい。

註
(1)「三次方御鉄山業旧記」（堀江文人「備後国三次・恵蘇郡の藩営鉄業と農村」『たたら研究』第一三号より）。
(2)「学己集」（『広島県史蹟名勝天然記念物調査報告』第三輯所収）。
(3)(4) 東京田辺家「国郡志御用ニ付郡辻書出帳（文政八年奴可郡）」（『東城町史』古代・中世・近世資料編所収）。
(5)「鉄山一統之次第」（『比和町誌』所収）。
(6)(7) 庄原市東城町支所（元教育委員会）「鑪打方諸帳」（『東城町史』備後鉄山資料編所収）。
(8)『保光たたら』（広島大学文学部内「保光たたら発掘調査団」）。
(9) 庄原市東城町帝釈未渡錦織家「新場所鑪打建下建下積り帖（年不詳）」（『東城町史』備後鉄山資料編所収）。
(10) 東京田辺家「高柴鑪諸極証文・村中議定書（文化十三年）」（『東城町史』備後鉄山資料編所収）。
(11) 庄原市東城町川東小田家蔵「郡務拾聚録」天、一一号。

3　鉄穴流しの特徴

奴可郡の砂鉄採掘は古代・中世からあるが、鉄穴流しとよばれる採鉱法は、一六世紀後半から一七世紀初頭にかけて成立したといわれている。そして、一七世紀後半から一八世紀初頭にかけて成立した永代鑪製鉄の鉄原料供給部門としての地位を確立したものである。一九世紀になって国郡志編纂（「芸藩通志」）の必要から、村々より調査提出させた下調帳の「奴可郡辻」に鉄穴流し法をよくまとめて記録したものがあるので、まず、その全文を掲げて、その技術的特徴を把握しておきたい[1]。

鉄穴
鉄穴流し方、秋彼岸ゟ春彼岸迄、作方用水障ニ不相成時節相稼申候、先年秋彼岸入ゟ春彼岸入迄流し候由ニ御座候得ども、宝暦改暦ゟ節分ゟ四十九日ニ至彼岸なるを四十二日ニ相改、七日縮ミ候ニ付、今は秋彼岸入より春彼岸末限り相稼申候、扨本口鉄穴ハ山掘口へ水を寄、水際ゟ山を掘崩し、堤に水を溜置、のミを抜流し申候、水強く山掛り宜ケ所ニハ流し人五人位、其以下弐人三人掛り流し申候、右流し口ゟ下もニ大池、弐番池（中池とも云）、乙池、船場次第ニ御座候、小石多き山ハ此間に石はねとて竹簀を掛、自然と谷へ刎申候、山流し濁水泥ハ浮流、砂溜を大池より追々流し送り、乙池ニて砂粉鉄交りなるを取上置、船場ニ而精製仕候、此船場へ交り候水をあせうづ（洗浄水洗水共）と申澄水を掛、右取上置たる砂少々宛船江入、上ミより流し懸り候を、柄振ニ而幾度も押上候へハ、砂ハ軽く流れ落候、粉鉄ハ重ク留り、黒鼠色なるを取上申候、上洗と申分八歩、砂弐歩位交居申候、其以下六歩、七歩洗ひにも仕候、上・中・下ニて直段替り申候、此船場ゟ下もニ一ノ落、二ノ落、三ノ落とて又塞を懸、砂を取溜、其脇ニ船場を構、洗い浄メ方右同様仕候、是を落鉄粉と申候、是ハ粉鉄なから茂軽く本池ニ不留流れ落候故、直段下直ニ御座候、一・弐・三とも次第ニ性合劣申候、又大川落池と申、川上諸所之鉄穴、大川江流候を、大川ニ塞を掛、砂取溜、大池へ落し入、船場ニて洗浄メ申候、是を川落粉鉄と申候、本口山崩し候節、稀には押サレ流し子相果候事も御座候、五十歳以上ニてハ山崩し不仕方宜敷御座候、且鉄穴持主流し子掛り受候定、山ニ寄取実厚薄御座候得ハ、一同ニハ無御座候、大概取小鉄辻、百駄なれハ五拾駄鉄穴主、五拾駄流し子（鉄穴師とも申候）取定ニ御座候、上鉄穴主六拾駄（是を山前と相唱申候）、流し子四拾駄（是を鉄穴師前と相唱申候）、新口抔にてハ鉄穴師七、八拾駄取候定も御座候、右之通粉鉄取留候骨折ハ同事にて、鉄下直ニ候へハ粉鉄安く、誠に鉄穴師共飯料丈ケ位取候様相成、稼儲無御座候故、自然と流し方不精ニ相成申候

直段大概

粉鉄壱升（京升ニ而三斗三升入、底なき枡ニ而計り上ヱへ抜取申候）　此斤目弐拾五、六貫目

但此壱升を壱駄共唱申候、落粉鉄ハ斤目廿弐、三貫目位御座候

本口粉鉄壱駄（上四匁・中三匁・下弐匁弐、三分）位

但申春以来六匁五分ゟ七匁位仕候
落粉鉄同上弐匁六、七分・中弐匁・下壱匁位
但右同断、三匁五分ゟ四匁位仕候
右直組之儀ハ鉄穴山口ニ寄鉄性厚薄有之、又洗浄メ方砂離れ見分ニ而、鉄壱駄ニ付粉鉄三駄五歩掛り、又ハ四五駄掛りと申目利仕、直段相究申候

愚考
鉄穴《かんな・かなら》之名、往古ハ山を崩し持出し、水流しいたし、掘り跡穴ニなる故の名ニ御座候哉、当時ハ山を掘崩し流候故、流し跡山そねも谷と成、又ハ平地と変り、自然と田畠ニ開候ケ所も多御座候、

まず第一に奴可郡鉄穴流しの稼行期間は、農業生産に支障のない秋彼岸から春彼岸末までの六か月間と定め、これを「一来日（いちくるび）」としている。

第二に鉄原料の小鉄は、本口小鉄・落池小鉄・川落小鉄の三種類の採取方法を行っている。すなわち、鉄穴本口の山口は流し子五人、以下の流しに二人、三人掛かりの作業を行う。とくに本口の山崩し作業は重労働で危険を伴うので、五〇歳以上の流し子は従事させない方がよい。鉄穴流し施設は山流し口の下に大池・中池・乙池・船場を設けて砂鉄を通過精洗し、上洗・七歩洗などのランクを付けて本口小鉄を採取する。次に落池小鉄は本口船場の下流に一の落口・二の落口・三の落口などの採取施設を設けて選鉱採取したものである。さらに川落小鉄は、流し水路から大川まで流れ出た砂鉄を取り上げ、流し施設で選鉱採取する小鉄をいう。

第三に鉄穴流しの稼行は、鉄穴持主から流し子（鉄穴師）の「掛り受」（借受）を定法として行われた。そして鉄穴ごとの利益配分は小鉄の生産額で行われ、配分基準として山前（鉄穴持主）・流し子（鉄穴師）ともに五〇％の配分率とし、両者の調整に委ねる。したがって、上鉄穴の配分率はだいたい六〇対四〇％、新口では三〇対七〇、ま

たは二〇対八〇％の割合とするなど、両者がそれぞれ協定し決定したのである。

第四に奴可郡産の小鉄一駄は、京升三斗三升入りで、重さはほぼ二五、六貫目である。落小鉄はやや軽く、一駄につき二二、三貫目である。

さて、小鉄一駄の販売値段は、本口・落口の別及び上中下のランク付けが行われており、本口小鉄の上四匁、中三匁、下二匁二、三分位、落小鉄の上二匁六、七分、中二匁、下壱匁位であったが、文政七年（一八二四）春以来、本口小鉄は六匁五分から七匁、落小鉄は三匁五分から四匁位と、値上がりしている。

第五に右のような事情はあるものの、全般的には販売価格の下降情況は否めず、近年の鉄穴流しによる収益は、流し子（鉄穴師）の飯料代を得る程度で、とても稼ぎ益を見込める状態ではない。しかも、鉄穴流しの選鉱技術も年々低下しているといわれている。

奴可郡東城町域（現庄原市）の鉄穴流しの特徴は、以上のように記述されているが、地域的な見地から大きな規制力として働いていたのは、下流域農村の鉄穴流し反対運動であった。奴可郡は高梁川の支流成羽川の上流に位置する大規模な小鉄生産地帯である。そして、阿賀・哲多郡千屋・花見地域（現岡山県）の小鉄生産地をも合流した高梁川流域は、広大な稲作を主体とする平野地帯を形成しており、幕府直轄領（倉敷代官所）をはじめ、新見・高梁（松山）・広島・池田・木下・関・板倉などの各藩領、長谷川・戸川・山崎・花房・榊原・蒔田各旗本知行所にまたがっていただけに、上流域の鉄穴流しにともなう濁水被害がすこぶる大きく、早くから下流域諸郡村から苦情が出され、多年にわたって紛争が絶えなかったことである。(2) そのため、永代鑪の操業がはじまる寛文・延宝期には、すでに鉄穴流しを行う鉄穴口数の制限がはじまって、奴可郡二六七口、阿賀郡三一口、哲多郡三八口と定められ、それぞれの枠組で年々の操業を継続していった。しかも、奴可郡の鉄穴流しは、備後四郡の鉄穴役高の一環として幕府拝領の広島藩の領知高に組み入れられていることを理由に、下流域諸領各郡村々からの削減、禁止等の諸要求をしりぞけて、制限枠どおりの鉄穴口数・稼行期間で行うことを維持しているのであった。

また、当地域では、近世を通して藩専売制または藩営による鉄山経営が弱体であったこと、私営による経営拡大も資金不足から十分に伸びず、むしろ郡産小鉄の供給が過剰となり、神石郡または他領の備中神代、伯耆日野郡、その他に小鉄販路を確保するなど、周辺地域鉄原料の供給地域として小鉄生産を維持していたことがあげられよう。

さて、近世前期の鉄穴流しについては、鉄穴検地が寛永二年（一六二五）に行われ、その後寛文十一年（一六七一）、安永九年（一七八〇）、嘉永年間（一八四八～五四）に同改めが実施されている。最初の寛永二年鉄穴検地は、近世初期の鉄穴のあり方を示す重要なものと思われるが、その内容は明らかでない。つぎの寛文十一年の場合も、鉄穴改め帳なども残されておらず不明な点があるが、さいわい、それから八年後の延宝七年（一六七九）の「郡中鉄穴数覚扣」が伝えられており、[3] 永代鑪技術の成立期と時期を等しくして小鉄供給体制の確立がみられるのであって、この時期の鉄穴と鉄穴流しの様子をある程度明らかにすることができる。

まず、延宝七年の奴可郡の鉄穴口数は全体で二六六口、その運上銀は一貫三九二匁である。これを村別に示すと表Ⅲ－三二のように一九か所に所在する。いずれも東城川流域で、郡の中北部村々を中心に小奴可村の五四口（三坂を含む）から高尾村の一口まで、村により鉄穴数に大きな差がみられる。

鉄穴二〇口以上の村は、小奴可・森・粟田・加谷の四か村、一九～一〇口は川鳥ほか五か村、九～一口は九か村で、運上銀の鉄穴一口当たりの平均値は銀五・二匁となるが、村により、小鉄産出量等により運上賦課基準に大きな格差がみられた。また、村によっては小鉄下請札や越札を免除されていることから、鉄穴持主がみずから鉄穴流し（小鉄採取）を行うのではなく他者（鉄穴師）に下請けさせたり、村（鉄穴）によっては鑪付け、すなわち、特定のたたら（ここでは小鳥原鑪・油木衣木鑪及び備中・伯耆の他国鑪など）の付属ないし専用鉄穴として成り立っているものもみられた。小鉄越札とは郡中村々の鉄穴で生産した小鉄を、他郡他国の鑪所へ輸送販売を免許される権利を所持していることで、いわばもっぱら、他国他郡販売用小鉄を生産する鉄穴もあったことになる。

さらに奴可郡鉄穴の状況は、郡内でもっとも鉄穴口数の多い小奴可村（寛文四年分村の三坂村を含む）の所持状況を具体的にみると表Ⅲ－三三のようになり、鉄穴数五四口（うち七口は三坂村）のうち、本口三五、落口一九であった。その所持形態は、各鉄穴（本・落口）を個人単独所有四四（八一％）、二人共有七（一三％）、三人共有三（六％）となり、単独で所持するものが四四口と圧倒的で、のこる一〇口が二人ないし三人の分轄所持にとどまっていた。また、所持人数は合わせて三四人、うち西ノ惣兵衛が一二口と共有二、袋尻与三右衛門が五口と共有三、与三兵衛が二口と共有一の三人の外は、口数又は共有を二つもつもの一一人、一つのもの二〇人であり、惣兵衛・与三右衛門ら特定の少数者が鉄穴を集中所持するだけで、他の鉄穴はそれぞれ一～二口を平均的に村民によって所持されていたことになる。これら鉄穴所持者の村落における階層は、同村の庄屋清兵衛、組頭久右衛門、二郎兵衛らの村役人は鉄穴を所持しておらず、鑪職人の村下太郎次郎が二口を所持していることから推量して、大口所持者は村内の鉄穴経営者であった可能性が高く、一般の一～二口所持者は、みずから鉄穴師として鉄穴流しにも従事する鉄穴の経営者層であったことになるであろう。小奴可村における鉄穴状況が、他村にもほぼ同様なものと推定できるならば、寛文・延宝期の鉄穴所持の状況としては、鉄穴稼行権を内容とする鉄穴所持が寛永検地の段階で成立した後、この時期には鉄山経営の関係者を除けば、いまだ鉄穴師として鉄穴流しに従事する鉄穴所持層を基調とする状況が展開しており、一部村民に鉄穴所持が権益として分轄所有されはじめていることを認めることができよう。

宝暦・天明期は、永代鑪による製鉄技術が製鉄地域の隅々まで普及し、さらに九州・四国・北陸・東北諸国へと技術の伝播がはじまり、永代鑪体制の全国的普及の画期となる時期であった。それに伴い鉄原料の採鉱部門としての鉄穴流し体制も、もっとも高度化と安定的供給される段階にあったと思われる。

表Ⅲ－32　奴可郡の鉄穴・運上銀（延宝７年）

	延宝７年（1679）				
	鉄穴口数	運上銀	運上銀1口当平均	粉鉄下請札	粉鉄越札
高尾村	1	6.0	6.0		
三坂村	（７）	(17.0)	2.4		
小奴可村	54	329.9	6.1	2（５）	
森　村	43	185.5	4.5	1（２）	神石へ１（１）
田殿村	6	35.4	5.9		
川鳥村	19	102.0	5.4	（小鳥原鑪へ）1（１）	神石へ１（１）
菅　村	18	68.3	3.8	（宇山村鑪へ）1（１）	
竹森村	2	38.0	19.0	1（１）	
田黒村	12	39.5	3.3		
加谷村	20	76.2	3.8	（油木衣木へ）2（２）	
塩原村	14	49.2	3.5	（油木衣木鑪付）5（８）	
内堀村	14	77.0	5.5		
所尾村	17	126.5	9.0		
上千鳥村	9	103.5	11.5		備中へ１（１）
下千鳥村	7	19.5	2.8		
小串村	5	45.0	9.0		備中へ１（１）
森脇村	2	13.0	6.5		
粟田村	21	57.0	2.7	（備中・伯耆鑪付）1（１）	
請原村	2	20.0	10.0	1（１）	
小鳥原村				（他国鑪付）1（１）	
山中村				1（１）	
24村	266	1,391.5	5.2	17（24）	4（４）

〔備考〕⑴　三坂村の（　）の数字は小奴可村に含まれている。
⑵　運上銀合計は１貫392匁とあるが計算すると５分の誤差がある。
⑶　下請札・越札の（　）の数字は札請人数である。

表Ⅲ－33　延宝７年小奴可村鉄穴の操業状況

番号	鉄穴名	本口	落口	運上銀	稼ぎ状況	受人	番号	鉄穴名	本口	落口	運上銀	稼ぎ状況	受人
1	五才田		○	1.5匁		袋尻与三右衛門	29	割岩谷新	○		7.1匁		西ノ惣兵衛
2	下山本		○	1.0		〃	30	〃	○		2.5		〃
3	高丸	○		35.0	不作	〃	31	ぬめり岩	○		3.0	不作	与三郎
4	こわせび	○		3.0		弥七郎・甚二郎	32	といか岩	○		3.0		市ノ次右衛門
5	大ぞう田	○		10.0		西ノ惣兵衛	33	しろ谷	○		2.5	不作	西惣兵衛
6	蒔本渡り		○	2.0		〃	34	とりおさ	○		3.0	〃	とりおさ弥介
7	上おいせ		○	1.5		西甚五良	35	中山鉄穴	○		4.0		小原与左衛門・鳥長ノ弥介
8	ふもと	○		7.0		同所ノ与五良	36	大鉄穴	○		3.5	不作	西惣兵衛
9	鳥野尾	○		7.0		中いの尾次郎佐衛門	37	くるひな山	○		2.5		小寺藤右衛門
10	上おいせ	○		15.0		同所ノ惣兵衛	38	天のう	○		2.5		惣兵衛・庄右衛門
11	蒔本渡り	○		10.0		三郎右衛門・与三右衛門	39	新庄	○		5.0		いの尾庄右衛門
12	ませだ	○		10.0		ませだ三郎右衛門	40	仏が原	○		2.0	不作	おくかいち源二郎
13	滝ノ本		○	3.0		村下太郎次郎	41	六之原	○		5.0	〃	持丸与三兵衛
14	大いのお	○		13.0	不作	〃	42	〃	○		5.0	〃	同源左衛門
15	いの尾		○	5.0	(この年以後)	太郎左衛門・次郎左衛門	43	〃	○		5.0	〃	同助四郎
16	いのお	○		38.0		与三右衛門・与三兵衛	44	魚ノ尻	○		6.0		淵野脇太郎左衛門
17	ぬかべ		○	1.0		西ノ惣兵衛	45	かけのむかい		○	5.0		かじま市兵衛
18	おくがいち		○	40.0		次郎四郎	46	おいせ竹そへ		○	2.0		西惣兵衛
19	奥垣内		○	1.0		かじま甚五郎	47	弐反田	○		4.0		栩木太郎右衛門
20	山本		○	3.0		中ノ与三兵衛	48	三坂　どうご	○		2.0		西惣兵衛
21	山本新	○		6.0	不作	ほうらい弥三郎	49	〃　〃	○		3.0		中原ノ五郎左衛門
22	ほうじ	○		4.0		市助十郎	50	〃　〃	○		2.5		ませだ小左衛門・与左衛門・九右衛門
23	笑田	○		13.0		善兵衛・五郎左衛門・甚五郎							
24	天同新	○		3.0		天同弥五郎	51	〃　〃		○	3.0		西惣兵衛
25	袋尻		○	2.0	不作	ふくろしり弥次郎・与三右衛門	52	〃　〃		○	3.0		西惣兵衛
26	袋尻新		○	3.5	〃	〃・〃	53	〃　〃		○	2.0		小てら藤右衛門
27	〃		○	0.8	〃	〃・〃	54	〃　〃		○	1.5		仁佐衛門・西惣兵衛・仁佐衛門
28	いのおしり新	○		3.0		治右衛門	合計		35	19	331.9		

安永九年（一七八〇）五月改めの「奴可郡村々鉄穴帳」によると、[4]小鉄を産出する村々は、二四か所（鉄穴口二八三）にのぼっている（表Ⅲ－三四）。これは奴可郡の東城川流域のほかに江川支流の西城川流域の鉄穴流し村々を含んでいるからで、前者一九か村、後者五か村に分けられる。したがって、東城川流域一九か村の鉄穴口数は、本口一八八口、落口七八口、それに高尾村の東城川に流れる鉄穴一口を加えて二六七口になる。この口数が寛文・延宝期から固定化された高梁川支流の成羽川上流奴可郡の鉄穴流し稼働枠ということになる。しかし、安永九年に鉄穴流し作業をおこなって小鉄採取した鉄穴ということになると、二六七口の七三％にあたる一九六口で、七一口が作業を中止しているのである。それも、この年に限るというのではなく、近くは「只今」・「先年より」・「二、三年以来」というのから、「凡六〇年以前」、「凡百年以前より」、「百弐拾八年以来」などというのもあって、一〇〇年以上も中止している鉄穴二〇口、一五年以上九九年まで三〇口、一〇年以内は二一口という状況である。このような様子からみると、宝暦・天明期の永代鑪の発展に対応して、小鉄供給が安定的に行われ、高度に精密化した鉄穴流しの技術をうかがうにはもの足りないといわねばならない。

つぎに鉄穴の所持状況として、延宝七年（一六七九）にとりあげた小奴可・三坂両村が、その後安永九年（一七八〇）にはどのように推移しているかをみるため、両村の鉄穴五四口の所持状況をまとめてみよう。[5]両村の鉄穴所持者数は八四人、これは延宝七年の三五人から一〇〇年の間に四九人に増えて、二・四倍に拡大している。所持形態は本口三七・落口一七のうち、一口所持三六人（四三％、一鉄穴単独所持は六人、他は分轄した権利所持者）、複数口は二口一三人（一五％）、三口一〇人（一二％）五口七人（八％）、六口四人（五％）、七口一二人（一四％）、八口二人（二％）の構成であった。つまり、一〇〇年の間に一鉄穴単独所持者の人数が大幅に後退し、鉄穴株の所持権利の分割共有が急速に進行していくのは、鉄穴流しによる利益配分において鉄穴所持者の所得配分が、農間副業として注目されるようになり、細分化した鉄穴権利の複数所持者の増加となったのであろう。ここにおいて特定農民

表Ⅲ－34　安永９年奴可郡村々の鉄穴口数と稼働状況

村　名	鉄穴口数			下米(石)	運上銀(匁)	以前より稼行していない鉄穴					
	本口	落口	計			先年	3～10年	15～50年	60～99年	100～130年	計
平子村	5		5								
大屋村	2		2		46.0						
中野村	1		1		10.0						
油木村	4		4		16.0						
高尾村	4	1	5		10.8						
三坂村	3	4	7		17.0						
小奴可村	34	13	47	14.0	312.9			3	4	2	9
森　村	28	15	43	6.0	185.5		3	1		2	6
田殿村	4	2	6	3.1	35.4				2	3	5
川鳥村	15	4	19	5.4	102.0	5					5
菅　村	4	14	18	4.8	68.3		1	3			4
竹森村	2		2	2.4	38.0						
田黒村	7	5	12	1.8	39.5		2				2
加谷村	12	8	20	4.2	76.2			1	1	3	5
塩原村	9	5	14	5.4	49.2		1				1
内堀村	12	2	14	(中止)	77.0		1	1		3	5
所尾村	17		17		126.5		5	3	2		10
上千鳥村	9		9		103.5	2					2
下千鳥村	6	1	7	1.0	19.5			1			1
小串村	5		5	2.0	45.0	1					1
森脇村	2	2	4	0.6	13.5			4			4
粟田村	16	3	19	2.4	57.0			1	1	7	9
請原村	2		2	2.7	20.0			1	1		2
福代村	1		1		3.0						
24　村	204	79	283			8	13	19	11	20	71

竹森・名越家「奴可郡村々鉄穴帳」による。

の鉄穴稼ぎにすぎなかった鉄穴株と鉄穴流しの権利が、村落農民に一般化し、それにともなって鉄穴流し技術も、地域農民の共有技術として定着したといえるのであった。ほかに小奴可村の七鉄穴、三坂村分の六鉄穴を合わせた一三鉄穴の所持者が、それぞれ村中になっていた。また、複数所持の分類に入ってはいるが、笑田鉄穴の二一人、鳥ノ尾鉄穴の一七人、さらに田代・ぬめり岩の二鉄穴、袋尻新落池・袋尻落池・袋尻落池の三落池を合わせた二六人共同所持は、いずれも笑田郷の農民が主体をなしており、権利分轄が行われているものの、事実上郷中所持とみなしてよいと思われる。

こうした小奴可・三坂両村の状況は、他の村々についてもほぼ同様の推移を示しており、一八世紀の後半、宝暦・天明期における当町域鉄穴所持形態の特徴として指摘してよい。ただ、鉄穴の村中所持（惣百姓）については、ほかに小串村の鉄穴五口が、それぞれ「惣村中」の所持になっているだけで、その他の村々に見当たらないから、特定の村内事情があったことであり、ただちに村々全体に一般化することはできない。

さらに安永期からほぼ七〇年後の嘉永期（一八四八～五三）における奴可郡の鉄穴稼ぎの状況は、表Ⅲ－三五のとおりである。(6) 郡中の鉄穴稼ぎ村々は二二か村、鉄穴口数は本口一八一、落口九六、合わせて二七七口であった。これは安永期にくらべると、六口の減少であり、本口・落口数を比較すると本口が二三口減で、落口が一七口増ということになる。もっとも本町域に限った東城川流域では、鉄穴稼ぎの村々二〇か村、鉄穴口数二六七口と、延宝期に定められた稼行制限口数が守られており、郡中の鉄穴口数の増減がみられるのは、口数制限がきびしくない西城川流域のみであった。ただ、東城川流域の鉄穴口数も、本口と落口数の異動が大きく、安永九年に本口一八九口と落口七八口であったものが、嘉永年間には一七二口と九五口になり、本口が一七口減少して落口のみ一七口増加するという生産力の低下を象徴する変動をみせている。このことは、安永九年に鉄穴数の二七％近くが鉄穴流しの中止状況を訴えていたが、その傾向はその後も継続されており、また、鉄穴稼行権の株制が解除され、自由に営業ができるようになって間もない明治五年（一八七二）には、鉄穴流しの許可口数が一二八口（東城川流域のみ）と激減しているように、実質的に近世期の鉄穴定数を維持することは不可能な状況になっている。

つぎに延宝七年（一六七九）・安永九年（一七八〇）両年に取りあげた小奴可・三坂両村の鉄穴所持の状況につづいて、嘉永年間の改めをまとめよう[7]。鉄穴口数は小奴可村四七、三坂村七と変わらず、両者合わせて本口三四口、落口二〇口と、本口が三口減じ、落口三口の増加となり、田代・西両鉄穴には落口が一の落から三ないし四の落口まであったことが判明する。鉄穴所持の形態で安永期に村中の形態が一三鉄穴あって注目されたが、嘉永期にもほぼ継承されて一四鉄穴になっているのに対して、笑田・鳥ノ尾鉄穴など七鉄穴の実質的な郷中所持に移行していた

表Ⅲ－35　嘉永年調査の奴可郡各村鉄穴口数

村　名	嘉永年（1848～54）				明治5
	鉄穴口数			運上銀	鉄穴口数
	本口	落口	計		
平子村					3
大屋村	3		3	146.0	3
大佐村					1
油木村	3		3	10.0	—
高尾村	4	1	5	10.8	—
三坂村	3	4	7	17.0	4
小奴可村	32	15	47	312.9	13
森　村	28	15	43	185.0	25
田殿村	4	2	6	35.4	3
川鳥村	15	4	19	102.0	5
菅　村	4	14	18	68.3	8
竹森村	2		2	38.0	—
田黒村	7	5	12	39.5	7
加谷村	10	10	20	77.2	4
塩原村	9	5	14	49.2	7
内堀村	10	4	14	77.0	12
所尾村	12	5	17	126.5	8
上千鳥村	9		9	103.5	11
下千鳥村	5	2	7	20.5	6
小串村	5		5	45.0	5
森脇村	2	2	4	13.5	—
粟田村	11	8	19	57.0	6
請原村	2		2	20.0	2
福代村	1		1	3.0	—
24　村	181	96	277	1,557.3	135

川東・小田家「郡務拾聚録」地巻による。

形態のものは、あらたに新口を開拓しながらも依然として鉄穴五～一〇口の共同所持を維持している。したがって、両村の個人・共同所持は村中所持を除いた鉄穴四〇口（本口二五・落口一五）ということになる。その所持者構成は六〇人中、一口所持三七人（六二％）（鉄穴の単独所持は八人）、二口六人（一〇％）、三口七人（一二％）、四口四人（七％）、五口三人（五％）、六口・一〇口・一二口各一人である。これを安永期にくらべると一口所持者が二〇％の増加を示したこと、五口以上の大口所持者が二〇％の減少を示しており、全体的に所持形態が村落のなかで、幕末になるにしたがって平準化の傾向を示しているということができよう。そのなかで逆に特例として鉄穴権利の大口所持者として登場したのが、山栃木の平兵衛・地明屋与右衛門・山名屋甚内の三人である。

山栃木の平兵衛は、魚の尻・割岩新鉄穴・奥河内・麓・ぬめり岩・大沢田・弐反田・鳥の尾・田代・同一の落・同二の落・同三の落など一二鉄穴口の二～八人共同の分割権利の所持者であり、一鉄穴単独の所持は見られない。嘉永以前をみると、延宝八年（一六八〇）に弐反田鉄穴（本口）を栃木の太郎右衛門が単独所持しており、安永九年（一七八〇）には栃木の助次郎が弐反田・新庄〔城〕両鉄穴の共同所持者になっている。したがって、一八世紀後半までは一、二の鉄穴所持者にとどまっていた平兵衛家も、一九世紀前半の彼の代になってから鉄穴口の集積に乗り出す動きがみられるものの、その背景は判らない。

また、地明屋与右衛門は、大井納滝本落・奥河内・ぬめり岩・中の原・鳥の尾・田代・同一の落・同二の落・同三の落・ほうしの一〇鉄穴口の共同所持者であり、鉄穴権利の数でいえば二位にあたる。延宝八年には鉄穴所持者に地明屋の名は見当たらないが、安永九年（一七八〇）では地明屋庄吉の名で、土居ケ谷（五人共有）・鳥ノ尾（一八人共有）両鉄穴の所持者に名を連ねるようになり、嘉永期に一〇鉄穴口の集積者となるものの、その事跡は不明である。

さらに山名屋甚内であるが、嘉永期には新庄鉄穴を単独所持しているほか、魚ノ尻（四人）・樋ケ谷広瀬（二人）・

井屋谷（三人）・中の原（一一人）・ほうし（三人）五鉄穴の共有者に名を連ね、村内鉄穴権利の集積率は三位にあたる。山名屋の場合も延宝八年（一六八〇）の鉄穴所持者のなかには見当たらず、安永九年（一七八〇）には山名屋徳三郎名で麓谷（二人）・新庄（二人）両鉄穴の共同所持者になり、嘉永期になって有数の鉄穴権利の集積者に飛躍している。幕末期の山名家は、元治元年（一八六四）に耕地所持が四八町歩に達しているのをはじめ、弘化三年（一八四六）には酒造株の鑑札（奴可郡一〇株の一株）を買得して酒造業を開始、また、金穀貸付・頼母子講など金融・販売業を手広く行って資産形成につとめ、元治元年永代庄屋格となっている。

鉄穴経営に関しては、所持鉄穴の経営と関連して他人所持の鉄穴へも融資して利益を得たり、抵当物件の処理を通して鉄穴権利の所得に役立てていた。つぎの安政六年の金子借用証文は、その間の事情をある程度窺うことができるので全文を掲げよう[8]。

金子借用証文の事

一金子五拾両也　利足月壱歩半定、来ル申閏三月切
此引当　小鉄　千弐百駄　持丸天　本口
　同　　三百駄　餅喰鉄穴
〆　千五百駄書入置申候

〆

但此返済方、右小鉄何方江売払候共駄数直段相定候而、其代銀貴殿江相渡置候上ニ而小鉄計渡可申候定、尚〆右限月迄ニ小鉄不捌ニ候ハヽ、別段借替いたし候而も元利共速ニ皆済可仕候定、小鉄売規定幷ニ計渡の節ハ茂次郎立合、綿密ニ取引可仕候定

〆

右者当暮持丸小鉄不捌入札銀上納方差問ニ付、鉄穴請方の者より借替の義願出候処、多人数ニ而ハ混雑仕候ニ付私へ引受慥ニ借申仕、鉄穴受方の者へハ私より貸附候ニ相違無御座候、然上者、右限月迄ニ元利共前書定の通速ニ皆済可仕候、尚又如何様ニモ新規出来候共此表少し茂御断筋申間敷候、為後念の受人・証人連印、其上村御役人中様御見届御印形願受、金子借用証文差入置申候処依而如件

借主 小奴可村
庄屋 山名屋
良　吉 ㊞
受人 石塚屋
武右衛門 ㊞
受証人 栃木
茂次郎 ㊞

安政六年
山名屋
甚内殿

前書の通見届令印形候、以上

庄屋後見
健　助 ㊞
庄屋
正　平 ㊞
同格与頭
平次郎 ㊞
同取立役
武右衛門 ㊞
取立役
兵　作 ㊞
未極月

すなわち、山名屋甚内が小奴可村庄屋山名屋良吉あてに金五〇両を融通するにいたったのは、つぎの事情からである。まず、この借金の引当て（抵当）は持丸天・餅喰両鉄穴産の小鉄一五〇〇駄である。両鉄穴の所持権は、実は「村中」であった。これを鉄穴稼ぎする場合、希望者の入札制とし、出来小鉄を販売して代銀をもって入札銀上納という方法をとっていた。安政六年秋くるびの鉄穴稼ぎを落札した石塚屋武右衛門チーム（鉄穴師―流し子）は、秋彼岸より鉄穴流しに従事し小鉄採取にはげんだものの、小鉄販売が見込み通り進まず、暮上納分の入札銀払いも滞る有様となった。そこでやむなく融通金（借金）を申請し、山名屋甚内がこれに応じたのであるが、鉄穴所持権が「村中」であることから、庄屋が借主となり、又貸付の形で請人石塚屋武右衛門に融通したのである。この間の事情をより詳しく説明すると、次のとおりである。山名屋甚内の融資金五〇両は庄屋良吉（受人石塚屋武右衛門）が借主になり、借入期間安政六年十二月から翌年（万延元）閏三月までの五か月間、利息は月一分半であった。返済方法は両鉄穴の生産小鉄（抵当小鉄一五〇〇駄）の販売代銀および「小鉄計渡」をもって元利返済にあてる。もし期限までに小鉄が売捌けなかった場合は、他からの「別段借替え」を行って完済する約束になっていた。これは村中持の鉄穴稼ぎに際して鉄穴流し請負の鉄穴師（石塚屋武右衛門）の事業を、村庄屋の保証のもとに遂行していたのであり、融資方の山名屋甚内にしても確実な回収を見込むことができ、安全な投資といえた。このような方法は、鉄穴株制下にある鉄穴稼ぎを維持継続するために行われてきた村共同体的な融資制度というべきであり、鉄穴所持の「惣村中」化が拡大するなかで、しだいに採用されていったと思われる。安永九年（一七八〇）五月の段階で鉄穴の村中所持は、小奴可村のしろい谷・大鉄穴・くるひな山・六の原三口・天王鉄穴など七口、三坂村の道後山本口二・同落池四など六口、小串村のしのケ段・板持山・砂田・後鉄穴・虫原峠鉄穴などの五口であり、嘉永年代（一八四八～五三）にも小奴可・三坂・小串三か村の鉄穴一八口に油木村大岩谷鉄穴一口が加えられて一九口となり、村中持鉄穴の維持拡大がはかられているのであった。

小奴可・三坂両村を中心に鉄穴所持形態をみてきたが、幕末期の特徴として指摘したいのは、鉄穴所持が村内にとどまらず、近村の鉄穴を所持する層がでてきたことである。これには鉄穴所持及び鉄穴稼行の支配を通して原料小鉄の確保をはかる鑪経営者ないし小鉄の集荷・販売に携わる小鉄扱業者の進出が認められる。他の村でも森村の雲明茂右衛門は、先代小右衛門の安永九年に雲明・両角両鉄穴株を所持していたが、嘉永年代になると塩原村の高の子、向黒地両鉄穴株を獲得するにいたったし、田黒村文右衛門は村内を所持していたが、嘉永年代になると塩原村の高の子・向黒地両鉄穴株を獲得するにいたったし、田黒村文右衛門は村内の畝堤・宮畝鉄穴及び末光鉄穴落口の三株のほか、加谷村の上鉄穴本口の権利を所得している。また、所尾村の宝の原八郎右衛門は、村内で大峠・山の神・大原・隠地・上掛井谷・穴にこ・中の迫鉄穴本口と、宝の原前・井の元前鉄穴落口の九鉄穴本・落口株を所持したほか、森脇村の桜の段・水池鉄穴本口株を得ている。鑪・鍛冶屋の経営者となる小串村野田栄三郎も村内の村中持五鉄穴を「栄三郎・村中持」に改めたのをはじめ、森村の下尾無鉄穴本口・川除家ノ根鉄穴落口・竹ノ上鉄穴落口の三本・落口、上千鳥村の大鉄穴・中鉄穴・門田鉄穴の各本口、粟田村の大谷鉄穴本口の一二鉄穴の株権利を所持するにいたったのである。

さらに、鑪経営者の竹森村名越家の場合は、村内のぜうし・井手谷両鉄穴の所持から嘉永年代には村内二鉄穴のほか、菅村のくり尾・大鉄穴本口、粟田村の井王ケ丸・鳥落池鉄穴本口、塩原村の向黒地鉄穴本口と八鉄穴本口の株権利を所持するにいたっている。なお、天保十二年（一八四一）六月竹森村の株鉄穴二口のほか一〇鉄穴本・落口の操業を行い、小鉄八二七駄五合を得たことを記録しているが、[9] このように株鉄穴（運上銀賦課）以外の鉄穴（無運上銀）の例は他の村にもあったと思われる。

最後に、幕末期における鉄穴流しの生産性や、出来小鉄の販路・販売価格、稼ぎ益の配分など、個々の事例をまとめると表Ⅲ－三六～四〇のようになる。各表ともそれぞれ鉄穴ごとの年間生産販売額（一くるび）とその代銀、一駄当たりの平均価格を年別にあらわしたもので、鉄穴本口と落口の生産力差が認められる。鉄穴本口では小鉄の年産量が一〇〇〇駄を越えるものに嘉永二年の上千鳥村中鉄穴、同四年の森村下尾無鉄穴などにみられたが、多くは五〇〇~六〇〇駄以下であった。強いて鉄穴の小鉄年産額でのランクは、上で六〇〇駄以上、中で四〇〇駄前後、下で二〇〇駄以下という生産規模が設定できよう。もちろん、流域による地域差や年代による増減などもあって安定して維持されたとはいえない。むしろ、時代的にみて近世初期の鉄穴生産力の低い段階からしだいに上昇し、幕末期になってこの段階に達したといえよう。落口も同様であるが、本口で流れた分の二次採取であるから、生産性ははるかに低い。表示の鉄穴落口には菅村の尻田落口や家の前落口、森村竹の上落口のように小鉄二〇〇駄以上を産出する場合もあったが、多くは一〇〇駄ないしそれ以下であった。また、産出小鉄はそれぞれ鑪場へ搬送されたが、この販売代銀の一駄当たりの平均価格は、年代・鉄穴・本口と落口、精洗度などにより格差がみられる。文政期における小鉄一駄当たりの販売価格が、本口小鉄の上四匁、中三匁、下二匁二分、落口小鉄の上二匁五、六分、中二匁、下一匁ぐらいであったのに対して、幕末期には本口小鉄の上八匁、中六匁、下四匁、落口小鉄の上六匁、中四匁、下二匁ぐらいとほぼ倍増している。さらに文久・慶応年代になると、菅村栗尾本口の小鉄一駄当たり一六匁、田殿村中山・高鉄穴・菅村大鉄本口の一三匁、落口でも高鉄穴の落口八匁と急騰している。

各年代の採取期間（秋彼岸から翌春彼岸まで）に生産された小鉄は、それぞれ一定数をまとめて鑪場に搬入し、販売代銀を受取るが、各鉄穴の出来小鉄はあらかじめ販路（販売先）をきめていた。表Ⅲ－四一～四四は森村・菅村などの各鉄穴の小鉄販売先をまとめたものである。鉄穴流し期間に採取される小鉄は、採取場所（鉄穴本・落口）ごとに九月から翌年五月ごろまで数回（月ごとが多い）にまとめて売立てが行われており、その都度販売代銀を精算し、最後に一くる日全《び》体を鉄穴ごとに決算する仕組であった。出来小鉄の売立ては、直接鑪所と取引して搬送するか、または小鉄の仲介集荷人に売込むかのいずれかであった。仲介集荷人にも特定の鑪場から委託をうけて買取

表Ⅲ－36　森村等鉄穴の年別小鉄生産額

村名	鉄穴名	嘉永4（1851）生産駄数	代銀	1駄当たり	嘉永5（1852）生産駄数	代銀	1駄当たり	嘉永6（1853）生産駄数	代銀	1駄当たり
		駄	匁	匁	駄	匁	匁	駄	匁	匁
森村	上尾無本口	310	1,330.0	4.30	612.5	2,409	3.93	272.5	1,685.	6.18
〃	下尾無本口	1,070	4,601.0	4.30	802.5	3,581	4.46	372.5	1,800	4.83
〃	〃１の落口	30	65.1	2.17	63.5	178	2.80	45.5	166.	3.65
〃	〃２の落口	110	238.7	2.17	204.0	451	2.21	48.5	167.	3.44
〃	高丸本口	100	360.0	3.60	337.5	2,016	5.97	121.0	747	6.17
〃	根本本口	380	1,383.0	3.64	246.0	1,020	4.15	395.5	2,156	5.45
〃	大成本口	（当年休み）			134.5	610	4.50	262.5	1,585	6.04
〃	竹の上落口	100	364.0	3.64	250.0	705	2.82	197.0	705	3.58
〃	川除前落口	60	108.0	1.80	23.0	62	2.70	40.0		
〃	尻小田落口	150	315.0	2.10	74.0	220	2.97	105.0	400	3.81
請原村	竹の下本口							773.3	6,039	8.24

森・横路家「森村鉄穴口々山前差引算用帳」による。

保田村・田殿村の年間小鉄生産販売額（仮称）

安政6（1859）			万延元（1860）			文久2（1862）			文久3（1863）			元治元（1864）		
駄	匁	匁	駄	匁	匁									
187.0	1,319.2	7.05	341.2	2,471.8	7.24									
204.2	1,030.0	3.52	281.5	1,499.3	5.33									
293.0	1,303.0	4.45	369.0	1,852.8	5.02									
487.0	2,926.0	6.01	411.0	2,572.2	6.26									
						駄	匁	匁						
						316.0	1,681.7	5.32						
									駄	匁	匁			
									600.0	5,400.0	9.00	駄	匁	匁
									278.5	1,180.8	4.24	66.0	825.0	12.00
									52.5					
												52.5	682.5	13.00
									63.0			32.5	260.0	8.00
									63.0			13.0	169.0	13.00
									25.0					

表Ⅲ－37　菅村鉄穴の年間小鉄生産・販売

年代	栗尾鉄穴 本口 生産駄数	栗尾鉄穴 本口 代銀	栗尾鉄穴 本口 1駄当たり	栗尾鉄穴 落口 生産駄数	栗尾鉄穴 落口 代銀	栗尾鉄穴 落口 1駄当たり	大鉄穴 本口 生産駄数	大鉄穴 本口 代銀	大鉄穴 本口 1駄当たり
	駄	匁	匁	駄	匁	匁	駄	匁	匁
安政元（1854）	425.5	2,213.4	5.44	51.2	159.6	3.12	481.0	2,647.7	5.50
2（1855）	415.5	2,295.1	5.52	20.5	81.2	3.96	493.0	2,849.1	5.78
3（1856）	444.8	4,159.1	9.35	51.5	258.7	5.02	161.0	1,255.8	7.80
4（1857）	461.0	3,855.9	8.36	47.0	265.0	5.64	285.5	2,047.1	7.17
5（1858）	558.5	4,074.3	7.30	8.0	28.0	3.50	288.0	1,730.8	6.01
6（1859）	547.0	3,542.8	6.48	37.5	179.9	4.80	86.0	473.0	5.50
万延元（1860）	578.5	4,112.5	7.11	45.5	247.2	5.43	341.5	1,923.4	5.63
文久元（1861）	341.5	2,443.1	7.15	57.0	278.4	4.88	180.0	996.5	5.54
2（1862）	344.0	3,376.6	9.89	28.5	242.3	8.50	—	—	
3（1863）	421.5	6,928.5	16.44	27.3	364.3	13.34	195.5	2,684.7	13.73

竹森・名越家「菅村栗尾・同落口・大鉄穴三口出来小鉄売立算用帳」による。

表Ⅲ－38　菅村・上千鳥村・森村・

村名・鉄穴名	弘化4（1847）	嘉永2（1849）	安政4（1857）			安政5（1858）		
	駄	駄	駄	匁	匁	駄	匁	匁
菅村 大谷鉄穴本口	420.0		493.5	3,856.0	7.81	279.5	2,134.1	7.64
〃 家の前落口			244.5	1,473.7	6.03	121.0	710.1	5.87
尻り田落口			182.8	1,092.1	5.97	235.0	982.0	4.18
上千鳥村 花屋鉄穴本口			314.0	2,202.0	7.01	353.5	2,647.0	7.49
車屋鉄穴		896.5						
〃 中鉄穴	447.0	1,178.0						
有常鉄穴		234.0						
菅村 大鉄穴	310.0	489.0						
才野谷鉄穴		92.0						
則常鉄穴		270.5	236.0	1,892.0	8.02			
峠鉄穴	40.0							
内の段谷鉄穴	287.0							
片月鉄穴	168.0							
白土鉄穴	184.0							
森村 奥谷鉄穴								
保田村 長谷鉄穴								
田殿村 飯山鉄穴								
〃 〃 落口								
〃 高鉄穴								
〃 〃 1の落口								
〃 中山鉄穴								
〃 〃 落口								

表Ⅲ－39　森村各鉄穴の売先別小鉄産額・代銀（嘉永５）

鉄穴名	鉄穴師	販　売　先	生産駄数	平均単価	代　銀
根木	周助	正田山鑪	駄 154.5	匁 5.2	匁 812.0
		上原山鑪	91.5	4.0	366.0
			246.0		1,178.0
高丸	新右衛門	田黒村実右衛門	116.5	6.0	699.0
		上原山鑪	221.0	5.8	1,316.6
			337.5		2,015.6
上尾無	清右衛門	田黒村実右衛門	101.0	5.4	545.4
		内京鑪	376.0	3.9	1,458.5
		上原山鑪	135.5	5.3	718.2
			612.5		2,722.1
下尾無	清右衛門	上原山鑪	429.5	5.5	2,417.8
		内京鑪	373.0	4.7	1,760.1
			802.5		4,177.9
尾無１之落	清右衛門受	吉谷山鑪	11.0	3.3	36.3
		内京鑪	63.5	2.5	177.8
			74.5		214.1
尾無２之落	清右衛門受	吉谷山鑪	22.0	3.3	72.6
		上原山鑪	182.0	3.3	600.6
			204.0		673.2
大成	角右衛門	正田山鑪	50.0	5.1	255.0
		内京鑪	84.5	4.3	354.9
			134.5		609.9
竹之上落	光右衛門	内京鑪	250.0	2.8	705.6
尻小田落	新右衛門	文平山鑪	74.0	3.0	222.0
川除落	市郎右衛門	内京鑪	23.0	2.7	62.1

表Ⅲ－40　嘉永元・２年竹森名越家扱い鉄穴の小鉄売先

販売先	嘉永元年（1848）		嘉永２年（1849）	
	鉄穴名	販売駄数	鉄穴名	販売駄数
用懸り	中鉄穴	駄 447.		
大杉山鑪	峠鉄穴	10.	車屋鉄穴	駄 507.
	白土鉄穴	120.	有常鉄穴	130.
			則常鉄穴	67.
花木山鑪	峠鉄穴	30.		
	内の谷段鉄穴	102.		
	大鉄穴	110.		
長者山鑪	内の谷段鉄穴	185.	峠鉄穴	196.
	片場鉄穴	86.		
大駄荷山鑪	〃	100.	車屋鉄穴	225.
	大谷鉄穴	240.	則常鉄穴	91.5
未渡久代谷鑪	大鉄穴	200.	大鉄穴	128.
始終上原山鑪			〃	357.
大谷山鑪			車屋鉄穴	44.5
黒地山鑪			中鉄穴	1098.
殿蔵利山鑪			才野谷鉄穴	92.
野田栄三郎	大谷鉄穴	180.		
千鳥藤蔵	白土鉄穴	10.		
菅浪右衛門	〃	50.	則常鉄穴	72.
			有常鉄穴	102.
菅定十			〃	40.
甚右衛門			車屋鉄穴	120.
			中鉄穴	80.
伊作			花屋鉄穴	109.5
吾作			大鉄穴	132.

竹森・名越家「小鉄受取帳」（嘉永元・２年）による。

表Ⅲ－41　菅村４鉄穴の小鉄販売先

	鉄穴名		叶喜山鑪	大谷山鑪	宇山鑪	大杉山鑪	保田福田山鑪	その他
安政4	大谷山鑪	本口	駄 308.75	駄 119.75				
	家の前落口		65.	179.5				
	尻田落口			109.8	駄 73.			
	花屋鉄穴	本口			314.			
	合計		373.75	409.05	387.			
安政5	大谷鉄穴	本口		75.5			駄 57.5	未渡 62.5 勘十郎 84.
	家の前落口		41.			43.	37.	未渡 170.
	尻り田落口					65.		
	花屋鉄穴	本口	46.		51.			未渡 206.5 勘十郎 50.
	合計		87.	75.5	51.	108.	94.5	403.
安政6	大谷鉄穴	本口		187.				
	家の前落口			146.2				代寿山 58.
	尻り田落口			53.	30.	95.		代寿山 115.
	花屋鉄穴	本口		451.				松屋 36.
	合計			837.2	30.	95.		209.
万延元	大谷鉄穴	本口		259.5				田殿芝山 81.7
	家の前落口			281.5				
	尻り田落口			350.				代寿山 59.
	花屋鉄穴	本口		296.	115.			
	合計			1,187.	175.	190.		140.7

竹森・名越家「菅村大谷・家の前落・尻り田落・花屋鉄穴売立算用帳」による。

り集荷するものと、仲買いを業とし有利に鑪場へ売捌くものとが存在していた。販売先の鑪場は、各鉄穴が特定の鑪一か所へ集中することなく、小鉄売値段に応じて有利な方を選択する余地が残されていたとみえ、複数の鑪場へ売捌く傾向がうかがえる。たとえば、表Ⅲ－四二のように菅村栗尾・大鉄穴の安政元～文久三年と長期販売をまとめたもので、一鉄穴は年に二、三鑪を販売先とし、長年にわたれば一〇の鑪場に分散して販路を確保していたことが判明

表Ⅲ－42　菅村栗尾・大鉄穴の産出小鉄の販売先

単位：駄

	鉄穴名	叶喜山	大杉山	大谷山	代寿山	宇　山	保田福田山	上原山	木　山	沖　内	未渡久代	そ の 他
安政元	栗尾本口							420.2	40.0	80.0	38.0	
	同　落　口							37.0				
	大鉄穴本口							364.0		45.0		
同2	栗尾本口			120.0		87.5		295.5				
	同　落　口					7.5		20.5				
	大鉄穴本口			14.0		130.0		363.0				
同3	栗尾本口	268.5	103.6			103.0						
	同　落　口	38.5		13.0								
	大鉄穴本口	161.0										
同4	栗尾本口	308.7		119.7								文三郎 32.5
	同　落　口	20.0		27.0								
	大鉄穴本口			224.5								
同5	栗尾本口				103.0		352.5					勘十 103.0
	同　落　口						8.0					
	大鉄穴本口				79.0		132.0					勘十 77.0
同6	栗尾本口	395.0		70.0		82.0						
	同　落　口	23.5		14.0								
	大鉄穴本口	86.0										
万延元	栗尾本口	78.0	167.0	332.5								
	同　落　口		29.0	16.5								
	大鉄穴本口	291.5		50.0								
文久元	栗尾本口	87.5		101.0		153.0						
	同　落　口	18.0				17.0						
	大鉄穴本口			180.0		39.0						
同2	栗尾本口	89.5	307.5	40.0								
	同　落　口		28.5									
	大鉄穴本口		10.0									
同3	栗尾本口			421.5								
	同　落　口		10.0	17.0								
	大鉄穴本口		42.5									

竹森・名越家「菅村栗尾・同所落・大鉄穴三口出来小鉄売上算用帳」による。

する。しかも表Ⅲ－三九～四一のように森・竹森・菅三村の各鉄穴産小鉄は、その販売先を菅村大杉山鑪・竹森村叶喜山鑪・正田山鑪・田殿村芝山鑪・始終村上原山鑪・保田村福田山鑪・宇山村浅取山鑪・請原村大谷山鑪・未渡村久代谷鑪・森脇村長者山鑪・塩原村黒地山鑪・上千鳥村殿蔵利山鑪・小鳥原村内京鑪・代寿山鑪・木山鑪・吉谷山鑪・文平山鑪・大駄荷山鑪など町村域をこえた郡内村々の鑪所を販路の対象としていた。このように幕末期の各鉄穴は、

表Ⅲ－43　各鉄穴の出前・鉄穴師の配分比率一覧

鉄穴名	嘉永3	〃 4	〃 5	〃 6	〃 7	安政2	〃 3	〃 4	〃 5	〃 6	万延元	文久元	〃 2	〃 3
上尾無	65 35	7 3	7 3											
下尾無	47 53	47 53	52 48											
尾無1ノ落		7 3	7 3											
尾無2ノ落		5 5	57 43											
根木		6 4	6 4											
長うね新口		85 15	7 3	65 35										
大成		85 15	85 15	85 15										
尻小田落		7 3	7 3											
川除前落		6 4	6 4											
竹ノ上落		57 43	57 43											
高丸		7 3	63 37											
大鉄穴					51 49	52 48	65 35	62 38	62 38	62 38	62 38	62 38		
栗尾				54 46	53 47	53 47	47 53	5 5	52 48	52 48	52 48	52 48	5 5	5 5
大谷							47 53	48 52	52 48	6 4	52 48			
家の前落								53 47	53 47	53 47	53 47			
花屋								53 47	55 45	55 45	52 48			
尻田落								5 5	5 5	5 5	5 5			
奥谷													7 3	
飯山													75 25	7 3
竹の下				80 20										

表Ⅲ－44　万延元年菅村４鉄穴の小鉄売捌き代銀配分表

鉄穴名	小鉄額	販売先	代銀	鉄穴師		山方前			
				配分率	銀額	配分率	銀額	岡田（1/3）	松尾（2/3）
大谷鉄穴	駄 81.7	田殿柴山鑪	612.75	52%	429.65	48%	396.6	124.19	248.38
	259.5	大谷山鑪	1,858.61	52%	517.40	48%	447.6	122.06	244.13
	341.2		2,571.36		947.05		844.2	246.25	492.51
家の前落口	220.5	大谷山鑪	1,064.06	53%	560.02	47%	496.14	131.37	262.74
尻田落口	59.0	代寿山鑪	389.40	50%	192.91	50%	192.91	40.68	81.36
	232.0	大谷山鑪	869.40	50%	335.05	50%	335.05	66.37	132.74
	291.0		1,258.80		527.96		527.96	107.05	214.10
花屋鉄穴	296.0	大谷山鑪	1,836.20	52%	848.67	48%	883.31	187.36	374.63
	115.0	宇山鑪	736.00	52%	388.44	48%	358.56	108.59	207.17
	411.0		2,572.20		1,237.11		1,242.87	295.95	581.80
４口鑪別合計	81.7	田殿柴山鑪	612.75		429.65		396.60	124.19	248.38
	1,008.0	大谷山鑪	5,628.27		2,261.14		2,162.10	507.16	1,014.24
	59.0	代寿山鑪	389.40		192.91		192.91	40.68	81.36
	115.0	宇山鑪	736.00		388.44		358.56	108.59	207.17
	1,263.7		7,366.42		3,272.14		3,110.17	780.62	1,551.15

竹森・名越家「菅村鉄穴四口出来小鉄売捌算用帳」（万延元年）による。

特定の鑪と契約を結んで販路を確保する方向をとらないで、比較的に小鉄販売値段の高い鑪を選んで、その都度販売先を決定するのが一般的に行われていたといえよう。

さて、各鉄穴の小鉄販売代銀の配分方法であるが、文政期の「国郡志郡辻書出帳」で述べているように[10]、山前と鉄穴師前が各五〇%の同率配分を基準とした上で、実際には上鉄穴の配分率をだいたい六〇%対四〇%、新口では三〇%対七〇%または二〇%対八〇%の割合にするなど、両者がそれぞれ相対で決定していたのであるが、幕末期においても同様の方式がとられており、森・菅両村の鉄穴の場合、表Ⅲ－四三のようにまとめられる。それぞれの鉄穴ごとに基準があったと思われるが、同一鉄穴をたどった場合、年（くる日）によって配分の割合を異にしており、毎年の鉄穴流しにあたって山前・鉄穴師両者の間で協議決定を行っていたことが判る。とくに表Ⅲ－四四は菅村四鉄穴における万延元年（一八六〇）の出来小鉄・販売先鑪所、代銀と配分率・銀額をまとめたものであるが、この鉄穴本口及び落口の事例がほぼ一般的なあり方を示している。

註

（1）東京田辺家「国郡志御用ニ付郡辻書出帳・奴可郡」（『東城町史』古代・中世・近世資料編所収）。

（2）庄原市東城町川東得能家「鉄穴流シ方差縺一件訴答書類写」（『東城町史』備後鉄山資料編所収）。

（3）庄原市東城町森横路家「郡中鉄穴数覚扣（延宝七・八年）」（『東城町史』備後鉄山資料編所収）。

（4）（5）庄原市東城町竹森名越家「奴可郡村々鉄穴帳（安永九年）」（『東城町史』備後鉄山資料編所収）。

（6）（7）「嘉永年改鉄穴持主水筋運上口数」（庄原市東城町川東小田家「郡務拾聚録」地巻）（『東城町史』備後鉄山資料編所収）。

（8）庄原市東城町小奴可山名家「安政六年極月金子借用証文之事」（『東城町史』自然環境・原始古代中世・近世通史編所収）。

（9）庄原市東城町竹森名越家「奴可郡竹森村鉄穴数并小鉄取高申上書附（天保十二年）」（『東城町史』備後鉄山資料編所

収）。

（10）東京田辺家「国郡志御用ニ付郡辻書出帳・奴可郡」（『東城町史』古代・中世・近世資料編所収）。

第四章　芸備国産と交通の開発

一　広島牡蠣と大坂市場

はじめに

広島湾の養蠣業は、国産牡蠣を大坂へ積登せ販売することによって仲間的営業を盛行にみちびいていたが、その概要を「山海名産図絵」[1]には、つぎのように記している。

> 畿内に食する物皆芸州広島の産なり、尤名品とす、播州・紀州・泉州等に出すものは大にして自然生なり、味佳ならず、又武州・参州・尾州にも出せり、広島に畜養と大坂に售る物皆三年物なり、故其味過不及の論なし、畜ふ所は草津・仁保浦・たんな《（丹那）》・ゑは《（江波）》・ひうな《（日宇那）》・おふこ《（大河）》等の五、六ケ所なり、積みて大坂浜々に繋ぐ、数艘の中に草津・仁保浦より出る者十か七八にして、其畜養する事至て多し、大坂に泊ること例歳十月より正月の末に至て帰帆す

寛政年代、上方筋で珍重される牡蠣の供給関係を素描したものであり、広島産牡蠣の畿内における評判と、その地位を知ることができて興味深いものがある。

さて、近世における広島湾養蠣業に関する研究には、新見吉治[2]・羽原又吉[3]らの古典的業績があるものの、その後

注目すべき論攷は見当らない。その原因は、羽原論文によって広島湾養蠣の起源と技術的発展、商品生産と市場、株仲間とその内容、株仲間の内部的・対外的諸矛盾の激化など、養蠣業の全体的把握と歴史的位置づけが試みられ、その成果の基本的部分は今でも十分通用していること、および広島湾養蠣業関係史料がほぼ出尽くされており、むしろ今日においては、従来の史料を通覧することが困難になっている事情が介在しているからであろう。

しかし、一九五〇年代以降の近世史研究は、個別幕藩政史をはじめ、幕藩体制下の商品生産と流通構造、あるいは産業史、地域史の研究成果が蓄積され、それらをふまえた芸州国産牡蠣の生産組織と流通の性格を位置づけておくことが要請されているといえよう。

そこで、本稿では一八世紀のはじめに成立をみた広島牡蠣仲間の成立事情と大坂市場における独占的販売がいかなる藩政策のもとで形成されたかを考察し、さらにその後顕著にあらわれる広島藩の国益政策の展開が、広島湾浦々の牡蠣生産の拡大をもたらし、広島牡蠣仲間と仲間外の生産者が既存の販売市場および新市場の開拓をめぐって対抗関係を深め、広島牡蠣仲間の基盤をいかに弱体化させていったかを明らかにしておきたい。

1　広島牡蠣仲間の成立

広島湾養蠣業の成立に関する記録は、そのほとんどが後代の口碑伝承にもとづいているが、明治十九年（一八八六）の「慣行届」[4]によって牡蠣篊場（養蠣場）の開始年代をみると表Ⅳ－一のとおりである。広島湾の浦々で牡蠣生産が盛大化した要因として、広島湾が牡蠣の成育条件に適し、さらにそれに伴う養蠣法の技術的改良が行われたことが指摘されている。[5]その結果、ほぼ元禄・享保期に安芸郡仁保島・海田市・矢野・佐伯郡草津の各村で、篊立法による区画養蠣場が設営され、本格的な牡蠣養殖業が成立している。そして、明和・天明期から幕末期にかけて従来の蠣篊場の再編拡張や、広島湾浦々にひろく蠣篊場の新設が行われ、嘉永三年（一八五〇）八月には「只今ニては潟表莫大ニ広く相成、享保年中之頃ゟハ凡十倍余も潟相弘り申候間、蠣作り度と申者共江、少々ツヽ先料貸付作被為成申候ヘハ何程ニても作り出可申候(6)」と、潟小作を含む牡蠣生産規模の拡大に支えられた広島湾養蠣業のめざましい発展が認められるのである。

さらに養蠣業を発展させたもう一つの要因は、牡蠣の販路および販売組織であった。すなわち、牡蠣の生産・販売にあたる牡蠣屋が、浦ごとに牡蠣株仲間を結成して、大坂方面へ牡蠣船を登せ、大坂市場の確保に専念していたことは、特産広島牡蠣の発展にとって決定的な役割を果したといえる。

広島牡蠣株仲間には、古株組と新株組の二組が形成されていた。古株組は佐伯郡草津村の牡蠣屋が組織したもので、享保二十年（一七三五）五月の「年寄庄屋より蠣仲間宛書付(7)」によると、つぎのように述べている。

一当村蠣大坂表積登リ商売仕候儀、三次御分知之砌、右蠣積登リ人数歳々増々相成御指留被為成蠣主共難儀、并村方浮

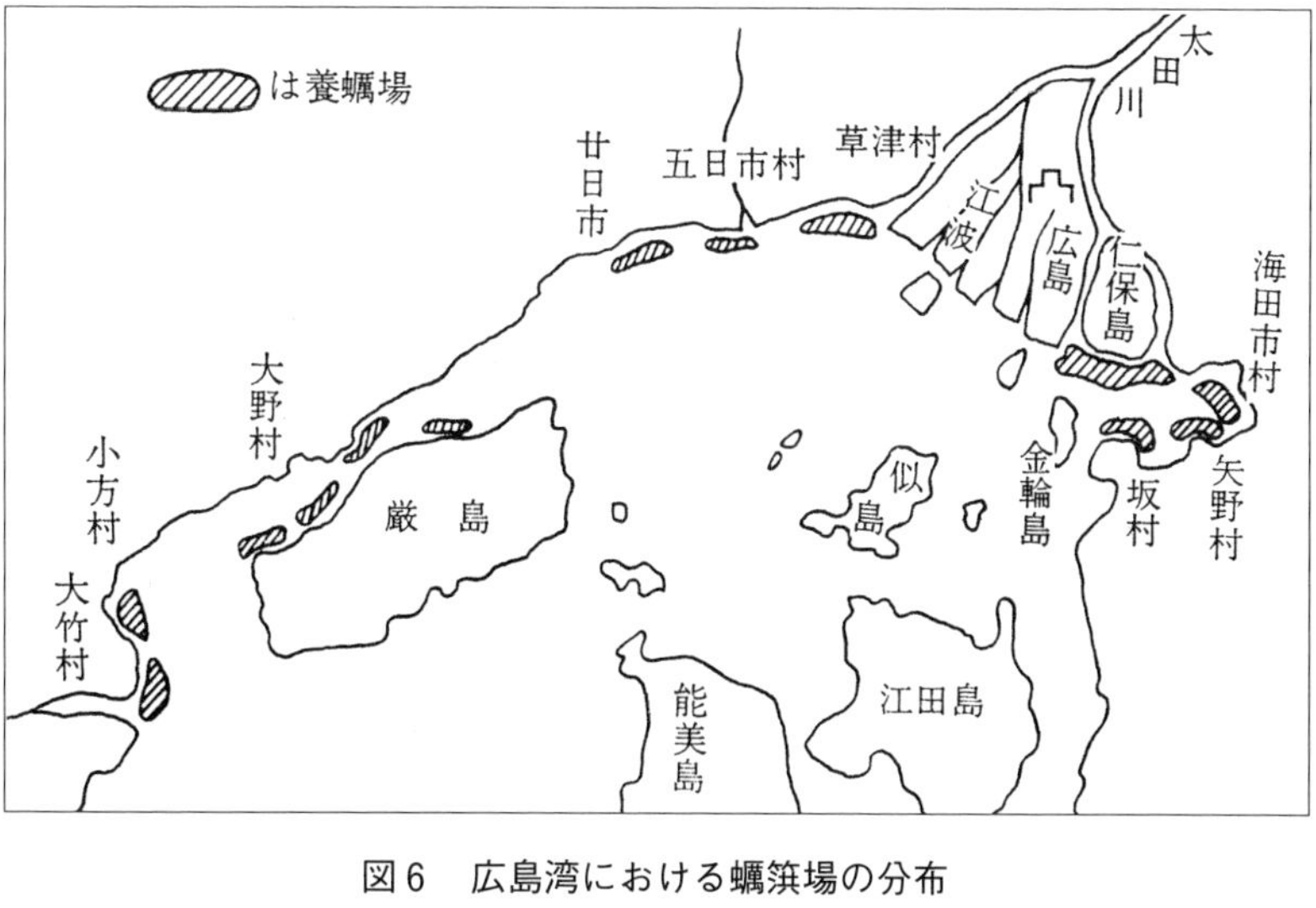

図６　広島湾における蠣篊場の分布

表Ⅳ－1　広島湾蠣篊場の創始年代

蠣篊場名	年　代	内　　　容
安芸郡仁保島村渕崎	寛永年中	吉和屋平次郎篊立養蠣をはじめる。
〃　　海田市村	萬治２年	村役人、養蠣場を１戸当り２間口に配当設置する。
佐伯郡草津村	延宝年間	小西屋五郎八、海面区画による篊立養殖をはじめる。
安芸郡矢野村	享保年間	村人数名による篊立採蠣がはじまり、天明年間には区画を定め26人が所持、天保年代には篊場を縦２町、横９町と定め、所有者45名になる。
〃　　仁保島村	延享２年	庄屋半三郎経営の養殖場を17名へ分割（質流れによる）、文政８年11月郡代官の吟味により、蠣師惣代３名を選出し、蠣篊場の区画を定める。
〃　　〃　　丹那浦	明和４年	中屋伊平蠣篊を創始し、区画を定め119名が所持。
〃　　〃　日宇那浦	天明３年	丈平祖先の創業、天明７年山本屋清二郎蠣篊建に工夫あり、盛大となる。
〃　　坂村	天明４年	伊豫屋利助ら篊を立てて養蠣をはじめ、盛大に向う。
佐伯郡厳島町	嘉永元年	厳島浜役所において篊立養蠣を試み、安政元年分割払い下げる。
〃　　廿日市村	文久元年	山代政次ら篊場をおこし営業をはじめる。

小川家「養蠣に関する古記録」より摘記。

過之者共拵方差問候[8]
一此蠣商売之儀ハ、村方大益前段御指留ニ逢候ハヽ、一統之愁、蠣主共より種々願出候得共、御聞届無之歎ケ敷次第、然ル処松屋仁右衛門三次御船手其外諸役所御用聞、殊ニ仁右衛門兄西道朴老御医師御勤、彼是之便利御聞届被為在、往古之通商売相続申候

その要旨は、佐伯郡草津村の牡蠣船が大坂にのぼり、牡蠣商売を手掛けていたが、三次藩領時代、牡蠣商売に携わる人数が年々増加したので、大坂商売の禁止が云い渡された。しかし、牡蠣主をはじめ浮過にいたるまで村を構成する人々が生活基盤を失うことから復活運動を活発に行い、ついに大坂牡蠣商売の許可を獲得することができたというのである。これだけでは広島牡蠣株仲間の結成年代や、その内容に直接ふれていないが、一時的な大坂牡蠣商売の禁止や、復活運動を推進した松屋仁右衛門・西道朴らの名前によって、ほぼ元禄十年代のことと推定される[9]。

三次藩の元禄十年代といえば、藩が地方支配強化のために郷代官制を設け、正面から貢租増徴策を打ち出す藩政改革を実施した激動の時期であった。すなわち、元禄九年の凶作もあって三次藩の藩財政は極度に困窮し、藩債の整理に追われた。そこで、同十二年（一六九九）四月、藩はこれまで三河国旗本領（鈴木市兵衛）・大和国郡山藩などで財政再建のための改革に手腕をふるった経験をもつ松波勘十郎を登用し、藩財政困窮の主因をなす「大坂大借銀」の返済を目標とする広汎な改革に着手した。まず、全家中には、地方知行・扶持米などすべての禄米を藩札で支給することとし、全藩士を年貢米から完全に切りはなした俸給生活者に仕立て、藩が全年貢米を管理した。また、領民にたいしては、諸掛り米・諸運上銀およびこれまでの未進米銀を免除するかわりに、免の引き上げを断行し、年貢米の津出し・所払いの区別をも廃止して、年貢米を残らず三次蔵へ収納させることにした。さらに鉄座・

紙座などを新設して、領内特産物の強制買上げを中心とする藩専売制を実施した。かくして、領内年貢米、専売制下の諸特産物の総量を大坂中央市場へ廻送し、これを売払って借財整理に充当するとともに、藩財政の根本的な建て直しをはかったものであり、思い切った財政改革の採用であった[10]。

しかし、藩政改革が十分な展開をみないうち、同十五年には松波勘十郎が罷免となり、たちまちにして改革は打ち切られた。ただ、享保三年（一七一八）におこった三次藩農民一揆の要求書のなかで、松波支配より以前の状態にかえすことを求めているから、実質的な藩政策の面で松波体制は存続していたといえよう。ところで、以上のような藩政改革の過程において、佐伯郡草津村の牡蠣生産・大坂販売にたいしても藩の統制が及んだことは当然で、さきの「蠣積登リ人数歳々増々相成御指留被為成」というのも、村方の農業労働力の確保政策によるものであり、さらに、草津村牡蠣屋らの大坂借銀がかさみ、大坂蔵屋敷へ銀主からの訴えもあって、藩はその対応にも迫られていたという事情もあった。そこで、元禄十三年（一七〇〇）七月、三次藩は草津村牡蠣屋の「蠣売に大坂へ登る事は以前より有之と云へとも、格別の利潤を得ると云ふ程の事もなければ、登る年もあり、登らぬ年もあり、船数も定らず、何もはか〳〵しき事なかりし[11]」という状態から、一転して草津牡蠣船の大坂登せを一八艘に固定させる牡蠣株仲間制を設け、広島産牡蠣による大坂商事の恒常化をはかった。その際、藩は「蠣筏御運上銀」を、毎年牡蠣株仲間から郡役所を通して上納させることを条件に許可を与えたのである。また、株仲間の取締りに関しては、つぎのような定法を草津村あてに出している[12]。

覚

一蠣商売仕候儀、従先年相勤候仲間拾六組、此度二組相添都合拾八組相定可勤候、二組之儀ハ夘年六組相勤候者共ニ相勤申候久左衛門を加へ、七組ニして其内より弐組宛相勤可申事

一蠣船壱組ニ三人宛乗可申事
一鰯網手伝申者ハ若年之者ニても登せ申間敷事
一十八組蠣買申儀談合抜買不仕、一同ニ申合三人の働ニ応シ夫程宛買可申事
一他国之者と致一身、大坂への蠣商売仕間敷候、若左様之者有之候ハヽ、仲間の内ゟ心を付見聞次第ニ可申出事
一蠣買申銀高極り之儀、相替無之様ニ相心得、役人共へ買書付相渡し可申、若相違之儀も有之候ハヽ、仲間之内ゟ其段可申出事
一抜荷堅停止之事、惣而蠣商売ニ不限商売共抜船致登候儀堅ク仕間敷事
一蠣出船登候儀、鰯網之構ニ成不申而其年之節ニ応し見合せ候而一日ニ出船可仕候事
一於大坂諸事非作法致事出来不申様ニ相警之儀専一之事

これによると、前年に大坂登せをした牡蠣船は一六組であったが、さらにそれ以前に登ったことのある七組のなかから二組を年々加えて、都合一八組を広島牡蠣株に設定するとし、一株は牡蠣船一艘三人乗に定め、これを一組とした。そして、牡蠣仕入高・抜荷禁止・国元出船等についても規則を設けている。さらに牡蠣株の内容について、つぎのように追加定法を出している[13]。

一蠣株定法之儀は、当村干潟蠣作り方、銘々場所取を致し作り立、其餘は持分に不足之蠣、安芸郡仁保島にて買入商売仕候
一蠣買入持分吟味合、其株に応し候様可仕事
一蠣株拾八株を定法として、沖合干潟一株分百間之割合を以蠣ひゞ建場・身入場・登せ荷場等歳に応じ、翌年三百目宛

村方に差出、尤も是迄増減も有之候得共、右三百目御定め申候

このように広島牡蠣仲間は、一八株をもって大坂表における販売特権を保持するとともに、広島湾浦々でも草津村沖合を篊建場・活場に利用する権利をもつほか、広島藩の安芸郡仁保島村等から必要に応じて出来牡蠣の買入権を確保していたことがわかる。

その後、享保五年（一七二〇）六月三次藩の藩主が若年で病没し、その遺領は広島藩に還付された。このため、同年以降広島牡蠣仲間（古株組）は、広島湾唯一の牡蠣株としての地位を確保していたが、寛保三年（一七四三）十二月、安芸郡仁保島村の牡蠣屋を中心に新株組一四組の結成が認められ、さらに延享三年（一七四六）二月、古株組も一八株から二一株と三組の増加をみている。

つぎに新株組一四組の成立事情をみておこう。もともと、安芸郡仁保島村の養蠣業は、佐伯郡草津村よりもむしろ早いとされている(14)。大坂表での牡蠣販売についても、古株組の牡蠣屋が「宝永年中安芸郡仁保島蠣屋共も同様於彼地蠣商事仕」とか、「仁保島村より三十年余（正徳三年）以来、追々草津之通蠣商売船仕出しニ成、別而迷惑仕候」と、その間の消息を伝えている(15)。つまり、仁保島村の牡蠣屋は、宝永・正徳の頃、草津村とは独自に牡蠣船を大坂市場へ廻送し、牡蠣商事を営むようになっている。そして、享保初年には他国売牡蠣一万二四〇〇荷、代銀一八貫四〇〇目と記されている(16)。広島藩ではそうした仁保島牡蠣屋の大坂商事をいまだ統制することもなく、三次藩で行った株仲間による大坂市場の獲得と「草津蠣」の名声を利用していたようである。

しかし、「仁保島蠣船、始は三人乗七艘づつ御座候、仁保島之儀ハ、御上より御定メ被遣候株と申儀も無御座候ニ付、銘々力有者ハ近年追々相増、拾四艘程ニ被成登り申候而、其上壱艘ニ四人程づヽ乗、当浦船之通り仕候得ハ、凡拾八艘余相見へ申候(17)」とあるように、寛保時代になると仁保島村の牡蠣商事は、草津村（古株組）の牡蠣商

事を実質的に凌駕するほどの発展を示し、「只今迄通りでは、草津浦之功を以、仁保島手広く仕候様押移り」と、その存在を脅すまでになったので、広島牡蠣仲間は結束して仁保島村の「蠣船増加差留メ」を歎願するにいたった。そして、広島藩は草津・仁保島両浦の主張を検討した結果、寛保三年十二月にいたり、仁保島村においても一艘三人乗の牡蠣船株仲間一四組を編成させ、これを新株組ととなえた。以後、広島牡蠣株仲間は、新古株三五組をもって大坂牡蠣商事の独占的営業体制を維持したのである。

註

(1) 蔀関月筆『山海名産図絵』全四巻（寛政十一年刊）。
(2) 新見吉治「草津村蠣仲間」(一)～(五)（『尚古』四～八、明治四十年～同四十二年）。
(3) 羽原又吉「旧幕時代に於ける芸湾養蠣業の発展過程」(一)～(三)（『社会経済史学』六－八・九・一一号、昭和十一～十二年）。
(4) 広島県水産試験場草津支場「養蠣に関する古記録」（広島市西区草津小川家文書＝以下小川家文書と記す）。
(5) 小川家文書、明治三十一年「養蠣由来書」。
(6) 小川家文書、嘉永三年八月「奉願上口上之覚」。
(7)(13) 小川家文書、享保二十年五月「佐伯郡草津村蠣株由来」。
(8) 本史料の「三次御分知之砌」は、三次藩が成立した寛永九年（一六三二）の出来事とするのは誤りで、三次藩時代と理解するのが妥当であろう。
(9) 新見吉治氏は「蠣仲間ノ創立ハ元禄ノ初年デアッタデアラウ」とされ、羽原又吉氏は「蠣仲間の成立は大体に於て、元禄元年以降十一年までの間であったと見て大過なかろう」とされている。両者とも大坂登せの牡蠣船の組数についての見解である。
(10) 林基「松波勘十郎捜索」(一)～(七)（『茨城県史研究』二九～三五）。
(11) 小川家文書「西・河面両家事跡書」。

(12) 元禄十三年七月「蠣仲間取締方之事」（小川家文書「養蠣由来書」所収）。
(14) 川上雅之「広島かき養殖法発達の順序」（同著『太田川デルタの漁業史』第一輯所収）。
(15)(17) 小川家文書、寛保三年閏四月「奉歎願口上之覚」。
(16)「郡村物産他国売寄」（『学己集』巻二）。

2　大坂表の販売形態

つぎに広島牡蠣の大坂輸送・商事資金および大坂市場における牡蠣販売の仕組などを考察したい。まず、国産広島牡蠣の広島湾浦々における生産基盤と大坂市場にたいする依存度であるが、もっとも牡蠣生産に積極的であった佐伯郡草津村では、化政期の状況を「当村内ニおゐて七八歩方茂渡世相凌、当時大職之売事柄ニ御座候」といい、また、出来牡蠣の販路と村人の依存の度合について、「国元ニおゐて蠣作り立候儀者至而仰山成ル儀ニ而御座候、其中ニて至極出来宜敷処、凡三ケ一御当地（大坂）へ積登せ、残り三ケ二を以諸国へ積出シ、或ハ住国之城下并近郷交易いたし、且者落こぼれ候蠣をひろひ日々持扱候童男女数多之渡世莫大之益ニ相当り、是ニよりて住村一浦之益ニ不限、近在七八ケ村之浦助ニ相成候商売柄之儀ニ候」と述べている。(1) さらに大坂牡蠣商事に限っていえば、つぎのとおりである。(2)

此蠣三年ニ相成候得ハ、十月初メ頃ゟ大坂表へ積登シ川々船繋仕、翌年正月末迄同所ニ於て売事いたし来申候、此売事ニ付、大坂へ登り逗留いたし候者百余人、村方ニて蠣を生場より掘出し、俵ニ入船積仕拵致候者凡百五拾人、前年九月末より翌年正月迄四ケ月之間、蠣売買計にて渡世相凌申候、尤年々直段高下ハ有之候得共、凡壱ケ年分大坂売上ケ銀高

　百二、三拾貫目位之儀ニ御座候

　このように草津村では、毎年一〇〇人以上が四か月間にわたって大坂に逗留して、牡蠣の販売に従事しており、年間売上銀は一二〇〜一三〇貫に達していたのである。広島湾では新株十四組をもつ仁保島村の場合も、草津村の場合とほぼ同様であったと思われるが、こうした大坂市場を中心にすえた広島牡蠣の生産・流通組織の形成はほぼ元禄・宝永期とみてよい。

　その間の事情はすでに前項でふれたが、三次藩の積極的な政策展開のもとで恒常的に大坂市場への進出をはかったことがあげられる。このことは、広島牡蠣の最良市場を永続的に確保したことになり、広島牡蠣の生産量の増大にとって大きな役割を果すことになった。元禄十四年十月、藩が牡蠣仲間にたいして指示した大坂商事に関する取締りは、つぎのとおりである。[3]

一大坂へ登せ申候蠣、壱組ニ売申候程積候而登せ可申候、其段支配人文次郎遂見分斤目廻しニいたし、依怙贔屓無之順道ニ致可申事

一蠣船出候ハヽ、上下共日和得斗見合せ、一同ニ出船可仕候、抜船仕間敷候、若遭難風船を損し船具等流し及難儀候船有之候ハヽ、類船之者互ニ助精可仕事

一大坂着船候ハヽ、御屋敷へ切手差上可申候、彼地滞留中御公儀御法度之旨、時々之御触等堅ク相守可申候、問屋之下知相背き申間敷候、滞留中御屋敷広島ゟ御用之儀被仰付候ハヽ、随分念を入相勤可申事

一先様ハ何人ニよらず無礼慮外仕間敷事

一博奕之儀兼々被仰付通り少々勝負掛ニ而も一切仕間敷事

一唐物抜荷ハ不及申、諸色有掛もの譬直段下直ニ有之候共、一切買取申間敷事
一火之用心之儀無油断相守可申候、若不慮出来候時者、仲間者共早速かけつけ可申事
一蠣仲間之者共諸事むつましく申合、順道ニ商売可仕候
附、京都へ遣し候蠣、前之通り壱組ニ篭一盃宛より外遣し申間敷事
一於大坂仲間之者大分借銀有之候由、随分商売精を出し五拾目百目宛元銀へ内払可申候、油断仕間敷事
一於大坂喧嘩口論仕間敷候、若理不尽有之喧嘩仕掛られ候共随分遂勘忍、其場を申抜事ニ相成様可仕候
一大坂出船候ハヽ、いつ頃出船仕候内前廉御屋敷へ申上、御切手申受、若御用事被仰付候ハヽ、滞留仕而成共承り出船可仕事

広島牡蠣船が、国元を出発してから大坂における牡蠣商事を終えて帰国するまでの、なかんずく大坂滞在期間における全般的な商事上の取締りであるが、そのなかで、牡蠣仲間の連帯制と藩の大坂蔵屋敷との緊密な連絡が強調されていること、また、「問屋之下知相背き申間敷」と、牡蠣仲間の商事資金が大坂商人「問屋」から融通されていることを前提に、その問屋支配下にあって商事を存続することを認めているのである。とくに「於大坂仲間之者大分借銀有之候由」とあり、その返済に「五拾目百目宛元銀へ内払可申」と細かく指示していることは、藩自体がこれら商事資金に介在していたことを意味する。

すなわち、従来の大坂における牡蠣商事資金は、それぞれの牡蠣屋が大坂滞在中に世話になる船宿主らから借りるか、または問屋商人を銀主として借銀するかしていたのであるが、三次藩は、元禄十二年五月以降の藩政改革の実施とともに、家中・領民の大坂借銀については、個々の相対による貸借を禁止し、藩蔵屋敷のあっ旋を必要とすることにした。そして、従来の借金も、藩が立替またはその手を経て返済するよう改めたのである。この取締り令

は藩政改革中のものだけに、藩の意図が直接反映していると思われる。ともかく、このことによって、広島牡蠣株仲間の大坂表の牡蠣商事が、すでに大坂商業資本の支配下にくみ込まれ、同時にそれが彼等の大坂商事を保障するものであったといえる。

さらに、そのような大坂商事を強固な仕組に仕上げ得たのは、宝永四年（一七〇七）十二月末、大坂大火の際、高麗橋筋の制札が焼失しそうなのを見た同所橋下の牡蠣船が、いち早く制札を船上へ移し避難した功が賞されて、大坂町奉行から「御当地にて蠣商売御町々御川口橋下にて手広商売相成候様にと奉申上候」という、広島牡蠣仲間の「願筋」が聞届けられた結果であるとされている。[4] したがって、それ以来「川々御堀浚并御奉行御通船等之節、外売船ハ悉ク御取除けニ相成候得共、当浦蠣船之儀ハ一円構無御座候」と、牡蠣商事に必要な販売場所の権利を獲得し、これを固定化し、場所の売買も仲間の特権として、行使するようになった。その営業場所について、元禄期のものは見当らないが、東西両横堀・土佐堀・道頓堀などの堀川の橋詰に牡蠣船を浮べて販売しており、それに寛

表Ⅳ－2
広島牡蠣仲間の大坂営業場所

川名	株名	場所
土佐堀川	古	常案橋西詰
		淀屋橋南詰
	新	梅壇木橋南詰
大川	古	浪花橋南詰
東横堀川	古	思案橋西詰
		農人橋西詰
		久宝寺橋西詰
		平野橋西詰
		同　橋東詰
		高麗橋西詰
		同　橋東詰
	新	備後町浜
		瓦屋橋西詰
		道修町浜
西横堀川	古	京町橋東詰
		筋違橋東詰
		信濃橋西詰
		新町橋西詰
	新	西国橋東詰
		御池橋西詰
堀川	古	樽屋橋西詰
	新	大平橋東詰
曽根崎川	古	桜橋北詰
	新	緑橋北詰
江戸堀川	古	大斎橋北詰
立売堀川	古	院喰屋橋南詰
長堀川	古	心斎橋北詰
	新	中橋北詰
		板屋橋南詰
道頓堀川	古	太右衛門橋北詰
		相生橋北詰
	新	日本橋南詰
堀江川	新	高台橋北詰
堂島川	新	大江橋北詰
京町堀川	新	難波橋南詰

保三年（一七四三）仁保島の新株が設定されると、それぞれ販売場所の割当てが必要となり、表Ⅳ－二にみられるごとく、[5]従来の古株場所にたいして新株場所を、その周辺に割当てて営業が行われている。

かくして、広島牡蠣株仲間は、大坂表における独占的な販売組織をつくりあげ、その特権の維持強化につとめるのであるが、それは同時に大坂商人の問屋資本の前貸支配の下に、ますます硬直化した商事運営に走らざるを得ず、他の浦々および他国牡蠣屋の販売攻勢にたいして、藩権力による阻止と株仲間のもつ仲間外排除の論理にすがって営業を維持する外はなかったといえよう。

註（1）（2）文政二年「国郡志御用ニ付下調控帳（草津村）」（『新修広島市史』第六巻　資料編　その一所収）。

（3）元禄十四年十月「蠣仲間取締法示達之事」（小川家文書「養蠣由来書」所収）。

（4）広島市西区草津小川家文書「草津村蠣商売由来」。

（5）「古組新組蠣屋商場所并ニ人名」（小川家文書「養蠣由来書」所収）。

3　国益政策と大坂牡蠣商事

広島藩は一八世紀の半ばから国益政策を展開し、国産による自給と新産業の開発、他国金銀の藩庫吸収などの諸施策を積極的に推進していくが、[1]広島牡蠣の生産・販売も、そうした政策に大きく規制を受けながら展開された。

すでにみてきたように、広島牡蠣株仲間の大坂商事は、その資金を大坂問屋筋から仕入銀の形で前借りをうけ、販売代銀をもって返済し、その残り部分を生計維持に費やすことで成り立っていたのであるが、寛保年代にいたると借銀がかさみ、仕入新借も困難になってきた。たとえば、寛保三年（一七四三）閏四月、広島牡蠣仲間は「年々借銀方算用合弥増となり、此度大坂銀主方より仕入留め、尤も年来之借銀等に至迄之儀申来り途方ニ暮れ迷惑仕候」、あるいは、「蠣株其外家財等不残取上売払候而も借銀之三ケ一ニも行足り不申候者も数々御座候[2]」とのべ、牡蠣株仲間のなかには大坂借銀の返済見込みがたたず、牡蠣株を手離すものもあらわれたのであった。そこで牡蠣株仲間では、たとえ借銀が個々のものであっても、牡蠣株が外部へ移動しないように「銀主先々年賦、又ハ新ニ銀主ヲ取り借銀ニ振り替え取計仕候迚も、役名ニ而取計仕候而者後年へ相拘り申候ニ付、矢張蠣仲間廿一人之惣割を以取引仕候積りニ奉存候[3]」と、仲間全体の共同責任において解決された。そのことは、「何分最初ゟ蠣船拾弐場所之名前之儀故、たとへ株主は相替り候共一ケ所ニ而も減じ候事相成不申候」と説明されるごとく、株所持者個人が問題なのではなく、牡蠣株を抵当物権とした債務をすみやかに処理し、それぞれ牡蠣株の営業権を存続させなければ、株仲間を解体させることにつながるからであった。

しかしながら、広島牡蠣仲間の各組が一貫して牡蠣株を保持することは困難で、天明四年（一七八四）から文化元年（一八〇四）までの二〇年間に、新古株三五組のうち八株の所持者が、大借銀のため「追々商売相止メ株ヲ離し候」となっている[4]。また、文化元年における古株二一組の大坂借銀の総計は銀二〇〇貫余で、各組ごとに銀主から「五貫三貫或者拾廿貫目程ツヽ」借りうけ、一組平均の借銀高は約一〇貫目、銀主の数は四〇人の多数にのぼっている。しかも、大借りの組にいたっては「如何様ニ相働候而も年々不勘定ニ而、取続相成かたく」という事態に追い込まれ、牡蠣仲間全体が経営危機に見舞われたのである。そこで、広島牡蠣仲間は、藩の大坂蔵屋敷にたいして、「国之大益」となる大坂牡蠣商事を取り失わないために、従来の組ごとの単独借入方法から、牡蠣仲間全体の仕入銀を一銀主にしぼり借り入れる方式に改めることで切り抜けたいと嘆願に及んでいる[5]。具体的には借銀総額二〇〇貫目の三五〜四〇％にあたる銀七、八〇貫目を三、四歩の低利で借入れ、一〇年または一五年の年賦償還にしたい。また、借銀の償還は、つぎのように目論んでいる[6]。

一銀七貫三百目余
但、蠣船壱艘ニ付蠣から代凡三百五十目、右廿一艘都合〆高之通
一銭六百三拾貫文、銀ニ〆凡六貫目
右廿壱艘毎日三百文ツヽ、日数百日之間上ケ銀候而〆高之通
〆拾三貫目余
右之銀子を以元利返済ニ引当、尚少々不足之儀者、淀并伏見之荷着手元ニおゐて、蠣荷物仕切預ケ之銀子ヲ引当テ、
年々厘毛之相違も無之様納所慥ニ仕候事

つまり、大坂牡蠣商事の危機を救済するには、とりあえず、銀七、八〇貫の資金が必要であり、その新借方法として低利、一〇～一五年賦償還を認めてくれる銀主を、藩からあっ旋してくれることを歎願しているのである。これに対して、大坂蔵屋敷がそのような銀主を紹介したかどうかは明らかでないが、こうした広島牡蠣仲間の資金繰りの窮状を契機に、藩の国益政策に直結した解決策が打ち出されたことは明らかである。もちろん、直ちに実施されたのでないことは、その後も、大坂問屋との間に牡蠣株を抵当とした借銀が行われ、それが流質になったり、債務不履行のため牡蠣株支配役による処理が行われている。

広島藩は、文化七年（一八一〇）年寄上座に就任した関蔵人、蔵奉行・勘定奉行・郡奉行を兼務した筒井極人を中心に、国益政策の三つの柱として⑴領内の干拓・開墾による生産規模の拡大（土地開発）、⑵生産資金の貸与による国産諸品の開発と買上げ保証（国産の奨励）、⑶国産品の他国売ルートの確保と売上銀の銀札払の円滑化（流通統制）をあげ、それらの積極的な展開を試みた。文化十四年（一八一七）勘定奉行のもとに諸品方（産物方）を新設し、広島城下町の豪商四名に「御用引受方」を命じ、江戸表・家中入用品にいたるまで国産品でまかなうよう指示

した。さらに領内物産を買占めて、江戸・大坂等への移出販売を促進させるために、郡中には郡単位に数人の「国産御用懸り」を任命し、資金貸与と諸品買上げの業務を担当させている。[7]

かくて、広島藩が掌握した国産は二〇品目以上にわたったが、広島牡蠣仲間が取り扱う牡蠣商事にたいしても、藩の介入が強力に及んできた。その基本は、藩が商事資金の貸付・収納、金銀両替等を通して商事取引を統制することにあり、第一に藩が牡蠣生産資金を低利で貸付けることによって、生産面から大坂借銀を追放し、広島牡蠣の生産基盤の整備をはかることであった。そして、第二に大坂表における牡蠣販売代銀をもって大坂借銀の返済および藩貸銀の消却にあてさせた。その場合、藩は大坂置為替仕法[8]を用い、大坂市場で売払った販売代銀（正銀）を大坂蔵屋敷へふり込み、国元の御札場で代銀に相当する銀札を受取らせた。このことは、他国商事における売上代銀がそのまま藩庫へ蓄積されることを意味した。この仕法が広島牡蠣仲間の大坂商事に何時から採用されたかについて明らかにできない。ただ、表Ⅳ－三のごとく[9]、藩の養蠣貸付資金は天保二～十二年のものが見られるので、おそらく文政十年（一八二七）以降と思われる。

これは、ほぼ一〇か年にわたる藩の銀札貸付であり、その前半期では毎年四～五月・六月・九月の三回にわたり、銀札三五貫一五〇目が月六朱の利子で貸付けられている。内訳は出帆入用（牡蠣の買付を含む）五七％、夏蠣手入二八％、篊建入用一五％の割合である。ところが、天保七年（一八三五）から同十年の間は、天保凶作の影響もあって、資金貸付が順調でなく、中絶の年もあり、同十年九月から再開されたものの同十三年（一八四二）までで廃止された。[10]それは、天保十年以降の藩の銀札乱発、同十二年の綿座預り切手の発行などによる銀札価下落・諸色高値・金銀不融通という極端な金融逼迫のなかで、藩の貸付資金の制度が崩壊を余議なくされたからである。[11]

かくて、藩の養蠣資金貸付制度は、天保の凶作により影響を蒙り、さらに性急な他国金銀増殖施策の失敗にあって挫折した。すでに天保五年十二月には、大坂銀主秋田屋宗右衛門から、蠣仲間吉和屋八右衛門外四名が、銀五貫

表Ⅳ－3　諸品方の養蠣資金の貸付

貸付年	月	銀	額	利息	返納期限	用途
天保2	6	銀札	貫目 10,000	月6朱	極月限	常夏蠣手守護
〃 3	5	銀札	3,150	月6朱	極月限	篊建入用
	6	〃	10,000	〃	〃	常夏蠣手守護
	9	〃	20,000	〃	〃	出帆入用
〃 4	4	銀札	3,150	月6朱	極月限	篊建入用
	6	〃	10,000	〃	〃	常夏蠣手守護
	9	〃	20,000	〃	〃	出帆入用
〃 5	5	銀札	3,150	月6朱	極月限	篊建入用
	6	〃	10,000	〃	〃	常夏蠣手守護
	9	〃	20,000	〃	〃	出帆入用
〃 6	5	銀札	3,150	月6朱	極月限	篊建入用
	6	〃	5,000	〃	〃	蠣手守護
	9	〃	10,000	〃	〃	出帆入用
〃 7	6	旧札	70,000	月6朱	極月限	夏手守護銀
〃 8	2	旧札	10,000	月1歩	利子12月10日限 元銀翌年2月限	村方仕法銀
〃 10	9	銀札	15,000	月5朱	極月限	蠣仕入・出帆入用
〃 11	7	銀札	10,000	月5朱	極月限	夏仕入銀
	9	〃	10,000	〃	〃	蠣仕入・出帆入用
〃 12	4	銀札	10,000	月5朱	極月限	篊建入用
	7	〃	10,000	〃	〃	夏守護入用
	9	〃	10,000	〃	翌年2月限	出帆入用
〃 13	5	銀札	20,000		11月限	篊建入用
	9	〃	20,000		翌年2月限	登坂出船入用
嘉永3	5	銀札	100,000		極月限	牡蠣仕入銀

四二九匁、銀四貫八五八匁、銀三貫九三三匁の三口合計一四貫二二〇匁を借銀し、同十四年十二月にはその元利差引残銀が一五貫四一八匁二分と、元金返済がほとんど出来ない有様で、銀主から債権取立を番所へ出訴されている。そして、銀主秋田屋と牡蠣仲間との「都合宜敷懸ケ合」の結果、弘化元年（一八四四）二月には、牡蠣仲間備前屋清次郎外八名が「若右商売名前退候共、其橋へ参り蠣商売仕候者江永代申参り、其相続人より為相渡可申候」と牡蠣販売権（牡蠣株）を抵当に銀四二貫七八〇目（利足は年々一貫目につき十五匁の定＝一年一朱半）を借銀することで落着しているのである。[12]

以上の事例の示すところは、すでに実施後あまり年数を経ずして、広島藩の国益資金の貸付制が順調に運ばなくなり、ふたたび大坂銀主から牡蠣株を抵当に、仕入銀等の融通を復活させざるを得なくなっている事情を物語り、藩政策の限界が露見しているのである。このように牡蠣商事における大坂市場は、牡蠣仲間の独占的権利としてその地位は存続され、大坂商業資本の支配下で営業が維持されるのである。

つぎに広島牡蠣株仲間以外の広島湾各浦の牡蠣屋らが、藩の国益政策の展開にたいしていかなる対応を示したかを明らかにしておきたい。明和四年（一七六七）海田市六左衛門・同善六、矢野村太右衛門・同助右衛門・同権平、草津勘右衛門・同佐平・同庄兵衛・同善助、仁保島村善三郎ら多くの牡蠣屋が、摂州尼ケ崎・泉州堺・住吉方面へ「蠣荷物夥敷積登せ」たり、また、大坂難波浦問屋平兵衛方へ牡蠣荷をたびたび輸送し、「大坂町々は不申及、近所其外京都店々私共得意先きへ入込売崩し」と、牡蠣株仲間から苦情が出る事件があったが、[13]このような各浦牡蠣屋の販路拡大にたいする積極的な動きは、国益政策が本格化する化政期以降とみに活発になった。しかし、広島牡蠣株仲間の大坂商事独占体制に拘束されて順調な販路拡大を行うことが困難になり、大坂周辺あるいは京都伏見など畿内各地への販路開拓と養蠣場の確保に向けられた。それら概要を年代順に述べてみよう。

広島藩が諸品方を設置する前年の文化十三年（一八一六）、安芸郡仁保島村丹那浦の田浦伊兵衛は、郡奉行寺西監物（後に御年寄）のはからいで設営した篊建場の牡蠣を、紀州和歌山へ送りこみ、そこでの販路開拓に成功している。

ところが、和歌山の牡蠣問屋太郎右衛門は、さらに大坂木屋長兵衛とはかり、紀州産蠣と銘打って大坂市場への進出を試みた。すなわち、「此度紀州表より蠣船に乗込、大坂表阿波座堀松栄橋南詰に三間之店こしらへ、御免紀州名産蠣作、木屋長兵衛店、直段壱升弐百文、五合百文之かんぱん掛け、当月朔日頃より店開仕、蠣売候、（中略）紀州御屋敷より御奉行様御届にて商売仕候」というものであった[14]。その間のいきさつについて、広島牡蠣仲間の調査によると、丹那浦伊兵衛は「紀州江金子弐両御運上指上商売致候手組之処、其上紀州江之御願は、右太郎右衛門願主にて於大坂蠣手広ニ売買いたし度趣、紀州表にて御免を受、大坂にてハ兼て御承知之通り木屋長兵衛を引受人として取組候」としており、広島牡蠣株仲間の独占的大坂商事に対抗する手段をもって、牡蠣を多く和歌山へ送り、紀州藩の名をもって大坂商事への割込みを意図したと考えられる。

このような株仲間外の牡蠣屋にたいして、広島藩は国産奨励・販路拡張の立場から生産・商事資金の貸付を行っているが、いったん、抜荷あるいは既得権の侵害訴訟がおこれば、それを制止する処置をとった。したがって、この一件は、販路開拓の趣意は歓迎されたものの、既存の牡蠣株仲間と正面から衝突するにいたって挫折をみたのである。

しかし、このような他国販路の開拓という新動向は、広島湾浦々の「沖干潟建篊、先年とは余程多分ニ相成、村方小職之もの差障願出」というような牡蠣生産の増強発展を基盤にして、積極的に展開された結果、広島牡蠣仲間における販路の維持・拡張をめぐる内部対立を深化させ、みずからが形成した独占的機構を破綻させていくのであった。

とくに、文政十三年（一八三〇）から天保二年（一八三一）にかけておこった広島牡蠣の京都直登せ商事は、その契機となった。

この事件は、広島牡蠣の大坂・尼ケ崎から京都への籠入れ送りが、数量も少なく、かつしばしば腐敗し、商品価値が確立していなかったことに着目した大坂商人岡田屋嘉兵衛、広島紙屋町錫屋久兵衛、京都武田敬庵の三者の間で企画されたもので、まず「御所方納蠣」の免許をうけ、献納牡蠣の残りを市中売りにまわすという形態をとって、広島国産牡蠣の大々的な京都直登せを実行しようとしたところからはじまった。

ところが、「京都表御用懸は不申及、既ニ公儀へも御達しも相成、猶又町奉行所へも被仰渡、問屋へも其段可仰付場合に至り、一向蠣貝京都着不申、追々相糺し候処、芸州表少し故障有之、積登出来兼候様相聞、甚奉恐入候訳柄に成来り候」とあるごとく[15]、肝心な広島牡蠣の生産場の確保がともなわず、送荷が順調に整えられなかった。

そこで、武田敬庵は、藩諸品方御用掛り山田屋理平を介して、「蠣貝出産之土地も所々有之候得共、芸州産之儀ハ上品と申、作方も行届多分有之ニ付、諸国蠣之義ハ芸州ニ劣り候様心得居候故、可相成候ハ、御国許ニて熟談ニ相成、京都直積出来仕候ハ、御国益ニも相成可申候」と、藩の周旋で広島牡蠣の京都直送が実現できるよう依頼してきた[16]。

このため、広島牡蠣の京都直送問題は、藩の国益政策の一環として取扱われることになり、諸品方において広島牡蠣株仲間の意向を糺すとともに、郡村支配者の取計い方を指示した。

広島牡蠣仲間は、「近年隣国にも作蠣新規出来も仕候事故、自然御他領之産ニ而外々江京都株締り出来仕候時ハ、是迄座株ニ相成居申候株崩ニも相成候」と、牡蠣仲間以外の者の「京都売事御差止」を願い出ると同時に、牡蠣仲間の京都表における牡蠣一手販売株の免許方を請願して、大坂・京都における販売独占運動を進めるにいたった[17]。

いっぽう、最初に計画した錫屋グループも、公式に京都牡蠣売場の許可を願い出るとともに、牡蠣生産地を広島湾仁保島のほか、摂州・播州・紀州の近海に使用権を得て養蠣場の設置を試みるなど、牡蠣生産者の確保に乗り出している。

こうした動向のなかで、天保二年（一八三一）十一月、古株組が「京都売事も双方手を合せ、在来之通ニ実意正直ニ商ひ仕度との所存ニ而、近年於京都ニも段々相目論見、嶋方（新株組）とも同意ニ申入候得共、一向相用不申破談ニ相成、甚以蠣師共相歎居申候」と上申しているように[18]、広島牡蠣仲間の結束が崩れて、古株組（草津）は単独京都直登せ、打売株立[19]の計画を推進した。新株組（仁保島）は「京都売事方之儀、島方蠣師共之内より〆抜登せ方取組」と、古株組から非難をうけるような錫屋グループと連携し、仲間規制を克服した動きが目立つのである。

しかも、牡蠣仲間制の破綻を痛感させたのは、「当地之御趣意諸株等相崩候、中ニハ蠣積登之者共ハ、防州和木村明神丸吉左衛門与申ものニ而、御他領ものに候得者、御取計方甚以六ケ敷義ニ被仰聞候」と指摘しているように[20]、広島牡蠣の京都積登せ販売が、仁保島の新株組や本浦・矢野浦など領内の生産者・商人らのほかに、岩国藩・大坂・京都など他領のものも加わった超藩的グループで形成されていたため、広島藩のみの取締りでは行届かなくなったことである。こうした藩統制の困難さを見通し、天保十一年（一八四〇）には安芸郡坂村忠八郎、広島城下町野上屋七右衛門（当時大坂住）らが「蠣商事一件種々与心組、備前へ蠣作立仕法相目論見、大坂銀主ヲ取組、備前へ掛ケ合同国之産物ニいたし、則銀主へ蠣作リ立仕法并ニ商事利潤等迄帳面相認〆銀主ヲ取組、大坂御番所へ最寄宜敷所へ拾壱場所売場御免許願出[21]」るなどと、広島牡蠣仲間の大坂商事独占にたいして、他国産牡蠣の大坂売込み方法をもって挑戦を試みた事例、あるいは翌十二年、安芸郡仁保島村丹那浦伊兵衛の泉州岸和田方面への販路開拓などが相次いでいる。

かくして、広島湾浦々の牡蠣株仲間以外の牡蠣生産者らは、領外の販路開拓に多様な活動を示すにいたるのであるが、ことに安芸郡仁保島・海田市・矢野村の活躍はめざましく、「大坂・堺・兵庫・尼ケ崎・高砂・赤穂・明石・須本・高松・丸亀・松山・西条・今治・大洲・三津ケ浜・玉島・福山・松永・三田尻・下ノ関・小倉等へ輸送シ、其他ニ於テ蠣店ヲ船中ニ開キ販売シ、翌年二月頃ニ帰村ス」[22]と、畿内各地にかぎらず瀬戸内海地域の諸港町にも進出しているのである。

このような広島牡蠣販売の趨勢のなかで、ついに茨木屋武兵衛が牡蠣株仲間に正面から対立して、牡蠣作立ならびに新販路開拓の計画をたて、広島藩にその免許方を出願した。[23]その大要はつぎのとおりである。

⑴　広島牡蠣仲間成立以前は、販路も相当開けて大坂をはじめ兵庫西ノ宮辺まで及んでいたが、今は牡蠣仲間の独占するところとなった。ことに京都は二割口銭のため直登せするものもなかったが、天保十二年の株仲間停止の結果、京都市場をはじめ江州筋からも注文が殺到するようになった。しかも、生産地の牡蠣作りは増大の一途をたどり、過剰生産の状態を呈しているのに、広島牡蠣仲間は「上み登仕候儀ハ色々八ケ間敷申立候趣ニ御座候」とて、折角の販売拡大の取引計画が出来ないでいる。

⑵　牡蠣生産は広島湾においていちじるしく発達したのをはじめ、「近年は紀州辺より蠣作り出し上方筋売弘申候ニ付、夫等之響きニ御座候或、大坂表之捌口も以前之通リニ無御座候、（中略）昨年抔ハ蠣作リ之者共余程損亡ニ相成申候」という状況で過剰生産がいちじるしい。しかし、牡蠣販売市場は、ほとんど従来の大坂を中心とした範囲にとどまり、市場価格も「実ハ三拾六人之者（広島牡蠣株仲間）申合せ、積出し等相狭り直段も押へ買仕候」ていて、「唯三拾六人之為ニ多人数之蠣作リ之難儀、其処之不融、第一御国中へ正金銀取入不申」、まことに嘆かわしい次第である。

⑶　したがって、従来の牡蠣仲間制による独占的販売機構のほかに、余分の篊場とあらたな市場を、大いに開拓する時期が到来している。つまり、伏見に牡蠣中継卸問屋を設置し、これを中心に「京都ニて弐拾五ケ所、伏見ニて元店之外三ケ所、其外南都郡山・江州・大津・草津・八幡・膳所・彦根、その他津々引合置申候ケ所店数凡七拾八ケ所」の卸問屋を指定し、各店より証拠金二〇〇両づつを徴収して一手販売権を確保させ、さらに地方の小

売所と連携せしめる販売方式をもって大々的に広島牡蠣を売り捌く計画を立てる必要がある。なお、各指定問屋から集めた金一万五〇〇〇両は、ただちに広島藩の大坂蔵屋敷に納入し、さらに毎年の売上高の一割も冥加金として献納を約束したいとしている。

この計画にたいして、広島牡蠣株仲間では協議を重ねた結果、「全御国益之御趣意ニ依歎出候事ニ相見申候、乍併是迄右様之仕組取計候者多クハ山師事ニ候」と批判し、実現の見込みの薄いことを説くとともに、計画のような新規商事を許可すると、広島牡蠣株仲間はたちまち「永々仕馴之産業渡世之便りを失ヒ必至困窮ニ押移」と、極力その差留めを歎願した。そして、もしも新販路の開拓がとどめえられないものであるならば、かたい基盤をもつ広島牡蠣株仲間へ、大坂商事と同様に京都販売特権を免許して欲しいと請願している。(24)

以上の両者にたいする広島藩の裁決は明らかでないが、結果的にみれば、茨木屋武兵衛の新販路開拓は計画倒れにおわり、また広島牡蠣株仲間も京都販売特権を所得することはできなかったようである。

しかしながら、広島湾浦々の牡蠣生産者にとって、茨木屋武兵衛計画のように一挙に画期的な新販路の獲得には成功しなかったにしても、一九世紀初頭以降の牡蠣生産の発展を背景とした販路拡大は、いちじるしい進展をみせているのであって、すでに瀬戸内海地域の各港町を販売市場とした新しい牡蠣生産・流通機構が形成されていたのである。したがって、大坂表のみに販売市場が限定された広島牡蠣株仲間の存在は、新しい生産・流通機構の前では桎梏となり、その機能はいちじるしく弱体化せざるを得なくなっているのであった。

以上のように広島湾の近世養蠣業をまとめてみたが、その画期は二つあった。第一は、元禄・享保期、三次藩の松波勘十郎登用による藩政改革下において、広島牡蠣株仲間を結成させ、大坂販売市場の獲得による牡蠣生産機構を確立させたこと。第二は、化政期、広島藩の積極的な国益政策の展開のもとで、広島湾浦々の牡蠣生産がいちじるしい発展をとげ、畿内はもとより瀬戸内海地域の諸港町を販売市場として開拓し、新しい牡蠣生産機構を成立させたことである。

前者は広島牡蠣株仲間（新古株三五組）に代表され、後者は株仲間以外の広島湾浦々の牡蠣生産者が担い手であり、両者の対抗関係は、一八世紀中葉、広島藩が宝暦改革を行って国産奨励・貨幣運用・流通統制であらわされる国益政策の推進にふみきった明和年代からしだいに表面化し、化政期以降は無株の生産者が株仲間を凌駕するにいたり、その立場はいまや逆転してきたのである。この新しい牡蠣生産は、安芸郡仁保島村・海田市村・矢野村・坂村、および佐伯郡廿日市・厳島・大野村・大竹村の浦々に拡大されていった。

そして、明治年代に入ってからは、牡蠣生産量も飛躍的に増加し、佐伯郡浦々のみでも、年間に簖場約五町歩、養育場約七町歩を使用し、約二〇〇万貫の産額に達したのであった[25]。化政期以降の生産量の増大は、生産規模の拡大と販路の拡張に象徴されるわけであるが、さらに販売方法の開拓をもつけ加える必要があろう。広島湾村々の牡蠣屋が、それぞれ牡蠣船を仕立てて各地へ牡蠣荷を輸送するとともに、「其他ニ於テ蠣店ヲ船中ニ開キ販売」する機能、つまり、従来の剝き身販売のほかに、その場で飲食できるよう調理加工した牡蠣飯その他を販売する飲食店経営の方式をも採用したことである。このことは、国産牡蠣を直接賞味しうる場所を設置したことになるだけに、牡蠣の宣伝は大であったと思われる。

註（1）（7）土井作治「近世国益政策の特質」（『史学研究』一二四号）、同「広島藩の宝暦改革と大坂市場」（後藤陽一編『瀬戸内海地域の史的展開』所収―一九七八年三月刊行）。

（2）（3）「大坂銀主共へ申談振之義乍恐頭書ヲ以左ニ御窺奉申上候」（小川家文書「養蠣由来書」所収）。

（4）（5）（6）小川家文書、文化元年「蠣屋一同借金仕方之儀支配役松屋文次より大坂御蔵屋敷へ意見書差出之覚」。

（8）広島藩の大坂置為替制は、商品販売者が大坂市場で売払った諸物産の代銀を、藩の大坂蔵屋敷へふり込み、国元の札場で代銀に相当する銀札を受け取る仕組になっていて、藩庫へ正金銀増殖を企てる政策として用いられ、天明年間から文化十二年の間、一時的に中止されている。

(9)「蠣仲間御拝借証書」(小川家文書「養蠣由来書」)。

(10)もちろん、藩が資金貸付に一さい手を引いたわけではなく、事態の推移に応じて、その後も拝借銀制による貸付が行われている。表Ⅳ－三にかかげた嘉永三年五月のほか、慶応元年金二五〇両、同三年金一〇〇両などが知られる。(広島市西区草津、小泉家文書「草津牡蠣関係文書」)。

(11)藤沢勇「広島藩六会法の歴史的意義」(『広島県史研究』二号)、なお、山県郡鉄師佐々木八右衛門、可部町鉄釼問屋木坂文左衛門らの他国商事資金貸付も、天保凶作をさかいに返上している。

(12)小川家文書、弘化元年二月「秋田屋宗八より借銀ニ付事情申上口上之覚」。

(13)小川家文書、明和四年十一月「大坂蔵屋敷江御願之事」。

(14)小川家文書、文化十三年九月「大坂船宿名田屋仁三郎より書状」。

(15)(16)小川家文書、文政十三年十二月「京都武田敬庵より岩田屋理平宛書状」。

(17)小川家文書、文政十三年十二月「京都・大坂御蔵屋敷ニ差上ル帳面控」。

(18)小川家文書、天保二年十一月「京都抜登せ蠣之義ニ付様子申上書付」。

(19)小川家文書、「打売株立」とは牡蠣殻のまま直登せし、所定の売場で剥身にし、販売する株制のことである。

(20)小川家文書、天保元年「古中屋林蔵一件ニ付抜売取締方願書」。

(21)小川家文書、天保十一年「安芸郡坂村忠八郎大坂蠣売ニ付御取調一件」。

(22)小川家文書、文化十二年「国郡志下調書」(『水産提要』所収)。

(23)嘉永三年八月「乍恐奉願上候口上之覚」(小川家文書「養蠣由来書」)。

(24)嘉永四年十一月「茨木屋武兵衛出願之蠣売事差留願」(小川家文書「養蠣由来書」)。

(25)小川家文書、明治三十一年「養蠣由来書」。

二　扱苧専売制と太田騒動

はじめに

広島藩においては弘化二年（一八四五）一月、「扱苧売買取引趣法」を領内に布令し、麻糸・布の加工原料である国産扱苧の専売統制を企てた。しかし同年八月、最大の産地である安芸国山県郡太田川流域の八か村ほど延二、五〇〇人におよぶ生産者農民の再三にわたる暴動＝抵抗をうけ、十月には早くも統制の全面的撤廃を宣言せざるを得なかった⑴。

元来この統制は、当藩において天保十四年（一八四三）の木綿専売に続いて実施されたもので、当時の最大の産額をほこる二大国産品であり⑵農民的商品であった木綿・麻原料の流通機構を、藩および特権商人が独占し、とくに大坂移出は大坂の問屋丹波屋七兵衛方のみを指定し、領外への移出過程に生じる正金銀貨の中間利潤の獲得をはかったものであった。

そして、このような幕末専売制の施行は、化政期以降の勘定奉行筒井極人を中心とした藩の国益政策⑶、すなわち、文化十四年（一八一七）諸品方を設置し「新産業をも相始メ農業ノ余力を以益々相勤」め、「其所々之長成春富有相暮候もの、産物之取捌方実意ヲ以懇ニ致二世話一」せという農村の生産を育成助長した政策の当然のことながら帰結を示すものであった。それだけに二大国産品であり農民的商品であったものの収奪の失敗（木綿統制も最大産地佐伯郡能美島では実施されず、運上銀徴収のみ）は、それ以降の藩の政策に大きな打撃を与えている。すなわち弘化、嘉永期の藩政改革の基調に「大倹約」「出格御倹約」という従来の現物徴収の徹底化以上の経済政策を打出し得ず、社会的矛盾に対応しては、藩札の乱発という超インフレ政策で一時的に間に合せをおこなったにすぎず、嘉永五年秋には金一両に対し藩（銀）札三二貫五〇〇匁替という事態に落入ったが、極力矛盾の激化の表面化を避けることにつとめている。かかる幕末の芸州藩の経済政策および商品生産の検討はさておき、ここでは扱苧専売統制の問題に限定したい。

註（1）広島大学附属図書館「隅屋文庫」による。また「加計町史」上巻に、扱苧生産および弘化二年闘争が略記され、「同」資料上・下巻に資料の一部が載せられている。
（2）畑中誠治「近世港町における商品流通の形態的推移」に木綿の場合を例示している。（竹原市史論説篇）三四三頁。
（3）「新修広島市史」第二巻では「藩の経済成長政策」とある。

1　麻苧の生産と流通

藩領の大麻生産地は、文政年間の「芸藩通志」によれば、沼田・高宮・山県・佐伯・三次・恵蘇という比較的山間郡の村々にまたがり、とくに城下と川船で移出に便利な太田川流域一〇か村の品が「太田苧」の名で上方市場に著名、扱苧産額も弘化頃は六、七万丸（一丸＝一〇貫仕立）で、他を圧していた。生産は一六世紀以前に遡るが、一八世紀初頭、山県郡加計村に導入された新種越後苧は、栽培・販売品の技術的改良とともに、急速に流域村々にひろがった。植付けは畑地に播種して育て、麻の繊維を剝ぎ取り、「荒苧」とし、さらにそれを灰汁等で扱ぎ晒す工程を経て、「扱苧」とし、それを全国市場へ商品として移出する農家の家内工業として盛行したのは享保期以降

表Ⅳ－4　太田筋村々の麻（荒苧、扱苧とも）生産額の推移

	享保12（1727）		文政2（1819）	文政9（1826）
	生産量	出荷銀高	生　産　量	出　荷　銀　高
津　浪　村	480貫	3貫200匁	2,728貫（享保12年を100とした指数568）	7～9貫（享保12年を指数100として243）
加　計　村	1,700～1,800	14～15	15,297（同上874）	49　（同上338）
下筒賀村	300～500	3～5	2,894（同上723）	
上殿村河内	580		2,652（同上457）	
史　　料	同年山県郡諸色覚帳		同年国郡志下しらべ帳	同年諸色出来物書上帳

である。享保二年（一七一七）紙・鉄・繰綿等が専売的統制下に組こまれる中で麻のみは他国移出分のみ運上徴発がなされた。また史料の残存する太田筋の四か村の享保期から文政期にかけての産額の推移を表Ⅳ－四で示すと、津浪村は生産量五・五倍、（出荷銀高二・四倍）加計村は生産量八・七倍（出荷銀高三・三倍）下筒賀村七倍、上殿河内村四・五倍と生産量および出荷銀高は激増している。

こうして天明元年（一七八一）広島城下から他国へ売捌いた麻製品は扱苧四万貫、荒苧一万四五〇〇貫、苧縄三〇〇〇貫があげられ、猶、それと地域的分業関係を形成していた近郡近村で扱苧から製造された畳緑染布二万反、蚊屋五万張あったことが指摘され、[1]弘化二年には「太田扱苧」の一〇か村生産量は年間六万―七万丸におよぶ農民的商品となったのである。

このような生産量を示す商品生産の性格を吟味してみよう。表Ⅳ－五は文政十一年（一八二八）「山県郡他国金銀出入約メ帳」を整理したもので、郡内の物産の自家消費分を除き売却分のみを貨幣換算し、その移出入を示したものであり、藩が当時殖産興業政策の一環として調査した統計である。表Ⅳ－六はその附紙によったもので、物産中正銀貨獲得のみを記してあり、藩が他領交易による正銀貨の蓄積にとくに留意したことが知れる。表Ⅳ－五から郡内産物代の総計銀二二九一貫を一〇〇％としたら、扱苧は銀五七一貫余・二五％で産物の一位をしめ、表Ⅳ－六における正銀の獲得も一位で全体

表Ⅳ－5　文政11（1828）安芸国山県郡における物産の移出入品目・金額

郡内物産	正銀	収入貨幣	売払先
郡内出来米70,705.092石 〃　麦13,800.000　}内正米貢租2,258石518	当郡は差次払等の銀納建で正米納は少い	（農民取高32,744石393位）	
諸板・黒炭・材木・枌	貫 135,202	藩（銀）札	城　下
御紙蔵上納紙代	240,024	同	城下1/3、大阪2/3
薪	64,990	同	城　下
出来楮	112,890	同	紙蔵御買上
こんにゃく玉	15,000	同	城下・可部2/3、他国1/3
茶	17,000	同	城　下
煙草	40,150	同	城下、15貫は石州売
扱苧　4,000丸	**571,430**	**正銀**	**広島問屋より上下国へ**
香茸	28,570	同	
干栗	9,000	同	
郡外稼出賃金　6,000人として	63,000	同	
針金　6,000貫	52,200	同	
割鉄（割鉄鍛冶屋9軒分）97,200貫	158,760	同	
出来釘地鉄　38,880貫	42,160	同	
藩営御鉧　560駄	61,600	同	
藩営御鉄　10,800貫	46,440	同	
佐々木八右衛門出来銑　8,904駄	39,360	同	
同　上　出来鉄　110,880貫	510,840	同	
大朝村鋳物師代呂物代	26,244	同	
杉皮、山薬種、下駄、その他産物	56,150	藩（銀）札	城　下
	2,291,010		

国外よりの購入物産	正銀	収入貨幣・売払先
	247貫298	城下、尾道、廿日市
飯米48,149人分（1日1人5合）86,668石2 酒造米　1,700石	計88,368.2－出来米、麦82,247石348＝6,120.816－他郡より入る雑穀2,000石＝差引4,120石816不足分は浦々札銀払多少は正銀にて購入）	
灯油代　17,018軒分　389石6	156貫066	城下、可部、廿日市にて大阪下り合買
郡内田畑への干鰯代	118貫000	（同　上）
年中入用塩　54,000俵とみて	135貫000	（同　上）
小計	656貫364	
差引	1,534貫610	黒字

表Ⅳ－6　同上の正銀貨（藩札を除いた）他領移出入表

収　　入	（銀）	支　　出	（銀）
	貫　匁		貫　匁
上納紙大坂登せ分	160,016（ 9.4）	飯米他領買付分（4,121石6斗）	247,298（60.7）
扱　　苧	571,430（33.5）	灯油代（多くは大坂下り）	153,901（37.8）
他領稼労賃分	63,000（ 3.7）	大朝村鋳物師地鉄買入文銀払	5,950（ 1.5）
針　金　代	52,200（ 3.1）		
割鉄（銀冶9軒分）	158,760（ 9.3）		
出来釘地鉄	42,160（ 2.5）		
藩営鉧および鉄売高	108,040（ 6.3）		
加計村佐々木八右衛門鉄売高	550,200（32.3）		
計	計1,705,806（100%）		407,149（100%）

差引　1,298貫657匁＝（他領より入る純銀取分）

の三三・五%をしめている。ちなみに同年の佐伯郡の場合をみると、他国入銀一七八〇貫内、能美島木綿産額は年間二十万反織出、銀にして七二〇貫で全体の四〇・四%をしめている。このような木綿・扱苧が全産物中の正銀収入で圧倒的数値を示していることは、赤字財政に悩む藩府が注目しないわけはなかったのである。

さてこのような商品生産の発展は、どのような農民の生産力的規定をうけるのであろうか。文政二年の前掲「国郡志」は「田地作物稲麦専作申候、尤畠方者七歩方麻作其余粟大小豆稗黍煙草少し宛作」と、商業的農業を思わせる記述を示しているが、弘化二年割庄屋佐々木八右衛門は「御内々申上候書付」で「麻苧作り立候義者百姓分之者は勿論浮過裏借屋後家やもめ迄皆々作仕、御年貢ヲ約メ其外諸払大意扱苧代を過半手当テニ仕」ると上申し、農民や没落し脱農化した浮過（日雇）の今や主業であることを述べている。表Ⅳ－七は後述の扱苧騒動参加者の階層を知るため、近接の年代に作製され、また参加者の復原率四〇%以上を示す各「畝高名寄帳」を整理し、村内の石高保有階層構成を作成したものである。この表から、まず零細的土地保有農民が圧倒的に多く、少数の一〇石以上の高持富有農民ときわめて鋭い分化を示している点に注意すべきであろう。すなわち、加計村の各組は九斗以下——一斗迄の農民を中核として、七〇%以上が、また比較的農民層が中位に散在する津浪村も九斗以下は六〇％の零細農民が存在している。これらの階層分化の進展を論ずる余裕はないが、先述の享保以降の商品生産の発展に伴い、地主・小作関係を生みだしつつ、しかも僅かな土地を放棄しない形態の分化が進行していることが『加計町史』上巻に指摘されていることにとどめる。(2) 鉄山経営を行い、各種の商事を営みつつ、かつて藤田五郎氏が『農奴主的マニュ経営者』と規定された割庄屋佐々木家の寛政九年（一七九七）二八九石の所有高は、文政・天保期六〇〇石に上昇しており、きわめて鋭い分化の傾向を示しているのである。このような分化を背景として闘争の中核となり処分の対照となった生産者の階層も九斗以下が圧倒的に多く、判明したもの香草組は八〇・七％、山根組七六％、川登り組六三・七％、津浪村五九・四％であり、村の階層的主力はその闘争の主力と一致しており、事実上の賃労働者ともいうべき零細経営の農家であったことがわかる。しかしその労働が土地所有と家族労働力に依拠し、十分な脱農化による生産でない点は注目される。表Ⅳ－八は天保十一年「諸村諸書付控」にのった年間、一反の畠から扱苧生産した時の収支計算を示した。すなわち畠一反の麻栽培に投下する労働力を四七人夫とし、荒苧四〇貫平均収量し、これから一六貫の扱苧に精製する過程までの支出は銀二貫五六〇匁である。扱苧一六貫の収益は二貫二八五匁五分となり、差引二七四・五匁の赤字である。しかしこの算定は夫役四七人を他人雇傭とみたて賃銀支払を仮定しており、その分三五〇匁を家族労働力にかえて除去すると一一〇・五匁の零細な余剰を生じている。

すなわち、土地保有面積と家族労働力の組みあわせが、扱苧生産者の貨幣取得を左右しているわけで、そこに商品生産としての限界も示されているのである。

つぎに扱苧の流通機構との関係をみるため、扱苧の市場への移出過程を要約すると図七のようになる。第一に生産者は原則として荒苧で売却しなかったが、天保以降に沼田郡古市へ荒苧出荷が若干みられるようになり、古市請合扱苧と称した。のち明治年代に入ると、古市扱苧のみとなるほど盛行した。さて扱苧の売却に際しては槌入れを

表Ⅳ－7
幕末における加計村・津浪村石高保有および弘化2年扱苧騒動参加者階層

持　高	香草組・安政2(1855)		山根組・嘉永2(1849)		川登り組・安政6(1859)		津浪村全村・天保10(1839)	
	名寄帖	騒　動参加者	名寄帖	騒　動参加者	名寄帖	騒　動参加者	名寄帖	騒　動参加者
10石以上	人 4(3.1)		人 1(0.8)		人 1(0.9)	人 1(2.6)	人 3(1.3)	人 2(2.2)
9～8	0		0		1(0.9)	0	3(1.3)	1(1.1)
7～6	1(0.8)	人	3(2.3)	人	3(2.7)	1(2.6)	7(3.1)	3(3.3)
5～4	1(0.8)	1(1.7)	9(6.9)	2(4.3)	1(0.9)	0	10(4.4)	6(6.6)
3～2	12(9.2)	5(8.8)	12(9.2)	4(8.7)	6(5.4)	4(10.5)	34(14.9)	13(14.3)
1石台	9(6.8)	5(8.8)	14(10.8)	5(10.9)	14(12.5)	7(18.4)	33(14.4)	12(13.2)
0.9～0.5	18(13.7)	13(22.8)	9(6.9)	4(8.7)	19(17.0)	9(21.6)	30(13.1)	16(17.6)
0.4～0.1	48(36.6)	21(36.8)	45(34.6)	25(54.3)	35(32.0)	11(28.9)	64(27.9)	22(24.2)
0.09石以下	38(29.0)	12(21.1)	37(28.5)	6(13.0)	32(28.6)	5(13.2)	45(19.7)	16(17.6)
	131 (100%)	57 (100%) 復原率 41.3%	130 (100%)	46 (100%) 復原率 71.9%	112 (100%)	38 (100%) 復原率 67.9%	229 (100%)	91 (100%) 復原率 60.3%

表Ⅳ－8　年間畠一反についての扱苧収支計算

(A) 投下労働力	打調夫7人、かんき切夫1人、蒔夫1人、こやしかけ8人、こやし調夫6人、草取間引夫6人、引夫6人、小打夫2人、むし干夫2人、へぎ夫8人（計47人夫）	
(B) 貨幣支出	(A) の労賃（30人以上（男夫）300匁、17人、草取等中夫85匁）	385匁
	干　鰯　代（45貫目投入）	1,125匁
	畠　年　貢　9斗代	450匁
	荒苧40貫匁収益し、加工、灰代共	600匁
		（計　2,560匁）
(C)	貨幣収入（荒苧加工して扱苧16貫目代）	(2,285.5匁)
(D)	差　　　引（C － B）	－27.5匁（赤字）

加計隅屋文庫　天保11年「郡村諸書付控」による。

した本荷仕立ておよび荒荷があり、村内の仲買小商人または他国向問屋いづれかに相対で売却された。その郡内商人数は、弘化二年（一八四五）表Ⅳ－九のように太田筋農村一〇か村に集中し、仲買二一一人、問屋は一九名以上をかぞえた。

第二に村内商人のうち、仲買人は城下町の問屋、広島扱苧屋の支配をうけ散在した生産者から扱苧を買付け、船積みして城下の問屋へ直送した。天保頃生産額六、七万貫といわれ、村内問屋から直接他国へ販売されたのが、その十分の一の六、七〇〇〇貫であり、大部分は先のケースで販売された。(3) 弘化二年当時の村内仲買人のうち、津浪村分のみ天保十年「畝高名寄帳」でその土地保有が復原される（表Ⅳ－一〇）。

これら商人は、反別所有で村内で二、

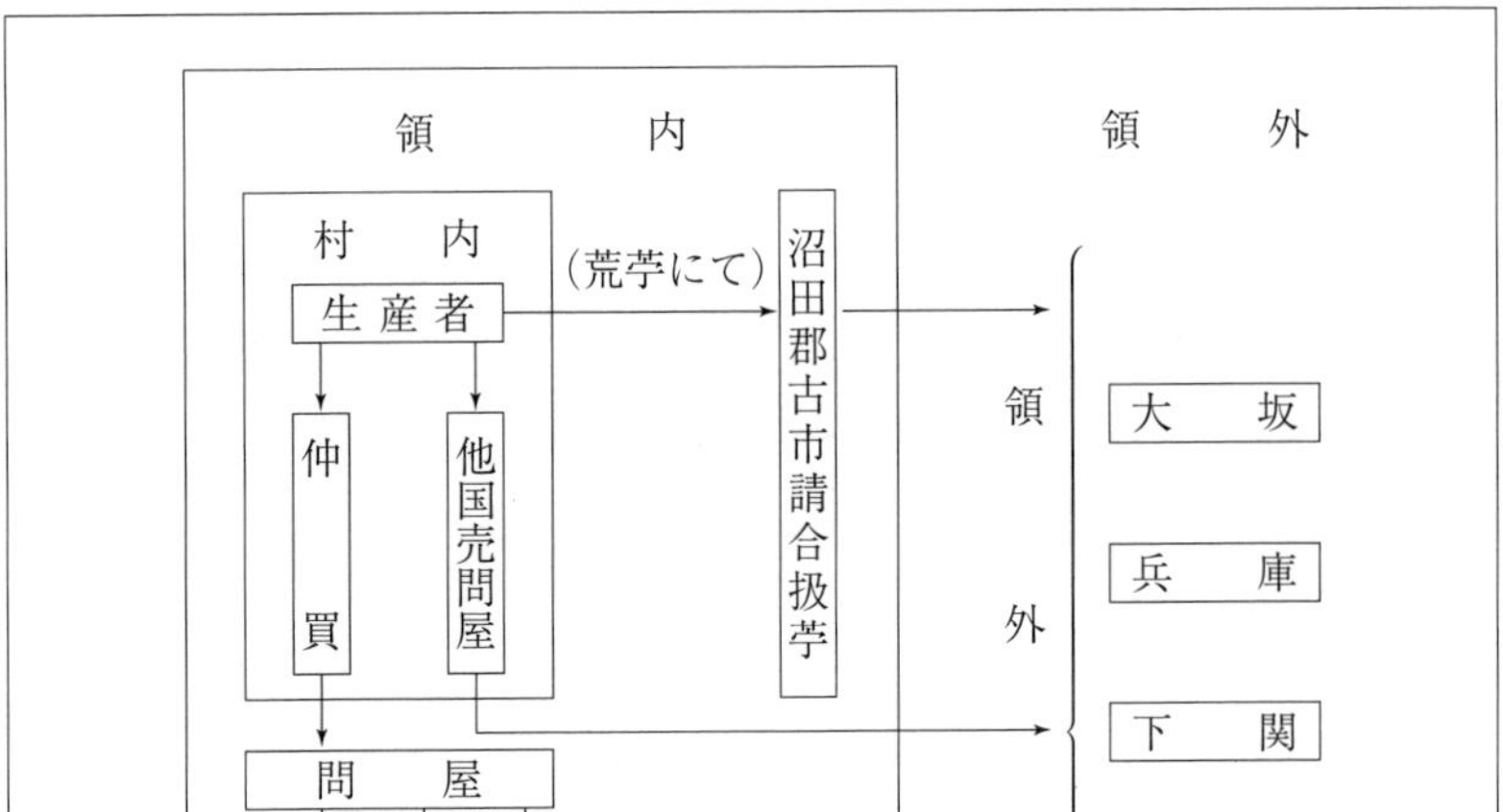

弘化２年「御尋ニ付御内々申上候書付」より加工作成。

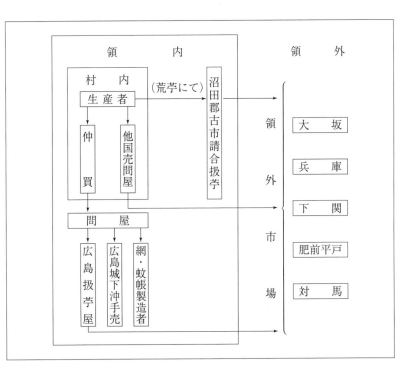

図７　太田扱苧の流通過程（→は商品の移動を示す）

表Ⅳ－10　津浪村扱苧商人の石高、土地保有高

人名（　）は第三表中の石高保有の村内順位を示す		石　高	土地（　）は筆数
（2）	仁兵衛	石 17.7725	町 2.2503（55）
（3）	文右衛門	14.136	1.8106（38）
（4）	亀吉	8.720	0.7506（20）
（13）	庄蔵	6.323	0.8404（35）
（14）	善助	5.592	0.9112（24）
（16）	弥四郎	4.989	0.6224（27）
（27）	忠兵衛	3.726	0.2821（12）
（60）	文内	1.936	0.1906（7）
（90）	弥三次	1.041	0.1218（3）
（106）	啓助	0.661	0.1006（3）
（124）	嘉藤二	0.458	0.6108（4）

津浪村には全20名、他の9名は亀三郎が組頭であることを除いて他は不明。

表Ⅳ－9　太田筋諸村の扱苧問屋・仲買数

村名	仲買人	他国売問屋
上筒賀村	人 16	人 3
戸河内村	25	4
中筒賀村	10	0
上殿河内村	15	5
下殿河内村	16	0
坪野村	0	1
下筒賀村	12	0
穴村	0	1
加計村	97	5
津浪村	20	0
10か村	211	19

（弘化2年「扱苧商ひ仕候人名書上帖」）

三、四位をしめる比較的富有農民と中農層、さらに文内以下の零細農を出自としていることがわかり、このような商人層出自の平均化が一応指摘はされるが、加計村の例からうかがえるように、組頭肩書きの富有農民九右衛門、保左衛門、敬助等上登せ問屋をしており、富有農は問屋化し、零細農・脱農民は城下問屋に直結した買占め商人化の道をたどったと考えられる。

第三に他国向問屋は直接上方・下関・肥前平戸・対馬等に出荷し、その用途も、衣料・蚊屋・漁網・綱など用途も多かったが、生産地仕立て一〇貫目一丸を、大坂では九・九貫、兵庫九・六、下関一〇貫目と、その割合で取引されるので上方へは引合わず、幕末にいたり下関・九州市場が歓迎されていたのである。しかし村内問屋の出荷分は全出産量の一〇分の一であり、資本力からみて、城下の問屋資本と対立するにいたっていない。④

第四にその一方で、仲買取引をすませた扱苧は太田川を船積みされ、城下問屋を相手に荷を水上げし

た。この問屋は万《よろづ》問屋方式のものかどうか不明であるが、問屋は仲買人と広島扱苧屋の仲介業者であり、仲介料として問屋口銭一〇〇匁につき七、八分の支払いか、「買手引」と称する二分半の口銭を、仕切銀内で支払っていた。商品の代銀の授受は仲買と問屋との間に限られ、扱苧屋は関知しなかった。弘化二年の藩統制の一つの眼目は、この問屋仲介を払拭することであり、そこに問屋仲買人と藩との対立の原因があった。こうして城下扱苧屋から領外へ移出させる際のみ、扱苧十貫目入れについて銀七分五厘が「積出し御運上」として徴発されていたのである。

註（1）天明元年「広島町主要移出品員数覚」（『新修広島市史』第七巻資料篇二所収）
（2）『加計町史』上巻三二八頁以下、広島大学附属図書館「隅屋文庫」（『広島県史』近世1三四四頁以下）。
（3）安芸太田町滝本新屋文書・弘化二年「御尋ニ付御内々申上候書付」。
（4）貨幣前貸・肥料前貸による問屋制支配は「毎年扱苧引当テニして其分例年借用之方角ニて（略）扱苧等相渡シ私方済候」（滝本新屋文書・文政十二年「生産方書附」）とあることからもしれるが、天保以降村内仲買人が多くなり「自然少々ても高直に買候もの有之時者其方へ売渡候銀子ニ而払済申事も御座候、銀払之約束ニ而借受候」（弘化二年、「御尋ニ付御内々申上候書付」）と、前貸でも生産者の銀払による決済が建前となっている。

2　専売統制と反対闘争

弘化二年（一八四五）正月、藩は麻苧の統制にのりだすべく、太田扱苧の産地の産額・売捌方の実態調査を郡廻り役の波多野粂吉に命じ、割庄屋佐々木八右衛門を通じ内密でこれを行った。二月、藩は「扱苧売買取引趣法」を発令したが、この取締りの趣旨を説明して「御国産麻苧従来上ミ方其外他邦へ勝手ニ売捌来リ候義与相聞へ候得共、近来自然与荷仕立麁略ニ相成就而ハ直段ニモ相拘リ約ル処上下之不為」と称した。[1] 要するに荷仕立が粗末で、直段にもひびき「上下之不為」という理由であった。しかし真意は、特権商人と結び、それを通じて領外移出を一手に掌握せんとするにあった。そのため藩は新設した扱苧方に勘定奉行松野唯次郎、同横山重介を主役として登用、歩行組七人、番組三人を懸り役とし、城下に「扱苧改所」（木綿改所が代用される）を設け、その頭取に城下の有力商人岩室喜右衛門ら五名、同所出役に原田屋源二ら九名、斤量取に石内屋義兵衛ら二名の城下商人を登用、また郡方にも割庄屋を「扱苧方御用懸」とした。同時に城下の扱苧取扱いに問屋の締出しをはかり、従来の扱苧屋三八軒に「座」を結成させた。その具体的な指示は次のようである。

(1)従来仲買―問屋―扱苧屋の順に運ばれた荷は、今後は問屋仲介を排し、荷の水上げ場所は栗田屋（竹内）伝右衛門―頭取の一人―のみと指定し、かつ栗田屋方で仲買（または荷主）と扱苧屋が商事取引をする。

(2)その際、藩は現物担保により前貸しを行い、一丸につき三両から一両二歩内で利足月一歩三か月期限で利用をはかる。

(3)本荷仕立は、太田苧は十貫二〇〇目、石州産で品質の劣る市山苧は十五貫仕立一丸とし、扱苧屋（郡中扱苧屋も同じ）が改所へ運び、改めをうけるが、その際上ハ包ミ御印付莚を下附され、改料判賃として一丸につき銀二匁徴発。

(4)大坂向荷は改所から大坂丹波屋七兵衛一手へ直送し、他国取引は一応改所へ届けでる。

以上の施策に対してまず反対の声がおこったのは、従来の商品流通機構内からであった。五月十七日の佐々木八右衛門の藩への申上書付では、仲買層の声を伝え第一に問屋引受が無くなった不便、第二にそれに伴う水上げ場所の自由のなくなった不便に対したもので、ひいては統制自体への不満を「大坂登せ之義ハ兎も角其外へ積出しには差支えない筈だから従来通りにしてほしいと要望した。同じ頃、この統制が原因して扱苧の値が低下しはじめた。すなわち加計村のよしの屋信兵衛の扱苧六一貫半出荷の際、正味十貫目を七貫目で、ついで同村新平の扱苧も、値組み追落しをして改所商人が法外な値で買い叩く事件がおこった。「誠ニ不都合成直段ニ付、左様売払候時者格外の損亡小身之モのニ候へハ、纔六拾丸計之荷物ニテ身代片付」と、佐々木八右衛門は波多野条吉へ申上した。これに応じてか、藩は六月二十四日郡村の従来の他国売問屋のうち十九名を、一郡限り買集めの条件で「上登せ他国売問屋」に指定した。しかしこの施策に割庄屋（佐々木八右衛門）は反対し、「一統人機にも相懸り可申、村々之儀も何となく不穏」がただよいはじめた、という理由で、御用商人の決定の中止を申告した。

これら流通機構の滞渋混乱は、七月以降の新苧出荷期を控えた生産者たちを困惑させはじめた。「荒苧取入時分金相場も壱貫四百目内外も仕、当盆前之処ニ而は五百七拾目内外」と値も半減以下となり、かなり自由な取引がみられた干鰯前貸の返済も、例年なく厳しい催促が行われはじめた。七月十九日中筒賀村の長百姓は連署して「従来仕来り勝手次第売買」を歎願し、ついで津浪村の物代二四名が、また上殿河内・戸河内・下筒賀・加計村と各村の百姓総代は、同趣旨の願出書をだした。今度の統制がはじまった頃、生産者達は「約ル処ハ悉皆手元へ相懸リ百姓の迷惑ニ押移」るのではないかと予感していた。しかし出荷期に入るとこのことは具体的な経験となって緊張を深めていった。「広島表扱苧屋取計振り聞書」によると、下関商人万平手先新内は統制によってかけられる口銭等の懸り物が増え手が出ないといったとか、上殿河内村の九郎右衛門、加計村新助の出荷に改所の石内屋義兵衛が二百目の値下げの不法な低価で買叩き、中筒賀村田の尻倉次と常助は石内屋から悪しざまにいわれ、田吹次助も商売が折あわず永滞留を余儀なくされる等々の不合理がつづく中で、筒賀村においては鑑札持参の仲買人と値段の点で折あわぬ時、代官所から「たとへ直段ハ下直ニ而も売不申而者不相済、若兎哉角申立売不申候得者御役所へ引付候杯与色々目おとし」され、結果押買されていた。これら悪徳商人を生産者達は「豊島屋円助手先キ仕直段追落し安買仕」ると評し、加計村の嘉助ら八名、津浪村来助ら三名、上殿河内村吉蔵ら四名、中筒賀村二名、坪野村来助ら四名が悪徳商人として非難され不穏な空気にあるので、割庄屋はこれら商人の「飛行買入方」の禁止を庄屋に命じている。また割庄屋の佐々木八右衛門自体、毎日農民が五人、十人位訴えに押しかけているせいもあってか、扱苧懸り役を強く辞退してしまった。

生産者達は統制前と後の出荷における商人の負担を、次の如く算定した。すなわち扱苧一丸（荒荷分）について表Ⅳ－一一のとおり、広島城下での全公課支出において統制施行後は、従来より札銀一八匁ほどの超過となり、表Ⅳ－一二は広島城下出荷分のみ七分五厘ほどの超過となり、結局これら超過分は生産者の原価に繰りこまれ「百姓共難渋ニ落入申候」事態になるのである。

この不穏な空気をやわらげるため、豊島屋円助は自信をもって、みづから山県郡の生産地へ説得にのりこんできた。この間の事情は一村役人の著した「太田騒動記」にくわしいが、[2] それによれば「此円助儀者余程かね持にて御上ミ御為筋ニモ相成し」と、藩から与えられた特権的商人としての位置を評しつつ、「此度扱苧一件ニ者演説之趣、常ならぬ深き工《たくら》ミこそ有之屋《や》うに相聞へ候故、百姓大ニ立腹し」ていた所で、結果は逆となってしまった。すなわち八月三日夕刻下筒賀村庄屋重右衛門方へ到着し一泊した夜、同村および加計村の農民生産者が早くも訴願に罷出て円助を立腹させたが、翌四日になると村役人・長百姓を呼出し説諭の最中に近村の農民六百人が門前に群集し、「早々被二仰聞一不レ被レ下候ハねば銘々共只難渋ニ落入」るとし、中には「殊之外荒言」をいい、円助目がけて「手頃成石或ハ土草履古下駄を投げ掛け」る有様に、円助は「一言半句もでず恐れおののき」はじめた。割庄屋佐々木八右衛門、その子庄屋三郎左衛門の農民に対する説得も夜に入り功を奏したかにみえたが、川登辺の農民「百人計も明松を灯し上原迄来り、大音声ニ而船を呼、其勢ひ山に響きてすさましければ、円助者誠ニ命をも取らるることと思」い、加計まで逃げ、またここで七八十人の農民に追われ、三郎左衛門の上ノ田屋の別宅へ隠れ、翌五日円助は「三郎左衛門へ窺もなく命が大事と御船へ飛乗り、佐々木氏の荷物へうづくまり、ため息を突計に而漸広

表Ⅳ－11　扱苧１貫目出荷の際の公課（藩札による）

統制前		統制後	
水揚げ	6分	水揚げ	6分
蔵敷	2匁	御改所ナヤミ入用	3匁
積出し御運上	7分5厘	積出し御運上	7分5厘
		御改料莚代共	17匁
	3匁3分5厘		21匁3分5厘
（差）　18匁			

表Ⅳ－12　広島城下出荷分入費（藩札による）

統制前		統制後	
水揚げ	6分	水揚げ	6分
問屋口銭	36匁	けた違い	16匁
（銀目２歩５朱の内問屋口銭１歩８朱、残７歩買人引）		（10貫400目仕立につき売方損亡代） その他改料、運上、ナヤミ入用等計20匁7分5厘	
	36匁6分		37匁3分5厘
（差）　7分5厘			

（広島表入用書貫覚）

嶋へ帰」ったのである。

ところで、藩は再度郡廻り役波多野粂吉を八月十二日同地へ派遣し説得にのりだしたが、波多野は職柄か下地の事情にくわしく「御理解被二仰聞一」生産地の加計・上殿・津浪・坪野等の訴状をうけとり、「近日之内御沙汰モ可レ有レ之候間一統気狂不レ致様相待」てと、諭して帰城した。この折、各代表の口上の中には、新しく、丹波屋七兵衛売り以外に兵庫売の自由を申請している項目、御改料正銀壱匁七分は村毎出来苧の運上として、御上に差出してもいいという項目が組みいれられており、市場の自由獲得のためには、若干の代償は支払ってもいいという態度を示している点が注目される。

九月上旬、波多野粂吉の回答のないまま、桝点役人が入郡し、十二日戸河内村へ入ったところ、四、五百人の農民にかこまれ、筋違いを理由に取りあわなかったところ、「十ケ村の百姓城下江罷出願可申上」と、一揆の様相となった。この騒ぎは村役人の必死の説得で一時おさまったが、この事態の報告をうけた藩は、ようやく九月十七日、扱苧方と無関係の山口郡兵衛を派遣し、加計村にて四、五百人ばかりの農民に、「山県郡尺《だけ》者差免《ゆる》し候条古来仕来之通勝手次第ニ売買可致」とのべた。しかし農民は喜び沸きかえるかと思いの外、「この趣意は山県郡のみの通達では承知できぬ」と、国中他郡他村にも同趣旨を触示せと押し返した。そして十八日には「村々ゟ千人計も出揃」う事情となり、たまりかねた山口は刀を抜いて威嚇したところ、逆に「御手並見申抔と色々悪口雑言を申ス族モ有之」城下へ押出せと、「前代未聞之大騒動」となってしまった。しかしやっと村役人、とくに加計村の割庄屋佐々木八右衛門の尽力で落着した。九月二十日は全く扱苧商売は従来通りの達示があり、この戦いは完全に農民生産者側の勝利に終った。もっとも翌々弘化五年二月、騒動参加者全員は三日押込の処罰をうけているが、これは形式的で大した処罰ではなかった。その人員数は表Ⅳ－一三の通りである。

このような闘争の経過をたどって気付くことは、この統制が商品流通過程の掌握による藩専売制であったにかかわらず、直接の被害者である在郷商人の抵抗は、裏切り者を出しつつも消極的であり、対立は激化していない。そしてこの統制が、本質的には商品生産者への封建的圧迫であることを闘争の過程でじょじょに気付いた直接生産者の、暴力的と思われる反対闘争によってはじめて勝利を得たことが重要である。「統制を廃す」と宣告する藩の役人に、「郡内の布礼のみでは徹底しない」とせまった生産者側の意識は高いといえる。そこには従来の大坂市場の独占的立場から脱却して、国内市場の盛大化を背景としたものがあり、生産力・生産者の立場はいまだ「前近代的」な立場をよりどころにしつつも、「禁欲的」な生産行為は、従来の生産関係を打破する方向が正確に芽生えていたと考えられよう[3]。

表Ⅳ－13　騒動参加者員数

	百姓浮過数
加計村	692人
津浪村	151
下筒賀村	129
下殿河内村	163
上殿河内村	230
中筒賀村	182
上筒賀村	246
戸河内村	730
計	2,523

（扱苧一件居合御注進書付）

註（1）広島大学附属図書館「隅屋文庫」弘化二年「麻苧御仕法一件諸

控」(『加計町史資料』下巻所収)による。

(2) 安芸太田町土居上屋敷(丸城)文書「太田騒動記」(『加計町史資料』上巻所収)による。

(3) 小稿は畑中誠治・土井作治の共同研究の成果である。つまり、土井の『加計町史』の編さん中に収集した扱苧関係資料と畑中収集の同資料を持ち寄って数回以上討論し、それをもとに畑中がまとめた。

三　芸北中山駅と石見路

1　領域市場の形成

慶長六年(一六〇〇)、芸備両国に入封した福島正則は、新しい軍事力編成の社会的基盤を構築するため、総検地・刀狩り、貢租体系の整備、治水・用水・干拓など積極的な領国経営を進めた。このうち、領国市場の形成と関係の深い流通政策の特徴をみると、まず第一に、福島氏は初期豪商の存在を否定する政策をとらず、むしろ、その掌握につとめて、かれらの営む初期豪商経営を利用している[1]。すなわち、この段階では、広島城下町が領主階級の物資の供給・生産および年貢米の販売市場として不十分なため、尾道の泉屋・笠岡屋、三原の川口屋らに年貢米の売払い、大坂市場への廻米、上方物資の購入を請負わせるなど、遠隔地商業を営む初期豪商に依存していた。したがって、第二に福島氏は、瀬戸内沿岸の諸港を中心に発達した初期市場=小市場を容認せざるをえず、領国内の市町商業の頂点に城下町商業をおく、領城市場の形成にたいしてはいまだ消極的であったといえる。

たとえば表Ⅳ-一四のように、慶長六年(一六〇一)の領国総検地において、初期豪商的経営が支配的であったとみられる広島・尾道・鞆・三原・宮島などの主要な商業地は、検地の実施対象から除外し、その体制を容認した。これにたいして、在郷の商業地としての性格を示す市町は、村々と同様の検地が実施され、町屋敷地ばかりを独立せしめて別帳に仕立て、市町の商業機能を大幅に制限した。すなわち、領域内商業の担い手として発展しつつあった市町商人層の存在とその役割を否定し、兵農分離につづく農商分離をも行って直接領主・農民関係の徹底をはかる政策を急務としていたことにほかならない。このことは福島氏の治世二〇年間（慶長五～元和五）に領域村々に出自をもつ広島城下町商人の存在が極端に少ないことにより、この間の事情を裏付けている。[2]

表Ⅳ－14　慶長6年広島藩商業地の検地有無一覧

		検地をうけない町名	検地をうけた町・村	
			町村名	石高
安芸国	広島城下 佐東郡	広島町	広島町はずれ	石 372.190
	佐西郡	宮島町	廿日市町屋敷	95.890
			草津町屋敷	52.025
	安南郡		海田村	48.380
	安北郡		可部町屋村	65.990
	山県郡			
	高田郡		十日市吉田村	25.515
	賀茂郡		四日市町屋敷	83.200
			下市町屋敷	42.955
	豊田郡			
備後国	御調郡	尾道町・三原町		
	世良郡		高山町	43.030
	三谷郡			
	三吉郡	三吉町		
	恵蘇郡			
	三上郡			
	奴可郡			

備考　「芸備初知郷村帳」（元和引渡帳）による。

　したがって、福島氏には初期豪商の経営を解体させ、幕藩制的領域市場の成立を促進させるような流通政策の方向を明確に認めることができないのである。

　つぎに元和五年（一六一九）、福島氏のあとをうけて芸備四二万石余に入部した浅野氏の前期流通政策の特徴は、まず第一に、藩が強権的に船持・船頭を加子役に編成し、海上輸送を公役制に切りかえたことがあげられる。この段階になると、幕府による海外貿易の禁止や大船建造の制限とともに、朝鮮信使・幕府使臣の往来などへの船舶・加子役負担、また、浅野氏にとっても参勤交代・廻米・物資輸送など海上交通に依存するところが多かったから、軍役としての強力な輸送体系をみずから組織する必要に迫られていたのである。[3]

第二に広島城下町における流通機能の拡大策と領内の市町機能の容認があげられる。元和五年八月、浅野長晟が入国早々新領主として公布した郷村掟書に[4]、「当国百姓之儀者不及申、奉公人ニよらす仕置不申付以前ニ他国へ一切出間敷候」と走り百姓を禁じて以後、年貢収取のため農民を在地へ緊縛する基本的意図は変らなかったが、広島城下への人口流入は比較的寛大であった。表Ⅳ－一五によれば、元和～正徳年代の間の町組家数の増加は二・四倍となり、とりわけ、寛永二～寛文三年の三八年間に一二一六軒と、いちじるしい増加を示している。また、元和五～元禄十三年までの期間に来往した有力商人は七一人（全体の六〇％）を数えるが、そのうち領内各地からの来往者は二〇人と、有力商人にも及んでいる。[5]

広島藩は、寛永十五年（一六三八）・正保三年（一六四六）の両度にわたり、広島・三原両町[6]以外の蔵入・給地村々の検地を実施した。その際、町方屋敷の石盛が尾道町では五石から一石までの九等級、廿日市では一石八斗から一石三斗までの四等級などと、町方商業機能に対応した高付が行われ[7]、在方における商業地の生産性を割出し確定した。広島藩の町方分布のうち、制度上公認した町方は城下町広島・三原・尾道・宮島の四か所にすぎないが、ほかに町年寄制を採用し、町場機能をもった海田市・廿日市・四日市・竹原下市・三之瀬・可部などの港町・宿場町・在町があり、さらに町年寄制を設けないが一定の地域に町場を形成した甲山・東城・西城・瀬戸田・草津・白市など在郷の市町があった。高宮郡の市町をみると、つぎの諸村に開かれている。

鈴　張　村　町役銀上納、町並ニ相成市立不仕候

表Ⅳ－15　広島城下町の戸口の変遷

年　　代	町組家数	借家竈	武家家数
	軒		軒
元和5年（1619）	2,000	2,065	700
寛永2年（1625）	2,288	3,458	（軽輩衆ヲ除ク）
寛文3年（1663）	3,504	?	1,350
正徳5年（1715）	4,851	?	1,563

備考　1「自得公済美録」「芸備国郡志」「広島藩御覚書帳」より作成
　　　2　正徳5年の町組家数には新開組893軒が含まれている。

古　　市　市立不仕候
狩留家村　牛馬市御免
両中野村上市　牛馬市御免、水主町同断
河　　戸　市立不仕候
飯室村　市立不仕候
可部町　毎月市　二七一定日ノ事

これら市町は、「諸方より代呂物《しろもの》持参り売買仕候」と、周辺農村の生産物が集まり売買されると同時に、農村内では自給し得ない物資を補給する農村市場であった。このような市町は、高宮郡七か所、高田郡一〇か所、山県郡七か所など諸郡に存在しており、いずれも寛文・延宝年代までに開市を許可されている。このことは、広島城下町をはじめ領内各市場の編成を活発に行ったことを示している。

第三に広島藩は、他国米・領内米の津留め政策をとって領主米の領内市場売却および大坂廻米にあてるとともに、領内の諸物産に対しても初期専売制をはじめ、きびしい流通統制を実施した。他国米の移入については、寛永八年（一六三一）山県郡の石見国境に「他国米当国へ入候事堅停止」と、「米留札」を建てて米穀の流入を禁止したのをはじめ、米留奉行・川口番所を設置して領内一円にこれを実施した。他国商船の出入の多い宮島・尾道および城下町広島においても、他国船へ転売する条件で、他国米商事が許されたが、これら移入米を領内向けに売払うことは禁じられていた。同様に領内の米穀についても、寛永十一年端境期（一月〜五月）に城下より積み出すのを禁止したのをはじめ、強い統制が行われた。そして、貢租米の一部は、銀納および遠隔辺境地での所払い制により売却されるとともに、大坂廻米を除き、その多くも広島・尾道・三原その他の領内市場の米屋（領主米の購入・販売仲買業者）を通じて領内販売が行われていた。

また、広島藩は初期から板・材木・鉄・紙などを藩専売制下におくとともに、割木・薪・柴・黒炭などの林産物をはじめ、各種の物産にたいして、札銀・歩銀・運上銀等を徴収するなど商事統制を厳重に行ったのである[8]。

以上のように浅野氏の前期流通政策によって、領内の一定地域で小市場圏を形成し、隔地間商業に重点をおく初期豪商の存在意義が否定され、解体されていった。そして、幕藩制下の領国経済にふさわしい藩領規模で統一された領域市場の形成が強力に推し進められた。それは四二万石の藩領規模に照応した領域流通機能を備えた城下町広島および領主米の大坂廻米機能を兼備えた他国商事の拠点尾道を成立せしめるとともに、領内各地において中継的商事機能を備え、城下町商業の補完的役割を果す地域市場の成立がみられたのである。そうした藩政策のもとで幕府の領内流通銀の停止や、寛永通宝の大量発行による通貨統一、秤や枡など度量衡の統一などによって流通過程に画一的な規制が加えられていき、領域市場に組み込まれた市場のおのおのが、いずれも中央市場大坂に結びつき統一的流通機構が形成されたのであった[9]。

その外、石州各藩の流通政策についても、山県郡中山駅と隣接する石見国邑智郡を中心に検討しておきたい。石見国は表Ⅳ－一六のごとく、銀山領（天領）、浜田・津和野両藩領が錯綜していた。

銀山領は、慶長六年（一六〇一）邇摩・安濃・邑智三郡を中心に成立し、広島藩領との関係は、邑智郡を通じて行われた。「石州銀山盛申候」は寛永年代までで、しだいに銀銅の産出高が減少し、延宝三年（一六七五）には銀山奉行も廃され、代官所に引きつがれる。西回り航路開拓以前の石州銀輸送は、「御運上銀三百貫目おの道迄参候[10]」とあるごとく、出雲国赤名から広島藩へ入り、布野・三次・吉舎・甲山・市村・尾道へ継ぎ送り、そこから船積みして大坂へ廻送され、その道中は、沿道各藩の公役負担であった。また、商人荷を含む諸物資の流通には右のほか、川本・出羽・中山・本地・可部・広島の石州路が、「往古ゟ手荷物手馬を以、何方迄も御料・御私領付送り来候[11]」と多用されており、日本海沿岸の諸港の利用が盛んになるのは、西回り海運の成立以後のことである。

津和野・浜田両藩は、それぞれ慶長六年（一六〇一）・元和五年（一六一九）に成立したが、藩領域が錯綜しているため、非領国型の流通政策がとられていた。農民支配の基本である「郡中法度」にも浜田藩においては、多くの箇条をさいて他国他領との商事出入等を厳しく戒しめ、銀山領・津和野領との関係には、つぎのとおり慎重な指示を行っている[12]。

一、銀山御領境ニ有之百姓共、常々相慎、御料之百姓と出入無之様ニ可仕候、且又御料ニ火事騒動之儀有之者、聞付次第早速代官所へ可致注進事

一、津和野御領之儀ハ御間柄之事候条、是又相慎、出入無之様ニ可致之事

附、他領若火事其外騒動之儀有之候共其場へ懸付申間敷事

表Ⅳ－16　石見国六郡村数表

郡名	石　高	銀山領	浜田藩	津和野藩
安濃	石 14,170	村 36		
邇摩	16,150	57		
邑智	38,880	64	村 47	村 2
那賀	36,270	17	70	27
美濃	26,960	1	49	48
鹿足	15,042	5		58
合計	147,472	180	166	135

これら藩領と広島藩との物資流通は、浜田・市木・中山・本地・可部・広島、津和野・六日市・津田・廿日市、および布野・三次・吉田・可部・広島の三ルートを主たる通路にしており、領内諸産物の他国積出しあるいは他国商品の移入等の統制については比較的緩和されていた。たとえば阿須那牛馬市は、明暦二年（一六五六）開市期間が指定され、天和二年（一

六八二）には「近国備後・安芸・雲州牛馬商売之市ニハむちさき御座候」という理由で口銭（市場手数料）徴収を規定し、さらに開市期間中に集まる諸商人の店役銭取立も確立するにいたった。[13] つまり、阿須那牛馬市は、牛馬売買市場であると同時に、蔵米・米大豆・清酒并砂糖地黄煎・魚類・鰹節・薬種・呉服・古手帷子・木綿小間物・大工道具、そのほか軽キ辻売・見世売・其他商売物などが売買される商事機能を備えた定期市に発展し、他国他領からの諸商品売買が活発に展開されたのである。

ところが、これら非領国型の藩と違って、銀山領・広島藩とも領域を接した雲州松江藩（一八万石）の場合は、早くから「他国江出間敷品并従他国入来御免品」を定めて、流通統制を強化していた。元禄八年（一六九五）五月の「他国へ出間敷品」は、米・大小豆・雑穀・竹・炭・薪・紙・楮・油種之類・たばこ・核苧・荒苧・牛・馬・御法度之諸鳥など一四品目、移入御免の品は生蠟・漆・木わた・同綿・備後表・七島表・琉球表・あい・煎茶・塩・胡麻・平戸油・油草類・油糟・数子・刺鯖・鰹節・干賀鰯・鰤・たばこ・核苧・荒苧・木地小物・備前焼物・伊万里焼物など二五品目にわたっている。[14] これらは藩領成立時からの政策であったことが窺われ、「此外何色之物ニ而も御制禁之事」と、領国経済の確立にとって必要物資にかぎり移入許可されたものに外ならない。

したがって、これらの地域からの他国積出しは、広島・尾道等を中継的商事基地として大坂市場へ廻送されるのが主流であったのが、西回り海運の発達により、しだいに山陰諸港から直接大坂へ廻送されるようになり、流通構造の変化をもたらしたことが注目される。

註（1）運輸手段として船を持ち、商品売買機能を備えて遠隔地間の貿易、あるいは領主米の輸送・販売にあたる経営を行っており、尾道の渋谷・泉屋・笠岡屋・三原の川口屋らの名があげられる。

（2）「知新集」によると、広島城下町・新開に来往した有力商人一一九人のうち、福島時代は一〇人で全体の九％、そのうち、領内に出自をもつものは、わずか二人に過ぎない。
（3）畑中誠治・隼田嘉彦「近世初期における加子役の成立と市場の構造」（福尾猛市郎編『内海産業と水運の史的研究』所収）。
（4）「自得公済美録」巻十二下（『広島県史』近世資料編Ⅲ所収）。
（5）この外には、出自不明一八人、浅野氏に従って近畿地方から来たもの一三人、広島での分家一〇人、そのほか他国から来往したもの一〇人である（「知新集」）。
（6）三原町は、広島藩筆頭家老浅野甲斐守の知行所で、三原城下町でもあった。
（7）可部町屋敷の石盛は、寛永十五年検地では、上田なみの一石五斗であったが、正徳五年検地では三石五斗から二石までの四等級を採用し、在町の商業機能の飛躍的拡大を、町屋敷の生産性として高石盛に結ばせている。
（8）後藤陽一「広島藩の商品統制」（『魚澄先生古稀記念国史学論叢』所収）。
（9）小野正雄「寛文・延宝期の流通機構」（『日本経済史大系』3　近世上所収）。
（10）「銀山旧記」（『新修島根県史』史料編3所収）。
（11）宝暦四年「石州川本村荷物、中山村駅ニ而古例之趣ヲ以差留申ニ付、川本町役人馬持〻大森へ御願申上候願書」（山県郡北広島町中山　円光寺文書）、中山村庄屋文書の一部で、主として享保期から化政期にいたる石州商荷の抜荷・抜道制止一件を内容とする。以下文書の所蔵者名を付さない場合は、すべて円光寺文書である。
（12）元禄十二年「御制禁御触書写」（『新修島根県史』近世2所収）。
（13）「阿須那牛馬市関係文書」（『新修島根県史』史料編3所収）。
（14）元禄八年五月「他国江出間敷品并従他国入来御免品々」（『新修島根県史』史料編3所収）。

2　中山駅の成立とその機能

山県郡中山村は、慶長六年の福島検地によると、村高一三五石五斗八升五合、畝数八町五反九畝の小村である。

そのうち、洪水による地損高四四石七斗（畝数五町六反余）が万圓高となり、毛付高九〇石八斗余（畝数一二町九反余）、年貢免二ツ七歩九厘（上り詰二ツ八歩、下り詰一ツ五歩）、諸上納米三石一斗、諸上納銀七九匁四分であった。村落構成は、表Ⅳ－一七・一八のとおりで、本百姓一八人、下人・浮過二〇人と零細・隷属農民層が多数を占めているうえ、自村のみでは薪・肥草や伝馬飼料も自給できず、新庄・舞綱両村から請山・入会の権利を得、さらに「農余浮儲」もほとんどないという窮迫した僻村であった。

さて、石見国市木・出羽両駅にもっとも近い中山駅の設置年代は明らかにできないが、寛永十三年（一六三六）六月の宿駅駄賃には、つぎのような定がある。[1]

定　　中山

一本地迄　　駄賃銭　四十八文
一出羽村迄　同　　　六十六文
一市木迄　　同　　　六十六文

右壱駄荷者米納六斗目、乗掛之附荷者弐斗目、若先之馬差合候ハ、定之駄賃者取、一次者通し可申候、此旨於相背者馬主之儀不申及、庄屋・月行事共ニ曲言ニ可被仰付者也

寛永十三年六月朔日　浅野出羽守

この駄賃銭は、広島藩の宿駅二〇か所について同時に定めたものである。しかも、これは、幕府の寛永通宝（新銭）通用の諸国宛触書にもとづいて、従来の銀表示駄賃を改定したものであった。広島藩の駄賃銀は、寛永八年（一六三一）二月に制定しているので、中山駅の設置年代もこれ以前ということができよう。[2]

中山駅の公用通行施設は、正徳・享保期のものであるが、だいたいつぎのとおりである。[3]

本陣　一軒　湯殿・雪隠・大手共　百姓持
　　　一軒　本陣附厩
伝馬　一五疋　　　　　　　　　　百姓持
馬継町間・家数　長二町、家数二八軒

表Ⅳ－17　中山村構成の推移

		正徳5（1715）	享保5（1720）	増	減
畝数		185.900反	185.900反	—	—
村高		135.585石	135.585石	—	—
家数	本家	18軒	18軒	—	—
	小家	14	22	8	—
	百姓蔵	1	1	—	—
	寺・堂	3	3	—	—
	牛馬屋	11	12	1	—
計		47	56	9	—
人数	本百姓	18人	18人	—	—
	親類掛り人	19	17	—	2
	無高浮世過	12	1	—	11
	下人・掛り人	8	19	11	—
	男計	57	55	—	2
	女計	68	65	—	3
計		125	120	—	5
牛数		12匹	13匹	1	—
馬数		20	20	—	—

備考：正徳5～享保5年の中山村人口動態（120人中）
　増加　他村戻り・同胞12人　出生12人　計24人
　減少　奉公出・帰村　6人　死去23人　計29人
　差引　6人　－11人　－5人

表Ⅳ－18　享保５年の中山村の構成

	職名	名前（歳）	石高	家数 本家	家数 小家	家数 牛馬屋	家数 肥屋外	家族数 配偶者	家族数 親	家族数 子	家族数 孫	家族数 兄弟外	下人数 下男	下人数 下女	下人数 家持下人	牛馬数 牛	牛馬数 馬
1	問屋	池田屋　作右衛門（54）	石 20.625	1	3	1	3	1		2	2		1		2－1	2	3
2	〃	小下　三郎右衛門（59）	20.303	1	2	1	3	1		2			1		1－5	?	?
3	〃	胡屋　新三郎（51）	16.377	1	2	1	1	1	1	1		1				2	2
4	〃	板屋　五兵衛（68）	12.068	1	1	1	1	1		2		1				1	1
5	馬持	口羽屋　又右衛門（48）	9.475	1		1		1		1					2－7	1	1
6	〃	紺屋　久右衛門（45）	7.412	1	1	1		1	1			4			1－2	1	1
7		大暮村七郎兵衛下作　次郎左衛門（45）	7.321	1		1	1	1		4							1
8		坂本屋　孫兵衛（43）	7.247	1		1		1		3		1				1	1
9	〃	籠屋　庄右衛門（32）	6.051	1		1		1	1	1		2					1
10	〃	円光寺　三之助（12）	5.575	1	1		1		1			1			1－3	1	1
11		札本屋　市六（27）	5.819	1			1		1			5		1			
12	〃	大下　六郎右衛門（59）	2.554	1			1	1		1					1－2		1
13		下市　清三郎（77）	.160	1				1				1					
14	〃	中屋　作兵衛（41）	.100	1				1		1		1					
15	〃	三坂屋　伝兵衛（31）		1				1							1－1		
16		楢原　長四郎（49）	.102	1				1		1		3					
17		〃　弥右衛門（59）	.100	1		1		1		4						1	
18		天野屋　忠右衛門		1													
			121.289	18	10	10	12	15	5	23	2	20	2	1	9－21	10	13

備考１　享保５年７月「山県郡中山村人家牛馬御改帳」による。
２　家数のうち小家は，部屋・小家・借家・下人家を一括した。
３　天野屋忠右衛門家は，正徳５年以後死絶しているが，帳のとおり加えた。
４　帳の統計と内訳において，石高にたいして所持高が14石296少ないなど，家数・家族・牛馬数にも相異がみられるが，そのまま内訳数で示した。

問屋　五軒　御用荷物引請壱軒
石州出入の商人荷札請引四軒

また、中山駅所の町割は、往還道をはさんで一〇軒余が立ち並び、ほぼ中央あたりに本陣があり、円光寺に隣接している。本陣施設が、公用通行に利用される頻度は、それほど多くはなく、寛永十年幕府巡見使一行の領内巡回にあたっては、山県郡新庄村に設営された御茶屋に二泊の後、中山駅を素通りした。定期的に通行したのは、浜田藩主の参勤交替程度であり、あとは銀山領、山陰諸藩の家臣通行等であった。

浜田藩主の通行は、山県郡中山駅本陣で昼休みをとるのが慣例で、その規模は、馬上七騎、足軽六〇人、中間人足一〇〇人とほぼ五万石の大名格式であり、本陣のほかに宿一〇軒、牽馬二、継馬三九、継駕籠八挺、継人足二四五人を揃え、ほかに本陣・人馬所の肝煎、先払い・火の元見廻り・遠見の者などの村役人・夫役を組合村々から動員している。もちろん、この大名行列を中山村だけで負担することはできず、他村の出役がなければ役務を完遂できなかった。

つまり、中山村をあげて出役しても、継馬の三五％、継人足の一七％しかつとめ得なかったのである。

もっとも公用通行の人馬・荷物の継送りを第一義とする本来の駅所機能であるが、さらに伝馬・人足は駄賃稼ぎを行い、駅所維持をはかるよう規定された(4)。

> 駅所ハ定駄賃ヲ以平生御用筋烈敷相勤、右御用之透キニ者、商人荷物附送り相対駄賃儲ヲ以御用向無滞相勤候儀ニ付、都而往還筋駅馬送り之商荷ハ、駅馬之者引受送候儀素り之儀ニ候

中山駅においても、藩初以来の他国米・自領米の移出入禁止は厳守されるところであり、主として出雲・石見両

国および芸備奥郡の特産商荷の輸送が行われていた。そのうち、もっとも通行量の多かった石州鉄荷の場合、広島藩は初期から他国荷主にたいしても、吹屋馬札二五枚分の運上銀を上納させて可部・広島への運送を認めた。しかし、馬札を所持しない鉄荷に対しては、「改人」が差し押へ売払い代銀のうち六割は藩へ納め、のこり四割を「改人」の所得にする制をとっていた。

ところが、直接運送にあたる中山駅では、村規模が小さく、駅所維持も困難であるところから、慶安年代に伝馬「御用馬」の駄賃稼のための鉄荷の確保を願い出ていた。かくて、明暦三年（一六五七）七月、「御作法之御添書」＝「鉄荷運送定」と、吹屋馬札六枚の下げ渡しとなった。「鉄荷運送定」はつぎのとおりである。[5]

一新庄筋より中山村へ出し候鉄荷共、不残中山村江おろさせ申候、但中山ゟ奥ニ而仕候御領分割鉄者馬札相改、札持候もの通し可申事

一鉄荷とも中山村江おろし置候を荷主手前より取来候者、馬札相改渡可申候、但中山村之馬札ニ而も荷主相勤仕節可申出事

一馬札無之鉄荷一切懸り不申筈之条、若札無之者中山ゟ山県郡之内ニて見付候ハヽ、押置可申事

これは、広島藩が中山駅を通過する他領・自領の商人鉄荷の荷改めの権限を中山駅に与えた法令で、他領よりの入荷、領分荷ともにいったん「おろさせ」た後、馬札所持の鉄荷は、そのまま通過または荷主渡しとし、無札荷は中山馬にて駄賃運送することを認めたのである。

したがって、石州鉄荷の広島領または広島町への移入自体を支配することになり、幕藩制国家の領域市場の形成にとって、画期的な意味をもった。しかも「当村御駅所御伝馬飼料持続之儀は、石州出入之売買諸色之荷物駄賃銀

を以、家業仕、古来より御用相勤来申候」と、石州荷輸送を請負うことが中山駅経営の基本的条件とみなされていくのである。

かくて、中山駅において「荷物継送り作法」が成立した。(6)

① 中山駅用立の馬は、古格により毎日二疋を休ませる。

② 公儀荷物の伝馬運送は、駄賃銭を平均化するため、荷物一運切りに鬮取りを行う。

③ 商人荷の伝馬輸送のうち遠隔地向けの荷は一運切りの一番ぬり、近接地向けの荷は一運ごとにならし鬮取りで行う。

④ 伝馬つとめの商人荷のうち軽い荷は、「下ケ駄賃」で鬮取り輸送する。

以上のように、輸送荷の引受けは、取扱い問屋・馬持の駄賃稼ぎが均等になるように、伝馬持家別の鬮取り順番制を原則的に採用し、公用・商人荷の区別、輸送距離、荷物の重量などによる特例を設けた。なかでも、鉄荷類の輸送は、中山村伝馬持の所持高に応じて荷物を割当てる方法を採用している。これは「百姓取続き御納所・諸役目等相勤悦申候」とあるごとく、中山村農民のほとんどが、伝馬を所持し、公用輸送に携わって、その維持を果すとともに、年貢諸役など高割の公的諸負担をまかなう上から、村請制の方法を必要としたのである。「中山村鉄荷請引支配」の方法は、村高一三五石五斗八升五合を四組に分け、一組を三三石八斗九升六合とし、問屋一軒、伝馬五疋を配置した。そして、各組が「問屋馬、組合之馬抱相応ニ過不足無之様ニ抨鬮取」にして、鉄荷輸送につとめるというものであった。(7)中山駅の伝馬による石州荷輸送の仕組は、村落共同体の責任において、領域市場確保に必要な流通統制の役割を担い、村の成立基盤をそこにおくという特徴的な存在を示すことになった。

こうして、広島藩の領域市場の形成と、軌を一にする寛文・延宝期に石州往還においても、諸物資の流通機構が成立したのである。その具体的な事例を、中山駅の隣駅邑智郡出羽駅の「古格」とよばれた慣行をもって指摘して

おこう。(8)

一御用御荷物之儀、何々至迄、昼夜ニ不限、御定法之賃銭請取念入、急度相勤可申事、馬子共之儀、壱年渡り之者ニ御座候得者、先年御役所様ゟ御下ケ被成候御書付之趣、聊不法之筋無之様、手堅被仰聞奉畏候、次商人荷持之儀、随分念入、余分指問候時者、在馬又者人足ニ而無滞送り候様、被仰聞承知仕候

一鹿賀・因原・矢上・中野村・井原辺、惣而可部出シ売買荷物、当駅ゟ中山駅所江継送り可申義古格ニ御座候

一鱒淵ゟ上田所辺、惣而可部出し売買荷物、当駅ゟ中山駅所江継送り可申事、并山県辺江出シ候荷物も、当駅馬へ相懸り候事古格ニ御座候

一亀谷ゟ可部出シ売買荷物、右同断之事

一矢上・中野村辺、其外惣而中三坂抜道、中山行抜道ニ御座候得者、見当り次第指留メ可申義古格ニ御座候、

一鱒淵・田所、其外近郷商人荷物者不及申、惣而其村居払ニ而売候荷物、并付売之約束ニ而御座候とも、小寄セ候荷物ニ御座候ハヽ、駅馬ニ相懸り候義古格ニ御座候

一高見ゟ中野村辺へ出し候売買荷物、当駅江相懸り候事、高見谷・馬ノ原越者間道ニ御座候得者、見当り次第指留メ申候義古格ニ御座候

一川本ゟ川筋都賀・宇須井・口羽・上田・戸川内・阿須那・其外惣而売買荷物可部出し分、当駅ゟ中山駅所江継送り可申義古格ニ御座候、高田通り可部出し致候時者、抜道ニ御座候得者、見当り次第指留メ可申義古格ニ御座候、

一口羽・宇須井・阿須那、惣而中野村辺江出し候売買荷物、当駅江相懸り候儀古格ニ御座候

一井原・中野村辺ゟ阿須那・高見・宇須井・百石辺江出し候売買荷物、右同断之事ニ御座候

つまり、邑智郡村々で生産される諸商品の大部分は、銀山領・浜田領の別なく出羽駅に集荷の上、駅馬をもって

中山駅へ継送り、可部・広島の問屋筋へ引渡すのが「古格」であり、それ以外の通路を輸送すると「見当り次第指留メ」ることになっていた。この「輸送作法」は、出羽駅にかぎらず市木駅・中山駅も同様であり、領域市場成立期の領主的流通機構の規範であった。

註
（1）寛永十三年六月「自得公済美録」（『広島県史』近世資料編Ⅲ所収）。
（2）中山・円光寺文書では、「中山村駅所初り、但シ慶安弐年丑」とあるが、「済美録」の触書の方に妥当性がある。
（3）「広島藩御覚書帳」・「学己集」・「理勢志」などに拠った。
（4）正徳元年「吉田町可部町駅馬出方之触状」（山県郡安芸太田町香草　井上家蔵）。
（5）明暦三年七月「山県郡代官より中山村庄屋・惣百姓中への達書」（山県郡北広島町中山円光寺文書）以下所蔵名を記さないのは同文書である。
（6）享保十七年二月「乍恐奉窺鉄荷支配口上」。
（7）享保十七年四月「中山村鉄荷請引支配之事」。
（8）本史料は、寛政三年八月、出羽駅馬持八人が代官所へ差出した「駅所古法」であり、抜荷・脇道輸送を取締る拠所としたものだけに成立当時を知ることができよう。（邑智郡邑南町出羽　有井家蔵）。

3　流通機構の変化

領域市場の形成期に成立をみた領主的流通機構は、元禄・享保期の商品生産の展開にともなって、どのように変化したかを検討しよう。

広島藩は、享保十四年（一七二九）十月、三次郡駅所にたいして、つぎのような代官達しを出している。[1]

雲州・石州商人荷物、右駅所江通し不申、脇道江通し候ニ付、馬持共迷惑仕候由申出候故、段々相しらべ之趣ヲ以申達伺立之候所ニ、畢竟何方之道ゟ荷物抜来候とても引請候所ハ、三次・吉田・可部ニ極り候間、向後抜道ゟ来り候荷物ハ、右三ケ所問屋共ニ切引請不申候様ニ被仰付候間、此後ハ脇道ゟ参候荷物、堅右三ケ所問屋共引請申間敷と存候

すなわち、三次・吉田・可部三町の荷請問屋にたいして、正規ルートを経由しない石州・雲州商荷の取扱いを禁止したもので、領主的交通施設の衰退につながる脇道輸送の増大を阻止する意図が窺われる。このことは、領外商人荷にかぎらず領内商荷にたいしても「三上郡或者山県郡駅々ゟ継馬を以、当両郡（高田・高宮）駅所へ伝ひ罷通り可申筈」と、所定の往還駅所の伝馬による継送りが原則であることを確認している。(2)

ところで、元禄・享保期になって、上述のように領内外諸商荷の駅馬継送りという原則を確認することは、すでにそれが守られなくなり、近道あるいは脇道をして目的の中継的商事市場へ商荷物を送り届けるようになったことを示している。しかも、「商人之勝手筋ニ而駅所へ不罷通、変道ヲ罷通り由相聞、此儀ハ荷主共駄賃下直計之得勝手与申ニも有之間敷、其道筋村々中宿・馬持共之浮儲与心得受引候儀哉ニ相見、甚不埒ニ候(3)」と、正規の往還道をはずした商人荷輸送が増加したのは、荷主・問屋の輸送費節減、商事利益の追求だけでなく、脇道筋村々の中宿・馬持らが「浮儲け」のために、すすんで商人荷を引受け運送しているからだと指摘している。つまり、往還筋の宿駅をはずれた村々でも、商品流通の盛大化の趨勢のなかで、駄賃稼ぎを求めて積極的な動きをみせはじめ、従来の流通機構に変化を与えはじめるのである。以上のことを中山駅の調査を中心に具体的にみておこう。表Ⅳ－一九は、中山駅の馬持およびその関係者が、「輸送作法」の違反者を摘発したため、出入・吟味にいたった事件を年代順にまとめたものであるが、内容を大別すると(1)正規往還道の追抜馬輸送、(2)雲石荷物（他領荷）の脇道輸送、(3)領内商荷物の近道輸送と三区分できる。

表Ⅳ－19　石州商荷の脇道・追抜荷

年　月　日	種　　類	買受・問屋	中宿・荷馬	送り経由
延宝　6・2・27	鉄荷	可部問屋	岩戸村仁左衛門・六兵衛	中山駅追抜き
元禄 10	大林村外都賀筋商荷	可部町問屋		石州所々馬にて追抜き
宝永 2	川本村荷物	可部町	川本村手馬	中山・本地駅通し馬
〃　7・12	雲州・石州商荷	吉田町問屋		三次郡より高田郡戸島送り
享保 元・9・11	川本村商荷	広島町	川本村通し馬	4疋追抜
〃　12・8・11	都賀沢筋扱苧3駄	可部町藤松屋	石原村多兵衛馬	抜追馬
〃　12・8・11	宇津井村久右衛門扱苧3駄	可部町井原屋	石州馬	脇道付届け
〃　12・8・11	都賀平蔵外2人扱苧2駄	可部町室屋	都賀九兵衛馬	脇道付届け
〃　12・8・10	石原村与兵衛扱苧1駄	可部町藤松屋	与兵衛手馬	大林・横田・佐々井道追抜
〃　12・8・10	宇津井村久右衛門扱苧1駄	可部町井原屋	壬生村源三郎馬	生田・壬生通り可部付届け
〃　12・8・10	都賀五郎右衛門扱苧2駄	可部町室屋	石州馬，壬生村九郎兵衛中宿	生田・壬生・可部付出し
〃　12・8・10	宇津井村久右衛門扱苧3駄	可部町井原屋	石州馬，壬生村中宿	壬生・可部脇道付届け
〃　12・8・12	都賀石原村与兵衛扱苧2駄	可部町藤松屋	大林馬	横田村七郎兵衛脇道送り
〃　12・9・15	都賀村売人荷	可部町室屋・井原屋	吉田町駅馬	生田・川根・佐々部村通り
〃　12・9・20	都賀沢筋荷物	可部町室屋・井原屋	都賀沢馬	佐々部・生田・多治比・吉田町へ
〃　13・10・2	酒谷村木蝋1駄	可部町新屋	石州馬	吉田町通り可部町付届け
〃　13・11・2	備後川井地村扱苧1駄	可部町室屋	吉田町与兵衛請負	勝田村大槙筋より可部町届け
〃　14・7・11	都賀村所荷50束	可部町井原屋	壬生村利右衛門中宿	川根村・吉田経由可部届け
〃　14・7・11	石州鑪釼釼荷荷44束	高田村北村亦三郎	壬生村彦左衛門中宿	生田・北・横田・吉田町送り
〃　15・11・14	口羽村扱苧8丸	吉田町問屋善三郎	佐々部村善六宿・同馬	佐々部村より吉田町付届け

(1) 正規往還道の追抜馬輸送

延宝六年（一六七八）二月、岩戸村仁左衛門・六兵衛が、石州鉄荷の可部運送を請負い、中山駅を通し馬しようとして摘発され、誤証文で落着したのを初発とするが、雲州・石州荷のなかでも銀山領商荷の運送には、出入りが絶えなかった。

邑智郡川本村の「御運上上納荷物」を積んだ手馬が、宝永二年（一七〇五）直接可部町へ通し馬をし、中山村馬持の差留めにあう事件が起った。また、享保元年（一七一六）四月にも、川本村の広島通し馬の馬数違反を理由に差留められ出入りに及んでいる。前者は、二年近くも係争を続けた後、宝永四年（一七〇七）二月にいたり、川本町年寄・庄屋と中山・壬生両村庄屋の間で、「大森御買物之用馬」を対象に、川本村役人発行（銀山屋・渡屋）の印札携行者にかぎり、年間馬数五、六〇疋、一度に二疋ずつの通し馬を認めるという協定を行った。

後者は、この協定に違反して一度に馬数四疋が通過しようとし、中山村馬持が二疋を差留めて差縺れにいたったもので、同年十月になって、川本町年寄・庄屋および荷主と、岩戸・大朝・新庄・志路原・壬生・中山村各庄屋との間で「内証相談」が交され、つぎのように「通し馬規定」を改訂した。(4)

一川本村ゟ追抜馬壱ケ月ニ荷物馬弐疋宛拾弐度迄ハ通し申筈ニ約諾仕候、合印札者中山村ゟ可相渡候由得其意申候、尤閏月有之候年も月別之積を以札御渡し可被成候、往帰不限昼夜を札馬罷通り申筈候、札取引之儀ハ壱ケ年弐度宛年中之札受取申分ニ相定申候、尤右之札日付有之儀故、壱ケ月壱弐駄通り候とも、或ハ通り不申月有之候共、其分よみつぎ不致残札其儘差戻し、とかく壱ケ月限ニ用、其月之札前後之月江よみ足シ申間敷候、勿論札持参候共壱度弐疋ゟ多通ラセ申間敷候

一札持不申荷物馬、中山村を通り候儀ハ不及申、脇道致通り候様成ル儀無之様可申付候

この結果、享保元年（一七一六）以後、川本馬と石州荷を運送する他の荷馬とを区別するために、「中山村印札」を年二回発行することとし、この印札を携えて年間二八八疋、一か月二四疋、一度に二疋ずつ通行することになったのである。

これらのことから銀山領産出の荷物輸送について、第一に宝永四年（一七〇七）以来、大森代官所および広島藩の黙認下、生産地・駅所役人の合意で合印札による通し馬制を採用したこと、第二に川本村通し馬は、「御番所御改を受、御運上銀上納仕、殊ニ往古ゟ鋳物師格別之子細を以、御公儀様大切之御林を被下置家業仕候」鉄釼類・蝋・扱苧などの商人荷を広島・可部の中継問屋まで輸送し、帰り荷には塩および若干の「商売荷物」を付馬していた。第三に、商荷物輸送量が宝永四年の年間五、六〇疋から、一〇年後の享保元年には二八八疋と、約五、六倍に急増していることなどに特徴がみられる。

とくに、合印札による通し馬制の容認は、私領内に対する特権的通行のあらわれであり、短期間での量的拡大は、この段階における特産物生産の増大を反映したものであろう。

(2) 雲石商荷物の脇道輸送

違反荷輸送の大半は、正規の往還道をさけた脇道（近道）輸送であった。

元禄十年（一六九七）、「御公領大林村御口屋御免許被為成候ニ付、右之筋へ商荷物少々宛抜荷仕申候」とあるごとく、[5]従来都賀沢筋の商荷は出羽駅へ出て、石州往還を継馬していたが、大林村に口屋番所を設置したことが契機となり、高田郡生田・川根両村から吉田町または勝田村経由可部町にいたる脇道を抜荷されるようになっている。

表Ⅳ－二〇は、中山村馬持が享保十二年（一七二七）八、九月の二か月間調査した脇道輸送荷をまとめたものである。都賀沢筋村々の商荷は、地域商人の手にいったん買取られ、そこから、広島藩境の高田郡佐々部・川根・生

表Ⅳ－20　石州商人荷の脇道輸送（享保12年）

生産地	荷　主	駄賃馬	搬入村（脇道）	送り先
都賀沢筋村々	浜田領口羽村商人 同　長田村商人　} 18人買取	高田郡川根村馬　13疋 浜田領長田村馬　12疋 同　口羽村馬　12疋	高田郡川根村宮本より来女木	高宮郡可部町
	雲州阿賀那村商人買取	雲州阿賀那馬 石州都賀沢馬 備後作木村馬	高田郡佐々部村より来女木	
	都賀商人 浜田領商人　} 買取	石州都賀馬 浜田領宇津井村馬　} 16.7疋 石州阿須那村馬　8疋	犬伏峠・来谷を越え高田郡生田村へ出る	

備考　享保12年10月7日「乍恐歎申上ル口上控」より。

田三か村のいずれかの村に入り、それぞれ近道伝いに可部町へ積み出されていた。その荷馬数は六二疋以上である。こうした脇道輸送は「可部町問屋荷物請負、駄賃銀取替遣し荷物ニも替せ銀かり申、勝手宜相見へ申候」とあるごとく、荷主・馬持らにとって、可部町問屋が各荷物の売捌きを担当し、荷物代銀・駄賃銀の前貸し・前払いを行うので、順調な稼ぎになるとみられており、可部町問屋の商事活動が商品生産・輸送の発展に大きな影響を及ぼしていたことが知られる。

以上のように、石見往還（銀山道を含む）と出雲往還に挟まれた地域および往還周辺地域において、往還筋を利用しない場合を脇道送りと考えられる。その意味で、石州に隣接した広島藩領の村々へ運び込まれる商人荷のすべてが該当するのである。かくして、脇道送りの石州荷は、元禄十年（一六九七）を初見として享保年代に集中的に摘発されているが、とくに公領の馬方に「我儘」が多く、口論・喧嘩出入が絶えないので、中山駅役人らはたびたび藩へ制止方を請願した。その結果、享保十三、四年に脇道対象地域の村々および吉田・可部・三次などの町問屋にたいして、抜荷・脇道荷の引受拒否の請証文を差出せることに成功した。しかし、雲州・石州商人荷の脇道輸送があとをたった訳ではなく、荷主・問屋らの間で抜道・抜荷制止にたいする対策が講じられはじめたのである。つまり、こうした脇道ルートの確立は、領主的流通機構を弱体化ないし破壊するものとして登場してきており、

荷主・問屋ら商品流通の担い手は、あらたな対抗手段をもって流通の拡大をはかるのであった。(6)

(3)　領域商荷物の近道輸送

もともと、領域商荷は「古来ゟ手馬ニ而追抜仕来候事実之儀御座候」と往還筋・脇道を問わず、手馬・駄賃荷輸送が行われ、商荷の種類によっては、吹屋馬札（鉄荷）、運上銀（扱苧・荒苧・薪炭等）十歩一税（荒荷）など札銀・運上銀が賦課されていた。ところが、藩境に接した山県・高田・三次郡村々で生産された商荷は、雲州・石州荷に「紛敷」と取締りの対象になっている。とくに高田郡北・生田・桑田・本・川根五か村の蝋・扱苧、その他の荒荷、および三次郡井川地・砂升・作木三か村からでる諸荷物が山県郡壬生村・高宮郡大林村経由で可部町へいたる近道、および高田郡勝田村大槙へでて可部町にいたる近道を利用するところから違反荷の疑いが向けられた。

こうして、享保十五年（一七三〇）十一月、本地村馬持が見張っていたところ、「石州口羽村ゟ扱苧荷八丸船二艘ニ積登、高田郡佐々部村土居四郎兵衛所ニ持込、同十五日之朝同村馬ニ付出し、吉田町問屋善三郎請引仕申候」という事実が見届けられた。このため、中山・本地駅では「石州ゟ付来候荷物ニ候間、脇道ゟ参候荷引請被申候儀、御作法ニも相背被申候」と糾明したにもかかわらず、吉田町では「此荷物は佐々部村荷ニ而向後とても請引仕」ととりあわなかった。つまり、石州口羽村荷物を高田郡佐々部村善六が買受け、同村土居四郎兵衛が運送を引受けて吉田町問屋へ販売を依頼した例であるが、吉田町問屋は荷主が佐々部村善六で、同村馬で運び込まれた以上、石州荷とはいえず、脇道通し馬の違反荷とされるのは「迷惑至極」と、中山駅所の申入れを拒否しているのである。(7)

この件は、結局「埒明不申」になるのであるが、こうした吉田・可部町問屋の対抗策は、脇道ルートの確定にとって一時凌ぎであったにせよ、さらに脇道輸送という新ルートを背景にもった流通機構を確立させ、石州・雲州商荷物を中央市場へ搬出するための中継的商事市場として、その地位を固める上で大きな役割を果すこととなった。

そこで、新たな流通機構が成立する見通しを述べておきたい。

享保十三年十一月、可部・吉田両町役人が石州荷物の取り扱いに関して藩へ窺書を提出しているが、そのなかにつぎのように述べている。[8]

近年ハ鉄釼下直ニ御座候而、商売ニ難成由ニ相聞、近年者大廻り之船ニ而大坂へ直ニ積登せ候様相聞へ申候、夫故荷物之出も無数、問屋并馬持・舟持共歎キ申儀ニ御座候、其外諸荷物前々ゟ此辺近道へ通り来り候荷も、近年ハ左様之儀も難成尾道辺へ大分出申様相聞へ申候而、可部町へ出申荷物次第ニ欠り申候而、問屋ハ勿論町中共ニ難儀仕申候

可部・吉田両町では、近年可部・広島市場へ廻送される石州諸荷物が減少していることについて二つの重要な指摘を行っている。第一に石州産の鉄釼類が、浜田・温泉津など石州諸港から西回り海運によって直接大坂市場へ廻送されるようになったこと、第二には鉄釼類や諸荷物の積出しが、「石州御運上銀」の輸送ルートである三次・尾道を利用するようになり、尾道港からの大坂積登せが増大しているという指摘である。前者は寛文期に開拓された新航路の盛大化によるもので、元禄・享保期になると、日本海沿岸部の諸産物の廻送に重要な役割を果してきており、従来のような中国山地越えの商品流通が制約されるにいたったことを示している。後者も西回り海運および瀬戸内海地域の海運の発達にともなって、他国交易・中継的商事機能を発展せしめている尾道へ物資が集散する傾向にあったことと、また、尾道は広島より大坂市場に近く、広島藩も蔵米輸送の拠点としていたなどの有利性があげられる。[9]

そうした幕藩制的流通構造のなかで、中継的問屋商事機能をもつ在町可部・吉田などが市場確保の必要上、あるいは領主的流通機構に対抗する手段として、駅所の伝馬継送りより流通経費を大幅に節減しうる脇道輸送を成立させるにいたったのである。その際、新しい流通機構の形成にとって大きな役割を果したのが、幕藩制的領域市場の成立後、領内市場にあって中継的問屋商業を取り扱う問屋層の動向であったということができよう。[10]

註（1）山県郡北広島町中山円光寺文書、享保十四年十月「石州荷物之儀ニ付駅用御趣意書扣」。

（2）（3）山県郡安芸太田町香草　井上家文書、正徳元年「吉田町可部町駅馬出方之触状」。

（4）宝永四年二月「御公料川本村通し馬之儀滞り申ニ付、御吟味被仰付乍恐答書奉差上候」。

（5）享保元年十月「石州川本村ゟ芸州可部、広島御城下迄通し馬之儀ニ付、山県郡中山駅所内証申替証文之覚」。

（6）ここで補足するならば、脇道のうちでも、銀山領大林村から広島藩領に入り、生田・北・横田を経て吉田町にいたる道は、元禄十年銀山領に口屋番の設置をみたほど物資輸送に利用され、生田・北・横田にはそれぞれ市町が形成された。享保二年の横田市の町規模は中山駅を凌駕している。しかし、正規の往還でないことから、藩の調査にたいしては、「一家数六十一軒、内一軒寺・三十軒本家・五軒蔵・二十五軒牛馬屋、右の家つらなりたるまでにて、百姓一ぺん仕り候別ニ商売人も無御座、駅所・舟付ニても無御座候」と申出ざるを得なかったのである。

（7）享保十二年七月「乍恐歎申上ル口上」（中山村庄屋作右衛門より山県郡代官池谷杢右衛門・武井又十郎宛）。

（8）享保十三年十一月「石州荷物之儀ニ付、可部・吉田ゟ御窺書写」。

（9）昭和六二年（一九八七）発表の高田京子「近世後期芸北地方における商品輸送機構の変質課程」（『芸備地方史研究』一六一号）によると、本稿では課題とした、一八世紀以降の芸北地方における商品輸送機構の変質を問題とし、中山駅や追抜馬・脇道輸送などの衰微は、全国的な商品輸送の変化に対応したもので、西廻り海運の発展と河川水運や松江—三次—尾道などの幹線道の整備によって、もたらされたと結論づけている。

（10）高宮郡可部町については、武井博明「近世後期在郷町における鉄問屋の機能」（同著『近世製鉄史論』所収）、『可部町史』を参照されたい。

四　安芸太田川の艜船開発

はじめに

芸備両国の河川において川船輸送の存在が認められるのは、主として東城川（高梁川支流）・芦田川・沼田川・太田川（支流三篠川・水内川を含む）・江川上流可愛川（西条川・馬洗川を含む）・木野川水系であり、明和年中数年の間、通船があった東城川（成羽―東城間）や、通船期間に断続のあった芦田川・可愛川を除いた河川では、船路の開発以来絶えることなく通船が行われていた。[1]

これらのうち、広島藩領に属する民間川船数を、水系別に表示すれば表Ⅳ－二一の通りである。[2] 川船の総数では享保十年（一七二五）五〇〇艘、文政初年（一八二〇）七九二艘と、約一世紀の間に約三〇〇艘（一・六倍）の増船であり、佐伯郡・山県郡以外はすべて増加の傾向にあった。また水系別にみると、三篠川をふくむ太田川流域の川船が、享保十年で全体の九三％、文政初年八四％と圧倒的な数値をしめ、通船の開発年代も太田川の場合が、他の地域にすぐれて早かったのであるが、それはどのような事情によるものであろうか。

つぎに広島地方の町・市町の分布をみると、中世市場の系譜をひく町と、近世に入ってから成立した市町に分けられる。これらはそれぞれ港町・門前町・城下町・宿場町・在郷町などの特色をもって形成されたものではあるが、幕藩国家の成立期に、領主的な商品流通を前提とし、機能的に二つに分けることができよう。一つは広島・可

表Ⅳ－21　広島藩の川船数

河川名	郡名	享保10年		文政初年		内訳
太田川	広島府	90	477 (95.1%)	165	674 (85.1%)	
太田川	沼田郡	84		151		南下安3，中須5，久地20，毛木3，宮野1，筒瀬6，八木19，緑井17，温井22，中調子15，東原8，西原21，長束5，楠木3，打越3
太田川	安芸郡	14		19		戸坂16，新山3
太田川（三篠川）	高宮郡	146		186		飯室10，下四日市12，可部町50，中島13，矢口7，小田8，東野12，中筋・古市16. 下深川9，中深川10，上深川15，玖10. 狩留家14.
太田川（三篠川）	高田郡	54		64		井原10，三田30，小越4，長田20
太田川	山県郡	54		54		中筒賀2，下筒賀2，上殿河内6，加計15，津浪2，坪野10，穴村12.
太田川／木野川	佐伯郡	56	21 (4.2%)	43	8 (1.0%)	和田4，麦谷6，下20， 木野6，外7.
沼田川	豊田郡	2	2 (0.4%)	19	19 (2.4%)	船木7，本郷2，萩路3，沼田下3，納所2，本市1，七宝1，
可愛川（西条，馬洗）	恵蘇郡	?	—	14	91 (11.5%)	高茂1，市村1，門田10，湯川2，
可愛川（西条，馬洗）	双三郡	?		76		三次町48，日下3，香淀5，門田3，下作木7，大津8，伊賀和志2，
可愛川（西条，馬洗）	三谿郡	?		1		向江田1
合計		500	(100%)	792	(100%)	

部・三次・尾道等に認められるごとく、問屋層を中心にして遠隔地との取引きを行う町方（隔地間流通の拠点）であり、他方は領域農村に適当な距離をたもって開市され、日をきめて農民が生産物をもち寄り、商人によって運ばれた日用必需品と交換する市町（共同体内流通の農村市場）であった。このことは、農村市場で得られた生産物＝商品が、隔地間市場に集められ、そこの問屋を通じて領内の町消費と、領外市場へ移出される仕組になっていたことを物語り、領国経済圏の確立とともに、領主的な流通機構が領域のすみずみにまでゆき渡ったことを意味するものであろう。

このような領域市場の形成と相前後して川船輸送の開拓も、まず領主的な流通網の必要性から強力に進められたもので、開発年代や初期の通船仕法等にも、大きく影響を与えずにはおかなかった。

1 太田川艜船の開拓

太田川における川船輸送の具体的な展開に入る前に、流域諸村の通船数の推移をみておけば、表Ⅳ－二二のとおりである。[3] 広島および沼田・高宮両郡（川口から可部町・深川まで）の寛永・寛文年代の川船数が不明であるが、それより上流は寛永年間より通船数が記録されている。そして、流域全体の記録がみられるのは享保以降であって、それから文政までの約一世紀の間に四六七艘から六五〇艘と、一八三艘（一・四倍）の増船を知ることができる。

さて、太田川流域における川船輸送の開発期については、川口から可部・河戸・下深川までと、三篠川・太田川の上流の開発とを分けて考えた方がよく、しかも毛利・福島・浅野とつづく各大名が、広島城下町を拠点に、貢租輸送を中心とした流通網を完成させる時期とあわせ考えると、慶長から寛文・延宝年代（一八八〇）までとするのが妥当である。

表Ⅳ－22　太田川川船の推移
（広島藩覚書、川筋船株連判帳、芸藩通志）

郡	村名	寛永	寛文	享保	文政
山県郡	下筒賀		3	3	3
	下殿河内		2	3	3
	上殿河内		3	3	6
	中筒賀		2	3	2
	加計		10	11	15
	津浪		9	9	3
	坪野	3	8	10	10
	穴	?	10	12	12
	小計	3	47	54	54
佐伯郡	和田		2	4	4
	麦谷	?	2	6	6
	下	?	17	15	20
	小計		21	25	30
高田郡	長田			10	20
	井原			10	10
	小越			4	4
	秋山		30	30	30
	三田	16			
	小計	16	30	54	64
高宮郡	飯室		9	10	10
	勝木		?	—	—
	下四日市		12	12	12
	可部町			50	50
	中島			10	13
	狩留家			12	14
	上深川				15
	中深川			30	10
	下深川	?	?		9
	玖			1	10
	矢口				7
	小田			21	8
	中筋・古市				16
	小計		21	146	171
安芸郡	戸坂	?	?	14	16
	新山	?	?		3
	小計			14	19
沼田郡	久地		12	20	20
	毛木		1	2	3
	宮野		1	1	1
	筒瀬		3	2	6
	八木				19
	緑井				17
	温井		?		22
	中調子				15
	中須	?			5
	南下安			59	3
	東原				8
	西原				21
	長策				5
	楠木				3
	打越				3
	小計		17	84	151
広島府		?	?	90	161
合計		19α	176α	467	650

(1) 広島（川口）より可部・河戸・下深川までの通船

広島湾に政治的中心が移される中世後半になると、佐東八日市あたりで梶取と呼ばれる運輸専門業者の活躍[4]や、太田川の川役をめぐって佐東武田・三入熊谷氏の争い等がみられるが[5]、毛利氏の進出によって太田川水運の利用が増大した。とくに天正末年の広島城下町の建設は「川上の村里より莚ござ竹の皮竹かごあるハ青ものようの品々をこの所にもち出、月ことに十日の市なしける」という広島十日市町をはじめとして、城下町目当ての物資が川船を利用して積み下されるようになる。かくて、福島時代以降になると、可部町・河戸（下四日市）・下深川を荷積みの拠点とし、広島市猿楽町等へ陸揚げする通船が発達した。(6)

(2) 三篠川・太田川上流の開発

三篠川では、すでに毛利時代下深川まで舟運が通じていたが、慶長・元和のころ福島氏の奉行は、さらに上流三田村まで舟路を延長する計画を立てたが、下深川村の反対や開さく費等の問題もあって、結局上深川村隅田まで開通した。その後広島藩は、郡代官に命じて舟路の開さくを急がせ、安北郡、高田郡南部の夫役を徴して、寛永十六年に秋山村まで開通せしめた。通船数も三田村上流までは寛永十二年五艘、同十七年一六艘、寛文十年四〇艘と増船し、流域の安北・高田両郡をはじめ、豊田・賀茂・世羅・三谿各郡の年貢津出米、割木・薪炭・鉄等の輸送に当るのであった。(7)

太田川上流では、寛永初年広島町人が薪船三艘の免許をうけ、坪野村の山々から薪類を積み下したのがはじまりである。

すなわち、坪野村の「旧記帳」(8)に、「空鞘町長三郎船、当村より中買札御運上銀差上不申謂者、元来此舟之儀者此辺川筋舟乗初と申事ニ而、此遣ひ方を見習追々村々江株艜御願御免許を受候儀と相見、夫迄ハ外ニ船無之ニ付いつれ之湊所ニ而茂勝手次第舟積仕来候」とあるように、寛永初年に備前国より来住し空鞘町商人となった高瀬屋長三郎は、「水利至而功者成る者」で、薪買付のため藩に運上銀を差出して中買舟三艘の許可を得て乗入れてきたという。

その後、流域村々に川船ができる最初は、下殿河内村角兵衛が承応三年（一六五四）十月、艜船一艘を持ち、ついで翌明暦元年（一六五五）には、坪野村・津浪村・加計村の三か村に各艜船一艘づつ、合計三艘を持つようになった[9]。そして寛文九年には坪野村より上流七か村で、三七艘の川船をもち、山県郡諸村から薪・炭・板・木地・紙・腰林割木・割鉄・商人荒荷（扱苧・茶・蒟蒻玉・つづら草・折敷）等を積み下すようになった[10]。

このように太田川の舟運は、広島城下町の需要や、年貢米その他公用物資の運送の必要から開拓されたものと言うことができよう。

福島時代については不明であるが、元和五年浅野氏は広島に入国するや、ただちに領内の船改めを実施して「帳はつれの舟在レ之者見付次第可二召上一候。同領内之舟志るし無レ之舟候ハ、是又同前可二召上一候[11]」と、海船・川船数とともに、船持・加子・舟大工等まで登録した。そして、藩府はこれらを船奉行の支配下に属せしめ、必要に応じて随時公用に徴発していたのであったが、寛永元年（一六二四）からは、これを廃して各船の稼ぎ高の実績に応じて所定の船床銀を、毎年定期的に所属村から徴収するようになった。海船が一端帆一匁の割合で課税されたのに対して、可部町川船は年間一艘につき五五匁、河戸船五〇目、深川船四〇目、広島猿楽町の川船一五匁五分と、川船の方がより高率であり（表Ⅳ－一三参照）、やいまち船・こえ船の船床銀は、おのおの一艘につき一匁であった。

また、藩府は経済政策の一環として諸運上銀を課すなど、早くから流通統制をはかっているが、太田川の水運にはつぎのような記録がある[12]。

元和八年（一六二二）　深川筋炭薪船運上の制始まる。
寛永三年（一六二六）　可部筋薪炭積出し船運上の制始まる。
寛永十五年（一六三八）　材木場において川上より積み下す葛籠藤山折敷等から十歩一を徴す。
明暦元年（一六五五）　紺屋灰・焼灰・鍛冶炭・割鉄・銆炭ならびに艜船などの税制を定め、山奉行の管轄とする。
延宝四年（一六七六）　はじめて白島の口屋番所において艜荷物より運上を徴す。

表Ⅳ－23　太田川株船の船床銀

河川	村（浜）	改め以前			元禄4年改め		
		船数	船床銀	計	船数	船床銀	計
太田川筋	山県郡太田組	37	匁 5.25	匁 194.25	42	匁 15	匁 630
	穴村	10	5.25	52.5	12	8	96
	麦谷村				10	6	60
	水内下村	17	5.25	89.25	15	7	105
	久地村	12	10.5	126	20	15	300
	西毛木村	1	10.5	10.5	2	12	24
	飯室・毛木村	10	21	210	10	20	200
	宮野・筒瀬村	4	10.5	42	3	10	30
	下四日市村	12	50	600	12	50	600
	可部町	50	55	2,750	50	65	3,250
三篠川筋	井原・長田村				10	10	100
	小越村	4	7	28	4	7	28
	三田村	30	21	630	30	27	810
	深川組	30	40	1,200	46	30	1,380
	狩留家村	12	45	540	12	40	480
	玖村	1	10.5	10.5	1	10	10
	合計	230		6,483.00	289		8,103

すなわち、元和—延宝年代に太田川の水運を利用して積み下される物資のうち、年貢米・板・材木・紙等の公用物資以外のすべてに対して、村方・材木場・口屋番所等で運上銀が徴収されることになったのである。また、川船の貸切り使用において、代官・諸奉行等公用では、加計・広島間が銀十四匁であるのに対して、民間荷主だと銀三百—四百目という高値であった。

これらのことは、太田川の水運が領主によって完全に把握されたことを示すと同時に、非領主的な物資の流通を抑制して、公用物資の輸送を確保するものであり、領主的な流通体制の成立を意味すると思われる。

註（1）藤沢晋「近世河川交通における継船制・番船制」（岡山大学教育学部研

究集録第一号所収)。
(2) 表中の享保十年は、「広島藩御覚書帳」(『広島県史』近世資料編Ⅰ所収)、文政初年は『芸藩通志』による。
(3)「広島藩御覚書帳」、「川筋船株連判帳」、『芸藩通志』等による。
(4) 東寺文書一〇一―二号。
(5) 熊谷家文書。
(6)「自得公済美録」巻十七。
(7) 永井弥六『深川筋所々舟株連判帳外二篇』所収。
(8)(9) 山県郡安芸太田町坪野竹内家「旧記帳」(『加計町史』資料編Ⅰ所収)。
(10) 山県郡安芸太田町香草上野屋文書「諸運賃積書」(『加計町史』上巻所収)。
(11)「自得公済美録」巻十九。
(12)「自得公済美録」巻十五・十九、「芸藩志拾遺」巻三(『広島県史』近世資料編Ⅰ所収)。

2　船改めと通船仕法

延宝年代(一六七三～八〇)から化政期(一八〇四～二九)までの時期は、前代をうけて流域農村の商品生産が活発になり、農・商人の経済活動に対する領主的な対応が顕著にあらわれる時期として特徴づけられる。とくに元禄年代以降になると、藩は銀札を発行して流通を強制したり、主要な国産に対する統制を強化して藩専売制を行うなど、藩財政の補強を目的とした一連の経済政策を実施するが、それに連動して、太田川の水運に対しても、たびたび船改めを行って船床銀や運上銀を増徴すると共に、船株を設置し、船路の維持・稼ぎの範囲・積荷の制限などの通船仕法を整備して、流通の確保につとめている。

太田川筋の川船に対する船改めで知られているのは、明暦二年（一六五六）毛木・下四日市・可部町・深川・三田・秋山村等の川船が行われた外に、寛文七年（一六六八）水内筋および山県郡太田筋、延宝三・四年（一六七四・五）河戸・毛木・飯室の流域、貞享二年（一六八五）三篠川流域の川船と行われた。[1]これらの船改めは、主として上流の開発や輸送物資の増減にともなって生じた上・下流域の川船、荷主・船持等の収益をめぐる争いの調停を契機として行われたものであるが、太田川筋全域にわたり、かつ画期的な意義をもつ船改めが実施されたのは、元禄四年（一六九一）であった。

この船改めの経過をみると、まず元禄三年九月藩船方奉行は、太田川流域村々の庄屋に命じて、貞享四年から元禄二年までの三か年間における村々川船の「諸荷物つみ申す様子加子取り分引残り船方へ何ほど残り、其内船作り申入用銀其外諸入目引て船持利銀何ほど」と、船稼ぎの実態を書き出させ、翌四年八月に入って現行川船数に対する増減希望の有無を質した。こうして、同年十月太田川流域の川船数・船床銀・積荷慣行・操業範囲等をあらためて整備し、太田川筋・三篠川筋等の川筋毎に、村役人・船差役・船持全員が請印した「川筋艜船御改帳」を作成し、これをながく尊守するように命じたのである。[2]

つぎにこの船改めを中心に、太田川の通船慣行と船改めの意義をあとづけたい。

まず船株の設定について、開発期に村受けで許可された川船も、村毎に船数が定まってはいたが、輸送物資の状況如何によって船数の増減が可能であった。ところが元禄四年の船改めでは、この際登録した船数をそれぞれ船株とし「船株ニ相極メ候間向後増欠リ之儀申出間敷事」と株の移動を禁止した。このため未開発地の外では船株の増減が認められなくなり、いわゆる加船・定加船（後述）による船数の増加をみた程度で、この船株制はながく尊守されるのであった。また、三田船三〇艘（三田・秋山両村）、深川組船三〇艘（上深川・中深川・下深川三か村）、山県郡太田組船四二艘（坪野・津浪・加計・下殿河内・上殿河内・下筒賀・中筒賀の七か村）には、船株仲間の結成を認めたので、株船の仲間的結合が強くなり、仲間外に対する団結行動はもとより、船争い、船法違反者の摘発、運賃の申し合せ、荷積み方法、船遣諸入用、船路川堀り等のあらゆる問題を仲間集会で協議し、船仲間の権益を守る動きが活発になっていった(3)。

船床銀・積荷運上銀についても、元禄四年の船改め以前は、年により変動がみられたが、以後は固定して年々徴収された。表Ⅳ―二三は船床銀の船改め以前と以後の比較表であるが、全体的には以後が銀一貫六〇〇目余の増加で、銀八貫一〇〇目余となっている。とくに山県郡太田組・穴村等の太田川筋上流、可部町船、三田船等は増額され、深川船・狩留家船等は減額になっているが、総額の増加は船数の増加によるところが大であった。

つぎに太田川における通船系統図および各浜所の積下し荷を整理すると図八・表Ⅳ―二四のとおりである(4)。

輸送される主な物資は、年貢米をはじめ薪炭・板材木・木地割木等の林産加工物、割鉄・和紙および商人荒荷（扱苧・荒苧・茶・煙草・蒟蒻玉・折敷等）であるが、各浜所によって船積みする物資の種類が制限をうけていた。年貢津出米の積

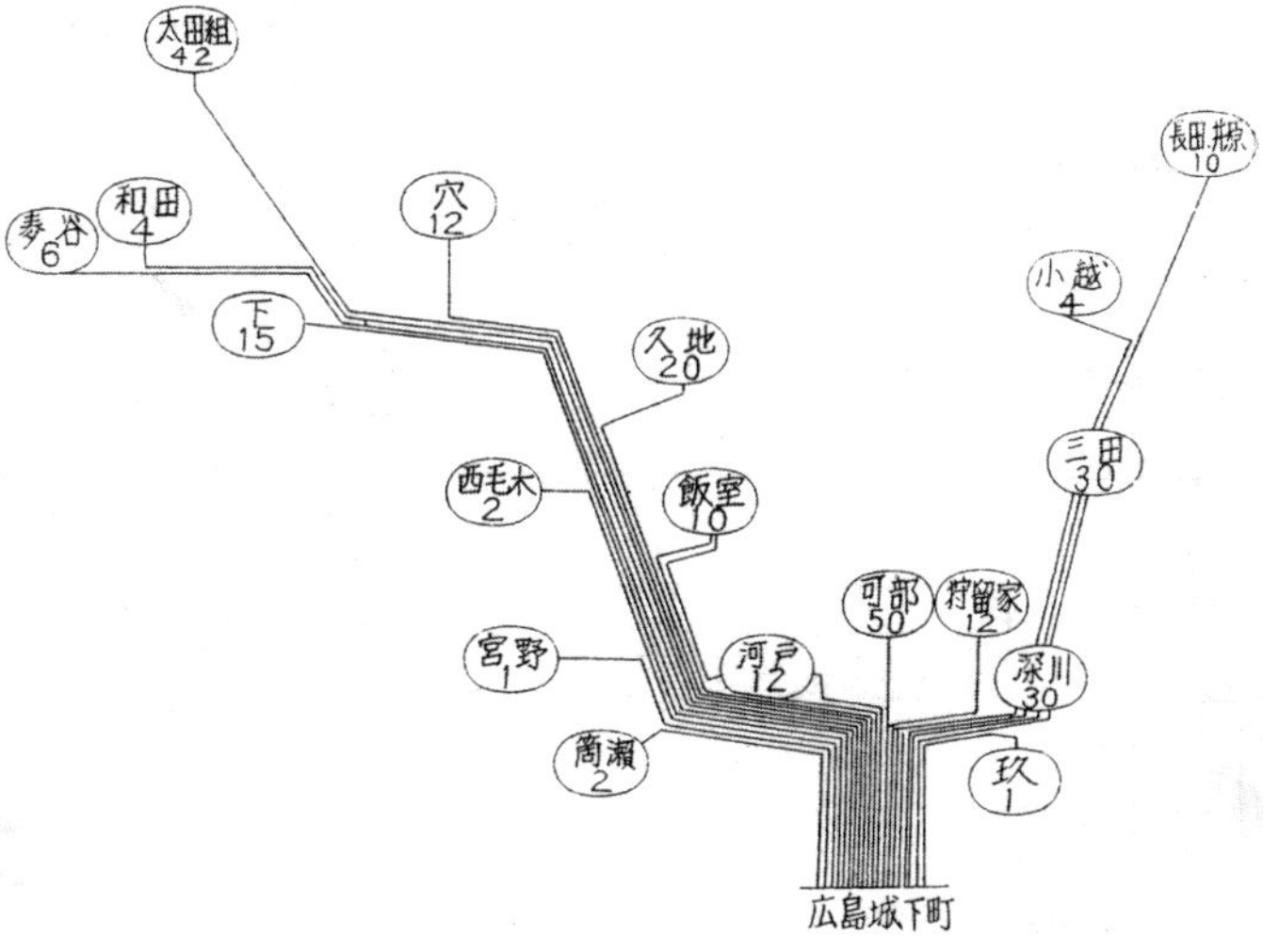

図８　積荷浜の系統図

表Ⅳ－24　太田川株船の積下し荷とその産地

	積み荷						産地
	米	紙	鉄	炭木地	割木薪	荒荷	
山県郡太田組	×	○	○	○	○	○	各荷――山県郡所々
穴村	×	○	○		○	○	鉄――山県郡橋山村及び戸河内村のもの　その他は村内産
麦谷村	×					○	村内
下村	×				○	○	荒荷――水内筋及び村内，　割木――村内
久地村	○				○	○	津出米・割木――村内，　荒荷――小河内村産
西毛木村	○				○		津出米――村内　　割木――久地村三国山産
飯室・毛木村	○	○			○	○	津出米（但し河戸浜まで）―高宮郡鈴張，関屋，勝木，飯室の村々，及び沼田郡小河内村　その他――村内
宮野村	○					○	津出米――後山村のみ，村内産は不可　割木――後山村
筒瀬村	○					○	村内
下四日市村（河戸）	○		○		○	○	津出米――高宮郡上四日市，下四日市，大毛寺，勝木，鈴張，山県郡今吉田，吉木，都志見，戸谷，長笹，中原，阿坂，西宗，高野，移原，米沢，細見，大暮の村々　鉄――山県郡産　割木――高宮郡上四日市，下四日市，大毛寺　荒荷――高宮郡飯室，勝木，鈴張，山県郡戸谷，都志見
三田村	○		○	○	○		津出米――高田郡坂，井原，下甲立，有留，長田，小越，秋山，市川，古屋，小原，高田原，保垣，戸島，三田，三谿郡三別，草井，長田，高杉，大田幸，廻神，有原，敷地，上田，石原，海渡　割木――三田，秋山，市川，小越　鉄――豊田郡久芳　炭――秋山，市川，小越，有留，保垣，豊田郡竹仁
深川組	○		○		○		津出米――世羅郡上野山，飯田，一歩，高宮郡福田，小河原，上・中・下深川　外に三田船津出米，鉄――豊田郡久芳村産
狩留家村	○				○		津出米――世羅郡中，敷名…吉原，豊田郡別府，久芳，鍛冶屋，清武，安宿，竹仁，能良，賀茂郡志和堀，　村内
小越村	○			○	○		津出米，　割木――村内　炭――有留村産を三田久保浜へ
井原・長田村	○		○				津出米，　高田郡坂，戸島，小原，長田，三谿郡有原　鉄　豊田郡久芳村産を三田久保浜まで
玖村	○						津出米　高宮郡岩上，末光，諸木，玖の村々

み下しは、太田川筋の久地浜より下流および三篠川筋であり、しかも、山県・高宮郡の津出し米は河戸浜へ、高田・三谿郡は三田浜へ、世羅・豊田・高宮郡は深川・狩留家浜へ集荷された後、広島の米蔵へ運送されており、佐伯郡下村・山県郡穴村より上流の川船は、津出米の積下しを禁止されていた。これに対して和紙および商人荒荷の積下しは、太田川筋に限られていた。これらの事情は、背後地農村の生産構造と流通条件によって左右されるが、通船の積荷規制をも強固に存在していた。

すなわち、三篠川筋では深川・三田浜で輸送荷の積み替えをおこなう、いわゆる継船制が基盤になっていたのに対して、太田川筋では飯室・毛木船が河戸浜で津出米のみ積み替える外すべて広島までの直送であった。この三篠川通船の継船輸送に関しては、第一に船路開発の年代差が考えられる。深川にはすでに慶長・元和のころから藩の年貢蔵があり、上流村々の年貢集荷地として積荷問屋の発達した浜となっていた。そして、三田船の開発に対しても深川浜の衰微を訴えて反対したのであり、結局、寛永年間に深川船の権益を侵すことのない三田・深川間を就航する継船の実現となった。また、長田・井原船とも三田船の権益を侵さない条件で、長田・井原から三田浜までの継船が設置されている。このように三篠川上流の通船では、下流浜の既得権を侵さない方法として継船形態をもって許可されているのであり、正保三年（一六四六）狩留家船が深川までの中継を廃して広島直送になったこと、また三田船も明暦二年以来たびたび広島直送を願ったが、取り上げられず僅かに貞享二年より小割木船のみが直送を許可されたことを除いては、開発当初からの通船慣行が守られており、元禄四年の船改めにおいて確認・制度化されたのである。[5] さらに第二に三篠川の通船は季節的なもので、川水が農業用水に利用される期間中止され、年貢米を中心とする領主的物資の輸送のため、主に秋から春先まで通船するのが精々の状態にあり、この通船慣行を打ち破る原動力となるだけの商人荒荷を中核とした商品流通の拡大がみられなかったことも指摘できよう。

また、太田川筋の場合も、下四日市村河戸浜が上流の年貢米、その他諸物資を集荷する場所として、早くから発展していたから、飯室・毛木・久地・穴村・下村等上流村々の通船が開始されるに当って、各村々より河戸浜までを通船区間とする継船の設置をみたのであった。ところが山県郡太田筋村々の川船は、はじめから薪炭・町人鉄・荒荷等、広島城下町目当て、あるいは領外市場向けの物資を輸送する直送船として開発されたのである。このため寛文期以降ともなると、下村・久地村・西毛木村等下流の村々でも、広島直送船を希望する者が多くなり、河戸浜での中継ぎが桎梏となってきた。かくて、延宝四年（一六七六）河戸船と出入におよんだ飯室・毛木船のうち、年貢津出米のみ河戸浜で中継ぎすると裁定された外は、元禄四年（一六九一）までにすべて広島直送船になり、久地村・西毛木村・宮野村・筒瀬村等の年貢米津出し船のみ、河戸浜において「何之村より米積下し候」と、声をかけて直送するよう申し渡されていた(6)。

このように太田川筋では開発期の通船仕法であった継船が、直送船に移っていく動きが顕著にみられたわけである。これは同筋上流域から領主的流通の基礎をなす年貢米の輸送に規制されることなく、割鉄・紙・林産物・扱苧等の特産の生産と流通が発展し、新しい通船仕法の形成への動きにつながったからである。

しかし、寛文期以降においてたびたび起った船争いとその裁定、元禄期の船改めは、村々の船持・荷主の意向と、在来の通船慣行の調停・固定化を意図したもので、一応の領主的流通機構の確保が果たされたわけである。

註（1）永井弥六『近世の高田郡三田村』、『加計町史』上巻五五九ページ。
（2）山県郡安芸太田町滝本新屋文書「川筋艜船御改控写」元禄四年（『加計町史資料』上巻所収）。
（3）山県郡安芸太田町坪野梶屋文書「船方一件書類控帳」（『加計町史』上巻五六六ページ）。
（4）山県郡安芸太田町香草上野屋文書「山県郡川筋河戸迄所々船株連判状」（『加計町史』上巻所収）、永井弥六『深川筋所々舟株連判帳外二篇』所収。
（5）永井弥六『近世の高田郡三田村』。

（6）山県郡安芸太田町滝本新屋文書「元禄四年川筋艜船御改控写」（『加計町史資料』上巻所収）。

3　幕末期の艜船輸送

天明・寛政年代（一七八一～一八〇〇）になると、広島藩では前代までの流通統制政策にかわって、養蚕・織絹・製油工場の設置など藩営の産業開発や、木綿・麻苧・布織・槙皮・川上莚・その他の増産・売拡めの援助等にわたった多彩な国産開発の奨励と、「他国商人荷物入船」に際して「都て客方思ひ入宜ク候様」に代表される商業開放政策に転じたので、領内の主要産物の生産と流通が飛躍的に進展していった。[1] こうした国益政策は文政末年までつづき、天保年代（一八三〇～四三）以降になると、藩府は藩営・民営の区別なく換金可能な国産の一木一草にいたるまで、つよい統制下の開発を目論み、農・商人の手で営まれた商品流通での利益に割り込んで、露骨な利潤の追求の政策が強行される。こうした藩政の動向は、太田川水運にもたちまち反映するのであり、たとえば山県郡太田筋株船四二艘の元禄年代における一艘当りの年平均通船数約二〇回、純利益米六斗であったが、寛政頃で年間一艘当りの通船回数約四〇回、純利益米六石余、さらに文政年代（一八一八～二九）になると、通船回数五五―六〇回、純利益米一〇―一二石と、年間通船数、純利益とともに増量がいちじるしい。[2] この傾向は太田筋船のみならず、全体的に言えることで、深川船・可部町船とともに文政初年積下しの利潤米一二石余と記している。[3] しかし、藩府の商品統制のつよまる天保以降は、株船の積下し荷も停滞ないし減少の傾向がみえ、山県船一艘当りの通船回数も、嘉永・安政年代（一八四八～五九）には約四〇回と低下している。[4] ともかく、文化・文政期は、広島領における商品流通の開花期であり、太田川水運にとっても物資輸送のピークを示しただけでなく、増大する物資流通をさばくための新しい動きがあらわれる。

しかし、藩府としては領主的流通の維持と、国産開発の成果を自己のものにする必要から、従来の船株仲間の規制を利用した方法で対処せざるを得ず、いなむしろ船仲間の特権を助長させた加船・定加船の制度（株船の持主にのみ増船を認める）をはじめ、元禄四年（一六九一）以来の流通体制を崩そうとしなかった。したがって、文政初年調査[5]による川船数の顕著な増加は、大多数がこの制度によるものであった。また、船株仲間においても仲間の特権を守って独占営業を続けるため、内外に対して様々な動きを示した。船仲間の特権を侵害する新船株の設置や、村方の増船計画にはつよく反対したし、問屋商人・村方荷主・筏乗、ときには藩御山方等に対しても仲間の権益を守るための仲間規約を強制した。[6]船仲間内においても、各株船の利益を平等化するために、通船回数の制限や物資積込みの順番制（番札制ともいう）を設けていた。[7]

ところが、以上のような特権的な流通機構の外に、新しい流通路の開発の動きも活発で、陸上輸送ではすでに宝暦年代からあらわれ、太田川水運では文化年代から知られる。しかも船株仲間等の強固な反対にあって、いきおい上流域の開発と既設浜までの継船形態の通船を得、その後広島直送船の就航も実現している。その動きの主なものはつぎの通りであった。

1　文化年代（一八〇四～一七）山県郡太田筋の村々では、新株船の設置を希望したが、船株仲間の強固な反対にあって実現しなかった。[8]

2　文化末年上殿河内村から新増船の嘆願があり、下流船の利益を侵さない条件で、文政四年（一八二一）から上河内村―加計村山崎間の中漕船（継船）五艘を増設。[9]

3　文政七年（一八二四）戸河内村から広島直送船の新設願が出されたが、藩府はこれを藩営御山方船に変更し、戸河内村未手入の山所の板・炭類等御用荷積下し用として、天保元年（一八三〇）に手船三艘を設けた。[10]

4　文政十三年下筒賀村庄屋は、滝山川から奥山二四か村へ達する川筋を開鑿して、川船二〇―三五艘を新設する計画をすすめたが、船株仲間の反対、切開の困難等の理由によって計画中止を命ぜられた[11]。

5　嘉永年代（一八四九〜五三）加計村より上流七か村の庄屋・組頭は、連署して新株船三七艘の設置嘆願書を提出した。藩府は御山方・紙方荷の外、深山に朽ちる山林資源を諸荷物に仕立てると、村方の浮儲けにもなると新株船二八艘の通船を計画し、慶応元年（一八六五）から広島直送二〇艘の運航がはじまった。なお、これによって戸河内村からの広島直送船三艘、上殿河内村中漕船五艘は廃された[12]。

以上のように太田川水運は、主として下流域の加船・定加船制による川船数の増加、上流域の新株船の開発増船が活発であったことが知られるのであり、それはこの流域地帯および内陸農村の幕末期における生産構造を解明することによって理解されよう。とくに、文化九年（一八一二）藩府から腰林薪材の勝手売りが認められたものをはじめとして、天保十年（一八三九）における百姓持山の自由伐採、他所売り勝手の獲得[13]や、弘化二年（一八四五）山県郡太田川流域八か村の生産者農民が、麻糸・布の加工原料である特産扱苧の藩専売制の実施に反対して立ち上り、ついに統制の全面的な撤廃を余儀なくさせたことなどによって窺われるごとく、そこには国内市場の盛大化を背景に、従来の領主的・特権的な商品流通から脱脚した商品生産者農民の、新しい生産関係への動きが芽生えつつあったからに外ならない。

註

（1）『新修広島市史』第二巻政治史編。
（2）『加計町史』上巻。
（3）広島市安佐北区可部白石家蔵「高宮郡国郡志下調帳、郡辻控」。
（4）広島大学附属図書館「隅屋文庫」「万運賃下覚日記帳」（『加計町史』上巻五六九頁）。
（5）『芸藩通志』等による。

(6) 山県郡安芸太田町坪野梶谷家文書「船方一件書類控」。
(7) 土井作治「近世太田川の川船」(『芸備地方史研究』二五号所収)。
(8)(9) 山県郡安芸太田町坪野梶谷家文書「船方一件書類控」。
(10) 広島大学附属図書館「隅屋文庫」「組合村々覚書」。
(11) 山県郡安芸太田町滝本森脇家文書「滝山川条切開通船奉窮頭書覚」。
(12) 広島市西区高須室屋文書「当川筋江増艜株仰出候一件書類控帳」。
(13) 坪野竹内文書「他所売板材木諸品之義ニ付御歎一巻」。

五　瀬戸内の廻船と地域市場

1　瀬戸内の人口増加

瀬戸内海地域は一七世紀、幕藩制成立期の近世的編成によって幕藩領の分割支配に置かれるが、幕藩領主の政策は共通して沿岸・島嶼部の干拓・新田開発と、水主浦・港湾施設など海運の発展が積極的に行われた。その結果、一七世紀後半から一八世紀にかけて、米穀をはじめ塩・木綿・苧縄・木材・薪炭・海産物などの商品生産が発展し、西廻り海運の盛大化に連動して大坂中央市場を軸とした西日本全域をまきこんだ商品流通網＝幕藩制的商品流通が形成されていった。

しかし、一八世紀後半になると、瀬戸内海地域に幕藩制的商品流通の市場構造を打ち破る農民的な商品流通が広範にひろがり、各地に新たな地域市場(局地市場)の形成が相次いだ。その担い手として在郷商人の活躍、瀬戸内廻船に北前船・内海船が参入した買積船という新たな流通勢力が大きな地歩をしめ、一九世紀前半の高揚期を迎えた。それはやがて資本主義経済の基盤となる国内市場の形成に向うことになる。(1)

瀬戸内海は近世初期に成立した『人国記』によると、「山陽道は都て暖温なる国なり、なんぞなれば、南は四国の大山あり、北は山陰の山々覆い、中に江海の潮湛へる故、自然と風気和せり」とあり、その中のほぼ中央部の北側に安芸国、備後国の浦辺、島々がある。そのうち安芸・備後一六郡を領知した広島藩の領域を浦辺（沿海・島嶼）・里方（平野）・山方（山間）に区分して、各郡ごとの正徳五年（一七一五）・文政二年（一八一九）の人口とその増減指数を示すと表Ⅳ－二五のようになる。(2)藩全体では人口が正徳の四八万六一六三人から一世紀後の文政で六五万六七二〇人と指数一三五の増加であるが、維新期の安芸国が一八五、備後国一四二を示していたから、幕末期に爆発的な人口増加が認められるのであった。しかも、中国山地の備北四郡（三次・恵蘇・三上・奴可）の指数八一と人口減少がさけられない過疎減少をみせる地域、平野部の里方七郡（沼田・高宮・山県・高田・世羅・三谿・甲奴）の指数一二三のように人口の漸増する地域、さらに沿岸島嶼の浦辺五郡（佐伯・安芸・賀茂・豊田・御調）のように指数一六二と人口増加の顕著な地域があらわれている。このように領域における地域的格差の進行は、広島藩にかぎらず瀬戸内沿岸諸藩の一般的な動向であったといえよう。そのことを検証するため広島・松山両藩と幕府領の村々の人口動向をまとめたのが表Ⅳ－二六・二七である。(3)いずれの町村とも、近世中期から維新期までのおよそ一五〇年の間に社会増を中心とした人口移動による増大が顕著にあらわれている。とくに広島藩領の大崎下島の大長村・御手洗町・向島東西両村・倉橋島・能美島などの村々、また、松山藩領の大三島の台・野々江・宗方の村々、生名島、岩城島などは、軒並に人口増加が三～六倍と激増した地域である。(4)

これらの地域は、近世前期に広大な新田開発や塩田開発が行われ、山林資源や特用農産物の栽培による商品生産と流通の盛大化を背景に、幕藩制的流通網の大動脈となった西廻り航路の重要な通過地、潮・風待ちの寄港地が港

表Ⅳ－25　広島藩の郡別人口の推移

区分	年代／郡名	正徳5（1715）人口	正徳5（1715）指数	文政2（1819）人口	文政2（1819）指数
浦辺	佐伯	43,446人	100	69,744人	161
	安芸	39,646	100	81,575	206
	賀茂	60,781	100	89,270	147
	豊田	58,306	100	82,325	141
	御調	38,452	100	60,206	157
	小計	240,631	100	383,120	162
里方	沼田	25,858	100	35,155	136
	高宮	23,810	100	28,963	122
	山県	40,863	100	53,310	130
	高田	43,820	100	52,245	119
	世羅	21,119	100	26,496	125
	三谿	15,489	100	16,298	105
	甲奴	4,808	100	4,115	86
	小計	175,767	100	216,582	123
山方	三次	22,193	100	22,082	99
	恵蘇	18,922	100	12,720	67
	三上	10,938	100	8,910	81
	奴可	17,712	100	13,306	75
	小計	69,765	100	57,018	81

頼杏坪「杏翁意見一十六郡人数増減寄せ書一」（東京・頼家文書）『広島県史』近世資料編Ⅵ収録による。

表Ⅳ－26　広島藩浦辺村々の人口と増加指数

郡名	村名	人口	指数	人口	指数	人口	指数
佐伯郡	小方	明和5年		文化3年		嘉永6年	
		2,306人	100	2,457人	107	2,908人	126
	地御前	宝永7年		文政2年		安政6年	
		1,031	100	1,210	117	1,483	144
	廿日市	宝永7年		文政2年		明治5年	
		2,798	100	2,845	102	2,350	84
	小古江	享保5年		文政2年			
		177	100	608	344		
	能美中	元禄10年		文政3年			
		438	100	1,032	262		
	是長	正徳5年		文政3年			
		173	100	467	267		
安芸郡	海田市	正徳2年		文化11年		万延元年	
		1,676	100	2,457	162	2,763	165
	倉橋島	享保9年		文化11年		明治元年	
		3,057	100	6,060	198	9,660	316
賀茂郡	切田	正徳5年		寛政11年		明治4年	
		121	100	233	193	260	215
	竹原下市	元禄6年		文政2年		明治4年	
		3,535	100	4,510	128	5,646	151
豊田郡	大長	正徳2年		文政2年		慶応2年	
		634	100	3,380	533	4,113	649
	御手洗町	明和5年		享保元年		明治5年	
		543	100	1,570	289	1,638	302
	瀬戸田町	享保5年		文政2年		明治8年	
		1,330	100	1,785	135	2,247	173
御調郡	菅	元文3年		文政2年		明治5年	
		189	100	240	127	305	161
	向島東	元禄4年		文政2年		明治3年	
		1,138	100	2,598	228	4,815	423
	向島西	元禄4年		文政2年		明治3年	
		1,303	100	3,562	273	5,998	460

山本那律子「近世後期の瀬戸内農村における人口動向と他国稼」(『芸備地方史研究』216・217・218、1999年)、『大竹市史』資料編第2巻、1965年。『廿日市町史』資料編Ⅲ、1975年。『海田町史』資料編、1981年。『瀬戸内御手洗港の歴史』、1962年。『倉橋町史』資料編Ⅱ、1991年。『向島町史』通史編、2000年など。

表Ⅳ－27　伊予国浦辺村々の人口と増加指数

郡名		村名	享保末年		寛政11年		明治5年	
			人口	指数	人口	指数	人口	指数
越智郡	大三島	肥海	866人	100	1,120人	129	1,437人	166
		大見	373	100	518	139	880	236
		明日	383	100	568	148	781	204
		宮浦	1,143	100	1,188	104	1,982	173
		台	245	100	500	204	1,236	505
		野々江	494	100	951	193	1,753	355
		口惣	528	100	686	130	1,321	250
		浦戸	195	100	286	147	510	262
		宗方	480	100	753	157	1,502	313
		瀬戸	547	100	695	127	1,346	246
		甘崎	617	100	1,239	201	1,707	277
		井之口	1,383	100	1,587	115	2,409	174
		盛	846	100	739	87	1,305	154
	大下島	大下	322	100	476	148	545	169
	岡村島	岡	711	100	889	125	1,860	262
	生名島	生名	312	100	530	170	1,268	406
	岩城島	岩城	1,442	100	2,142	148	3,402	236
野間郡		浜村	享保10年		弘化4年		安政4年	
			1,121	100	1,526	136	1,894	169
風早郡		中島小浜	享保18年		寛政元年		天保11年	
			504	100	713	141	948	188
宇摩郡		川之江	元禄14年		文化4年		慶応2年	
			3,650	100	4,223	116	5,308	145

青野春水「近世瀬戸内海島嶼村落における出稼と株・受」(『瀬戸内社会の形成と展開一海と生活一』雄山閣出版、1983年)。『川之江市誌』1990年など。

湾都市化したものであり、それらを拠点として地域市場が広汎に形成されていったのである。

註（1）土井作治「近世後期の産業開発と地域の変容」（高等教育情報化推進協議会「教育情報衛星通信ネットワークを利用した大学公開講座―岡山商科大学・瀬戸内芸予諸島の風土と地域開発―　二〇〇三年」にも言及している。
（2）頼杏坪「杏翁意見〈一六郡人数増減寄せ書〉」（『広島県史』近世資料編Ⅵに所収）。
（3）山本那津子「近世後期の瀬戸内農村における人口動向と他国稼」（『芸備地方史研究会』二一六・二一七・二一八号一九九九年）のほか、『大竹市史』史料編　第二巻　一九六五年、『廿日市町史』資料編Ⅲ　一九七五年、『海田町史』資料編　一九八一年、『倉橋町史』資料編Ⅱ　一九九一年、『向島町史』通史編　二〇〇〇年などを利用した。
（4）青野春水「近世瀬戸内海島嶼村落における出稼と株・受」（『瀬戸内社会の形成と展開―海と生活―』雄山閣出版一九八三年）、『川之江市誌』一九九〇年などによった。

2　産業開発と商品生産

近世初頭、幕藩制国家の藩領経営を行うことになった各藩は、戦国期に戦闘的エネルギーとして用いられていた経済や土木技術・労働力を集結して沿岸部の干拓・新田開発にふり向けてきた。したがって、一七世紀は耕地拡大を中心にした開発の世紀であったといえる。その多くは、藩がみずから開発した藩営新田であり、ほかに村役人が開発を請負った村請新田、町人が開発を請負った町人請負新田などもあった。安芸・備後両国の沿岸・島嶼部では、広島藩領の耕地開発が元禄期（一六八八〜一七〇三）までに約二万石に及んでいる。[1]

広島藩の主な新開地を見ると、安芸・佐伯・賀茂・豊田四郡の沿岸部で藩全体の八〇パーセントを占めており、そのなかでも太田川デルタ地帯を中心にした広島新開がもっとも規模が大きく、広島城下を基点に、その東部・南部・西部にわたって、新開村三〇か村、面積にして約八〇〇町歩、石高一万石に及んでいる。その外では、賀茂郡竹原湾の藩営干拓事業が一三〇町歩規模で進められ、長生寺新開、一三人新開、吉崎新開が成立するが、もっとも大規模な大新開は郡代官の指揮で正保三年（一六四六）一二郡の夫役を徴発して干拓工事にかかり、慶安三年（一六五〇）七五町歩を完成させる。しかし、塩気が抜けないため、入浜塩田に計画変更し、承応元年（一六五二）新古九八軒の塩田として出発した。[2]

また、賀茂郡広村大新開（現呉市）は元禄十二年（一六九九）免奉行鈴木左源太を指揮者にこれまた、一二郡からの夫役を徴発して干拓事業に取り組み、面積一一九町歩、石高一一一〇石余の新田を完成させた。御調郡西野村宮沖新開（現三原市）も、元禄十三年（一七〇〇）に干拓事業をおこし、宝永四年（一七〇七）に面積一二七町四反歩、石高一二六九石余の新田を完成させた。

このように一七世紀に干拓された新開地の多くは、水田よりも畑地であったから、すでにかなり広く栽培されていた綿作りが注目され、もっぱら綿の植付けが奨励された。やがて、広島藩では有利な換金作物として綿作の連作が行われる。綿は実綿のまま取引されるいっぽう、農家や町家の家内労働力で繰綿に仕上げられる。この工程で出る綿実も別に燈油原料として商品化され、繰綿は糸に紡がれ、さらに布木綿に織られて領内外にひろく販売された。こうして一八世紀初頭には「御国産第一の品柄」称されるほど盛大化したのである。このため、一七世紀の土地開発は、新開田畑のみならず、後背地農村の田畑にも換金作物として綿作および綿加工を盛大化させたにとどまらず、い草（畳表・莚）・麻苧（荒苧・扱苧）・煙草・茶・菜種・はぜなど市場目当ての商品生産や農村加工業が振興して、幕藩制の枠組みをこえる商品流通がかたちづくられていった。また、この新田開発とならんで特筆されるのが、瀬戸内海地域の特産として全国市場をほぼ独占した入浜塩田の展開である。

すなわち、瀬戸内沿海・島嶼部には、中世からの揚浜塩田が盛行していたのであるが、一七世紀中ごろ近く、正保年間（一六四四～四七）に播磨国東部沿岸に出現した入浜塩田の技術を導入して赤穂東浜塩田（塩田面積二九町五反、戸五二軒前）が造成された。この入浜塩田の技術は、急速に瀬戸内沿岸の各地へ伝播していった。[3] たとえば慶安期（一六四八～五二）には安芸国の竹原塩田へ、寛文・延宝期（一六六一～八〇）には備後国の松永塩田、讃岐国小豆島塩田、阿波国の無養塩田へ導入された。また、元禄期（一六八八～一七〇三）になると、竹原塩田の技術が周防国の三田尻塩田、備後国の富浜塩田、伊予国の波止浜塩田へと伝播された。こうして、ほぼ一八世紀初頭までに高収益の入浜塩田は、完全に揚浜塩田を駆逐して瀬戸内塩田を代表するようになり、瀬戸内九カ国で生産する塩が全国生産量の九〇パーセントに達し、全国の塩需要に対して供給を確保したといわれる。[4] しかし、ブームに触発された塩田の濫造は、いきおい生産過剰となり、一八世紀半ばともなれば、塩価の下落、不売塩の累積などによって塩田危機が到来した。この危機を打解するために塩田地主たちが考案したのは、秋・冬の季節を中心に塩付きの悪い期間に塩田作業を休む休浜法を案出したことで、宝暦・明和期（一七六三～七二）、文化・文政期（一八一二～三二）を重点に実施された。とくに後者は瀬戸内一〇カ国すべてが参加したことから、十州休浜同盟と呼ばれている。また、塩田を二分して隔日ごとに塩田作業を行う替持法も採用された。これは二軒前を合わせて一軒前とするので、塩生産は減るものの雇用する浜子数も半減するので、生産経費の約五〇パーセントを節約することができた。さらに塩田燃料の薪・松葉焚きが、一九世紀初頭には石炭焚きにとってかわった。これは塩田燃料費の四〇～五〇パーセントが節約可能になったといわれ、はじめ安永七年（一七七八）周防国三田尻浜に導入されたもので、寛政年間には防長二か国の塩浜は、ほとんど石炭焚きに切り替わった。化政期には芸備の塩田のほとんどが石炭焚きに移行したことが知られる。[5]

さて、一九世紀初頭からの塩田経営の特徴は、塩田規模の拡大開発が積極的に行われだしたことである。それは、瀬戸内諸藩や塩田地主が開発に加わったためで、幕末期には瀬戸内全体でほぼ一〇〇〇町歩の塩田が増加したといわれる。[6] 芸備両国の広島・福山藩領では豊田郡大崎新浜、三原新浜、竹原新浜、柳津慶応浜、相生浜など一四か所の塩田であった。備前国の岡山藩では天保八年（一八三七）岡山城下の豪商小松屋嘉平が邑久郡尻海村沖に塩田一〇町歩を開発したのをはじめ、児島郡では、藩家老池田近江による天保三年（一八三二）の田井村一四町四反、池田弁之介の同村広潟浜二五町余の塩田開発など、家老や地主・豪商の塩田投資がさかんであった。このため、文政・天保期以降の新塩田は三一三町四反余に及んでいるが、そのうちの半分強を占める一五四町歩は、野崎武左衛門が開発した児島郡元野崎浜・日比亀浜・東野崎浜・北浜・久々井浜など釜屋七九軒の新塩田であった。野崎塩田の経営は、釜屋当りの平均面積が約二〇町歩と瀬戸内塩田の平均一七町を上回り、塩田小作制と自作経営制を折衷した独自の当作歩方制を採用している。[7] すなわち、当時の小作制（浜問屋付）は、塩田一軒前を対象に大工（小作人）が塩田所有者（問屋兼地主）と契約を結び、敷金を入れ、所定の加地子を支払うことを条件に経営を請負う制度である。大工は上浜子以下の浜子を雇い入れ、問屋から石炭・縄・菰・米・味噌などの塩田資材や食料品を仕入れ、生産した塩は問屋を通して出荷販売し、一定の手数料を支払う仕組となっていた。したがって、経営責任者である大工は、販売した塩の代価をもって加地子・浜子給銀、問屋よりの仕入れ物代価などを支払った残りを取り分とした。野崎家は東野崎浜などの「手浜」（自作）を順次小作制に近づけ「当作歩方制」を創造したもので、特定の大工を責任者としつつも、収支結果に対して所有者（元方＝問屋）と大工との五対六、六対四と比率によって責任を負う分割責任制に切り換えたのである。

この制は嘉永末・安政初年（一八五四年前後）塩価下落の状況下で、経営の安定化と合理化を模索するなかで採用され、文久三年（一八六三）の段階で確立したとされる。そして、塩田地主が「特殊経営者」としての大工層を、「事実上の賃労働者」へ転化させ、一般小作制から資本制生産様式への過渡的形態へ編成したと評価されている。

また、近世後期になると瀬戸内沿岸の山陽農村は高い農業技術を踏まえて、農民的商品生産としての綿作を展開するにいたった。まず、広島藩では「御国産第一之品柄」と称される「安芸木綿」と呼ばれた白木綿・縞木綿があった。安芸木綿の生産加工地帯は、おもに佐伯・安芸・沼田・高宮・賀茂の五郡を中心とする瀬戸内沿岸地方であるが、代表的な産地である佐伯郡能美島では、文政ごろ冬から春にかけて一〇日間で四〇〇〇反を織るといわれ、文政十年（一八二七）の領外取引分だけで二〇万反に及んでおり、(8) 明治十年（一八七九）の産額は七〇〜八〇万反であった。能美木綿の生産形態は、村内の富裕農民が織元となり、所有の「ハタ機」および「ハタ機」を所有する農家に原料を渡して賃織りさせた。織元の上部組織には、広島城下の問屋や仲買商人が存在し、原料や資金を融通する仲買層―織元層―賃織層といった支配系列が形成されていて、いわゆる問屋制家内工業の形態をとっていた。(9) したがって、先の文政十年の他国売り二〇万反の集荷・販売ルートをみると、いずれも大坂積登せであるが、一六万反を仲買人から広島町の木地屋・米屋、瀬戸島の伊予屋・伊予国岩城島の三原屋の四人がそれぞれ買い取り、四万反は広島町の綿座を経て積み登されている。また、福山藩の木綿織は、白木綿だけでなく浅黄木綿・縞木綿（神辺縞）・帆木綿などがあり、いずれも仲買の手によって木綿問屋に集荷される問屋制家内工業のしくみで生産されていた。ところが、嘉永六年（一八五三）芦田郡下有地村の富田久三郎は、久留米より絣織法が伝えられ、伊予絣生産のはじまっていた伊予国から絣織の技術を習得して備後絣（文久絣）を完成、工場（自家作業場）に高機一〇台を設置し、染色（五人）―仕組（三〜四人）―製織（一〇人余）―仕上（若干名）の分業体制をもつマニファクチュア経営を行うと同時に、高機一〇〇台、多い時には二〇〇台を農民に貸し付け「出し機」経営も行われ、芦田・品治両郡の年間織り出し一〇万余反に及んだといわれる。(10)

註（1）『広島県史』近世Ⅰ　三九六、四〇四頁、広島県　一九八一年。

（2）元禄六年「竹原下市一邑誌」（『竹原市史』第三巻　史料編（一）所収）による。
（3）西畑俊昭「塩と瀬戸内海」（新・瀬戸内海文化シリーズ2『瀬戸内海の文化と環境』瀬戸内海環境保全協会　一九九九年）。
揚浜塩田と入浜塩田の違いは、塩田造成の位置にある。満潮水位より高い位置に造成するのが揚浜系であり、満潮と干潮のほぼ中間の高さに塩田をつくり、その前面に防潮堤を築造するのが入浜系であった。両者を較べると後者は一戸当りの経営面積が数倍と広く、その上労力負担が少ないので格段に生産性が高かった。
（4）周防国三田尻塩田の三浦源蔵の記録「塩製秘録」によると、「全国六八州のうち、八州のように諸国浜にして出来立べし、残り六拾州の用塩は瀬戸内九か国にて出来立べきなり、無て叶わぬ用塩六拾カ国のぶん、僅かに九カ国の塩場にて焼きたつる」とある。
（5）渡辺則文『広島県塩業史』（広島県塩業組合連合会　一九六〇年）五〇頁。
（6）西畑俊昭「塩と瀬戸内海」（新・瀬戸内海文化シリーズ2『瀬戸内海の文化と環境』一九九九年）。
（7）『備前児島野崎家の研究―ナイカイ塩業株式会社成立史―』（ナイカイ塩業株式会社　一九八一年）一一六頁。
野崎家の明治三十一年の調査によると、当作歩方制について、「入浜塩田ノ組織ハ、普通自作ノ如ク所有者ニ於テ直接製塩事業ノ衝ニ当ルコトナク、別ニ製塩事業ニ関シテハ浜店ト称スル特殊ノ機関ヲ設ケ、事業ノ管理・事業用品ノ供給及浜ノ収支計算ヲ所管セシメ、製塩作業ハ当作人ヲシテ之ニ当ラシメ、毎塩戸当作人ヨリ小作料ヲ徴シ、製塩上必要ノ材料ハ浜店ヨリ供給シ、各浜毎ニ毎年度収支ノ決算ヲ行ヒ、其損益ハ当作人之レヲ負担シ、浜店勘定ノ収支決算ノ結果ヲ野崎本店ノ計算ニ移シ、尚各塩戸ノ純損益ハ一定ノ歩合ニヨリ地主及当作人之ヲ分担スルノ組織ナリ」と説明している（明治三十一年「塩業ニ関スル諸取調」）。
（8）文政十年「安芸国佐伯郡他国金銀出入約メ帳」（『廿日市町史』第三巻　近世資料編Ⅰ所収）。
（9）『広島県史』近世2（広島県　一九八四年）四一一頁。
（10）手島正毅「備後地方における綿織物マニュファクチュアの歴史」（『工業経営』一〇―一）。『福山市史』中巻（福山市　一九六八年）四二一頁。

3　廻船業と地域市場

(1)　買積船と地域市場

瀬戸内海水運の重要性が高まるのは、大坂が全国経済の中心的機能を発揮するようになったことと深く関係している。その画期されるのは、寛文十二年（一六七二）幕府が河村端軒に命じて西廻り航路の整備をはからせ、東北・北陸の北国船が容易に内海航路をへて大坂に達するようになったこと。さらに山陰・内海地域や九州沿岸の廻船が、年とともに内海諸港をひんぱんに訪れ、航行するようになったことによる。ことに、西廻り海運の発達は、御手洗町の形成・発展にインパクトを与えた。すなわち、図九に航路と重要港町を一覧したように、中世までの内海航路は、ほとんど陸地沿いの地乗りコースであったが、近世になると内海の中央部をとおる最短距離の沖乗りまたは中乗りと呼ばれるコースの利用が行われる。公式な内海航路のうち、ほぼ中央部の太線航路がそれにあたるが、芸予諸島あたりでは、備前下津井、備後田島をへて伊予の弓削島・岩城島・大三島と伯方島の間の花栗瀬戸を抜けて安芸の御手洗、伊予の津和地、さらに周防上関・下関へと短縮コースをとったのである。

こうした新航路の活況は、御手洗にとどまらず、航路沿いで風待ち、潮待ちの寄港地が沿岸・島嶼の各地に出現し、薪・水・食料などの供給地として、また、積荷商取引の中継市場としてにわかに繁栄を見せてくる。さらにコースからはずれた瀬戸内沿岸部の中世来の港湾都市も、後背地農村の商品生産・流通の拠点として、商品積出し・必需物資の購入港としての役割を高め、瀬戸内海域の商品流通網を形成していったのである。

ところが、これらは幕藩制的商品流通の市場構造を展開させるものであったが、一八世紀後半から一九世紀にかけて、その構造が変化ないし解体の方向へ大きく動きだした。まず、流通の担い手である在郷商人の活躍と廻船に

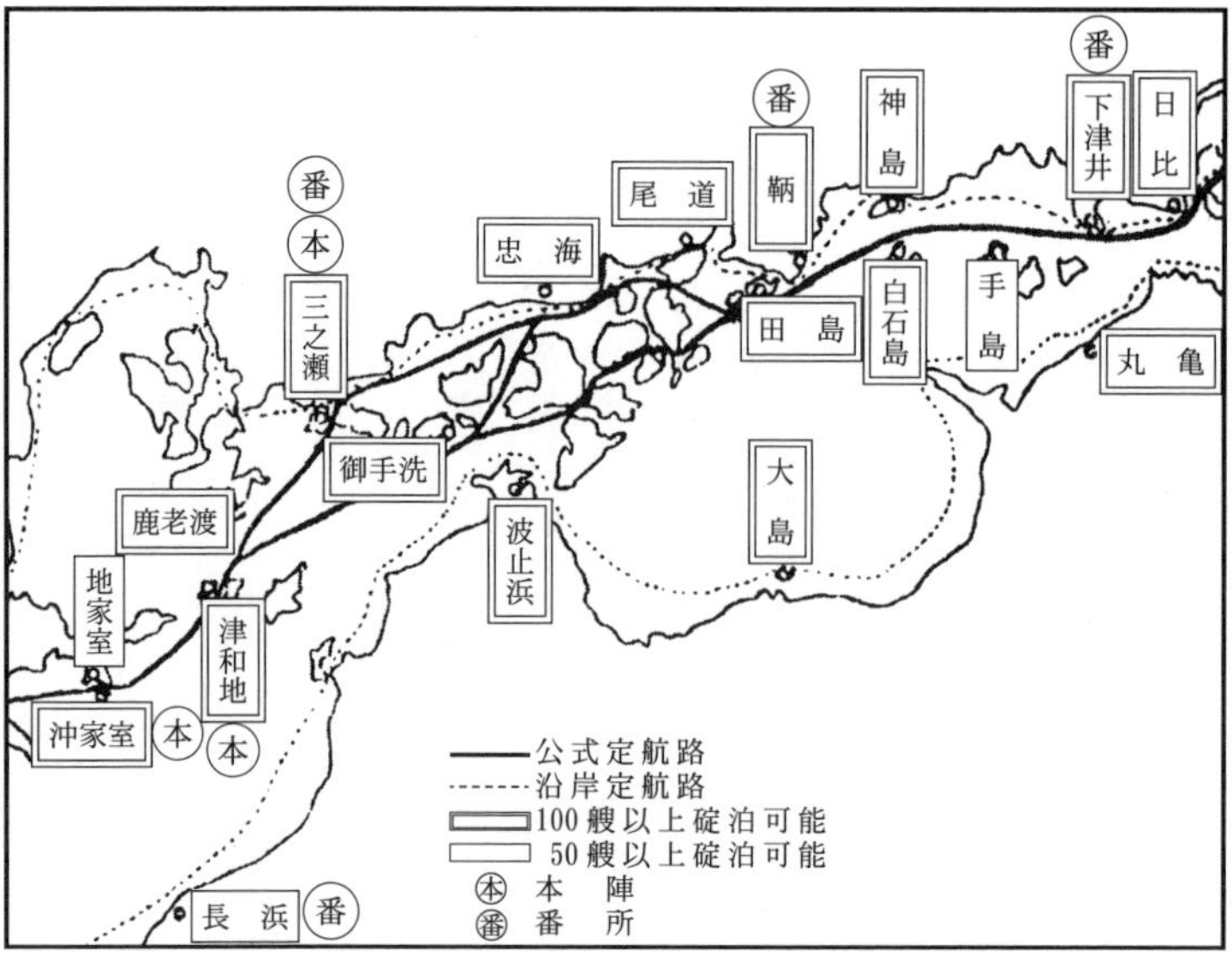

図9　近世中期芸予諸島地域の西廻り航路図

『瀬戸内御手洗港の歴史』第31図をもとに作成。

新たな買積船が登場したことである。蝦夷地―日本海―兵庫・大坂を結んで買積経営を展開した北前船をはじめ、尾州知多郡の内海船の瀬戸内への進出、さらに瀬戸内各地の廻船も買積経営に乗り出し、地域市場が一般的に成立したのであった。たとえば、広島藩の沿海部では一八の町（都市・三〇〇〇人以上）が出現し、従来の流通構造を解体させるとともに価格体系をも変化させたのであった[1]。

(2)　安芸国御手洗町の商事と市場構造

御手洗港は、いわば中央市場大坂と全国商品生産地とを結ぶ流通網のなかで瀬戸内交通における輸送・販売の中継拠点の役割を果たしていた。御手洗の港町機能は、船宿を基軸に諸廻船のサービス業的商業から出発し、廻船を相手に積荷取引が活発に行われるうち、問屋・仲買・小売の機能分化もあらわれて、やがて米穀を中心にした大規模な中継的問屋商事が展開されるのである。とくに一八世紀半ばからは、問屋商事を中心とする中継的商業へ性格変化をとげた。それは他国船を相手に他国商品を他国へ仲介するとりひきである。問屋は入港した他国船から売荷が出ると、問屋触れで仲買人を集め、入札によって買い取らせる。仲買人はそれを別の他国船に売るか、または小売に卸すかの役目を果たした。西国諸藩から船宿に指定されたのは、日向延岡藩が竹原屋、肥後熊本藩が岩志屋・脇屋、筑前小倉藩が竹原屋、のち筑前屋、伊予宇和島藩が村内屋・竹原屋などであり、それぞれ諸藩の米穀や特産物の販売を請負っている。たとえば竹原屋は明和年代に日向延岡藩の船宿にされ、年貢米をはじめ特産の材木・煙草などの委託販売を行っている。[2] しかも、その実情は竹原屋が延岡藩の資金調達に応じ、その前貸しに対する商品の引き受けあり、藩の借財を肩代わりしたものに他ならなかった。

さて、竹原屋の廻船商事については、「竹原屋客船帳」が残されていて、享和元年（一八〇一）以前から安政四年（一八五七）まで約六〇余年にわたって商取引のあった廻船数とその船籍を知らせてくれる。[3] すなわち、竹原屋と取引した客船数は、一二四七艘に達する。その始期は不明であるが寛政十二年（一八〇〇）以前の取引客船一六四艘（一三・二パーセント）、享和元年（一八〇一）から天保元年（一八三〇）までの三〇年間で七八一艘（六二・二パーセント）、天保二年（一八三一）から安政四年（一八五七）までの二七年間で三〇二艘（二四・二パーセント）であり、化政期を中心とする期間に廻船の来港が集中し、年平均二六艘余の客船と商取引があったことになる。また、客船を船籍別に集計すると、摂津・和泉・紀伊の畿内三国の船一二七艘（一〇・六パーセント）、播磨・淡路・備前・備後など山陽七か国の船五一二艘（四二・九パーセント）、松前・出雲・石見など北国・山陰諸国の船一六艘（一・三パーセント）、伊予・讃岐・阿波など四国の船三八九艘（三二・六パーセント）、壱岐・対馬を含む九州七か国の船一四九艘（一二・四パーセント）と、きわめて広い範囲の廻船分布を示しているものの、瀬戸内沿岸・島嶼部を船籍地とする廻船が七五パーセントに達しているし、土佐国一五七艘、肥前国七七艘、紀伊国七七艘などのように、特定の国々の国産商品の売捌きに有利な地域市場として発展しつつあったことが知られる。[4]

つぎに御手洗港において市場取引の対象となった諸商品は、文政二年（一八一九）広島藩へ差出した「国郡志御編集下弾書出し帳」によると、[5]市場交易の品として「三月頃より八月迄、北国登り穀物・諸色商ひ第一に仕候、九月頃より二月頃迄、予州・中国・九州辺穀物・諸色等商ひ仕候」といい、三〇種の品名を揚げている。

穀物　あいもの　荒物　小間物　酒　塩　薪　茶　味噌　醤油　酢　油　粕　蠟燭　呉服類　木綿　綿　紙　薬種　菓子　銘酒　瀬戸物　琉球芋　桃　柿　諸茸類　金物細工もの類　野菜類　香類

また、文政九年（一八二六）に御手洗港で取引された他国商品の売買高を、商品別にまとめたものが表Ⅳ－二八であり、[6]御手洗の諸問屋が正銀で買入れた諸品を、銀一四五四貫五〇一匁余と計上している。その明細は、商品別に米・麦以下三四品目に分けられるが、ここでは一括して（三二品目、一品当り平均六四四匁）いるので、一五項目にまとめている。そのうち、米の買入れ高が群を抜いて銀一一三二貫八一二匁余（一石六〇目替として一万八八二〇石余）、全体の七八パーセント弱に達しており、大豆・小豆・蚕豆《そら》の銀一三六貫二八五匁余（九・三パーセント）、酒の銀一一二貫九六三匁余（七・七パーセント）、大坂油の銀一四貫余（〇・九パーセント）と続き、他はいずれも取引銀高一〇貫目以下であった。また、正銀入り高の総計は銀一二八八貫八五四匁余、このうち、買い入れた他国商品を他国へ転売した額一一六三貫六一〇匁（買入れ額の約八割に当る）は、入銀の九〇パーセントを占め、他に茶屋上り高一一六貫九九四匁、燥場《たでば》上り高八貫二五〇匁が計上されている。両者を差引くと正銀一六五貫六四七匁余が領外へ流失したことになり、港町経済では交易用資金となる正銀調達が大きな課題となっている。

表Ⅳ－二九の天保十年（一八三九）他国商事の方では、他国商品の買入れ額と買入れ先、および他国船への正銀転売額と領内札銀売払い額、それぞれの売払い先をまとめている。この年の他国商品の買入れ総額は、銀一六三〇貫九七四匁で、文政九年よりも一七六貫余り上まわる。このうち、米穀類が一一七二貫四一四匁（一万七〇〇〇石）で全体の七一パーセントと過半を占めており、北国・九州・瀬戸内諸国など広い範囲の廻船から買付けている。酒

表Ⅳ－28　御手洗町における他国商品取扱い高（文政９年）

他国より正銀にて買入れ高		正銀入り高	
商品	銀高	内容	銀高
	貫　匁		貫　匁
米	1,132,812.43	米其外諸品他国へ売立候仕切銀辻、但凡八歩方と見て	1,163,610
麦	7,722.92		
大豆、小豆、そら豆	136,285.34		
酒	112,963.98	燥浜上り高	8,250
大坂油	14,010.92	茶屋上り高	116,994.1
篠巻繰綿類	7,160.01	計	1,288,854.1
炭	2,288.50		
椎茸	2,556.45	差引　165,647.24（貫　匁）…他国へ出る正銀	
生姜并ニこんぶ	4,254.80		
たばこ	5,036.26		
岩国島	1,442.14		
素麺	8,078.90		
むしろ、七島、板、蝋燭、材木、かつを、鯨、あへ物、芥紙、日うどん、瀬戸物、さなだ、西瓜、といし、するめ、いも、塩、薪	11,592.23		
黒砂糖	5,056.56		
茶	3,239.90		
計	1,454,501.34		

呉市豊町支所蔵「文政九年分商事ニ付他国へ正金銀出入差引御尋ニ付人別書出し寄せ帳」（文政10）による。

は一七五貫（一〇パーセント）で、大坂・播磨・備前・伊予の廻船から、かつお節は九〇貫目で土佐・日向の廻船から買入れ、その他は買入れ額五〇貫以下の諸品目で、干鰯は北国船、藍玉は阿波船、煙草は豊後船というように特産地から買入れたもの、薬種・呉服・砂糖・素麺などのように大坂下りか、産地船買いのいずれかであった。

さらに他国買入れ商品の六三パーセントにあたる銀一〇三五貫四一四匁の商品を他国船に転売したが、そのうち、米穀は銀七七二貫四一四匁（一万一二〇〇石）と過半を占め、宇和島・讃岐・大州な

表Ⅳ－29　御手洗町の他国商事の概況（天保10年）

商品	他国より正銀にて買入			他国へ正銀にて売払			領内へ藩札にて売払			備考
	数量	銀高	買入先	数量	銀高	売払先	数量	銀高	売払先	
米（雑穀）	17,000石	貫 (1172.414)	北国・肥前・豊前 長門・周防・伊予 備前・備中	11,200石	貫 (772.214)	土佐・日向・讃岐 大洲・宇和島・上ノ関	5,800石	400貫	町内、近辺島々、漁師等の飯米用として	
酒	3,500丁	(175)	大坂、播磨、備前 伊予、ほか	200丁	(100)	諸廻船	1,500丁	75	町内揚屋用、漁師 近辺島々	
干鰯		12	北国船の船頭・水主のはせ荷					12	近辺島々	
たばこ		45	豊後刻たばこ・柴たばこ		30	諸廻船その他		15	町内、漁師	
素麺	1,200箱	(48)	灘目、小豆島	500箱	(20)	諸廻船その他	700箱	28	町内、島々	国産を広島・尾道より取寄せるがそれは除く
蠟燭		6	筑前					6	町内	同上
薬種		8	大坂					8	町内	
かつをぶし		90	土佐・日向		75	北国その他諸廻船		15	町内仕出し屋麺類屋ほか	
砂糖	250丁	(35)	肥前・大坂・讃岐	200丁	(28)	北国その他諸廻船	50丁	7	町内職屋	
呉服		25	京都・大坂		10	伊予地諸廻船		15	町内茶屋子供芸子	
藍玉	56俵	14.56	阿波				56俵	14.56	町内、島内紺屋7軒分	
計		1,630.974			1,035.414			595.56		

呉市豊町支所蔵「他国ゟ正金銀ヲ以買入候必要品申上書附」（天保10）による。なお、（　　）内は計算値。

どの瀬戸内各地と土佐・日向・上ノ関（周防）などに売りさばいている。酒・煙草・素麺・蠟燭、その他もすべて諸廻船売りである。

のこる他国買入れ商品の三七パーセントにあたる銀五九五貫五六〇匁が領内札銀売り捌き分であり、そのうち、米穀は銀四〇〇貫目（五八〇〇石）で六七パーセントと過半を占め、町内・近辺島々、漁師らの飯米用にあてられた。その他の酒・煙草・干鰯・素麺なども、町内のほか島々の漁師・浮過らの生活消費用に費やされた。

このように正銀で買入れた諸商品は、中継市場で他国船に転売される限り、商事資金の運用蓄積は可能であったが、町内をはじめ近辺島々の地域住民の消費用に廻されて札銀処理に任せるとこの部分が拡大すればするほど、交易用正銀の不足をきたし、積極的な正金銀調達の対策を必要としたのである。

また、御手洗市場における諸商品取引のうち、もっとも中心的な地位を占めた他国米商事について、文政十一年（一八二八）御手洗町の「御蔵米他国船へ売り捌き仕度御願書」によると、つぎのようにのべている。[7]

当湊之義者、御他領へ隣殊に灘中ニ而第一他国米入津仕、諸色商事方其外諸取引等至迄一切御他領ヲ引受、正金銀融通方之弁利至極之場所ニ而、従来下も筋土佐・日向・淡路・讃州辺之商船入津米不絶買積米仕候儀ニ御座候、尤夏向者北国より米船不絶入津仕、別而当時者売買景気付候得共、冬春之間者九州筋、予州辺より之入津米ヲ以買船并町内小売屋之間ヲ合候得共、（中略）先達而御願奉申上候上方御登米、当湊ニおゐて御売米捌キ方被為仰付、（中略）米相庭之義者、従来大坂・兵庫相庭受来、是迄商事取組来り候得者、御売米被為仰付候共、大坂相庭ニ引合入実之見込御座候ニ付、大坂相庭より者御直段少々引上ケ御売下ケ御願可申上候

当時、すでに御手洗は北国・山陰・九州・瀬戸内から搬入の蔵米市場と化し、そこでは大坂相場よりも高値で売

表Ⅳ－30　文政９年御手洗町問屋の他国商事取引銀高

問屋名	米雑穀取引銀高	(%)	その他商品取引銀高	(%)	取引総銀高
	貫 匁		貫 匁		貫 匁
新屋	1,004.763	95.4	47.993	4.6	1,052.756
廿日市屋嘉右衛門	221.900	96.3	8.291	3.7	230.191
竹原屋	29.483	34.3	56.300	65.7	85.783
島屋茂吉			18.000		18.000
油屋			17.800		17.800
竹野屋			16.370		16.370
住吉屋嘉七	14.589	98.2	0.255	1.8	14.844
村内屋与七郎			13.144		13.144
肥前屋甚助	4.544	38.3	7.337	61.7	11.881
村屋得惣二	0.228	2.6	8.555	97.4	8.783
明石屋	4.777	54.8	3.933	45.2	8.710
廿日市屋吉右衛門			8.042		8.042
米屋弥惣七	1.273	36.5	2.206	63.5	3.479
合計	1,281.557	86.0	208.226	14.0	1,489.783

文政９年正月「商事ニ付他国へ正金銀出入差引御尋ニ付人別書出し寄帳」（呉市豊町支所蔵・『豊町史』資料編25号所収）

買する動きもあり、大坂へ運ぶよりも有利な取引が行われるようになっていたのである。

このように近世後期になると、瀬戸内各地に九州および西廻り航路圏と大坂との流通上の結びつきを遮断して、新たな地域米穀市場が成立していった。表Ⅳ－三〇は、文政九年分の御手洗町他国商事の取引銀高を、問屋別に米・雑穀とその他商品に分けて取りまとめたものである。(8) 結局、米・雑穀の取引銀高は、全取引高の八六パーセント（天保十年では約七二パーセント）と他商品を圧倒している。しかも、米穀取引高の七八パーセントを新屋が独占取引しており、のこる二二パーセント分（銀二七六貫七九四匁）を廿日市屋・竹原屋・住吉屋・肥前屋・村屋・明石屋・米屋弥惣七の七人が引受け、取引銀高二二二貫弱の廿日市屋以外はすべて銀三〇貫目以下の小口取引であった。

さて、他国米取引については、米穀の収穫

時期や領主米の年貢取立などに関連するため、その取引には季節的な違いがあり、春から夏にかけて主として北国米を扱い、秋から冬にかけては近くの瀬戸内米・九州米を取扱うのが主になった。その大まかな傾向として、①北国米、②瀬戸内米（とくに伊予米）、③九州米という順で取引が行われた。[9]もっとも、北国船の入港は天候次第ともいわれ、一度に五〇艘、一〇〇艘が投錨することもあり、取引に現銀不足をきたし、資金繰りの可能な大店が有利に取引を展開することとなった。[10]また、他国船への転売にあたる取引の相手は、土佐・日向・讃岐・大州など豊後水道をはさんだ地域から太平洋側にかけてが主流であったし、もう一方に、領内札銀取引の行われた御手洗町消費および近在島々の漁師・浜子（塩田労働者）らの飯米供給分があった。このことを天保十年（一八三九）の表Ⅳ－二九によって確認すると、御手洗町において他国船より正銀買付米は一万七〇〇〇石で、そのうち、他国船へ正銀売払い分が一万一二〇〇石（六五・九パーセント）、領内の札銀売払い分五八〇〇石（三四・一パーセント）と約七対三の割合になっていた。

このように御手洗町における他国米取引は、遠隔地間の正銀取引だけにとどまらず、芸予諸島近在を消費地とする札銀取引をも行う、二通りの商取引で成り立っていたのである。このあり方は、御手洗町が諸稼ぎ雇用労働の需要拡大をたえず志向していたことになり、他国・領内出稼ぎの受入れ地として新たな市場が成立し、拡大しつつあったといえよう。

さらに御手洗町が北国・西国・大坂各地を結ぶ有位な地域市場として発展したのに対して、大長村をはじめ周辺浦方村々でも廻船業に進出するものが多くなった。

表Ⅳ－三一は大長村の「船数御改帳」から年代別に御手洗と本郷・沖友の船所持数を、船の大きさ別に示したものである。[11]だいたいの目安として一〇反帆の船で五〇〇～六〇〇石積程度とみられる。一・二反帆の船は、島々をめぐる近距離の廻船に利用されたが、三反帆以上の船になると、大坂をはじめ内海を遠方まで航海し、米穀をはじ

表Ⅳ－31　大長村の船籍別廻船の推移

年代（西暦）	御手洗町					本郷・沖友					大長村総数				
	1·2	3·4	5～9	10以上	計	1·2	3·4	5～9	10以上	計	1·2	3·4	5～9	10以上	計
宝永5（1708）															20
享保3（1718）											18	8			26
宝暦2（1752）	17	7	1	3	28	24	8	1		33	41	15	2	3	61
明和5（1768）	22	11	1	1	35	11	7			18	33	18	1	1	53
安永5（1776）	21	4		3	28	11	6			17	32	10		3	45
天明元（1781）	27	5	1		33	12	6			18	39	11	1		51
〃 3（1783）	23	3		1	27	15	7			22	38	10		1	49
寛政4（1792）	28	8	2	1	39	19	7	1		27	47	15	3	1	66
〃 9（1797）	26	3	1	1	31	15	7	1		45	41	10	2	1	54
享和元（1801）	27	4			31	17	5			22	44	9			53
文化3（1806）	33	4			37	21	3	1	1	26	54	7	1	1	63
〃 8（1811）	35	2		3	40	24		1	3	28	59	2	1	6	68
〃 14（1817）	32	2			34	26	3	1	2	32	58	5	1	2	66
文政8（1825）	33	7	1	1	42	35	5	1	3	44	68	12	2	4	86
〃 12（1829）	30	4		3	37	46	8		2	56	76	12		5	93

宝永5・享保3年「大長村差出帳」、各年「大長村船数御改帳」（呉市豊町支所蔵・『豊町史』資料編所収）

め、諸商品の輸送および売買取引にあたっていた。

　廻船数の推移をみると、一八世紀前半期にあたる宝永・正徳期には大長村で一反帆から四反帆までの小廻船を二〇艘あまり所持するようになり、享保年代になるとしだいに所持も増していき、一八世紀半ばの延享三年（一七四六）には、宝永年代の二倍となる四三艘、宝暦二年（一七五二）には三倍の六一艘に達した。このように廻船数の増加につれて廻船の規模も五～七反帆二艘、一一～一五反帆三艘と規模の大きな廻船所持者もあらわれた。廻船数も寛政四年（一七九二）の六十六艘をピークに、その後やや減少したが、文化期になると回復する。さらに文政期になると、廻船数は八〇～九〇艘ともっとも増加した時期を迎える。以上の推移は、大長村全体のことであり、御手洗町のみは、一八世紀後半期に全体の三分の二程度の所持で推移したものの、一九世紀に入ると廻船所持が村全体の半数に減り、文政十二年（一八二九）には、廻船数九三艘のうち三七艘と三九パーセント、三分の一近くまで減少したのである。この現象は御手洗町の所持廻船数の停滞に対して、大長村の本郷や沖友など、町方からいえば周辺部の廻船増加という特徴をもっており、いわば、御手洗商業の景況を敏感に反映していたのである。

廻船所持者と、土地所有の関係を見ると廻船所持者のうち、五反帆以上の廻船、あるいは廻船二～四艘を所持する者は、土地の方も石高二～二〇石を所有していた。また、町方の役職では庄屋・年寄・組頭などにつき、職種も茶屋・問屋・燥屋などを営業する上層町人に相当するものもあった。しかし、廻船所持者の多くは、土地の持高に関係なく所有高一石未満の零細な百姓や、浮過と呼ばれる無高層によって占められていた。

また、廻船に乗り組む船頭・沖船頭や水主についても、沖船頭は廻船所持者との信頼関係が第一で、航海術にすぐれ、航路に慣れていること、取引先との関係では手代のように手腕が発揮できることなど、廻船業務の万端を差配することが求められた。要するに、船頭の役割は、廻船業の取引実務を船所持者から委託されており、各港での商荷の買付けから販売までを買積船方式で実行していたのである。

たとえば、享保十七年（一七三二）御手洗町の船主新屋八郎兵衛は、土佐から薪を積み込み、大坂問屋天満屋へ廻送して取引を行ったが、その際、八郎兵衛は船頭に薪荷の買積みから廻送、天満屋との商取引にいたる一切を任せており、船頭の実務取引の手腕に期待している[12]。また、沖友藤本屋所持の廻船長栄丸の沖船頭は、船主に無断で大坂木屋源右衛門から酒を借り受け、日向国延岡で貸付けたものの、その代銀が期限内に支払えなかったため、木屋から訴えられた[13]。この件は、航海中の取引万端を取り仕切ることを任された沖船頭が勝手に行ったもので、この反対に自分の才覚で取引を行い、利益をあげることもできたのである。なお、「長栄丸日記（大福帳）」によると[14]、長栄丸は七〇〇石積の廻船で乗組員七～九人により嘉永六年（一八五三）から文久三年（一八六三）まで一一年間の航海であったが、大部分は肥前の福島・高島・香焼・松島・平戸あたりから石炭を買積みし、瀬戸内沿岸の各塩田へ運んで売り払っていた。時に若松あたりから米を積み込み、大坂および江戸へ運んでいる。これは領主米の運送であり、運賃稼ぎであった。多くは御手洗を出るとき資金四〇～五〇両程度をあずけられ、一航海して帰港したさい、買仕入・売仕入の収支を精算したのであった。[15] 廻船に乗り組む水主の多くは、零細な百姓や浮過（無高層）であり、雇用年数もせいぜい一・二年の短期間に集中していた。しかも一年のうち半年以下、一航海限りの水主も多く、航海ごとに乗組員が交替する短期雇用の形態が主流となっていた。つまり、とりたてて航海技術を必要とせず、雑役に従事しており、廻船に乗り込んで日雇同様に食いつなぐ階層であったとされている。[16]

(3)　安芸国竹原下市の商事と市場構造

一八世紀後半から一九世紀前半期における竹原下市の商事機能と生産・流通の労働市場について検討したい。まず、竹原下市の発展形態を住民構成の面からみると、寛永年間の下市町並屋敷が一五〇軒であったのに対して、享保三年（一七一八）には四八七軒に増加している。[17] これは寛永の町方規模（上市・中町・下市・大小路・板屋小路・樋ノ口）の六小町が、八〇年後の享保三年には新たに一一小町（松原・掛・鳥羽・田中・栄・田ノ浦・享保・中小路・久保・榎町・新町など）が、町立てして拡張されたもので、町屋数が六小町区で一五〇軒から一九五軒に、新設の一一小町区で二九二軒の増加となり、下市全体としては三・二倍である。このような町屋数の増加の大多数が、他地域からの来住者であった。町人の家号が出身地と関係する場合が多いことは知られており、新庄屋・吉名屋・高崎屋・仁賀屋・風早屋・岩子屋・木之江屋など周辺農村や島嶼部の地名をはじめ、尾道屋・三原屋・広島屋・阿波屋・播磨屋・和泉屋など藩内都市、領外国名を名乗るものもあり、きわめて広い範囲から来住していたことが窺える。享保三年（一七一八）の「竹原町総絵図」に記された町屋四八七軒を家持・借家別に分けて、住民の商業構成をみると、総家数のうち家持（自宅）二三二軒、借家二五五軒とほぼ半ばしていたが、その分布は、竹原町の中心

表Ⅳ－32　竹原下市における廻船数の推移

年代＼船の大きさ	反帆 22	13	12	11	10	9	8	7	6	5	小計	反帆 4～1	合計
宝永3（1706）						5	3	5	3	3	艘 19		
正徳2（1712）	1	2	2			（14～8反帆13艘）					18		
享保7（1722）		5	3	2	1	1	1	1		15	29		
享保11（1726）		3	2	3	2		1	1			12		
明和9（1772）					2	1	1	1	2		7	65	72
天明6（1786）							1	1	2	1	5	56	61
文政2（1819）							（1000石～10石）						66
明治4（1871）				1		4	1		2		8		

竹原市立図書館蔵「下市覚書」のうち「船数書上覚」、「廻船端数行先積荷物等書上」、「廻船行先書上」、「船往来手形下渡願書書」等。

となる上市・下市等の六小町区には家持が集中し、借家が少なかったのに対して、町立ての新しい松原・新町など一一小町区には借家が集中していた。しかも、それは町の中心部に居宅を構えた問屋・質屋・酒屋などを家業とする有力商人が、町周辺に拡大されていく新しい町立てに際し投資先として、借家を多く建て増していったからである。[18] さらに各家の職種を、農業・漁業、諸品売事、職人と三区分してみると、沿海部の一般的な産業である農業・漁業を家業とするものは少なく、過半が商業・職人業に携わっており、都市住民目当ての日常需要の供給と後背地農村の中継商事機能の基盤が形成されていることを指摘できよう。そして、これら商業・職人業に従事する家々を、都市的商事機能をもとに階層区分すると、第一に諸問屋を家職とし、廻船をもち手広く中継商事に携わる階層、第二に見世商いをする大部分の小商人・職人層、第三に仲仕・日雇稼ぎを職とする浮過層など三階層に分けられる。

第一の諸問屋商人層は、元禄・享保期から西廻り航路の廻船がひんぱんに寄港するようになって、活況を呈してきた。広島藩の竹原蔵に収納された年貢米の大坂積登せ・広島廻送や竹原塩の諸国輸送のほか、店舗を構えて北国・九州産の米・雑穀・干鰯・塩魚類を購入したり、木綿・麻布・茶・煙草・酒・小割木・掛け木類など後背地農村の商品集荷や、あっせん売買を行っていた。そのうち、表Ⅳ－三二にまとめたような大・中廻船持ちの問屋層は、廻船を使って北国や下関に赴き、積み込んだ竹原塩や瀬戸内用品を販売し、別に米・麦・干鰯などを購入して、再度大坂・尾道など市場で売却して買積船方式の利潤を得る活動をしていた。また、六・七反帆以下の廻船持ちも、蔵米輸送のかたわら竹原に隣接した備後・伊予などの小市場を舞台に諸品売事を行い、さらに、薪木や松葉などの塩田燃料を瀬戸内製塩地に出荷して賃稼ぎを行うなど、多様な商事活動に従事していた。

ちなみに、文化十年（一八二七）竹原下市で購入した他国物産の正銀高をみると、総額一八三〇貫にのぼり、購入された一三品目中、多額の取引品は他国米・雑穀（米一五〇〇石、麦二〇〇〇石など）代銀八〇〇貫、干鰯代三五〇貫、菜種・燈油代二四〇貫、塩浜石炭代二三〇貫、反物・古手・小間物類代一五五貫などであり[19]、竹原町は石炭焚きを必要とする塩田を基盤に、米・穀物をはじめ生活消費物資の地域市場であるとともに、干鰯の大量購入にみられるように後背地農村の中継市場の性格を強く示していた。

第二に竹原町の見世商いの小商人・職人層であるが、享保三年「竹原町総絵図」では、町方商人のうちに小商人八一軒（家持二四、借家五七）、職人一九軒（家持一六・借家三）とあり、市街地の拡大と人口増加にしたがって、日常生活の需要をまかなう小商人や諸職人も増加したことを示している。このような傾向は、一八世紀から一九世紀にかけてより顕著な様相をあらわす。表Ⅳ－三三は竹原下市の職人・小商人の推移を示したものであり[20]、従事者数が寛政四年（一七九二）の六〇軒に対して文久三年（一八六三）には一二一軒と二倍近く増加したこと、職種も家普請・衣料・仕立・農具・食品加工・菓子類など多彩となり、綿栽培・加工や新たな産業の成長を背景にして綿打や蠟絞り、こんにゃく・豆腐・雑魚屋・酢屋など新商売が増加している。さらに他領・他国からの商人・商品や職人の入り込みも多くなった。小豆島からの素麺や、大和・大坂・阿波・伊予あたりから薬種・菜種・燈油・反物・呉服物、福山から古手類などがもち込まれ、販売されている。他国商人の多くは定宿をもち、なかには定住するも

表Ⅳ－33　竹原下市の諸職人・小商人の推移

職業＼年		寛政4	寛政10	文政8	天保5	万延元	文久3
職人	家大工	2	2	2	3	9	9
	船大工	1	1			2	2
	桶屋	3	3	3	3	6	7
	左官	1	1		2	3	3
	鍛冶	4	4	2	2	3	3
	木挽	1	1			1	1
	畳刺	3	3	3	4	2	2
	石工	2	2	2	2	3	3
	鋳懸師			1	1	4	4
	屋根葺	6	6				
職人（日常品）	青染紺屋	8	8	6	5	4	4
	指足袋屋				2	2	2
	塗師			1	1	1	1
	したみ細工	2	1	1	1	1	1
	傘・釣燈屋	3	3	3	3	4	4
	鏡磨				2	1	1
	ろうそく屋				1	3	3
	仕立屋				1		
	桧物屋細工			1	1		
小商人（日常食品）	味噌・醤油屋	3	3	3	3	4	4
	糀作	3	3	3	3	2	2
	雑魚・酢屋			8	8	8	8
	こんにゃく屋			3		2	2
	豆腐・油揚屋			3	15	12	12
	むし菓子屋	7	6	6	6	6	6
	飴屋	2	4	3	3	3	3
	焼餅屋			5	5	5	5
その他	綿打				3	11	11
	酒造	7	8	7	5	7	7
	油手作・手絞屋	2	2	1	1	2	2
合計		60	61	67	86	111	112

「竹原下市覚書（下市村諸産物并諸職員増減書上）」（『竹原市史』第4巻資料編（二）所収）

のもあった。

第三に浮過層の存在は、貞享年代（一六八四〜六）から見られるもので、「無高浮世過」の名のとおり自分の土地をもたず（年貢を負担せず）、他に雇用されて生計を立てる人たちであった。農村内に滞留して日雇労働や小作に従事するが、在町では加子・仲仕や日雇労働に従事し、借家層ともよばれる。享保三年の「竹原総絵図」では、浮過一〇軒のほか借家一一八軒があり、これらが該当すると思われる。享保十七年（一七三二）の男女別人口のなかで、男子人口の二九パーセント弱を占める浮過が存在しており、総人口に対する割合では一四パーセントになる。(21)その後も浮過人口は、増加傾向を示し、天保五年（一八三四）には浮過が男子人口の二五パーセント、女子人口の一三パーセントを占めるようになり、総人口の割合では一九・三パーセントと享保（一〇〇年前）にくらべて五ポイントの増加を示している。天保以降は竹原町周辺および他領・他国からの諸稼ぎ入り込みを含め、浮過層はますます人口に占める割合が増加していった。

おわりに、近世中期に支配的であった幕藩制的市場構造が一九世紀に打ち破られ、近代資本主義の基盤となる新たな国内市場形成に向かう局地市場（幕末地域市場）が瀬戸内芸予諸島地域に展開することをあとずけようとした。そのために一八世紀後半から一九世紀前半期における瀬戸内海地域の変容に焦点をしぼった。近世後期の瀬戸内海地域は、農民的商品生産・流通の発展によって、各地の在郷商人や新しい流通勢力（買積船）が活躍し、新たに独特な地域市場を形成させていった。それが一九世紀以降の瀬戸内諸国の人口増加や、流通拠点となった港湾都市・島嶼港町を中心とした労働移動（出稼ぎ・他国稼ぎ・港湾労働）の拡大となって地域変動の動きを加速させるのであった。たとえば、安芸国豊田郡御手洗町は、一七世紀後半、西廻り海運の好錨地として注目され、急速に都市化して天保期（一八三〇〜四三）には人口一六〇〇余人の中継取引市場と化した。御手洗港で他国船相手の中継問屋商事をみると、天保十年（一八三九）の正銀買仕切一六三一貫余、売仕切り一〇三五貫余と五九六貫余の移入超過であり、町村・島嶼民の生活必需にあてられた。御手洗を含む大長村の廻船数の推移は、寛政期までの五〇艘代から幕末には一〇〇艘に増加し、大型廻船と小型廻船に分化している。沖友藤本屋は大小廻船六艘を所持する船主で、全国市場と地域市場を結ぶ遠隔地船、地域市場内での近距離船を使い分けて買積船経営を積極的に行っていたのである。

註（1）大貫朝義「文政期芸備一六郡における「商品」生産と流通―近世鉄山業史研究への視角―」（『三田学会雑誌』六七巻二号）。
（2）文政二年「大長村・御手洗町国郡志御編集下弾書出し帳」（『豊町史』資料編所収）。
（3）多田家文書、寛政十三年「竹原屋客船帳」（『豊町史』本文編　三九〇～二頁　一九九八年）。
（4）同上（『豊町史』本文編　四二二頁　一九九八年）。
（5）呉市豊町支所文書、文政二年三月「大長村・御手洗町国郡志御編集下弾書出し帳」（『豊町史』資料編所収）。
（6）呉市豊町支所文書、文政九年「文政九年分商事ニ付、正金銀出入差別御尋ニ付人別書出し寄セ帳」、天保十年「他国より正金銀ヲ以買入候必要品申上ル書附」（『豊町史』資料編所収）を用いて商品別銀高一覧表を作成した。
（7）呉市豊町支所文書、文政十一年八月「御蔵米他国船江売捌仕度ニ付御売下ケ之儀御願書」（『瀬戸内御手洗港の歴史』四七三～五頁　一九六一年）。
（8）呉市豊町支所文書、文政九年正月「商事に付他国へ正金銀出入差引御尋ニ付人別書出し寄帳」（『豊町史』資料編二五頁所収）により人別取引銀高を表示した。
（9）呉市豊町支所蔵、享和三年「拝借銀入質貸付控」（『豊町史』本文編　三九三頁）。
（10）呉市豊町支所蔵、天保二年「正金銀両替御札場へ願出之儀ニ付覚」（『豊町史』資料編　四三八頁）。
（11）呉市豊町支所文書、宝永五・享保三年「大長村差出帳」、宝暦二～文政十二年「大長村船数御改帳」（『豊町史』資料編所収）より地域別廻船数を年別表示した。

（12）『豊町史』本文編　四一二頁　一九九八年。
（13）呉市豊町支所文書、天保六年「大長村諸書附控帳」（『豊町史』本文編　四二五頁）。
（14）呉市豊町沖友藤本屋資料「長栄丸日記（嘉永六年～文久三年）」による。
（15）脇坂昭夫「近世後期瀬戸内海における廻船業―沖友・藤本屋を例として―」（『芸備地方史研究』四一・四二号）。後に頼祺一編『瀬戸内海地域史研究』第五輯　文献出版、一九九四年（特集脇坂昭夫論文集「瀬戸内港町と商品流通」）に収める。
（16）『豊町史』本文編　四一九～二一頁　一九九八年。
（17）竹原市立図書館蔵、寛永年間「下町絵図」および享保三年「竹原町総絵図」。
（18）『竹原市史』第二巻論説編（竹原市　一九六三年）二一九頁。
（19）竹原市立図書館蔵、文政十年「正金銀ニ而売買の品御尋ニ付書上ゲ」（『竹原市史』第四巻資料編（二）所収）。
（20）竹原市立図書館蔵、寛政四年十月「賀茂郡下市村諸産物諸職人増減書付」（『竹原市史』第四巻史料編（二）所収）ほか文久三年まで五か年の同史料を用いて諸職人・小商人表を作成した。
（21）竹原市立図書館蔵、「竹原下市覚書」（『竹原市史』第一巻概説編　二四〇頁　一九六五年）。

第五章　藩の医療制と地域医療

一　広島藩の医療制

1　藩登用の医師群

広島藩の医療制は当初から定められたものはなかった。しかし、藩の職制機構が整備され、君側（藩主御用）に登用される医師数が増加するにつれて、これを統制する機関が設置されていった。藩では、初期に召抱えられた医師を、陰陽師とともに「医陰」と称し、侍医制をしいていたが、一八世紀初頭に整備をみた職制のなかでは、年寄り用人・大小姓頭支配の儒医制として統制をうけるようになった。

その統制をうける医師群は、藩主および一族の医療をつかさどる「第一御用ハ勿論、其余御家中末々ニ至迄療養仕候為」に、藩が知行・切米・扶持米を給与して支配下に置いたのである[1]。彼らは法印・法眼・法橋・無官の位階、剃髪・法躰を一般としたが、後には半髪・束髪のものもあらわれるようになる。医師の登用には、はじめのころ、京都・江戸・その他領外から名のあるものを選んでいたが、一八世紀以降になると、領内においてすぐれた医療を施すものの登用数がしだいに増加している。その背景には、藩領域の町方・在方の医師層の形成があげられよう。

たとえば、享保十一年（一七二六）十一月の町方倹約令には、次の箇条がみられる[2]。

一　町医師・山伏・祢宜・陰陽師之類、衣服之義紬・木綿・布を可レ着、若定式之法衣有レ之候ハ、可レ為二格別一候事
但、医師之儀ハ他国之病人等療治仕候節、麁服ニ候得者医格を軽く存、薬料軽微ニ仕候筋有レ之、不勝手之旨前々より相聞候間、右之節格別之衣服着仕度候ハヽ、何国之誰療治仕候ニ付、格別之衣服着用之旨、町役人迄断り可二相届一候、然レ共結構成衣服ハ可レ為二無用一候、尤町役人とも、右之断承届候ハヽ、追而可二申出一候事

また、翌享保十二年（一七二七）に出された郡中倹約の触書につぎの箇条が見出される。(3)

一　医師衣服之儀者紬類をも着用不レ苦候得とも、平常ハ是又随分布・木綿着用可レ有レ之候事
但、他国人出会之節、麁服ニ而者家業之便ニ難レ之節者、所役人江申談絹・紬類をも着用可レ有レ之候事
一　医師薬礼又ハ寺社江之初尾　師匠江之付届等者格別、其外江者たとへ年玉・歳暮・作り初尾、軽少之儀ニ而茂無用可レ仕事

この町方・在方倹約令は、元禄期以降、広島藩が度々布達したものの一部で、数々の節倹指令のうち、町在医師層の服飾を職務の上から町年寄・庄屋らと同等のものと規定したのである。それは、幕藩制下の身分制確立・展開期における医師層の社会的身分・待遇格付けをおこなったものとして注目され、武士出身であれ、町人・農民出身であれ、近世社会における医療をになう医師階層の社会的位置を認定したことを意味している。元禄・享保期のこうした動向の背景には、すでに町在において、地域医療に一定の役割を果しつつあった医師層の形成があったからにほかならない。表V－一は文政八年（一八二五）における広島藩領の人口と医師数を町郡別に一覧したものである。藩領全体では人口七二万六一一三人に対して医師六八八人、医師一人当たり一〇五五人の割合であった。具体

表Ｖ－１　文政８年（1825）広島藩の医師分布

国　郡	全人口	医家数	医家一人当り人口	国　郡	全人口	医家数	医家一人当り人口
	人	人	人		人	人	人
広島府下	49,748	129	385	三原府	6,378	9	708
厳　島	3,734	—	—	尾道町	9,488	11	862
安芸郡	81,678	73	1,118	御調郡	60,345	18	3,352
沼田郡	35,155	36	976	甲奴郡	4,114	—	—
佐伯郡	69,768	47	1,484	世羅郡	25,549	21	1,216
山県郡	53,382	47	1,087	三谿郡	16,294	27	603
高田郡	53,595	43	1,246	奴可郡	13,446	9	1,494
高宮郡	28,963	37	782	三上郡	8,911	5	1,782
賀茂郡	88,271	82	1,076	三次郡	22,078	28	788
豊田郡	82,341	58	1,419	恵蘇郡	12,875	8	1,609
安芸国	546,635	552	990	備後国	179,478	136	1,319

（「芸藩通志」による）

表Ｖ－２　山県・佐伯両郡の人口と医師数

		享保12年（1727）	文政８年（1825）	明治７年（1874）
山県郡	人口	42,277人	53,382人	(57,576)人
	医師数	36	48	103
	医師１人当り人数	1,174	1,112	559
佐伯郡	人口	41,859	73,502	(109,744)
	医師数		47	107
	医師１人当り人数		1,564	1,025

（「村々諸色覚帳」「芸藩通志」「医師履歴調査」等による）

的にみると、広島城下町を中心とする三原・尾道・厳島の町方では、医師一人当たり四五六人の割合であったのに対して、在方一六郡では同じく一二一八人であり、町方・在方における医師数の格差が認められる。このほか、藩領の地域特性からいえば、瀬戸内海沿岸地域は広島城下町をはじめ、竹原・三原・尾道と都市形成が早くから進んでいただけに、人口が多く医師数の割合も高かった。これに対して、中国山地の懐にいだかれた内陸地域は、陰陽交通の要衝、物資集散地としての三次町をはじめ、世羅郡甲山、三谿郡三良坂・吉舎などの在町形成はみとめられるが、総じて山間地の人口・医師数ともに少ない貧郡となっていた。

藩領全体の医師数を網羅したものは外に見当たらないが、山県郡・佐伯郡などでは、若干医師数の推移を知ることができる。表Ⅴ－二は山県郡の医師数が、享保十二年（一七二七）三六人、文政八年（一八二五）四八人、明治七年（一八七四）一〇三人と増加傾向にあり、佐伯郡でも文政八年の四七人から明治七年の一〇七人と急増している。その特徴は、文政期から明治初年のほぼ半世紀間、なかんずく幕末期において医師数の爆発的な増加現象がみられたこと。また、その前提として享保期においても、医師一人に対し一一七四人という一定割合の医師数の形成をみているのであった。芸北辺境の郡とみなされる山県郡がこのような状況にあったから、元禄・享保期における趨勢として、藩領の町方はもとより在方においても、医師層の一般的形成の基盤が整いつつあったと推定できよう。

以上を前提として近世中期以降、広島藩に登用された医師のあり方をあきらかにしたい。表Ⅴ－三は元禄十一年（一六九八）から明治二年（一八六九）までの一七二年にわたる藩登用医師の就任別一覧である[4]。本表を一瞥して気付くことは、藩の医師登用が「側医師」の格式であったのを、寛政五年（一七九三）から「新規被仰付」として、まず「側医師並」に登用し、その後「側医師」に昇任させる制に改めていることである。しかも「側医師並」から「側医師」への昇格はかなり限られており、「側医師」は少人数であったことが判明する。

また、表Ⅴ－四は元禄十六年（一七〇三）から文化八年（一八一一）までの藩登用医師の所属・俸禄・格式などを、年ごとに抄出・列挙したものである[5]。前表とは史料の性格を異にするが、各医師の所属・俸禄高・格付が具体的で、それぞれの特徴があきらかとなる。この期間の登用医師は、先規医師の跡目相続による召出医師がかなり認められるとともに、一八世紀後半からは新規召抱え医師が多くなっていること。所属に関しては享保十年代以降、

表Ｖ－３　17世紀以降広島藩の側医一覧（就任年別）

年代（西暦）	側医師	側医師並
元禄11（1698）	梅園正眠	
宝永元（1704）	島田玉庵	
正徳４（1714）	加藤玄碩	
享保11（1726）	島玄信・喜連玄眞・平木三哲	
17	田島玄格	
20	長崎玄竹（玄悦）・松岡良哲	
寛保３（1743）	村田玄忠	
4	清水益庵	
延享３（1746）	園部宗賢	
4	御園分斎	
宝暦３（1753）	西玄育・梅園文白	
5	菅復玄丈	
7	長崎丹淳・安井尚賢	
9	島玄信	
13	井関玄東	
明和元（1764）	八木宗育	
2	小坂良白・平木三哲	
3	龍神紹庵・喜連元理 八島周庵	
4	西玄育	
6	清水益庵・小川敬元	
9	田島玄眠・八島周長	
安永２（1773）	松岡良哲	
3	井関玄東	
4	島玄信・清水益庵 井関玄東・伊庭道寿	
5	龍神紹庵	
8	日野玄丹	
天明３（1783）	安井養賢（素庵）	
4	梅園文仲	
5	西本祐白・平木元達（三哲）・喜連元察（元理）	
6	高橋周悦	
7	島玄信・内田快庵	
天明８	小川敬元・長喜庵	
寛政５（1793）		西玄英（道朔）・恵美三白・山中順庵・日野文達・森玄碩（立元）・伊庭寿仙・須磨水庵・深井元立・中島周意

年代（西暦）	側　医　師	側　医　師　並
6		菅復東養（道叟）
7		西本玄悦
8		宮本玄昌
9（1797）		小川恭意（敬元）
10	菅復道叟	井関玄東
12	恵美三白・小川泰意（敬元）	龍神同元（紹庵）
享和元（1801）	井関玄東	御園道英
2		伊庭寿仙
3		内田升堂・高橋文良
文化元（1804）		津川元敬（松柏）・中村元亮（宗碩）・島養碩
2		村田順迪・山中一庵・田島順正・恵美三折
5（1808）	恵美三圭（三白）	西道朔
7		井関玄龍（玄東）・須微養白（水庵）
8	伊庭寿仙	
10（1813）		西本祐仙・笠坊元達（長庵・長栄）・松岡三哲（良哲）
12	御園道英	
13	島養碩	牛尾玄珠・梅園玄篤
14	高橋文良	奥田隆堅・中村元亮・恵美三迪
文政元（1818）	恵美三迪（三圭）	
2		八島元陽（周伯）・恵美三折・西道寿
3		津川元敬
4	山中一庵・井関玄東	三宅立績・須磨良貞・渡部玄順（清庵）・山中順庵
5（1822）	中村元亮・牛尾玄珠	島泰庵（玄信）・中西元祥（元昇）
9		小川元精
10		市川文徴
12		日野丈達
13	津川元敬	恵美玄仙・星野良悦・島宗栄（栄碩）
天保2（1831）	三宅玄績	
天保3		西本紹白（祐白）・伊庭魯庵
4	笠坊長庵（長栄）	高橋文郁（文良）・山田好謙
5（1834）	小川元精	喜連元伯・三宅養春・野村正碩・中島周意
6		武島春繁
7	島玄信	
9	恵美玄仙（三白）	
10（1839）		恵美三迪

年代（西暦）	側　医　師	側　医　師　並
11	中西元昇（元瑞）	
12	西道寿・星野良悦	小川道仙
13	西本紹白（祐白）	
14		山中仙庵（一庵）・恵美三友（三折）
15	高橋文良	龍神良仙（紹庵）・牛尾玄琢（玄庵）
弘化2（1845）		田島道石（玄格）
4		島恭庵（玄信）・笠坊長承（立岱）・広藤道庵
5		小川元調（元三）
嘉永4（1851）	三宅養春	向井玄同・島養信（養白）・菅復東養
6	小川道仙・恵美三迪（省吾）	
安政2（1855）		高橋桃蹊・宮本玄洞（健庵）・佐竹玄丈（玄伯）・松岡良策
4		中村杏茂（元之亮）・西道一（道衛・俊平）
6		八島周伯・星野良哲（良悦）・高橋桃源・梅園玄篤・野村正精・園部玄仙
万延元（1861）		山中碩庵
文久元（1861）	恵美三折（八雲）	
2		恵美美健・中西元植・喜連良成（良介）
3	星野良悦・山中碩庵	後藤浩軒（静夫）・渡辺三哲・勝田周益
元治元（1864）	笠坊立岱	牛尾玄眠・松岡良達・津川元叔・中島玄庵
慶応元（1865）		小川道甫（清介）・西山玄斎
2		島玄信・喜連良成
明治元（1868）	広藤道庵	三木方策・森玄旬
2		坪井道夫

（「広島藩歴代御役人帖」〈『芸藩輯要』所収による〉）

表V－4　広島藩の医師召抱時の処遇例

年　代（西暦）	医　師　名	処　遇　内　容
元禄16（1703）	尼子道竹	20人扶持
宝永6（1706）	川口宗順	医師50人扶持
正徳2（1712）	武島春察	医師一列並居目見
4	清水松順	50人扶持
享保2（1717）	喜連元信	5人扶持より8人扶持へ
	田渕道碩	30人扶持
6	久保長温	30人扶持、大小姓頭支配
	内田快庵	10人扶持
9	田島玄格	尼子道竹死去、実子なきため
11（1726）	小川通渓	升運跡、切米15石3人扶持
13	松岡良哲	5人扶持、医師組
16	井関玄東	30人扶持、医師組、青山付
17	長崎玄竹	新知13石
19	園部宗賢	20人扶持、医師組
	山県忠庵	清老悴、15人扶持、医師組
元文元（1736）	安井尚賢	15人扶持、医師組
4	小崎源之丞	5人扶持中小姓、医師組、大小姓頭支配
延享3（1746）	西本祐悦	祐庵跡目、切米扶持相違無
寛延3（1750）	村田市次郎	玄忠跡目、10人扶持
	御園道英	針医20人扶持、医師組
	御園意庵	針医20人扶持、医師組
宝暦元（1751）	八島周伯	30人扶持、医師組、大小姓頭支配
	中島周意	町医師外科、20人扶持、定江戸医師並
3	山県立三	忠庵跡目3人扶持、小姓頭
4	島　玄信	外様医、若殿付
明和2（1765）	日野玄丹	20人扶持、医師組
6	宮木玄昌	医師組、大小姓頭支配
7	八島周長	周庵跡目、30人扶持
天明2（1782）	山中一庵	20人扶持、医師組
8	山中順庵	15人扶持、医師組
寛政2（1790）	恵美三白	20人扶持、医師組
5	宍戸松調	10人扶持、医師格、町奉行支配
	矢上潤徳	10人扶持、医師格、町奉行支配
9	宍戸見順	松調悴、町医、10人扶持、医師格、町奉行支配
享和元（1801）	島　養碩	玄信弟、20人扶持、別家
文化元（1804）	津川元敬	10人扶持、医師格、大小姓頭支配
2	恵美三折	三白次男、7人扶持、医師並
	佐竹玄丈	10人扶持、医師格、町奉行支配
3	高橋文良	側医師並、赤坂邸付
4	広藤道庵	安芸郡呉在、7人扶持、医師格、町奉行支配
6	土生玄碩	眼科町医、公儀御目見、内輪ニテ10人扶持、医師格
	佐竹玄丈	医師組、大小姓頭支配
7	土生玄碩	公儀奥医師、100俵5人扶持、使札
	宮木玄仲	定江戸外様医師、国元勝手
	園部三益	定江戸外様医師、国元勝手
8	牛尾玄珠	10人扶持、医師格、町奉行支配
	野村正友	沼田郡上安村在、7人扶持、医師格、町奉行支配

（「事跡緒鑑」18，官録〈儒医〉による）

大小姓頭支配の医師組に編入される例が多いこと。宝暦年代から「医師並」「外様医師」の名称があらわれ、寛政年代以降より町奉行支配の「医師格」のものもみられる。また、それぞれの医師の給与は、登用時の俸禄として知行を付与されるものは見当たらず、切米が跡目相続の医師に若干みられ、他はほとんどが五〇人扶持以下の扶持米給与であった。

さらに表V－五は、幕末維新期における広島藩登用医師群の構成をみたものである。[6] 医師が所属する役職名は、用人・大小姓頭・町奉行に三分轄される。用人支配は側医師・同並の二七人、大小姓頭支配は外様医師組二八人、町奉行支配は医師格九人であった。したがって、総医師数六四人、そのうち側医師はわずか五人（七・八％）、同並医師二二人（三四・四％）、外様医師二八人（四三・七％）、医師格九人（一四・一％）の構成となり、側医師並・外様医師を合せて七八・一％、登用医師の圧倒的な部分を占めていた。

以上の事例から、一八世紀以降広島藩に登用された医師群を、職制機構の上から整理してみると、次のように支配の系列化をみることができよう。

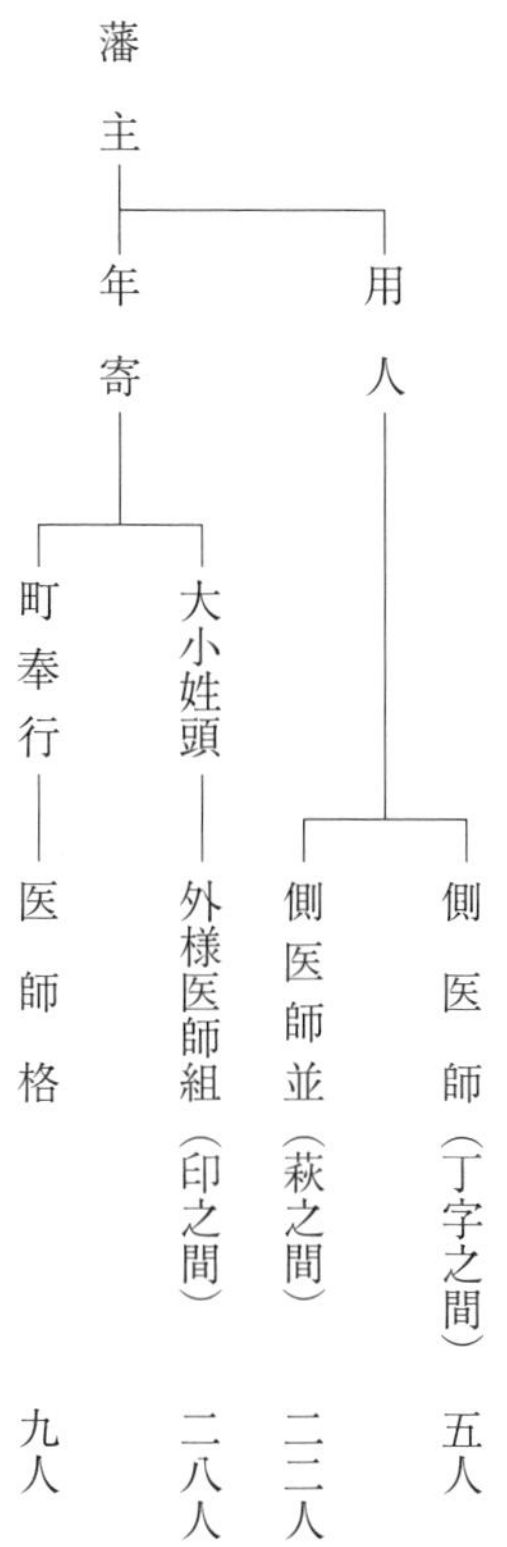

広島藩医師の構成

支配		医師名	知行・切米・扶持		備考
大小姓頭支配	外様医師組	奥田幸哲	扶持	10人扶持	定府
		伊庭稽斎		10人扶持	
		菅後元済		8人扶持	
		須磨元春		7人扶持	
		深井元順		7人扶持	
		長　立達		7人扶持	
		西本文迪		5人扶持	
		舟川松意		5人扶持	
		向井道生		5人扶持	
		園部謙済		5人扶持	
		武島春達		4人扶持	
		日野文武		4人扶持	
		谷　文益		3人扶持	
		山崎良泰		3人扶持	
		大島雲庵		7人扶持	
		井関玄立		3人扶持	
		宮木玄圭		7人扶持	
		八島周哲		8人扶持	
		長崎元会		3人扶持	
町奉行支配	医師格	坪井道成	扶持	10人扶持生涯被下	
		進藤寿伯		7人扶持　〃	
		石津貞丈		5人扶持　〃	
		吉村文益		5人扶持　〃	
		長尾結策		5人扶持　〃	
		三刀玄寛		5人扶持　〃	
		柿坂文友		5人扶持　〃	
		猶原淳篤		5人扶持　〃	
		松田養元		5人扶持　〃	

（広島藩「官禄帖」〈広島市中央図書館蔵〉による）

表Ｖ－５　幕末・維新期

支配		医師名	知行・切米・扶持		備考
用人支配	側医師	高橋文良	知行	170石・銀10枚	三の丸付
		笠坊立岱		160石・銀10枚	住居付
		恵美三迪	切米	35石・銀10枚	
		山中碩庵	扶持	20人扶持・銀10枚	
		恵美三折		20人扶持・銀10枚	
	側医師並	小川元調	知行	185石・銀10枚	住居付
		恵美養健		220石	
		津川元叔		190石	
		島　玄信		130石	定府
		龍神紹庵	切米	35石・銀10枚	
		中村宗碩		23石	住居付
		小川道甫		29石	
		中西元禎		30石	
		広藤道庵		30石・銀10枚	
		松岡良達		28石	
		島　養伯		45石・銀10枚	定府
		喜連良成		25石	
		佐竹玄白	扶持	16人扶持・銀10枚	
		高橋桃源		13人扶持・銀10枚	
		梅園玄篤		10人扶持・銀10枚	
		野村正精		10人扶持・銀10枚	
		高橋文軒		7人扶持	文良悴
		後藤浩軒		10人扶持・銀10枚	
		渡辺三哲		8人扶持	
		勝田周益		8人扶持	
		西山玄斎		10人扶持	
		牛尾玄眠		15人扶持	
	外様医師組	田島玄哲	知行	100石	
		三宅春泰		100石	
		星野良僊	切米	29石	
		山中仙庵		37石	
		中島玄庵		20石	
		御園道仙	扶持	10人扶持	
		市川文昌		15人扶持	
		三谷宗鎮		13人扶持	定京
		森　元郁		5人扶持	

それぞれの定数の有無は明らかではないが、いちおう「官録記」の所属人数をあげておく。このうち、用人支配の側医師・同並のなかから藩主及びその一族の執匕が命じられ、大小姓頭支配の外様医師組は、主として「日々学問所へ出頭、教授ヲ為ス、江戸詰被二仰付一、勤功ニヨリ格式昇進被レ為レ下」などであった。[7] 町奉行支配の医師格のものは、「数年来医術心掛療治精出ニ付生涯被二仰付一候」とあるように、[8] 町在医療への貢献に報いる生涯扶持・医師格付与の性格がつよかった。いったん医師格になると、これを契機に外様医師組・側医師並へと進むものも多かったようである。

　これら登用医師の俸禄は、勤功によって知行・切米・扶持米の別があったが、一代の生涯扶持でない限り、他の士分・徒士と同様に跡目相続の対象になった。その場合、医業相続に関しては、「今村玄節・栗原瑞庵両悴家業不箸用ニ付、俗ニ而差置度旨不調法之儀ニ者候へ共無二是非一儀、先ヅ俗ニ而可二差置一」というような事例もしばしばあって、他の役方へ配置替えされている。[9] また、無事相続しても「定江戸外様御医師管復三省家業未熟ニ付、京都畑柳庵方へ随従仕医術修行仕度ニ付、来丑年（文化二年）ゟ五ヶ年之間上京相調候」とあるように、京都をはじめ江戸・大坂・長崎などへ医学の修学・修業を願い出て許可されている。[10] こうした医師組の研修は、数年にわたる長期のほか、定府のものの幕府医学館での講釈聴聞や著名医の開講に参会するものもあった。また、享和元年（一八〇一）十月、「御側医師頭取長喜庵方ニ而、外様御医師若輩之面々為二取立一、一月三度宛傷寒論等医書会読相始候処、不レ怠被二相行一候ニ付、喜庵長屋手狭ニ而差問、講学所ニ而修行仕度旨申出有レ之」と、医師の自宅、藩講学所などでも、医学研修がおこなわれるようになっており、会講には医師組ばかりでなく「他所もの弟子」「近辺ニ罷在候町医」らの出席も許可されている。[11]

　こうした状況のなかで、代々勤仕する譜代の医師に対して新参医師の比重が増加していくが、寛政元年（一七八九）二月、藩は松平越後守の医師における譜代・新参の取扱いに対する問合わせのなかで、「新規被二召抱一候御医師、子孫ニ至リ宛行之儀ハ父之勤功、其業之厚薄ニ寄跡式階級有レ之、勿論譜代・新参之区別先ハ無レ之趣ニ候」と回答している。[12] また、文化七年（一八一〇）三月、側医・外様医等の藩医師組が本来の医療御用を忘却して、「近来他家（大名家）町人之類之療治専ラ仕、御家中病用間々合不レ申儀も有レ之候ニ付心得達無レ之様」と戒告を発している。[13]

註

（1）「事跡緒鑑」一八（儒医・雑）。

（2）広島市中区宝町室屋（岩室）氏蔵「御家中并諸向町郡とも一統仰出候節町方江被仰付候御書付写」（『広島県史　近世資料編Ⅲ』四七五号所収）。

（3）山県郡安芸太田町坪野・竹内家「触書」（『広島県史　近世資料編Ⅲ』四八五号所収）。

（4）「広島藩歴代御役人帖」（『芸藩輯要』所収）のうち、側医師・側医師並の医員名を列挙したものである。本帖は、「事跡緒鑑」編輯の基本として文化年代に編さんされ、その後付加されたもので、同年以前に洩れがあるとされる。

（5）「事跡緒鑑　巻一八」官禄・儒医（広島市立中央図書館「浅野文庫」）より医師登用時における就任内容を記事化したもの。登用医師のすべてにわたっているわけではない。

（6）「官禄記　乾坤」（広島市立中央図書館蔵）。本帖とほぼ同様の内容をもつ。「辰五月（慶応四年五月）改役人帖」（『芸藩輯要』所収）があり、広島藩末期の家臣団現在員とされているが、番組以下を役名など、類例要点の収録となっている。

（7）「御役之章程」（『芸藩輯要』所収）。

（8）「事跡緒鑑　巻一八」儒医・町在にあって、医師格を付与されたものは、ほとんどこの文言がある。寛政五年十二月八日付で十人扶持・医師格となった矢上潤徳の場合、「数年来医術心掛療治精出、殊ニ常々卑賤之者共へ寄特之致方ニ付生涯右之通ニ被仰付候」とあり、褒賞の意味がつよかった。

（9）「事跡緒鑑　巻一八」儒医、正徳二年六月の条、なお、このような事例は、その後も収録されている。

(10)「事跡緒鑑　巻一八」儒医、文化元年十二月十五日付、続いて同二年二月二十八日付の定江戸外様医師園部三益、同四年八月十七日付の御側医師深井元倚らも修行願を提出して許されている。
(11)(12)(13)「事跡緒鑑　巻一八」儒医。

2　町・在村医の医事組織

広島藩領における町在医師の存在形態は、元禄・享保年代がその一般的な形成期にあたっていることを指摘しておいた。その後一八世紀末以降になると、藩は領域の医療体制確保に向けて、流行病・急性疾病の猖獗時における医師動員をはじめとして、政策的な医師統制を行うようになった。そのうち、医師規制に関する事例をいくつか列挙すれば次の通りである。

(1)寛政六年（一八九四）四月の新規医師の開業許可制①

一医師成之義、唯今迄者願出も不レ仕勝手次第ニ医業いたし候得共、自今者本道・外療・鍼術等之分リ并ニ薙髪・有髪之儀迄モ書立、当人願出ニ師匠之添書ヲ取願出可レ申候

但、唯今迄医業致し候者共新ニ不レ及ニ願出一ニ、其外俗形ニ而療治仕候者不レ及ニ願出一ニ候得共、療治之不実有レ之身欲得勝手之致し方有レ之者共者、地役人等ゟ聞糺可レ申趣ニ寄御代官所ヨリ遂レ弾、若不埒之ものも有レ之時者療治差留急度可ニ申付一候

(2)天保元年（一八三〇）六月の農民子弟の医師成願制限②

一郡中百姓之子弟出家成・医師成・修験成等之願、近年ハ何となく人数多キ様ニ被二相考一、全体百姓ともハ幼年ゟ耕作第一ニ心懸ヶ候様ニ生育可レ申筈之処、農家之本意ヲ取失ヒ遊民を羨候様之風儀ニ相移候而者、甚以心得違之事ニ付、右等願出候者も有レ之候ハヽ、弥病身ニ而農家之働キ出来かたき者ニ候哉、否之義得斗相糺候上願書取次可二差出一（略）

(3)弘化三年（一八四六）七月の郡中医師の不心得を戒める達(3)

一郡中医師・農医之内社中抔与唱、急病人有之節、先方相撰一同申値不二罷出一風聞有レ之、如何様之事ニ候哉、第一医道之本体取失ひ候而已ならず風俗甚不レ宜儀ニ付、左様之族も有レ之候得者聞探様子可二申出一候、就而者村々役人中ゟ医師上座いたし候様与相聞、勿論上座与申儀ハ決而無レ之統合甚僣上之儀ニ付、以来末座ハ申迄も無レ之事、品ニ寄次間ニ而被二受引一候而も可レ然与奉存候間、夫々相糺し可レ被レ置候

(4)嘉永二年（一八四九）六月の蘭方医師の登用停止(4)

一近来蘭学之医師相増、世上ニ而も信用いたし候ものも有レ之哉ニ相聞、風土も違候事ニ付、公儀ニ而も蘭方相用候義ハ御制禁之旨、御医師衆へ被二仰出一候趣相聞候間、御国中ニおゐても已後蘭方相学候者ハ御取用無レ之候間、其心得可レ有レ之候、但、外科・眼科等外治之義ハ格別之事

右之通組合村々医師共へ相示し可レ申者也

史料(1)と(2)は、新規医師の無制限な開業を制限したもので、前者は今まで野放しとなっていた医業を、寛政六年（一七九四）から藩の許可制にするというものである。その場合、すでに開業している医師は不問とし、新規開業医師に限って医療内容（本道・外科・鍼術）・医形を記した願書に師匠推薦書を添えて提出させている。後者は農民

の子弟が本来の家業を捨てて、僧侶・医師・修験道にはしる風潮を禁じたものであり、「遊民層」の増加を阻止し、農業労働力の確保にねらいがあった。いずれにしても一八世紀末から一九世紀にかけて、藩領域における医師数の増加現象を背景にして、その統制と合わせて郡中医師の医療内容の質的向上を意図したといえよう。資料(3)もその延長線上にあり、藩の医師・医療法に対する考え方がよくあらわれている。同時に一九世紀前半期における「郡中医師・農医之内社中抔与唱」という社中結成について、これを本来の医療観から逸脱したものと説明しているが、当時の医師たちにとっては医学・治療法の研鑽の場として重視し、各地に設立されつつあった趨勢を物語っている。その多くは、医学修行上の師弟関係、交友仲間で結成されていたもので、すでにふれた古医方家長喜庵の修行堂医学所（文化元年設置）につどう学徒仲間をはじめ、三宅西涯を中心とする薫陶社[5]、文政期には広島で中井厚沢が主唱した蘭学研究会[6]、賀茂郡の国産採薬種運動における野坂完山・高橋桃蹊らの医学塾社中[7]、吉村文哲の広島沖和堂社中、嘉永・安政期広島町の牛痘接種・「子宮外妊娠」をめぐる漢方・洋方医学の対立論争に活躍した洋方医学社中[8]など、このほか町在の各地に医療研修を目的とする医師仲間の結成がみられたのである[9]。このことは、地域医療の展開に一定の医療組織化がすすんでいることを示すもので注目に価しよう。

史料(4)は、嘉永二年（一八四九）六月、広島藩における蘭学医師の登用禁止令である。これは同年三月、幕府の発した同主旨の禁令にならったもので、同年九月、蘭学医師らが長野秋甫から牛痘苗を得て広島城下町に接種を弘めようとした計画に支障をきたした。種痘に反対する漢方医師が町奉行を動かして禁令を出したためであるが、その後撤回されて洋方医学を修めた医師の手で普及していった。それとともに藩領域の洋学医師の存在も飛躍的に比重を増していくのである。

広島藩領域における町・在医師の医学諸派は、近世前期、漢方医学のうち曲直瀬道三の学派の影響がつよく、李・朱医学（後世家）を奉ずる医師が支配的であった。しかし、一八世紀中葉からは、広島出身の吉益東洞（一七〇二～七二）の影響が大きく、東洞に入門する医生が相次いだ。広島で古医方を実践した恵美三白（一七〇七～八一）も多くの門人を擁し、大笑（二代三白）にいたって、五七ヵ国六〇〇人を超えたといわれる。[10]この外、後藤艮山の門弟や、中神琴渓に学んだ医師たちが領域内に散在し、広島では香川南浜の修業堂に、文化元年医学所が設けられ、古医方派医師の拠点となった。[11]漢蘭折衷の花岡青州の門に入り、花岡流外科を奉ずる学徒が、領内で三〇人に及んでいる。

和蘭流外科は、平木三哲（?―一六九五）が延宝六年（一六七八）側医師に挙げられてから継承され、パスカル流・ダンネル流を中心に平木道牛にいたる四代、中村太室・同元亮らによって一派を形成した。蘭方医学は、星野良悦の身幹儀の制作がきっかけとなり、その門人中井厚沢が本格的に蘭学を修めてかえった。厚沢は広島で蘭学研究会を首唱して多くの学徒養成にあたり、広島洋学の基礎をつくった。文政期になると、シーボルトの鳴瀧学舎に学んだ西道朴・水野玄鳳・日高涼台らがおり、文政十二年（一八二九）八月、シーボルトの高弟高野長英が広島で蘭学を講義した際に三〇人の蘭方学徒が集まった。大坂緒方洪庵の適々斎塾に入門した学徒は、広島九、佐伯・世羅各三、山県二、尾道・安芸・沼田・賀茂・豊田・三上各一、芸州二の合わせて二五人に及んでいた。[12]

こうして、藩領内に蘭方（洋方）医学を修得して開業する町・在医師がしだいに増加し、そのなかから藩の側医師・外様医師・医師格に登用される基盤がつくられたといえよう。

つぎに山県郡に限定して明治七年（一八七四）現在開業していた「在村医」たちの医学修行の状況を検討して、幕末期の医療基盤を明らかにしておきたい。

まず、山県郡の開業医師一〇三人について、地域的に四区分した一覧表を掲げると表V－六（1）～（4）の通りである。[13]

表Ⅴ－六　「在村医」たちの医学修業の状況（明治七年〈一八七四〉現在）

(1) 中筋（八か村のうち七か村・医師一六人）

（注：年齢六三・三は六三歳三ケ月を表す）

No.	村名	医師名	年齢	修業期間	修業地	師匠	修学内容	開業年月
1	長笹村	菅水龍伬	六三・三	幼年より	自村	父菅水僣龍	産科	天保四・一
2		菅水帍太	三四・八	幼年より	〃	父菅水龍伬	漢方医学	万延一・五
3		石井言説	五九・八	天保三・七～弘化二・七	広島	伊藤文郁 豊島道仙	〃	弘化二・一二
4		石井鹿之助	三〇・四	万延一・四～文久三・一二	〃	豊島道仙	〃	文久三・一二
5	吉木村	鬼百宝介	五七・五	弘化一・二～同　四・三		河野玄哲	漢方医学	嘉永二・二
6		河野三益	四一・九	嘉永四・三～安政三・九	石見国	吉浦正瑞 佐伯俊斎	（　）	安政四・九
7		成田順策	五七・一	元治元～慶応二	山県郡穴村	児玉俊造	洋方医学	明治一・八
8		野村良都	四〇・三	嘉永六・三～安政二・五 安政二・六～同　六	広島	高橋桃源 佐々木瑞仙	〃	安政六
9	今吉田村	伊藤周造	三二・五	安政三・三 ～慶応三	広島 江戸 大坂	八島周伯 熱田玄鼏 稲村栄輔	漢方医学 洋方医学 〃	慶応三・五
10		田渕順哲	五三・一	天保一〇・一～弘化一・一二	広島	小川道仙	〃	弘化二・一
11	戸谷村	勝田勝碩	三七・五	嘉永四・一～安政一・二		浜井周伯	漢方医学	安政一・三
12		入沢東一	五三・八	弘化三・八～嘉永五・一二	筑前	百武政人	（　）	嘉永五・四
13	都志見村	小田玄悦	五八・九	幼年より文久一・一二	自村	父小田　某	眼　科	文久二・一
14		岡田俊造	四〇・九	嘉永六・一二～ 安政二・七～同年一一	広島 大坂	山中一庵 原　佐一	洋方医学 〃眼科	安政一・一 （有間村）
15	阿坂村	田辺俊二	三一・五	万延一・三～ ～慶応一・六	筒賀村 大坂	森　郁三 小野田篠庵	洋方医学	慶応一・
16	中原村	松岡玄昌	六〇・七	天保六・一〇～同　一四・八	伊予	団和雨眠	（　）	弘化一・五

(2)　口　筋（三二か村のうち一五か村・医師三一人）

No.	村名	医師名	年齢	修業期間	修業地	師匠	修業内容	開業年月
17	蔵迫村	三谷謙造	三四・一一	安政六・三～文久二・五	郡内有田村	児玉有成	洋方医学	文久二・七
18		小田正兵衛	六〇・四	嘉永三・二～同　四・二	郡内有田村	児玉凉庵	〃	嘉永四・四
19		吉川謙二	三五・三	安政七・二～文久四・冬			（　）	慶応一・二
20	今田村	竹内三圭	六四・六	文政一二・三～天保五・七	賀茂郡寺家村	野坂三益	漢方医学	明治五・六
21		竹内熊太郎	二六・三	明治二・二～同　三・三	郡内有田村	児玉有成	洋方医学	明治三・四
22	後有田村	河野謙斎	二三・九	明治一・一～同　三・六	郡内有田村	八島訥治	漢方医学	明治三・七
23		竹内玄一	四五・一	嘉永四・三～同　五・四	郡内有田村	児玉凉庵	洋方医学	嘉永五・五
24	有田村	八島訥治	五四・五	天保二・一一～弘化三・一一	広島	八島周伯	漢方医学	弘化三・一一
25		小田清麿	二八・六	文久三・三～慶応四・三		佐藤一郎	〃	慶応四・四
26		児玉有成	五二・九	弘化二～同　四・一〇	大坂	日野葛民	洋方医学	
				弘化四・一一～嘉永一・一〇	西京	船曳門橘	〃	嘉永二・一
27		児玉寛作	三〇・一	文久一・八～同　三・七	大坂	楢原栄輔	洋方医学	明治四・一
28	本地村	中土井勇	六二・五	天保一一・三～同　一四・一〇		井上照昔	漢方医学	弘化一・五
29		戸谷順益	六七・七	天保九・三～同　一四・二	広島	竹内左仲	洋方医学	天保一四・五
30		井上亮造	三三・六	文久三・四～慶応二・九	大坂	春日寛平	（　）	慶応三・二
31	木次村	柴田道悦	三六・一	安政五・一～慶応三・一一		細田柳藩	漢方医学	慶応三・一二
32		桐原元省	五七・一一	天保八・三～同　一〇・一一	浜田	長田孝沢	（　）	天保一〇・一二
33	壬生村	金子敬造	六一・〇	天保四・五～同　九・八	長崎	楢原宗建	洋方医学	天保九・一〇
34		細田見周	四七・一一	天保四・三～嘉永一・九	浜田	前　見忠	（　）	嘉永一・一〇
35	惣森村	藤井栄軒	三二・八	安政五・四～文久三・一〇	自村	父藤井栄軒	漢方医学	文久三・一一
36	川西村	細田寛吾	四五・一〇	嘉永六・三～安政四・一二	筑前国	長崎圭斎	洋方医学	安政四・三
37	大塚村	武田良菴	四四・一〇	弘化四・一一～安政六・一二	広島	広藤道庵	洋方医学	万延元・一
38		金崎四造	三二・〇	慶応四・三～明治三・一	大坂	春日三省	〃	明治三・五

No.	村名	医師名	年齢	修業期間	修業地	師匠	修業内容	開業年月
39	大朝村	金崎宗弘	二二・二	明治三・六～同七・六		高橋出衛 檜田俊造	〃	明治七・七
40		野上篤人	二三・一〇	明治二・二～同四・七	広島	喜連良助 坪井文吉	〃	明治四・八
41	筏津村	宇川文清	四四・一	嘉永三・一～同六・九		川上了民	漢方医学	嘉永六・一〇
42		藤井文哲	三七・六	安政六・四～文久三・一二	浜田	吉浦春洞	（　）	慶応二・八
43	新庄村	土肥一夫	二七・一〇	文久三・六～明治二・一二	広島	津川良吉	洋方医学	明治三・一
44		佐伯須々美	二七・三	慶応一・四～明治四・八	広島	牛尾牧太	漢方医学	明治七・五
45		吉川元作	二四・一	慶応一・三～明治一・八	和歌山	花岡貞佐	洋方医学	明治一・九
46	岩戸村	藤田元平	三九・六	嘉永六・一～万延一・五		小塚厳	漢方医学	万延一・六
47	海応寺村	加藤了真	五四・四	嘉永三・三～同五・三		部村謙益	〃	嘉永六・三

(3) 奥山筋（二四か村のうち八か村・医師一五人）

No.	村名	医師名	年齢	修業期間	修業地	師匠	修業内容	開業年月
48	橋山村	下田三友	三五・五	安政五・一～慶応一・二	自村	竹林龍格	漢方医学	慶応一・二
49		三浦謙作	五八・五	安政三・七～万延一			（　）	万延二・八
50		下田常吉	二九・一一	慶応一・一～明治一・六	自村	父下田某	漢方医学	明治元・八
51	東八幡原村	山口良作	三七・一一	安政三・二～万延一・一二	〃	横田顕龍	〃	元治一・三
52		野田玄八	四二・四	幼年より嘉永二	〃	父野田玄貞	〃	嘉永二・三
53		後藤周作	三〇・二	幼年より明治六	〃	父後藤春泰	〃	明治六・二
54		野田玄節	三五・六	幼年～嘉永六	〃	父野田玄貞	〃	嘉永六・一二
55	荒神原村	上田春齢	四一・〇	安政一・一～同　五・一	戸河内村	大江見龍	〃	万延一・一
56		上田代次郎	三八・二	文久一・六～同　一・一一	広島	小川道仙	洋方医学	明治四・八
57	南門原村	永岡米蔵	三七・九		自村	父永岡友益	漢方医学	安政一・一
58	川小田村	片岡来吉	五六・〇		〃	父片岡林吉	〃	明治五・六

No.	村名	医師名	年齢	修業期間	修業地	師匠	修学内容	開業年月
59	細身村	香川春平	二七・八	慶応二・二〜明治五・五	広島	星野良昱	洋方医学	明治五・八
60	大暮村	岸　良泰	四二・二	嘉永四・二〜安政二・一二	広島	喜連良成	〃	安政二・一
61		織田順造	五五・四	天保五・五〜同　九・三		川上良斎	漢方医学	天保一一・七
62	移原村	石橋文礼	二六・五	明治四・三〜同　六・一		河野玄貞	〃	明治六・八

(4)　太田筋（一〇か村のうち八か村・四一人）

No.	村名	医師名	年齢	修業期間	修業地	師匠	修学内容	開業年月
63	坪野村	野村　豊	三二・九	安政三・九〜万延元・四	高宮郡	高田東哉	漢方内科	万延元・五
64		住谷健順	四八・一〇	嘉永四・九〜安政二	山県郡	佐々木健朴	〃	安政二・九
65		鈴木忠一	二七・二	慶応元・四〜同　四	筒賀村	森　郁造	洋方内科	慶応四・一〇
66	穴　村	頼島龍仙	六二・五	天保四・一〜同　六・一〇	京都	川越悰逸	（　）	天保七・一
67		頼島元仙	三九・八	嘉永六・三〜文久三・七	広島	津川元敬	洋方医学	文久三・八
68		末田政登	五八・一〇	天保四・三〜天保一二・一〇	広島	八島周伯	漢方医学	天保一三・一
69		小田佐喜雄	五三・〇	幼時より天保一三・一二	自村	父小田宮内	〃	天保一四・一
70		毛利淳敬	四三・四	嘉永三・二〜同　五・一	広島	吉村文哲	洋方医学	嘉永五・六
71		児玉俊造	四八・八	弘化一・六〜	広島	小川道仙	〃	元治一・八
72	加計村	越智杏仙	三六・四	安政四・三〜万延一・六	京都	新宮凉眼	〃	万延一・七
73		源田松貞	四三・一一	嘉永五・一二〜同　六・一二	大坂	緒方洪庵	〃	安政一・七
74		猪野敬仲	五一・四	天保八・五〜弘化一・三	広島	牛尾玄珠	漢方医学	嘉永三・六
75		深江九郎	三六・三	安政四・一〜文久三・八		冨樫秋庵	〃	元治一・一
						内藤数馬		
76		今田良賢	三〇・一〇	安政六・一二〜文久一・五	広島	後藤静夫	洋方医学	慶応三・五
77		佐々木周造	六六・六	文政一〇・五〜天保九		山崎松蔵		
				天保六・二〜嘉永四・一二	山県郡加計村	越智杏仙	洋方医学	嘉永五・一〇
78		今田文之進	二八・〇	文久三・六〜明治元・正	広島	後藤静夫	〃	明治二・一

79		河野辰三郎			（不明）	（不明）	（　）	慶応二・一一
80	下筒賀村	浅田厚哲	三七・六	安政四・一〇〜同　六・九	広島	小川道仙	洋方医学	安政六・一〇
81		浅田元俊	三五・一〇	安政二・一二〜文久元・五		冨樫春庵	漢方医学	文久一・六
82	中筒賀村	森　獴	二二・一〇	明治三・一〜同　五・四	広島	後藤静夫	洋方医学	（明治八・六）
83		森　充友	二九・五	万延一・一〜慶応三・一〇	〃	森　三達	〃	明治元・二
84		御堂俊平	四五・〇	弘化二・二〜嘉永二・八		（不明）	（　）	嘉永二・九
85		児玉来造	三二・六	安政一・一〜元治一・一二		□□導寿	漢方医学	明治元・一
86	上筒賀村	池田亀伯	四五・一	弘化二・二〜嘉永二・八	自村	河本又玄	〃	嘉永六・一〇
87	上殿河内村	今田寿伯	四五・七	天保一四・三〜弘化四・七	大坂	檜原栄輔	洋方医学	弘化四・六
88		今田隆軒	三六・三	嘉永五・一一〜文久三・八	広島	後藤松軒	〃	文久三・九
89		越智玄衆	三〇・七	文久二・一〜明治元・五	廿日市	越智玄洞	漢方医学	明治元・六
90	戸河内村	斉藤謙斎	四一・五	安政二・九〜同　六・八	山口	是出光哉	洋方医学	万延一・一
								（下石村）
91		藤堂貫一	二七・二	慶応一・六〜明治三・五	広島	高橋裳吉郎	〃	明治四・九
92		河本玄鶴	五二・二	天保八〜弘化二・一一	自村	三宅良伯	漢方医学	弘化三・一
96		河本玄仲	三五・二	元治一・九〜慶応一・五	〃	長尾定明	〃	慶応三・一
94		河本玄悦	二七・一	文久三・一二〜慶応二・一二	自村	三宅泰祐	漢方医学	慶応三・一
95		神主礼太郎	六八・二	文久四・三〜慶応二・九	〃	池田春斎	〃	慶応二・一一
96		神主三習	二九・五	慶応三・七〜明治四・九	〃	大橋杏伯	〃	明治四・一〇
97		越智憲徳	二六・一〇	明治二・六〜同　四・一〇	〃	長尾定明	〃	明治六・二
98		梶原恭助	三六・九	嘉永三・一〇〜万延一・一	広島	森　三達	洋方医学	万延一・四
99		野村杏碩	二九・八	万延一・三〜元治一・八		船川要達	漢方医学	元治一・八
100		佐々木玄信	四四・六	嘉永一・三〜安政二・一〇		冨樫秋庵	〃	安政三・五
101		佐々木春泰	五三・七	嘉永二・一〜同　六・一〇	自村	池田道策	洋方医学	安政二・二
102		河野玄沢	四八・一一	弘化四・三〜安政三・七	〃	池田道策	〃	安政四・三
103		斉藤高太	四一・九	嘉永三・四〜安政五・七	〃	大江見龍	漢方医学	安政五・二

開業医師一〇三人の分布は、石見街道にそった口筋・中筋（郡東部）に四七人（四六％）、太田川流域の太田筋（郡西部）に四一人（四〇％）、奥山筋（郡北部）に一五人（一四％）であり、城下町広島と沿海部に近い地域と中国山地の村々とに、医師数の差が鮮明に出ている。表Ｖ－七は地域別・修学内容別に各医師の修業先をみたものである。修学対象年代は、文政十年（一八二七）から明治七年（一八七四）までで、三〇～四〇代の医師が多数を占めており、ほぼ幕末期に集中していた。その修業先は郡内三四人（三〇％）、藩領域三一人（二七％）、他国二三人（二〇％）と、広範囲な医学修業圏を構成している。郡内では村内二四人、うち一一人が父を師匠

表Ｖ－７　山県郡総医師の修業先分布（明治７年）

		中筋				口筋				奥山筋				太田筋				合計			
無医村		1				16				16				2				36			
有医村		7				15				8				8				38			
医師数		漢方	洋方	不明	計	漢方	洋方	不明	計	漢方	洋方	不明	計	漢方	洋方	不明	計	漢方	洋方	不明	計
		7	6	3	16	11	15	5	31	11	3	1	15	19	19	3	41	48	43	12	103
郡	村内	3			3	1			1	8			8	9	3		12	21	3		24
	他村		2		2	1	4		5	1			1	1	1		2	3	7		10
藩	広島	3	4		7	2	5		7		3		3	2	10		12	7	22		29
	郡中					1			1					2			2	3			3
他国	石見			2	2			3	3											5	5
	大坂		3		3		3	1	4						2		2		8	1	9
	京都						1		1						1	1	2		2	1	3
	筑前			1	1		1		1										1	1	2
	その他		1	1	2		2		2						1		1		4	1	5
不明		2		1	3	6	2	1	9	3			3	6		3	9	17	2	5	24
合計（人）		8	10	5	23	11	18	5	34	12	3		15	20	18	4	42	51	49	14	114

1　合計数が医師数より多いのは，１人が２か所以上で修業したためである。
2　資料は「明治７年山県郡医師履歴調査書」による。

としており、漢方医療法の修得であった。藩領域三一人は、その九〇%が広島に集中し、他は佐伯郡廿日市・高宮郡可部・賀茂郡寺家各一人にすぎず、洋方医学の修得が二一人（六八%）を占めていた。他国修業二三人のうち大阪が九人ともっとも多く、石見国浜田五人、京都三人、筑前二人、長崎・山口・和歌山・伊豫各一人であり、洋方医学の修得が中心となっていた。この時期、漢方医療の継承を志すものは、郡内または広島に師匠を求めて修得するケースが一般的であり、洋方医学の方は広島か他国にでるケースが多かったようである。

表V－八は医学修業の年数をみたもので、医師一〇三人のうち三～五年間が四七人（四六%）ともっとも

表V－8　山県郡医師の医学修業年数

	中筋				口筋				奥山筋				太田筋				合計			
年数	漢方	洋方	不明	計	漢方	洋方	不明	計	漢方	洋方	不明	計	漢方	洋方	不明	計	漢方	洋方	不明	計
1					1	3		4		1		1	1	1		2	2	5		7
2		2		2	2	3		5	1			1	1	4		5	4	9		13
3	3			3	2	3	2	7	1			1	2	3	1	6	8	6	3	17
4		1		1	1	1	2	4	3		1	4	5	4	1	10	9	6	4	19
5		1	1	2	3	3		6		1		1		3		3	3	8	1	12
6		1	1	2		1		1		1		1	2			2	2	3	1	6
7									1			1	3			3	4			4
8			1	1		1		1					2	1		3	2	2	1	5
9													1			1	1			1
10					1			1					1			1	2			2
11以上	1	1		2	1			1						2		2	2	3		5
不明	3			3			1	1	5			5	1	1	1	3	9	1	2	12
合計（人）	7	6	3	16	11	15	5	31	11	3	1	15	19	19	3	41	48	43	12	103

（「明治7年山県郡医師履歴調査書」による）

多く、八年以上の長期面は一四人（一四％）であった。漢方・洋方の両医学と修得年月との関係に、明らかな差等は認められないが、広島ないし縁続きでの修学は概して長期にわたっており、他国修業の期間が割と短期間なのは、学資・研鑽能力・帰国開業・その他の条件によったと思われる。

以上のような山県郡医師たちの修学状況から、その医療水準が高いとはとても評価できないが、今日に伝存している幾多の漢・洋医学書籍や医学治療著述等を検討することによって、新たに医療特質を解明することが可能となろう。また、かれら在村医師に対して、同郡出身の日高涼台・小川元精・後藤松眠ら[14]のように医学修得の後、帰村することなく各地で活躍した医師も、門弟養成をはじめ出身地へ与えた影響も大きなものがあり、その役割の解明が必要である。

なお、藩領域の瀬戸内海島嶼部や内陸部には無医村が多く、医療不備を村受医師＝逗留医師に依存していたことを付言しておきたい。

覚

奴可部竹森村
当町伝左衛門隠居ニ　逗留　健順
雲州大原郡大西村
一医師壱人
出雲国飯石郡頓原町医師土屋文請門人之由、上京者未不レ仕候、去ル亥十月ゟ当郡管村徳雲寺ニ逗留罷申候処、当丑三月ゟ前文之通リ当村ニ逗留致し申候、此段申上候　以上
文政十二年丑六月
庄屋　才　助
与頭　八　介
割庄屋　正　二　殿

すなわち、出雲国頓原町医師土屋文請の門弟と称する同大原郡大西村健順が、文政十一年（一八二八）十月から翌十二年二月まで奴可郡管村へ逗留し、同三月より同郡竹森村に移って医療に携わっていることを届け出たものである。(15)

註

（1）久枝家文書「郡中諸書付控」（『佐伯郡医師会史』医事編年資料八号）。

（2）広島県立文書館「吉川・竹内家文書」「御触書控帖」（『広島県史』近世資料編Ⅳ・一五三一号）。

（3）庄原市川東・小田家「郡務拾聚録　天」（『広島県史』近世資料編Ⅳ・一七五八号）。

（4）広島県立文書館「吉川・竹内家文書」「御紙面類写（嘉永二）」（『広島県史』近世資料編Ⅳ・一八〇一号）幕府の蘭学医師登用の禁止は嘉永二年三月七日付であり、広島藩の二ヶ月前のことである。（『徳川禁令考』三三一一号）。

（5）三宅西涯は、劉元高に儒学を、梅園大領に本草学を学び、医学を三宅大愚・和田東郭・中神琴渓に学んで、大愚の女婿となった。広島藩の側医師として仕えるかたわら、中村元亮・山崎松茂・市川文徴・吉村宗謙・桂大盈らと薫陶社を結んで研鑽につとめ、中井厚沢・星野良悦らとも交って、古医方から折衷説を唱えた。

（6）『広島県史　近世2』一二二〇頁、文政十二年（一八二九）八月、星野良悦・中井厚沢の世話で高野長英が洋学講義を行った際、三〇人を超える聴講学徒が集まっている。

（7）「鶴亭日記」（広島県立文書館「野坂文庫」）この私塾は賀茂郡寺家村の野坂完山が子弟に開設したもので、文政・天保年代を中心に五〇〇余名が入門している。

（8）三宅春齢（一八一四～五九）「補憾録」「宮外妊娠経験説」など。嘉永二年九月の牛痘接種法に集まった結社のメンバーは、初め津川元敬・同元覃・三宅樵水・同春齢・喜連良成・星野春登、さらに山中一庵・同松庵・小川道仙・中村宗碩・後藤松軒が加わり、同五年までに種痘を施したもの二〇〇〇余人、その後一万人余に及んでいる。また、安政三年の「子宮外妊娠」の際には高橋桃源・同桃蹊・後藤松軒・恵美養健・三宅春齢・喜連良成・西道一・同道寿・中橋桃亭・中村杏茂らであった。

（9）本稿で取り上げた山県郡大朝村の保生堂や、佐伯郡草津町小川清助の幕末期、麻沸湯による乳癌手術や屍体解剖等にも医師グループが存在した。これら社中・グループは、三都・長崎をはじめとする著名医を頂点に、それぞれの医学派系列の枠組を中心に、地域的な研修グループを形成し、地域医療の担い手になっていたといえよう。したがって、こうした医療グループともいえる組織化されつつあった町在医師たちの医療活動の解明が急務とされる所以である。

(10) 恵美三白は、百病のもとは飲食にあると吐方を研究し、劇剤を用いて効果をあげた。三白に学んだ大笑は二代目を継ぎ、藩主斉賢の側医師として知行三〇〇石に加増された。大笑も用吐に秀で、広島に来た新宮涼庭が吐方を学び、門弟も諸国に六〇〇余人に及んでいる。

(11) 修業堂は、香川南浜の私塾で、寛政元年（一七八九）十一月古学派の在宅教授を契機に復興され、南浜の没した同四年の翌年に藩立の学塾となった。塾教授に駒井忠蔵・梅園太嶺が任じられ、文化元年医学所の設立後は、太嶺を教頭とし、長喜庵・立川省庵らを助教にして、古医方中心の医学教育が行われた。広島医学生の多くが修業堂に集まったが、教授が相次いで没入し、塾が廃止される文政十一年（一八二八）頃になると、古医方から折衷派を唱える医師が増えている。

(12)「適々斎塾姓名録」（緒方富雄著『緒方洪庵伝』所収）。本姓名録は、適々斎塾の入門帳であり、天保十五年（一八四四）一月からはじまり、元治元年（一八六四）七月に終って、六三七人の署名がある。

(13) 山県郡北広島町弓削家文書「明治七年山県郡医師履歴調査書」。

(14) 日高涼台（一七九七～一八六六）は、山県郡新庄村の出身で、広島で新宮涼庭に会って志を立て、文政元年（一八一八）上京して福井棣園に古医方を学び、のち涼庭に師事した。同八年長崎でシーボルト・吉雄権之介に蘭方を学び大阪で開業した。天保十三年（一八四二）賀茂郡竹原に移り、眼科をもって名声を博した。津川元敬は山県郡有田村小田北溟の三男で、広島津川氏の門で医学修行の後跡を継ぎ、側医師に登用された。後藤松眠は山県郡筒賀村出身で、上京して後藤正賢に医学・本草学を学び、その女婿となった。その後広島に帰って開業し、側医師に挙げられ、三滝に日渉園（薬草園）を創設した。

(15) 庄原市竹森・真安家文書「竹森村諸書附控帳」（文政十年）。

二　地域（在村医）の医療

1　芸北地域の医療活動

近世期の人々の平均寿命はせいぜい三〇歳程度といわれている。もちろん幕藩制社会における人々の社会的地位や時代・地域等による個人差は大きいわけであるが、幼児期の死亡率、伝染病・災害死亡など社会環境や医療など、それ相応の影響によるところはいうまでもない。

広島藩領では、町方（広島・三原・尾道）は医師一人当たり約四〇〇人、郡中一六郡は同じく一一〇〇人ぐらいの人口割合とされており、山県郡でも医師数三六人、医師一人当たり一一七四人であった。山県郡東部村々には表Ｖ－九のとおり有田村に医師二人、他村は各一人で合わせて八人が確かめられる。なお、その後の医師推移をみると、約一世紀後の文政二年（一八一九）に一二人、明治九年（一八七六）に二〇人と増加していた[1]。

元禄・享保期以前の医療としては、漢方医学のうち曲直瀬道三の学派の影響が強く、李朱医学（後世家）を奉ずる医師が中心を占めていたと思われる。郡内で数少ない伝記の一つ「小田家譜」によれば、有田村（現北広島町）小田氏は中世末、吉川元春領内にあって医療に携わるようになっていたが、文禄元年（一五九二）の朝鮮出兵に小田玄波も従軍し、家伝薬「小田金丹」の秘法を修得して帰国したと伝えている。

また、玄波は曲直瀬道三に師事して道三流医学（李朱学派）をよくしたという。さらに小田家の蔵書には曲直瀬玄朔訳『医学正伝』（元和六年）、趙継宗『儒医精要』（慶安元年）、明・虞博『新編医学正伝』（慶安二年）などがあって、有田村小田氏をはじめこの時期の医師たちは、後世医家、宋・明の李朱医学派を中心に医療を行っていたことが確かめられる。しかし、一方では中世からの密教系の修験道や陰陽道に深いかかわりをもつ山伏や神官たちの呪術的修法による諸病除去・息災延命などを祈願する伝統的な呪術的療法も、人々の信仰と結びついてしばしば行われていた。壬生村井上家に所蔵される「愛染明王百符相伝秘書」や「腫物歯痛呪文」など諸病まじない言葉をかいた呪符や呪文が多く残されていることによっても、それが窺われるのではなかろうか(2)。

近世医療にとって重要な役割を果たしたのは本草学であった。これは薬用植物（薬草）を研究する学問で、三世紀のころ中国でできた『神農本草経』四巻が最古の書物とされ、日本には遣唐使によってもたらされた。古代以来中国の影響を受けつつ発達した日本の本草学は、漢名の薬草が日本の植物のどれにあたるかなど名実を定める研究から、近世初頭に明・李時珍の『本草綱目』が伝わると、しだいに薬物として効能のある動植鉱物の研究へすすみ、博物学へと発展していった。貝原益軒の『大和《やまと》本草』（宝永六年）をはじめ、稲生若水の『庶物類纂』、小野蘭山の『本草綱目啓蒙』（文化三年）など著名実証的な研究が相次いでいるが、山県郡有田村の医師小田好道（二代目

表Ⅴ－9　旧千代田町域村々の医師数

村　名	享保12年(1727)	文政2年(1819)	明治9年(1876)
本地	1人	3人	4人
木次	1	1	1
丁保余原	1	2	
川井		1	
川東	1		
惣森		1	1
川西		1	1
壬生	1	1	2
有田	2	1	4
後有田			2
今田			2
蔵迫		1	3
川戸	1		
合計	8	12	20

『千代田町氏』近世資料編（上）概況4号「山県郡村々諸色覚書」享保12年
『同上』近世資料編（上）概況7～27号「国郡志御用ニ付下調出帳」文政2年
『広島県山県郡医師会史』下巻「山県郡医師調査書」明治9年

怡仙《いせん》）が記した「山県草木志」は、(3)これらの研究書の影響を受けながら、山県郡域を中心とした本草学を打ち立てたところに大きな価値が見出されるのである。

小田好道は字《あざな》を子楽、はじめ三竹と称し、のち怡仙（二代目）と改めた。号は北溟《ほくめい》、俳号を其滴《ごてき》といった。享保五年（一七二〇）に生まれたが、一一歳の時父と兄をなくし、特に師事した医師もなく独学で医術を学んだと述懐している。(4)そして「墓誌銘」によれば、「遂発二素霊之蘊一、又明二仲景之奥一、使三古医方隆二行于芸備石雲之間一者、生先為二魁首一也」と記し、中国の古医書である『素問』・『霊樞』・『傷寒論』などに深く学び、そこから後世医家の陰陽運気の説を排して古医方を唱えるようになった。古医方は好道より一八歳上の吉益東洞（広島町組山口町出身）が京都で、同じく一四歳上の恵美三白（広島町医）が広島で、すでに親試実験を重視した主張を唱えつつあったが、好道も独学で同一の認識に到達し、芸備・雲石の国々に古医方を盛行させるさきがけとなったのである。

このように好道が到達した独自な境地、古医方の主張は、彼が子供のころから関心を持っていた本草学と対《つい》になって研究が進められた。好道は自ら「予幼より本草の癖あり、一日近処の山にて此草を得て真なることを知って独之を喜ぶ、即取て試るに皆効あり、これを聞て本府の医生此草を予に求める人多りき」（「やまうはら」の条）とか、(5)「略医事を知るより、本草は日用近功の書なることを知るか故に常に読て措す」（「大麻」の条）と記すように、(6)芸備・雲石の間で医療活動に従事するかたわら草木の調査を行い、苗木を採集、栽培し、古今の本草書と比較検討しながら意見を加えた草木志稿を書き集めていった。

これが「山県草木志」として完成し、広島藩主に献上された経緯は、好道の子息汲流（三代目怡仙）や友人風竹の奨めに負うところが大であった。汲流は諱を節之、而庵とも号し、父と同じく古医方を唱え、安永四年（一七七五）には京都に遊学、小野蘭山にも師事して『本草綱目紀聞』など本草関係の書を筆写して帰り、父の本草学研究を支援している。未定稿の「山県郡草木志　巻之上・中・下」三巻本（小田家本）は、安永八年ごろに出来上がっており、これを好道から見せられた友人の風竹は完成本と思い込んで、絵を学んでいた藩絵師勝田幽渓に話したところ、幽渓が藩主重晟に奏上したため、同九年十月初日に献上の沙汰が下った。そこで未定稿の書を倉卒の間に抄録・清書して『山県草木志　乾　坤』二冊（浅野家本）とし、翌天明元年（一七八一）正月に献上したのである。

『山県草木志』の内容は、貝原益軒の『大和本草』や李時珍の『本草綱目』の影響が強いが、山県郡地域でみられる自生の植物を抄出し、古名・和名・土名（俗名）・所在状況・薬用有無など医薬の価値にしぼって考証している。全体の区分・配列は『本草綱目』の分類にほぼ従っており、一三類四四四種が収録されている。その内訳は次のとおりである。

①山草之類四二種　②芳草之類二一種　③隰草之類八九種　④毒草之類三一種　⑤蔓草之類二九種
⑥水草之類一一種　⑦石草之類一一種　⑧苔之類一〇種　⑨雑草之類五種　⑩菜之類五七種
⑪穀之類三一種　⑫果之類三二種　⑬木之類七五種

収録された草木類の多くは、実際に薬物として使用され、薬方の漢名と和名を正しく決定することや、良毒を分別、利用法や効能などを自分が確認したところを記していて、多くの医師にとって必読の書となった。

さらに本書には山県郡全域の植物が網羅され、薬用植物の選別・研究が行われているだけにとどまらず、飢饉時に有用な植物や、農業生産力を高めるために、必要な知識をもり込むことにも積極的であった。たとえば、救荒植物として「甘薯」は、山県地方でもっと栽培されるべきで、その普及上の問題点を明らかにし、「稲」の条では、自らの実験を通して油の使用が、蝗害対策に有効であることを紹介し、「楮」にとって猪鹿被害は重大であることと、その対策の必要性を力説している。そして、藩の農政や地方功者の郡方役人に対しても大きな期待を寄せていた。広島藩では一八世紀半ば以降から国益政策を採用し、各地の特産物の育成を中心とする殖産興業を積極的にす

すめていくが、「胡荽」の条で次のように述べている。(7)

往年有司諸郡に令して徴れしに、檄の文野生の者の様に有しにや、処々よりあらぬ草を掘て出せし由を聞く、是朝に物産に委しき人あらは如是費ハ有ましきこと也、予常に嘆息するに堪へす、此小冊子の志切なりき

藩の国益政策が時宜を得たものであっても、それに応えるだけの人材・知識の不足を歎じているのであり、「山県草木志」の効用が期待される所以であった。

さて、医療に用いられる薬物（薬種）の普及については、一八世紀になってそれらを専門に取り扱う株薬種屋のほか、合薬屋・和薬種屋らが各地で営業をはじめて、その生産・流通に大きな役割を果たすようになった。株薬種屋は広島城下町に居住し、藩の営業免許札を必要としており、唐薬・和薬・砂糖・香具類などの売買、他国商人との取引ができる存在であった。また、合薬屋は株薬種屋より薬種の供給をうけ、各医師の注文に応じて薬種または調合薬を納入するもので、町方のほか郡中で営業するものが多かった。和薬種屋は主として国産和薬種を取引きするもので、近国を含め各地で採取された薬種を買い集め、合薬屋その他へ販売した。合薬屋・和薬種屋ともに薬物知識を必要とするが、営業は自由であったという。(8) これら営業者の人数はほとんど知られていないが、文化四年（一八〇七）改めの薬種屋名簿によると、株薬種屋は広島城下細工町世並市郎左衛門以下一四人、合薬屋は広島城下平田屋町賀茂屋庄助以下一三人、郡中合薬屋は、備後三原川口屋清兵衛以下四八人、合わせて七五人が登録されていたことがわかる。郡中合薬屋は藩領域でも尾道や三原・三次などの都市部や、廿日市・可部・吉田など人口の多い在町などに集中していたのはもちろんだが、和薬種の採集・集荷が期待される郡中においても合薬屋の営業が確かめられる。山県郡では一〇軒が営業しており、内訳は戸河内村（現安芸太田町）に柏屋惣助・川崎屋金蔵・川

崎屋茂兵衛・山根竹之丞の四人、加計村（現安芸太田町）に小松屋忠次・橋本屋三右衛門・豆腐屋林助・三原屋清吉の四人、大朝村（現北広島町）に地黄屋七郎兵衛、新庄村（現北広島町）に日野屋武左衛門である。このように太田川筋に集中していて、郡東部なかんずく千代田町域（現北広島町）には一軒もなかったことになるが、地域の医師たちはすでに述べた有田村小田医師の啓蒙もあって自ら和薬種の採取を行うほか、自給できない和薬・唐薬種などは、広島をはじめ可部・吉田あるいは太田川筋の合薬屋の手を経て供給できたということであろうか。ともあれ、これは文化四年改めの合薬屋のみであり、他の時期に及ぶものではない。

その後、広島藩では文政八年（一八二五）から国産薬の製造普及と他国売薬の移入抑制をはかるため、国産薬種の掘り出し・売渡しや他国売薬の需給等の調査を実施したが、山県郡の場合、同十二年四月の調査報告がある。[9]この報告書によると、山県郡村々の薬草類は数多く、村によって薬種掘り出しが行われていて、黄連《おうれん》のように御用黄連として藩へ差し出すもののほか、郡村医師に直接買い取られるもの、また郡中の合薬屋が集荷し、そのうち広島薬屋へ持ち出されて、購入薬種代と差引清算されるものなどがあった。それらは黄柏《おうばく》・厚朴《こうぼく》・羌活《きょうかつ》・茯苓《ぶくりょう》など二九種で、年間総量六〇〇〇貫余に及んでいる。また、当地域で「作出候様ニ仕度存候」増殖薬種として、当帰《とうき》・白芷《びゃくし》・川芎《せんきゅう》・紅花など一五種を上げている。このほか、領国内で自給できる薬種四六種、当国産五四種、他国産五三種と三区分して、郡内で売買される薬種値段をまとめて書き出した報告書もあり、郡内で取引使用される薬種類の多いことに注目されるのである。

一八世紀以降になると、芸北地域の在村医師たちは和薬種および買薬の普及とともに、疾病患者に対して医薬を調剤・服用をすすめ、治療措置を施すことに専念するようになった。山県郡村々では、すでに享保十二年（一七二七）に八人の医師がいたことを書き出し、[10]約一世紀後の文政二年（一八一九）には一二人と記している。[11]しかし、広島藩が郡中医師の開業を統制するようになったのは寛政六年（一七九四）のことで、新規に開業を希望する医師は郡役所に医療内容（本道・外科・眼科・鍼術）・医形（剃髪・束髪など）を記した願書（師匠推薦書添付）を提出し、藩の許可が必要になった。その後、天保元年（一八三〇）や弘化三年（一八四六）に農民の子弟が家業を捨て医業に走る風潮を禁じたり、郡村医が社中を結び急病人を選別し、診療を拒否する風聞を戒めるなど、医の倫理、医療の質的向上を配慮した通達を出し、医師たちの社会的責任のありかたを正しているが、医薬分業をはじめ一定の基準を設けて律したわけではなく、その改廃も自由であったから、確実な医師人数の把握などは困難な状況にあったというほかない。そこで、平成三年（一九九一）『山県郡医師会史』編さんのために調査された「山県郡在籍医師一覧表」から、北広島町千代田地域村々で一八世紀半ばから幕末にかけて開業したとされる医師たちを、村別・時期別に一覧すると、表Ｖ－一〇のようになる。一八世紀の間は有田村小田氏のみ判明し、一九世紀前半ごろから他の医師たちの人名も明らかになる。そして、幕末期になるとほぼ全員を網羅することができ、本地・有田・蔵迫・壬生の村々に複数の医師がいて、それぞれ漢方・古医方や蘭方（洋方）・折衷派などを称して診療にあたっていた。特に本道（内科）のほか、外科・小児科・産科・眼科などを専門とする医師もあらわれている。これらは医師たちの医学修業先からも判断することが出来る。表Ｖ－一一は明治九年（一八七六）に一代限り開業医と認定された医師たちの医学修業歴をまとめたものである。[12]本地の戸谷順益（六七歳）から後有田の河野謙斎（二三歳）まで二〇人の医師が書き上げられており、開業歴は壬生の金子敬造（六一歳）が天保四年から五年間長崎・楢原宗建に洋方医学を学び、同九年帰村して開業三八年に及んでいるのをはじめ、木次の桐原元斉（五七歳）が天保八年から二年半、浜田・長田孝沢の許で修業し、同十年十二月開業して三七年、戸谷順益も天保九年から五年、広島・竹内左仲に洋方を学び同十四年に開業して三三年に及んでいるのが古い方で、開業歴の浅いのは今田の竹内三圭・同熊太郎親子や有田の児玉寛作・河野謙斎らで、明治三～五年に開業して四～六年であった。医学修業のうち漢方・洋方別では、漢方が近隣の医師か、郡内、せいぜい広島あたりで修業したものが多かったのに対して、洋方では有田の児

表Ｖ－10　北広島町千代田町地域における村別医師の分布一覧

時期／村名	享保15～ 寛延３ （1730～1750）	宝暦元～ 享和３ （1751～1803）	文化元～ 文政12 （1804～1829）	天保元～ 安政６ （1830～1859）	万延元～ 明治３ （1860～1870）	明治４～ （1871～　）
本　地	①		戸谷順益（1808～） ③中土井 勇（1805～1882） 井上照昔（～1879）	井上亮造（1844～1899）		④
石井谷					小林省三（1862～1938）	
木　次	①		① 桐原元省（1818～浜田・長田孝沢）	柴田道悦（1831～細田柳庵）		①
丁保余原	①	（前田玄以）	②			
川　井			①		小田義夫（1853～1929）	
川　東	①					
惣　森			①藤井栄輝（1842～1900）		藤井聖叡（1862～1904）	①
川　西		（細田可樹）細田見周（1819～）	①	細田寛吾（1833～1905）		①
壬　生	①		金子敬造（1804～1880） ①　（三宅恕軒）		岡田　勲（1866～1939） （三宅玄甫）	②
有　田	小田直道（～1730） ②	小田好道（1720～1786） 小田玄蛙（広島） 津川元敬（広島） （児玉俊良）	小田而安（1848～1808） ① 児玉凉庵（1804～1878）	小田清磨（1848～） 児玉有成（1823～1897） 八島訥治（1822～1912八島周伯）	小田周鼎（～1869） 小田亮（1858～1932） 児玉寛作（1848～）	④
後有田				竹内玄一（1831～）	河野謙斉（1853～八島訥治） 清水庫爾（1866～1924）	②
今　田			竹内三圭（1812～）		竹内熊太郎（1850～児玉有成）	②
寺　原		（観音寺観聴・歯科）				
蔵　迫			①	加藤了真（1822～・海応寺村） 吉川謙二（1832～） 三谷謙造（1843～）	朝枝静意智（1860～1909・大利原） 小田正兵衛（児玉有成師事）	③
川　戸	①					

1　『広島県山県郡医師会史　下巻』「山県郡在籍医師一覧表」により作成した。
2　表内の①・②…は、特定年代の医師人数を示している。
3　医師名の（　　）は、生没年のほか、師事した医師名、開業を示したものもある。

表Ⅴ－11　幕末・明治初年、村々の開業医師修業状況

村名	医師名	年齢	修業期間	修業地	師匠	修業内容	開業年月
蔵迫村	三谷謙造	34・11	安政6・3～文久2・5	郡内有田村	児玉有成	洋方医学	文久2・7
	小田正兵衛	60・4	嘉永3・2～同4・2	郡内有田村	児玉凉庵	〃	嘉永4・4
	吉川謙二	35・3	安政7・2～文久4・冬				慶応1・2
今田村	竹内三圭	64・6	文政12・3～天保5・7	賀茂郡寺家村	野坂三益	漢方医学	明治5・6
	竹内熊太郎	26・3	明治2・2～同3・3	郡内有田村	児玉有成	洋方医学	明治3・4
後有田村	河野謙斎	23・9	明治1・1～同3・6	郡内有田村	八島訥治	漢方医学	明治3・7
	竹内玄一	45・1	嘉永4・3～同5・4	郡内有田村	児玉凉庵	洋方医学	嘉永5・5
有田村	八島訥治	54・5	天保2・11～弘化3・11	広島	八島周伯	漢方医学	弘化3・11
	小田清磨	28・6	文久3・3～慶応4・3		佐藤一郎		慶応4・4
	児玉有成	52・9	弘化2～同4・10	大坂	日野葛民	洋方医学	
			弘化4・11～嘉永1・10	西京	船曳門橘	〃	嘉永2・1
	児玉寛作	30・1	文久1・8～同3・7	大坂	楢原栄輔	〃	明治4・1
本地村	中土井　勇	62・5	天保11・3～同14・10		井上照昔	漢方医学	弘化1・5
	戸谷順益	67・7	天保9・3～同14・2	広島	竹内左仲	洋方医学	天保14・5
	井上亮造	33・6	文久3・4～慶応2・9	大坂	春日寛平		慶応3・2
木次村	柴田道悦	36・1	安政5・1～慶応3・11		細田柳藩	漢方医学	慶応3・12
	桐原元斉	57・11	天保8・3～同10・11	浜田	長田孝沢		天保10・12
壬生村	金子敬造	61・0	天保4・5～同9・8	長崎	楢原宗建	洋方医学	天保9・10
	細田見周	47・11	天保4・3～嘉永1・9	浜田	前見忠		裏永1・10
惣森村	藤井栄軒	32・8	安政5・4～文久3・10	自村	父藤井栄軒	漢方医学	文久3・11
川西	細田寛吾	45・10	裏氷6・3～安政4・12	筑前国	長崎圭斎	洋方医学	安政4・3

「明治九年の山県郡医師調査」(『広島県山県郡医師会史』下巻)による。

玉涼庵・有成の門を叩いたものが四人おり、他は広島・大坂・長崎で修学していた。

さて、『山県草木志』を著した小田好道（一七二〇〜八六）が、同家伝統の李朱学派の説を排して独自に古医方を研さんし、芸備・雲石の国々のさきがけになったことはすでにふれたが、その跡を継いだ小田汲流（一七四八〜一八〇八）も父と同じく古医方を唱え、親試実験を重んじる態度に門弟や治療を求める者が家に満ちたという。そして、長期にわたる診療経験をもとに疾病の症候・薬方・効能を記録したものを、「汲流翁書・製薬方」として遺した。また、汲流の弟及び子も医師となる。異母弟の玄蛙《げんあ》は広島で開業するが、医業よりも俳諧師として名高くなり、多賀庵三世を継いだ。汲流の子の柏寿は広島藩医津川氏の養子となり、津川元敬と称し藩医（一〇人扶持・医師並・大小姓支配）として活躍した。汲流から三代後に大朝村の医師進藤周文の次男周鼎（〜一八六九）が小田家の養子として入り、古医方の伝統を継承している。周鼎は小田家医療の古医方の研鑽につとめるとともに、蘭方など新しい医学にも関心を持ち、「諸家丸散方函」（内題「東洞先生丸散方」）や「痢疾経験集」などを編集した。なお、小田家は代々の医術のほかに、家伝の丸薬真齢丹や一粒金丹の製造販売でも知られている。製法の由来はそれぞれ異なるが諸病に効能があり、効能・用法を記した刷物を用いて広く宣伝された。また小田家代々の医師が入手した医書類は、まとめて広島市中央図書館に架蔵（一九六〇年代寄贈）されており、医学書三二〇余点中、傷寒論に関する書が二五点に及んでいて古医方に拠っていたことを裏付ける。もちろん、『解体新書』や『潭思室常用方剤』（シーボルト治験方記録）・『遠西医方名物考』（宇田川榛斎）など、新しい医学の受容をも明らかにできる。

また有田村児玉涼庵（一八〇四〜七八）・有成（一八二三〜九七）の父子医師が、天然痘予防のため種痘法（牛痘接種法）の接種普及に尽力したこともよく知られている。涼庵は高田郡原田村（現安芸高田市）の生まれで、長崎で医学修業の後、天保九年九月有田村に来住して開業した。その時の開業事情は、立川家材料集によると「高田郡原田村庄屋常助弟涼庵は、かねて縁ありて一乗司富太郎方前の離れに滞在中なりしに、見立てもよく治療も上手なり、患者村内は云に及ばず他村よりも多数来るが故に、村内に永住の事を村民えはかりしに異議なく、兄常助も涼庵も同意せるにより、当村永住の件富太郎より願い書出し、遂に許可になりたり」とある。有成は高田郡有留村（現安芸高田市）の生まれで、涼庵の養嗣子になった。医学修業は大坂で緒方洪庵や日野葛民（弘化二〜同四年十月）、京都で船曳門橋（弘化四年十一月〜嘉永元年十月）らに洋方医学を学んだ後、嘉永二年（一八四九）正月に開業となっているから、この年から有田村で父子ともに医業に専念するようになったと思われる。児玉父子は小児科を得意としたようで特に種痘法の接種を重視するようになったのは、同年七月、オランダ商館医モンニッケが牛痘苗を日本人（楢林宗建の児建三郎）に接種し、長崎および近国へ急速に広まったことを契機としている。広島では同年九月、佐渡国の医師長野秋甫が長崎で痘苗を得て帰国の途次、藩儒頼聿庵《いつあん》の児に接種したのがはじめてで、家老上田氏の小児科医師三宅薫庵《とうあん》が中心となって城下の医師に呼びかけて社中を結び、牛痘接種の普及につとめた（『補憾録《ほかんろく》』）。この結社に応じた医師のなかに有田村出身の津川元敬、戸河内村出身の小川道仙、父が筒賀村出身の後藤松軒らがいた。

児玉涼庵・有成父子が有田村ではじめて牛痘接種を行ったのは、嘉永三年（一八五〇）五月のことである。有成が三宅薫庵に語ったところによれば「今夏初テ牛痘ヲ其郷里ニ接スルヤ」と切り出している。（「補憾録」初稿本）。つまり、有成が今夏（嘉永三年五月）有田村において牛痘接種を施したところ、という意味であろう。「諸医姦嫉ニシテ其言不レ可レ禦ヲ以テ」、他の医師たちの非難・嫉妬《しっと》・罵詈《ばり》雑言にたえて十分な施術を行うことができないので、むしろ、天然痘の流行時にこれを試行し、その顕著な効果を示そうとした。そこで、当時天然痘の流行で村民が大いに苦しんでいた本村《ほむら》（現安芸高田市）の地へでかけ、村人を説伏せて三〇余人に接種し、流行時の合併症に備えた厳重な術後管理を行わせたため、全員が成功したという。こうした努力のかたわら、有成は種痘接種の普及のため、同年秋その効験の顕著さを歌にした「牛の痘をよめる長歌」を木版刷りにして配布したり[13]、涼庵はさきの本村の例や、その後安政元年（一八五四）まで数千人に施術して効果をあげた経験にもとづき、同年九月天然痘と種痘の合併を防禦する学説「天然痘・接牛痘合併私言」を出版して、種痘の効果を世の父兄に宣伝している。この書では、種痘は天然痘の流行していないときに施すことを最良としながらも、種痘と天然痘が合併しても危険は少ないことを指摘する。しかし、天然痘の険症と合併した場合は死去する例もあると、子をもつ親への注意を喚起した。天然痘に感染して発熱するまでの期間を一一、二日間とし、種痘の発熱より遅いので、その間の種痘はさけること、また、種痘後一五日を経過すれば、天然痘に感染することはないと断言し、合併をさけるためにも天然痘流行以前に種痘を受けるよう奨めた貴重な啓蒙書であった。

山県郡で最初に施された有田村の牛痘接種は、痘苗をどこから入手したかが関心事となっている。一般的に考えれば、嘉永二年（一八四九）九月以降、すでに広島城下で三宅薫庵を中心に社中が結ばれ、種痘法の普及をはかっているから、有田出身の津川元敬らを通して入手した可能性が高いが、凉庵・有成両医師の撰述をはじめ、薫庵の『補憾録』のなかでも、そうした入手経路に否定的である。とすれば別の経路として、一つは有成の医学修業地である京都・大坂からの入手が考えられる。京都では日野鼎哉が嘉永二年九月に長崎通司から痘苗の送付をうけ、数児に接種して成功、十月には除痘館を開き、種痘普及にのり出している。大坂でも緒方洪庵が日野鼎哉を訪ねて痘苗の分与を受けて、八児に種痘し、十一月には古平町に除痘館を設けている。いずれも、有成にとっては師匠筋に当たっているので痘苗の分与は容易であったと思われる。いま一つは石見国高角村（現益田市高津町）の医師米原祥が嘉永二年、長崎から痘苗を得て自村で牛痘接種を行い、種痘法の普及に努めたといわれるので、凉庵父子が翌年夏までに、そこから痘苗を譲り受けた可能性もある。[14] なお、凉庵も修業先は長崎であり、伝手《つて》をたよっての直接入手も否定できない。要するに当時町域在住の児玉医師にとって痘苗入手の経路は特定できないものの、ネットワークは広く開かれていたというべきであろう。

また、涼庵父子が嘉永三年夏、有田村において最初の牛痘接種を施行したことについて、普通は施主の子・孫または縁者のそれであるがこの場合不明である。ただ、これとごく近い時期に行われた接種記録がある。有田村と境を接した壬生村井上家に、「嘉永三年五月二十日、鎮守ノ神前エ引痘ノ御祈念奉申上ル、有田児玉有成主ニ清太郎夜前引痘イタシモラフ」とあり、井上頼寿の長男清太郎四歳に牛痘接種する前に、神前でお祈りしている(15)。この接種記録は、有成が薫庵に語った「今夏初テ牛痘ヲ其郷里ニ接スルヤ」と時期的に重なっており、事実上山県郡最初の種痘記録とみなして差しつかえないと思われる。井上家にはこの外にも、安政五年（一八五八）四月九日、有田・児玉有成に「頼次、種痘いたし囉、今度の種痘如何敷被存候故、重て相頼可然と存候」とあり、頼寿の次男頼次四歳にも、有成医師から種痘してもらったこと、善感でなかったので再接種を頼みたいことなどとし、慶応二年（一八六六）三月二十三日にも「千恵（頼定妻）ハお松・おとら（下女）、富四郎等召連れ、有田医師児玉へ種痘之事頼ニ参ル、（児玉）親子の衆在宿ニて三人の子供うゑもらひ、大悦び安心いたし申候」とあり、井上家では子供が四、五歳になれば種痘を受けていたことがわかる。

さらに大朝村の医師進藤周文の「陋室日記」によれば、嘉永六年（一八五三）正月晦日「涼庵先生隣家ニて小児施ニ引痘一、其別名ハ当家阿米女二才、七兵衛男政五郎、同弟直吉、仙助女二才、八助女二才、力蔵女二才、惣十女阿石一六才、友兵女四才」と八人に牛痘接種し、二月五日帰村するまでにさらに四人が種痘をうけている。その後も涼庵と有成は交互に大朝へ往き、引続き種痘を行っていた。以上のように児玉父子の種痘法の普及活動は広い範囲に及んでいた。涼庵の著述のなかに今までにふれなかった高田郡志路村や下根村での種痘活動がみえるから、千代田町域の村々を中心にしながら、山県郡の東部地域および高田郡地域に及んでいたことが明らかである。

註（1）広島市西区高須室屋文書「芸州山県郡村々諸色覚書」（『加計町史資料』上巻、概況四号）、広島大学附属図書館「隅

屋文庫」「国郡志御用ニ付郡辻書出帳」（『加計町史資料』上巻、概況七号）。
（2）山県郡北広島町壬生井上家文書「腫物歯痛呪文」など『千代田町史』古代中世資料編三一・三二号）。
（3）広島市中央図書館蔵「山県草木志」（安永九年）（『千代田町史』近世資料編下宗教と文化七〇号所収）。
（4）「山県草木志」の「大麻之条」に生い立ちを述懐している。
（5）「山県草木志」の「やまうはら」の条にある。
（6）「山県草木志」の「大麻之条」にある。
（7）「山県草木志」の「胡荽の条」所収。
（8）『広島薬業史』。
（9）山県郡安芸太田町坪野竹内家文書「薬草之儀御尋ニ付頭書」による。
（10）広島市西区高須飯田家文書「芸洲山県郡村々諸色覚書」（享保十二年）（『加計町史資料』上巻所収）。
（11）広島大学附属図書館「隅屋文庫」「国郡志御用ニ付郡辻書出帳」文政二年六月山県郡（『加計町史資料』上巻所収）。
（12）「明治九年の山県郡医師調査」（『広島県山県郡医師会史』下巻所収）。
（13）『芸備医志』による。
（14）『益田町史』による。
（15）山県郡北広島町壬生井上家文書「年中行司社方万集録」。

2　大朝村保生堂の医師たち

安芸国山県郡大朝村（現北広島町）における開業医師は、享保十二年（一七二七）、文政二年（一八一九）など公的な村差出帳など[1]には記載がなく、明治七年（一八七四）の開業医師調査によって、野上篤人（明治四年開業）・金崎宗弘（明治七年開業）の二人がみられるのみである。したがって、近世期を通じて大朝村には公的に開業医師が存在しないことになるが、実際には、本稿紹介の保生堂医師（金屋・進藤周岱、同周文、同周元）をはじめとして、「壮歳発憤、遊二于浪華一、遂行二肥之長崎一、学二紅毛外科之術一、其技精錬、帰郷以レ術鳴二于世一云々」[2]といわれた栗山道精（一七三四―一八二五）や、文化十二年（一八一五）ごろには川上良民・川上玄順・川上泰庵らが知れらる。[3]

このように広島藩では、寛政六年（一七九四）から新規医師の開業許可制を採用していたものの、開業医師全体を把握し、地域医療に備えた組織的な医療体制を実施していたとはいえず、地域医療の実態は、恣意的な開業医師たちの自主医療に任せられていたといえよう。さて、大朝村保生堂（金屋）の医家系譜は、安永六年（一七七七）進藤周岱（一七五六―一八二三）が開業医師となって以来、同周文（一七八七―一八四三）、同周元（一八一七―一八七五）などと代々にわたって継承されるにいたったもので、今日においても保生堂医院として存続している。近世における保生堂医師たちが医師に志ざすようになった経緯をみると、次のように記している。[4]

(1)周岱　幼名豊吉　性質柔弱ニシテ農業ヲ務ルベカラズ、従幼学業且志于医、十二歳ノ春当郡有田北溟先生小田怡仙老ヲ師トス、十八歳ニシテ周之進ト改名シ、廿二歳ニシテ周岱ト改ム

(2)周文　幼名吉太郎　亦好文学、十二歳ノ春ヨリ有田邑汲流小田先生ヲ師トシ、廿歳ノ冬、先生ノ命ニヨリ周文ト改名ス、廿一歳ヨリ文ヲ広陵琴渓先生劉伯大氏ニ学ブ、業弘　字公勤及桑園ノ号ハ廿一歳ノ冬琴渓先生ノ賜也

医師の初代進藤周岱は、家譜では第一二世と伝えられ、幼名豊吉、字を子陽、金谷・齢春の号をもつ。古医方・本草学に秀でた有田村小田北溟（一七二〇―八六）に明和二年（一七六七）一二歳から二二歳までの一〇年の間師事し、安永六年に保生堂を称して大朝村の開業医師となった。二代周文は、周岱の三男で字を公勤、桑園と号し、一

二歳から二〇歳までの八年間、有田村で小田吸流（一七七四―一八〇八）に師事して医学を修めた。その後広島に出て家老上田氏の儒者劉元高の家塾で二年間詩・書を学び、大朝に帰って父周岱とともに医療にはげんだ。また、五男の良俊も医師を志し、文化四年（一八〇七）一七歳で石見国中野郡波佐村医師田中見俊に師事し、さらに同九年広島町医中村元亮の門に入り、同十二年（一八一五）乞われて波佐村医師田中家を継ぎ、機会あるたびに保生堂医師と共同で地域医療にたずさわった。

三代周元は周文の長男で、字を子亭といい、幼時から保生堂医療を学んで跡を継いだ。周元の弟周鼎は、有田村小田家の養子として医業を継いでおり、両家の間は親密な関係が続いている。

表Ｖ－12　金屋（保生堂）の田植面積と田植労働力

		文化11年	同　12年	文政元年	同　5年
田植面積（反）		18,900	17,300	18,500	15,200
田植労働	男（人）	43	50	55	42
	女（人）	55	57	62	50
	牛（頭）	11	13	14	13

（各年代の「陋室日記」による）

つぎに大朝村保生堂の経済的基盤については、文政五年（一八二二）「陋室日記」五月の条に、「予祖父故為　睦了玄翁、平生沉酒于酒、遂傾家産」とあるように、家運の盛衰は幾度かみられたものの、村内では村役人に選任された実績を持つ上層農民の地位にあった。表Ｖ－一二は文化・文政期金屋（保生堂）の田植時の労働集中を整理したもので、一町五反〜二町弱の田地の田植えに、牛一三頭、男女のべ一〇〇人以上の労働力を用いている。このことから金屋の水田所持面積が二町以下の規模であることが判明する。ところで、化政・天保期の「陋室日記」には、毎年正月の「農具改め」から冬仕舞いにいたるまで、水田稲作はもちろん、畑作・林野における農林作業が具体的に記されており、手作・小作の地主経営を展開していたことが窺われる。たとえば、文政元年（一八一八）三月・五月の畑作業の一部を抄録すれば次のとおりである。(5)

三月一日畑麦のツマミ肥、六日菜園作り、十一月麻畑ヲ打ツ、十二日畑麦中打、十四日午後大田畑麻マキ、十五日畑麦ノコヱ、麦ノ草取、蒔牛房、十六日植茶実、蒔杉実、植萬苣、菜園ヲ作ル、焼土コシラヱ、麦ノ草取、十七日銀杏畑麻蒔、大イデセキ、麦ノ草トリ、廿三日上原畑ノコヤシ、廿四日畑麦本ヨセ、廿五日玉葱畑ヲ打ツ、廿八日玉葱マキ、畑麦本ヨセ（中略）

五月廿七日茶ノ草トリ、摘茶、廿八日摘茶、麻ノ草ヲトル、今霄茶ヲ炒モム、廿九日畑業、茶イリタテ、六月一日畑業、トウキビのシュゴ、麻ニ糞水、麦ヲコグ、二日畑業粟ノシュゴ、五日小麦ヲコナス、桑原蘿葡畑ヲ打ツ、大豆ウヱツギ（下略）

したがって、当地方の田畑比率のあり方からみて、金屋にはほぼ三町近い田畑所持、それにかなり広い腰林（林野）もあったのではないかと推定される。表Ｖ－一三・一四は、金屋の年間農業生産と米銀算用及び米銀の貸付状況をまとめて表示したものである。農業生産物は、自作米三〇～三五石余、小作米七～一三石余、雑穀（大麦・はだか麦・小麦・大小豆・蕎麦・唐黍・豌豆など）八～九石、合せて四五～五七石、ほかに大根一〇釜、扱苧一〇貫目余があった。年中の米銀算用高は、米方四一～四五石余、銀方二貫～五貫余の規模である。また、年間の米銀貸付状況は、貸付件数八五～一二一件、元利合計銀七貫～二三貫余、貸有銀一貫～五貫弱となっており、農家経営の立場だけで村落有数の基盤を備えていたことが明らかであった。

さて、大朝村保生堂の医師たちと、他の在村医師たちとの交際関係をみると、化政・天保期に限っても五〇人以上の医師名をあげることができる。その範囲は近隣村々及び他郡・石州・広島城下町であり、各年「陋室日記」から、地域・国郡村ごとに医師名・年代をかかげると次のとおりである。

(1)村　内〔大朝村〕川上良民　川上玄順　川上泰庵（文化十二）

表Ⅴ－13　金屋の農業生産と年間米銀勘定

			文化11年（1814）	文化14年（1817）	文政元年（1818）
生産	収穫籾		石 55,380	石 51,320	石 63,100
	米		33,455	30,285	35,710
	雑穀		9,445	9,280	8,450
	小作米		13,519	7,905	11,300
年中総算用	米方	年貢方	石 7,200	石 12,000	石 12,000
		年中飯米	23,120	18,300	23,350
		年中米遣い	4,135	3,800	4,225
		下男給米	（３人）3,850	（３人）3,560	（１人半）2,120
		男女日雇手間賃	1,740	1,250	3,380
		頼母子返掛	1,520	2,155	
		計	41,565	41,065	45,075
	銀方	年中諸入用	貫 2,040	貫 1,482	貫 1,294
		頼母子返掛	1,342	653	1,275
		借方利子払		674	797
		普請入用	1,083		
		その他	（上京費）700		170
		計	5,165	2,809	3,536

（「甲戌算用簿」「丁丑算用簿」「戊寅算用簿」による）

表Ⅴ－14　金屋の年間米銀貸付状況

	米銀別	貸付件数	貸付額	元利合計	貸有額
文化11年（1814）	米	32	石 24,995	石 28,121	石 11,200
	銀札	53	貫 7,224	貫 8,282	貫 4,279
	計	85	貫 8,500	貫 9,969	貫 4,951
文政元年（1819）	米	41	25,088	27,748	2,090
	銀札	74	5,377	5,696	883
	計	115	6,882	7,361	1,008
文政３年（1820）	米	39	19,169	21,411	1,788
	銀札	82	10,711	21,741	1,107
	計	121	11,861	23,026	1,214

1　「甲戌算用簿」「戊寅算用簿」「庚辰算用録」による。
2　米銀換算は米１石につき銀60目とした。

(2)中　筋〔新庄村〕日高見瑞（文化十一）日高周雪（文化十二）日高見蓮　日高涼台　日高見斎（文政五）日高文礼（嘉永三）井伊元奥（文化十一）井伊元叔（文政十一）井伊元哲（安政六）田中元長（文化十一）田中文長（天保十一）田中見龍（嘉永三）田中元達（安政二）

〔大塚村〕金崎周説（文化十一）智□（文政五）湯浅元龍　竹村元龍（弘化元）金崎周甫（弘化三）

〔筏津村〕山本玄順（文化十三）

〔岩戸村〕道碩（文化十二）

〔壬生村〕三宅恕軒（文化十一）三宅昇軒（文化十四）金子元珉（文政七）

〔本地村〕小田玄甫（文化十一）

〔有田村〕小田怡仙（文化十二）児玉亮（涼）安（天保五）児玉有省（成）（嘉永六）

(3)口　筋〔今吉田村〕岡田宗賢　伊藤文郁（文化十三）伊藤文仙（文化十三）

〔戸谷村〕入沢内記（天保四）

(4)奥山筋〔雄鹿原村〕深井道長（文政六）

(5)太田筋〔加計村〕小田松調（天保四）森道悦（天保四）越智杏仙（天保九）

〔戸河内村〕都村周雪（文政四）池田道朔（文政十一）

(6)高田郡〔甲立村〕三上泰介　三上仲中（文政八）

〔桑田村〕加藤玄順（文政八）

〔小山村〕川上了斎（文政十一）

〔上根村〕立川隆軒（天保五）

(7)広島城下町　津川元敬（文化十三）小川元精（文政元）小田玄蛙（文政六）寺田松珉（文政七）

(8)石見国〔波佐村〕田中良俊（文化十二）　田中見俊　龍碩（文化十二）　佐田良俊（文政七）　佐田仁斎（安政三）
〔市木村〕田牧三圭（文化十三）　藤浦隣朴（文化十四）　日田玄甫（文政八）　佐田俊斎（弘化三）　古川三省（嘉永五）
〔阿須奈村〕香川秀達（文化十三）
〔三隅町〕大橋仰軒（文化十四）
〔出羽町〕見龍（文政元）
〔都川村〕香川文頴（天保五）
〔口羽村〕井上立長（天保六）
〔井原村〕日高元量（天保三）

ここに掲げた医師群は、保生堂医師の地域医療となんらかの関係を有していた。それぞれに親疎はあるが、まず、石見波佐・市木の田中・佐田両家のように婚姻関係で結ばれている場合、有田小田・大塚金崎・阿須奈香川家のように師弟関係、今吉田伊藤文仙・市木田牧三圭らのように同門関係、大朝川上家・新庄日高・井伊・田中家、筏津山本家のように地縁同業関係、その他薬物取引・医療研修など数々の社会的・文化的な結縁を通して交友関係が保たれていたもので、とりわけ、中筋の開業医師たちの間には、有田小田家・大朝保生堂を中核とした師弟・同門の「一党医師」、つまり社中ともいえる医師仲間の組織を形成していた。そして、この仲間関係を通じて地域医療の諸問題が取り組まれ、新しい医療活動を推進したといえよう。

註（1）広島市西区高須飯田家文書「山県郡村々諸色覚書」及び北広島町芸北支所蔵「国郡志御用ニ付キ下調書出帳」など。
（2）「進藤周文が文政八年に贈った栗山道精肖像の讃文」（『大朝町史』下巻二四二頁）。

（3）大朝保生堂医院蔵文化十二年「陋室日記」。
（4）大朝保生堂医院蔵「陋室日記」文政元年三月・五月の一部による。
（5）大朝保生堂医院蔵「進藤家譜」。

3 診療記録「回生録」の特徴

「回生録」（診療記録）は、保生堂医療の基本となる調薬標本であった。この診療記録の記入者と現存数内訳は、次の通りである。

(1)周岱（一七五六―一八二三）の代、文化十一年（一八一四）～文政四年（一八二一）八冊、欠年なし
(2)周文（一七八七―一八四三）の代、文政五年（一八二二）～天保十三年（一八四二）二一冊、欠年なし
(3)周元（一八一七―七五）の代、天保十四年（一八四三）～明治七年（一八七四）二二冊、欠年一一（嘉永六・安政四・文久二・元治元・慶応三～明治六）、年不詳二冊

このうち、記録者については、各担当年の一部に異筆がみられ、代筆・代行のあったことがわかる。また、欠年については、三代周元の幕末・明治初年に多く、周元の村役人・藩営人参畑開拓方の就任などにともなう役儀多忙を理由に、記入中断の記事もみられるから、すべて揃っていたか否かは詳かではない。

「回生録」が文化十一年（一八一四）以降であることの経緯は、その年三月七日、大朝村市の大火により金屋家屋（保生堂）の全焼という不慮の災難にあったことによる。その時周岱は京都旅行、周文も他出中など留守中の出来事で、「陋室日記」に次のように記している。

予が貧家ノ如キモ、家屋・器材・米穀・諸雑物ニ至テ凡二〇貫目余、書籍惣テ廿余笈・冊数一千余巻、亦凡三十年来の日記一時に烏有トナル、印刻ノ書ハ時ヲ得バ亦買得ベシ、予ガ若キヨリ書アツメシ諸渉猟抜萃雑記ノ書数十巻、石瓦ヲ聚メテ宝トセシニハ似タレ共、予が為ニハ惜キ事コレニ過タルモノナシ（中略）当家焼失シ物家屋・土蔵ヲ始メ、薬箪笥・薬籠、凡テ医業の器物、丸散薬種ニ至ル迄不残亡ヌ、身代大半滅亡ト謂フベシ　（文化十一年三月七日ノ条）

この年は、周岱が医師開業して三七年目にあたり、五九歳に達していた。その前年には周文に家業を譲り、隠居することを告げ、京洛旅行中であっただけに、いわば一生の蓄積が一時に灰に帰した思いが強かったであろう。「凡三〇年来ノ日記」その中には数々の診療記事が含まれていたことと思われる。かくして、火難後の反省と医業再出発にあたって周岱は周文とはかり、診療記録「回生録」を備えておき、後々のために保生堂医療の薬方基準（標本）として活用できるよう意図したと思われる。すなわち、「回生録」は診療の都度記入したものではなく、一定の考案期間をおき、より適切な薬剤を選択して記録している。診察時に記した覚書・手控帳などをもとに、月別・患者ごとに整理・浄書の形態をとっており、天保年代にあらわれる「薬笥中回生録」は、出張診療の際に携帯した書留帳にほかならない。「薬笥中回生録」と「回生録」の関連記事を比較すると次の通りである。

(1)「薬笥中回生録」の一例

加計邑香艸　田屋源五右衛門

中風右頭麻痺、口眼喎斜、左足麻痺

宝沉天湯加星伏二貼　八月十四日、前剤二貼　同十五日、前剤二貼　同十六日、前剤加沢二貼　同十八日

(2)「回生録」の一例

加計香艸　田屋源五右衛門

中風右鬢頬麻痺、口眼喎斜、足麻痺

八月十四日宝沉天湯加星伏三貼　同十五日二貼　同十六日四貼　同十八日二貼　同十九日五貼　同廿日又加木三十二貼　九月八日荊防羗活湯加紅二貼　同九日三貼　同十日又加酸三貼　同十一日三貼　同十二日二貼

この事例では、両者とも患者に対する診断・処方内容の大筋は変っておらず、再診後の投薬の継続を「回生録」の方に記入している。

次に「回生録」の記入内容の一部を例示したように、その記載項目の要点を整理すると、つぎの四点を含んでいる。

(1)患者の住所・屋号・当主名・続柄・患者名（患者が当主でない場合は名前を省略したものが多い）
(2)病名または初診時の証候（症状）
(3)投薬処方及びその貼数
(4)再診後の診療月日、投薬処方名及びその貼数

これらの項目では、治療経過中の証候がいっさい省かれていること、および転帰が記されていないことである。また、それぞれの投薬処方名は、随所で簡略化して記されており、関係医師間における合意事項が数多くあったことが知られる。「回生録」の記述はその都度おこなったものではなく、手控えや往診野立帳などをまとめた上、月単位あるいはそれ以上の日数をかけて記録され、薬剤の標本化を目指したものであろう。

「回生録」の作成過程とその目的は、以上のとおりであろうと思われるが、診療録の記入に関する留意事項とし

て杉田成郷は、嘉永二年（一八四九）の「医戒」（原著フェーランド）に、（イ）「病者の信を致ス」、（ロ）「日暮夜間静寂の所ニて病者の病状経過を筆記し、発病の日、診床の法、投施せる薬剤を記し、再諸条件を考察すべし、（略）昼掻擾の際の思ふ所と異るべし」と、二点の指摘を行っている。その点、保生堂医師たちは、こうした診療記録作成上の基本を踏えていたといえよう。しかし、保生堂「回生録」の意味するところは、単なる診療録として一人ひとり患者の診療経過を克明に記録することにとどまるのではなく、患者の疾病の諸症状を診断し、「証」によって治療法＝投薬処方を考案することに主眼がおかれていたのである。そのため、初診患者の「証徴」を基礎に薬剤決定が行われた。その後数日間の薬剤効験をみて、さらに必要な薬剤処方を行った。「回生録」に初診時の症徴のみ記入され、病状の経過、転帰・治癒などがないのはそのためである。

こうして患者の症例と薬剤投与の事例が年々累積され、門下・後進の研究材料とされてきたわけである。その最大の特徴は、なんといっても、文化十一年（一八一四）から明治七年（一八七四）までの六〇年間、三代にわたって丹念に記録され続けてきたことであろう。たとえば、文化十二年の年間患者実数二九九人（延四二七人）、その診療日数二三三四日、投与薬物一万一六九七貼であるから、これを平均値として六〇年間の通算概数を示すと、患者数約一万八〇〇〇人、投与薬物約七〇万貼以上となり、一九世紀半ばまでの「在村医」のものとしては特記に値いする。そして、ここに累積された症例と薬剤処方は、当代漢方医学のあり方を示す貴重なデータとして大きな役割を果すものと考えられる。以下、その一端を検討しておきたい。

「回生録」に記される患者数は、各年ごとにかなり大きな変動がみられるが、適宜二、三年間隔で年間の男女・子供の延人数を集計してみると表V－一五の通りである。文化十一年（一八一四）は、三月の火災でそれまでの記録焼失があり、通年は同十二年からとなる。記載された患者の延人数は、年間二五六人（弘化三）から五八八人（天保八）の間で、文化十二年の患者延人数を一〇〇とすると、それ以下の年は一三、以上の年は八となり、年平均三九四人が診療をうけたことになる。文化十二年の内訳をみると、患者延人数は男二一〇人・女一六九人・子供四八人、合せて四二七人、重出患者を除く実患者二九九人、再診以降も含めた延日数二三三四日、投与薬物一万一六九七貼であった。天保厄災の影響でもっとも患者数の多かった同八年（一八三七）は、延人数が男三三五人・女二二三人・子供三〇人、合せて五八八人で、実患者四一二人、そして、診療延日数は三三三四日（一日当り八、九人）、投与薬物一万六一一五貼（一日当り四五貼）であった。したがって、さきの文化十二年を平均値とすると大目の見積りとなり、年間延患者数三五〇～四〇〇人が妥当であろう。

つぎに保生堂医師の診療範囲をみたい。各年を子細に分析すればかなり異同があると思われるが、いまはその余裕がないので、文化十二年に限って患者の分布とその人数を整理して地域別に示すと、(1)大朝町域（現北広島町・大朝村を中心とする中筋一四か村）三七四人（八七・六％）、(2)千代田・豊平町域（現北広島町・口筋二六か村）三人（〇・三％）、(3)加計町域（現安芸太田町・太田筋の一部六か村）三人（〇・三％）、(4)芸北町域（現北広島町・奥山筋二四か村）二〇人（四・七％）、(5)高田郡（現安芸高

表Ⅴ－15　年間診療者の推移（延初診人数）

	患者延人数				文化12年100とする指数
	男	女	子供	計	
文化11（1814）	174	137	70	381	89
12（1815）	210	169	48	427	100
文政元（1818）	269	198	52	519	126
2（1819）	234	192	71	497	116
5（1822）	218	216	42	476	101
8（1825）	218	159	31	408	94
11（1828）	170	147	30	347	81
天保2（1831）	175	152	23	350	82
5（1834）	227	150	23	400	94
7（1836）	176	174	22	372	87
8（1837）	335	223	30	588	138
11（1840）	231	181	36	448	105
12（1841）	226	194	36	456	107
13（1842）	233	182	30	445	104
14（1843）	173	142	30	345	80
弘化元（1844）	129	122	58	309	72
2（1845）	126	113	49	288	67
3（1846）	126	90	40	256	60
4（1847）	130	119	48	297	70
嘉永元（1848）	147	148	37	332	78
4（1851）	149	112	27	288	67
安政元（1854）	225	172	45	442	104

（各年の「回生録」による）

田市・吉田町）一人（〇・二％）、(6)島根県金城・旭・瑞穂町、羽須美村（石見国）二六人（六・一％）と分布している。居村を中心とした中筋に患者が集中しているのは当然であり、有田・小田家および他の有力医師の存在とが関係していたと思われる。また、奥山筋・石見国市木・出羽地域が一〇・八％を占めているのは、石見・浜田路が通じ、かつ親類・縁類による交誼を理由としている。なお、中筋・奥山筋・石州の鑪・鍛冶屋などの鉄山内にしばしば往診に赴いているのも、鉄師の要請によると思われる。

保生堂医師の診療は、宅診と往診の両形態であり、往診の回数も多く、遠方に対しても月に数度の出張診療を受け持っていた。太田筋および石見国方面への診療日程は、月単位にほぼ一週間ずつ逗留し、順次患者家を回診して帰村している。その際薬剤夫をともない次期出張までの処方剤を置薬した。このため、太田筋方面の患者数もしだいに増し、文政期には二〇人を越している。ここでは、太田筋への出張診療をいまだ開始していない文化十四年の「回生録」「陋室日記」から具体例をあげよう。「回生録」では、宅診・往診の区別なく月日順に診療を記録しているが、「陋室日記」の場合、往診があれば「（十八日）午後周岱、境診政七女　申刻皈」「（廿二日）辰下刻周文、小枝友田診与吉、午刻皈」「（廿三日）円立寺伴僧恵美於大塚恵教寺臥病、今朝周文診之、午刻皈宅」というように、医師の出宅と帰宅を記しているので見分けがつけられる。いま、同年正月分に限って診療患者を列挙すると表Ｖ－一六のとおりとなる。表のうち〇印を付したのが往診患者で、地域的な遠近や臥病患者ばかりでなく、社会的事情も介在していたようである。正月一か月間の患者数は三九人、そのうち前年からの旧患及び重出の患者一九人（四九％）、約半数が継続関係にあり、その他がこの月の新患ということになる。そして、ほとんどの患者が大朝村と近隣町村に居住する人々であった。また、往診した患者数も一八人（四六％）と高い比率になっていた。さらに一ヵ年の往診回数を、月単位に区切って一覧してみたのが表Ｖ－一七である。この年の往診は、周文・周岱・良俊（一度）が行ったが、年間回数一一四回、月平均九・五回となる。これを延日数にすると年間二一九日、月平均にして一八・二日となり、往診に費やす日数も多く、重点が置かれていたといえよう。文化十四年といえば、保生堂にとって医師周岱が六一歳、周文が三〇歳となり、三年前の大火からも立ち直って周文を軸とする保生堂医療の態勢が整ってきた時期である。周岱がこの年の「陋室日記」の最後に記した「当家周文息災、医業出精繁栄、愚叟亦無病、補治療之闕故謝儀多」という文面にも、周文が保生堂医療の主軸となり、半ば隠居の周岱がこれを支援する状況が描かれている。そのことは往診回数によっても明らかであり、やがて保生堂医師たちによる共同診療組織が形成されるのであった。

以上のような診療実態をもつ保生堂医療の特徴は、家長でもあった周岱とそのあとを継ぐ周文・周元を軸にして、常に複数の医師を擁した、いわゆる共同診療のできる態勢を整えていたことである。それは前記の医師を中心に、兄弟や弟子、あるいは大朝川上家・新庄日高家・大塚金崎家・市木佐田・田中家など地縁・血縁を通して交友関係にあるグループ（社中）が随時に参画できる地域医療の組織化を志向していたことが指摘できるのであり、診療のみならず医学・本草・薬学方面の研修活動を行っていたことを窺わせる[1]。

保生堂の医師たちは、それぞれ永年にわたって和漢の本草学を研鑽し、みずから薬方を親試して診療にあたり、薬物の加減を基礎にした多彩な処方薬剤を、「回生録」に記録している。文化十二年（一八一五）の「回生録」から薬剤処方例をあげれば次の通りである。

(1)大貫文八ノ女「疼厥、頭痛、如風雲之中顚眩」正月二十三日半夏白朮天麻湯五貼、二十五日同五貼、二月二日小柴胡湯加橘枳姜五貼、八日半夏白朮天麻湯加今弓七貼、十三日柴姜桂湯加茯枳姜七貼、二十一日同七貼、二十七日紅花湯加漆三貼

(2)境隠居伊兵衛「心腹満、胸痛徹于背、食不進、咽中如有灸口、行歩則心煩脚脛微腫」三月九日半夏厚朴湯加青枳姜

表Ⅴ－16　文化14年正月分の保生堂患者一覧

No.		患　者　名	証	投薬期間	備　考
1	○	茅原忠蔵	感冒	1. 1～11	旧　患
2	○	向常蔵妻	出産	1. 2～13	〃
3		大門祐平	積	1. 2～14	
4		小倉屋老母	歯痛	1. 2	
5		朝枝伝吉		1. 2～11	旧　患
6		岩戸嘉十郎		1. 3～2. 19	〃
7		枝宮伴蔵女		1. 3～2. 11	〃
8		向常蔵児	初生	1. 3～10	
9		馬場八百太夫	心下痞泄瀉	1. 4	
10		同人女		1. 4	旧　患
11	○	境政七女		1. 4～3. 13	〃
12	○	小枝和三郎	心下痞腹雷鳴呑酸	1. 5～2. 11	〃
13	○	大塚門前藤十郎	心下痞腹中勢而動悸	1. 6～3. 21	〃
14		小山文助		1. 7～9	〃
15		乙坂甚右衛門女		1. 7～3. 5	〃
16	○	本村舛屋老母	心下刺痛大便秘	1. 8～2. 5	
17	○	横田藤五郎	温疫舌黄台帯黒乾燥	1. 6～3. 5	
18		田原横川伊三郎妻	心下痞嘈雑下利一	1. 10～28	
19	○	宮迫実元内室		1. 9～3. 17	旧　患
20		円立寺院主	悪寒頭痛食不振	1. 10～26	
21	○	市木村岡滝蔵	心下痞咳嗽振々	1. 10～27	
22	○	同村門前権六		1. 10～16	
23	○	茅原中屋与四郎	悪寒頭痛	1. 11～14	
24	○	大塚門前藤十郎母	心下痞嘈雑食不振	1. 11～3. 21	
25	○	新庄村社人三上氏室		1. 11～3. 15	旧　患
26		小山吉兵衛妻	脚痛左肩煩疼左脇肋痛	1. 11～2. 21	〃
27		市杵古屋助五郎	寒疝	1. 11～27	〃
28		馬塚浅右衛門妻	食結	1. 13～15	
29		市木友八		1. 41～4. 1	旧　患
30		向常蔵妻		1. 14～2. 10	重　出
31		茅原増蔵	梅瘡粉剤後感冒	1. 15～29	
32		宮原利右衛門		1. 16～3. 24	旧　患
33	○	新庄高田屋老嫗	両手肩背疼痛悪寒	1. 17～2. 3	
34	○	茅原水口老嫗	悪寒頭痛歯痛	1. 17～2. 4	
35	○	大塚専教寺主	天刑風	1. 17～3. 6	旧　患
36	○	筏津田中老人		1. 19～21	
37	○	境玄迪妻	湿疼身体腰脚攣痛	1. 22～3. 25	
38		前助次	頬腫歯痛	1. 22～24	
39		下男惣五郎幼児	虚府下利吐乳	1. 25～30	

文化14年「回生録」による

年間往診一覧（文化14年）

	医師別往診日時・場所
9　月 （20回）	周文―4・午後～申刻（境・宮迫），5・辰刻～未下刻（境・新庄），6・薄暮～夜戌刻（境），7・辰刻～巳下刻（境），11・午後～夜亥刻（鳴滝・宮迫），12・早朝～13・巳刻（境），13・亥刻～16・薄暮（境），17・辰刻～20・辰刻（境），20・夜～22・薄暮（境），23・朝～27・未申（琴谷・加計辻河原・香草・平見谷），28・申刻～10・1未刻（高野田居） 周岱―9・薄暮～11・巳刻（宮迫），12・午刻～未刻（境），13・未刻～14・午刻（境），15・未刻～16・未下刻（平見谷・溝口），16・薄暮～夜半（境），18・巳刻～夜戌刻（筏津・境），19・申刻～20・亥刻（境），21・薄暮～22・夜（境），23・～亥刻（境）
10　月 （18回）	周文―3・未下刻～4・未下刻（高野），5・辰刻～午下刻（境），7・巳刻～申刻（境），9・午後～申刻（境），10・午後～薄暮（境），13・午後～薄暮（境），14・午前～申刻（脇原），15・巳刻～申刻（境），17・辰刻～薄暮（宮迫・脇原・境），19・早朝～薄暮（宮迫・船頭田・脇原・境），20・辰刻～夜戌下刻（市木），21・未刻～黄昏（鳴滝・宮迫），23・～未申刻（松崎・境・脇原・宮迫），23・申刻～24・巳刻（田原），26・午後～薄暮（宮迫・船頭田），27・午前～申刻（松崎・境等） 周岱―4・未刻～申刻（境），12・巳刻～申刻（境）
11　月 （10回）	周文―3・巳刻～申刻（境），4・巳刻～申刻（松崎・境），7・巳刻～未下刻（宮迫実元・船頭田），9・未下刻～黄昏（大塚），11・午刻～14・黄昏（市木），15・午刻～薄暮（宮迫），21・午後～午刻（市木） 周岱―1・午刻～2・薄暮（宮迫・槙原鍛冶屋），13・午後～薄暮（境・清水等） 良俊―7・巳刻～未下刻（宮迫実元・船頭田）
12　月 （5回）	周文―1・午刻～申刻（境），3・夜～7・夜（市木），17・午後～申刻（脇原），20・辰刻～午刻（脇原），22・巳刻～薄暮（脇原・宮迫実元）

「陋室日記」（文化14年）による

表Ｖ－17　保生堂医師の

	医師別往診日時・場所
正　月 （８回）	周文―２・～午後（茅原・公文名・筏津），８・～夜（小枝・鳴滝・宮迫），10・～夜（枝宮・大塚），11・早朝～13・薄暮（本村），16・～夜（境・新庄），22・午後～27・午刻（石州市木），27・申刻～亥刻（横川） 周岱―６・午後～申刻（横田）
２　月 （５回）	周文―３・巳刻～未刻（向境・新庄），11・午刻～14・薄暮（市木），15・夜～18・未下刻（市木） 周岱―18・午上刻～申刻（宮迫），20・未刻～22・午上刻（宮迫実元）
３　月 （11回）	周文―４・辰刻～５・未刻（大塚），５・薄暮～６・夜半（大塚），10・午後～申刻（向境），11・午後～13・薄暮（市木），14・午後～薄暮（境・新庄），15・未刻～16・午後（宮迫），17・午刻～18・午刻（高野），23・朝～午刻（大塚） 周岱―17・午後～薄暮（筏津），18・午後～申刻（境），21・未刻～亥刻（大塚）
４　月 （３回）	周文―２・巳刻～４・薄暮（壬生），24・暁～巳下刻（宮迫） 周岱―４・未刻～申刻（境）
５　月 （９回）	周文―４・巳刻～夜（境・新庄），19・辰刻～24・未刻（大暮・高野），25・午後～黄昏（大塚），27・巳刻～６・１・夜亥刻（波佐・市木） 周岱―10・午上刻～11・未上刻（市木），12・午刻～夜（宮迫実元），13・巳下刻～18・申刻（壬生），20・午後～薄暮（宮迫実元），29・午後～申刻（大塚）
６　月 （３回）	周文―７・申刻～13・午上刻（今田・広島），22・辰下刻～午前（小枝） 周岱―３・巳下刻～４・申刻（市木）
７　月 （10回）	周文―１・巳刻～申刻（宮迫），４・午後～５・黎明（新庄田中原），５・朝～未中刻（沖名・小枝），５・申刻～９・午下刻（市木），16・巳刻～未刻（新庄田中原），23・辰下刻～28・未刻（市木），29・未刻～薄暮（新庄） 周岱―６・早朝～午刻（沖名），10・巳刻～申刻（宮迫），24・未下刻～夜（大塚竹内）
８　月 （12回）	周文―４・午後～６・申刻（市木），７・巳刻～10・申刻（若杉鑪），18・巳下刻～午下刻（宮迫），23・未刻～黄昏（宮迫・脇原），24・辰刻～９・３・黄昏（石州波佐栃下鑪） 周岱―８・未下刻～黄昏（境一本木），９・巳刻～午下刻（宮迫実元），10・巳上刻～14・黄昏（加計辻河原・岡田・鳴滝），21・未刻～22・午下刻（槙原），26・巳刻～申刻（宮迫・実元），28・巳刻～午下刻（宮迫），30・未下刻～黄昏（宮迫）

桔七貼、十二日同七貼、十四日同七貼、十六日同七貼、二十日七温胆湯加闊参七貼、二十四日同七貼、二十七日枳薤桂湯薤代良桔茯青七貼、四月朔日恵美消癖湯加青茯七貼・滚痰丸四、五日同七貼・同三

(3)宮迫作左衛門「八月上旬以来腹刺痛、発熱、有時腹痛拘急、左胸動悸」九月三日夜三味鵓鴣菜湯加大一貼、四日同三貼、五日同一貼、大七気湯加呉兵蛎二貼、六日同一貼、・浄府湯甘草青蛎三貼、七日同三貼、八日平流湯加鼈兵三貼、九日同三貼、十日同三貼、十一日同二貼、十三日同三貼、十五日積加減医王湯五貼、十八日積加減医王湯砂七貼、二十一日同二貼、二十二日積加減医王湯砂莪兵八貼

薬方を決定する患者の病名・証候は、漢方医学の診断法である望診・聞診・問診・初診の四診を用いて、それぞれ個人の証を確定している。そして、特定した証に対応した薬方処方を適確に用意することに努めていた。ただ、記録された処方薬の表現方法は、省略した方剤名を用いたり、しばしば薬成分の付加・加減が行われているので不明な点が多いといえる。「金匱要略」にもとづく「半夏厚朴湯」（半夏・茯苓・厚朴・紫蘇葉・生姜）の処方を、「半夏厚朴湯加青枳姜」「半朴湯加蘇」「夏朴湯加椒梅兵桑」とし、「大黄附子湯」（細辛・大寅・附子）を「大附辛湯加枳茯夏」「大附湯加呉茯」、「千金万」の「千金内括散」（人参・当帰・黄耆・川芎・防風・桔梗・厚朴・桂枝・白芷・甘草）を「千内托」、「和剤局方」の「不換金正気散」（蒼朮・厚朴・陳皮・半夏・太棗・生姜・藿香・甘草）を「不金湯加梅兵桂茯」などと略記し、多くの追加薬を調剤している。また、「枳薤桂湯薤代良桔茯青」と薤白の代りに良姜を、「大降気湯陳代青加兵莪」と陳皮のかわりに青皮を用いるなど、随所に方剤に応用・工夫を行っているあとが窺われる。さらに、漢方処方が「傷寒論」などの中国古方をはじめ、和漢の薬方を広く取り入れた方剤内容を構成しており、その出典が簡単に判るものだけでも、「傷寒論」「金匱要略」「千金万」「六書」「万病回春」「古今医鑑」「寿世保元」「三因方」「済世方」「劉河間宣明論」「季東垣弁惑論」「大同類聚方」「本朝経験方」「和剤局方」「時方

歌括」「外科正宗」「脾胃論」「明医指掌」「危氏得効方」「吉益東洞家方」「賀川子啓産論」「一貫堂家方」「外台秘要方」「肘後方」「内科適要」「徳本翁」「恵美三白先生創方」「小田氏家方」など多岐にわたっている。

さて、文化十二年の「回生録」によれば、年間四二七人の患者に対して投与した薬物が一万一六九七貼に達しているのであるが、一患者当りの方剤変更を三回までに限定した上で、投与された方剤名とその使用頻度をまとめると、方剤の延総数四七二種、そのうち初診時一九二種、一回目変更一五五種、二回目変更一二五種となる。[2] 使用頻度は初診時において一〇回以上五種があり、荊防羌活湯一五回を筆頭に、十味芎蘇湯・紅花湯・小柴胡湯・浄府湯などである。五～九回の頻度は、初診時一七種、二回目一一種、三回目四種であり、二～五回では、それぞれ六九種・四七種・四四種となる。一回のみはそれぞれ一〇六種・九七種・七七種と合せて二八〇種となり、全体の五九・三%と過半数に達している。このように方剤の種類と使用頻度からみても、保生堂医師たちが患者個人々々の証に応じた独自な処方の工夫・研究を幅広く行い、その蓄積を意図していたことが窺えるのである。ここでは文化十二年の「回生録」に限ったが、化政期から幕末・明治初年にいたるまで、各年にわたってより明確な分析視角のもとに薬効を基本にすえたより詳細な検討が必要であろう。

以上のように広範囲にわたった保生堂薬方は、「回生録」に記録して処方標本の役割を果させるとともに、その体系化をも試みている。すなわち、成立年代は不明であるが、周岱の筆による「保生堂略方函」がある。文化十一年（一八一四）に周文が写した「晩成堂方函」をはじめ、[3] 各医家の「処方録」にならって作成されたとすれば、おそらく文化十二～文政初年までの間に成立したと思われる。その内容は、「桂枝湯　桂・芍・姜各三、甘二、棗一二枚」「桂枝附子湯（風湿身体疼煩不嘔不湯）桂四、附三、姜三、甘二、棗三」「防風湯外（療風熱頭痛掣動）風・芩・外・芍各二、龍骨・石各四、竹瀝二升」など、方剤名と薬種配分を中心とし、時に証候・出典を付加している。そして、保生堂医師の常用する薬方の基本として方剤一三〇種を選んでいる。

また、保生堂医師は、つぎにのべるように猛威をふるった天然痘（疱瘡）治療に腐心し、文政三年（一八二〇）十一月、周文が「治痘要方」を撰述している。その内容は、⑴初発熱、至痘出斉数日内調治方、⑵痘出斉後、起発灌膿数日内調治方、⑶婦人出痘初中后用方と三分類し、それぞれ三四種・六八種・一一種、合せて一一三種の方剤を選んでいる。方剤の用法は、「升麻葛根湯心鑑、此方一二日用之」「和解湯心印　三日前后専用之方」「加味敗毒散回春　初起発熱即服、此薬神効」「桂枝葛根湯　治感風肌表実無汗者」など、各証に応じて効験を記しており、「活幼」三九、「保赤」七、「金鏡」「心印」各六、「池田」五、「心鑑」「鎖言」各四、「集成」「痘料」各三、「保嬰」「回春」各二、「金匱」「心要」「大成」「家秘」「入門」「抜捽」「八十一論」「附方回春」「附方済世」各一などから構成されている。

さらに、周元も弘化三年（一八四六）に「要方分類」を著わし、保生堂薬方の体系的整理を行った。周元は医業のかたわら在村の庄屋役を勤め、大朝犬追原の藩営薬用人参園（神草畑＝元治元～明治三）の開拓・経営に繁忙なこともあって、「回生録」の継続に一部手を抜いたところもみられるが、一方では代々の「回生録」に盛られた薬用処方を整理している。周元の弟周鼎が有田小田家に入った関係で、小田家の集めた各家薬方類も研究の上、「保生堂略方函」を拡大させて「要方分類」を編述したようである。その内容は、「桂枝湯傷　太陌病頭病発熱汗出悪風者或鼻鳴乾　嘔者　桂　勺姜各三　甘二　棗十二枚」と、方剤ごとに「証」および薬方処方を列挙したもので、「桂枝湯之類」をはじめ二五項目に分類し、薬方九四四種を収めた大部なものである。各分類の項目と薬剤処方数の内訳は表Ｖ－一八のとおりで、たとえば、「瀉心芩連湯之類」では中心処方が「大黄々連瀉心湯」など一五種、附方として「七物黄連湯」など一二種、「芍薬湯」など一四種、合せて四一種の処方で構成されるという体裁をとっている。これらは「回生録」をはじめ保生堂で行った「証」に対する治療法の基本方向を示しており、いわば集大成を意図したものである。

以上のように保生堂医師の用いた方剤は、漢・和・蘭方などを折衷した実に多彩な内容を示しているが、その基本として古医方系の薬剤を軸に、毒には毒をもって制す劇薬を随所に処方して薬効を高める積極的な医療法を採用しており、またそれらの薬方体系化を試みていることなど、「回生録」に工夫累積された調剤内容とともに、非常に高い見識が示されたと言えよう。

瀬戸内海地域、なかんづく内陸部に位置する山県郡中筋地域の疾病動向に対して、保生堂医師たちがどのような医療活動を展開したかを具体的に明らかにするのが課題であるが、こうした地域医療に焦点をあてた研究は今のところ皆無に等しい。たとえば、これまでに刊行されている地域史や医学史においても、表V－一九が得られるにすぎない[4]。表示された疾病のほとんどは伝染性のもので、麻疹（はしか）・天然痘（疱瘡・痘瘡）・疫病（急性伝染性の熱病＝腸チフス・赤痢等）・コレラ（コロリ・暴瀉病）など、広範囲に流行したものが対象とされ、その詳細はほとんど判っていない。また、図一〇は大朝の隣新庄村の小田家檀家における死亡者年次集計で、天保八年（一八三七）の「疫癘多死」をはじめ、文政四年（一八二一）・安政三年（一八五六）の天然痘流行などが記されている。疾病・医療の取扱い状況に対して、保生堂の「回生録」「日記」類は本格的な医事資料を伝えてくれている。すでにみた「回生録」の患者総数からいえば、一般的な「感冒」「風邪」「悪風」「悪寒発熱頭痛」や、「下

表V－18　「要方分類」の分類項目と処方数

	項　目	処　方
1	桂枝湯	44
2	麻黄湯	57
3	柴胡湯	36
4	承気湯	60
5	瓜蒂湯	4
6	白虎麦門湯	35
7	瀉心苓連湯	41
8	陥胸十棗湯	17
9	五苓散	52
10	赤石禹粮湯	33
11	理中湯	—
12	薑附湯	55
13	呉茱萸湯	45
14	蜀漆牡蛎	19
15	梔子茵蔯湯	19
16	朴姜夏湯	15
17	木防巳湯	34
18	伏杏甘湯	32
19	橘枳姜湯	36
20	半夏湯	57
21	酸棗仁湯	16
22	甘草桔梗湯	16
23	芎皈膠艾湯	96
24	烏梅円	23
25	雑方之類	102
計		944

表Ｖ－19　山県郡地域の疾病・医療動向

年代（西暦）	記　　　　　事
享和元（1801）	春・夏はしか流行。藩，庄屋層に蘭江堂「郷里急救方」を配布。
3（1803）	5月2日，麻疹流行のため医師に治療を督励。
文政5（1822）	夏・秋に「コロリ病」流行，広島で連日300～400人患者発生，加計地方でも秋に流行。 10月，側医らの「流行病療治方医案書」を配布。
10（1827）	疱瘡流行し，加計本郷で50余人死亡。
天保5（1835）	春・夏，疱瘡・疫病流行，死者多数。
8（1837）	飢饉・疫病流行，春早々よりはやり死，飢死多く，4月までに山県郡内で6,700人を記録。
安政5（1858）	夏・秋，沿海部にコレラ流行，死者多数，「暴瀉病治療法」を配布。
6（1859）	夏・秋，沿海部に悪疫流行。
文久2（1862）	麻疹病流行，夏・秋にかけて暴瀉病（コレラ）大流行，死者多数，「食物心得方」を配布。
慶応2（1866）	夏，疫病流行。

『加計町史』『大朝町誌』『佐伯郡医師会史』『広島県史』年表等による

痢」「腹通大小便不利」「心下痞」といった病名・「証」は、ほぼ三分の一に達するが、ここでは感染症など流行性疾患に限って検討したい。表Ｖ－二〇は文化十二年（一八一五）における感染症の診療患者数を月別に集計したものである。年間患者数に対する割合は一〇％弱にすぎないが、感染症患者のうち天然痘患者二八人（六八％）と高率をしめ、続いて淋・下疳・梅毒などの患者一二人（二九％）となっていて、慢性的な地域疾病になっていたことに注目される。

保生堂医師たちは、死亡率が高い天然痘流行に対して早くから治療法に腐心しているのであり、各種の治療法・知見をもとに、文政三年（一八二〇）十一月、周文が「治痘要方」を撰述したことはすでにのべている。本書によると、天然痘の「証」を発熱から痘出までの数日間とそれ以降、及び婦人の場合に三区分し、それぞれ三四種・六七種・一一種、合せて一一二種におよぶ調治処方剤を選案している。当時、天然痘の流行は、五年

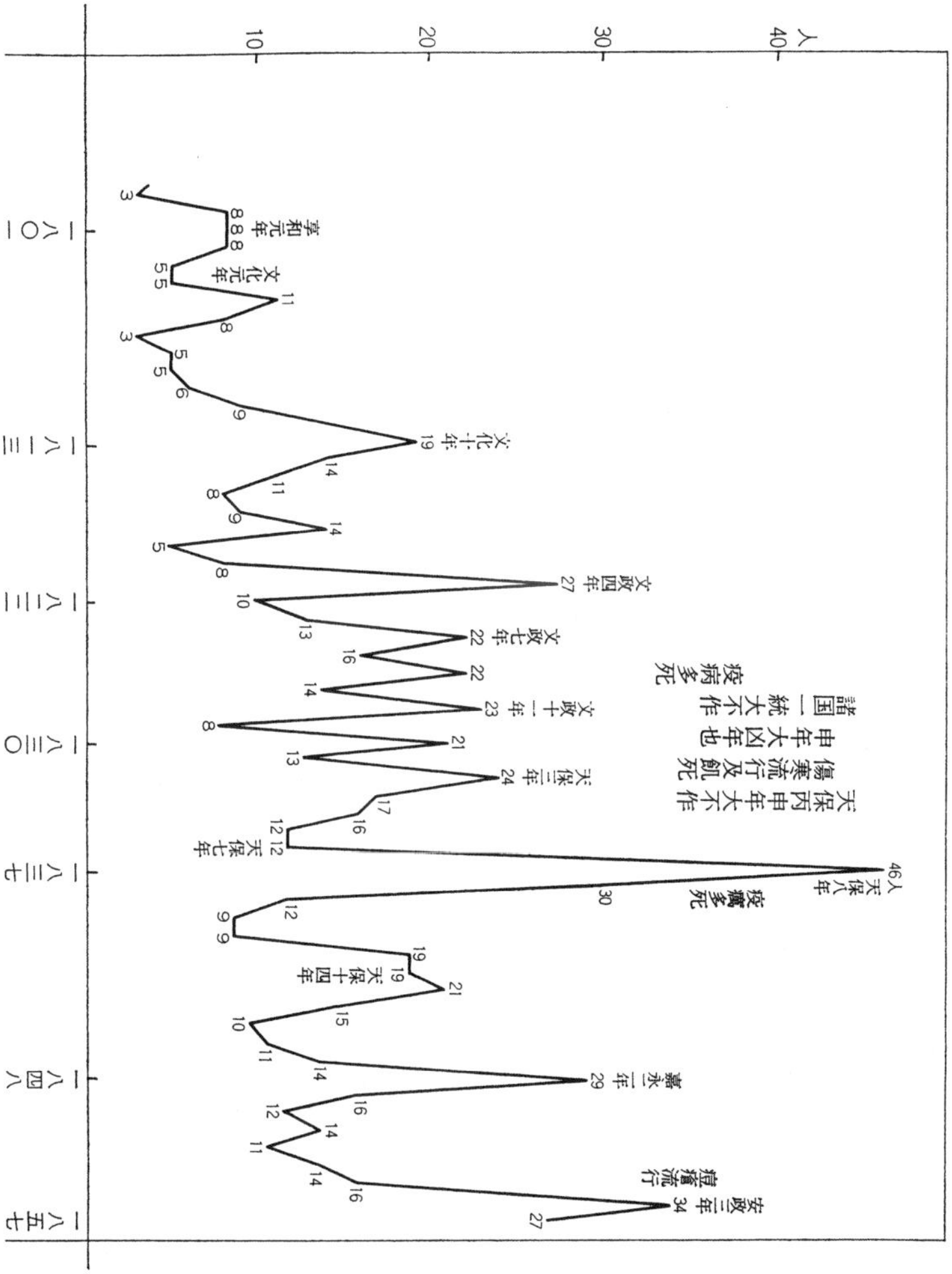

図10　新庄小田寺檀家死亡者の推移（『大朝町誌』）

表V－20　文化12年「回生録」の感染症

	痘　瘡	麻疹風疹	梅　毒	淋	下　痢	全患者
1月	9			1		56
2月	11			1	2	55
3月	2			1		48
4月	1					48
5月				1		25
6月	2		1			27
7月						25
8月				1		48
9月				1		32
10月	1		1			25
11月	2			1	1	22
12月		1				16
計	28	1	2	7	3	427

末田尚「芸州山県郡大朝村保生堂『回生録』について」
（1988年5月第99回「日本医史学会」発表）による

周期でおこるといわれているが、[5]「回生録」に記された「境伴蔵子三人　痘序」「脇原仙蔵　痘瘡九日頂不起渇而好水心煩食不進声唖」「境伴蔵女　痘稠密乾枯頂不起乾嘔渇而好水」などの明確に天然痘と把握できる発生患者数を年次別線グラフに示したのが表V－二一である。[6]天然痘患者数の多い年次をあげると、文化十二年（一八一五）・文政四年（一八二一）・同十年（一八二七）・天保十年（一八三九）・弘化元年（一八四四）・安政三年（一八五六）となり、ほぼ六年ごとに流行しているようである。また、罹患総数のうち子供が高率をしめるのは当然であるが、成人の割合も流行時には三〇％を超えていること、死亡率も罹患総数の三〇％に達していたことが確認された。[7]とくに保生堂周文が天然痘の調治方として「治痘要方」撰述した時期は、一九世紀以降の天然痘流行のピークに達する年の数か月前のことであり、保生堂の積極的な対応を窺うことができる。しかし、保生堂においても、流行時に三人発病、孫一人が重傷で死亡したことが記されているなど、[8]天然痘予防のための種痘法の普及が待たれるところであった。

広島地方に牛痘苗がもたらされ、種痘法が拡められるのは、嘉永二年（一八四九）九月、佐渡の医師長野秋甫が

表Ⅴ－21　天保８年の月別流行性疾病

病　　名	1	2	3	4	5	6	7	8	9	10	11	12	計
麻　　疹	7												7
感　　冒	1	1	1		2	1				2	3	1	12
流 行 病					6								6
天 行 風					25	19	5	1					50
温　　疫		1	1		3				1	3	1		10
時　　疫					7								7
腹痛痢疾					7	6	5	11	21		1		51
合　計	8	2	2	0	50	26	10	12	22	5	5	1	143

備考：天保８年「回生録」より

活性痘苗を持って帰国途次、広島の頼聿庵を訪れたのを契機としているが、[9] 山県郡有田村の医師児玉涼庵・有成父子も、同三年五月、痘苗の入手経路は判らないものの、壬生村神官の息清太郎に引痘したことが見え、[10] 夏には高田郡本村で三〇人の幼児に種痘術を施して合併症はなかったという。[11] 安政元年（一八五四）、涼庵が著わした「天然痘接牛痘　合併私言」によると、嘉永三年以来三年余で「予カ施セシモノ数千人ニシテ」と、山県・高田両郡を中心に予防接種を拡大していたことが知られる。それは保生堂の医療範囲にも及んでおり、「陋室日記」によれば、嘉永六年涼庵の手により保生堂周元の縁者、近隣の幼児一二人に種痘を施し、有成もまた数回にわたって種痘児の診察に回村している。保生堂の周元が接痘術を学び、自から実施した様子はみられず、薬草栽培や村役人の業務に追われていたと思われる。

つぎにコレラ（「コロリ」または「暴瀉病」）の流行に対する対応であるが、近世では文政五年（一八二二）、安政五～六年（一八五八～一八五九）、文久二年（一八六二）の三回、いずれも大陸から長崎に伝わり、九州・西国から各地に流行していった。広島藩は文政五年のコレラ防禦対策として、港湾流行地域または広島へ医師を派遣して治療法を学ばせ、また、藩側医に医案（処方）を提出させて、これを郡村に配布し「在村医」に実行させる、などの措置を講じている。山県郡中筋においては、山間部であったためコレラの猖獗はさけられたようである。それでも、文政五年「陋室日記」によると、コレラに対する治療が記録されている。すなわち、保生堂周文の弟泰介および向常蔵・多蔵父子、向隣喜八ら数人グループで、同年六月十五日厳島参詣に赴き、同廿日に帰ってきたが、彼らは「大凡当年厳島参詣人多煩者」と、厳島参詣人の間におけるコレラ流行を目の当たりにしている。そして、泰介のみは発病しなかったものの、多蔵、喜八はすでに「於厳島吐瀉腹痛大」となり、常蔵も帰路、新庄村牛子渕のあたりで「大吐瀉数次渇而好湯水微腹痛不覚人事」の状態になったのである。周岱・周文らはただちにこれらの患者を診察し、ただちに「証」を質して薬剤投与を行ったが、両医師ともに廿三日より「四支苦煩熱食不進」「腹中雷鳴如将下痢之状」が七月五日ごろまで続き、ようやく恢復しているのであった。彼らはコレラという恐るべき伝染病と気付かないままに体験し、治療を続けたのであるが、十月になって藩の配布した医師医案書や伝聞などによって流行の実態を知ることとなったのである。

註

(1) 広島市立図書館蔵「小田文庫」。
(2) 各年の「陋室日記」「艸堂日記」に各医師間で連絡が保たれていること、会合時期・討議内容等を窺える記事があらわれる。
(3) 「晩成堂」は恵美三白の家号で、「方函」のほか「晩成堂吐法録」・「同秘録」などがあった。「晩成堂方函」は、湯・雑・丸・散・丹・円の各分類および吐方私録・雑方記などを収めた方剤構成となっているが、「保生堂略方函」においては、分類の方法を採用せず多用している薬方方剤を中心として、順不同に湯九一・散二二・飲九・丸六・円二、一三〇種に及ぶ処方を撰述したものと思われる。
(4) 表Ｖ－一九は山県郡で刊行されている『加計町史』『大朝町誌』および芸北町の各村誌から医療記事を抄録し、さらに『佐伯郡医師会史』『新修広島市史』『広島県史』の各年表を参考にした。また、図一〇は『大朝町誌』下巻一五九頁第五—五五図に拠った。

（5）須田圭三著『飛騨O寺院過去帳の研究』、医療法人生仁会須田病院、美踏社、一九七三年十月、非売品。
（6）末田尚「芸州山県郡大朝村保生堂『回生録』について」（一九八八年五月、第九九回「日本医史学会」発表）。
（7）「回生録」には病状の転帰等を記さないが、「陋室日記」「艸堂日記」等では、死亡等が明記されたものが多い。それらを集計すれば、死亡が約三分の一に達している。
（8）「回生録」「艸堂日記」。
（9）三宅春齢「補憾録――広島府下種痘の興廃――」「引痘日期手録」等参照。なお、最近の種痘研究としては、江川義男「三宅春齢（薫庵）と種痘をめぐって」（『広島医学』三三―二、一九七九）や、末田尚「江戸時代における山県郡医師の種痘の研究」（『芸備地方史研究』一七二、一九九〇年三月及び大会発表）などがある。
（10）嘉永三年「年中行事社方万集録」（山県郡北広島町壬生神社蔵）。
（11）三宅春齢「補憾録」。

初出一覧

第一章

一　検地と貢租

(1)（原題）「芸備両国における慶長検地と貢租制」、有元正雄編『近世瀬戸内農村の研究』、溪水社、昭和六十三年（一九八八）十一月。

(2)（原題）「浅野氏の地詰」（『広島県史』近世1、二八三〜八七頁、昭和五十六年（一九八一）三月。

二　広島城下町の形成と町組

（原題）「広島城下町人町の成立」、『広島市公文書館紀要』第九号、昭和六十一年（一九八六）三月。

三　町人町の支配と町構成

（原題）「広島城下町人町の支配と町構成」、『広島市公文書館紀要』第一〇号、昭和六十二年（一九八七）三月。

第二章

一　宝暦改革と大坂市場

（原題）「広島藩の宝暦改革と大坂市場」、後藤陽一編『瀬戸内海地域の史的展開』、福武書店、昭和五十三年（一九七八）三月。

二　藩財政の収支記録

（原題）「一八世紀後半における広島藩財政の実態―「古今増減秘録」を中心に―」、渡辺則文編『瀬戸

内海地域史研究』第一輯、文献出版、昭和六十二年（一九八七）十一月。

三　一八世紀後半国益政策の実施

(1)（原題）「近世国益政策の特質―一八世紀後半広島藩の場合―」、広島『史学研究』第一二四号、昭和四十六年（一九七一）九月。

(2)（原題）「文政期広島藩の国産自給論と金銀増殖策―「他国金銀出入帳」の紹介―」、『芸備地方史研究』八六号、昭和四十六年（一九七一）六月。

第三章

一　藩営鉄山の形成

（原題）「広島藩営鉄山の成立とその構造」、渡辺則文編『産業の発達と地域社会』、溪水社、昭和五十七年（一九八二）三月。

二　江川流域の鉄穴分布と藩営鉄山の鉄穴経営

（原題）「江川流域の鉄穴分布と鉄穴経営」、『たたら研究』第三六・三七合併号、平成八年（一九九六）十二月。

三　東城川流域の近世鉄山と鉄穴流し

（原題）「鉄山政策の推移・鉄穴流し・鉄山経営と鉄の流通」、『東城町史』自然環境・原始・古代中世・近世通史編、六五八～七二〇頁、平成十一年（一九九九）一月。

第四章

一　広島牡蠣と大坂市場

（原題）「広島牡蠣仲間と大坂市場」、秀村選三編『西南地域史研究』第二輯、文献出版、昭和五十三年

（一九七八）三月。

二　扱苧専売制と太田騒動

（原題）「幕末期、芸州藩における経済的対抗の一考察」、全国社会科教育学会『社会科研究』第一二号、昭和三十九年（一九六四）二月、なお、本論は畑中誠治氏との共同執筆であるが、改訂のうえここに収載した。

三　芸北中山駅と石見路

（原題）「広島藩の前期流通政策と駅所機能―芸州山県郡中山駅を中心に―」、『広島県史研究』第三号、昭和五十三年（一九七八）三月。

四　安芸太田川の艜船開発

（原題）「安芸国太田川における近世川船交通の発展段階」、『芸備地方史研究』五九号、昭和四十年（一九六五）十二月。

五　瀬戸内の廻船と地域市場

（原題）「近世後期の産業開発と地域市場の形成」、『岡山商大論叢―岡山商科大学四〇周年記念号―』第四〇巻第三号、平成十七年（二〇〇五）六月。

第五章

一　広島藩の医療制

（原題）「近世後期における医療思想の基盤―安芸国山県郡大朝村保生堂の場合―」（Ⅰ）、実学資料研究会編『実学史研究』Ⅵ、思文閣出版、平成二年（一九九〇）八月。

二　地域（在村医）の医療

(1)（原題）「農村医療の展開」、『千代田町史』通史編（上）八八五～九〇二頁、平成十五年（二〇〇三）三月。

(2)（原題）「近世後期における医療思想の基盤—安芸国山県郡大朝村保生堂の場合—」（Ⅱ）、実学資料研究会編『実学史研究』Ⅶ、思文閣出版、平成三年（一九九一）八月。

あとがき

広島藩の領有制の特質を解明する意図のもとに、それぞれの地域的特徴がどのような条件のなかで形成されていったかを、できるだけ具体的に把握してみたいと試みたものである。

藩領域となる芸備両国の地域をどのように設定するかは、従来から行われている国郡制にもとづく国別・芸北・備北のほか、瀬戸内沿海部、河川流域などとし、そこでの主題の生成・展開を問題としている。

さて、収載した論文は一九編であるが、これは、昭和二十九年（一九五四）大学卒業と同時に就任した加計町史の編さん以来、広島県立図書館・広島県史編さん室・広島女子大学・岡山商科大学など、ほぼ半世紀を経過するなかで発表したものである。加計町史から県史編さん終了までの三〇年間で八編、広島女子大学・岡山商科大学の二三年間で発表した一一編を選択して、一章から五章までの分野で編成したものであり、発表年次とは関係なく構想順に配置した。

まず、一・二章の分野は、領有制の基本となる慶長（福島）検地と近世村落・貢租制や、城下町人町の形成、さらに宝暦改革と藩財政・国益政策などと、広島藩政・財政に関する論考を収録しており、県史編さん当時の史料調査や研究を基礎にしてまとめたものである。

また、三・四章は芸備の国産と流通市場に関する論考で、比較的早い時期の加計町史の編さんから県立図書館の時代にまとめた太田川の舟運や、牡蠣・扱苧専売制に関するものをとりあげた。つぎに県史編さん・岡山商科大学の時期には、千代田・東城・瀬戸田などの各町から依頼による町史編さんに関係して、備北の近世鉄山や鉄穴流しをはじめ、石州路の物資流通や駅所機能、瀬戸内諸島の産業開発や廻船業の発達などをテーマにした論考をとりあげている。

五章の医史学分野の論考は、実学史研究会や佐伯・山県郡の医師会史編さんに関係していた折に収集した近世医事や在村医の医療活動に関する記録をもとに、広島・芸北の医療状況をまとめたものである。

以上のように「地域形成」という名のもとに、藩領域の特徴を把握しようとした結果、各分野に適合した論考で構成することが、かならずしも十分でなかったと反省される。しかし、著者の長年にわたる研究活動の分脈をたどることができるとともに、その蓄積は地域史研究の深化に役立てばさいわいという思いが込められている。

さらに半世紀にわたった各地での資料調査と研究活動において、終始あるいは折々にご指導やご助言をいただいた先生方・先輩・学友ら、ご芳名はあげないものの、多くの方々に対して深甚のお礼と感謝の意を表したい。

最後に本書の上梓にご尽力いただいた木村逸司社長をはじめ、溪水社の皆様にあつくお礼を申し上げたい。

平成二十八年九月二十日

土井作治

著者　土《ど》井《い》作《さく》治《じ》
1930年　岡山県生まれ
1954年　広島大学文学部卒業
1986年　広島大学より文学博士号を授与
現　在　岡山商科大学名誉教授　文学博士

主　著　『広島県史』近世１・２（共著、1981・84年）
『幕藩制国家の展開』（溪水社、1985年）
『吉備と山陽道』（街道の日本史）（共著、吉川弘文館、2004年）
『広島藩』（日本歴史叢書71）（吉川弘文館、2015年）

広島藩の地域形成

2016年10月10日　発行
著　　者　土　井　作　治
発 行 者　木　村　逸　司
発 行 所　株式会社　溪　水　社
広島市中区小町１－４
電話（082）246-7909
FAX（082）246-7876

ISBN978-4-86327-362-7 C3021